スターリンとモンゴル 1931-1946

寺山恭輔

みすず書房

スターリンとモンゴル 1931–1946　目次

第三章　一九三〇年代のソ連の対モンゴル政策　108

第四章　ソ連の対モンゴル関与の拡大——ノモンハン事件に至るまで　251

凡例

一　本書で引用されている史料館は以下の通りである。

・РГАСПИ (Российский Государственный Архив Социально-Политической Истории = ロシア国立社会政治史史料館)

・ГАРФ (Государственный Архив Российской Федерации = ロシア連邦国家史料館)

・РГАЭ (Российский Государственный Архив Экономики = ロシア国立経済史料館)

これらの史料館の史料を引用する際、史料群 фонд、目録 опись、一件書類 дело、リスト листы の順番に/を挟み所在を示す。最後のリストは書類の綴じられ方によっては5-3等、通常のページの振り方と逆になる場合がある。表裏を利用している文書もあり、об は当該リストの裏を示す。

二　引用文中の［　］は引用者による補足である。

三　モンゴル問題に携わったソ連関係者の略歴を、初出に限りできるだけ注に記した（姓、名前と父称、最後に生没年の順）が、主な伝記事典に記載されていない人物については、適宜ロシアのインターネットサイトの情報を利用した。これらの関係者のうち、伝記事典、ネットを通じても人物が特定できない場合、一次史料に記載されている通りのまま（ほぼ姓だけ）本文に記しているところもある。また、同姓の人物がいる場合、名前やイニシャルをつけて区別することとする（例　ベレンキー・スミルノフ）。スターリンの右腕だったラーザリ・カガノーヴィチの場合、兄ユーリーやミハイルの活動は目立たないので、頻出するラーザリについてはカガノーヴィチのまま記している。

四　日付は基本的にすべて新暦で記述し、適宜旧暦を補った。

五　頻出する文献について、以下の略称を用いた。

・ВКХГ: *Вооруженный конфликт в районе реки Халхин-Гол, май-сентябрь 1939г.: документы и материалы*, Москва, 2014.（『ハルヒンゴール河地区における軍事紛争　一九三九年五～九月　文書集』）

・ГВ СССР: *Государственная власть СССР. Высшие органы власти и управления и их руководители. 1923–1991гг. Историко-биографический справочник*, Москва, 1999.（『ソ連の国家権力——権力の最高機関と運営とその指導者たち　一九二三～一九九一年　歴史・伝記便覧』）

・ДВП: Документы Внешней Политики СССР.（『ソ連外交文書集』）

・ЗАЛ: К. А. Залесский, *Империя Сталина: Биографический энциклопедический словарь*, Москва, 2000.（ザレスキー『スターリンの帝国——人名百科事典』）

・Кто①: Петров Н. В., Скоркин К. В., *Кто руководил НКВД, 1934–1941: Справочник*, 1999.（ペトロフ、スコルキン『誰が内務人民委員部を指揮したか　一九三四～一九四一年　便覧』）

・Кто②: Петров Н. В., *Кто руководил органами госбезопасности, 1941–1954: Справочник*, Москва, 2010.（ペトロフ『誰が内務人民委員部を指揮したか　一九四一～一九五四年　便覧』）

・МДК I: *Монголия в документах Коминтерна (1919–1934)*, часть1 (1919-1929), Улан-Удэ, 2012.（『コミンテルン文書におけるモンゴル　一九一九～一九三四年』第一部　一九一九～一九二九年）

・МДК II: *Монголия в документах Коминтерна (1919–1934)*, часть2 (1930-1934), Улан-Удэ, 2012.（『コミンテルン文書におけるモンゴル　一九一九～一九三四年』第二部　一九三〇～一九三四年）

・На приёме у Сталина: *На приеме у Сталина. Тетради (журналы) записей лиц, принятых И. В. Сталиным (1924–1953гг.)*. *Справочник*, Москва, 2008.（『スターリンの受付で——スターリンの面会者記録

ノート（帳）　一九二四〜一九五三年　便覧』）

・РКОIV①: *Русско-китайские отношения в 20 веке*, том 4, 1937-1945, книга 1: 1937-1944 гг., Москва. 2000.（『二〇世紀におけるロシア・中国関係』第四巻　一九三七〜一九四五年　第一冊　一九三七〜一九四四年）

・РКОIV②: *Русско-китайские отношения в 20 веке*, том 4, 1937-1945, Москва. 2000. Книга 2: 1945г.（『二〇世紀におけるロシア・中国関係』第四巻　一九三七〜一九四五年　第二冊　一九四五年）

・РМВС I：*Российско-Монгольское военное сотрудничество* (*1911-1946*)*: сборник документов*, Москва, Улан-Удэ, 2008, часть 1.（『ロシア・モンゴル軍事協力　一九一一〜一九四六年　文書集』第一部）

・РМВС II：*Российско-Монгольское военное сотрудничество* (*1911-1946*)*: сборник документов*, Москва, Улан-Удэ, 2008, часть 2.（『ロシア・モンゴル軍事協力　一九一一〜一九四六年　文書集』第二部）

・РЭ РККА (командармы): Черушев Н. С., Черушев Ю. Н. *Расстрелянная элита РККА* (*командармы 1-го и 2-го рангов, комкоры, комдивы и им равные*)*: 1937-1941. Биографический словарь*. Москва, 2012, с.301-302.（ニコライ・チェルーシェフ、ユーリー・チェルーシェフ『銃殺された労農赤軍のエリート（大将、軍団長、師団長）一九三七〜一九四一年　人名事典』）

・СиК: *Сталин и Каганович. Переписка. 1931-1936гг.*, Москва, 2001.（『スターリンとカガノーヴィチ　文通』）

・СМО1966: *Советско-монгольские отношения. 1921-1966. Сборник документов*, Москва, 1966.（『ソ連・モンゴル関係　一九二一〜一九六六年』）

・СМО1975 I：*Советско-монгольские отношения. 1921-1974. документы и материалы*, том 1, 1921-1940, Москва, Улаанбаатар, 1975.（『ソ連・モンゴル関係　一九二一〜一九七四年』第一巻　一九二一〜一九四〇年）

・СМО1975 II：*Советско-монгольские отношения. 1921-1974. документы и материалы*, том 2, 1941-1974, Москва, Улаанбаатар, 1975.（『ソ連・モンゴル関係　一九二一〜一九七四年』第二巻　一九四一〜一九

七四年）

・Шин①: Л. И. Шинкарев, *Цеденбал и Филатова: Любовь. Власть. Трагедия*, Москва, Иркутск, Сапронов, 2004.（シンカリョフ『ツェデンバルとフィラトヴァ――愛、権力、悲劇』）

・Шин②: Л. И. Шинкарев, *Цеденбал и его время*, том 2, Документы. Письма. Воспоминания, Москва, 2006.（シンカリョフ『ツェデンバルとその時代』第二巻）

・ЭВР: М. А. Алексеев, А. И. Колпакиди, В. Я. Кочик, *Энциклопедия военной разведки 1918–1945гг.*, Москва, 2012.（アレクセーエフ、コルパキディ、コーチク『軍事諜報百科事典　一九一八～一九四五年』）

ЭСС: *Энциклопедия секретных служб России*, Москва, 2004.（『ロシア秘密任務百科事典』）

ソヴィエト社会主義共和国連邦
ウラン・ウデ
（ヴェルフネウディンスク）
チタ
ボルジャ
キャフタ道路
ボルジャ道路
ハイラル
中東鉄道
バヤントゥメン
ウランバートル
チチハル
ウンドゥルハン
索倫
洮南
ハルビン
国
インシャンダ
長春
ザミン・ウード
エレンホト
ドロンノール
包頭
カルガン（張家口）
北京
天津
旅順
大連
国
福岡
西安
上海

モンゴル人民共和国とソ連，中華民国

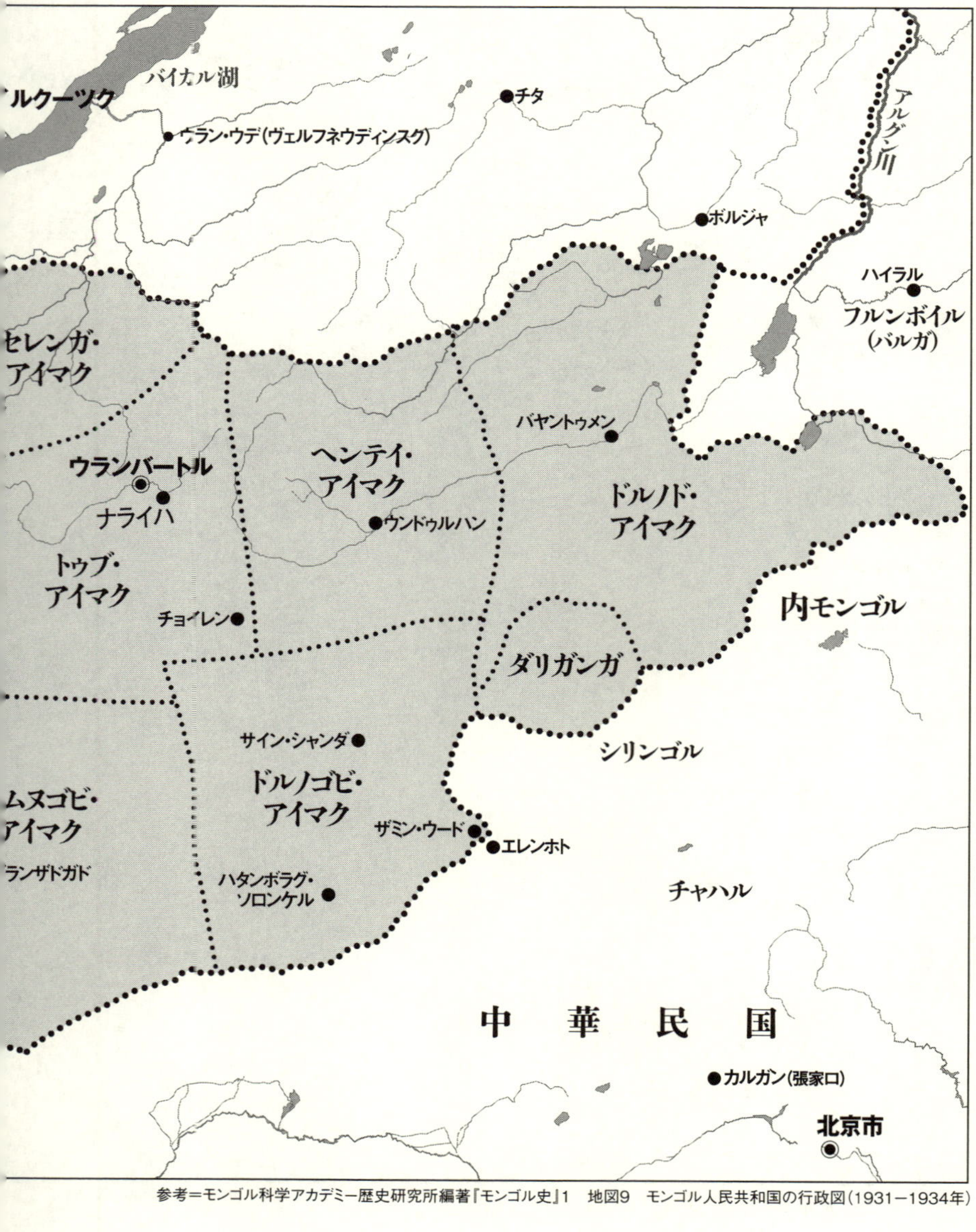

参考＝モンゴル科学アカデミー歴史研究所編著『モンゴル史』1　地図9　モンゴル人民共和国の行政図（1931−1934年）

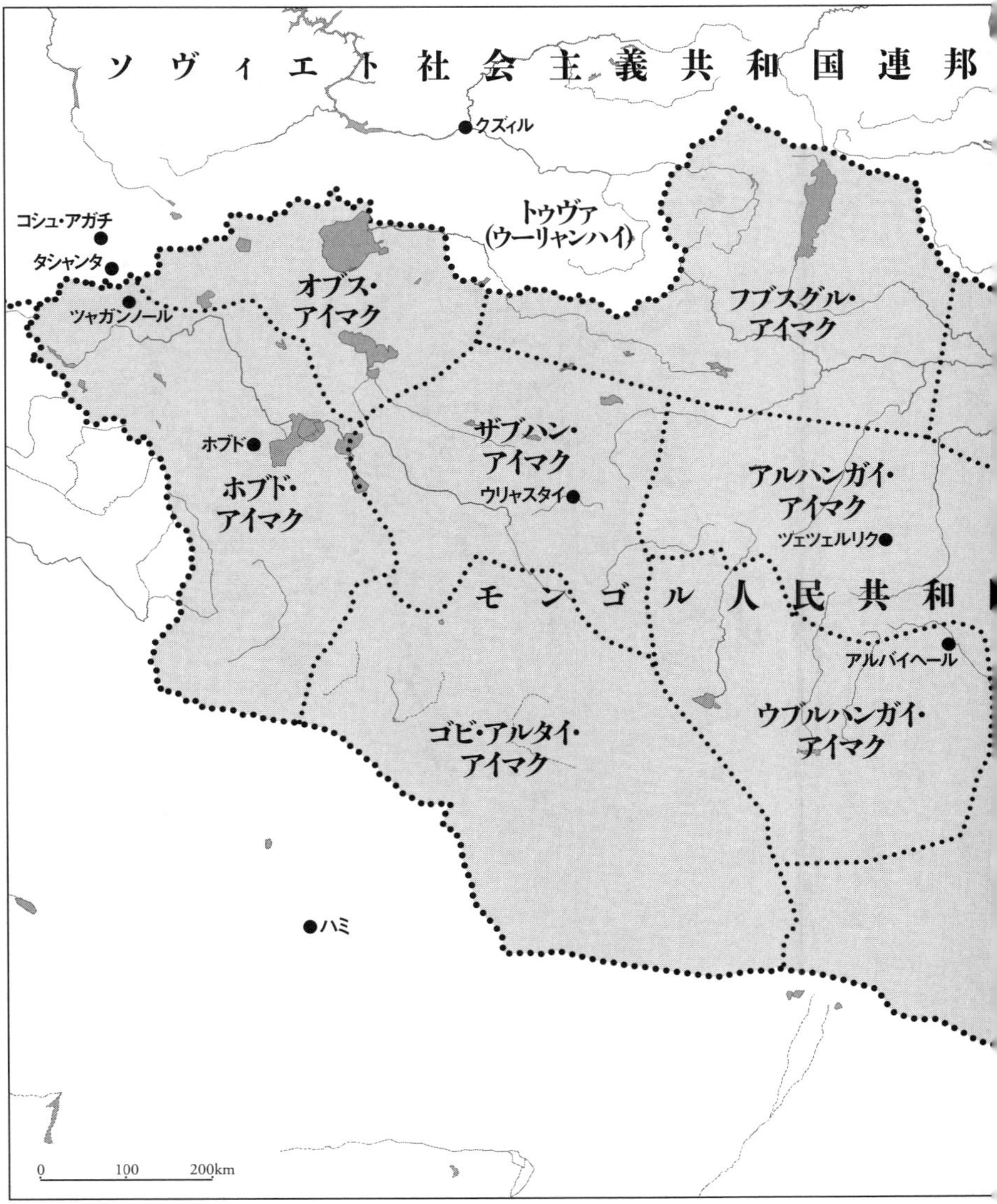

モンゴル人民共和国アイマク構成図

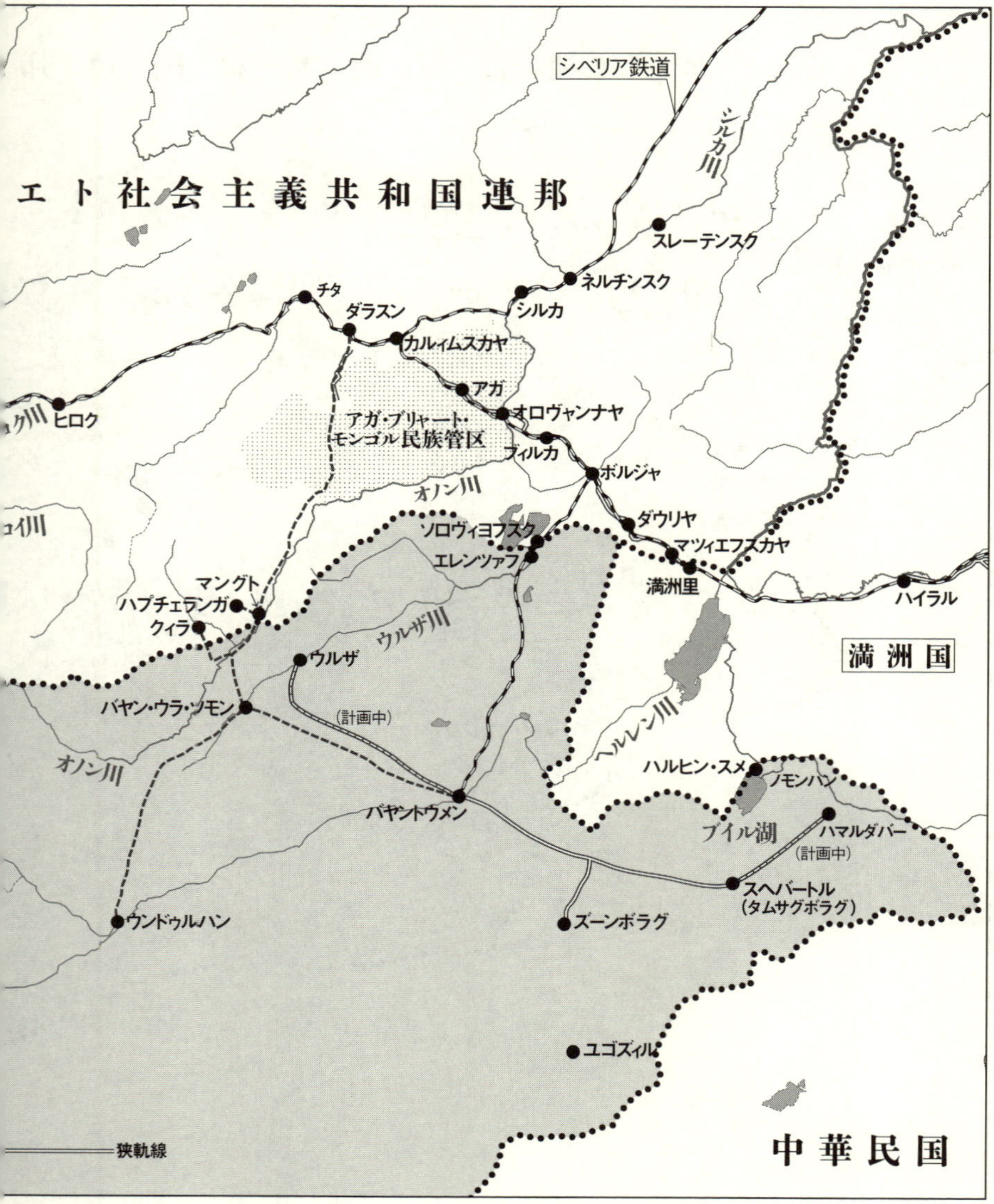

エト社会主義共和国連邦
シベリア鉄道
シルカ川
スレーテンスク
ネルチンスク
シルカ
チタ
ダラスン
カルィムスカヤ
アガ
オロヴャンナヤ
アガ・ブリャート・
モンゴル民族管区
ヒロク
フィルカ
ボルジャ
オノン川
ダウリヤ
ソロヴィヨフスク
エレンツァフ
マツィエフスカヤ
満洲里
ハイラル
満洲国
マングト
ハプチェランガ
クィラ
ウルザ川
ウルザ
バヤン・ウラ・ソモン
(計画中)
オノン川
ヘルレン川
ハルヒン・スメ
ノモンハン
バヤントウメン
ブイル湖
ハマルダバー
(計画中)
スヘバートル
(タムサグボラグ)
ウンドゥルハン
ズーンボラグ
ユゴズィル
狭軌線
中華民国

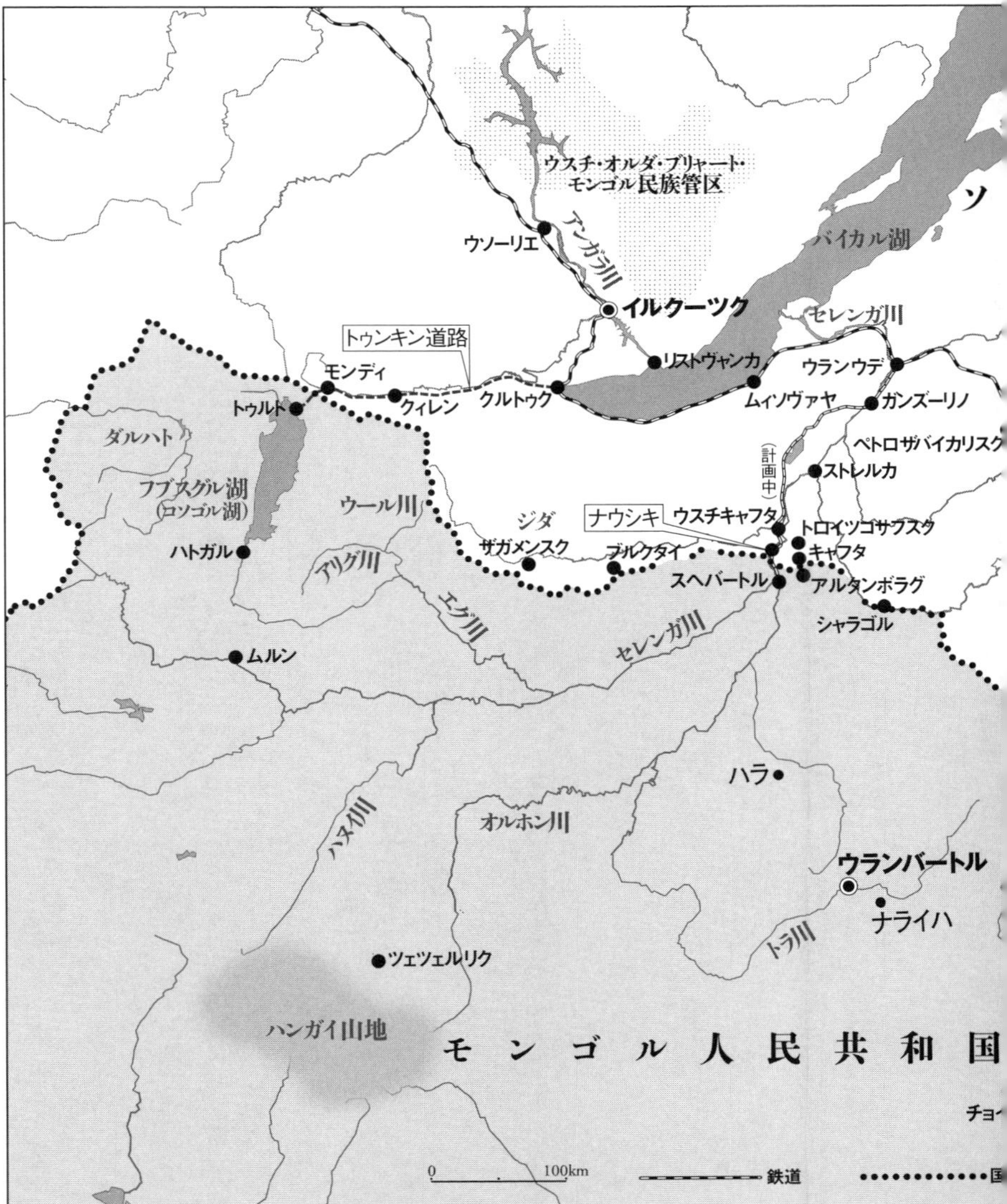

モンゴル人民共和国東北部およびソ連ザバイカル地方詳細図

はじめに

一九一七年のロシア革命後にロシア帝国からの独立を果たしたフィンランド、ポーランドやエストニア、ラトヴィア、リトアニアのバルト三国は、第二次世界大戦を前にスターリン統治下のソ連による圧力を受け、フィンランドの場合は一九四〇年に冬戦争を戦い、ポーランドはドイツとソ連に分割併合され、バルト三国に至ってはソ連に完全に併合されるという悲劇を被った。それと対照的なのは清国の支配下にあったモンゴルで、ロシア帝国より先に崩壊した清朝から一九一一年に独立を宣言した後、ロシアおよびその後継国家たるソ連の支援を受けて実質的な独立を享受した。バルト三国のように飲み込まれることなく、第二次世界大戦終了後にスターリンのバックアップを受け中華民国からの完全な独立を獲得、国際連合への加盟は一九六二年と遅れたが、国際社会からも認められる存在となって今日に至っている。ソ連の衛星国家に過ぎなかったとの見方がある一方、曲がりなりにも独立国家として現にモンゴルが存在することを考えるとき、それに果たしたスターリンの役割を無視することはできない。中国側がモンゴルは自国領土であると一貫して主張していたことを考慮するならば、スターリンを称賛する一部モンゴル人の主張には一定の真実、正当性が含まれているといえよう。衛星国家論に立ち、一九二〇年代のモンゴルにこそ民主主義国家として発展していく道が内包されていた、したがってソ連とその意を受けたコミンテルンによってその道が閉ざされたとするバトサイハンらの意見もある[1]が、ソ連が関与を控えたと仮定した場合、中国（中華民国、中華人民共和国）がモンゴルの独立を果たして座視していただろうかという疑問が生じる。

スターリンのソ連が全く慈善的にモンゴル国民の独立を願って後援していたのかといえばそうではなく、ソ連の安全保障を最重要の課題としてモンゴルに関与していく冷徹な戦略的思考が働いていたのであり、モンゴルという戦略的要衝を戦後も維持したいとスターリンが願った結果、中国もそれを認めざるをえずモンゴルの独立が達成されたのである。ソ連国内では大規模なテロルを発動して国民を恐怖に陥れ、前述した通り小国には圧力をかけて譲歩を迫り、時には飲み込んでしまうという独裁的・強圧的なスターリン体制にあって、モンゴルという広大な地域に対して独立を付与するというスターリンの行動は、きわめてユニークなものであったといわざるをえない。このユニークさにはスターリンのソ連（それだけではなくロシア全般）にとってモンゴルが有する戦略的な重要性という理由があるものと思われる。本書ではこの側面に特に注目しつつ、国境を越えた他国領土内において行った自国同然の統治策の実態について、軍事面を中心に経済、財政、教育政策その他、ソ連が関与したあらゆる側面について明らかにしていきたい。多数の国家と接するソ連が取る対応は、隣接国との地政学的、歴史的な関係上多様であるのは当然である。筆者はフィンランド、[2] 中国新疆[3]とソ連の国境地域について考察したことがあるが、安全保障上最も重大な国境周辺地域に対するソ連の政策をこれらの地域と比較することも、本書によって可能になるだろう。[4] スターリン統治下のソ連の対外政策におけるモンゴルの特殊性と普遍性を材料に、可能な限りロシアの一次史料を用いながら、スターリン体制のより深い理解をはかることを本書は目指している。

スターリン体制の解明を目標に設定するため、用いる一次史料はロシア語によるものに限定される。モンゴル側のリアクションやモンゴル人の声はこれらの史料を通したものとなる。その欠点は十分自覚しているが、ほぼ四半世紀を通してロシア（ソ連）がモンゴルをどのように見て、政策を実行していたのかを提示することは、いまだに詳しい研究がなされていないことを考えると、ある程度の意義はあるのではないかと考える。多言語史料を駆使した今後の作業はモンゴル史やソ連・モンゴル関係史を専攻する将来の若い世代に委ねたい。

特にソ連のモンゴルへの関与が深まっていく一九三〇年代が本書の叙述の中心となるが、それ以前の時代についても説明を加えている。最初に各章の構成と簡単な内容を提示しておくことにしたい。

第一章「前史――ロシア帝国時代のロシア・モンゴル関係」では、ロシア帝国時代のロシアとモンゴルの関係について少し触れ、一九世紀半ば以降、ロシアの領事館がウルガ（後のウランバートルのロシアにおける呼び名）に開設され、関係が深まっていく過程について、特にダレフスカヤの大著を中心に紹介している。そして一九一一年の辛亥革命、一九一七年のロシア革命を経て一九二一年のモンゴル革命によりボグド・ハーン政権が樹立されるまでの過程についてごく簡単にまとめている。日本での研究が最も進んでいる時代であり、先行研究に依拠するところが大きい。

第二章「一九二〇年代のソ連の対モンゴル政策」では、ロシアで内戦が終了し、極東から日本が撤退したのちに成立するソ連が、モンゴル新政府に徐々に関与を深めていく過程を追っている。一九二〇年代半ばから本格的な政策を立案し、中国や西側の影響力が依然として強いモンゴルにおける地位を徐々に高めていこうとするソ連の姿が描かれる。

第三章「一九三〇年代のソ連の対モンゴル政策[5]」では、一九三一年の満洲事変と翌年の満洲国建国に対して、隣接する外モンゴルへの関東軍の侵攻を懸念したソ連当局がモンゴルへの関与を一層強めていく過程をまとめている。ソ連の主導で行われた集団化やチベット仏教への弾圧に対して勃発した一九三二年の反乱、満洲における関東軍の動きに対抗した軍事力強化の動き、ソ連同様でっち上げ事件をもとに多数が粛清されたルムベ事件、代表団の派遣によるモンゴル政策の策定等をまとめている。

第四章「ソ連の対モンゴル関与の拡大——ノモンハンに至るまで」では、一九三〇年代後半のソ連の対モンゴル政策に焦点をあてる。モンゴルの状況を懸念したスターリンによってモスクワに呼ばれたモンゴルの指導者ゲンデンとスターリンの会談、頻発する満洲国との「国境」紛争とそれへの対処、軍事協力の拡大、日中戦争への対応についてまとめ、最後にノモンハン事件については近年の研究動向をたどったうえで、主として動員、捕虜問題について考察した。

第五章「第二次世界大戦とモンゴル独立への道」では、ドイツとの戦争を遂行する一方で、関東軍との新たな衝突の可能性も想定して進められた戦時期のソ連の対モンゴル政策について、財政問題や動員・連絡路の整備、資源探索、教育等に焦点を絞ってまとめ、最後に蔣介石からモンゴル独立承認の言質を取ることになる一九四五年七月のスターリン・宋子文会談を紹介し、最後の「おわりに」で本書を総括している。

第一章　前史――ロシア帝国時代のロシア・モンゴル関係

一　一九世紀半ばまでのロシア・モンゴル関係

モンゴル人は元朝の崩壊後に大きく東西に分裂し、対立抗争を繰り返していた。東部モンゴル人は現在のモンゴルの大部分を形成するハルハ族を中心に、北部のブリャート族、バルガ族、南部のトゥメト族、チャハル族などからなる。一方、西部モンゴル人はオイラートと自称し、清朝初期にはジュンガル部、ホショト部、トルベート（デルベト）部、トルグート部からなっていた。ブリャート族は現在のロシア連邦内でブリャート・モンゴル共和国を形成し、バルガ族、トゥメト族、チャハル族は現在の中華人民共和国内の内モンゴル自治共和国を形成しているが、一六三六年に内モンゴルが清朝に帰属したため、それに対抗すべく一六四〇年にハルハ・オイラート同盟によって東西は和解した。その後、オイラートの中でジュンガル部が強大になり一六七六年にジュンガル王国が成立すると、東西対立が再燃して開戦、ハルハ・オイラート同盟は崩壊した。ハルハは自力でオイラートに対抗できなかったため一六九一年に清朝に帰属することになった。清とロシアがネルチンスク条約を締結して二年後のことになる。さらに一六九七年にはジュンガルも清朝に帰属することになった。

本書はソ連が形成された一九二〇年代以降が叙述の中心となり、特にスターリンが統治していた時代のソ連の対モンゴル政策に焦点をあてるが、ロシアとモンゴルの歴史的関係は深く、以前からの相互関係がソ連時代の両国関係にも少なからぬ関係を及ぼしたことは間違いない。そこで本章では、一九二〇年代初頭までの時期について簡潔にまとめておくことにしたい。なお、本書では単にモンゴルという場合、このように中国、ロシアにまたがって広汎に居住しているモンゴル人のうち、今日モンゴルという国家を形成しているハルハ、時に外モンゴルと呼ばれる地域のことを指すこととする。

モンゴル帝国時代以降にロシアがモンゴルと接触するのは、ロシアがシベリアに進出する一七世紀以降のこととなるが、この時期はちょうど中国における清帝国の勃興と重なる。一六八九年のネルチンスク条約によってロシアのアムール川流域への進出は阻止されたが、アルバジンの要塞で捕虜にされたロシア人コサックは北京に留め置かれ、彼らに奉仕すべく北京にロシア正教の使節団を受け入れることを清朝は認めた。(1) 一六九一年にハルハが清朝に帰属することになったため、ロシアが清朝との交流を強めていく一八世紀から一九世紀にかけての時期に、中国との連絡路の途上にあるモンゴルに関する知識は使節団の通過途上で徐々に蓄積され、その中からロシアにおける本格的なモンゴル研究が生まれていくことになる。(2) その後、一七二七年のキャフタ条約によりロシアは北京で宗教使節を維持する権利を法的にも獲得し、それに外交代表権も付与されたので恒常的な代表施設を北京で有する唯一の国となった。北京には三年に一度二〇〇人以下のキャラバンを送ることが許され、キャフタ、ツルハイトゥイにおける非関税の国境貿易も始められた。一八世紀半ば、ロシアとアジア間の貿易のうちキャフタ貿易は約六八％、ロシア全体の貿易の七～八％を占めていたとされる。(3) 極東への進出をいったん阻まれたロシアは、カムチャツカから北米へと毛皮事業を拡大させていく。広大な両国間の国境を考えると一か所の交通路だけでは不十分であった。したがって一八〇五年に商業大臣ルミャンツェフが、北米の毛皮採取に従事する露米会社の広州における貿易、さらに西部国境における交易路の拡大を目指してゴロフキン Ю. А. Головкин のミッションを北京に派遣するが、途上のウルガでゴロフキンが叩頭の礼を拒否したためあえなく失敗に終わっている。(4) これはレザーノフ使節団を長崎に派遣して日本との交易を目指した事業と重なり、世界的な規模で貿易の拡大を目指していたルミャンツェフの壮大な構想が改めて注目される。(5)

一九世紀半ばまでのロシア・モンゴル関係、特にロシアにおけるモンゴルの語学その他の研究、教育については、ロシアでは比較的多くの著作が執筆されており、(6) これ以上詳しく言及することはしない。

ロシアはこのように宗教使節という形ではあったが、列強諸国の中でも例外的に北京に代表団を駐留させて交流を深め情報を収集していた。アヘン戦争における敗北、太平天国の乱など一九世紀半ばに顕著となる清国の衰退に乗じて極東への進出を加速させ、モンゴルにおいてもその権益を拡大していった。その立役者となったのが、東シベリア総督ムラヴィヨフ Н. Н. Муравьёв-Амурский であり、モンゴルでウルガ総領事として半世紀にわたって活躍したシシマレフであった。一八五八年五月二八日に露清両国はいわゆるアイグン条約を締結するが、この会議に通訳として参加したのが、ムラヴィヨフと一八五〇年にキャフタで知り合い、その実務能力を高く評価されていたシシマレフであった。その功績に対してムラヴィヨフがゴルチャコフ外相を通じて二度にわたり、アレクサンドル三世にシシマレフへの叙勲を進言したことからもその信頼の篤さが推察される（結局は却下）。続いてイグナチェフ Н. П. Игнатьев が北京で清国とのさらなる国境交渉に臨むことになるが、地図作製のためウスリー川を上流から下流まで下るよう派遣されたブドゴスキー К. Ф. Будогосский 陸軍中佐をリーダーとする国境画定委員会にも通訳として付き添ったのがシシマレフである。ムラヴィヨフは河口のポシェット湾で出迎え、ブドゴスキー、シシマレフの二人は収集した資料を抱えて北京のイグナチェフの元へ送り出された。いったんは北京における交渉は失敗したかに見えたが、一八六〇年一一月一四日、いわゆる北京条約が露清両国間に締結された。(7)

二　北京条約とロシア・モンゴル関係の拡大——ダレフスカヤの著作を中心に

ロシアはアイグン条約によりアムール左岸、北京条約でウスリー右岸を清国から獲得しただけでなく、通商面でも有利な地位を確保した。アイグン条約に続けて調印された天津条約（一八五八年六月一三日）はロシアに英仏と同等の特権を付与し、ロシアから北京に向かう商人や商品の数に関する制限を撤廃した。さらに北京条約により、ロシアの商人は証書を携帯しておれば、時間に関係なく清国に入国でき、北京への途上ウルガでも商売が許され、ロシア人の利益を保護するため領事館の開設が認められた。ロシア人商人には完全に自由な商売が認められ、市場や現地の商人宅の訪問、様々な商品の卸・小売り取引を金銭や交換、信用取引で行うことも認められた。

これに続けて一八六二年三月四日には「陸路通商章程」が調印され、それはいくつかの変更を加えられて一八六九年に承認された。これによって露清両国国境から一〇〇里（五〇ヴェルスタ）地帯における非関税取引が認められた(8)。

このようにウルガに領事館が開設され、ロシア商人の自由な活動が認められたことにより経済的な交流が拡大し、ロシアとモンゴルの関係は全く新しい時代を迎えることになった。ロシア製品の販路としてのモンゴル市場、ロシア国民が消費する商品、食料、原材料の供給地としてのモンゴルが出現したことで、ロシアの中でも特にモンゴルに近いシベリアの商人たちはモンゴルでの事業を始め、それを拡大するための調査・研究を行うようになる。したがってロシアにおけるモンゴルに関連した史料は次第に増大していくことになるが、当時のモンゴル住民の識字率が低かったことを考えると、ロシア人の見たモンゴルという観点から残されたこれらの史料、文献は当時のモンゴルの状況を知るためにも貴重なものだろう。

一八六〇年の北京条約から約半世紀後の清朝の終末期に、モンゴルの国家的独立を目指したモンゴルの王侯・高位僧侶を中心とする指導層が支援を求めてロシアに代表団を派遣することになるが、何ゆえに彼らがサンクトペテルブルグを目指したのかという問いに答える鍵は、一九世紀半ばから急拡大したロシア・モンゴル間の人的・物的な交流、ロシアからの少なからぬ肯定的な影響の中に求める必要がありそうである。また一九世紀後半からの約半世紀の両国関係には、本書の叙述の中心となるソ連時代と類似した政策や現象を垣間見ることができるので、この時代を振り返ることによってソ連時代を相対化し、ロシア帝国、ソ連時代を通じた政策の共通性のようなものも見出すことが可能ではないかと考える。

したがって本節では、一九一一年の辛亥革命までの約半世紀のロシア・モンゴル関係史について、一九九四年にイルクーツクで刊行されたダレフスカヤの代表的な著作『シベリアとモンゴル』(9)に基いておおまかな流れをたどることにしたい。管見の限り、この時期のモンゴルとロシアの関係については、日本でも詳しく知られていないことが、彼女の著作に焦点をあてる理由でもある。彼女の経歴についてはクジミンによる著作にも詳しいが(10)、戦前にモスクワで教育を受け、第二次世界大戦終了直後からイルクーツクを拠点にモンゴル問題についての著作を発表してきた。イルクーツク、ウラン・ウデなどのシベリアの諸都市で刊行された新聞や雑誌はもとより史料館に保管されている史料を丹念につなぎ合わせ、モンゴルを舞台に活動したロシア人、彼らとモンゴル人との交流についての細かい描写は圧倒的である。取り上げられる材料は生活のあらゆる側面に及び、しかもそれまでの定説をことごとく覆すものである。もちろん負の側面もあるが、ロシア帝国時代の官吏や商人の肯定的な側面を多く抽出したため、暗黒のロシア帝国時代に対して、社会主義のソ連こそがモンゴル国民に幸福と豊かさをもたらしたと主張したいソ連当局には望ましくない研究姿勢だったのかもしれない。戦後の約半世紀の研究を集大成した著作であり、所々でソ連時代の当局との軋轢を示唆するような叙述も見受けられ、真実の追求のために格闘してきた姿が目に浮かぶ。ここでは彼女が取り上げた諸問題を章ごとにまとめ、おそらくはそれに大いに触発されて近年発展している研究について補足説明したい。

最初にダレフスカヤは、これまでに蓄積されたロシアばかりでなくモンゴルや欧米の膨大な研究史を総括し、もちろんマイスキー(11)らの先行研究は高く評価するが、ロシア・モンゴル間の貿易に特に関心が集中してきたこと、ロシアの工業についての叙述が不足していること、一九一一～一五年頃のロシア国内におけるモンゴル問題についての議論が不十分であること、文化面についての言及が少ないこと、モンゴルで活動したロシア人についての情報も少ないこと、などを問題点として指摘し(12)、これまでに最も研究されていない分野として、次の諸課題を設定したのである。①経済面ではモンゴルの自然資源のシベリアにおける活用、モンゴルへのロシア資本の投下、そのモンゴル人の経済や社会関係に対する影響、②文化交流面では、モンゴル研究におけるロシア帝室地理学協会シベリア支部とロシア人住民の役割、この分野における彼らとモンゴル人の協力、ロシア人獣医師、医師、学校その他の啓蒙施設の活動、モンゴルにおけるロシア語の定期刊行物の普及、シベリアにおけるモンゴル人教育の最初の試み、③ロシアの世論におけるモンゴル問題、モンゴルにおけるロシア人居留民の社会的構成、ロシアにおける三つの革命の諸事件のロシア人への反映とモンゴル人に対する彼らの影響力、以上である(13)。

第一章はモンゴルの天然資源の活用について述べている。モンゴル北部に居住するロシア人、ブリャート人がモンゴルで放牧地を利用し、干し草も利用していたこと、それを見たモンゴル人も干し草を作り始めたこと、さらにモンゴルからは薪や建築用木材の調達も図られた。魚を食さないモンゴル人に対してロシア人は豊富な魚資源を活用した。ハルハの独立宣言後の一九一二年の協定で、土地と自然の利用についても定められた。ロシア人との交流拡大で、貧しいモンゴル人にとって御者としての活動は大きな収入源となった。モンゴルから大量の家畜資源が輸入され（一九一〇年には金額でドイツについで二位）たことはロシアにとって大きな意義を有し、日露戦争、第一次世界大戦中も輸入量は増加した。最大の消費地はイルクーツク周辺で、西部モンゴルからはトムスク県へ運ばれた。屠殺する場所は周辺各地に広がっていた。いったんシベリアで肥育されヨーロッパ・ロシアに運ばれ、拡大する都市人口、工業村、鉱山、鉄道、軍へ供給されるものも多かった。第一次世界大戦中には東シベリアに二〇か所の屠殺地点が存在したが、軍はノヴォニコラエフスク（一九二五年よりノヴォシビルスク）に屠殺冷凍工場を建設した。モンゴルの食肉は腸詰、ソーセージにも利用された。大資本のみ可能だった缶詰工場は当初カルガンにのみ存在し、一九一七年には一日一〇万個の缶詰を製造していた。その消費者は主として軍だった。モンゴルの原料を使った獣脂、石鹼、ろうそく製造も盛んに行われた。シベリア、ロシアの工業にとって大きな意義を有したのが、モンゴルから輸入された皮革および加工された羊の毛皮で一九世紀半ばには中国から輸入される茶の運搬に利用された。中東鉄道の開通で茶の運搬需要が消滅すると、皮革原料は加工に回された。ペストの感染源としてモンゴルからの皮革原料の輸入が停止され、皮革工場が打撃を受けたためその重要性が再認識されたが、ホルマリン消毒が義務づけられることになった。第一次世界大戦中には靴の需要が増大し、モンゴル周辺の各地に皮革工場が存在したが、原料がモンゴルからもたらされていたことに言及する研究はこれまでなかった。獣毛（羊とラクダ）のモンゴルからの輸出は英国が一八六〇年代から始めていたが、一八九〇年代以降になるとロシアも参入して増加し、靴やフェルト製造に利用された。第一次世界大戦で需要が増大したのが軍隊への外套用ラシャであり、モンゴルもその供給を担った。(14)

帝国主義時代のロシアには外資が流入していたが、ロシアから他国にも資金は流れていた。主に投資された中国、イランに規模は劣るもののモンゴルにも投資され、一八九〇年代からはモンゴルにおける金産業への投資が増えた。ロシアの主要な金融業者が集まって一九〇〇年に設立されたのが通称モンゴロール Монголор と呼ばれる金採掘会社であり、金採掘業の中でもかなりの地位を占め、存続中の採掘量は約一〇トン、一〇五〇万ルーブルに上り、労働者も多い時で約一万人(一九〇九～一九一〇年)、ロシア革命後も三〇〇〇人弱を抱えていた。ハルハの独立宣言後、一九一二年のロシア・モンゴル協定で自由な企業活動が認められるとロシアの企業が金採掘に殺到した。彼らはモンゴルで宝石の採掘にも携わった。ロシアのモンゴルにおける最初の原始的な企業は一八九〇年代半ばから、特に西部で増加した洗毛工場で、ロシアに輸出される羊毛の重量を四分の一減らした。ロシア皮を利用し、中国人がモンゴル人のために靴を製造していたのを見たロシア人企業家も皮革工場の建設を始めた。一九一九～二〇年に一八の皮革工場がモンゴルに存在し、機械はすべてロシアから持ち込まれた。一九〇七年にはウルガに腸洗浄工場が作られ、腸は主にドイツへ輸出された。ウルガには一九一三～一四年、ウォッカ製造工場が三つ存在した。私企業の他に電信、印刷の国家企業もモンゴルで作られた。一八九九年よりキャフタ゠ウルガ゠カルガンにはデンマークの会社が電信線を所有していたが、一九一一年のモンゴル独立宣言後、ロシアが独占的に敷設権を獲得した。一九一九年までにモンゴルには総延長二四七五キロの三本の電信線と郵便・電信施設が整えられた。一九一二年にはウルガのロシア領事館にロシア・モンゴル印刷所が設置された。国営の製材工場も作られた。一九一五年にはウルガ近郊のナライハで炭鉱が調査され、以後石炭の利用も進められた。一九一五年には発電所の建設も始まった。マイスキーも述べる通り、国営によるこれらの事業の開始は、モンゴルにとって文化的・経済的に大きな意義を有した、と言える。中国茶の輸入で蓄財したキャフタのロシア人企業家は、シベリア鉄道の開通でキャフタルートが廃れると工業への投資を進めた。「ココヴィンとバーソフ」商会をはじめとする有力企業が様々な事業に進出していた。諸工場が建設されるにつれ労働者も増えるが、工場にはロシア人だけでなく金採掘会社モンゴロール、皮革工場でも中国人が多かった。国境沿いに住む貧しいロシア人だけでなく、一九〇五年革命の参加者がモンゴルに追及を逃れてくる例もしばしば見られた。一九一二年にレナ金鉱山で虐殺事件が生じるが、モンゴルの諸工場でも労働条件はそれに劣らず劣悪だった。モンゴロールの労働者は組織的に行動できなかったが、一九一七年にはモンゴルでも労組が結成され、一九二一年にはウルガの労組には約三〇〇人が加わっていた。ロシア企業へのモンゴル人の雇用が問題となるが、宗教的理由、すなわち土を掘り返すなとの教えから金採掘に及び腰だったモンゴル人も多数がモンゴロールで働いていた。この他にも、水晶の採掘、皮革工場、腸工場、石炭運搬、電信・電話、印刷所などでモンゴル人は働いた。ロシア・モンゴル印刷所では一九二〇年に三人のモンゴル人植字工が働いていたが、その一人がのちの革命のリーダー、スヘバートル（一九一九年から一九二〇年夏まで勤務）である。「様々な企業で働くモンゴル人は日常的にロシア人、中国人労働者と交流し、彼らにとっては新しい機械や設備を目にし、新しい労働慣習や専門を学び、ストという形をとった搾取に対する抗議を目撃した。特に電信、印刷所においてともに働くことでモンゴル人は階級的、政治的な啓蒙への視野を広げることになった」。モンゴル人だけが働いていたのが給与の低い洗毛工場である。ウラディミルツォフの分類によれば遊牧しながら仕事に携わる人と、まったく遊牧から離れる人がいたが、次第に専門的に従事する者が増えていった。そして一九一〇年にモンゴルを訪問した旅行者によって、モンゴル人洗毛工場労働者のストライキという形の搾取に対する抗議が目撃されることになる。これには一九〇五年のロシア革命の情報流入も大きかった。モンゴルのプロレタリアートが生まれ始めていたとのマイスキーの主張は正しい。一九一九年に生まれた秘密の革命グループのうち、植字工スヘバートルの他、チョイバルサン、ダムバドルジ、バトオチル、グルセドその他は電信局に勤めていた。

このように一九世紀末から二〇世紀初頭にかけてのロシアのモンゴルに対する経済政策は帝国主義的で、モンゴルへの投資は中国やイランに比べて僅かだったが、大きな変化をモンゴル社会にもたらした。「封建的モンゴルにとっては新たな現象たる工業と雇用労働は資本主義的性格を有していた。ロシア企業は現地の安価な原料と天然資源を利用し、現地の労働者には僅かな給与しか支払わずに莫大な利益を上げた。彼らはモンゴルに新しい人民の搾取形態、すなわち資本主義的形態をもたらした。ロシアの労働者はモンゴルに自分の専門的経験と階級闘争の自分たちのやり方をもたらした。ロシアとモンゴルの労働者の間に直接的な関係が樹立されたことで、モンゴル人は新たな職業的経験だけでなく、階級的な抗議の新たな形態をも得た」。「モンゴル人民共和国の工業発展は革命前の遺産が全く欠落する中で始まった、との主張には同意できない」。一九二一年革命以前の遺産が引き継がれていった。ロシアから二四七五キロの電線と事務所や設備が引き渡され、一九二二年にはナライハ炭鉱が採掘を再開し、モンゴロールの設備も引き渡された⑮。

第二章ではロシア人獣医師、医師の活動に焦点があてられる。モンゴルの家畜輸入との関係でロシア人獣医師がモンゴルで活動することになる。一九世紀半ばよりモンゴルを震源地とするペストの流行が国境を越えてロシアでも深刻な被害をもたらしていたが、モンゴルでのペスト蔓延を防ぐことがひいてはロシアのためになるとのスヴェチニコフ А. П. Свечников らロシアの専門家の訴えがやっと聞き入れられ、一九〇三年九月にモンゴルで初めての獣医学・抗ペストステーションが設置された。ロシア人獣医師の活動にはモンゴル側も信頼を寄せていた。日露戦争時にはモンゴルから満洲へ血清注射された家畜と血清が送られた。当時の活動を獣医師スヴェチニコフが詳しく記録に残している。一九〇八〜〇九年にはロシアでペストが拡大したため、モンゴルの感染源を叩くため四つの遠征隊が、モンゴルと満洲の四つの地区で半年にわたって活動した。その後も毎年のように遠征隊が派遣され各地で精力的に血清の接種を行った。一九一〇〜一五年に四五万頭の家畜に対して血清を接種した。一九一一年にはハルビンにも抗ペストステーションが設置された。当時モンゴルを訪れたロシア人は、ペスト根絶のため働くロシア人獣医師の献身的な活動に対するモンゴル人の感謝を記録している。モンゴル史の著作にはこのロシア人獣医師の活動が何ら効果をもたらさなかったと否定的に述べられているが、実際には彼らこそモンゴルの家畜を壊滅から守り、血清の接種がモンゴルで広範に普及することに貢献したのである。マイスキーもモンゴル人の評価を伝えている。モンゴルが自ら獣医学的役所を設置したのは一九二三年であった⑯。

モンゴルでは医療にラマ僧が携わっていたが、このチベット医学はシベリアの住民の間にも普及し、関心を抱いたロシアの学者が一九世紀末にモンゴルを訪問し現地の情報を伝えていた。一方でロシアの医者はモンゴルにおけるペストとその治癒方法を研究することで大きく貢献した。一九一三〜一七年にはザバイカルと国境に隣接したモンゴルで大々的な調査を行った。調査の合間に住民にペスト以外の様々な症状を見出すと、それらに一般的な医療を施すことで信頼を獲得し、施した手術の成功により遠征隊には巡礼のような長い行列ができた。薬もモンゴル人に分け与えた。特に大きな成果を上げたのが種痘の接種である。マイスキーが「一五〜二〇年前、ロシア人植民者が身の危険と恐れを抱きながらモンゴル人たちに種痘の接種を始め、今や種痘はこの国で最も普及した医療行為のひとつになっている。皆が種痘のことを知っており、それを希望し、大金を払ってでも接種しようとする。この民族にとってかくも異質なヨーロッパの『発明』が静かに気づかれずに、何らかの抵抗にも遭うことなくモンゴル人の日常生活に入り込み、わずか一世代の間に全面的に認められたのである」と述べ、きわめてまっとうな結論を導いた。「これはすべてきわめて好ましい兆候であり、ヨーロッパ文明の要素を吸収し、現代科学の結論や成果に難なく適応できるモンゴル人の能力を証明している」。

一九世紀末からウルガの領事館やモンゴルへの遠征隊はモンゴルにおける常設の医療施設の設置を何度か訴えていたものの、なかなか認められず感染症が広まるたびにロシアから専門の医師が派遣され、彼らの活動は高く評価されていた。一九〇六年二月から一九〇七年三月にかけてオフシャンニコフ **Н. Н. Овсянников** 医師の元には一万五二七七人が治療を求めたが、このうち七三三四人、すなわち半分以上はモンゴル人であった（中国人三四四八人、ロシア人三五一八人、外国人七七人）。きわめて劣悪な環境での医療行為を強いられた。常設の医療機関の設置が認められたのは一九〇九年で、ツィビクタロフ **С. Б. Цыбыктаров**（一八七七〜一九二一）が派遣された。彼は領事館員や守備隊だけでなく一般のモンゴル人も診療した。ウンゲルン軍の占領時に殺害されるまで一二年務めたが、ツィビクタロフは圧倒的な権威を得るまでになっていた。長年の医療経験から、彼はマイスキーにモンゴル人に関する客観的で偏見（肉体的に死滅に向かいつつあり、梅毒が蔓延しているなど）のない見方を披露した。モンゴルの独立宣言後、ロシアの影響力を高める手段として医療支援が有効だとみなし、ツァーリ政府は医療隊を派遣した。一九一三年夏に二か月間ウルガで活動した眼科医は九〇〇〇人あまりのモンゴル人を診察し、五〇〇以上の手術を行い大きな成果を残したが、同年末には別の医療隊も三か月半の間に多数を治療した。(17)

第三章は学校、図書館、書籍、新聞、雑誌、クラブ、映画館、モンゴル人のための学校、シベリアにおけるモンゴル人教育を扱う。一八六一年二月ウルガに初のロシア領事館が開設された後、通訳学校を設置したのは二代目の領事ヤコフ・シシマレフだった **Я. П. Шишмарев**（一八三三〜一九一五）。ザバイカルに移住したモンゴル人の祖父、キャフタでモンゴル語の通訳をしていた父のもとモンゴル国境のトロイツコサフスクで生まれた。通訳学校では一八六五年に最初の卒業生を出したあとも、二、三年ごとに一〜三名の卒業生を出した。東シベリア総督府から維持費が出ていたが、一八八四年にこの学校の規定が制定され国費で五年間の教育が施されることになった。要求されていた学校の拡充の実現は容易ではなかった。シシマレフは生徒の教育にも関心を寄せ、現地の役人を招いてモンゴル語、満洲語も学ばせた。彼の指導のもと、この学校で教えていたのが後に外相、首相になるツェレンドルジであった。のちに非合法グループのリーダーとなり、一九二一年革命後に初代首相に就任するボドーもこの学校で教えた。五六年間に一〇〇人以上を育て、彼らは各界で活躍した。

モンゴルに居住するロシア人子弟のための学校が初めて作られたのは一九〇三年で、一九一六年春にウルガとその周辺には二〇〇人の就学年齢の児童がおり、小学校は四校存在した。ウルガで初の中等学校となる商業学校が九人の生徒を集めて授業を始めたのは一九一五年だった。モンゴル全体ではこの時期、ロシア人子弟のために一〇の小学校、中学校は一校設置されたことになる。(18)

新聞、雑誌、書籍もなくそれらへの関心も薄いためモンゴル在住のロシア人一般の文化水準は低く、暗黒の王国だったとの通説（一九一〇年に調査したトムスク大学のグループや一九一九年に視察したマイスキーなど）は一時的な滞在時の観察に基づくものである。シシマレフ領事らがロシアからの通信や新聞をロシア人住民に分け与えていた。一九世紀末からキャフタで発行されていた新聞のウルガにおける購読者名簿も存在するが、購読者は周辺に回すので読者はさらに多くなる。彼らはシベリアや首都の新聞を購読し、モンゴルに関する書籍も読んでいた。保守的、自由主義的、社会民主主義的なものからマルクス主義的なものまで読まれていたが、ロシア人住民の構成を反映して自由主義的なものが最も好まれていた。新聞、雑誌を通じてモンゴルのロシア人住民は世界の政治、その他の事件についての情報を得ていたが、その周辺に存在していたモンゴル人の中にはロシアの新聞にも関心を抱く人々が多く、情報伝達の回路となった。モンゴル人のためのモンゴル語で書かれた初のロシアの新聞『モンゴル報知』が一九〇九年に刊行されたのはハルビンであり、一九一八年まで刊行されたが、それを読みたいモンゴル人のためにモンゴル在住のロシア人が支援することもあった。一九一一年のモンゴルの独立宣言後、ウルガの総領事館にモンゴル語の活字を備えた出版所が設置され、ブリャートからの知識人ジャムツァラーノが一九一三年から一五年にかけて刊行された週刊新聞（五号まで月刊新聞）『新しい鏡』編集にあたったが、これはウル

みすず 新刊案内

2017. 3

トリエステの亡霊

サーバ、ジョイス、ケアリー

ジョーゼフ・ケアリー
鈴木昭裕訳

アドリア海に面した港湾都市トリエステ。過ぎし日の栄光と繁栄が消え残る二〇世紀初頭、この町に三人の詩人と小説家がいた。「イタロ・ズヴェーヴォ、ジェイムズ・ジョイス、ウンベルト・サーバ。もちろん、彼らが亡くなってからずいぶんたっていた。リテラリー・トリエステ。そのテーマで私は本を書くつもりだった。ヴィジョンを喚起する力があったなら、私には本でできた町が見えていたことだろう。『老年』『トリエステとひとりの女』『ジアコモ・ジョイス』『ポームズ・ペニーチ』『ゼーノの意識』、そして、これらの本に関する本。私はまだ読んだことがなかったが、奇妙な名前をもった作家たちの本。ベンコ、ズラタペル、バズレン、ミヒェルシュテッテル、ジョッティ、ストゥパリヒ、マリン」（本文より）

著者はトリエステに赴く。歴史・言語・芸術の枠をこえ、ミステリアスな雰囲気とマニアックな学識をただよわせる文学紀行。

A5変型判　三三六頁　五四〇〇円（税別）

働く患者

中井久夫集1　1964–1983

最相葉月解説

〈むろん精神科医の本領は著作や論文にあるのではない。そういう意味で結局、精神科医としての彼女をもっとも深く知る人は彼女とかかわった患者あるいはその縁者たちであると思う。しかし病いが軽快し癒えるとともに、精神科医は忘れ去られてあたりまえである。患者が自力で立ち直ったと思う時にはじめて精神科医の仕事が完了する。……彼女の願ったとおりに、地上でもっとも大きな仕事はついに誰の目にもみえないままで留まるであろう。著作集は彼女がこの世に残した爪跡のうち目に見える僅かな部分である〉（「精神科医としての神谷美恵子さんについて」）

日本の精神医学に新たな道を切り拓き、透徹した理性と柔軟な感性、研ぎ澄まされたアンテナ感覚で人と時代を捉えてきた精神科医・中井久夫。一九六四年にペンネームで発表した論考から東日本大震災以後まで、半世紀にわたり世に届け続けたことばの数々をここに年代順に編む。全11巻。1巻は初期20編。

四六判　三三六頁　三二〇〇円（税別）

読者カード

みすず書房の本をご愛読いただき，まことにありがとうございます.

お求めいただいた書籍タイトル

ご購入書店は

・新刊をご案内する「パブリッシャーズ・レビュー　みすず書房の本棚」（年 4 回 3 月・6 月・9 月・12 月刊，無料）をご希望の方にお送りいたします.

（希望する／希望しない）

★ご希望の方は下の「ご住所」欄も必ず記入してください.

・「みすず書房図書目録」最新版をご希望の方にお送りいたします.

（希望する／希望しない）

★ご希望の方は下の「ご住所」欄も必ず記入してください.

・新刊・イベントなどをご案内する「みすず書房ニュースレター」（E メール配信・月 2 回）をご希望の方にお送りいたします.

（配信を希望する／希望しない）

★ご希望の方は下の「Eメール」欄も必ず記入してください.

・よろしければご関心のジャンルをお知らせください.
（哲学・思想／宗教／心理／社会科学／社会ノンフィクション／教育／歴史／文学／芸術／自然科学／医学）

（ふりがな） お名前　　　　　　　　様	〒
ご住所　　　都・道・府・県　　　市・区・郡	
電話　　（　　　　）	
E メール	

ご記入いただいた個人情報は正当な目的のためにのみ使用いたします.

ありがとうございました. みすず書房ウェブサイト http://www.msz.co.jp では刊行書の詳細な書誌とともに，新刊，近刊，復刊，イベントなどさまざまなご案内を掲載しています. ご注文・問い合わせにもぜひご利用ください.

郵便はがき

料金受取人払郵便

本郷局承認

9196

差出有効期間
平成29年12月
1日まで

113-8790

505

東京都文京区

本郷5丁目32番21号

みすず書房営業部

行

通信欄

（ご意見・ご感想などお寄せください．小社ウェブサイトでご紹介させていただく場合がございます．あらかじめご了承ください．）

貧困と闘う知

教育、医療、金融、ガバナンス

エステル・デュフロ
峯陽一、コザ・アリーン訳

インド、マラウィ、ケニア、メキシコなどでの実践が明らかにしたのは……ワクチン接種キャンペーンをもっと効果的にするには？低コストで子どもたちの教育を改善するには？出勤しない教師や看護師にどう対応する？マイクロクレジットは貧農を救う魔法の処方箋か？

「コンセプトの明快さ、柔軟性、そしてそれが政策と研究の交差点に位置していることによって、ランダム化比較実験は特別に豊かで汎用性が高い道具になった。…本書では、こうした実験について報告することで、人間開発の挑戦に新たな光を当てる。この探究を進めるにあたって、私たちはアクターの行動や動機の豊かさを明らかにしようと試みる。これらをよく理解することによって、私たちは、より効果的な政策を立案するための道筋を提案できることになるだろう」（第Ⅰ部の序）

開発経済学の最先端の研究成果をコンパクトかつ濃密に紹介する。

四六判　二一六頁　二七〇〇円（税別）

職人の近代

道具鍛冶千代鶴是秀の変容

土田昇

刀工名家に生まれ、廃刀令以後の明治に、道具鍛冶として数多くの名品を作った千代鶴是秀。機能美の極致のような鑿や鉋は、若き日に「道具はいかにあるべきものか」を使用者である大工たちから教え込まれた是秀の、職人として当然行き着いた地点だった。そんな是秀の作った道具の中で唯一、他と異なるたたずまいを持つのが一群の切出小刀。稲穂、鮎、月、槍鉋…多彩なモチーフ、誰も挑戦したことのないデザインを鉄の表皮表現をどこまで工夫しうるかを探るように是秀は次々に作ってゆく。実用から離れた「道具たらざるものの美」への逸脱の試みとは何だったのか。

著者は東京で三代にわたる大工道具店を営む。品格という言葉がまさにふさわしい職人・工人、是秀の作風変化に影響をあたえた芸術家たちのエピソード、道具や技術についての話を絡ませながら、近代化の号令のもとに変質を遂げていった明治以後の日本を、職人の世界－非合理の世界から描く。カラー口絵。

四六判　三二〇頁　三七〇〇円（税別）

最近の刊行書

——2017年3月——

ウィラ・キャザー　佐藤宏子訳
マイ・アントニーア 新装版　3800円

M.グッドウィン　D. E. バー画　脇山美伸訳
エコノミックス——マンガで読む経済の歴史　3200円

S. S. コーエン／J. B. デロング　上原裕美子訳
アメリカ経済政策入門——建国から現在まで　2800円

寺山恭輔
スターリンとモンゴル 1931-1946　8000円

M. モランジュ　佐藤直樹訳
生物科学の歴史——現代の生命思想を理解するために　5400円

R. P. ファインマン／A. R. ヒッブス　D. F. スタイヤー校訂　北原和夫訳
量子力学と経路積分 新版　5800円

* * *

—好評書評書籍—

夢遊病者たち——第一次世界大戦はいかにして始まったか　全2巻
Ch. クラーク　小原淳訳　1：4600円／2：5200円
ハンザ 12-17世紀　Ph. ドランジェ　高橋理監訳　5500円
中国安全保障全史　A. J. ネイサン／A. スコベル　河野純治訳　4600円
〈和解〉のリアルポリティクス　武井彩佳　3400円
書簡の時代——ロラン・バルト晩年の肖像　A. コンパニョン　中地義和訳　3800円
マティスとルオー 友情の手紙　J. マンク編　後藤新治他訳　3500円
芸術の海をゆく人——回想の土方定一　酒井忠康　4600円
シベリア抑留関係資料集成　富田武・長勢了治編　18000円

* * *

月刊みすず　2017年3月号

「ベルンハルトの小説を舞台にかける」Ch. ルパへのインタビュー・「科学のなかの文学とはなにか」海猫沢めろん／連載：小沢信男・大谷卓史・池内紀・大井玄・岡真理・辻由美・上村忠男 ほか　300円（2017年3月1日発行）

みすず書房
http://www.msz.co.jp
東京都文京区本郷 5-32-21　〒113-0033
TEL. 03-3814-0131（営業部）
FAX 03-3818-6435

表紙：Henri Matisse　※表示価格はすべて税別です

ガにセンセーションを巻き起こした。その後、一九一五〜一八年にかけて別の週刊新聞『首都通報』もジャムツァラーノが編集し、革命後の政府で活躍するダンザン、ボドーらが編集に加わった[19]。

ウルガでは一九〇三年、ウリャスタイ、ホブドなどでは一九一四〜一六年に様々なクラブが作られコンサートや合唱などの催しが開かれ、在留ロシア人の社交の場となった。リュミエール兄弟が発明した映画はすぐにロシアにも伝わったが（一八九六年にヨーロッパ・ロシア、一八九七年春にイルクーツク、キャフタ）、一九一三年にモンゴルにまで浸透した。上映された映画のリストを完全に復元はできないが、イルクーツクで上映されていた題目から、数は大幅に減るのは当然だが、作成可能である。ジャンルは記録映画、ニュース映画、劇映画、第一次世界大戦を反映したもの、コメディ、国内外のドラマ、歴史映画、ロシアにおける階級闘争、革命運動を描くフィルムなど多様で、文字の読めない人々にも大きな影響を与えた。ギンズブルグ［映画史研究者］の指摘する通り、劇場よりも社会の様々な階層が鑑賞できるより民主的な芸術たる映画を客観的、歴史的に研究する必要がある。ウルガでは、むしろ中国人、モンゴル人が熱心に映画館に足を運んだ。ラマ僧が映画館への立ち入り禁止を試みたが失敗したらしい。モンゴル人にとって映画は、たんなる舶来の珍奇な見世物ではなく、現代的な文化的世界への関与の手段だった[20]。

ロシア人子弟だけでなく、モンゴル人のための教育にもロシア人は尽力した。シシマレフ、リューバらはモンゴル人をロシア人の学校に招こうとしたことがあったが、活発化するのはモンゴルの独立宣言後である。一九一二年に世俗学校二校が開校したが、ひとつはロシア領事館にロシアの資金で作られ、ひとつはモンゴル外務省に付設されたモンゴル政府の学校である。総領事館に設置された学校では生徒六人に対してジャムツァラーノが教壇に立った。一九一三年に生徒となったのがチョイバルサンで、彼が初めて学校に来た時の様子をアバシェーエフが記録している。モンゴル国内だけでなく、モンゴル人子弟をロシアで学ばせる動きもモンゴルの独立宣言後に強まった。ジャムツァラーノは一九一三年に一四人の生徒を連れてイルクーツクに向かい、工場や鉄道その他を視察し生徒の視野を広げ、さらにイルクーツクの学校に生徒受け入れを要請し認められた。ロシア帝室地理学協会メンバーでジャーナリストのペルシンが生徒たちの受け入れに尽力し、イルクーツク当局や社会にモンゴル人生徒の受け入れの意義を強調する論文を新聞にも掲載したが、これは教育を通じてモンゴルへの影響力強化を図った地方当局とロシア政府の意思の表れである。サンクトペテルブルグに交渉に向かうモンゴルの首相も視察に訪れた。チョイバルサンは一九一六年から一年、イルクーツク師範大学の高等小学校で学んだ。この時期、イルクーツクでは労働者のストが行われ、二月革命後には政治囚が流刑地から解放され、いたるところで様々な政党の集会も開かれていたので、彼はその目撃者でもあった。帰国後モンゴルの青年たちの多くはウルガの電信局にいたコージンの主導で設置された電信士のコースに送られた。チョイバルサン、ダムバドルジ、バトオチルなどはその後、モンゴル革命の活発な参加者となった(21)。

第四章ではロシア帝室地理学協会の活動、ロシア人居留民の役割、それに対するモンゴル人の協力を取り扱う。ロシア帝室地理学協会のシベリア支部は一八五一年に設立され、一八七一年に東シベリア支部に改称した。領事館開設までのモンゴルでの調査は困難だったが、領事館開設とともにシシマレフ領事自らモンゴル各地を訪問し、協会に多数の論文を寄稿した。彼以外の領事館員もモンゴル研究に従事した他、北京で活動していた正教の使節団も研究に協力した。一八六〇年代にはロシア天文台もモンゴルに気象台を設置した。東シベリア支部長をポターニン **Г. Н. Потанин**（一八八六〜一八九〇）、クレメンツ **Д. А. Клеменц**（一八九一〜一八九四）が務めていた時代の協会の上げた成果は特に実り多かった。一八八八年には協会の博物館で仏教文化の大展覧会が開かれ大成功をおさめた。協会の調査にはモンゴル在留ロシア人たちも協力を惜しまなかった。商人たちが残した記録には人類学的な情報やロシア人とモンゴル人の交流について記述されており、その価値は高い。研究対象は地理学、測量学、地質学、人類学、宗教、フォークロア、医学、考古学、歴史、交易路、商業、ロシア人とモンゴル人の相互関係、モンゴル書籍・草稿の収集など様々な側面に及んだ。ヤドリンツェフの発見が六〇年後の一九四八〜四九年にキセリョフの遠征隊によるカラコルム発掘へとつながった(22)。東シベリア支部の他に、一八九四年にはロシア帝室地理学協会沿アムール支部トロイツコサフスク・キャフタ支所も開設された。トロイツコサフスク、キャフタは貿易の中心であるばかりでなく、学校や気象台、図書館も備えた文化の中心地だったが、支所は現地のインテリ層も引き込み、モンゴル研究を推進し多くの成果を上げた(23)。

モンゴルを訪問した研究者を側面から支援したのはモンゴル在留ロシア人たちであった。モンゴルに二五年居住したミーニンが作った会話用の露蒙辞典（約五〇〇〇語）は多数が利用した。モンゴルに五〇年住んだユルガーノヴァは科学アカデミー植物園の依頼で四〇〇〇種の昆虫の標本を作製した。特筆すべきはブルドゥコフの活躍である。二歳で父を喪った彼が一二歳の時、母はビイスクの商人モーキンの元へ彼を丁稚として委ねた。モーキンにモンゴル北西のハンゲリツェクに連れていかれたブルドゥコフはここで一九年間働き、会社の代理人となった。一九一四年にモンゴル人も含めたロシア貿易商人の会を結成した他、ホブド、ウリャスタイにおけるロシア人学校の開設も主導した。モンゴル人には自分たちの仲間として慕われ、ウンゲルン軍がモンゴルを占領した際、彼は家族とともに捕らえられ殺害を命じられていたが、それを救ったのは著名な政治家、マクサルジャブだった。商売をしながらモンゴル研究にも強い関心を抱いていたブルドゥコフは、一九〇九年サンクトペテルブルグ大学のモンゴル学者コトヴィチ **В. Л. Котвич** に手紙を出したことから二人の文通が始まった。コトヴィチの弟子で同じく著名なモンゴル学者となるウラディミルツォフがモンゴルで実習するのを支援した。ポターニン、マイスキーとも交流したが、マイスキーは九か月間ブルドゥコフ宅に滞在し、その一〇〇〇冊にも上る蔵書を利用して大著を執筆した。ブルドゥコフはこの他にも多数のモンゴル研究者を資金面で援助し、写真や物の膨大なコレクションはロシアの博物館に寄贈した。妻も研究に参加したが、商人仲間もモンゴル研究に引き入れた。彼の仕事はモンゴル人との日常的な密接な交流があって成し遂げられたものだった。モンゴルの独立宣言後には、モンゴル国内の状況を広くロシアに伝えるべく新聞や雑誌に積極的に寄稿し、一九一一～一七年にかけてその数は六〇本に上った。一九二一年のモンゴル革命後にツェントロソユーズの職員として働いたブルドゥコフは、一九二七年にレニングラードに向かい研究者として過ごした。[25]

モンゴルのことを理解していたロシアの学者の研究はモンゴル人の協力あってこそ成り立っていたが、ロシア人の遠征隊にも現地の状況を知り尽くした案内人として同行した。遠征するロシア人も様々だったが、革命的志向を有する人々が多く、ロシアの自由のために闘った彼らはモンゴル人に共感を示した。ポターニン、クレメンツ、ヤドリンツェフらを挙げられるが、「ロシア人は遊牧民への文化の伝道者であるべきで、モンゴル人の暗黒の生活に科学のともしびをもたらすべきだ」とのロシア帝室地理学協会のドゥブロフ Я. П. Дубров の言葉に象徴されるように、これらの進歩的な旅行者には率先して支援の手が差し伸べられることになる。多くはないが、ロシア人の遠征隊員が会話の中でモンゴル人の協力者に伝えたロシアからの新しい情報が記録として残されている。まったく不完全ながら、一五〇以上のロシアの遠征隊が一八七〇年代から一九二〇年代にかけてモンゴルを訪問したというデータも残っている。「モンゴル研究というプロセスにおいて、モンゴル人とロシア人の交流を、モンゴル人が自分たちの国について持っている知識を利用するという一方的な現象ではなく、両者を豊かにした露蒙文化関係・協力の形態のひとつとみなすことが正しい」[26]、とダレフスカヤは評価している。

第五章ではモンゴルの諸事件のロシアへの、そしてロシアの三つの革命のモンゴルへの影響がまとめられる。辛亥革命を契機にモンゴルが独立宣言する以前のロシアの極東政策は、三つのグループの主張にわけて考察しうる。極右は日露戦争に対して日本に復讐することを第一に考え、モンゴルの併合を狙っていた。これをサゾーノフ外相は支持していなかった。大ブルジョアのグループは主として近東に関心を寄せ、モンゴルに対しては独立を助け、保護国にすることまでを限度とした。リベラルはもちろん併合に反対するが、独立を支持すべきとの立場に立っていた。長年モンゴルと関わりの深かった人々、コトヴィチ、ウラディミルツォフ、ブルドゥコフ、スヴェチニコフらはみな独立を支持していた[27]。

領事館開設後の一八六一～六二年にウルガには二五～三〇人のロシア人が居住していたが、六三年に九五人、一八九〇年代には三〇～一五〇人が常住していた。義和団事件が勃発すると、三五〇人のコサック部隊の他、七〇～一〇〇人が兵舎建設その他の事業のために居住した。日露戦争時の一九〇四～〇五年には一五〇～一六〇人がウルガで生活していたが、うち九〇人は軍に動員されていた。一九〇五～〇七年にはモンゴル全体で三〇〇～四〇〇人、ウルガに約二五〇人のロシア人が暮らしていた。中小の商売人が多くを占めていた。領事館員は八五人である。ウルガでは一九〇五年末の全ロシアストの情報などが伝えられていた。一九〇四～〇五年にダライラマが英国から逃れてモンゴルに逃げるとブリャート人の巡礼が増大した。革命が退潮すると、革命の参加者が懲罰隊の追跡を避けてモンゴルに流入する例が増えた。ザバイカルはロシアの中で最も早くコサックによる兵士ソヴィエトが結成されたところだが、ウルガのコサック守備隊もそれに影響を受け、トロイツコサフスクへ撤収した。スヴェチニコフによれば、モンゴル人はロシアが対日戦争で敗れたことに驚き、その理由を知ろうと努めた。一九世紀末には満洲からの抑圧に受動的だったモンゴル人は、日露戦争とそのあとのロシアにおける革命運動の影響を受けてより積極的になった。(28)

二〇世紀初頭のモンゴルにおけるロシア人人口は三〇〇〜四〇〇〇人で、一九一〇年には七〇〇〇人、一二年には一五〇〇〇人、一六年末には五〇〇〇〇人へと増大した。このうち二〇〇〇〇人がウルガ周辺、五〇〇〇人がキャフタに、そしてヴァンフレン、ザインシャビ地区に二五〇〇人、ウリャスタイに一〇〇〇人、ホブド、ウランゴムに八〇〇人、ハトガルに二二〇人住んでいた。ロシアでの革命運動の参加者の中には、ランジュロフ Ц. Ц. Ранжуров、ストゥコフ И. Н. Стуков、クチェレンコ М. И. Кучеренко、チェレパーノフ И. Н. Черепанов、フレイマン Я. Х. Фрейман、ゲムバルジェフスキー Я. В. Гембаржевский、ヤクトフ В. Ф. Якутов、モルデル В. В. Мордер らがモンゴルに逃れていた。一九一七年初めに約二〇〇〇〇人が住んでいたウルガのロシア人は役人、軍人、商人、企業家、インテリの他、労働者も多く、政治的見解はまだら模様を呈していた。一九一三年以降、ウルガにロシア人の自治組織が生まれた。ロシア二月革命はモンゴル在留ロシア人にも大きな影響を及ぼしたが、その様子もモンゴル人は注目していた。一九一一年の革命後、牧民たちはボグド・ハーン政権や王公、チベット仏教の高僧らに以前と変わらず抑圧されていると感じていたためである。(29)

このようにダレフスカヤはモンゴルにおける一九世紀半ば以降のロシア人の活動のあらゆる側面に光をあてたが、単著としてまとめられる前からその諸論文は一般の研究者に大きな影響を与え、その成果に大きく依拠しながらロシアにおけるモンゴル史、ロシア・モンゴル関係史の研究は発展しているように思われる。(30)クジミンは一九世紀末から二〇世紀初めにロシア国内で盛り上がったモンゴル問題についての議論をまとめる著作を発表し、リシトヴァンヌィもシベリアとモンゴルの相互関係を問題にした。(31)二一世紀に入ると、エディナルホヴァは約半世紀ウルガの総領事を務めたシシマレフの覚書を刊行して、(32)その活動をまとめ、(33)ダレフスカヤと同様にモンゴルにおけるロシア人の活動をまとめた。(34)スタルツェフは改めてロシア・モンゴル貿易に焦点をあてているが、アルタイ共和国のバルナウルで刊行された彼の著書は特にモンゴル西部と近接したシベリア各地との経済関係に重点が置かれている。(35) シシマレフについての関心は衰えておらず、二〇一五年にはモスクワのシゾヴァがシシマレフを中心とするモンゴルのロシア領事館の活動についてより詳細に総括する著作を発表した。(36) またボイコヴァは特に一九世紀に行われたロシアの軍人によるいくつかのモンゴル遠征隊の活動に焦点をあてている。(37)

後のソ連時代にも類似した駐モンゴル・ロシア領事の活動をシゾヴァの著作に沿って紹介しておこう。モンゴル語ができ実質的に領事職をこなしていたシシマレフは一八六五年三月に正式に二代目の領事に就任し、その後約半世紀領事(一八八二年から総領事)を務めた。一九〇九年にウリャスタイ、一九一一年にシャラスメ、ホブドに領事館が開設されるまで広範な地域を担当とするロシア領事は、スタッフも少なく(例えば一八九二年段階で、中国に赴任していた外交官のうちモンゴル語を理解できたのはシシマレフの他に一人だけ)厳しい日常生活の中、軍やシベリア総督府、各機関と調整しながら活動をこなしていた。(38) 本書では主に一九三〇年代以降に満洲へ進出する日本に対して、モンゴルも国防の拠点に組み込んで対処したソ連の政策に焦点をあてるが、この問題と重なるのが日清戦争、日露戦争時のロシア領事館の動きである。日清戦争時には中国、モンゴルにおける日本人の活動、住民の日本に対する対応を調査していたが、二〇世紀初頭にさらに活発化する日本人の活動に対して、ウルガ、ウリャスタイの領事たちは、北京への日本使節団の研究生から商人、学者に至るまで「その大部分は工作員」(シゾヴァの言葉)だった日本人一人ひとりについて報告した。一九〇二年一〇月、シシマレフは日本が貿易を研究すべくモンゴル、満洲、ロシアとの国境に派遣した代表団について報告し、「日本人がモンゴルと直接の通商関係を開設するのは我々にとって好ましくない」と結論づけている。(39) 日露戦争時に日本がモンゴルを通じてロシアの動きについて偵察を進めたのに対し、ロシアは日本のスパイの浸透を阻止すべくウルガを中心に諜報網を組織した。ロシアに勝利した後、貿易の機会を求めた日本人のモンゴルへの来訪が増加し、活発に活動を行っていたことが記録されている。一九〇六年にはモンゴル西部でも日本人が活動した。領事館員はモンゴルの地方に出没する日本人グループを監視し、その測量活動や地方当局との接触も追跡した。一九〇六年一〇月に日本人がモンゴルで測量を行うと、その活動、人数等を監視すべくドロンノール、またはカルガン近くに拠点を作ることが検討された。一九〇七年七月に日露協約が締結され、秘密協定で日露間の勢力圏が分割されるが、その後も日本側は「学者」を装って偵察活動を続け（例えば一九〇八年夏、ウルガには約二〇名の日本人が学者として来訪）、シシマレフが、「ウルガの御者が誰一人、いつもの日本の「学術的」遠征隊をウリャスタイ管区に連れて行かないよう、「何らかの手段で」影響を及ぼすことができた」と述べたという。さらに一九〇九年夏、シシマレフはモンゴル東部と満洲との境界付近へ、日本人の活動についてのデータを収集すべく出張した。[40] 日本側の史料と突き合わせることで、さらに研究の発展が見込めるが、すでにこの時代のモンゴルで、ロシアの領事が日本の行動を警戒して情報収集していたのは、のちに本書で述べていくスターリン時代と重なることを確認しておきたい。

三　辛亥革命、ロシア革命、モンゴル独立革命

ここで改めて二〇世紀初めから、辛亥革命、ロシア革命を経て一九二一年のモンゴル独立革命までの動きを確認しておくことにしたい。この時代については歴史家の関心も高く日本ではすでに多くの研究が蓄積され、特に中見による著作[41]や一連の先駆的論文（論文は多数に上るので、巻末の参考文献を参照のこと）や、ボグド・ハーン政権に焦点をあてた橘による本格的な著作[42]がある。ロシアではベロフの著作が代表的である。[43] これらを参考に歴史的経過を年表にまとめると次ページの通りとなる。

辛亥革命が起こると、ハルハ地方では王侯・高位仏教僧がフレー（のちのウランバートル）の活仏第八代ジェプツンダムバ・ホトクトを皇帝（ボグド・ハーン）位につけ一九一一年一二月、あくまでも清朝からの独立を宣言した。さらに周辺のモンゴル族、すなわち南モンゴル（内モンゴル）、バルガ（フルン・ボイル）、ウーリャンハイ、ロシア内のブリャートを含む大モンゴルの創設まで目論むグループもいた。これに対して一九一二年一月に成立した中華民国政府はハルハ地域のみならず清朝統治下にあったすべての領域に対する支配の正統性を主張し続けることになる。辛亥革命の生じる前から、ハルハはロシアに代表団を派遣してモンゴル独立に対する支援を求め

る一方で、ホブド（＝西部モンゴル）も平定して支配領域を拡大した。一方でロシアは、日露戦争後に日本との関係を改善し、一九〇七年七月に第一回日露協約を締結、その秘密協定で満洲における権益を南北で分割し、ロシアの外モンゴル、日本の朝鮮半島における権益をお互いに認めた。さらに一九一〇年の第二回日露協約で米国の南満洲鉄道中立案を両国で拒否してお互いの満洲権益を確認していたが、辛亥革命後の一九一二年七月八日の第三回日露協約では内モンゴルの権益を東西に分割、西部をロシア、東部を日本が確保することとした。内モンゴルのうち、二〇世紀初頭から強化された清朝による漢化政策の影響の少ない地域ではハルハによる統合に呼応する動きも見られたが、ハルハの自治は支持しても日本との密約が存在したため、ロシアとしては内モンゴルやバルガとの統合まで支持するわけにはいかなかった。

ロシア、ハルハ、北京政権の間では、一九一二年一一月三日に露蒙協定、一九一三年一一月五日の露中宣言、一九一五年六月七日のロシア、モンゴル、中華民国三国によるキャフタ協定締結が主な流れだが、あくまでも中国宗主権下での自治モンゴルを目指すというロシアの方針に基づいて解決が進められた。ところが、一九一七年二月にロシア帝国が崩壊、さらに一〇月革命でボリシェヴィキが権力を握り、ロシアが内戦に突入し日本がシベリアに出兵すると、モンゴル情勢もその影響を強く受けるようになる。中国では安徽派の段祺瑞が権力を握り、外モンゴルでの勢力回復を目指して徐樹錚を派遣、一九一九年一一月モンゴルの自治を撤廃した。一方ロシアではボリシェヴィキが一九二〇年初めにコルチャーク政権を倒して、四月に極東共和国を樹立、本格的に対東方政策を展開し始めた。(44) モンゴルでは自治廃止に抵抗するグループが糾合、一九二〇年春にモンゴル人民党を結成し、ロシアのシュミャツキーらと交渉を始めた。こうした中、反ボリシェヴィキ運動の指導者セミョーノフの部下だったウンゲルンの部隊が一九二〇年一〇月にモンゴルへ侵入、一九二一年一月にはフレー（のちのウランバートル）を占領してボグド・ハーンを復位させた。これに対し、ウンゲルン軍を倒すべく一九二一年三月、ソヴィエト政権は軍事行動を決定、モンゴル人民党もトロイツコサフスクで第一回党大会を開催して党綱領を採択、七月モンゴル人民義勇軍はソヴィエト赤軍、極東共和国軍に支援されてフレーへ進撃、七月に占領し、一九二二年初めまでに外モンゴル全土を制圧した。(45) 以後、モンゴルに対するソヴィエト政権の関与が徐々に強まっていくことになる。

一九〇七年	七月三〇日	第一回日露協約　外モンゴルにおけるロシアの特殊権益を日本が承認
	八月三一日	英露協商
一九一〇年	七月四日	第二回日露協約　満洲における日露勢力範囲を確定
一九一一年	八月	サンクトペテルブルグへモンゴル代表団派遣
	一〇月一〇日	武昌蜂起　辛亥革命
	一二月一日	モンゴル（ハルハ四部）独立宣言
	一二月二九日	ジェブツンダムバ・ホトクト、ボグド・ハーン（皇帝）に即位
一九一二年	一月	モンゴル問題の発生で、内モンゴルの勢力範囲設定のため日露交渉→七月八日第三回日露協約締結
	七月	総理大臣職にナムナンスレン就任
	七月八日	ホブド解放
	八〜九月	オタイ蜂起　東モンゴル独立宣言
	八月一五日	ロシア政府の対モンゴル方針閣議決定
	一一月三日	露蒙協定（九月にコロストヴェッツを派遣して交渉）
	一二月末	ハンダドルジ代表団　サンクトペテルブルグへ

一九一三年	一月	ツェレンチメド代表団の日本訪問　実現せず
	一月一〇日	チベット・モンゴル条約締結
	一月	モンゴルによる軍事行動開始　年半ばまでに南モンゴルの多くがボグド・ハーン政権の支配下に
	一一月五日	露中宣言＝中華民国宗主権下での外モンゴル自治を確認
	一二月一六日	ボグド・ハーン政権　内モンゴルからの撤兵を声明
	末	ナムナンスレン総理全権の代表団　サンクトペテルブルグへ
一九一四年	七月二八日	第一次世界大戦勃発
	九月九日	キャフタでロシア・中国・モンゴルの三国会談開始
一九一五年	六月七日	キャフタ協定＝自治外モンゴルの領域確定＝今日のモンゴル国
一九一七年	三月一二日	ロシア二月革命　臨時政府成立
	一一月	ロシア一〇月革命
一九一九年	三月	ダウリヤでセミョーノフらを中心とする臨時政府
	一一月二二日	北京政府が徐樹錚をモンゴルに派遣し、自治を撤廃
一九二〇年	春	モンゴル人民党結成
	六月末	ロシア側代表と会見し、外モンゴル自治、ボグド・ハーン政権復興を協議
	一〇月	セミョーノフの部下、ウンゲルンの部隊が外モンゴルへ侵入

一九二一年	一月	ウンゲルン軍、フレーを占領　ボグド・ハーン復位
	三月一日	モンゴル人民党　創立大会　一三日臨時政府を組織
	三月一三日	マイマチェン解放
	七月	モンゴル人民義勇軍フレー入城（五〜六日）　ボドー政府ウルガへ（八日）　政権移譲（一〇日）　一九二二年初めまでに外モンゴル全土を平定
	一〇〜一一月	モスクワへ代表団派遣。一一月五日　モンゴル・ソヴィエト友好条約調印
	一二月一四日	独立宣言

四　先行研究

本書を叙述するにあたって参照した先行研究については、必要に応じて各章で紹介することとし、ここではロシア語文献を中心に主に利用した文献を紹介しておく。[46] モンゴルの通史としては、モンゴルの科学アカデミーが編集した『モンゴル史』[47]が邦訳されており、訳者による詳しい注釈も参考になる。バトバヤルによる簡便な通史の邦訳[48]もある。ソ連時代には、ソ連・モンゴル間の経済協力に焦点をあてたメシチェリャーコフの概説書、[49]外交官としてモンゴルに駐在し、歴史家でもあったズラトキンによる近現代史、[50]両国関係史やモンゴルに携わったソ連人関係者の回想[52]が知られていたが、一九九〇年代に利用可能となった史料館（アルヒーフ）の史料を駆使してまとめたのがローシシン、ルジャーニンの著作である。ローシシンの『モンゴル政治史』[53]はモンゴルの様々な政治指導者について詳しい伝記的情報をもたらしてくれる。彼はまた一九三〇年代後半からモンゴルで独裁的権力をふるうようになるチョイバルサン、[54]モスクワにおけるスターリンとの対談を本書でも収録したゲンデン[55]の伝記も執筆した。ルジャーニンはその著作『世紀前半におけるロシア・モンゴル・中国』[56]で、辛亥革命から一九四六年の中国によるモンゴル独立の正式承認までの三国の相互関係を中心にまとめている。ただしローシシン、ルジャーニンともに、コミンテルン文書や外務省のモンゴル関係文書を主として利用し、本書が主題とするソ連のモンゴルへの関与の増大についての言及は少ない。通史としては、ロシア科学アカデミー東洋学研究所が出版した『二〇世紀のモンゴル史』[57]が最新の成果である。二〇世紀のロシア・モンゴルの相互関係については、両国の研究者による論文集[58]も出ている。

一次史料を収録した文書集も多数刊行されている。ソ連時代に刊行された文書集[59]に加え、最近刊行されたモンゴルにおけるコミンテルンの活動に焦点をあてた文書集[60]は非常に分量が多く、政策決定の背後に存在した情報をもたらしてくれる。辛亥革命後、第二次世界大戦を経てモンゴルが国際的に独立を承認されるまでの約三五年間のロシア／ソ連とモンゴルの軍事協力に関する史料集[61]は二〇〇八年に刊行された。夏期休暇中にモスクワに残ったカガノーヴィチやモロトフら指導部とスターリンが交わした通信にもモンゴルに関連したやり取りが残っており、政策決定過程を知るには必須の文献である。[62]『イズヴェスチア』の特派員としてモンゴルにも長期間滞在したシンカリョフが、チョイバルサンの後継者で戦後のモンゴルを支配したツェデンバルについてまとめたが、その中に、モスクワを訪問したモンゴル指導者たちとスターリンらソ連指導部との生々しい会談記録を収録している。[63]英語圏ではルーペン[64]、ボーデン[65]の著作が代表的なものとして知られている。

第二章　一九二〇年代のソ連の対モンゴル政策

一　一九二〇年代初頭のソ連の対モンゴル政策

本章では一九二〇年代のソ連の対モンゴル政策についてまとめることを課題とする。この時代についての先行研究を最初に挙げておく。一九二〇年代初めについては、二木博史[1]や生駒雅則[2]による先駆的な一連の研究の他、青木雅浩による本格的な著作がすでに出ている[3]。青木の著作はモンゴルのみならず、ロシアの史料館の史料をふんだんに利用しており、ロシアやコミンテルンの動向についても詳しい。すでにモンゴルの内情にも精通したこれらの充実した先行研究が存在するので、本書ではあくまでもソ連側で対モンゴル政策に関わったスタッフや政治局の決定に重点を置きながら、順を追って考察していくことにしたい。

ウンゲルン軍を排除し、モンゴル革命を成就させた政治局は、軍事行動がもたらした荒廃に関して、一九二一年一〇月二〇日、「軍隊を原因とする損害に対してモンゴル住民に五〇万ルーブルを銀で支払う」ことを検討［この件については、同年八月二九日の政治局会議で検討されていた模様だが、内容は不明］し、カーメネフ、チチェーリン、カリーニンからなる小委員会を設置、この問題に加えロシア・モンゴル関係に関連したその他の財政問題を検討することを委任した[4]。カーメネフとしか記載がないが、レフ・カーメネフ[5]ではなく、赤軍最高司令官セルゲイ・カーメネフ[6]の可能性がある。一九二〇年九月にダンザン、リンチノらモンゴルからの代表団に応対した人物としてチチェーリン、カラハンに加え、セルゲイ・カーメネフの名前が挙がっているからである[7]。損害賠償について政治局は一〇月二七日、赤軍の軍事行動と関連した被害に対し、五〇万ルーブル相当の銀をシュミャツキーの管理下に置いてモンゴルの貧しい住民に補償し、モンゴル政府に一〇〇万ルーブルの借款を銀で供与する協定を結ぶことを決定した。[8] 返済はモンゴルの食料で四年間に四分割で支払われることを想定していた。シュミャツキーは外務人民委員部の極東全権代表で、モンゴル革命に深く関与した人物である。

このようにソヴィエトロシアは赤軍の投入によってウンゲルン軍を倒すだけでなく、中華民国が企てた外モンゴルに対する支配の復活を阻止すべく着々と手を打っていた。権力を握ったモンゴル新政府は早速モスクワに代表団を派遣、一九二一年一〇月二六日から一一月五日にかけてロシア政府と交渉し一一月五日、「ロシア・モンゴル友好条約」が締結された。[9] その後、一九二二年一～二月にコミンテルンはモンゴルを含む極東各地の代表を集めて極東諸民族大会を開催する一方、[10] モンゴルでは新政府の首相兼外相のボドーが一九二二年一月に辞任し、八月に処刑されるという事件が生じる。この件に関しても青木は、全権代表代理オフティン[11]やコミンテルンのリンチノらロシア、コミンテルンのエージェントの過剰な介入に対してボドーが反発、その行動が反ソ的であるとみなされたためであると詳細に論じている。[12] この間、政治局はモンゴル内政について何ら決定していないが、例外は六月二二日の決定で、モンゴルへの全権代表としてリュバルスキーを任命するとの外務人民委員部の提案を採択した。[13] ロシア革命後不在になっていたロシアの代表が任命されることになったのである。オフティンの上司となるポストであり、ボドー事件への関与の度合いが注目される。その一か月後の七月二〇日にはモンゴルの銀行について検討し、「銀行に関するモンゴルとの協定の一定部分について、政治的な観点から中央委員会は反対しない。人民委員会議［通称ソヴナルコムといい閣僚会議を意味する。ソ連の他に各共和国にも存在］にはソヴィエト的手続きで（ソコーリニコフ[14]とともに）純粋に財政的な観点から問題を検討」するよう促した。[15]

極東に出兵していた日本と対峙すべく一九二〇年四月に設立していた極東共和国が、ユーリン外相を北京に派遣して中華民国との交渉を進める一方、ソヴィエトロシアもヨッフェ **А. А. Иоффе** を一九二二年七月から中華民国駐在のロシア代表として北京に派遣し、ロシア革命以来、途絶えていた中国との関係復活に動き出していた。中国としては、モンゴルに軍事介入したうえ、軍隊駐留を継続させ、さらに協定を締結したロシアの動きは許容しがたく、それが交渉進展の阻害要因となっていた。モンゴルにおける部隊の駐留と中華民国との交渉については、ヨッフェに送付する電報の内容を検討した一九二二年八月二四日、八月三一日の政治局決定から知ることができる。八月二四日には、①現段階ではモンゴルからの部隊の撤退に関していかなる約束も許されず、モンゴル問題はロシア・中国交渉との全体的な関係においてのみ提起でき、極東地方における（ロシアの）立場を全体的に強化するために利用すべきである、②この種の提案に際しては、最寄りの責任ある軍事指揮官、特にゲッケル［中国への軍事アタッシェ］[16]の意見もまた必ず引用すること、以上をヨッフェに提案した。[17] 八月三一日の政治局決定は、大部分が中国に関連したヨッフェへの指示だが、その最後に「中国が提起するあらゆる問題は中国との全体的な協定の形でのみ解決しうる。モンゴルの国家的・法的地位に関する問題はロシア、中国、モンゴルの合意によって解決されるべき」と、モンゴルについて決定している。[18] その後、このモンゴル問題が障害となって中華民国との交渉は進展しなかった。

極東共和国を併合したうえで一九二二年末にソ連邦が成立すると、一九二三年半ば以降、モンゴル方面への政策が本格化する。[19] その前段階として一九二三年五月二四日、政治局はロシア共和国と元極東共和国のブリャート・モンゴルの諸州をひとつのブリャート・モンゴルソヴィエト社会主義自治共和国に統合するとの組織局の決定を承認した。[20] ソ連国内のモンゴル系民族のひとつとして、このブリャート共和国とブリャート人のモンゴルに対する役割は大きい。一方でモンゴルに対しては、遠征隊の派遣、銀行・財政問題、軍事問題など、次に見るように政治局で立て続けに議論されることになる。

遠征隊について政治局は、一九二三年六月二七日、現段階でモンゴルとチベットに遠征隊を派遣することが妥当かどうかについて検討する政治局の小委員会を設置するようにとのジェルジンスキーの提案を採択し、カーメネフ、チチェーリン、ポクロフスキー、ジェルジンスキーをメンバーとして委員会を結成した。同時に「遠征隊のメンバーにブリャート人の共産主義者を含めるようにとのスターリンの提案」も採択した。[21] ロシア共和国内務人民委員のジェルジンスキー[22]は、この提案直後の七月初めには兼務していた交通人民委員を退任しているが、どちらの立場でモンゴル遠征を持ち出してきたのか不明である。モンゴルよりはむしろチベットを主眼にしたこの遠征隊の派遣は八月九日に決定され、一九二四年一月にはボリソフの遠征隊がウルガからチベットに向かった。[23]

一九二三年夏にモンゴルの通商代表団がモスクワを訪れて交渉した結果[24]、七月一二日に政治局は、ロシア・モンゴル銀行の早期設置が必要であるとの結論に達し（議論の中心はカラハン、クラーシン、シェインマン）、「財務委員会は、必要な銀行定款の草案を一週間で人民委員会議に提出して承認を受けること、資本金の額、当初はロシアの納付が一〇万金ルーブルを超えないよう、その支払期間も定めること」を決定した[25]。一方でモンゴルに派遣する財政顧問について政治局は八月二日、組織局に候補者の選抜を委ねた。同じ日に政治局は、全権代表としてワシリエフ[26]を任命した。すなわちリュバルスキーは一年ほどで任を解かれたことになる[27]。ワシリエフ赴任後にチチェーリン外務人民委員は「我々の最初の本当の全権代表が赴任した」とコメントしており、前任者と異なる期待を抱いていたことをうかがわせる[28]。一九一三年末にナムナンスレン首相が軍事・財政支援を求めて訪露した際も、ロシアは財政顧問コージン С. А. Козин を派遣したが、彼はモンゴルにおける税制改革、国家予算編成のため二〇人の専門家を呼び寄せていた[29]。このように専門家、顧問の派遣は帝政ロシア時代からの継続的意味合いも有していた。こうして一九二四年七月にウランバートルでモンゴル商工銀行＝モンゴル銀行が活動を始めた[30]。

軍事問題について政治局は一九二三年五月一六日、「原則的に、モンゴル人たちの要請に応えることが不可欠」だと認め、「現在三〇〇〇人の兵士のための軍事的装備を、有償で提供する。新しいモンゴル軍の設立に関する問題に関してヨッフェとシベリアの軍司令部に問い合わせること」を決めた[31]。その後の七月一〇日、ソ連外務人民委員部東方部長代理ドゥホフスキー Духовский が、モンゴル軍への軍事教官派遣と軍事資産の提供についてユーディン（駐モンゴルソ連全権代表部職員）に手紙を送り、一週間後にウルガに戻るリンチノとともに、軍参謀長に任命されたコシチ[32]らが現地に向かうと伝えた。また、三〇〇〇人のモンゴル人部隊を想定した総額六〇〇万金ルーブルの軍需物資の一覧がモンゴル側に提示されたこと、リンチノはすでに一〇〇万金ルーブル分の軍需物資を購入していたが、額が大きすぎて、モンゴル側も支払いについて苦慮している様子が文面から読み取れる[33]。

このコシチや、のちの軍事顧問団長となるヴァイネル、ら一二人の教官団の一員として初めてモンゴルに向かったソルキンは、粛清を免れたため回想録[34]を残すことができた。ソルキンはその経歴から、第二次世界大戦に至るまで一貫してモンゴルにおけるソ連の軍事政策その他で大きな役割を果たしたと想像されるが[35]、この回想録は一九二〇年代の数年の出来事を記すだけである。識字率の割合が一〇〇〇人あたり五～一〇人という厳しい状況の中でカリキュラムを組み、教材を準備することが非常に困難だったため、軍人の教育は図や絵を用い、実践中心に行われたこと、一九二三年九月から授業を開始し、厳しい日課を課したこと、一方でソ連の軍事教官はモンゴル語の習得にも一年目から取り組み、モンゴル文字を使った学習は困難だったため聞いて覚えることにし、ソルキンの場合数か月で習得したという苦労を述べている。[36]モンゴル人兵士には風呂の習慣を根付かせ、辮髪もやめさせた。[37]コシチの指導のもとウルガでは軍事学習会が組織され、教官たちは自分の専門について報告した。[38]そして三年後の一九二六年に砲兵学校から二六人（入学は三〇人）の卒業生を送り出したソルキンはモンゴル人兵士の大きな変化、それに果たしたソ連人教官の貢献を強調している。一方でソ連の軍事教官の生活条件については、「ソ連からやってきた指揮官たちにとって、家族や幼い子供たちとステップのテントで慣れない食べ物を食べ、水や医療サービスがないことも珍しくなく、新聞やラジオもない状況で過ごすことがどれほどのものだったのか容易に想像がつくだろう」、それでも教官たちは献身的に働いたと述べている。[39]

一九二三年後半に入って軍事や経済問題で要員を送り込むことを決定し、情報収集を始めていた政治局だが、その後モンゴルに関する決定は長い間なされていない。一方でこの間、青木によれば、ソヴィエトおよびコミンテルンは、王侯、仏教勢力が影響力を維持する人民党に圧力をかけモンゴル人民党第二回大会（一九二三年七～八月）を開催させた結果、ダンザンが首相に就任し、一九二四年の彼の粛清の遠因を作ることになったとまとめている。[40]

一九二四年にはそのダンザン粛清という事件が勃発する人民党第三回大会が八月に開かれるが、それに関しても政治局が触れることはない。一九二四年三月二一日、外務人民委員チチェーリンはソ連革命軍事会議議長フルンゼへの書簡で、モンゴルがソ連防衛にとって持つ重要性を再認識するよう求め、現在ウルガに存在するわずか二〇〇名の赤軍兵士の部隊が、人民革命党の権力維持に貢献しているが、中国との協定に従い撤退する可能性も視野に入れて、これに代わる部隊を今から準備しておく必要があると述べ、例えば義勇部隊を編制する可能性を検討するよう訴えた。[41]

このような問題意識は政治局でも共有されることになる。五月八日に政治局は、外務人民委員部の諸問題を検討する中で、チチェーリン、フルンゼ、ラスコーリニコフからなる小委員会に、今後の中国における活動の組織とその財政について二週間で検討すること、「モンゴルにおけるソ連の部隊の維持と現地での中国軍の設置についての問題を検討」するよう委任した。[43] その結果、五月一四日にこの小委は、ソ連の騎兵部隊をできるだけ長期間維持すること、ソ連の部隊と交代可能で、政治的に信頼しうる軍事的に強力な、ブリャート人を含む部隊をソ連教官の指導のもとに作る作業を並行的に行うこと、モンゴル軍の形成に関しては、モンゴル軍の拡大を目指すのではなく、強力な幹部の構築、数の多くない部隊を有する軍学校の発展を第一に目指すとのロシア革命軍事会議の路線に賛同すること、以上を決めた。[44]

そしてモンゴル駐在全権代表のワシリエフが六月四日、北京駐在のソ連全権代表カラハン（一九二三年より外交代表として、二四年より二六年八月までこのポスト）外務人民委員代理に、ウボレヴィチ、ゲッケルのモンゴル軍再編についての意見をまとめて報告し、[45] 北京への軍事アタッシェ、ゲッケルは一九一三〜二三年にかけてのモンゴル軍強化の歴史を六月二一日付でまとめ、[46] カラハンも六月二三日、チチェーリンにモンゴル軍の再編について報告した。[47] これらを受けて七月、チチェーリンがトロツキー、フルンゼへモンゴル軍の戦闘能力向上について提起した。[48] この間、一九二一年から二三年にかけてモンゴルはロシアから武器、弾薬、軍需物資購入のため何度か借款を受け、それらは全部または一部が期限内に償還されていなかった。これらが問題となるのは一九三〇年代に入ってからとなる。[49]

政治局の議題として出てくるのは初めてだが、一九二四年五月一五日、政治局はウーリャンハイ（トゥヴァのこと）について検討（チチェーリン、フルンゼが問題提起）した。[50] ファリスキーの路線を点検すべく三人のメンバーからなる小委をウーリャンハイへ派遣することとし、必要ならばファリスキーを解任すること、組織局はこの三人のうち一人を委員長に任命すること、残り二人はシベリア・ビューローが任命（一人は軍事関連、一人はゲペウ関連）することとし、外務人民委員部はこの小委に対する指示を作成することになった。[51] 外務人民委員部から派遣されていたファリスキーが現地の事情に疎く、住民から信頼されていなかったことを中央も問題視していたものと考えられる[52]。これを受けて五月二六日に政治局は、ダヴチャンを派遣する小委の委員長に決定した[54]。改めて六月三日に政治局は、ダヴチャン[53]をウーリャンハイへの非常全権代表に任命するとともに、軍の代表を軍事問題に関するダヴチャンの補佐役として、ゲペウの代表を行政問題に関する彼の補佐役として小委員会のメンバーに任命することも決めた[55]。これは五月一五日の決定を繰り返したものだが、氏名はこの決定には記載されていない。その後、一年あまり経った一九二五年七月二三日に政治局は、トゥヴァ共和国の労働コロニーへの借款について検討し、五万ルーブルを提供すること、ツュルーパ（ソ連ゴスプラン議長）にはこの決定をソヴィエト的手続きでまとめ、借款の条件について詰めるよう指示した[56]。今日ロシア連邦の連邦構成主体のひとつであるトゥヴァ共和国は、一九四四年一〇月にソ連邦へロシア共和国の自治州として編入された。ソ連は対モンゴル政策を検討する際に、モンゴルとセットでこの地域に対する政策を検討し一次史料でも並列されることがある。トゥヴァについては少なからぬ先行研究が存在する。スペースの限られた本書ではそれに焦点をあてて詳しく論じることはできないが、モンゴルも領有を主張していたため重要である[57]。

この間モンゴル国内では、一九二四年八月にモンゴル人民党第三回大会が開かれ[58]、ダンザンが逮捕、処刑される一方で、党委員長にダムバドルジを選出し、一九二八年に「右翼偏向」を問われて失脚するまでこの体制は継続する。同年五月にボグド・ゲゲンが死去して[59]いたが、一一月八日召集の第一回大ホラル（最高権力機関の「国民大会」を意味する。その休会中は常設の「小ホラル」が代行する）で共和制をうたったモンゴル人民共和国憲法が採択され、首都クーロンがウランバートル・ホト（赤い英雄の都市）と改称された。主な閣僚は首相ツェレンドルジ、副首相アマル、軍事会議議長リンチノ、経済会議議長アマガーエフ、軍総司令官チョイバルサン、国防大臣マクサルジャブら一二名である。この時点では、ダンザンら右派を打倒して誕生したダムバドルジ政権が左派政権とみなされていたことが興味深い[60]。この国会開会を主導したのが、一九二四年一〇月に派遣されていたコミンテルンの代表ルィスクロフであった。前任者のスタルコフと同様に王侯や仏教勢力を政治指導部から排除し、人民党を中心とする政治体制を確立することを任務としていたが、大ホラルの強行的開催に反発するリンチノとの対立が強まり、それは両者が一九二五年七月にモスクワに召喚されるまで続いた[61]。一九二四年一〇月三日には、ソ連とモンゴルは両国間の電信連絡について合意した。[62] この合意は一九二七年二月二二日に延長されたが、[63] 両国の経済関係のみならず、軍事面でも重視されたのは間違いない。

モンゴル軍の強化については、一九二四年一〇月三日、チチェーリンが陸海軍事人民委員代理兼ソ連革命軍事会議議長代理フルンゼにモンゴル軍の再編を急いで解決する必要があると書簡を送った。フルンゼ不在中の議論では、本格的なモンゴル軍を作るには時期尚早だとの外務人民委員部の見解をウンシュリヒト[64]ソ連革命軍事会議議長代理も支持していること、ウルガにある騎兵部隊のブリャート人の数を徐々に増やし、騎兵部隊を召喚した後はブリャート人を中心とする義勇部隊として残す計画をコシチが中心になって実行中であること、将来のモンゴル軍の中核を担う共産主義の指導者養成の改善を図っていることを述べていた。[65] ところが、ウクライナ軍管区参謀長兼副司令官ウボレヴィチ[66]（一九二四年六月〜）、モンゴル駐在全権代表ワシリエフを交えてウンシュリヒトが行った会合で明らかになったのは、ブリャート人とモンゴル人の反目が大きく、ソ連の騎兵部隊をブリャート人部隊に入れ換えるという計画は実現不可能ということであった。[67] ウボレヴィチはウクライナに赴任する前、極東共和国の軍事相、極東共和国人民革命軍総司令官、その後の第五赤軍司令官を一九二四年まで務めていたので、シベリア方面の軍事事情にも詳しい人物であった。そしてこの会合は、モンゴル人民軍の中に党やソ連寄りの分子を増やすべく、教官や政治スタッフの選抜を急いで行うこと、騎兵部隊の代わりにロシア人の司令官、政治スタッフを備えた装甲部隊を作り、彼らにモンゴル国籍を取らせてモンゴル革命軍に配属することを提案した。同じモンゴル系だからといってモスクワの机上で作られた計画は、ブリャート人とモンゴル人の反目が原因で修正を余儀なくされた。

二　モンゴル人民共和国成立後のソ連の対モンゴル政策

ソ連軍のモンゴル駐留については一九二五年一月二四日、チチェーリンがツェレンドルジ首相に駐留の経緯と軍の撤退を表明する書簡を送り[68]、一月二七日、ツェレンドルジがモンゴル側の同意をチチェーリンに伝えた[69]。

軍事問題だけでなく、一九二四年末にはモンゴルの財政問題にも目が向けられた。軍事問題で活動が目立っていたチチェーリン外務人民委員が、この分野でもイニシアチブを発揮した。政治局は一二月四日、外務人民委員部の諸問題を検討し、モンゴルにおける財政政策について、①「アリスキー[70]を筆頭に貨幣流通と銀行問題に関する有能な理論家、実践家を含む特別の財政小委員会をモンゴルに派遣」するというソコーリニコフ、チチェーリンの提案を採択し、小委員会の課題として、「外務人民委員部と合意した財務人民委員部の指示に基づき、モンゴル財政再構築プランを実行」することと定め、②その実施のため、「二〇〇万ルーブルを上限とする補助金」（金額の正確な確定はソヴィエト的手続き、すなわち人民委員会議などが実行）の支出を決めた[71]。

この一か月後の一九二五年一月八日、政治局はこの財政小委員会の構成について、委員長アリスキーの他イズマイロフ **Измайлов**、シュテイン **В. В. Штейн**、それにモンゴル銀行取締役会議長をメンバーとすること、これとは別にモンゴル銀行取締役メンバーとしてトゥガリノフ **Н. Н. Тугаринов**[72]とイワノフ **И. Д. Иванов** を承認した。一方でモンゴル銀行取締役会議長に推薦されていたペヴズネル **А. М. Певзнер**[73]の問題は、中央委員会総会にコシオール[74]とラシェヴィチ[75]が来るまで延期することを決めている[76]。コシオール、ラシェヴィチともにシベリアと関係深い人物であった。

この財政小委のメンバーについて一九二五年一月二七日、イズマイロフの任命に難色を示しその再考を求めたダリビューロー［極東共和国の設立に伴い、極東の共産党組織を指揮すべく一九二〇年に設置された共産党中央委員会の組織で、一九二五年に共産党極東地方党委員会へと再編される］の要請を政治局が認め、彼の任命はなくなったが[77]、同日政治局はモンゴル銀行の議長と財政顧問についても検討し、両ポストにミヘリマン[78]を承認した[79]。詳しい経緯は不明だが、一月初頭段階で推薦されていたペヴズネルではなく、ミヘリマンがモンゴル銀行のトップに任命されると同時に、財政顧問にも就任したことで、モンゴルの経済問題について重責を担うことになった。イズマイロフの代わりだと思われるが、二日後の一月二九日、政治局は小委メンバーにアルクスを加えるとのゴスバンク（ソ連国立銀行）の要請を承認した[80]。モンゴル独自の通貨トゥグリクの発行が決定されるのが一九二五年二月であり、同年末から流通を始めるが、[82] 以上のようなソ連からの専門家の派遣によって行われたことは間違いない。

この時期のモンゴル関係の人事としては、一九二五年一月二九日、政治局はモンゴル駐在全権代表ワシリエフに代えて、法務人民委員部から呼び寄せたリンデ Ф. В. Линде を任命するとのチチェーリンの提案を承認したが、[83] 実際には実行されず、同年七月三〇日、全権代表、通商代表としてニキフォロフの任命を求めた外国貿易人民委員部の要請を認めた。[84] この段階で全権代表ワシリエフとニキフォロフの交代が成立するとともに、ニキフォロフは通商代表として経済問題も管轄することになった。[85] これより前の六月一八日に政治局は、モンゴルへの通商代表代理として一足先にオニシチェンコ Б. И. Онищенко を任命、[86] また同年八月二七日にはソロヴィヨフ А. М. Соловьев をモンゴル全権代表部一等書記官に任命するとの外務人民委員部の要請を承認した。[87] どのレベルのポストまで政治局で審議していたのかが、これからもわかる。

モンゴルの貿易にとってこの時期はまだ中国が圧倒的な地位を占めていた。一九二四年の後半、中国における諸事件でモンゴルと中国間の連絡が滞った際、モンゴルが輸出する二〇万プード（一プードは一六・三八kgなので、約三三〇〇トン）の獣毛やその他の商品が滞留した。そのため一九二四年一〇月二三日、アルタンボラグ＝ヴェルフネウディンスク＝ウラジオストック経由で商品を出す際、また中国からの商品（茶、綿織物、絹糸、ガソリン、潤滑油、小間物、金物、食料雑貨、化学製品）を輸入する際、シベリア鉄道の運賃を引き下げてほしいとモンゴル側が要望した。一二月二日に回答への催促があったので、一二月二三日、ソ連外務人民委員部はモンツェンコープ［Монценкооп モンゴル中央消費組合＝一九二一年一二月一六日に成立、一九三二年にモンコープソユーズ Монкоопсоюз ＝モンゴル人民共和国消費共同組合同盟となる］に、ソ連領内の商品のトランジットの権限を付与することを駐ソモンゴル全権代表に伝えた。[88] この事例からも、この段階ではモンゴルにとってソ連とは、商品の輸出・輸入双方でほとんど意味を有していなかったことがわかる。

このようにモンゴル・中国間の連絡が滞ったため、迂回ルートとしてシベリア鉄道を利用せざるをえなかったのだが、本来の中国とモンゴルのパイプを重視していたことは間違いない。それはソ連にとっても中国との連絡という意味で重要であった。一九二五年五月二一日に、政治局は中国問題について議論する中で、ウルガを経由してカラハンと連絡を取ること、カルガン（張家口＝北京の北門）・ウルガ間の貨物輸送のための輸送会社に参加する資金を提供する問題でフルンゼの提案を採択した。[89] さらに六月一一日に政治局は、ウルガ・カルガン線を運行する合弁輸送会社の組織に一〇万ルーブルの支出を決めており、[90] 中国との連絡網を重視していたことがわかる。こうして一九二五年七月に設立されたのが国家輸送総局モンゴルトランスポルトである。[91]

一九二五年二月五日に政治局は「モンゴロール」問題について検討した。帝政時代に設立された金採掘会社モンゴロールについては第一章で触れた通りである。[92]「アリスキーはコンセッション・モンゴロールに関する問題をあらゆる側面から検討し、これに対するモンゴル政府の立場を明らかにし、同様にコンセッション契約締結のあらゆる条件も明らかにして自身の提案を政治局に提出すること、その際に念頭に置くべきは、モンゴルに米国資本が定着することは望ましくないこと、このコンセッションが不可避である場合、それに対するソ連の統制を確保すること」と決定した。[93] 一九二三年初頭よりモンゴル政府はアメリカン・モンゴロール・マイニング社に対して金の採掘地をコンセッションとして提供する交渉を行っていた。[94] 政治局がモンゴル政府のこのような動きを察知し、米国資本の定着を阻止しようとしていたことを意味する。ところが約四か月後の六月一一日、政治局は「残念ながらソ連は、企業モンゴロールに参加する可能性を有していないとモンゴル政府に伝えること。モンゴル政府にはドイツ資本を引き入れること、それを引き入れる際に我々が手伝うと提案すること。布告の後半は秘密とする」と決定した。[95] 米国資本の定着を望まなかったが、モンゴルを舞台にドイツとの連携強化を進めようとしているのが特徴である。

全権代表兼通商代表としてニキフォロフがモンゴルへ出発する前の一九二五年九月二日、外国貿易人民委員部で関係省庁の代表も交えて、モンゴルにおけるニキフォロフの経済活動を立案すべく会議が開かれた。その前の八月二六日、労働国防会議は「ソ連からモンゴルへの輸出商品にかけられる関税について」布告を採択していたが、ニキフォロフが実行すべき課題のひとつとして挙げられたのが、モンゴルとの輸出入の際の関税の引き下げ、または廃止で、現地で研究する必要ありとされた。この会議では、関税収入はモンゴルの基本的な財源であり、引き下げはモンゴルの国庫に大きな影響を及ぼすし、ソ連、モンゴル、中国間の通商政治関係への影響も考慮すべきで、削減や廃止だけでなく関税徴収手続きの整理も考慮すべきとされた。もちろん、モンゴル政府との合意のもとで行うべきで、駐モンゴルソ連通商代表部から報告があり次第、労働国防会議に報告する、とまとめられた[96]。その後外務人民委員部はカラハンが代表して九月二一日、「ソ連のモンゴルへの影響力増大のためには、モンゴル政府がかけているソ連商品への関税を下げる方向で行くべきだが、完全な廃止はモンゴル国家の財政基盤を解体することになるので反対」すると論じた[97]。現地調査はモンゴル財務省顧問ミヘリマン（モンゴル銀行取締役会議長）がニキフォロフとの合意のもとで行い、ソ連との協定関税を検討するよう提案したが、モンゴル政府の経済委員会がこの提案を却下し、モンゴル人民党中央委員会の決定に委ねた[98]。その後、この問題に関しては議論がなかなか進展しなかったようだが、最終的に一九二六年四月二日、労働国防会議は輸出入関税の引き下げあるいは撤廃を検討するとの一九二五年八月二六日の布告について「モンゴルにおけるソ連に有利な関税設定は時期尚早」との結論に至った[99]。半年以上検討した結果、やはりモンゴルの財政問題をより重視したのであろうか。モンゴル国内でも大ホラルで関税改革を議論し、国庫に打撃を与える改革は控えることになった[100]。

一九二五年の終盤、一一月一二日に「ウルガについて（ペトロフ）」との議題で政治局はモンゴル問題を検討し、①ツェレンドルジを政府の長［閣僚会議議長］に残すことが必要だと認め、②コムソモール［ソ連のコムソモールにあたるモンゴルの組織はレヴソモルといい、そのことを言っている］は国を動かすのではなく、政府を助けるものだということを説明する最も厳格な電報」を、ニキフォロフとアマガーエフ（ルイスクロフの後任としてモンゴルに派遣されたコミンテルン代表）に送るよう外務人民委員部に指示した[101]。この決定からも当時のソ連がモンゴルをどのように見ていたのかを見て取ることができる。ペトロフはラスコーリニコフの別名で、一九二四年三月八日にコミンテルン執行委員会幹部会の決定でコミンテルン東方部長に任命されていた[102]。政治局がモンゴルの首相の進退について決めているわけである。

その経緯を垣間見ることができるのは、一九二五年一〇月八日にモンゴル人民革命党第四回大会（九月二三日開会、代議員数一八八名）に関してアマガーエフが行った報告[103]に対して、一〇月二一日にコミンテルン東方部長代理ヴォイティンスキー[104]が北京から送った返信[105]である。ヴォイティンスキーは牧民が党の活動に次第に惹かれていることは好ましいとの印象を述べ、さらに国家機構へ活発で能力のある人材を地方牧民の中から登用する必要性を訴える一方、党内の左派グループを強化するアマガーエフの方針は正しいものの、極端に走ることを戒めた。また、中央委員会に新メンバーが選出されたことで、ツェレンドルジが中央委員会の政策に直接影響を及ぼす危険性や、ツェレンドルジ、アマルの周辺に保守派が集結する危険性も減ったが、ダムバ、ジャダムバらアマガーエフに従う面々も存在するので、ツェレンドルジも新しい環境に適合していく可能性もある、したがってツェレンドルジの解任を急ぐ必要はないと論じたのである。おそらくはヴォイティンスキーのこの考えを、コミンテルン東方部長ペトロフ（ラスコーリニコフ）を含め政治局メンバーが共有することにより、ツェレンドルジの首相留任に関する政治局決定が出されたものと考えられる。

一方、レヴソモルに関する決定は一九二五年九月一二日に、モンゴル人民革命軍の政治部に派遣され四か月半活動していたヴァクスマン[106]が、ウンシュリヒトに送った書簡[107]から推測できる。その書簡では、彼がモンゴルに来るまでシーモノフが一人で活動していたこと、モンゴル人民革命党とレヴソモル間の対立が軍隊内に退廃の雰囲気をもたらしていること、モンゴル人の政治要員がいないことなどが理由で、政治活動がきわめておろそかにされていることが指摘されている。さらに、兵士の政治的意識や識字率が非常に低いが、八月にウルガの党学校から三〇人のモンゴル人の政治要員が卒業し、モンゴルの軍学校を出た二人のモンゴル人も加わることで幾分改善傾向にあるとした。この報告はモンゴルの軍隊内の雰囲気に言及したものだが、共産党にコムソモールが従属していたソ連と異なり、本来人民革命党に従属すべきレヴソモルのメンバーがより規律を重視する軍隊内においても人民革命党の指示に従っていない状況が読み取れるので、それに危機感を覚えたソ連の政治局が、レヴソモルのあり方についてソ連のやり方を踏襲するように求めたものであるとみなせる。ソルキンによれば、一九二五年夏の時点で、スヘバートル学校を除き、モンゴルには騎兵、砲兵、政治の三つの軍事学校が存在していた[108]。

三　一九二六年五月——ソ連の最初の対モンゴル経済政策

一九二六年二月二五日、政治局は外務人民委員部の課題としてモンゴルの諸問題を検討（チチェーリンが報告）し、モンゴルによるすべての外貨支出が羊毛の輸出収入によってカバーされるように、ソ連がモンゴルで羊毛を購入する取引を公式に作成するように国内外商業人民委員部［一九二五年一一月に国内貿易人民委員部と外国貿易人民委員部が合体して結成、一九三〇年一一月まで存続］と外務人民委員部に委任した。(109) この決定のいわんとするところがわかりにくいが、約二か月後の四月二二日、政治局は①株式会社シェールスチ Шерсть［毛を意味し、主に羊毛の購入、販売に従事］が、ウィルソン社［Robert Pringle が一九世紀初めにスコットランドに設立したニット製造会社のことだと思われる］のモンツェンコープとの協定を引き受けること、またウィルソン社の購入量以上の毛を購入することは妥当ではないとみなす。②代金の引き渡しは延期する、(110) としていることから、モンゴルのモンツェンコープからソ連の株式会社シェールスチが購入した羊毛を、ウィルソン社に売却するという仲介的な役割を担うことを当初目指していたものの、より慎重な姿勢に転換したことがわかる。詳しい事情は不明だが、ソ連で購入しないものは第三国に売却することにより、モンゴルの外貨獲得を手助けするという問題は、この後もソ連当局が対応していくことになる。ちなみにこの議題を政治局で議論する際に名前の挙がっていた人物（カーメネフ、ルズタク、チチェーリン、ブリュハーノフ）は、次に述べる通り、三月初頭に結成されたモンゴルとの経済関係を検討する委員会とかなり重なっている。

一九二六年三月四日、政治局は（チチェーリンが問題提起）、モンゴルとの経済関係問題を解決するため、カーメネフ、チチェーリン、ソ連ヴェセンハ（最高国民経済会議、以下この略称を用いる）議長代理クヴィリング、(111) ソ連財務人民委員ブリュハーノフからなる小委を結成すること、(112) ブリュハーノフについては財務人民委員部の参事会メンバーの一人と交代する権限を付与すること、会議の招集はカーメネフが行い、作業時間は二週間とすること、以上を決めている。(113) レフ・カーメネフはかつての主要な党指導者だったが、スターリンとの党内闘争に敗れ、一九二六年一月から国内外商業人民委員に任命されたばかりであった。

この「対モンゴル経済小委員会」設立とほぼ同じ頃、一九二六年三月一〇日、労働国防会議がモンゴルとの貿易におけるクレジットについて決定している。労働国防会議が前年一九二五年八月二六日に、ソ連からモンゴルへの輸出条件とクレジット供与の形式に関してソ連ゴスプランに報告を出すようソ連財務人民委員部と外国貿易人民委員部に求めたのが議論の始まりだった。[114] 両国の商品流通の規模、輸送にかかる経費などを考慮して、三五〇万ルーブル規模のクレジットを供与することで省庁間の意見はまとまったが、クレジットの形式、期間について布告に盛り込むという国内外商業人民委員部の提案には、ゴスバンクが断固反対を表明した。「モンゴルにおける活動条件がきわめて悪いこと、ソ連の銀行が商品流通についてクレジットを供与できるのはモンゴル国境までであること、モンゴルにおける通商にクレジットを供与するのはモンゴル商工銀行であるべきこと、以上から年間を通じてクレジットの形式を前もって通達することは妥当ではない」との意見が考慮され、クレジット供与の手続き、条件については、ソ連ゴスバンクが関係する機関、組織、銀行と協定を結ぶという当初の草案通りの内容となった。[115] 先のカーメネフを中心とした委員会の他にも、このような形でモンゴルとの通商について議論が進んでいた。

三月四日に二週間で検討を委ねられた対モンゴル経済小委だが、三月二五日に二週間の活動延長を求めるカーメネフの要請が認められ、さらに五月二〇日にも議論が延期され、[116] 政治局で最終的に決定されたのは五月二七日であった。当初の二週間の予定が三か月近い時間を要して結論に至ったのである。小委による五月一五日の決定を承認するもので、初めての本格的な対モンゴル経済政策をまとめた政治局の決定であるといえるだろう。それは大きく五項目すなわち、①全体的原則、②通商政策と実践、③財政問題、④輸送問題、⑤各種問題に分けて論じられている。以下に各項目の決定を列挙したのち、それぞれの内容について適宜、説明を加えることにより、内容の理解に努めたい。

Ⅰ　モンゴルにおける経済活動について（カクティン、[117] ガネツキー[118]の小委員会の決定）

（1）全体的原則　モンゴル市場では外国、中でも中国資本が圧倒的な影響を維持している。モンゴルへのソ連の経済的浸透は弱く、その商品流通への参入の伸びが遅いためモンゴルへ外国資本が経済的に定着する大きな可能性がある。それがモンゴルにおけるソ連の政治的達成を弱める可能性があることを考慮し、モンゴル人民共和国とのソ連の経済的関係を調整、強化すること、そのためにモンゴルの国民経済の生産力増大に協力すること、モンゴル独自の（民族的）通商組織の発展、強化に協力することは差し迫った主要な課題であると考える。

（2）**通商政策と実践**　前述したことから、以下の方策を取ることが不可欠である。

1　ソ連の組織には、モンゴルで工業企業を独自に興すことを禁ずる。工業企業の組織化は、モンゴルの民族企業の設立に協力するか、モンゴルの組織との合弁の形を取ることによって実施できる。モンゴルに工業企業を所有しているソヴィエト組織はこの原則に則って再編されるべきである。

2　通常、ソ連の経済組織のモンゴルにおける通商は、モンツェンコープあるいはそれとの合弁通商機関を通して行うべきで、モンツェンコープの協同組合網が十分に行き渡っていない地域の住民に対してのみ直接の関与を認める。

3　モンゴルにおいて中国資本を支持するようなソ連の経済組織の方針は許容できない。

4　確認すべきは、（A）モンゴルとの輸出入のおおよその計画は、モンゴルの調整機関と必ず合意すべきこと、（B）ソ連の組織は、モンゴルの組織に対する義務を最大限厳格に実行すべきことである。

5　モンゴルを原産地とするあらゆる商品のソ連への輸入、ソ連出自のあらゆる商品のソ連からの輸出については、輸出入を全く禁じられているものを除き、認可不要の流通を確立することが必要であるとみなす。

6　モンゴルの消費者を十分に念頭に置いたソ連製商品を揃え、外国商品との競争に打ち勝てる価格を設定し、十分な商品在庫を確保する。

7　モンゴルにとって必要な織物（ダレムバ［通常紺色でサージ織りの綿織物、モンゴルで広く普及］、ツエムバ、シャンダバ）の製造を全ロシア繊維シンディカート Всероссийский текстильный синдикат ＝ＢＴＣ［原料購入、製品販売に従事］はあらゆる方策を使って強化し、競合する中国企業の価格まで必ず値下げし、同シンディカートの商品を適時にモンゴル市場に投入すること。全ロシア繊維シンディカートが市場の全需要をカバーできない当面の間、不足する数の中国製ダレムバをソ連経由で輸入を許可することも可能である。

8　外国の市場でモンゴルの原料を販売するため、モンゴルの通商組織がソ連の適切な組織とともに参入するよう協定を結ぶことが妥当である。

9　モンゴルの通商組織には、割当量とリストに基づきソ連経由でモンゴルに商品を輸入することを許可する。リストはヴェセンハとの合意に基づき国内外商業人民委員部が確定する。

10　モンゴルで事業を展開するソ連の組織同士の競争や、それらのモンツェンコープとの競合を避けるため、今後の事業はできるだけモンツェンコープを通して行うか、モンツェンコープとモンゴルで活動するソ連の機関の合弁企業に依拠して行うことが妥当である。これらの合弁企業の規定には、ソ連の株主が所有する株の一部をモンゴル人が購入する権利についても決めておくこと（来年初めからシブゴストルグはモンゴルにおける事業を清算すべきであるとみなす）。

11　ネフテシンディカート Нефтесиндикат[119]［一九二二年七月に設立された石油と石油製品販売の独占組織］とフレボプロドゥクト Хлебопродукт［穀物その他の農産物の取引を実行］は、通商代表部の独占的権限を解消する方向で通商代表部との協定を見直すこと。

ソ連は、モンゴル企業に協力する形で合弁企業を育てる方針を立て、モンゴル国内ではモンツェンコープの働きに期待し、輸出入についてもモンゴルの機関との調整を求めていた。ソ連・モンゴル間で商品の流通をできるだけ障壁なしに行うことを目指し、外国商品、とくに中国製商品に対抗できるよう品質、価格、品揃えの面で充実を目指したといえよう。８は、羊毛の第三国での販売についてすでに述べた案件（ウィルソン社との取引）がこれに適合しそうである。

（3）財政問題

1　ゴスバンクとモンゴル銀行はモンゴルへの輸出入に関して、モンツェンコープとともに事業を展開するソ連の機関に一二か月を限度にクレジットを提供すること。各商品について個別に、資本の実際の流通を考慮したうえで行うこと。

2　モンゴルにおける通貨改革を成功裏に実行し、この改革やソ連のモンゴルにおける経済政策を根本的に壊す可能性のある好ましくない原因を除去すること。モンゴルとの通商で黒字を確保するために不可欠なことは、（A）採算性のない輸出による損失を国費で補塡する労働国防会議の布告を適用することでソ連の対モンゴル輸出を最大限強化すべく、最も断固たる措置を取ること。（B）東方の商品（茶、たばこ「ドゥンザ」［パイプたばこの一種］その他）をウラジオストック経由でモンゴルに運ぶというすでに試験的に行った手法を、この目的のために支出可能な外貨の範囲内で行うことを認める。（C）一九二七年にはモンゴルにおけるあらゆる債務およびその清算を、トゥグリクで行えるよう一連の準備的方策を取る。（D）中央農業銀行には、ソ連製農業機械をモンゴルに運ぶモンゴルの組織に長期借款を行うことを検討させる。（E）ダリバンク（ハバロフスク）にはモンゴルにおける金産業に参加する可能性を研究、解明させる。

一九二五年末から流通の始まったモンゴル通貨トゥグリクを定着させるとともに、クレジットも適用してさらに貿易の拡大を図っていた。あくまでも黒字を確保することを主眼に置いていたことが特徴である。

（4）輸送問題

1　モンゴルにおけるソ連の輸送機関どうしが競合することは許しがたく、またこの国の商品流通が限定的であることから、ソ連の輸送組織が複数存在することは不適切である。モンゴルにおける輸送に関する諸経費を削減すべく、モンゴルにはソヴトルグフロート一社のみを残すことが妥当で、同社とセレンガ蒸気汽船会社は、後者が河川の貨物輸送だけに特化し、冬季にはセレンガ蒸気汽船会社の諸経費を削減すべく、その組織をソヴトルグフロートが利用するという協定を結ぶこと。ソヴトルグフロートはそれが行う委託事業にかかる費用を削減すること。国内外商業人民委員部には、ソヴトルグフロートとモンゴルトランスポルトの間の必要な相互関係を確立するよう提案するが、両者による合同会社の形態も除外しない（注　通商代表部の輸送部門が今後も活動することは当面は有効であると認める）。

2　モンゴルに輸出されるソ連製品とウラジオストック経由でトランジット輸送される商品、さらにソ連がモンゴルから輸入する原料で運賃が価格形成の決定的要因であるものについて、交通人民委員部は、国内外商業人民委員部、ヴェセンハとともに鉄道運賃を引き下げる方向で二か月かけて再検討すること。

3　ゴスプランの鉄道建設の五か年計画で予定しているヴェルフネウディンスク＝キャフタ線建設のための探索作業の開始を、一九二六〜二七年の経済年の初めに移すことが不可欠である。

この段階ですでにソ連の複数の輸送事業者がモンゴルで事業に従事していたことがわかるが、経費削減のため一社に集約することになった。バイカル湖に流れ込むセレンガ川を利用した河川交通も今後重要となってくる。ロシア中心部からモンゴルとの国境までシベリア鉄道が大動脈として機能していたことは当然だが、その高い輸送費が問題となっていた。そこからモンゴルに向けた支線の建設は計画されるものの実現までは相当遠い道のりとなった。

（5）各種問題　（A）モンゴルからソ連に向かう家畜の二回検疫プロセスを、モンゴルと適切な獣医学的協定を締結することで簡略化することが必要である。（B）モンゴルの原料が国境における消毒作業をより簡単に通過できるよう、農業人民委員部にはキャフタにある蒸気ホルマリン室の処理能力を増強し、新たな蒸気ホルマリン室（モンディとコシュ・アガチ）を設置し、消毒対象を減らすこと。（C）国内外商業人民委員部には税関の手続きを簡素化すること。

モンゴルで働いている我々の同志がモンゴル政府で行っている現在の政治的活動の手法に関する諸問題を検討すべく、外務人民委員部はすべての関係省庁が参加する協議会を招集すること。(120)

II　モンゴル政府における我々の同志の活動について

以上が一九二六年五月二七日に政治局で採択されたソ連の対モンゴル経済政策である。最後に安全かつ効率的なモンゴルの家畜資源輸入を計画し、モンゴルで勤務するソ連人職員の政治問題を議論の俎上に載せようとしていたことがわかるであろう。この時期モンゴル国内の経済は安定化し、モンツェンコープの全流通に占める割合は一九二三年の四％以下から二五年には二五％へと増大し、モンゴル銀行も一九二五年一月一日の一六二万から、一九二六年六月一日には九七七万トゥグリクへと取引高を増やし、六つの支店を抱えるまでに成長していた。(121)

この頃、約半年間にわたる関係機関の協議を経て労働国防会議がモンゴルへの医療衛生遠征隊の派遣を決定した。まず一九二六年一月一一日、ロシア共和国が保健人民委員部のモンゴルへの医療衛生遠征隊派遣のため、一九二五～二六年に必要な一七・五万ルーブルの支出をソ連人民委員会議に求めた。①モンゴルでは保健が組織化されておらず、自国の医療スタッフもいない、②首都を含むモンゴルの主な人口集中地でソ連の医療衛生拠点網を組織することは、モンゴルとソ連の友好関係を強化する。③ソ連がやらないと、すでにある程度の方策を打ち出しているドイツに先手を打たれる、以上を理由に挙げた。(122)これを受けて外務人民委員部は一月一九日、チチェーリン外務人民委員の名前で完全な支持を表明、この事業は「モンゴルの文化的、経済的発展に寄与するだけでなく、モンゴルにおけるソ連の影響力、政治力をそぐ形でドイツが保健事業を組織する可能性を阻止する」(123)と、ドイツの影響力を抑えるためにも必要だと主張した。一方、費用については三月一〇日、ソ連財務人民委員部が労働国防会議に対し、輸送費その他の経費、人件費が高すぎること（医者が二二五ルーブルなど）など異議を申し立て、約六万ルーブルなら支出可能と結論を下した。[124] ソ連人民委員会議に付設された行財政小委（АФК）が、モンゴルへの医療衛生支援は不可欠だとして、改めてロシア共和国保健人民委員部に予算案を提出するようにとの提案が三月二六日に労働国防会議で採択されたのを受け、[125] ロシア共和国保健人民委員部が約七万五〇〇〇ルーブルからなる予算案を四月一日に出したが、[126] ソ連財務人民委員部は五万ルーブルが適当との再検討結果を五月一一日に提示、[127] 最終的に労働国防会議は五万ルーブルをソ連人民委員会議の予備基金から支出することを六月九日に決めた。[128] 約半年をかけた議論の末、当初の希望金額から三分の一以上に減額されながらも、このように予算がついた。ちょうどこの話が持ち上がった頃、一九二六年一月、モンゴル政府も受け入れの意向を示したが、[129] 実際の派遣は一九二六年一〇月から三か月間で一五人のスタッフが参加したようだ。[130]

一九二六年五月二七日の政治局の大方針決定後、個別の協定がソ連とモンゴルの間で次々に結ばれていく。「(4)輸送問題」に言及のあった河川利用の問題については、一九二六年六月六日には、オルホン川、セレンガ川とそれらの支流における蒸気船連絡の確立について、ソ連・モンゴル間で一四項目にわたる合意文書が作成された。[131] 先の大方針に含まれていたわけではなかったが、七月八日には、ロシアのドブロリョート［一九二三年に設立された航空事業者でアエロフロートの前身］、外務人民委員部とモンゴル国民経済省の間で、ヴェルフネウディンスク＝ウランバートル間の航空連絡に関する協定も締結された。[132]

一九二六年七月五日には、ソ連科学アカデミー内のモンゴル小委とモンゴル人民共和国学術委員会の間で、ソ連からモンゴルへの遠征隊派遣について協定が結ばれた。派遣する八隊のうち六隊は、ウランバートルを拠点にモンゴル中部、残る二隊は西部のウリャスタイ、ホブドの調査を予定していた。[133] 調査隊がモンゴル国内の法律を守ることや、発見物の研究・取り扱い、所有、返還期限の設定などが定められ、それぞれの隊長の氏名が列挙されていた。この種の調査は、以後毎年のように続けられることになる。それまでも常駐の研究所の設置などをソ連の科学アカデミーは求めてはいたが、モンゴル側が警戒してなかなか許可は下りなかった。この協定締結により、モンゴル側はソ連の学術調査団にモンゴル国内における調査を拡大することを許可した。一九二七年一二月に学術委員会の委員長ジャムツァラーノが、ソ連科学アカデミーに送った書簡からもモンゴル側が対等の姿勢を示していることがわかる。さらに一九二八年春に締結された協定によれば、発見物はソ連での研究に回さずにそのままモンゴルの博物館に入ることになった。[134] 一九二〇年代にモンゴルの学術委員会を率いたのはジャミヤン（一八六四～一九三〇）であった。[135]

一九二六年五月末にモンゴルに対する経済政策が策定されて一年あまり経過した一九二六年八月一二日、政治局は東方諸国との通商政策について検討した。議題に名前が挙がっているのは、対モンゴル経済政策に関する小委にも参加していたカーメネフ、ガネツキーの他、フルムキン、ユレネフの四人である。その冒頭部分［全体が一八項目からなるがそのうちの五項目］では、東方諸国に対する一般的な政策を述べており、東方政策の一部としてのモンゴルの位置づけを確認するためにもその部分だけ紹介することにしたい。

（1）ソ連とトルコ、ペルシャ［イラン］、アフガニスタン、西中国［新疆］、モンゴルとの経済関係の発展はソ連にとって経済的にも政治的にも意義を有しており、外国貿易独占の原則を順守しながら我が国の商業的、外貨的利益を獲得できるような経済政策の基礎をこれらの国々に対して確立することにより、これら諸国の国民経済発展とより進歩的な経済形態への展開を促し、ひいては東方諸国を資本主義諸国への隷属化から解放することを助けるだろう。

（2）ソ連はこれら諸国からの輸入品販売の必然的な巨大市場である。人民大衆の幸福、消費市場規模の拡大、東方の全経済の発展のかなりの程度はこれらの輸入品販売にかかっている。他方でソ連は自国工業（毛、綿花その他）のために土着の原料を吸収すること、東方の市場で自国の工業製品を販売することに関心を抱いている。このように、ソ連と東方諸国の間には顕著な双方向的利害と密接な関係が確立されている。

（3）これらの課題を実行する基本的な方法は東方諸国とソ連の商品流通の全面的な発展である。我が国の通商代表部と経済機関はこれら諸国との経済関係の全面的発展と彼らの経済発展の負担軽減にその活動を向けるべきである。

（4）東方諸国との商品流通に際しては、輸入の削減ではなく、必要な対策を取ることで、ソ連が輸出を全面的に強化しても黒字を確保できるような条件が整うまで、収支均衡を維持することが不可欠である。

（5）東方諸国の独特の条件に外国貿易の独占システムを適応させるため、次項に述べた一般原則に基づいて輸入を割り当てるシステムを用いるべきである。現在赤字になっている東方諸国ではすべて、少なくとも収支均衡、可能ならば黒字を確保するためにこれらの指示の基本的な条項が適用される。

東方諸国と述べてはいるが、この決定にはペルシャをターゲットとした記述が多い[136]。ともあれ、モンゴルに対する貿易もここに述べられた一般的原則に則って検討されたことを把握しておきたい。

四　北伐と馮玉祥、内務保安局の活動、モンゴルへの軍事協力

一九二六年七月に蔣介石が北伐を開始すると、一九二六年八月以降、中国における動向が政治局の大きな関心を集めることになる。モンゴル問題は、それに付随する問題として取り上げられるケースが多くなる。一九二六年八月二六日の政治局の決定は、問題の緊急性を如実に示している。その第一項目で、「問題の検討を月曜日まで延期する。政治局の決定を必要とする情報が入ってきた場合、電話による持ち回り決議を行う。外務人民委員部はカラハンからのより詳細な情報を得られるよう方策を取ること。中国小委員会は中東鉄道に属している艦隊その他を固守すべく、中東鉄道に対しいかなる方策を採用すべきか検討すること」と決めており、情報収集を急がせていたことがわかる。そしてモンゴルに関しては、①「モンゴル人民革命党中央委員会を支援する必要があるならば、ウルガに備蓄している武器を使って支援することも不可欠」と述べて武器の使用さえ示唆し、②「人民革命党中央委員会には東部と東南部国境地帯の防衛に取り掛かるよう提案」とある通り、満洲と隣接する東部モンゴルにおける防衛をモンゴル当局に促した。さらに、③「中国小委には内モンゴルと満洲北部でパルチザン運動を組織する問題、また張作霖が外モンゴルに侵入した場合に外モンゴルで破壊活動を行うための特別のグル

ープを組織する問題も検討するよう委ねる」[137]と述べている。

このようにモンゴルとも無関係でない政治局の対満洲政策の基本方針が策定されたのは、一九二六年九月二日である。それを列挙すると次のようになる（問題提起はチチェーリン、ウンシュリヒト）。

（1）外務人民委員部とコミンテルン執行委員会は、極東における帝国主義大国の政策を暴露するキャンペーンをソ連および最も影響力のある外国のプレスで組織すること。

（2）外務人民委員部は、極東における帝国主義者による攻撃とともに、特に張作霖の中東鉄道への攻撃についても我が国のプレスへ体系的な情報を提供すること。

（3）中国の代理大使に送付した覚書は明後日公表する。

（4）中国小委は、中東鉄道におけるソ連の影響力を強化すべく、満洲のロシア人・中国人労働者に対する政治活動を強化する方策を検討すること。

（5）張作霖に対するパルチザン運動を満洲で強化するために不可欠な手段について、中央委員会ダリビューローに問い合わせる。満洲南部とソ連の国境地帯におけるパルチザン運動強化のために必要な方策について、ダリビューローに出す命令を検討するよう中国小委に委ねる。

（6）外務人民委員部は中東鉄道で生じるあらゆる問題について、鉄道職員に政治的な命令を出すことが必要である。

（7）陸海軍事人民委員部とゲペウは極東におけるソ連国境の警備強化に関する問題について、提言を二日間で提出すること。

（8）外務人民委員部は日本との関係改善に関する問題について、具体的な外交手段を検討し、政治局に提言すること。

（9）東京に派遣するため、コップをすぐにモスクワに召還する。

（10）中国共産党には、農民と労働者、特に広東に隣接する地域で彼らに対する活動を提起することが不可欠だと、特別の注意を促す。コミンテルン執行委員会は極東で農業コンファレンスを組織する準備をすることが必要である。
（11）交通人民委員部は中東鉄道で生じている輸送の困難を解決すべく、セレブリャコフ[138]を早急に派遣すること。
（12）中央委員会書記局はモスクワに来訪する中国の共産党、国民党の代表を受け入れ、連絡を取るための同志を選抜するよう委ねる。
（13）上海総領事リンデを北京の全権代表臨時代理に任命するとの外務人民委員部の提案を採択する。
（14）組織局は中国における政治全般の活動のための熟練活動家を一週間以内に推薦するよう委任する。
（15）フィンには国民軍部隊の外モンゴルへの侵入の可能性を排除すべく、あらゆる対策を事前に取るよう提案する。
（16）広東には孫伝芳[139]の支持、あるいは中立を獲得すべく彼と合意すること、また張作霖とも不可侵について合意するよう助言する。
（17）漢口、包頭に領事館を設置するよう外務人民委員部に委ねる。[140]

項目（15）にあるフィンとは馮玉祥のことだが、一九二五年以来、駐中全権代表カラハンの主張を取り入れ、スターリンも支持する中で、張作霖への対抗馬としてソ連が支援を強めていた。[141]しかし張作霖に敗れたため一九二六年一月一日に下野し、モンゴル経由でソ連を訪問することになる。[142]この九月二日の決定より前の一九二六年四月一日、政治局は中国問題を検討する中で、モンゴルについて「おそらくフィンは、個人的にモンゴルを去るつもりはないようなので、彼がウルガから早急に去るようにとモンゴル人たちに要求することは適当でないとみなす」と決定していた。[143]このように、モンゴルに滞在中の馮玉祥に対して、政治局は外モンゴルへの張作霖部隊の侵入を防ぐ問題で協力を求めていたことが判明する。その後、モンゴルを離れた馮玉祥がモスクワに到着したのが一九二六年五月で、再度中国に戻ったのが九月一五日なので、先の九月二日の決定に際してはソ連当局がモスクワで彼と接触していた可能性がある。彼の帰国後の一〇月一四日に政治局は、モンゴル銀行取締役会議長のポストに残したまま、ミヘリマンを馮の財政顧問として承認し、[144] さらに一一月四日には、馮玉祥の政治顧問を選抜するよう組織局に指示した。[145] ソ連当局の馮玉祥に対する並々ならぬ肩入れは、モスクワ滞在中に馮玉祥と交渉したソ連当局が、中国北部における彼の勢力基盤を強化することでソ連の影響力を保持することが可能であると評価したものと見ることができよう。

馮玉祥との連絡を確立するために送られたと思われるのが、モンゴルの内務保安局[146]の主任教官として派遣されたブリュムキン（Блюмкин, Яков Григорьевич 一九〇〇～一九二九）である。一九二六年末のモンゴル到着後、彼は一九二七年一月には長期間の秘密出張に出かけた。ブリュムキンも馮玉祥の顧問を務めたと述べたことがあるようだが、実際の活動は突き止められていない。二月から四月にかけて馮玉祥の参謀部で何らかの活動をしたものと見られている。[147] このブリュムキンが代表していた内務保安局とはどのような組織だったのか。

ノヴォシビルスクの史家テプリャコフは、ブリュムキンの前任者バルダーエフ[148]が一九二六年三月にオゲペウの指導部に出した報告（連邦保安庁（ФСБ）の史料館より）を紹介している。[149] この報告から、当時のモンゴルにおける内務保安局の状況、歴史、モンゴル社会における地位等について知ることができる。以下に要約したい。

> 最近まで内務保安局の活動はウルガに集中し、それ以外での活動は行われていなかった。その意思が指導部になかったわけではない。モンゴルの政治生活がウルガの外には広がらず、唯一の強力な経済的・政治的中心としてウルガが全ハルハの生活を集約し体現していたからであり、そのためにウルガが内務保安局の主な活動舞台にならざるをえなかったからである［傍線は原文の強調］。地域生活が拡大し、党・国家活動が地域で広まるにつれて内務保安局の活動も全アイマクに拡大し、国境警備隊の組織にも着手している。中央機構は、①総合管理部、②軍事国境部（および特別部）、③秘密作戦部（A情報・課報課、B攻勢課、C外国課）に分かれ、機能はオゲペウと同様である。一九二六年時点の中央機構スタッフは六八人で、政府が承認したのが五三～六〇人だった。さらにソ連から派遣された五人の教官とその他の一般職員もおり、合わせてモンゴ

ル人七五％、ソ連人二五％の構成である。全アイマクには平均五人の職員が派遣されていた。内務保安局のソ連教官団の権限がモンゴル政府とのいかなる協定にも定式化されていないのは異常なので、ソ連の全権代表とモンゴル政府の間で早急に協定の形で定めるべきである。唯一の大きなスキャンダルは一九二五年、オゲペウの代表（特にトリリッセルの指示を受けて）として活動したネトゥプスキーである。彼は内務保安局の長官にバトルン Батори、ナソンバト Насонбато を選抜し、リンチノと歩調を合わせ、何人かの教官の名前を挙げて「内務保安局にはスパイがいる」との噂を流したのである。このため、「あなた方の友好的な関係にもかかわらず、ソ連は［モンゴル人民革命党］中央委員会や政府を監視すべくスパイを送り込んできている」とモンゴル人が問題にし、中央委員会の右派は内務保安局の教官スタッフを最小限に削減しようとしたため、現在に至るまで正常化していない。

内務保安局には良好なモンゴル人スタッフがおらず、今日まで流動性が高い。しかし、近い将来にモンゴル人幹部を養成することは困難である。識字率の高い者は大部分が役人として働き、封建階級の出身者はほぼ裕福な分子で、彼らを内務保安局の職員には雇えないし、地方の牧民から養成するしかないが、識字率が低いため相当の時間を要するからである。我々の要求に見合った最良の人材を選抜し、内務保安局の仕事に定着させることが当面は必要である。これは、中央委員会で生じている様々な陰謀へのあらゆる介入から内務保安局を完全に解放することが必要なためである。そうなれば内務保安局は陰謀に加担することなく、常に国家の政治生活に通じ、誰であろうと中央委員会の多数派のために行動するようになるだろうからである。

教官が特別任務、特別の課題を与え、現地の職員がそれを現地の条件に合わせて実行に移していくのが普通だが、モンゴルはそのような状況にない。ここでは教官が堂々たるチェキスト［一般にソ連の国家保安機関の要員のこと］であるべきであり、モンゴルに自分の知識を教え込み、モンゴルのゲペウを実り豊かに作り上げるため、モンゴルの特殊性を知る立派な〝モンゴル人〟となるべきである。

各アイマクの中心に地方組織を設置したが、国境警備組織の設立が次に問題となる。現存の軍事国境部には国境警備部隊がないので、現在の緊急課題は中国と接する東部、西南部国境に国境警備部隊を作ることである。地方の軍事部隊を内務保安局に配置換えすることで問題は生じないはずである。軍は国境警備から解放され、通常の部隊強化に専念できる。

内務保安局の秘密部門は、秘密作戦部の情報課に統合され、主として中国人、モンゴル人、ロシア人からなる。しかるべき対応、手厚い育成で秘密部門の質は十分高い（人数は覚えておらず、手元にもない）。エージェントは主として金のために働いており、白衛派として亡命した過去を持つロシア人の大多数は、復権の望みを抱きながら恐怖心から働いている。秘密作戦部の幹部の仕事は現在うまくいっておらず、仕事上の一定のシステムは構築されていない。情報活動を組織することが我々に課せられた第一の課題である。

本年、内務保安局に支出された予算は十分である。毎月三〇〇〇［単位の記載なし］は内務保安局の秘密支出としては十分である。内務保安局が自由に支出を管理し、年末に委員会が監査するだけである。

内務保安局の権威は住民の間、特に外国人の間では十分高く、現地住民にとっての「ハマ・アルハ」、外国人にとっての「オフランカ」は、何か苛酷で、恐るべきものを意味し、絶えず警戒し、そこに陥らないよう努めるべき対象である。内務保安局はこの権威を自らの仕事、成果によって作り上げたのだと結論づけてもよい。現在内務保安局はモンゴルにおいて、ほぼ全員が必ず行き当たるような組織である。来る人、去る人、文書を受け取る人等すべてが、オフランカから最初に許可を受けねばならず、それなくしてウルガから二ヴェルスタ［長さの単位。約一〇六七メートル］さえ離れられない。したがって住民は「オフランカがすべてで、残りのすべてに意味はない」との印象を抱いている。これが外から見た印象だが、職員の養成が遅れ仕事ができないこと、教官が現地の言語を知らないこと、事務処理を二言語で行い、通訳が不足しているといった技術的問題などのため内実は伴っていない。

教官団が、内務保安局の創設と工作員としての仕事に精力を割いていることが否定的に働いている。教官団はすべての力を内務保安局に注ぎ、工作員は内務保安局とは独立し別個の指導部を有する組織に分離し、双方は合意のもと活動すべきである。

最近まで内務保安局の工作員のすべての活動は、特に外国の白系住民や現地住民の中の反革命分子の暴露、登録、外国人のスパイ活動の探索に関係していた。前者に関しては多くを強制的に移住させ、様々な刑期を与え、入国を禁じて国外追放した。後者については日本のスパイについて成果があったが、その他の外国人については成功していない。最近、経済活動が活発化しており、党や国家の一般的方策と協調して内務保安局が行う経済活動の役割は非常に大きい。モンツェンコープの不適切な分子を排除し、複数の職員を裁判にかけ、トゥグリクの定着にも内務保安局が参加したことを指摘するだけで十分である。これは始まりであって、中央委員会と政府には五人からなる経済部の設置をすでに提起している。

内務保安局の国外活動は、満洲（ハイラル）、カルガン、北京に諜報員が存在することに限定されている。北京では、内モンゴル人民革命党等に加わったツェレン・ドンドン、フミンタイその他が働いている。彼らの仕事は亡命したハルハ諸侯の情報を提供することであり、可能ならば彼らを中国からハルハにおびき寄せることである（ドゥガル・ベイセ、ルブサン・ツェベクを連れ出した）。ハイラルの諜報員はこの地区の一般的な情報と、可能ならば日本人の金採掘についての情報を伝えることである。北京での活動はドンドン Д. Дондон などのカルガン人の手に委ね、ウタイその他のモンゴルの亡命センターで常駐者のいないところへ秘密部員を派遣することによって実行している。

以上、旧来の不正常な状況を脱し、ソ連のオゲペウと同等の内実を伴う組織へと内務保安局を脱皮させ、両者の正常な相互関係を構築することが求められている。

以上がモンゴルの内務保安局のトップを務めたバルダーエフによる活動の総括である。この報告には当時の内務保安局へのソ連からの教官その他のスタッフ一一名の氏名が添付されているが、主任教官代理の肩書を持つバルダーエフは一九二〇年にボリシェヴィキに入党したブリャート人で、これ以前にブリャート共和国オゲペウの東方部長を務めていた。教官四人と一般職員七人計一一名のうち民族名の記載のない二名を除くと、ブリャート人三名、カルムィク人一名、ロシア人四名、ユダヤ人一名という構成であった。成果があったとする日本のスパイとは、一九二五年に関東軍軍人を含む調査隊が東部モンゴルを調査中に、モンゴルの内務保安局に拘束され、年末に解放されるという事件のことを述べているのかもしれない。[150] ソ連のゲペウと類似した治安組織がソ連から移植され、着々と勢力を拡大していることがわかるが、以下に所々で言及していく通り、ソ連から派遣される治安関係の要員はモンゴルの政治・社会・経済に間違いなく大きな影響を及ぼしたにもかかわらず、彼らの活動に関する情報は乏しいままである。そのためこの文書は重要である。

さて元に戻るが、その後も中国に関する諸決定が政治局で次々に採択されていく。本書の研究対象は中国本体ではないので、モンゴルに関係する部分についてのみ触れていくことにしたい。

先の一九二六年九月二日の政治局決定に続いて、九月一六日、政治局は「自治的内モンゴルのスローガンは時宜を得ていないことを再度確認する。人民革命党中央委員会には「くたばれ張作霖」のスローガンのもとで内モンゴルにおける大衆運動を組織するよう提案する」[151] と決定した。内モンゴルにおけるパルチザン運動から「大衆運動」へとより抑制的な姿勢へと転換しているが、パルチザンの呼びかけに応じて、内モンゴルのモンゴル系住民が中華民国内で急進化することは好ましくないと考えたものと思われる。ちなみに翌一九二七年四月七日に政治局は中国に関して、パルチザン運動の組織や、北満洲における破壊活動のために、中東鉄道の敷地と組織を利用することを絶対的に禁止するとともに、ソ連領内におけるパルチザン部隊の形成も許さないと決めている。[152]

この間、軍事協力も進められたが、軍需物資の代金支払いという問題が生じていた。モスクワでの軍需物資購入についての交渉をまとめたチョイバルサンの報告（一九二六年五月二八日以降）[153]、同年一二月一一日にモンゴルからの支払いをカラハンに要請したヴォロシーロフの書簡[154]からその経緯がわかる。一九二六年五月にモスクワでヴォロシーロフと会見したチョイバルサンは、一九二四年のウボレヴィチのモンゴル訪問の意義を高く評価し、現在一万人を支障なく動員可能だが、非常時には予備役から五万人の投入も可能と述べた。ウンシュリヒトは、より詳しく軍事問題について検討し内モンゴル、バルガ、北満洲、張作霖、呉佩孚らの動静についても詳しく説明し、白系ロシア人一万人がモンゴルを攻撃する可能性ありと話した。軍の構築は成功したと説明したトゥハチェフスキーからはあらゆる協力を約束された。ブジョンヌィは赤軍のためにモンゴルで馬を調達する希望を述べたが、体高二アルシン（一アルシンは七一・一センチ）の馬は一一〇トゥグリクするので、ブジョンヌィがいうように五〇〜六〇トゥグリクで売却するのは困難だと書いている。最後に六月八日、チョイバルサンとウンシュリヒトが一〇万八七六四トゥグリクの軍需物資をモンゴルが購入する契約を交わしたが、この他にも同年一一月一日にソ連革命軍事会議は騎兵のコート一〇〇〇着を一五万一一九〇トゥグリクで売却することになり、モンゴル側はゴスバンクを通じて支払うことになった。

これらの軍需品の代金支払いについて、ヴォロシーロフは次のように説明している。一九二四年一二月二三日のソ連革命軍事会議とモンゴル政府の協定に従って、約一九一・四万ルーブルの軍需物資がモンゴル側に引き渡された。モンゴル側は約六三・八万ルーブルの頭金を即時に、残りは分割で、二五年から二九年まで毎年約二七・五万ルーブルを現金払いすることになっていたが（支払期日は毎年七月一日）、頭金の払い込みが五〇万、二六年分も二三万ルーブル余りの支払いにとどまっており、約一三・八万ルーブルと約四・五万ルーブルの合計額の支払いが求められた。モスクワ滞在中にウンシュリヒトが、ジャダムバとチョイバルサンにこの支払いを要求したものの、その年の分の支払いは約束されたが、頭金の残額のことを忘れているようだとして、モンゴル政府との交渉を依頼した。駐モンゴル全権代表ニキフォロフからは、一九二六年一二月に約四万ルーブルが入金されたとの報告が一九二七年一月六日にもたらされていた。その後の経過は不明だが、後で述べる通り、これらの未払いの軍事費はモンゴルのソ連に対する負債として一九三〇年代になって計上されることになったものと考えられる。

軍需物資の売却に関しては、その後も折に触れて両国間で問題になった。時系列に並べると、一九二七年一〇月二七日に政治局は、「ウンシュリヒトの発言」という議題で「モンゴル軍のために一二万八八三ルーブルで軍事資産を売却することを［陸海］軍事人民委員部に許可するが、この資産が例外なく外モンゴル政府の必要のためだけに使われることを条件とする」と決定[155]、一九二八年九月六日に政治局は、「この資産がモンゴル軍の必要のためだけに利用されるとの誓約をつけて、モンゴル政府側が公式に請求してきた場合、この資産の売却に同意すること。請求を受け取り次第、ウンシュリヒトとミコヤンは支払い条件を確定すること」[156]と決定した。「この資産」は内容から軍需物資であることは間違いないが、やはりモンゴル軍による使用を誓約させている。さらに一九三〇年六月一五日に政治局は、「軍需品の注文を貨幣で支払えない場合、モンゴル政府は現物（家畜）で支払うことが不可欠であると考える。今年半額を家畜で支払い、残りの半分は来年支払うこととする」[157]。このように政治局の一連の決定からは、モンゴルにとって軍需物資の支払いは容易ではなかったこと、それでも一九二六年の代金支払いをめぐる経緯からわかる通り、ソ連側は厳しく支払いを求めていたことが明らかになるであろう。返済能力の乏しい相手に大規模な借款を供与することにより経済的に従属的な立場に陥れていくプロセスは一九三〇年代以降にいっそう強まっていくことになる。

軍需物資の提供だけでなく、軍隊の編制内容にもソ連が強く関与していた。一九二七年一月二八日付で提出された労農赤軍政治部長ブブノフの報告をもとに、モンゴル軍の再編について一九二七年三月二一日、ソ連革命軍事会議が議論した[158]。決定内容をまとめると次の通りとなる。

（1）指揮幹部、特に事務部門を削減し、兵士・下士官を増やす方向へ。
（2）指揮幹部の教育に力を入れる。砲兵部隊と特別軍種の教育は労農赤軍で実施。識字能力があり、肉体的にも健康で、可能ならばロシア語を話すモンゴル人をそこに入れたい。人材が足りない場合はソ連の軍学校の一つに補習コースも設置する。モンゴル人の教育は困難が予想されるが、モンゴル政府の資金で実施する。機関銃部隊の指揮官養成はブリャート・モンゴルの中隊で実施する。
（3）モンゴル人兵士の維持経費の高さについて解明［付表によれば、赤軍兵士の維持経費は年間二五〇ルーブル、モンゴル人兵士は六六二ルーブル］。
（4）教官が勤務年限を経て帰還するため、自主性を重んじつつ代わりの人材を任期三年に延ばして選抜する。彼らが権威をもって教官として働くための秘密の指示を検討する。
（5）動員プランを策定する。
（6）政治部は、モンゴル軍の中での啓蒙活動を計画する。
（7）上述したことを踏まえ、モンゴル軍の定員を検討する。

(8) カンゲラリ[159]［モンゴル人民革命軍参謀部長］には、具体的な方策の提示を求める。
(9) 国防能力増大のため、地方での非常備軍編成の可能性も検討。
(10) 教官全員に短期の特別コースを受講させる。

＊付表によれば、モンゴル軍の幹部七九〇人、兵士三六七六人、その他（教官一〇三人、政治部門六六人、事務部門四五一人、医療・獣医部門一四二人、通訳・タイピスト八七人など）合わせて五三一五人を計画。幹部は三一％、一般兵士、下士官は六九％になる。

カンゲラリは一九二五年以来の軍顧問団長でもあったが、この決定からほどなくモンゴルを後にした模様である。彼がモンゴルを離れた日時は不明だが、新しい軍事顧問団長、モンゴル軍参謀長シェコ[160]の赴任が一九二七年三月なので、モスクワでモンゴル軍再編を議論し、カンゲラリに具体的方策を求めた直後に代表の交代が決まったようである。この時期、労農赤軍参謀部第四局（諜報）長ベルジンがヴォロシーロフに、カンゲラリや軍事顧問らに対する新任の内務保安局教官ブリュムキンの行動に対する苦情を書き送っており、ブリュムキンとの不仲が原因でカンゲラリはモンゴルを後にしたのかもしれない。[161] ブリュムキンはその後政治局の決定により処刑された。[162]

この決定に続いて三月二四日に政治局（カラハン［一九二七年より外務人民委員代理］、ヴォロシーロフが討論者）はモンゴルについて、①外務人民委員部は、ウランバートルからの騎兵大隊の撤退の可能性を明らかにするよう委任し、②チチェーリンの来訪まで問題の検討を延期することを決めた。[163]

五　ヴォストトヴァグ、上海クーデター、ソ連・モンゴル間の連絡路

一九二七年三月一七日、政治局はミヘリマンを中央委員会に召喚し、モンゴル銀行取締役会議長にデイチマン

を承認した[164]。この決定からは、ミヘリマンが兼任していたモンゴルの財政顧問にデイチマンが就任したのかどうかは定かではない。ミヘリマンは一九二六年一〇月に馮玉祥の財政顧問に就任しており、モンゴル銀行のトップから離任したということは、自動的に約五か月で馮玉祥の顧問からも離れたことを意味しており、馮玉祥と距離を置こうとする政治局の意図をこの人事にも見て取ることができる。

一九二七年四月一二日の蔣介石による共産主義者の弾圧、いわゆる上海クーデターの前後に、政治局は一連の決定を採択した。この事件を挟み武器の納入を行う組織、ヴォストヴァグが設立されることになる。モンゴルも関連することになるので、その設立の経緯のみ記しておくことにしたい。始まりは一九二七年三月三日の政治局会議で、スターリン、ウンシュリヒトの報告に基づき、「今後、国家機関を通じて中国に武器を送ることを禁止」「中国で武器を受け取っている者にはすべて、「中国小委にはこの目的のために、私営企業を組織することを委任」本決定を厳重な秘密のもとに通知[165]」、以上を決議した。そして二か月足らず後の四月三〇日、政治局は、①武器の商売に関するオペレーションをコンセッション会社ヴォストヴァグ BOCTBAΓ に課す。②ウンシュリヒト、ミコヤンは、この会社と国内外商業人民委員部、軍需産業の間の相互関係、採算以下で武器を売却することによる損失の補塡方法について一週間で合意するよう委ねる。③今後は相手が誰であれ、政治局の決定なしに中国へ武器を送ることを停止する[166]、以上を決めた。結局、ヴォストヴァグの活動について政治局が決定したのは、六月一六日であった。決定内容は以下の通りである。

（1）ヴォストヴァグには東方諸国（トルコ、ペルシャ、アフガニスタン、中国、モンゴル）との通商活動を許可する。

（2）ヴォストヴァグの特別任務への約一〇〇〇万ルーブル規模のファイナンスは、ソ連財務人民委員部が行う。意見が一致しない場合、ルイコフに解決を委ねる。（1）の取引の結果、売却で得られる外貨の半分は、輸出で被る損失をカバーするため、採算性のある輸入商品の購入に充てる。輸入商品のリストと販売の条件は、ソ連国内外商業人民委員部の指示に基づきヴォストヴァグが作成する［損失を覚悟の上で武器輸出を計画していたことがわかる」。

(3) ヴォストヴァグにはトランジット業務を行う権限を付与するが、必要ならばヨーロッパ諸国から東方諸国へある程度の商品のトランジットも許可する。

(4) ヴォストヴァグ取締役会の所在地はベルリンのままとする。輸出商品の東方諸国への納入に関するあらゆる契約は、株式会社ヴォストヴァグの名前で正式な手続きを取る。必要ならば、モスクワのヴォストヴァグ支店に直接従属する大きくない支店をペルシャ、トルコ、アフガニスタン、中国、モンゴルに開設することをヴォストヴァグに許可する。[167]

ヴォストヴァグ設置とほぼ同じ時期にあたるが、六月九日に政治局はミコヤンの報告をもとに、東方諸国との通商の緩和策について決定した。東方諸国といいながら、ペルシャ問題の比重が大きいこの決定は、ソ連とこれら諸国との貿易を活発化させようという趣旨で出された。モンゴルについては、「外務人民委員部と国内外商業人民委員部は、モンゴルにおけるソ連の機関の活動、およびモンゴルとソ連の関係改善を保証するような対策について二週間で政治局に報告」を出すよう指示し、「特に西中国〔新疆〕、モンゴルにおける国内外商業人民委員部、経済機関の責任ある職員、およびペルシャの経済機関の職員の政治的、経済的資質が低いため、組織局には二週間で、この部分の強化のため経営を指導する幹部責任者を選抜」するよう委ねており[168]、職員の質の低さを当局も重大視していたことがわかる。この経済関係の職員のことか、七月二一日にはボトヴィニク Ботвиник Е. Г. をモンゴル駐在通商代表に任命するとの国内外商業人民委員部の要請が政治局でも承認された[169]。

二週間での検討を委ねられたモンゴルにおけるソ連機関の活動、モンゴルとソ連の関係改善の方策については、六月二三日、六月三〇日、七月七日と三度審議を延期し[170]、最終的に政治局で審議にかけられたのが七月一四日だった。提案者にミコヤン、カラハン、キッシン Киссин の名前が出ているが、ミコヤンによる「ソ連とモンゴルの経済関係」という提案が採択された[171]。以下、全文を掲載する。

ソ連とモンゴルの経済的関係について

（1）モンゴル人民共和国との経済関係強化と、モンゴルからの外国資本排除へ向けたモンゴル人との統一戦線創設のため、以下の方策を実行することが必要であるとみなす。

（2）モンゴル人民共和国とソ連の間の通商協定締結について交渉に入ること。

（3）外国製品と質が同じソ連製品のモンゴルにおける販売価格を、外国製品よりも高くしない。そのために、（A）これによる損失を国内市場での販売による利益で相殺、（B）不採算商品のモンゴルへの輸出に賞金を与えるシステムの構築、（C）これらの商品のモンゴルへの輸送について特典的鉄道運賃を設定。

（4）輸入商品に対するモンゴル人の特別の要望を考慮し、モンゴル市場の需要をソ連工業の工業財政プランに反映させ、品質や品揃えその他についてすべての特殊性を考慮してモンゴル市場のために一連の商品を生産するよう各企業に適応させる。

（5）モンゴル市場で需要があり、ソ連も輸入している商品は、モンゴル市場に割り当てるべくソ連が輸入する。これらの商品に対する輸出入関税を廃止し、モンツェンコープにはこれら商品のトランジットを認める。

（6）モンツェンコープ（四〇〇万ルーブルまで）、モンゴルと貿易を行うソ連の輸出入組織（ストルモング）にはクレジットを増額するが、モンゴルにおける商品流通の速度が遅いため、手形の期間を九～一二か月に延長し、銀行のクレジット手続きを簡略化すること。ゴスバンクのモンツェンコープとモンゴルで活動するソ連の経済機関へのクレジットの価格を七％まで引き下げる。モンツェンコープにはモンゴル銀行の保証を提出する義務から解放する。

（7）ソ連とモンゴルを接続する交通、第一にヴェルフネウディンスクとキャフタの幹線道路の修理、河川交通の整備、モンゴル関連業務を行う際のソ連の組織の輸送・逓送費用の削減に特に注力すること。モンゴルトランスポルトとソ連の輸送機関が、国境で商品の積み替えをせずに相互サービスを行うこと。

（8）モンゴルのソ連通商代表部の商業活動を停止すること、モンゴルにおけるすべての輸出入業務（石油を除く）の実行を、通商代表部の指導の下に活動している株式会社ストルモングに委ねるとの国内外商業人民委員部の命令を考慮に入れる。

（9）モンゴルにおけるソ連の経済機関の活動においては、モンツェンコープと他のモンゴルの通商機関を通して商品の調達と販売を行う。

（10）ソ連領内におけるモンツェンコープの活動に際しては、ソ連の協同組合組織とあらゆる特典面で実質的に同等とするが、この点については特別の立法措置を行わない。(172)

一九二六年五月二七日に策定されたモンゴルとの経済関係に関する文書が、初めての本格的な対モンゴル政策であると述べたが、一年余り経過して採択された本決定は、中国が圧倒的な地位を占めているという一年前の現状認識から打ち出されていた方向性をさらに前進させ、中国を含む外国資本の排除という志向を明確に打ち出し、そのために何をなすべきか列挙している。モンゴル人が求める商品のソ連独自の生産、輸出とその割安販売の奨励（3、4、5）、そのための必要経費たる交通費の削減（3、7）、貿易機関へのクレジットの提供（6）、取引を行う通商機関の統一（8、9、10）、そして通商協定の締結（1）という方向である。四月の上海クーデターという中国における政治状況の重大な変化が、中国の大きな影響下にあるモンゴルをそれから引き離し、できるだけ速やかに自陣営に引き込もうとする力学がこの決定に反映されているのではないだろうか。

この決定の中で言及されている鉄道輸送の問題について、約四か月前の一九二七年三月二六日、綿織物ダレムバをモンゴルに運び込むためビイスク、クルトゥク、ヴェルフネウディンスク、ボルジャ駅までの輸送に際しては、現行運賃を二五％割引くとの布告を労働国防会議が採択していた。(173)これらの四地点は、ソ連とモンゴルを接続する主要な幹線道路、すなわち西からチュイ、トゥンキン、キャフタ、ボルジャ道路のソ連側拠点である。運賃と商品価格の関係がわかるので、この布告採択に至る経過をたどることにしたい。

先に紹介した一九二六年五月の政治局決定では、交通人民委員部が二か月間で、運賃値下げを再検討するよう指示していたが、同年一二月には国内外商業人民委員部も、鉄道運賃を決定する運賃委員会に、東方諸国に輸出される貨物の鉄道運賃引き下げを要請していた。国内外商業人民委員部にとっては送料が負担となって傘下企業が赤字を計上していたためで、①石油製品の三五％引き下げ、②マッチの二二クラスへの分類、③繊維製品の五〇％引き下げ、以上を求めていた。②の詳細は不明だが重さ、或いは商品によって細かく運賃を定めていたと考えられ、このときは一八クラスに分かれていた。運賃委員会の決定は③のみ、しかも引き下げ幅は二〇％にとどまった。満洲に運ばれていたヴィスコジン（高粘着性潤滑油、シリンダ用オイルの一種）、車両用オイル、潤滑油は一プード（一六・三八kg）あたりそれぞれ八九、五八、一五コペイカの損失を生んでいた。モンゴルに運び込まれていたガソリン、灯油はコストと販売価格が均衡していたが、運賃引き下げによって価格を下げ、販売増が期待された。マッチを製造するスピチシンディカートは東方諸国への輸出で損失を被っていた。ハルビンでは一箱当たり二・三一ルーブル、エンゼリ（カスピ海南部、イランの港町）で〇・五二ルーブル、カブールで一・三二ルーブルの赤字を出していたため、現行の一八クラスに代えて、二二クラスの導入を訴えていた。繊維製品については、中国製ダレムバをモンゴルに輸出しているテクスティーリヌィ・シンディカートは、一プード（繊維の長さで二二八メートル）あたり、一九・二ルーブル（＝一メートルあたり一五コペイカ）の損失を計上していた。これから一メートルあたり八・五コペイカの輸出奨励金を引くと、損失は六・五コペイカまで減る。鉄道運賃を五〇％下げると、一プードあたり二・四四ルーブル、一メートルあたり二コペイカ損失が減り、四・五コペイカまで損失が減る。ここまで下がると、テクスティーリヌィ・シンディカートは、中国製ダレムバと競争できるほどの価格設定が可能になってくる。以上が国内外商業人民委員部の論拠であった。

これに対して、運賃引き下げを求められた交通人民委員部は、一九二七年一月六日、輸送だけではなく、あまりにも遠くで生産していることが問題だと回答した。また石油製品については、バクーからバツーミを通して海路、ウラジオストックに送るほうが安くつくが、輸出組織はこのような輸送を試みてさえいないと論じた。マッチについては、海外輸出については現行法でも割引運賃があり、これ以上下げる余地はないと、国内外商業人民委員部の要請を却下するよう求めた。この問題を検討したゴスプランは二月二日、繊維製品について、中国商品と競争できるまで、国内外商業人民委員部は必要経費削減だけでなく、戦前よりも少なくとも一〇〇％以上高い現行の運賃を下げるべきだと同調したが、マッチについてはすでに輸出関税は十分下がっており、運賃はこれ以上引き下げられないとした[174]。このような経過をたどって三月二六日の労働国防会議の布告決定へと至った。結局は、繊維製品の輸送に関してのみ運賃引き下げの要望を認めたが、最終決定は当初の申請と異なり、対モンゴルの運賃に関するものだけで、他の東方地域に対して同様の割引が行われたのかどうかはこの史料からは定かではない。

ここでソ連とモンゴルをつなぐ鉄道、航空路、道路（自動車、家畜を活用した荷車による輸送）、河川の四種類の連絡路について最初に概観しておきたい（地図を参照のこと）。モンゴル国内の鉄道建設は遅くウランバートル近郊に石炭運搬用の狭軌線が建設されたのを除けば、ザバイカル鉄道の支線で中東鉄道への途上にあるボルジャ駅からバヤントゥメンまでの路線の建設が一九三九年に開始されたに過ぎない。航空路線は一九三〇年代後半になっても、ウラン・ウデとウランバートル間の路線探索が続いていた[175]。河川交通は、バイカル湖に流れ込むセレンガ川、その支流であるオルホン川が両国間の交通路として役割を果たした。これらの交通手段はあくまでも補助的なもので、最大の役割を果たしたのは一般の道路である。①最も有名なキャフタ道路は、ウラン・ウデ（一九二六年までヴェルフネウディンスク）とウランバートルを結び、さらにその道路はカルガン（張家口［以下、ソ連の文書を引用するときには中国名の張家口ではなく、ロシア側の呼称であるカルガンを用いている］）を経由して北京へとつながっている。②モンゴル東部とロシアのザバイカル地方を結ぶのが、ボルジャ駅までのいわゆるボルジャ道路である。③一方モンゴル西部はアルタイ地方のバルナウルからビイスク、税関のあったコシュ・アガチを経由し、ホブドに至るいわゆるチュイ道路（コシュ・アガチを流れるチュイ川から取った名前）で西シベリアと接続していた[176]。ヨーロッパロシアにより近いこの道路は、モンゴルの人口が西部に集中していることからもキャフタ道路に比べて活発に利用される傾向にあった。④さらにバイカル湖岸のクルトゥクから西に進み国境のモンディでモンゴルと接続するいわゆるトゥンキン道路も存在する。この道路はフブスグル湖へ向かい蒸気船で南部と接続していた。モンゴルとトゥヴァの連絡路として言及されるのがウーシン道路で、クィズィル、アバカンを経由してクラスノヤルスクに至る（名称はエニセイ川の支流ウス川より）。一九三一年にタマーリンは、モンゴルでの輸送は破滅的であるとカリーニンに報告したが、一九三一年二月からはチュイ、トゥンキン道路は第一カテゴリーの道路建設に格上げされ、道路整備の実行は政府メンバーにより厳しくコントロールされていた[177]。これらキャフタ、ボルジャ、チュイ、トゥンキン道路が四つの主要幹線であるが、道路といっても自動車の利用は開発途上であり、馬、牛、ラクダを利用した畜力輸送が依然として主力を占めていた。例えば一九二七年、モンゴルにおける全輸送量は四〇〇〜五〇〇万プード（一プード一六・三八kgなので六万五〇〇〇〜八万二〇〇〇トンということになる）で、主として畜力輸送でまかなわれた。ウルガ・カルガン間、ウルガ・キャフタ間の幹線道路では、年八五〇〇の馬車が輸送に従事した。したがって輸送用の家畜（ラクダ、牛、馬）は通常幹線道路沿いで飼育された。一日にキャラバンが進む距離は平均するとラクダで五〇キロ、牛で三〇キロを限度としていた。ラクダは一〇月から四月まで、牛は四月から一二月まで使用された。地域によっても使用される家畜は異なっていた。荷駄運搬用ラクダは一二プード、荷馬車用ラクダでは二五プード、荷駄運搬用牛は八プード、荷馬車用牛は一三プードの荷物を運んだ。輸送キャラバンはウルガ・カルガン間一一〇〇キロを四〇〜五〇日で移動した。ラクダはゴビ砂漠を三五日で横断した。橋が重要な交通路を結ぶ唯一の構築物だったが、モンゴルに存在したのは当時一〇本だけで、うち八本はウルガ近辺に集中していた[178]。モンゴルを自国の前線基地とみなすソ連にとって、この前近代的な輸送体系をいかにして戦時の緊急的な動員にも通用するよう近代化させるかが、輸送面における大きな課題となった[179]。

一九二六年にモンゴルへ医療・衛生遠征隊が派遣されたことについてはすでに言及した通りだが、モンゴル側からも歓迎されたため、ロシア共和国保健人民委員部は翌一九二七年六月一六日、ソ連人民委員会議に再度の派遣と費用の支出を求めた[180]。外務人民委員部のカラハンは、「モンゴルの気候条件を考慮すると、昨年のフランツーゾフ Французов 博士の遠征隊の経験からもいえることだが、遠征隊の活動が生産的なのは夏季だけ」だとして、迅速な支出を二度にわたって求めた[181]。実際一九二六年の派遣は一〇月からの三か月だったので、問題が多かったのかもしれない。この件についての文書には、モンゴルに医療・衛生活動を行う手段はないが、ドイツがこの衛生分野でモンゴルに進出を図っており、ソ連にとっては政治的にきわめて望ましくないと述べられていた[182]。最終的に労働国防会議は一九二七年八月一〇日、一九二七〜二八年のモンゴルへの派遣費用が九万四〇〇〇ルーブルを超えないこと、この費用をソ連人民委員会議の予備基金から支出すること、ソ連財務人民委員部は、この目的のために四万ルーブルをロシア共和国に支出するよう決定した[183]。そして八月一八日、駐モンゴルソ連全権代表からモンゴル政府へ遠征隊の入国許可が申請され、九月末に許可が下りた[184]。

六　モンゴル右派政権打倒の準備

一九二〇年代半ばにモンゴルを統治していたモンゴル人民革命党党首ダムバドルジの政権は「右翼偏向」のレッテルを貼られ、一九二八年にコミンテルンの攻撃によって敗北していく。この流れは、ソ連における右派の敗北とスターリンへの権力集中と並行しており、ソ連の強い影響を受けていた。ダムバドルジ政権の崩壊の過程については二木[185]、生駒[186]らの先行研究ですでにまとめられている。一九二七年初め頃より左派の代表バドラハ、ゲンデン[187]らの政府に対する攻撃が本格化するが、それはちょうどコミンテルン執行委員会極東書記局がアマガーエフの報告に基づき、一九二七年一月二四日にモンゴルに関する八項目の決議を採択したのと時を同じくしていた。旧貴族、旧官吏、仏教勢力と全面的に対立し、中下層牧民の利益を守るという主張はこのときの党指導部の主張とは大きな開きがあったが、コミンテルンとしては北伐が進行する中で、中国における革命運動をモンゴルが側面から支援することを期待したものであった。この時期、首相ツェレンドルジの辞任発言を契機に、急遽モスクワから帰国したダムバドルジもそれを撤回させて励まし、ツェレンドルジの周囲にいたアマル、ジャムツアラーノらの右派の団結が強まった。さらに三月七～一〇日に開かれたモンゴル人民革命党中央委員会総会では、ダムバドルジがソ連からの流入が増えていたロシア人植民者の横暴な態度に怒りを爆発させるとともに、ゲンデンら地方人に対する批判を強めた。こうしてこの総会は人民革命党内の亀裂をあぶりだし、六月以降党内の亀裂は鮮明になった[188]。第六回党大会（一九二七年九月二二日～一〇月五日）前にコミンテルンのアマガーエフは左派に権力が移ると予想していたが、モスクワからの代表団長ショトマンがもたらしたコミンテルンの指示は現状維持であり、その後に開かれた国家小ホラルでゲンデンがその議長から解任されるなど一旦は敗北を喫することになった(189)。

一九二七年八月二五日、政治局は約二年務めたニキフォロフに代えて、一九二〇年代初頭にモンゴルでの活動を経験していたオフティンをモンゴルへの全権代表に任命し、「現地での彼の行動について中央委員会からの書面による命令」を出すこと、中央委員会書記局は「九月二〇日召集のモンゴル人民革命党大会実行のため、ウルガに派遣する候補者を選抜」すること(190)、以上を決定した(191)。オフティンはこの後一九三三年までの六年間、全権代表として重要な役割を果たしていくことになった。

当時最も注目されていた問題は中国革命の推移であることは間違いないが、モンゴルは中国に送る武器の保管基地であり、中国人共産主義者の待機場所でもあった。例えば一九二七年九月一五日、政治局は、「ウルガにいる四一人の中国人を数人のグループで広東の「N・・」スキー〔原文のママ〕のグループの下へ派遣すること」「組織局は、内モンゴルに派遣すべく候補者を早急に選抜すること(192)」を指示した。さらに一〇月二七日には、中国について審議する中で「すべての中国人共産主義者を今後の教育のためにウルガからモスクワに戻す。中国委員会はこのために必要な資金を提供」「内モンゴルでの活動に関する問題をコミンテルン執行委員会の決定に渡す」「モンゴルからアマガーエフを召喚することについての問題を延期する(193)」と政治局は決定している。九月から開かれていたモンゴル人民革命党大会で左派への権力移行を狙っていたコミンテルン代表アマガエーエフ自身もモスクワへの召喚を望んでいたが、すぐに認められず、結局は一一月二〇日になされた(194)。

同じく一〇月二七日、政治局は、軍需物資購入の支払いについて決めるとともに(これについては既述の通り)、「外モンゴルについての問題全般を、体制の転換の見地から、次回の政治局会議のために外務人民委員部が準備して提出するよう委任する(195)」と決定した。「体制の転換の見地から」ということであり、上海クーデターを経て中国の状況が全く変化してしまったことを政治局も深刻に受け止め、その隣国であるモンゴルに対する政策も再考せねばならないと考えたのではないかと推測される。この時点で第六回モンゴル人民革命党大会における左派への権力移行が生じていなかったことも、この決定は含意していたのかもしれない。

その一環としてモンゴルに駐屯するソ連軍部隊が問題となる。ソ連軍部隊の駐留の歴史をまとめた外務人民委員部極東部メリニコフによれば、[196] ソ連の部隊はモンゴル政府の一九二一年七月の二度の要請（ボドーとベリクサイハン）のあと、ウンゲルンに対する作戦時にモンゴルに残り、これまでもチチェーリンが一九二一年八月一〇日、一〇月二八日、必要がなくなれば撤退すると発言してきた。その後、一九二五年一月二一日に撤退は公式に決定され、モンゴルも一九二五年二月に同意したが、全権代表部防衛を理由としてソ連部隊の駐屯は継続（当初は大隊、次いで騎兵大隊）しており、特別の協定はモンゴルと締結されていない。一九二五年三月六日にカラハンが北京への覚書で撤退を伝えたところ、北京は三月二一日に満足の意を表明したものの、一九二六年には教官に関する規定をソ連・モンゴル両国間で締結し、一九二七年八月六日には追加的に教官の任命手続きについて協定を結んだ。以上がメリニコフによるソ連軍のモンゴル駐留の経緯である。このメリニコフの文書と同じ一九二七年一一月二日に外務人民委員部極東部は、ウランバートルにソ連の騎兵部隊が駐留する必要性を訴えた。[197] モンゴル側に撤退を求める声がないことが主な理由だが、撤退すればハルビン、ハイラル、満洲、その他の中国の諸地点や日本人さらにモンゴル国内の反動勢力がソ連の影響力の弱体化の印とみることになると論じた。白系亡命者が多数居住するウルガにおける破壊活動も排除できず、極東のオゲペウやウルガのオゲペウの外事部[198]が、白系組織の解体を準備していること、春に奪取したセミョーノフへのワシリエフの手紙[199]からも新たな反乱の企みは明らかであるし、軍需物資、爆発物の数年にわたる蓄積により避難は大変であることからも撤退は望ましくないと論じた。

外交のトップ、チチェーリンも同様の意見だった。一九二七年一一月一〇日、彼はスターリンや政治局メンバーに、ソ連部隊のウランバートル駐在やモンゴル軍内で左派グループを強化する必要性を訴えた。チチェーリンも、モンゴル政府から一部部隊の残留要請を受け、一九二三年と二六年の二度、モンゴル代表団と軍事問題を検討し、特に一九二三年にはマクサルジャブから詳しくモンゴルの状況について聞いたこと、一九二六年には最終的に教官団についての規定を締結した経緯を述べたあと、モンゴル軍は形成途上であり、ソ連部隊がいなくなれば張作霖、日本が触手を伸ばし、反革命が容易となるので、ソ連部隊の駐留は不可欠だと述べた。「シベリア鉄道に沿う遠大な距離にわたってその国境が走っているモンゴルが、反革命的な白系の根拠地になってしまえば、極東は我々から切り離され、シベリアにいるコサックその他の好ましくない分子の中に反ソ運動が復活するための基地を作ることになり、我々の地位に最大の打撃のひとつを加えることになるだろう」とモンゴルの現状維持の必要性を訴えた。日本との協定でソ連が中国やアジアから撤退するとの噂が流れ、モンゴルはその噂を真に受けて行動する可能性もあるので、部隊の撤退など持ち出すまでもないと論じた。一方でモンゴル人民革命党の中では、左派を重用すべきだが、急激な政策転換は避け、地方と中央派の連携獲得を目指すべきで、政府にはより柔軟な右派の地方派を維持するよう主張した[200]。

一九二七年一〇月二七日の決定を受け、政治局は一一月三日、外モンゴル問題について、①中央委員会書記局はコミンテルン執行委員会と、外モンゴルへのコミンテルン執行委員会代表候補について二日間で合意し、少なくとも一一月五日土曜日までに持ち回り決議で決定できるよう政治局に候補者を提出すること。②外モンゴルに関連したその他のすべての問題は延期することを決定した[201]。検討の結果、政治局は一一月五日、中央委員会書記局が提案したライテル[202]を外モンゴルへのコミンテルン執行委員会の代表として承認した[203]。

一九二八年一月五日、政治局は外モンゴルについて決定しているが、これはそもそも既述の通り、一九二七年一〇月二七日に、「体制の転換の見地」からモンゴル問題の検討を外務人民委員部に委任したのを受けたものである。この問題の審議は一一月三日、一一月一〇日、一一月一三日[204]と延期され、一一月一七日には改めて「外モンゴルと関連した諸問題を総合的に一週間で検討すべく、チチェーリン（委員長）、カラハン、ブハーリン、ヴォロシーロフ、メンジンスキーからなる小委員会を設置し、次回の政治局会議で報告[205]」させることを決めた。それでもやはり一一月二四日には、チチェーリンの要請で決定が延期され[206]、さらに一二月二二日にも一週間決定を延期[207]した末、年が明けての決定となった。二か月余りの時間が経過している。当初は外務人民委員部に提出を委ねていたが、軍（ヴォロシーロフ）、オゲペウ（メンジンスキー）の参加を求めた一一月一七日のメンバー変更を見ると、外務人民委員部だけでは不十分だと見た可能性がある。「体制の転換」を見据えているわけなので、なおさら重大である。

モンゴル問題について初めて名前の出てきたブハーリンは、一九二五年前半からジノヴィエフ、カーメネフ、トロツキーら指導部に反抗する三人組に対抗してスターリンと組み、党機関紙『プラウダ』や党中央委員会の隔週誌『ボリシェヴィク』の論調を主導し、コミンテルンではジノヴィエフが議長職を失う（一九二六年一〇月）以前の一九二五年末からコミンテルン執行委員会書記長として指導的地位を確立し、人民委員会議議長ルイコフ、全連邦労組中央評議会議長トムスキーとともに、ネップ路線を忠実に推進していく政治局内の右派三人組の中心人物として党を指導していた。[208] 一九二七年一二月の第一五回党大会前後にトロツキー、ジノヴィエフら左派が党から除名されるが、この時期に判明した穀物調達の急落［農村からの穀物搬出量の急減］により一九二八年一月に「非常措置」が導入され、スターリンと右派の間に亀裂が生じ、スターリンの独裁的権力樹立につながっていく微妙な時期にあたる。以下に見ていく通り、一九二八年以降政治局におけるモンゴル問題の審議にブハーリンが関わるのは一九二九年一〇月頃まで、すなわちブハーリンら右派が失脚していく時期と重なることになる。ローシシンによれば、モンゴル諸民族の統一はソ連の利害に反する可能性もあるとの立場を示すラスコーリニコフ（ペトロフ）らコミンテルン指導部とは異なり、一九二七年には内外モンゴルばかりかトゥヴァさえ含めたモンゴル諸民族の統一さえ想定していたのがブハーリンのモンゴル問題に対する見方であった。さらに当時の右派を中心とするモンゴル指導部に対し、地方の左派を支援すべしとの決定が一九二七年五月にコミンテルンから出されるものの、あくまでも穏健で時間をかけた改革を主張するブハーリンの権威のもと、一九二七年の第六回モンゴル人民革命党大会では急激な指導部の交代は起こらず、後述するように、一九二七年一〇月から一九二八年初めにかけてのラスコーリニコフとダムバドルジの書簡のやり取りでも、ダムバドルジはコミンテルンの指示をはねつける状態が続いていた。[209] モンゴル問題に関する政治局小委の審議がたびたび変更され、スタッフに変動があったのもこのような激しい意見対立を反映していた可能性もある。この状況の中で採択され、「体制の転換」を考慮した一九二八年一月五日の決定は以下の通りである。[210]

モンゴル問題に関する決定

（1）外モンゴルにおける状況は、外部要因（日本の侵略、中国における諸事件等）、内部要因（政府における不安定な相互関係、右への傾斜、階級闘争の進展等）を原因として最大限の注目を要するものと認める。

（2）現在、日本の帝国主義の武器となり、封建主義的・神権政治的かつ反革命的ブルジョア的傾向の支柱たる汎モンゴル主義のイデオロギーと闘争するためには、今すぐ統合するという危険じみた扇動に対してはあらゆる手段を尽くして警戒しつつ（主に、外部の危険性を理由にして）、民族独立という理念と将来、革命政権を基礎にモンゴル人を統合するという展望を対峙させるべきである。

（3）党内と直近の大会では、憲法的手続きに則って多数派を占めるという方針を堅持し、地方の上層部で起こりうる勢力逆転にも準備しつつ、人民革命党内の左派（地方人）を全面的に支援することが不可欠である。

（4）モンゴルの若者を、革命への忠誠という精神でソ連で教育することを自らの課題として設定する。革命的モンゴル人学生のソ連への流入を強化する。

（5）三人からなる強力なコミンテルンの代表部を構築する。すでに派遣した同志P《エル》［ライテルのことを指すものと思われる］の他に、さらに二人の同志を探すように委任する。

（6）地方での仕事のため、左派的な傾向を有する信頼できるモンゴル人学生を、早急に外モンゴルに派遣すること。

（7）中国委に付属して、モンゴル問題に関する特別の小委を設置する。

（8）このモンゴル小委は、あらゆる植民地主義的な傾向の発現を処罰することで、モンゴルで活動しているソ連の経済組織の効果的な清掃（粛清）を行うことを義務とする。

（9）国内外商業人民委員部には、モンゴル問題に関する小委を設置する。

（10）騎兵大隊をモンゴル人の武装部隊で置き換えるよう緊急の方策を実施することが必要である。この部隊の編成の責任をソ連革命軍事会議に課す。この交代は六～八か月の間に実施する。[211]

（11）モンゴル問題に関する小委には、「地方人」たちのための経済政策の計画立案を委ねる。

（12）上述の方策の実行について二週間後に政治局に報告すること。

（13）中国小委には、モンゴル問題に関する小委のメンバーを選び政治局で承認を得ること。[212]

改めてモンゴル問題への注目を喚起しているが、モンゴル人自身が抱く汎モンゴル主義的な将来像には理解を示すふりをしつつ、それを抑制していくことに主眼を置いており、一方で特に地方と青年層における左派勢力の伸長を目指して、人材の投入・教育を図っていたことがわかる。この決定で設置が決まったモンゴル小委のスタッフは一月一九日に承認された。ウンシュリヒトを委員長としアマガーエフ、カラハン、マクシモフ、トリリッセルがメンバーに名を連ねた[213]。一月五日の決定を準備したと思われるメンバーのうち、チチェーリン、ブハーリン、メンジンスキーが離れた。この新たなメンバーで一月五日の決定にある通り、「地方人」たちのための経済政策を考案することになった。この問題に関しても、二月二日、二月九日[214]と二度決定が延期され、決定されたのは二月一六日だった。これも以下に全文を紹介することにしよう。

（1）一九二八年一月五日の政治局決定を発展させ、コミンテルン執行委員会に依頼するのは以下のことである。

（A）モンゴル人民革命党中央委員会における組織的、政治的な方針設定と、左派（地方人）グループの統合で強硬な路線を取ること。

（B）モンゴル人民革命党中央委員会の動揺分子を制圧し、右派グループから引き離すこと。

（C）左派（地方人）グループが、明確な経済的・政治的な行動プログラムをもとに、各地域における地方人大衆の中で影響力を強める広範な活動を実行すべく対策を練ること。

（D）外交政策の分野では、モンゴル人民革命党の左派（地方人）グループが、外モンゴルとソ連の相互関係の強化に向けて広範な政治工作を行うこと。

（2）ライテル、トルバチェーエフ[215]、オチロフ Очиров からなるトロイカを承認する。

（3）騎兵大隊撤退に関する政治局の決定を実行すべく、政治局が定めた期限内に、モンゴルの若者がモンゴル軍部隊の基本的な決定的中核を構成する規模で、彼らを諸軍事学校で教育するよう革命軍事会議に委ねる。追加的補助金が必要な場合には、革命軍事会議は予算案を労働国防会議の運営会議に提出すること。

（4）中央委員会書記局にはコミンテルン執行委員会との合意に基づき、アイマクやホシュン［アイマクの下部行政単位］の労働者五〇〜六〇人のための促成コースをクートヴェ［スターリン名称東方勤労者共産主義大学］に設置させる。二週間以内にこれらのコースの維持に必要な予算案を政治局に提出すること。

（5）（A）モンゴル政府がマーモット［販売］の独占を導入する場合、ソ連の組織にマーモットの輸出権を付与する契約を結ぶように努め、このために必要な資金を割り当てること。

（B）特にネフテシンディカートの支部が保有していない小型の容器を提供することで、ウルガにおけるソ連の石油製品の価格引き下げに向けた緊急策を採択する問題は、ソヴィエト的手続きで行う［すなわち、人民委員会議や労働国防会議などで決めるということ］。

（C）モンゴルへ商品が届かない慢性的な問題とその早急な解決策の採択はソヴィエト的手続きで行う。

（D）モンゴルの経済機関［モンツェンコープ］に対して可能なあらゆる物的特典をソ連が一貫して提供しているのに、モンゴル側から相応の評価を受けていないということをモンゴル政府に伝え、臨時の通商協定を締結するよう外務人民委員部に提案する。

（6）（A）モンゴル銀行の貸し出し利率の改革、外モンゴル住民に対する小規模のクレジット提供問題の解決、貨幣システム改革実行の加速化に関する方策、以上の検討をモンゴル小委に委ねる。

（B）外モンゴル貨幣（トゥグリク）を銀から金本位のシステムへと早急に移行するため、モンゴル銀行取締役会のソ連側代表があらゆる方策を取るようゴスバンクが指示すること。これらの方策を実施する際には、モンゴル政府とのあらゆる関係悪化を避けること。

（C）モンゴル銀行の資本金増額に関する問題は延期する。

（D）モンゴル政府が国立銀行設置を決定するならば、外務人民委員部、国内外商業人民委員部、財務人民委員部はその設立に関してモンゴル政府に協力し、経済的組織的方策を通じてソ連の影響力を強化するような方策をとること。

（7）職員の検査に関する政治局決定を速やかに実行するようコシオール、ウンシュリヒトが監視すること。

（8）モンゴル小委にマクシモフに代えてヒンチュークを任命する。[217]

左派の行うべき活動を指示し、ライテルに次ぐ二人のメンバーを追加承認してトロイカを結成させた。モンゴル人部隊の強化を急ぎ彼らをソ連で教育するが、同様に労働者もモスクワのクートヴェに招いて教育することになった。マーモットや石油といった具体的な商品名が列挙されて対策が練られる一方で、ソ連側の支援に対してモンゴル側の評価が足りないとの不満ものぞかせている。左派の団結による強硬路線を支持するこの考えは、一九二七年一〇月一五日のダムバドルジから送られた書簡[218]に対して、モスクワがいくつもの案を検討して採択したペトロフ（ラスコーリニコフ）による一九二八年一月二〇日の書簡[219]と重なるものである。ダムバドルジはコミンテルンによる第六回大会での現状維持に満足の意を表明する一方で左派地方人への激しい批判を述べていたが、ペトロフは右派の危険を指摘、ゲンデンら牧民を代表する地方の党員こそ反右派闘争の中心で彼らの排除は誤りだとして、ソ連の教官団への行き過ぎた批判もやめるよう求めていた。一九二七年末から一九二八年初頭にかけてのソ連国内における右派の敗北と左派の攻勢と並行して、モンゴルに対しても同様の流れが作り出されていくことになる。

先の二月一六日の政治局決定の最後にモンゴル小委のメンバー交代について触れているが、三月二二日に政治局は「中国小委とモンゴル小委にペトロフの代わりにミフ[220]」を加えた。[221] この二月一六日の政治局決定の第四項目「クートヴェのモンゴルコースにおけるアイマク、ホシュンの労働者の教育にかかる予算」について、三月二九日政治局は、①一九二八～二九年のクートヴェの全体予算が承認されるまで、このコースを組織する予算の検討を延期する一方、②クートヴェにはこのコースの準備作業に対して、前金三万ルーブルを出すことが不可欠だと認めた。[222]

この二月一六日の決定はモンゴル銀行についても言及しているが、モンゴル銀行の設立以来、そのソ連側取締役等の人事についても政治局が関与してきたことは既述の通りである。ソ連ゴスバンク取締役議長代理スプンデ[223]、取締役メンバーのベルラツキー[224]が、一九二八年一〇月一九日付で、ソ連財務人民委員ブリュハーノフにモンゴル銀行に関する問題を提起した。この文書から、その内情や両国間の経済関係を垣間見ることができる。

経緯は以下の通りである。四月二〇～二一日開催のモンゴル銀行株主総会で、モンゴル側株主が資本金増額を提案したため、ゴスバンクの指示で、モンゴル銀行取締役会のソ連側代表はこの問題を審議未了とし、最終決定は銀行評議会に委ねた。その後モンゴル側は全権代表オフティンとの数回の会合で、一五〇万［次頁の表にある通り、資本金は一九二五年の五〇万から、一九二八年には三倍の一五〇万ルーブルへと増加していた］から二五〇万さらには三〇〇万までの資本増額を提案してきた。現在モンゴル側株主は五〇万ルーブルの増額を提起しているが、モンゴル財務省はかなりの備蓄を有しており、ソ連側株主が賛成すれば増額は可能である。以上を踏まえゴスバンクとしてもモンゴル側の提案に同意するのが妥当と考えるがその理由としては、①モンゴル銀行の取扱額は、資本金一五〇万ルーブルでは正常な活動ができないほどの規模（約五〇〇〇万トゥグリク）に達しており、資本金が三倍になったこの期間に、バランスシートと手形割引・貸付業務の額は一五倍になった。さらにモンゴル銀行の主な取引先であるソ連のストルモング、モンゴルのモンツェンコープはモンゴル市場の大部分を占め、ソ連・モンゴル貿易の拡大を図っているが、近い将来追加的な貸し付けを求めており、資本金の規模との乖離はますます増大しそうである。②貸付業務が様々な分野に拡大するにつれ、資本金の三分の一以上は長期借款に充てられるようになった（特に農業には四〇万ルーブル）。したがって五〇〇〇万ルーブルに達する外国貿易に奉仕する銀行の資本金が一五〇万ルーブルではきわめて不十分である。③主なモンゴル組織たるモンツェンコープへの貸し付けが資本金不足によって制限されると、モンゴルの組織の利益を無視していると批判する根拠をモンゴル側に与えてしまう。自由な金をモンゴル銀行に投入することは、国立モンゴル銀行の設立という、今のところはまったく時宜にかなっていない彼らの希望を弱めることにもなる。モンゴル側の希望を拒否すれば、現在五～六〇〇万ルーブルを貸し付けられているソ連の組織への貸し付け制限をモンゴル側が主張し、それがひいては取締役会の両国

単位 /1,000ルーブル	1925年1月1日	26年1月1日	27年1月1日	28年1月1日	28年10月1日
バランスシート	1,620	6,248	9,114	20,400	25,000
手形割引・貸付業務	850	2,960	3,321	7,930	12,500
資本金	500	1,000	1,000	1,500	1,500

代表の関係悪化を招き、国立銀行設立という考えに改めて火をつけることになりかねない。以上を踏まえゴスバンクは労働国防会議に、一九二九年四月より五万ルーブルずつ五か月の分割払いで、ソ連の株主がモンゴル銀行の追加的な株式の二五万ルーブル分を取得することを許可するよう求め、財務人民委員部にもそれで不都合がないか尋ねたのである。[225]

外務人民委員部のカラハンも九月二六日、業務の急激な拡大により、資本金の制限されたモンゴル銀行はモンツェンコープへの貸し付けを制限せざるをえなくなっており、このことはモンゴル人の不満を呼び、「ストルモングを「甘やかし」、モンツェンコープの利益を無視していると、モンゴル銀行のソ連側取締役を非難」させている。このような状況では、資本金増額が彼らの不満を和らげる手段のひとつだとしてベルラツキーらのゴスバンク案に同意していた。カラハンもまた、ゴスバンクの推察する通り、モンゴル人による国立銀行創設の期待をそらす効果も見出していた。[226] 以上の提起を受け、一一月二七日労働国防会議はモンゴル銀行の資本金五〇万ルーブルの増額を妥当とみなし、ソ連側が二五万ルーブル分の株式を取得する布告を採択した。[227]

ちなみにこれより前の九月二〇日に、モンゴル銀行の人事を政治局が決定している。①フェシュク **В. И. Фесюк** をモンゴル銀行取締役会議長に任命するが、ザカフカース地方党委員会は、遅くとも一〇月一日までに彼を出張させること。②デイチマンをモンゴル銀行における職務から解任し、ゴスバンクの管轄下に呼び戻すこと、[228] 以上である。デイチマンの任命は一九二七年三月だったので一年半の勤務ということになる。

先の二月一六日の政治局決定でモンゴル政策の検討を指示されていたモンゴル小委の報告は、四月一九日に次回政治局会議まで延期された。[229] 同時に「オフティン、ライテルがモンゴルから出発したいとの要請」を拒否した。ライテルは一九二七年一一月五日にコミンテルン執行委員会のモンゴル駐在代表に任命され、一九二八年二月一六日にトルバチェーエフ、オチロフとともにトロイカを構成するように指示されていた人物であり活動期間はわずか半年である。三月二九日、ライテルとソトニコフ Сотников（同じくモンゴル人民革命党へのコミンテルンの代表）はラスコーリニコフに対して、「モンゴル人民革命党の指導部は、コミンテルンとソ連に対して「きわめて敵対的」であり、「すべての国内政策は事業を行う役人分子への奨励、出現しつつあるブルジョアジーの発展に向けられている」と苦情を述べていた。[230]

延期されたモンゴルに関する決定は四月二六日、モンゴル小委の報告を受けてなされた。報告者に名を連ねるのはウンシュリヒト、ミフ、ピャトニツキーで決定は要約すると以下の通りである。①二月一六日の決定でモンゴル小委に委ねられた「経済政策の分野における地方人たちの実際的要求のプログラム」は、コミンテルン執行委員会の検討に引き継がれることになったが、ソ連モンゴル間の鉄道連絡の確立に関する条項は除外された。この段階では鉄道連絡は時期尚早ということか。②モンゴルにおけるソ連人教官に関する条項を承認（後述）。そして、興味深いのは③「モンゴルに駐在するソ連（外交および経済）の代表部とコミンテルン執行委員会代表部の活動の機能、性格を正確に分離することが不可欠」とみなしたことで、双方の役割を、「ソ連の（全権・通商）代表は外モンゴルの独立承認、独立への支援、現地に存在する政府の承認という原則のもとで活動する一方、コミンテルン執行委員会とその代表部の問題に介入しない。コミンテルン執行委員会の代表は、ソ連の外交、通商代表の問題には介入せず、大衆的な政治活動を行う」と限定しており、このような決定が出るほど、両者の活動の重複やお互いへの干渉度合いが強かったことを意味するだろう。[231] 人事については二点、すなわち④モンゴルから召喚するライテルの代わりに派遣するトルバチェーエフには、「一か月間研究しモンゴルにおける活動計画を提出すること。ただし、上層部の駆け引きによるのではなく、左派グループ（地方人）の組織強化を目指して、大衆活動にすべての注意を集中させること」と指示するとともに、彼を支援すべく三〜五人のブリャート人の同志をモンゴルに急派するよう中央委員会書記局に指示した。トルバチェーエフは二月一六日の決定で、ライテルらとトロイカを結成することになってはいたものの、研究を指示したということは、まだモスクワに留まっていたことを意味する。⑤一方で、オフティンを「指導するためにモスクワに召喚」した。軍隊については一月五日の政治局決定を実行すべく、「外モンゴルより騎兵大隊を三か月間で徐々に撤退するよう革命軍事会議に委任するが、トルバチェーエフには近い将来の課題として、左派（地方人）の数十人をソ連の軍事学校での学習のために派遣させる」ことも決めた。最後に、⑥モンゴル小委を解体することが不可欠であると締めくくっているが、一月一九日以来、三か月の活動でモンゴル小委が解体されることになった。[232]この時期モンゴル国内では、一九二八年四月にモンゴル人民革命党中央委員会第二回総会が開かれた頃、バドラハ、ゲンデンら左派の処分が決定され、二人がコミンテルン代表やソ連全権代表と接触したことも好ましくない材料とみなされたことからも、ダムバドルジ政権の基盤は揺るいでいないように思われた。[233]

この四月二六日決定にあった「モンゴルにおけるソ連の教官の状況について」とは、以下の通りである。全文を引用することにしよう。[234]

（1）教官の招聘と派遣の手続きについて

（A）あらゆる専門（軍部、内務保安局、経済、文化）に関するソ連の教官をモンゴルでの職務に派遣するには、モンゴル政府が外務人民委員部を通じて、特別の申請書を書くことでこれを実施する。モンゴル政府によるソ連教官の招聘は、中央のソ連機関を除いて許可されない。

（B）モンゴル政府がソ連人教官派遣を申請した場合、ソ連の党・国家機関は速やかに実行に移す。

（C）様々な理由からモンゴルでの仕事に不適切であると認められた個々の教官をソ連側の主導で召喚する場合、帰還に関するすべての費用は関係する人民委員部が持つ。

（D）全権代表部や関係人民委員部の承諾なしに契約期間を満了した教官が、モンゴルでの常勤の仕事に就いたり、モンゴルで生活するためにとどまる権利はない。

（E）個々の教官を期限前に召喚する必要性が生じた場合、その問題は、モンゴル政府との間でソ連政府が合意すること。

（F）教官の職務機関は二年以内と定める。

（2）教官たちへの特典

モンゴルで勤務する教官には、（A）モンゴルでの勤務一年をソ連での勤務二年に換算。（B）ソ連の学校で学ぶ子弟には国家奨学金を付与。（C）モンゴルでの勤務終了後には、ソ連で仕事（モンゴルに派遣されるまでに務めていたポストよりも低くないポスト）とアパートを保障。（D）モンゴルでの勤務から帰国した際には、ソ連政府の負担で二か月の休暇を付与。（E）モンゴルで自主的に二期目の勤務に入り、ソ連政府もその仕事の続行が望ましいとみなす場合、ソ連政府の負担で給与の二か月分をボーナスとして支給。（F）モンゴルでの勤務中、その家族も含めあらゆる種類のパスポートについての手数料を免除。（G）勤務終了後、国内外商業人民委員部が特別に認めたリストに従い、モンゴル勤務中に取得した家庭用品をソ連に無関税で搬送する権限を付与。

（3）教官の資質向上策

（A）勤務に関する直接の義務を遂行するのと同時に、すべての教官が義務付けられているのは、①外モンゴルの言語、人類学、経済、歴史の体系的学習。②外モンゴルの憲法、行政的・政治的仕組み、経済システムの学習。③自分が勤務する組織や仕事分野の構造、仕事の研究。以上である。この課題遂行を容易にすべく、全権代表部には特別の夜間コースを設置するが、その組織は、全権代表部の通訳学校に支出されている資金に依拠。

（B）教官の交代要員を養成すべく、モンゴル語や現地の状況を研究するために特別の高等教育機関から学生党員をモンゴル人民共和国に半年或いは夏の間定期的に派遣するシステムを導入。彼らにはこの出張期間中、全権代表部、通商代表部、経済機関において実習生としての臨時のポストを保証し、特別の基金から必要経費を賄う。

（4）教官の権限、義務とその勤務のあり方

（A）教官の個々の仕事に応じた権限と義務は、彼に委ねられた分野の実際の指導を保証することを基本にソ連政府とモンゴル政府間で締結する特別の合意で定める。この手続きによって、教官の給与の水準も定める。

（B）モスクワで手続き（資質や政治的忠誠の点検、モンゴル政府との合意、パスポート取得等）を行って

いる期間の候補者の扶養経費は、派遣する人民委員部の負担とする。

（C）全権代表を議長として、特別の小委を定期的に招集するが、この小委は教官団を粛正し、教官団の各仕事分野の給与の同一性を規定、維持するための給与を算定する作業を実施。

これまでも関係各機関が行ってきたモンゴルへの人材派遣を、より体系的に定めたものであるといえよう。慣れない環境で厳しい仕事をこなす必要があり、有用な人材を確保するためには（2）にあるような様々な特典を提供する必要があった。一方でそのような特典のみを目当てに応募する不適切な人材も少なくなかったと思われ、そのモンゴルに対する好ましくない影響を懸念し、彼らをソ連に送還する手続き、その費用まで詳しく定めている。いったん赴任すれば夜間コースにまで出席して、自身の能力向上をはかることのできる人材を求めていたことが特徴的である。

七　ダムバドルジ政権の敗北

このようにソ連はモンゴルにおける活動を推進する人材について慎重に選抜を進める一方、ソ連国内でブハーリンら右派の失脚後、スターリンを中心とするグループがネップ路線を放棄して左派的政策に転換したのと軌を一にして、モンゴルにもその路線を押し付け、強引に左翼的路線の導入を求めるようになる。一九二八年四月のモンゴル人民革命党中央委員会第二回総会では、中国革命の後退と日本帝国主義の脅威を強調、旧体制勢力の台頭を警告し、地方の行政機関に牧民登用を訴えたことは一見左派の優位に映るが、依然として右派指導部は強く、党指導部とコミンテルンの関係はますます悪化していた。[235]その後、コミンテルン代表の権限と義務を定め、モンゴル人民革命党の活動を評価すべく、ダムバドルジが五月初めにモスクワを訪問、ライテルも同時期にモスクワに帰還し、左派のバドラハも治療でモスクワに来訪したため、集中的に彼らの意見を聴取する時間が設けられた。

五月二三日、ダムバドルジはコミンテルン執行委員会東方書記局で党内にいかなる分派も存在しないと強調するが、六月五日バドラハは右派の危険と党内で戦う必要を述べた[236]。一方、コミンテルン執行委員会東方書記局ワシリエフは六月九日にブハーリンに送った覚書の中で、ダムバドルジ報告に関して、モンゴル人民革命党に危機が存在するとの文言を入れることにブハーリンが反対したこと、それに同調してミフ、クチュモフもコミンテルンの決定草案を作成したことを批判していた[237]。

六月七日、政治局は「ウルガについて」検討した模様だが、特別ファイルの該当箇所は、閲覧不可の状態にある[238]。ソ連の新疆対策について検討した拙著では、このような箇所が多数見られたが[239]、モンゴルに関しては非常に珍しい。報告者がスターリンであり、二一世紀の現在になっても当局が秘匿したい決定がこの日になされていたということなのだろうか。先のダムバドルジの主張に対して、コミンテルンの東方書記局長ペトロフ、アマガーエフらは、五二項目の決議案をダムバドルジに提示しており[240]、先の閲覧不可の決定とはこの方針を政治局で促したものか、或いはダムバドルジ個人に関する決定がなされたのではないかと推測される。

六月一一日にミフとブハーリンはダムバドルジの報告に関して、コミンテルン東方書記局の比較的穏健な決定に対してもダムバドルジは納得せず、その受け容れさえ拒んでいるので、どう対処すべきか審議を求める覚書を政治局に送った[241]。そして六月一四日、かなりラディカルな政策転換が行われた。政治局は①コミンテルンとモンゴル人民革命党の代表の間の関係を解消し、モンゴルからコミンテルンの代表を召喚することが不可欠であるとみなす。②騎兵大隊と資産を撤退させる。③外務人民委員部と国内外商業人民委員部にはダムバドルジの発言との関連で対策を取るよう委任する[242]、以上である。

そのさらに二週間後の六月二八日、政治局はコミンテルン執行委員会の名前でモンゴル人民革命党中央委員会に早急に電報を打ち、第一に、「コミンテルン執行委員会は人民革命党中央委員会による審議と類似したいかなる決定もしていないこと、コミンテルンはその報告の中で内外の右派の危険について決定し、一連の具体的方策、特に寺院、貴族、官僚、新ブルジョアジーの資産を没収する方策を取るよう提案したとのダムバ［ドルジ］の報告は完全に誤りであること」。第二に、「コミンテルンと青年共産主義インターの代表たちを外モンゴルから召喚することが不可欠であるとみなす」[243]と確言するようピャトニツキーに指示した。ダムバドルジは先の五二項目の決議案が旧貴族、僧侶の財産没収を要求していると理解し、本国の党中央委員会に打電して判断を求めたところ、中央委員会と中央統制委員会の合同会議は、現段階で財産没収は困難だと決議した。[244]したがってこの六月二八日の決定は、ダムバドルジはコミンテルンの指示を誤解していると述べることで、一応はモンゴル指導部の方針に譲歩したものと見ることもできる。ダムバドルジはコミンテルンの四項目のテーゼを携えて帰国したが、モンゴルの党中央委員会と中央統制委員会は、受け入れがたいとして再度ダムバドルジをモスクワに派遣したものの、再度決裂した。彼の滞在は、コミンテルン第六回大会開催時（七月一七日～九月一日）と重なっていた。[245]

その後、八月一六日に政治局は「モンゴルについて」議論したが、決定は満洲のハイラルで発生した反乱に関するもので、①ハイラル反乱についての報道のためタスへの短い電信を作るようモロトフ、カラハンに委任、②ゲペウにはステパーノフの行動を早急に調査させ、必要ならばすぐに彼を逮捕、③最も円滑に反乱を鎮圧すべく、この地域に近いソ連の組織には、現地の政権に協力するよう指示[246]、以上の三項目からなっていた。

この蜂起に至る経緯だが、一九二八年七月にウランバートルでメルセ[247]［郭道甫一九二八年一月にモスクワでコミンテルン大会に出席］とコミンテルンの代表クリモフ **Климов** が会談し、後者が内モンゴルにおける革命活動に関する指針を詳しく話したのに続き、七月一四日にモンゴルとバルガの国境でバルガ革命党の協議会が開かれ、メルセや三月にコミンテルン執行委員会の代表としてバルガに派遣されていたステパーノフがそれを主導した。すぐに蜂起する絶好のチャンスであること、一〇〇〇人の人民軍を動員することなどを決めた。ステパーノフを通してコミンテルンから武器、資金を受け取り、モンゴルには追加的な支援を要求することとしたが、八月八～九日にメルセらが派遣したバルガからの代表の話を聞いたモンゴル人民革命党の首脳部は反乱の時期ではないと否定的に反応した。コミンテルンの代表クリモフはステパーノフの行いをコミンテルンの指針とは相容れないものと批判した。しかしすでに八月七日にはメルセらの部隊三〇〇人は蜂起したあとで、八月半ばには一〇〇〇人規模に増大した。このような過程の中で出されたのが上記の政治局決定であり、ステパーノフの行動を断罪するものであったことがわかる。中国の部隊が派遣され、八月末までには鎮圧された。[248]かつてセミョーノフ軍に属し、一九二〇年にブリャートから亡命し牧畜業に従事していたウルジン・ガルマーエフが、政府の依頼に基づいてブリャート人部隊を作り、この反乱鎮圧に参加した。[249]

この間、モンゴル国内における党内闘争は左派の有力メンバーが数名逮捕されたことでさらに激化していた。[250]そのためモスクワも強力な介入の必要を感じたものと思われる。八月三〇日、政治局はモンゴルにおける党大会にコミンテルンの代表団を派遣すること、指示草案を三日で検討すること、「ピャトニツキー、ウンシュリヒトにはヴォロシーロフの問題を検討し、指示について審議する際にそれを検討すること」[251]、以上を決めた。これより前の七月一九日、政治局はモンゴルに関する「ヴォロシーロフの問題」について、モンゴルに関する古い決定に留まると決定しており、[252]このことを指しているのかもしれない。いずれにせよ、これだけではいったい何を問題にしているのか判然としない。八月三〇日の決定を受けて九月六日、政治局はモンゴル問題について、軍事資産の売却に同意するとともに（この問題については既述の通り）、次の三点、すなわち、①「ブハーリン、ミフは意見交換に基づき、モンゴル問題に関するコミンテルンの決定草案を再検討」すること、②「モンゴル人民革命党の次期大会へのコミンテルン執行委員会代表団のスタッフにシュメラル、[253]アマガーエフを加えるように提案」する一方で、コミンテルン執行委員会政治書記局はメンバーに、「西欧の同志をさらに一人」［次の九月一〇日の政治局決定の表現に従えば、西ヨーロッパの党の代表を意味する］加えること、③キム（青年共産主義インターナショナル）が内モンゴルのレヴソモルと関係を断つことは適切ではないとの項目を決定から除外する、[254]以上を決めた。最後の決定は、レヴソモルとの関係断絶も辞さないということであり、かなり強硬な態度を示していたことがわかる。

ところで、モンゴル問題に関するコミンテルンの決定草案の再検討を委ねられたブハーリン、ミフの報告は九月一〇日に政治局で採択されるとともに（内容は後述）、代表団に課題が課せられた。

（1）現地の状況を綿密に調査し、それに応じた情報をコミンテルン執行委員会に提出すること（その際、代表団がコミンテルン執行委員会の決議草案に対する修正点があればそれを知らせることが望ましい）。

（2）コミンテルン執行委員会の追加的な指示の後で、代表団はモンゴル問題に関するコミンテルン執行委員会の最近の決定を説明すべきである。
（3）コミンテルン執行委員会が検討した経済的・政治的要請の立場から、左派地方人分子を組織しつつ、彼らを支持すること。
（4）党の指導的機関における左派の以前のポストを最低限確保すること。左翼・地方人反対派だけに権力を移す時期ではないと認めるが、同時に現地で実際に可能だと判明すれば、ブルジョア的で親中国的なグループや、中国の通商・高利貸し的企業と密接につながっている連中を指導的ポストから排除するために、左派分子と民族主義者たちがブロックを組むことには反対しない。このブロックは左派分子がそこで指導的役割を確保でき、党の中央の諸機関の選挙で多数派を占めることが保証される時に認められる。
（5）人民革命党に対するコミンテルンの関係が新たに設定されたので、代表団はソ連とモンゴル政府間の相互関係に打撃を与えてはならない。代表団はコミンテルン路線に関する相互の関係にかかわりなく、ソ連との国家的関係強化の必要性を強調せねばならない。

そして最後に、「内モンゴルにおけるコミンテルンの活動を中国共産党の指導に引き渡すため、コミンテルンと内モンゴル人民革命党の間の連絡形態を変える必要があるということに同意する」とまとめている[255]。

この政治局決定で承認された「モンゴル問題に関するコミンテルンの決定草案」は、以下の通りである。

モンゴル人民革命党の現指導部は、商業資本を優先して勤労者の利益擁護を一段と回避しているため、貧しい勤労大衆の状況を改善できず、外国の資本主義大国とモンゴルを接近させる傾向があり、弾圧を行うほど左派地方人大衆の代表を抑圧し、それによって国内のブルジョア封建的傾向との闘争を妨害している。現況下でコミンテルンは、モンゴル人民革命党の活動について不可欠な批判を行うのにも限度がある。そして最後に極東ではとりわけコミンテルン勢力に対する帝国主義的な侵略が進展しており、人民革命党と外モンゴル政府をコミンテルンに従属させることは、国家と党の路線の間に必要不可欠な分割線を設けていないので、外モンゴル政府を窮地に追い込むことになる。以上を考慮し、コミンテルン執行委員会は次のように決定する。

（1）モンゴル人民革命党のコミンテルンへの従属を解消することが必要なので、モンゴルの党とコミンテルンの以前の関係を再検討する。

（2）人民革命党中央委員会にコミンテルンの常設代表を置くのは妥当でないとみなす。

（3）今後は外モンゴルの勤労者大衆を、その組織化、自覚の向上、物的な生活水準の向上に向けた闘争において全面的に支援するとともに、人民革命党が帝国主義勢力や国内の反革命と一貫して闘い続ける限り、それも支援する。

（4）全連邦共産党（ボ）は、モンゴルにおけるソ連組織のあらゆる欠点を解明し、モンゴル政府との合意の上で、これらの欠点をできるだけ早く解消する完全な用意があるとの党の代表の発言を考慮に入れておく。

（付記。人民革命党大会へのコミンテルン執行委員会代表団からの情報を受け取った後、コミンテルン執行委員会が追加的許可を行って初めて、本決定は効力を持つようになり、モンゴル人民革命党メンバーにも通知しうる）[256]。

これが先に草案が作成されたものの採択に至らなかった五二項目に対して、新たに提示された四項目である。ブハーリンが起草の中心にいたためか、これらの文案からは、左翼的な方向に進むにしてもあくまでも慎重で地道な行動を支持しているように思われる。

一九二八年九月二〇日、政治局はモンゴルについて議論し、「カラハンの提案に同意する」と決定[257]したが、カラハンの提案が何を決定したのか不明である。コミンテルン執行委員会幹部会員兼政治書記局員だったシュメラルら一行がモンゴル人民革命党第七回大会に出席すべくモンゴルに到着したのは九月二四日である。その後、代表団は左右様々なグループに属するモンゴル側の多数の代表と会見して情報収集を進めた。九月末から労組やレヴソモル等の大会が続くうちに、地方出身者の左派勢力が次第に伸長し、一〇月四日には二九人が署名した左派の綱領も党中央委員会に提示した。その最大の要求は、①コミンテルンやソ連から離反する政策の停止、②中国など侵略主義的国家との接近停止、③旧体制への依存をやめ、党の活動を地方に向けることである。一〇月初めには逮捕されていた左派の反対派が解放された[258]。

一〇月八日の段階でシュメラルがコミンテルンの執行委員会に送った報告から当時の状況を知ることができる。

> 完全には程遠い観察の結果、シュメラルはブハーリン、ピャトニツキーに個人的な印象を早急に伝えるよう要請している。国は原始的で、政府の物的資源は乏しく、反対派のリーダーは弱く、大衆は強烈な不満を抱いており、それを我々や第三の勢力が利用することが可能である。我々の影響下に入りやすい党の大部分は若者や地方からの代表である。我々が公に支援することで、大会で左派が多数派を占めるのは可能である。それでもやはり党の中で完全なクーデターを行うのは政治的に可能ではなく、指導部で左派の勢力を著しく増強させられるだけである。大会では、非資本主義的発展の路線、ラマ僧や反動的分子の地位の破壊、国民党中央委員会に反対し、コミンテルンとソ連に賛同する明確な路線に関する具体的な方策の実行を求める統一した決定を採択することが可能である。組織的な結論に関する問題は、欺瞞を排除するため、代表団が大会の初めにすぐに提起せねばならない。おおよそ以下の組織的な結論が可能である。
>
> ダムバドルジは議長として残し、ジャダムバは現在の五つに代えて、可能ならば軍ではないポストにひとつのみ就く。中央委員会には新しい地方人たちのグループを加える。中央委員会書記ゲレクセンゲ、内務保安局長官ハヤンヒルワー、汎モンゴル主義者ジャムツァラーノの解任を勝ち取ること。反対派からはバドラハが中央委員会書記となるべきである。ゲンデンは中央統制委員会議長とし、ダムディンスレンは小フルルダン［ホラル］議長として残し、左派は労組評議会の議長と書記に任命する。
>
> 党とコミンテルンの関係を明確にし、強化することが全く必要である。中央委員会へのコミンテルンの常設代表は、党の教官とともにコミンテルン執行委員会にも代表を有し、総会や大会で審議権を有する。党は年に四回、その党・政治活動について詳しい報告をコミンテルンに提出することが義務付けられる。コミン

テルンはつねに批判的な書簡で応じ、党はそれを全党員の審議に回さねばならない。この手法の目的は、さらにしっかりと党に定着し、「我々に」近い分子を仲間に加え、日本や中国の策略を困難にすべく一年間時間を稼ぐことである。この手法が可能と考えるかどうか、緊急にお知らせください。もし可能ならば、党とコミンテルンの関係の将来的な形態について御自分の意見をお知らせください。シュメラル(259)。

バドラハ、ゲンデンを除けばダムバドルジ、ジャダムバ、ゲレクセンゲ、ハヤンヒルワー、ダムディンスレンは皆、彼らの左派的な政策には同調できなかった。したがって、できるだけその勢力をそぐべく、ポストを徐々にでも削り取っていこうとする企図が読み取れる。この報告は同日、すぐに政治局のモロトフ宛に送付された。そして三日後の一〇月一一日、政治局は次のようなシュメラルへの回答文を採択した。

だいたいにおいてあなたの提案に同意する。成功する保証がある時にのみ、大会で代表団によってこれを提案すること。ダムバドルジを中央委員会に加えることが必要だとみなすならば、中央委員会メンバーに選出後、彼を党指導部から排除してはいけないだろうか。中央委員会と指導部における変更に応じて、政府の構成にも若干の変更を加えることが必要だと考える。この問題についてあなたの意見を電報で送られたし。党とコミンテルン執行委員会の間で代表を交換するというやり方は、続行することが可能だと考える。コミンテルン執行委員会の最終決定は、代表団帰還後に行う(260)。

現地のシュメラルの情報から、スターリン指導部もある程度の成功に期待を寄せていたことがわかる。やはりターゲットはダムバドルジの完全排除に置かれていたこともわかる。

一〇月一〇日から二〇日までモンゴル人民革命党中央委員会第三回総会は、党統制委員会やレヴソモル中央委員会のメンバーも含む拡大会合となった。ここでゲンデン、バドラハらのダムバドルジへの攻撃が繰り広げられ、多数派と左派少数派の立場は逆転、ダムバドルジは馮玉祥の代表や日本大使館の人間と接触したり、日本の外交官にモンゴル入国を勧めたことを自己批判せざるをえなくなり、敗北を宣言した。[261] 引き続き、一〇月二三日に同党の第七回党大会が開催され、一二月六日までの長丁場となった。その最中の一一月一日に政治局は、「ピャトニツキーが提案するシュメラルへのコミンテルンの指示に反対しない」と決定したが、[262] それは翌二日、コミンテルンのシュメラルへの指示として現地へ送られた。ダムバドルジ（党中央委員会委員長）とジャダムバ（党中央委員会副委員長）を指導的ポストから排除する必要性、左翼が多数を占めるモンゴル人民革命党とモンゴル政府を形成することについての合意を内容としていた。[263] このように、モンゴル人民革命党大会の重大な決議内容にモスクワが関与していたことは明らかである。その二週間後の一一月一五日に政治局は、ピャトニツキー（議長）、カガノーヴィチ、カラハン、ヒンチューク、ウンシュリヒトからなる小委を、モンゴル人民革命党大会と関連した諸問題の検討のために設置した。[264] そして大会が終盤にさしかかった一一月二九日、代表団へ次の五項目を指示した。

（1）人民革命党の中央委員会と中央統制委員会に、少なくとも五人の有能で忠実なクートヴェ出身者を加える一方、完全に権威を喪失したわけではない右派は排除せずに、強力な左派の多数派を確保すべきである。

（2）政府には、党の路線を実行していく確固たる多数派を確保すべきである。その条件のもとで政府議長にアマル［一九二八年二月一三日のツェレンドルジの死後、二月二一日に首相に就任］を残すことは可能である。その代理には左派の指導的多数派から誰かを任命するよう助言する。

（3）軍の司令官のポストには絶対的に信頼しうる党のメンバーを選ぶ必要がある。軍の雰囲気について知らせること。

（4）中央委員会や中央統制委員会にダムバドルジ、ジャダムバその他の元指導者たちを選出せず、指導的ポストから外すことで大きな紛争を巻き起こさないか知らせること。彼らを指導的な党組織に加えるが、あらゆる責任ある指導的ポストからはずしてソ連に派遣し、そこで仕事を委ねるほうがいいのではないか、この点についてあなたの意見を送られたし。

（5）大会が人民革命党とコミンテルンの相互関係について決定することが必要ならば、以下の布告を採択するにとどめること。「党はコミンテルンのイデオロギー的指導のもと、それと密接に連携しつつ活動しており、それに共感する組織として、コミンテルン執行委員会に自身の代表を有することが望ましい」。あなたが帰還する際に、この問題について最終的に結論を下すことが可能である。

そして最後に、「モンゴルにとって主要な問題とは、下部組織の活動を強化するための実務的、実践的プログラムを考案することだとみなしているとの電報を、シュメラルに送る」よう政治局の小委に指示した。[265]モスクワに忠実なクートヴェ出身者を送り込むことにより、左派の権力を固めるが、ダムバドルジを完全に切り捨てることによる弊害も懸念しており、アマルを含む右派の権威を利用する意図がうかがえる。その後、一二月三日に代表団はアマルと長い会談をこなし、信用できると判断した。[266]こうして左派中心の政権が形成されていくことになる。

八　左派政権下のモンゴルとソ連

一九二九年から三二年の半ばにかけての時期は、モンゴル史では「左翼的偏向期」と呼ばれていた。旧王公やジャス[267]（寺院経営）の家畜・財産の没収、活仏ボグドの転生の禁止、コミンテルン・ソ連との関係修復が決まり、資本主義国との関係は経済的にも文化的にも停止されることになる。[268]一九二九年一月一七日に政治局は、ピャトニツキー、カガノーヴィチがモンゴルについて報告し、①モンゴル人民革命党の代表団が、コミンテルン執行委員会、ソ連の諸組織と交渉するためにモスクワに来訪することを許可し、②同代表団と経済、文化、軍事問題について交渉することをカラハン、ヒンチューク、ウンシュリヒトに委ね、③政治局のモンゴル小委には、コミンテルン執行委員会とモンゴル人民革命党の間で行われる代表の交換に関する提案を検討し、政治局に提出するよう委任した。[269]前年一一月の小委メンバーへの選出に続いてモンゴル問題に関する報告者として、一九三〇年代のソ連政治に大きな影響力を示したスターリンの右腕カガノーヴィチが出てくるのはおそらく初めてであろう。一九二八年半ばにウクライナの第一書記としての勤務を終え、モスクワに戻ってきていた。新たな左派の執行部がモンゴルに誕生したことを受けて、カガノーヴィチにもモンゴル問題に関与させ、スターリン指導部の意向を忠実に実行に移す体制を目指したのではないだろうか。代表の交換を含む課題を政治局が決定したのは、一九二九年二月二八日である。来訪するモンゴル人民革命党代表団が行う報告に対して、コミンテルン執行委員会が行う決定の中に、モンゴル小委が提起した四項目を全連邦共産党代表団の提案という形で承認したのである。四項目とは以下の通りである。①以前の指導部を、地方人大衆を代表する新指導部に交代させたモンゴル人民革命党第七回大会の諸決定、さらにコミンテルン指導部に無条件で従属するとの党の断固たるかつ絶対的に表明された決定に関連して、コミンテルン執行委員会の代表を召喚しコミンテルンとモンゴル人民革命党の連絡を絶つとの一九二八年六月二八日のコミンテルン執行委員会の決定を変更し、以下の原則のもと、コミンテルン執行委員会とモンゴル人民革命党の相互関係を規定する。「モンゴル人民革命党は、コミンテルンに共感する組織であり、その直接の思想的・政治的指導のもとに活動しているが、そのためにコミンテルンとモンゴル人民革命党の間で代表を交換する」。②第一に貧農、それにブルジョア封建主義者やラマ僧分子の経済的・政治的基盤を掘り崩すところの広範な牧民大衆の経済状況を、実際的に改善しうる第七回大会の諸決定を実行に移していくことに、モンゴル人民革命党の新指導部は全力を尽くさねばならない。そのため、政治局によるこれまでの決定を基礎に、モンゴル人民革命党に対する指示を含んだ詳細な決定を練り上げていくことが必要である。これらの決定を実行する際には、念には念を入れて目指す方策すべてを綿密に検討、準備することが必要である。③特に、党の基本的課題のひとつであるチベット仏教との闘争は、新執行部の方策がすべてのラマ僧の団結を導いたり、彼らの周囲に国家の反動分子すべてを結集させることのないような手法で行わねばならない。同時に活仏の廃止（ボグド・ゲゲンの今後の転生を認めないことについて）についての大会の決定は達しえない目的であると認める。チベット仏教や活仏らの俗界や国家事業へのあらゆる介入の試みを断固として阻止することがより妥当であるとみなす（実際には、寺院と国家の分離原則の実行）。④ほぼすべてが、十分な党や国家活動の経験を持たない牧民から構成される新執行部の組織的脆弱性、実務経験の不足を考慮し、全連邦共産党（ボ）中央委員会組織局には、第一に最重要の党、国家、そして特に経済、軍事活動の分野すべてで質の高い指導を行うこと、第二に一九二九〜三〇年の学年度に受講生が一〇〇人になるようクートヴェのモンゴル語短期講習を継続することでモンゴル人民革命党中央委員会を支援するよう委任する。一九二八年六月の決定を覆し、改めてモンゴル人民革命党とコミンテルン（すなわちソ連）の代表を交換することで、いったんは突き放したモンゴル人民革命党をより強い統制下に置き、ソ連の意向が忠実に「全力で」実行に移されることを求めている。

この日の政治局決定には、次の三つの決定、すなわち、①モンゴルへのコミンテルン執行委員会の常駐代表としてアマガーエフを任命し、ソ連との経済的、文化的その他の関係に関する諸問題、モンゴル人民共和国とその他の国々との相互関係に関する問題について、モンゴル人民革命党中央委員会における自身の活動を、ソ連の全権代表と合意して進めるよう指示し、全権代表と意見が異なる場合、コミンテルン執行委員会に報告の中で触れる権限を付与。②コミンテルンの電報を外務人民委員部の暗号で、或いは外務人民委員部の機関を通じて発送することは、党から譴責《けんせき》を受けるとの脅しのもとに絶対的に禁止。③モンゴル駐在全権代表はモンゴル政府の公式の代表者とのみ、コミンテルン執行委員会の代表アマガーエフはモンゴル人民革命党の公式の代表者とのみ接触するよう指示。以上を決めた(270)。アマガーエフを任命するものの、現地の全権代表との意見の相違の可能性も考慮し、その内容が常にモスクワで把握されるよう配慮していた。まったく別個の組織としての体裁を関係機関に求めるほど、コミンテルンが実質的にソ連の下部機関としてソ連外務人民委員部の暗号や機関を使用していたことをこの決定は物語っている。政治局の決定に従い先の四項目を挿入したコミンテルン極東書記局の決定が採択されたのは三月一日であった(271)。

その後、一九二九年三月七日政治局はモンゴルについて問題を一週間延期するとともに(272)、ピャトニツキーが休暇の間、ミフをモンゴル小委（二八年一一月一五日に結成、ピャトニツキーが委員長）に加え、小委の招集はカガノーヴィチに委ねることを決めた。[273] 三月一四日にも延期されたモンゴル小委は、三月二一日にオフティンをモンゴル駐在全権代表として残すことを決めた。[274] オフティンについては、モンゴルを離れたいとの当人の考えが政治局でも議論されていたが、結局モンゴルに残されることになったのである。続く四月一一日には、「委員会にブハーリンを加え、委員会には政治局の名前で問題を決定すること」を委ねた。[275] 再度、ブハーリンがモンゴル問題にタッチすることになったが、この直後に開催された四月二二日の党中央委員会・中央統制委員会合同総会でスターリンがブハーリンを正面から批判し、総会はブハーリンを『プラウダ』編集長、コミンテルン指導者の地位から、右派の盟友トムスキーを労組指導者の地位から解任し、党規違反があれば政治局員からも解任すると警告する決議を採択することになる。一九二九年に入って右派に対する圧力がますます強まっている時期であった。スターリンが左派的政策に大転換していく時期であり、モンゴル委員会は整備されたものの、この時期に目立つ決定は採択されていない。

一九二九年七月二五日、モンゴル人民革命党内の派閥闘争についてミフがアマガーエフに電報を送ったことはあったが、[276] 八月以降に本格的なモンゴル対策が検討されることになる。八月八日、政治局はモンゴル問題について、「ウンシュリヒト（議長）、ピャトニツキー、カラハン、トリリッセル、ミフからなる小委にはモンゴルに関する覚書と提案を作成し、政治局メンバーに送付」するよう委任した。[277] 続いて八月一二日には、ウンシュリヒトの小委に「モンゴルの通商財政政策」も検討させ、この小委が政治局に報告する際に、この問題も検討することになった。[278] ウンシュリヒト小委の決定は八月一五日、次いで八月二二日にも、全体的な問題の審議を八月二六日月曜日まで延期することを政治局は決めたが、一方で「ミコヤン、カラハン、ウンシュリヒトには中国側からのモンゴルへの経済的ボイコットを緩和するため不可欠な経済面での方策を検討、実施するよう委任」した。[279] 中東鉄道をめぐる中ソ紛争がモンゴル問題にも影を落とすことになる。八月二九日に政治局は、①小委には、政治局での意見交換をもとに、持ち込んだ提案を再検討するよう委任、②小委にカガノーヴィチ、ブハーリン、ミコヤン（ヒンチュークと交代）を追加、③モンゴル人民革命党の大会にライテルを派遣することに反対しない。政治局の小委は彼に必要な指示を出すこと、[280] 以上を決めた。一度は召喚したライテルを再度モンゴルに派遣することを決めたのである。小委を設置して約一か月間検討したモンゴル問題について最終的な結論が出されるのは、一九二九年九月一二日であった。以下に全文を引用することにする。

（1）全権代表オフティン、コミンテルン執行委員会代表アマガーエフをポストから解任することが不可欠であるとみなす。

（2）コミンテルン執行委員会の代表としてライテルを任命する。

（3）原則的に、明確な目的を持った借款をモンゴル人に提供可能だとあらかじめ決定しておく。実際には、現地で詳しく状況を調査してこの問題を検討する。借款の規模は七〇〜八〇万ルーブルを超えてはならない。

（4）中央委員会書記局は、経験豊かな責任者をモンゴル人民共和国に派遣すべく二週間以内に選抜すること。彼の任務はモンゴルの予算を研究してそれを秩序立て、支出をカットすることだが、彼の帰還後、中央委員会政治局でその報告を聞く。構想された階級に基づく課税システムの実行はモンゴルの条件下では困難なためそれについて評価することは、現時点では可能とは思えないが、この責任者にはモンゴルの課税システム、特にその実施状況を実地に研究して、政治局に報告を提出するよう委ねる。

（5）政治局における意見交換を考慮し、モンゴル小委は、家畜と資産の没収に関する問題を改めて検討し、三週間以内にその提案を政治局に提示すること。

（6）モンゴル小委は、スィルツォフを参加させ、ロシア共和国教育人民委員部と保健人民委員部がモンゴルにいかなる文化的支援を行うのかについて政治局に具体的な提案を出すこと。

（7）国際状況と関連したモンゴルへの経済的支援について、国内外商業人民委員部による具体的な提案を採択するようにとの、小委の提案に同意する。(281)

人事は別として、モンゴルへの借款、モンゴルにおける予算、税制の検討を本格化し、左派の政策で進行中の家畜と資産の没収も俎上に載せることになった。（7）に付随して採択された文書は「ソ連、中国の商品をモンゴル人民共和国に間断なく供給するために、国内外商業人民委員部に課せられること」をまとめているが、興味深いので全文を引用することにしよう。

（1）モンゴル市場に供給するため、ウラジオストックを経由して次の中国商品を購入する。たばこ「ドゥンザ」四八〇〇籠二三万三〇〇〇ルーブル、各種絹製品六五万六〇〇〇ルーブル、北京製ダレムバ六万七〇〇〇ルーブル、中国製小間物七万ルーブル、毛筆書簡用紙五万七〇〇〇ルーブル、中国製革製品七万二〇〇〇ルーブル。

（2）モンゴルのために磚茶《たんちゃ》の調達を可能にする。緑茶七万一八〇〇籠、紅茶三〇〇〇籠、総額一二五万ルーブル。

（3）九月から一〇月にかけて、七万五〇〇〇から一〇万プード（約一二三〇～一六四〇トン）の小麦粉、一万プード（一六四トン）の脱穀したきびを発送する。

（4）全ロシア繊維シンディカートは、テクスティリトルグ Текстильторг［繊維製品の通商に従事］にあるすべてのダレムバ（およそ四〇万メートル）をストルモング、モンツェンコープに至急供出させること。

（5）サハロトレスト Сахаротрест［砂糖製造の企業体］は、箱入りの角砂糖を貨車一〇台分送ること。

（6）交通人民委員部は直通列車による貨物の輸送を可能にし、モンゴルへの商品輸送を特急的に実行すること。

（7）ブリャート・モンゴル共和国は、鉄道からモンゴル国境までの最速の貨物移動のため、ヴェルフネウディンスク＝キャフタ間の道路におけるすべての馬車輸送手段を動員すべく対策を練ること。

（8）中国との国境で生じている諸事件との関連で、ソ連の経済機関は、モンゴル人民共和国で販売されている商品のいかなる値上げも禁止する。

（9）モンゴル政府が教官や専門家に重ねて要請したにもかかわらず、ソ連の諸組織が適時に実行していない事実を確認し、全連邦共産党（ボ）中央委員会組織人員配置局は、モンゴル政府のすべての要請が実行されているか最短期間で追跡調査すること。特にツェントロソユーズは、教官、専門家を求めるモンツェンコープの申請を二週間以内に実現すること。

（10）ソ連モンゴル国境に現存する貨物の渋滞を解消し、新たな渋滞の発生を阻止し、適時に商品を配達すべく、合弁の輸送会社を設立するとのソ連・モンゴル人民共和国間の合意草案をできるだけ早く承認、実現することが必要である。同社の資本金のソ連側分担金四〇万ルーブル相当の外貨を支出する。[282]

一九三〇年代に極東ソ連およびモンゴルにとっての国際環境が悪化すると物資や人員の動員が重要な課題となっていくことを本書の第三章、第四章で考察することになるが、本決定は中東鉄道紛争を契機に、モンゴルへの迅速な物資の輸送がこの段階から試されていたことを如実に示すものとして記憶しておきたい。

一九二九年九月一二日の政治局決定で指示された小委の提案が審議されたのは、一〇月五日である。要約すれば、①モンゴル小委が提出した文化的な支援の中身は不明だが、ロシア共和国教育人民委員部にはソ連人民委員会議予備基金から一三万ルーブルを支出することを決めた。②ソ連国内外商業人民委員部には改めて、九月一二日の決定、すなわち「モンゴル人民共和国へのソ連製品、中国製品の間断ない供給」を最短期間で実行するよう促した。③「地方の資源を加工する諸企業を設立するために、モンゴルへの物質的・技術的支援を強化」する提言を一〇月二〇日までに政治局に提示するよう政治局の小委に指示した。④モンゴル駐在全権代表に任命が可能か、外務人民委員部にはズナメンスキー[283]と連絡を取らせた。⑤そして、重大な「領主諸公やホトクト［活仏を意味する］からの資産や家畜の没収」に関するアマガーエフへの電報草案を承認した。[284]それが次の文書である。

アマガーエフへの電報

領主諸公やホトクトから財産や家畜を没収する法律が、コミンテルン執行委員会からの指示を受け取る前に実施されたことを政治書記局は確認する。その上、没収を被るべき人々のカテゴリーの範囲が、貴殿が我々に報告してきたモンゴル人民革命党中央委員会の従前の決定に比べて大幅に拡大した。したがって、財産と家畜の没収はウルガではすでに実施されており、没収に関する法律を実行するため党やコムソモール全体が動員されていることを考慮すると、政治書記局は本年九月二四日付の最近の電報であなたが示した規模で領主諸公やホトクトから家畜、財産を没収することには反対しないが、モンゴル人民革命党中央委員会には、ジャスにおける没収を広めないように提案し、没収されるべき範囲をホビルガーン〔活仏。ホトクトより格下〕、反動的官僚、貴族に限定し、今のところはそれらのうち最も反動的で裕福な上層部にのみ手をつけるよう提案する。領主ではないホトクトからは没収しないよう提案する。この他、政治書記局は没収した家畜を四散させず、主としてゴスホーズやコルホーズで利用するよう提案する。[285]

この政治局決定はコミンテルンの指示としてモンゴルに駐在するアマガーエフに送付されたが、現地ではモスクワの指示を待たずに資産の没収が進行していたことを示す。

一九二九年一〇月一〇日に政治局は、八月八日に設置されたウンシュリヒトのモンゴル小委に「ヴォロシーロフ、スミルノフA. П.を加え、小委には指導の問題その他を検討し、一〇月一一日中に提言を提出するよう委任」した。[286]当初、ウンシュリヒトら五人で構成された小委には、八月二九日にカガノーヴィチ、ブハーリン、ミコヤンが加わり、さらにここで二人が加わったことで、総勢一〇名の体制となったことがわかる。モンゴル問題に関してブハーリンの名前が出てくるのはこれが最後となる。先にも述べた通り、一九二八年半ば以降、ブハーリンら右派グループに対するスターリン派の攻撃は激しさを増し、言論機関や重要拠点たるモスクワにおける右派の支持基盤は掘り崩され、スターリンの前に屈服を強いられていた。

予定通り翌一〇月一一日に政治局は次のように決定した。人事には幾分混乱が見られ、九月一二日のコミンテルン執行委員会代表ライテルの任命は取り消され、逆にオフティンはモンゴルへのソ連全権代表に留まった。一方でモンゴルにおける資産没収に関して電報まで打ったアマガーエフを、「モンゴルで生じた事態についてコミンテルン執行委員会にもれなく報告」すべく早急に召喚することになった。留任の決まったオフティンに関して、

①現在の状況下でオフティンがいかなる政治的・戦略的路線を取るべきかについての命令草案を、五日間で提出するようモンゴル小委に指示し、②オフティンには、「コミンテルン執行委員会と共産主義青年インターの代表が提起した非難」に対し、細大漏らさず釈明することを求めた。そしてアンツェロヴィチ[287]を委員長とする小委を早急にモンゴルに派遣することを決定したが、その課題は「ソ連・モンゴル両国関係に関連した経済的・財政的諸問題にかかる総額」の究明、「コミンテルン執行委員会代表とソ連全権代表の間の紛争を呼び起こした状況」の究明であった。アンツェロヴィチはピャトニツキー、カラハンとともに小委のスタッフを提案することが求められた[288]。

九月一二日の政治局決定にあった「家畜と資産の没収に関する問題を改めて検討し、三週間以内にその提案を政治局に提示」せよとのモンゴル小委への指示は一〇月一八日に検討され、①国内外商業人民委員部はヒンチュークの個人的責任のもと、九月一二日付政治局決定を実行し、実施した方策すべてについて政治局に報告すること、②国内外商業人民委員部は、モンゴルにおける物価上昇に関する情報を点検し、それが確認された場合、原因となる人物の責任を問うこと、③ゴスバンクは、国内外商業人民委員部の必要不可欠な方策に資金を確保すること、以上を決めた[289]。詳しい内情は不明だが、モンゴルにおける物価高、品不足に対応した政策を模索しているように思われる。

一週間後の一〇月二五日に政治局は、小委に課せられたふたつの宿題、すなわち、「オフティンへの指示」「モンゴルに派遣される小委への指示」（ともに後述）を採択するとともに、スタッフについて三点を決定した。①一〇月一五日の決定を変更し、モンゴルに派遣される小委の新スタッフは、中央委員会書記局との合意の上で提案、②派遣される顧問、技術専門家、ツェントロソユーズに関する教官の数を、約七〇～八〇名と最小限に限定、③モンゴル小委にはモンゴルにおける実践的な活動を組織すべく、最も不可欠で必要な人材を選抜するよう委ねるが、派遣される人の質的な構成に特別な注意を払い、各人に書面で指示書を送付すること、以上である[290]。モンゴルに派遣される代表にいかなる指示が出たのか、ふたつの指示を以下に全文引用することにしたい。

オフティンへの指示

（1）現段階でモンゴル人民革命党と政府が実施している国家の社会的・経済的改造における最も重大な方策、これと関連した国内反動の抵抗や国外の反動との連携傾向の深刻化、ソ中関係の複雑化やモンゴル・中国間の経済関係の実質的断絶によって惹起された経済的困難、現在の左派モンゴル指導部の組織的脆弱性、以上の問題は、モンゴル人民革命党第七回大会の諸決定に基づき、あらゆる左翼勢力の団結を何としても維持し強化するという最重要の課題を我々の前に提起しており、最大限慎重な戦術を取るよう求めている。

（2）このように、最も現実的な意義を有しているのは、モンゴルにおける我々の統一した、明確で首尾一貫した指導を確保することであり、全権代表の活動において、コミンテルン執行委員会代表との間に摩擦や不一致を生みそうなあらゆる要素を排除することである。全権代表とコミンテルン執行委員会代表の間の論争や意見の不一致を、モンゴル人民革命党やレヴソモル指導部の中へ持ち込むことは許されない。

（3）特に左派指導部の中にいかなる派閥も作ることは避けねばならない。内部分裂の危険性と、モンゴル人民革命党と政府の前に現在立ちはだかっている国内改造の諸困難を克服するための現指導部の力の結集の必要性を強調せねばならない。全権代表はモンゴル人民革命党とレヴソモル指導部の中で、いかなる特定の個人やグループをも支持してはならない。

（4）このような統一を維持する我々の活動が成功するかどうかは、現地における我々の指導部の確固たる統一路線が存在して初めてある程度保証されるのかもしれない。よって全権代表が、コミンテルン執行委員会代表が関わるべき純粋に党的性格を有する問題に干渉したり（特にモンゴル人民革命党中央委員会を通過している段階で）、モンゴル諸組織の活動を直接指導したりすることは、全く許しがたいものとみなす。

（5）根本的な経済再編というモンゴル人民共和国の課題の重大さ、モンゴル指導部の経験の乏しさ、一方で顧問、教官を通じてソ連の活動の経験を存分に利用しようとする彼らの覚悟を考慮し、モンゴルの組織で働くソ連の教官の活動がいかなる場合であっても大国主義的、命令的な傾向や、モンゴルの指導部に自らとって代わろうと試みるような性格を帯びないよう、全権代表はあらゆる対策を講じねばならない。教官たちは、自分がモンゴルの組織の指導者の助言者、顧問であり、モンゴルの指導者を助け、モンゴル政府の諸決定の実行を容易にすることが課題であると肝に銘じるべきである。同時に全権代表は顧問らの仕事の中で統一した政治路線が貫かれ、顧問同士が協調し、競争や個人的ないさかいを許さないよう配慮せねばならない。

（6）指導を通して実行すべき基本的な方策はすべて、それらがモンゴル人民革命党中央委員会や政府によって審議されるまでに、全権代表とコミンテルン執行委員会代表の間で個人的に合意するか、あるいは全権代表を議長とする教官を集めた会合で共同で検討するやり方によって、合意に達していなければならない。重要な活動問題に関する全権代表とコミンテルン執行委員会の間の意見の不一致は、モスクワが解決する。モスクワでこれらの意見の相違が解決されるまで、論争のある方策をモンゴルの指導部（中央委員会或いは政府）を通して実行することは、厳に慎まねばならない。

（7）現状の下では、モンゴル市場への商品の適時の供給、価格政策、品揃え、必要経費の削減、モンゴル側組織との活動における接触等、経済機関や通商代表部の駐在員が、現在負っている義務を漏れなく実行するように要求することにより、全権代表はソ連の経済機関のモンゴル人民共和国における活動に特に関心を払わねばならない。

（8）ソ連の教官団全体、およびモンゴル人民共和国におけるソ連の組織の全活動は、決して大国主義的な指揮、植民地化政策、或いは自身の政策の押し付けといった性格を有してはならない。各教官或いはソ連の職員、また教官団全体としてのモンゴル人との相互関係は十分に柔軟でしかも、モンゴル人が教官を自国の建設を誠実かつ自発的に支援してくれている友好国の代表として見るようなものでなければならない。[291]

オフティンも当事者であったが、第一に全権代表とコミンテルン代表の間の確執を避けて指導の統一を図ることが求められた。一方でモスクワが頼った左派の中で見られたゲンデンとバドラハの対立のような、モンゴル指導部内の対立という事態の繰り返しも避けることが求められた。ソ連から派遣される顧問や教官にはモンゴル人に反感を植え付けえる可能性のある態度を改めるよう求められた。逆に経済的な諸方策でモンゴル人の生活を改善することで、ソ連への好意的感情の涵養を狙っていたとみなせる。一方で、モンゴルに派遣される小委にはいかなる指示が出ていたのか。

小委の公式名称は、「モンゴル人民共和国におけるソ連機関・教官団を点検する労農監督人民委員部の小委」で、遅くとも一九二九年一〇月三〇日までに出発し、三か月で作業を終了することになった。小委には、農学者・畜産学者、経験豊かな財政家、国家・集団経営の経験豊富な組織者、小委の書記、以上の四人からなる作業部が設置された。維持経費や出張その他の支出に関する明細書をもとに、人民委員会議の予備基金から三万ルーブルが支出されることになった（明細書は外務人民委員部のカラハンに提出）。小委の権限は大きく、「モンゴル人民共和国領内におけるすべてのソ連、党組織の活動を点検する権限」が付与され、「これらすべての組織、出張所は小委が要求すればあらゆる材料、文書を小委に見せ、その課題遂行に完全に協力」することになった。また、「モンゴル人民共和国における商品危機の解消や深刻な経済状況の克服に関する諸問題について、現地で即決する必要がある場合には、モスクワに至急知らせるとともに、ソ連の組織に直接指示を出す権限」まで付与された。一方で、モンゴル国内で作業するため、「モンゴル人民革命党中央委員会やモンゴル政府の情報や意向を仕事に反映させながら、彼らとは十分な連絡を取り、最も節度をわきまえた関係を確保すること」が求められた。そして、「ソ連とモンゴルの相互関係に関連した経済的、財政的、政治的諸問題にかかる総額の究明」という課題が課せられるとともに、幾分滑稽でもあるが、「コミンテルン執行委員会代表アマガーエフと全権代表オフティンの間の争いの状況調査」もついでに行うことになった。また、「将来的に植民地主義的な傾向のあらゆる発現を排除し、両国の友好的で対等の関係を構築するため」、「同時にモンゴル人民共和国におけるソ連の組織と教官団の仕事のシステム、手法の研究」も委ねられた。これら、モンゴルにおけるソ連人、ソ連組織の調査に加え、①モンゴル人民共和国における経済状況、飢饉と供給の不備、②モンゴル人民共和国の国内政治状況とモンゴル人民革命党の状態、③外交状況、④国防の諸問題とモンゴル人民革命軍の状態、⑤モンゴル人民共和国におけるソ連の活動家の性格付け、以上の五点も課題として掲げられた。[292]

一〇月二五日の決定で問題になったモンゴル小委のスタッフについて、一一月五日に「カガノーヴィチ、ウンシュリヒトに合意する」よう指示していた政治局は、[293]一か月後の一一月二八日にモンゴル小委からの離脱を求めるヴォロシーロフの要請（一〇月一〇日より）」を承認し、[294]一二月五日、①定期的なモンゴル人民革命党の大会に代表としてコミンテルン執行委員会がクチュモフ Кучумов を派遣することを承認。②モンゴルに派遣する労農監督人民委員部の小委をチュツカーエフ[295]（委員長）、シレイフェル[296]（国内外商業人民委員部）、スカロフ[297]（陸海軍事人民委員部）で構成することを承認。[298]③「モンゴル小委には、政治局における意見交換に基づき、モンゴル人民共和国へのソ連の顧問、教官への指示草案を再検討し、政治局メンバーに配布するよう委任」。④「この作業が終わり次第、モンゴル小委は解消する」[299]。以上を決めた。この件について一二月一六日、外務人民委員部参事会のロートシテイン Ротштейн はオフティンに、数日中にチュツカーエフを団長とするメンバーがモンゴルに出発するが、熟練したメンバーなので期待に応えられるはずだとモンゴル側に連絡するよう頼んだ。[300]一二月二一日にオフティンは、具体的な相互関係の形態、モンゴル経済発展のプランと展望、天然資源の利用問題等を提起する準備があるとのアマルの期待を外務人民委員部に伝えた。[301]

この一二月五日の政治局決定に基づく、「モンゴル人民共和国へのソ連の顧問、教官への指示草案」が採択されたのは一二月二七日で、次の五項目からなっていた。これも興味深い内容が含まれているので、全文引用したい。

（1）モンゴル政府の招聘に応じてソ連の顧問や教官をモンゴルの諸機関・組織に任命することは、国家の経済的、文化的な再構築、牧民大衆の物質的な幸福、文化水準の向上に関してソ連の友好国たるモンゴル人民共和国が行っている壮大な仕事に対して、ソ連が行う最も現実的で着実な支援方法のひとつである。同国での仕事に派遣されるソ連の職員は各人がその仕事のきわめて重大な責任を自覚すべきである。

（2）顧問と教官の基本的な課題は、国家機関の強化・改善に関する複雑で困難な仕事において、自分の実践経験や知識を伝授し、中央や下部組織において委ねられた分野を完全に把握し、独自に指導することのできるモンゴル人の幹部を最小限の時間で養成することでモンゴル人の職員を全面的に支援することにある。指導者がモンゴル人に命令するあらゆる試みや、それらに取って代わろうとすることは、ソ連の政策とは何ら共通性もなく、上述したソ連の指導の基本的な課題の実行を阻害する植民地主義的な傾向の発現とみなされるべきであり、断固として即時に阻止すべきである。

（3）ソ連の教官はその働く省庁や組織の中では、直接スタッフに指示を出すのではなく、自分の実践的な提案はすべて例外なくモンゴル人の指導者を通じて行うべきである。同時に、ソ連の教官は自分のあらゆる仕事やモンゴル人との相互関係について、しかるべき顧問や同じ組織に勤務する上司の教官に定期的に報告せねばならないが、一方で独自の上下関係によって、この連携が組織の中に特別の組織を作るようなことになってはならない。ソ連の教官たちは、モンゴルにおけるソ連の全体的な路線について全権代表に情報提供しつつ、その直接の上司にあたるモンゴル人の助手としての基本的な役割を思い出しながら、説得という手法だけで柔軟かつ巧妙にこの路線を遂行すること。モンゴル人の指導者を説得できない場合、顧問と教官たちは、その後の自分の行動に関して、全権代表にすぐに問い合わせねばならない。

（4）教官たちは全権代表部にある郷土誌学、モンゴル語のコースを修了せねばならず、勤務開始から一年後には全権代表部の特別検査委員会によって、この地方の状況に関する知識について試験を受けることになる。（A）モンゴルの地理、人類学、歴史、経済、その憲法、行政的、政治的、経済的伝統、社会体制、生活環境全般を理解すること。（B）彼らの生産性のある仕事、とりわけ通訳の助けなしにモンゴル人職員と直接連絡を取るために必要な範囲内でのモンゴル語の知識。

（5）ここに記した指示に違反する場合、顧問、教官はモンゴルの組織との合意に基づき、即時にポストからはずしてソ連に送り返し、派遣した機関には、その後これらの人材をどのように利用するのかという問題を決定する際に考慮すべく、解任した理由を報告すること。モンゴル人民共和国へ顧問や教官を派遣している各機関は、この指示を各人に見せ、署名を取ること。[302]

モンゴル人自身が行う建設事業に、あくまでも助言者、支援者として協力し、指導者然として振る舞うことを厳に戒めるものであった。特に第四項目にあるように、語学に加えてモンゴルに関する様々な知識を一年間で、しかも顧問、教官として本来の仕事を行いながら慣れない環境の中で習得するというのは、容易でなかったものと想像される。本当に検査委員会なるものが試験を実施したのか、したとすればどのような結果が得られたのか興味深いが、決定を見る限り、送り出す側の熱意は否定できない。一九二八年四月二六日の政治局決定で定められたソ連の教官に関する条項の精神を踏襲したものである。

これに続いて一九二九年一二月三〇日には、ソ連・モンゴル政府間で、「モンゴル領内における輸送の組織化」について協定が締結された[303]。モスクワのソヴトルグフロート（ソヴィエト商艦隊）取締役会、モンゴル国民経済省を株主とし、モンゴル国内の輸送改善のために設立されるモンゴル輸送会社、通称モンゴルトランスにあらゆる支援を行うことになった。モンゴルトランスには、モンゴルトランスポルト全支部、およびソヴトルグフロートのモンゴル支部（一九二六年の合意に基づき設立。モンゴルの国立セレンガ川蒸気船会社の港施設、埠頭等）が引き渡されることになった。このモンゴルトランスには、モンゴル全土における陸上、河川交通における独占権が付与され、道路管理も委ねられた。協定はモンゴルトランスに課せられた様々な課題、計画的な活動、モンツェンコープ、ストルモング、ネフテシンディカート［全ロシア石油トラスト連合。一九二三年二月七日に、石油製品の売買のため、ロシア共和国ヴェセンハ燃料総局の中に設置、一九二五年一〇月一九日に全ソ組織とみなされ、直接ソ連ヴェセンハの管轄下に入った］の活動への適応、両国の経済機関への特典的運賃の設定、ソ連モンゴル間連絡道路の優先的改善、ソ連による資材・人材での全面的支援、両国民のみの雇用などについて定めた。資本金は一〇〇万トゥグリクとし、発行される一〇〇〇株はソヴトルグフロートとモンゴル国民経済省が折半し、両国の関係機関以外への売却を禁止した。一〇人で構成される評議会、六人で構成される理事会が運営にあたり、両国が同数の代表を出した。前者の議長はモンゴル、後者の議長はソ連の代表が務めた。ソ連、モンゴルの輸送組織の合弁会社設立については、はやくも一九二六年五月段階で合弁会社の形態も除外しないとの決定がなされていたことを紹介したが、それから三年以上経過して実際の結成に至ったことになる。モンゴルトランスのモンゴル国内における輸送比率は増大し、一九三〇年の五・四％から一九三一年には二二・三％に伸びた。モンゴル国内に約三二〇台の自動車、六か所の自動車基地、一一の地域事務所、一六の支店、工場、四八の停車駅を保有し、モンゴル人職員を養成する学校も開設した。[304]政治局では保険業務についても検討していたが、一九三〇年三月一五日、政治局は「モンゴルにおける保険業務の遂行に対するゴスストラフ Госстрах の独占についてモンゴル政府と協定を締結するとの外務人民委員部の提案を却下」した。[305]このような決定を除けば、一九三〇年初頭に政治局がモンゴルについて何らかの決定を行った形跡はない。久しぶりに政治局でなされた決定は、ソ連の指導のもとに進められていた急進的な政策を押しとどめようとするものであった。

一九三〇年四月五日、政治局は、①「モンゴルにおけるコルホーズ運動の急激な発展、ラマ僧の家畜群の国有化という彼らの見解は危険で、共有できないこと、本問題は特別の小委が検討中であり、我々の決定を待つようモンゴル人民革命党中央委員会には伝える」。②「コミンテルンと外務人民委員部が有するあらゆる文書を検討し、すべてのデータに目を通すため、ピャトニツキー（会議を招集）、カラハン、ウンシュリヒトからなる小委（活動期間は一〇日）を設置する」。[306]以上を決めた。モンゴルにおける王侯、貴族、役人や寺院からの財産没収問題に関しては、四月六日にアマガーエフがコミンテルンに報告した。[307]一九二九年五月から検討を始め、没収をおそれた富裕層に財産を処分をさせないよう、同年九月より各地の集会に貧中層の牧民を集めて、富裕層からの資産没収に協力させ、これが成功裏に進んだこと、コルホーズ設立については、オフティン、ボトヴィニク（通商代表）の反対が悪影響を及ぼしているとまとめている。

四月五日設置の小委の提案は、四月二五日に政治局で採択されたが、[308]モンゴルで調査中のチュツカーエフの要望に基づき、彼の小委（労働者農民監督人民委員部）がモスクワに帰還してモンゴル問題を検討することにした。同日の決定には、「タナ・トゥヴァの問題については、政治局の以前の決定のままとする」とあるが、モンゴル同様集団化を強行したトゥヴァで問題が発生し、その進行にストップをかけるものであった。[309]一九三〇年三月二日、『プラウダ』に集団化における強制や暴力の適用を戒めるスターリンの論文「成功からの幻惑」が発表され、スターリン指導部が強制的な集団化から一歩退却していた時期と重なるので、モンゴルでも同様の退却を指示したものとみなせよう。

一九三〇年五月二〇日には、ソ連とモンゴルの間で一連の協定が締結された。「ソ連モンゴル間の衛生協定[310]」「農業、畜産、原野の有害物との闘争方法に関する協定[311]」「伝染病との闘争に関する協定[312]」「電信連絡についての協定[313]」「国境を越えた家畜の追い込みに関する協定[314]」「国境一〇〇キロゾーンに居住するソ連人、モンゴル人の越境手続きの簡素化についての協定[315]」、その追加的プロトコール[316]、「市民の権利と関税の諸問題についての合意[317]」である。これだけの協定を二国間で整備することによって、両国間で拡大する人的交流が原因で生じる摩擦や障害をできるだけ回避しようとしたものと思われる。

一九三〇年六月一五日に政治局は、ホブドへの領事に関しては検討を延期するとともに、先に帰国を待っていたチュツカーエフ小委の諸問題については、「ヒンチューク、ピャトニツキー、カラハンからなる小委に、政治局へ報告するため一〇日間で検討するよう委任」した。この日には既述の通り、軍需品の注文を貨幣で支払えない場合、モンゴル政府は家畜での支払いも考えるべきだと政治局は求めている[318]。一〇日の期限だったが、この小委の検討が政治局で審議されたのは、四〇日後の七月二五日だった。人事については二点、すなわちオフティン召還についての提案を却下する一方、クチュモフ（コミンテルン執行委員会代表）をモスクワに召還するとのピャトニツキーの提案に同意し、「モンゴル人民革命党の党活動を支援するため、その中央委員会へ派遣すべく強力な政治活動家を選抜」することを中央委員会書記局に委任した。さらにチベット仏教政策に関して、①反革命的蜂起に対する弾圧手段として個別の例外的な場合にのみ、司法機関の決定に基づきジャス資産を没収して国有化するが、現段階では行わない。②ラマ僧を階層化し、反革命的で封建領主や外国勢力と結託した高位ラマ僧を貧しいラマ僧と対立させる政策は今後も実行していく。これとの関連で、貧しいラマ僧には寺院の家畜を配分し、特典を施す一連の法律（減税、徴兵義務からの一時的解放等）を制定することで自由な還俗を全面的に奨励する。以上の二点をモンゴル人民革命党中央委員会に提案するようコミンテルン執行委員会に依頼した。そして最後に、「モンゴル政府に勤務している教官、顧問には、基本的な農民［牧民のことを意味するのだろうが原文はこの通り］大衆、特に中農大衆に対する正しい政策を可能にし、地方組織がラマ僧に対して行ったあらゆる行き過ぎを排除するようモンゴル政府に精力的に協力するよう提案する」ことも決めた[319]。

オフティンの人事についてはこれまでもたびたび議題になってきていたが、この小委も彼の召還を提案していたのに政治局で却下されたことがわかる。一方でクチュモフの召還は認め、より強力な指導者の派遣を求めていることから、現地での政治指導に関して政治局は不満を抱いていたようだ。寺院に対する全面的な攻勢は控えるものの、高位僧を標的にした政策の継続を確認している。

第三章　一九三〇年代のソ連の対モンゴル政策

一　ガマルニク主導の対モンゴル政策――一九三〇〜一九三一年

本章では、一九三〇年代、特に満洲事変と日本による満洲国建国がソ連の対モンゴル政策に与えた影響を考察する。前章末の一九三〇年七月二五日の決定からかなり経過した一〇月五日、政治局はモンゴル問題について検討し、ガマルニク[1]、カラハン、ローゼンゴリツ、ピャトニツキー（ワシリエフとの交代可）、ドガドフ[2]からなる小委には、政治局に提出された材料をもとに具体的な提言を検討することを委ねた。作業期間は五日とし、小委の招集はガマルニクに委ねた[3]。

モンゴル関係ではこの時初めて名前が出てきたガマルニクは、一九二〇年代に極東の指導者として活躍し、一九二九年一〇月まで白ロシア党第一書記を務めたあと、労農赤軍政治部長としてヴォロシーロフに次ぐ軍のナンバーツーの地位にあり、特に極東問題ではスターリンも信頼を寄せ、たびたび助言を仰いでいた人物であった。このガマルニク小委が提起した草案は一〇月一五日に承認され、同小委は「コルホーズ建設およびジャスの家畜の放牧に関する問題」を二〇日間で追加的に検討するよう指示された。一方で党組織の建設に関する問題は組織局に引き渡された[4]。分量も多いが、モンゴルにおける具体的な活動を関係省庁に指示したものなので、この一〇月一五日の決定を要約して紹介する。

（1）ソ連国内外商業人民委員部はモンゴルの必需品を確保。ツェントロソユーズ、諸トラスト連合（シンディカート）がすでに受注した日常品（小麦、ダレムバ、砂糖）の期限内実行についても確認。

（2）ソ連国内外商業人民委員部と外務人民委員部には、モンゴルにおける商品不足を防ぐべく、欧州商品のトランジット、中国商品の輸入を許可。

（3）モンゴルに輸出されている大部分のヨーロッパ製商品を、国内外商業人民委員部が保証する商品で一九三一年に代替すべく、ソ連ヴェセンハは遅くとも三〇年一一月一日までにしかるべきトラストに製造を確保させること。本カテゴリーの商品価格はヨーロッパ、中国の商品よりも低く抑えること。

（4）外国商品にうまく代替できるよう、モンゴルに輸送されるソ連製商品への特典的な輸送費の適用について交通人民委員部、ソ連国内外商業人民委員部は一か月以内に合意すること。

（5）交通人民委員部は二〇日以内にトランスポルト社やブリャート・モンゴル共和国、シベリアの地方組織に、チュイ道路における滞貨を解消させ、鉄道の駅（ヴェルフネウディンスク、ビイスク、クルトゥク）からモンゴル国境までの遅滞ない輸送を保障できる数のトラックを確保。ソユーズトランス[5]は早急に自動車修理工場をオングダイ＝コシュ・アガチ線に組織。

（6）東シベリア地方執行委員会とブリャート共和国人民委員会議は、鉄道駅とモンゴル国境間で輸出入商品を輸送する御者と雇用契約を締結。本契約は自動車輸送とセレンガ蒸気船会社の仕事と調整の上実行。コルホーズツェントルは、コルホーズの御者をソユーズトランスが雇用することに全面的に協力。これらの御者に対する必要不可欠な食料、飼料、中央が配給する工業製品の供給を国内外人民委員部は保障。

（7）モンゴル人民共和国の輸出入プランに基づき、国内外商業人民委員部は工業側が義務とする商品提供の期限、ソユーズトランスは終点の鉄道駅までの貨物輸送の義務的な配達期限とそれら商品のモンゴル国境までの馬車による輸送期限を、各年の初めに確定。

（8）交通人民委員部はモンゴル国境までの幹線道路、河川航路の改善策に関する布告草案を、自動車貨物輸送のためにチュイ、クルトゥク・モンディ道路における設備の方針を添えて、一か月以内に検討、提出して政府の承認を受けること。

（9）ソ連農業人民委員部と国内外商業人民委員部は、ソ連にモンゴルの原料を運び家畜を歩かせる四本の主要道路に必要不可欠な獣医・衛生スタッフと検疫室を確保し、余計な形式主義や原料、家畜を国境で通す際の遅延を排除するための対策を取ること。

（10）トランスポルト社の身分証を携帯する御者がモンゴル国境を越えるのをオゲペウは許可すること、ただしモンゴル政府はソ連の御者が協定に基づく期間以上にモンゴルで活動することを絶対認めないこと。

（11）モンゴル経済に総額二〇〇万ルーブルの長期クレジットを供与するモンゴル銀行の基金へのソ連の参加を許可。モンゴル政府が一〇〇万ルーブルを出資し、残りは貨幣改革と道路建設に対し一九二四年にソ連が行った借款一〇〇万ルーブルのモンゴルによる返済金を充当。ゴスバンクと外務人民委員部はこのような基金の設立についてモンゴル政府と合意草案を検討。(6)

（12）モンゴルに外国貿易の独占を導入するにあたり、モンゴルにはソ連以外の他国へ外貨送金を監視すべき機関が存在しないので、政府や他の組織との同意なしになされるモンゴルからの外貨送金に対して定められた制限を一九三〇～三一年も維持。中国人労働者や職員の個人送金は例外扱いとする。

（13）ロシア共和国保健人民委員部はラマ僧のチベット医学と闘争すべく、医療スタッフを求めるモンゴルの要請に応えること。ソ連の医療従事者には、モンゴル勤務後にロシア共和国保健人民委員部が四か月間の学術的な出張の費用を負担したり、家族をソ連に残した場合には追加的な給与を払うなど特典を付与し、この施策に必要な資金は保健人民委員部の予算に計上。

（14）ロシア保健人民委員部のモンゴルへの医療遠征隊(7)の活動を一九三〇～三一年にも続行し、必要な資金を保健人民委員部の予算に計上。

（15）保健人民委員部はその資金でペストに対処する中央実験室をウランバートルに設置することを検討。

（16）ソ連におけるモンゴル人幹部の養成に関するチュツカーエフの草案を、組織局は一〇日間で検討。モンゴル人が求めれば、その後司国の保健省にそれを引き渡すこと。

（17）約三五〇万ルーブルのクレジットを工場の操業開始から三～四年で返済し、ソ連製の設備で建設するという条件で、モンゴル人民共和国に繊維と皮革のコンビナート、洗毛工場を建設。[8] ソ連ヴェセンハはモンゴル政府とのこれらの共同建設プランを二週間以内に提出し、労働国防会議の承認を受けること。[9]

この一〇月一五日の決定との関連で、「コルホーズ建設とジャス家畜の没収について」政治局は一〇月三〇日に検討し、「研究のため、ガマルニクの覚書を政治局メンバーに配布すること」[10] を決めた。ガマルニクによる覚書がどのような内容だったのか不明だが、モンゴル国内の状況について政治局内で情報を共有することを目指していたものと考えられる。一〇月一五日の決定は一七もの項目から構成されるが、モンゴル住民が悩む商品不足への対応（1〜4）、それらを運ぶ輸送網の整備（5〜8）、人や動物の統制された移動（9〜10）、資金の流れの円滑化（11〜12）、医療、保健衛生に関する問題（13〜15）、人材や産業の振興（16〜17）と一応はまとめることができるだろう。関係する省庁は国内外商業、外務、交通、農業、保健、ゴスバンク、ヴェセンハと多岐にわたり地方機関にも対応を求めていた。約一年前の一九二九年九月一二日の政治局決定で、中東鉄道を契機に行われたモンゴルへの緊急的な輸送策を紹介したが、本決定でも引き続き具体的検討が進められていることがわかるであろう。その中でモンゴルから輸入される家畜の検疫、衛生、輸送問題についても言及しているが、一一月五日に政治局はソ連国内における食肉調達について検討する中で、「モンゴルで調達される家畜の受け入れにおける醜態に責任ある者を、資料に基づき調査するよう労農監督人民委員部に委ね」、同人民委員部のシベリア組織にこの決定の正確な実行を命じた。[11] モンゴルからの家畜の輸入が相当ひどい状態に置かれていたことがわかる。

一〇月一五日段階で検討課題であったガマルニク小委の提案「モンゴルについて」「コルホーズについて」を政治局は一一月一五日に採択した。またクチュモフをモスクワに召喚するとの七月二五日の決定を確認する一方で、決定の後半「モンゴルに派遣するための職員を選抜するようにとの書記局への委任」を撤回、そして「モンゴル人民革命党中央委員会を指導するため、モンゴルへコミンテルン執行委員会の特別代表を派遣することが絶対的に必要」とみなした。[12] ここで採択されたガマルニク小委の提案「モンゴルについて」は以下の通りである。

（1）モンゴル党〔正式名称のモンゴル人民革命党ではなく、たんにモンゴル党と記載〕の中央委員会は、ジャス家畜を放牧のために牧民に大量に引き渡したが、牧民自身や党組織、コムソモール組織、国家組織が準備不足な中でこれを行ったこと、ラマ僧の階層分化に関する作業も十分でなく、ラマ僧に対する慎重な対応をうたった一九三〇年七月二五日のソ連共産党中央委員会政治局の指示も考慮せずに実行したことを確認。

（2）一九三〇年七月二五日の政治局決定を確認し、モンゴル党中央委員会には以下を提案。（A）貧中層大衆の実際の組織にのみ依拠して、牧民合同体の放牧のために家畜を今後も引き渡し、ラマ僧の階層分化を進め、寺院との自由意思に基づく合意を推進。（B）寺院には、自所領の家畜を裕福な牧民や、資産を没収された人物に引き渡すことを禁じ、隠れて裕福な牧民に家畜を引き渡す行為（「黒いジャス」）と断固として闘い、牧民にとって隷属的な条件で家畜を引き渡すこともまた禁止。（C）還俗を希望する者には家畜を含む寺院の財産を分与することでそれを促し、ラマ僧の階層分化をさらに推進。（D）還俗する低中層のラマ僧は、コルホーズやその他の牧民合同体への加入を認可。

（3）モンゴル党中央委員会には、中国と国境を接する諸地区におけるチベット仏教政策について特に慎重に対応するよう提案。

七月の決定から約四か月経過し、この間ジャス家畜の一般牧民への引き渡しが実行されたが、準備不足の中で実行に移されたこと、ラマ僧に対する暴力的な対応が見られたことを暗に認めているものの、貧中層の牧民に対する寺院からの家畜引き渡しは引き続き行っていくことを確認したものである。次の「コルホーズについて」は以下の通りである。

（1）アルテリや家畜の共同放牧を行う協同組合のように、モンゴル人民共和国の経済条件に合致したきわめて簡易で新たな共同形態を目指しつつ、完全な自主性を原則に現存するコルホーズを強化することが、モンゴル党の基本的な課題である。

（2）封建領主から没収した家畜を受け取りながら、新メンバーの受け入れを拒んでいる閉鎖的なコルホーズが多数見られるが、モンゴル党中央委員会は、完全な自主性を基本に勤労牧民をコルホーズに自由に受け入れ、コルホーズに入った牧民と個人の牧民の間の関係悪化を目指すラマ僧に利用されかねないこのような閉鎖的な傾向を避けるよう根気強く活動すること。自主性を基本に、牧民の中間層をコルホーズに引き入れることに特に注力すること。コルホーズ員の中の消費傾向、特に放牧のために受領した寺院の家畜を食べ尽くそうとする場合は特に危険なこの傾向と断固闘争すること。同時に党は、貧しい牧民、中間層の独立牧民の経済的、文化的福利を向上させ、小役人的な命令的手法をできるだけ早く除去し、党員ではない低中間層の牧民の活動家の育成に特に配慮すること。

（3）モンゴルの国家および協同組合組織がコルホーズ運動に許しがたいほど無関心である。モンゴル党中央委員会は最短期間でこの問題の前進を図ること。

（4）コルホーズツェントルは、モンゴルの畜産業改善のための方策を立案し、コルホーズを指導すべく、畜産業の優秀な専門家を三人、一年間モンゴルに派遣すること。[13] 以上である。

一九三〇年一〇月二一日赤軍参謀部がコミンテルン執行委員会書記局に送った報告によれば、ゲンデン自身コルホーズの状況について、「多くのコルホーズが受領した家畜を食べ尽くしている事実、多数のコルホーズの崩壊、本格的な生産活動への移行の欠如、すべてはモンゴルにおけるコルホーズ運動の失敗を意味している」「高位ラマ僧に対する裁判での制裁は国内の反革命勢力を増大させるだけだ」と悲観的に見ていたことを伝えており、[14] このような評価がモスクワの決定にも反映された可能性がある。

それでもソ連共産党、コミンテルンの基本方針に変更はなく、モンゴル人民革命党第八回大会（一九三〇年二一～四月）の路線や集団化の継続に変更はなかった。一九三〇年一二月末から一九三一年一月初頭にかけて開催された党協議会と、それに向けた一二月八日付のコミンテルン東方書記局による書簡でも左翼的な政策の維持、主な危険は右派であるとの認識に変化はなく、二月一五日にコミンテルン東方書記局で行われた会議でもモンゴルへのコミンテルン代表クチュモフはコルホーズ運動の進展を強調していた。[15] 一方でこの時期、モンゴルの軍隊を地域軍に再編する動きがあった。[16]

一方で政治局は一九三一年二月一六日、モンゴルについて「ガマルニク（委員長）、ローゼンゴリツ、カルマノヴィチ、ピャトニツキー、カラハンからなる小委に、カラハンの覚書で触れられている諸問題について三日で検討」し、政治局で承認を受けるよう指示した。[17] カルマノヴィチはソ連ゴスバンク議長である。[18] カラハンの覚書の内容は定かではないが、二月二〇日、政治局は上記の小委の提案「モンゴル人民共和国への供給について」を採択した。[19] 政治局の決定が着実に実施されていないことへのいら立ちを示したものである。

（1）特別四半期［決定後の一九三〇年一〇月からの三か月を指すと思われる］、特に一九三一年一月のモンゴルへの工業製品の輸送プランが著しく未達成に終わっていることを指摘。特別四半期で輸送できていないのは、砂糖三三％、金属製品五〇％、ガラス製品四八％、マッチ八三％、食品四〇％、たばこ製品一八％、化学製品五一％、各種日用品七三％である。一九三一年一月には、第一四半期の計画のうち輸送されたのは繊維三六％、砂糖三・九％、輸入金属一五・七％、ガラス製品二三・八％、ゴム製品三・九％、食品六〇％、日用品一四・七％にとどまる。中央統制委員会と労働者農民監督人民委員部はなぜ一九三〇年一〇月一五日の政治局決定が実行されないのか至急調査して責任者を処罰し、調査結果を政治局に報告。

（2）外国貿易人民委員部は特別四半期と一月の未輸送分をカバーすることによってモンゴル人民共和国への供給プランに関する命令すべてを早急に実行すること。特に最も不足している物資である砂糖、マッチ、茶、ダレムバ、ドゥンザをモンゴルへ早急に発送すること。外国貿易人民委員部の参事会メンバータマーリン[20]をモンゴルへの物資輸送に関する全権として承認し、彼にこの事業に関する個人的な責任を負わせる。交通人民委員部、供給人民委員部、ヴェセンハにはモンゴルへの物資搬送に責任を持たせる参事会メンバーを選抜させるが、彼らはこの事業に関してタマーリンの指揮下に入る。タマーリンはモンゴル人民共和国への輸送の進行状況について政治局、外務人民委員部、交通人民委員部に五日ごとに総括報告を送付。

（3）モンゴル人民共和国へ向かう物資はすべて、「播種」貨物と同等とする〔短期間の播種期に間に合うよう、一斉に種子を各地に急送するのと同様に急ぐこと〕。

（4）ソユーズトランスはイズマイロフ Измайлов の個人的な責任のもと国境の基地、とりわけオングダイ＝イニャ〔現在のアルタイ共和国に位置し、ともにバルナウルとコシュ・アガチを結ぶ道路上に存在〕間にある物資をいち早く荷下ろしし、それらをモンゴルへ発送すべくあらゆる方策を取ること。交通人民委員部は途中で滞留しているあらゆるモンゴルあて物資を早急に動かすこと[21]、以上である。

この決定は物資輸送の停滞を問題にしているが、当時のソ連とモンゴル間の輸送連絡の状況については、一九三一年二月二日に交通人民委員部が「モンゴル人民共和国との輸送連絡改善に関する方策」と題してソ連人民委員会議に行った報告が参考になるので、その内容を以下にまとめてみることにしたい。

掲げられた次表は、様々な商品の単位あたりの通常の販売価格とモンゴルで販売する時の価格を比較したものであり、必ずしもすべてのデータが掲載されているわけではないが、そのうちの輸送費（鉄道、荷車）を示したものである。モンゴルでの販売価格がソ連での価格を下回っているものもあるが、これは需要も関係するのだろう。小麦粉が一〇倍以上になり、中国製との対抗を目指していたダレムバはかなり割高になっている。したがって当局は、次のように分析している。

現地での販売価格が高くなるので、生産費、輸送費の削減によって価格を下げ、ソ連製品の競争力を維持する必要がある。輸送費を削減すべく、運賃委員会は一九三一年に現行の運賃を引き下げる予定である。一九三〇年一一月二六日の会議では、ヴォストクトルグ Востокторг の代表も引き下げる運賃で十分だと述べたが、その後問題が生じた。交通人民委員部が運賃を決められるよう、ヴォストクトルグが正確なデータを提出することが望ましい。

現在チュイ街道、トゥンキン街道、キャフタ街道、ボルジャ街道はソユーズトランス、セレンガ川はセレ

運賃について

名称	単位	通常の販売価格	原価（利益を含まない販売前の価格）		
			モンゴルでの価格	そのうち輸送費	
				鉄道	荷車
精製砂糖	トン	820	906	122	165
2等小麦粉	トン	405	4,581	—	146.8
ダレムバ	束（140к）	280	327.6	39	146.5
鉄	トン	531	485	56	169
マホルカ	キロ	1.4	1.31	—	0.20
巻きタバコ	1,000個	12	11.18	—	0.30
緑茶	籠・個	40.5	38.18	5	9

ンガ河川蒸気船会社が輸送を担当している。輸送費は、一トン当たりチュイ街道が二五二・二八ルーブル、ボルジャ街道が三〇〇ルーブル、トゥンキン街道が一〇〇ルーブル、キャフタ街道が六一ルーブルに対し、セレンガ川では一〇・〇二ルーブルしかかからず、ウラン・ウデ経由でセレンガ川を利用して送るのが最も安いが、その利用は進んでいないのが現状だ。一九三一年の輸送量は、チュイ街道で一万トン、トゥンキン街道で八七〇〇トン、キャフタ街道（セレンガ川の航行が始まるまでの間）二万トン、ボルジャ街道一万トン、計四・八七万トンで、セレンガ川ではこの他、一九三一年に三万七〇〇〇トンが契約に基づいて輸送される。一方で、ヴォストクトルグのデータによれば、一九三一年の輸送物資は砂糖三六八〇トン、食料穀物三万二四三六トン、繊維製品六〇〇トン、鉄と銅製品一二〇三トン、食料雑貨二九〇〇トン、茶二五四七トン、小間物一七三〇トン、たばこ製品一四一五トン、計四万七五七六トンを予定している。

諸街道の状況に関して、チュイ道路ではビイスク＝オングダイ間の状況が悪く、車は通れない。ソユーズトランスには現在一〇〇〇台の荷車があるが、四万八〇〇〇回の荷車運行を契約する必要がある。オングダイ＝ホリク（ホブドの北西の国境の村）間には二・五トン積みのエンジン付小型運搬車アフトカー［автокар 英語の autocar より］四〇台、アモ［АМО＝Автомобильный Московский Общество の略で、その後国立第一自動車工場に名称が変更され、この文書が書かれた後の一九三一年一〇月にはジス ЗИС＝スターリン自動車工場となる］の一・五トン積みトラック二八台の計六八台が存在するが、三七〇キロを結ぶのに、一万トンの輸送量でもこの数では足りないので、一・五トントラッ

輸送手段について

	輸送費（1トン当たり．ルーブル）	輸送量（1931年・トン）	道路の状況	倉庫の確保
チュイ街道	252.28	10,000	ビイスク＝オングダイ間で自動車通行不可	ビイスク，オングダイ，イニャ，コシュ・アガチ
トゥンキン街道	100	8,700	自動車輸送に不適	クルトゥク，クィレン
キャフタ街道	61	20,000	満足すべき状態	ヴェルフネウディンスク，トロイツコサフスク
ボルジャ街道	300	10,000		ボルジャ，ソロヴィヨフスク

クをさらに五〇台送る必要がある。トゥンキン道路は非常に困難な状況下にあり、自動車輸送には適さないので、一九三一年には一七五・五万ルーブルで修理を予定しており、ツードルトランスはこの街道で自動車の通行を可能にすることが求められている。キャフタ道路は河川交通を利用しない場合、一万五〇〇〇トンを荷車輸送と契約して運ぶが、残りの五〇〇〇トンは自動車で輸送する予定で、道路状況は満足すべき状態にある。倉庫の確保も必要となる。季節的な輸送も考慮し、二～一・五トンの貨物の積載に一か月、最終地点における平均的保管期間二か月、積み替え地点で一か月と想定して調査した結果、必要な倉庫の容量は以下の通りとなる。チュイ街道ではビイスクに二一〇〇㎥、オングダイでは二七〇〇㎥、イニャでは一三〇〇㎥、トゥンキン街道のクルトゥクでは一七〇〇㎥、キャフタ街道のヴェルフネウディンスクでは八六〇〇㎥、トロイツコサフスクでは五〇〇〇㎥、ボルジャ街道のボルジャには三二〇〇㎥、ソロヴィヨフスクで二〇〇〇㎥が必要となる［現存の倉庫、建設中、三一年の建設予定等のデータもあるが煩瑣になるので省略する］。以上から、倉庫の建設を大々的に進める必要があるが、もしセレンガ川で運ぶならば倉庫の必要性も減る。[22]

このように、シベリア鉄道を利用して物資を運んだとしても、そこからモンゴル国境を越えて目的地まで自動車、荷車を利用した輸送には、諸街道の状況によって大きな困難が待ち受けていた。運賃を考慮しセレンガ川の利用による陸上交通の負担軽減に期待していたことがわかる。モンゴルへの物資輸送に関する全権に任命された外国貿易人民委員部のタマーリン（ヴォストクトルグ議長も兼任）は一九三一年三月二日、労働国防会議議長代理ルズタクに対し、自動車の提供増を要請した。モンゴル国境までの貨物輸送は改善したが、そこからモンゴルの地方奥深くへの輸送に自動車が足りず、モンゴル政府も五トントラック七〇台、アフトカー三〇台を求めているが、ソ連から獲得できない場合はドイツで購入する意向だとのボトヴィニク通商代表の情報を伝え、ソ連製自動車の売却を提起した。ルズタクはヤロスラヴリ工場とAMO工場に合計一〇〇台のトラック製造を指示したが、タマーリンの数度の催促により両工場からトラックの配送が完了したのは四月末だった。ところが同年九月六日、エリアヴァはルズタクに、モンゴルに送られた一〇〇台のうちすでに四六台は故障していること、ソ連製自動車の基幹部品たるエンジン、変速機は米国に発注せざるをえないとして三万五〇〇〇ルーブルを要求した。当初拒否していたルズタクも一二月三日、一万八六〇〇米ドルをモンゴルの外貨から支払うことを認めた。[23] すんなりとドイツ製トラックの購入を認めず、最後にモンゴルの費用で後始末させたことになる。

一九三一年三月三〇日、政治局は同年第二四半期における外貨プランを決定したが、モンゴルに関する支出は六〇万ルーブルと定められた（ちなみに、輸出など収入は一億六八四〇万ルーブル、輸入など支出は一億七三五八万ルーブルで、通商部門の赤字額が五一八万ルーブル、非通商部門の赤字が二八七万五〇〇〇ルーブル、全体では計八〇五万五〇〇〇ルーブルの赤字である）。[24]

さて、モンゴルへの供給が実行に移されていないことへの不満を露にし、その改善を求めた先の一九三一年二月二〇日の決定に関して政治局は四月一〇日、問題を「ガマルニク（委員長）、カラハン、ローゼンゴリツ、カルマノヴィチ、ピャトニツキー、オフティンからなる小委」に委ねることを決めた。[25] また同日、「モンゴルへの供給についての労農監督人民委員部の覚書を政治局メンバーに配布し、問題を討議からはずす」[26] とも決定している。四月一〇日に設置されたガマルニクのモンゴル小委に関する決定は四月三〇日、五月一〇日、五月一六日[27]と延期され、結局は二か月経過した六月一〇日にその提案を政治局が採択するとともに、[28] モンゴル人民共和国設立一〇周年と関連した一連の決定がなされた。①モンゴル人民共和国の誕生一〇周年に関連してソ連政府の代表団（団長はチュツカーエフ）をモンゴルに派遣。②モンゴルにはタンク二台を送るが、モンゴルがソ連から購入したように手続きすること。③モンゴル人民共和国一〇周年との関連でモンゴル人民共和国の活発な活動家、内戦の活発な参加者数人に「赤旗」勲章を授与。この実行をヴォロシーロフ、カラハンに委任。④モンゴルにサーカスを派遣するとのカラハンの提案を採択。その実行をカラハンと教育人民委員部に委任(29)。

そして、採択されたガマルニク小委の提案「モンゴルについて」の内容は、次の通りである。

(1)モンゴル人民共和国との外貨決済について

財務人民委員部とゴスバンクは、期限内にソ連がモンゴルに販売できない商品購入のために必要な外貨をモンゴルのために確保すること。今年割り当てる金額は一〇〇万ルーブルを超えないこと。これらの商品の購入計画と、四半期ごとの外貨の支出は外国貿易人民委員部がモンゴルと合意すること。

(2)工業建設について

労働国防会議はモンゴル人民共和国における工業建設、ヴェセンハの契約の履行と関連した諸問題を至急検討すること。

(3)幹部について

ソ連で養成されているモンゴル人幹部の数を増やして欲しいとの追加的申請、その教育に対する支払の問題、専門家の幹部や教官を求めるモンゴル人民共和国の申請、等の問題を組織局は検討すること。

外務人民委員部とオゲペウはモンゴルで勤務する彼らの簡素化された派遣手続きを検討すること。

(4)モンゴル人民共和国一〇周年(30)

(A)郵便電信人民委員部［一九二三年に設立され、一九三二年に通信人民委員部に名称変更］は、モンゴル人民共和国一〇周年に合わせて、現存の協定に基づき、ラジオ放送局の建設を終わらせること。

(B)保健人民委員部は細菌学・抗ペストステーション бактериологическая-противочумная станция の開設を、モンゴル人民共和国一〇周年に合わせること。

(5)地質探査総局とヴェセンハの遠征隊について

(A)ソ連中央執行委員会の学者・学術施設管掌委員会には、モンゴル人民共和国へ地質探査総局の遠征隊を派遣することを提案する。

(B)ヴェセンハは五月一〇日までに、遠征隊を以前作業対象としていた場所で組織し、すぐにモンゴルに派遣すること。これに応じて、ヴェセンハはモンゴルの関係する経済機関と仕事の実行に関する契約を締結すること。[31]

(6)モンゴル人民共和国におけるソ連のコロニーに対する文化的な支援について

ロシア共和国教育人民委員部は、ソ連のコロニーに対する文化的・啓蒙的なサービスを実施し、一九三二年の予算にはこれに応じた予算を組むこと。

(7)モンゴル人民共和国へのコミンテルン執行委員会代表とソ連全権代表の相互関係について

政治局の決定を発展させ、コミンテルン執行委員会代表と全権代表の間の仕事上のやりとりを基礎に、彼らの相互関係についてカラハン、ピャトニツキーは追加的な指示を出すこと。[32] 以上である。

この決定と同じ一九三一年六月一〇日、政治局は、「モンゴルでソ連全権代表顧問 советник というポストを導入するとの外務人民委員部の提案」に反対せず、その顧問に「ソ連ゴスプランでの活動から解任してムラヴェイスキー」を任命するとの外務人民委員部の提案を採択した。[33] 一九二〇年代に創設に関与した中央アジア共産主義大学の学長であったことから、ムラヴェイスキーがモンゴル人学生の教育に関与すること、また彼の本来の専門たる生物地理学、生物水理学の知識をモンゴルで活用することが期待されていたのかもしれない。[34] また七月一〇日には、二月二〇日に採択されたモンゴルへの供給に関する決定との関連で、担当者イズマイロフが別の仕事に移ったため、国境周辺基地の荷下ろしと商品のモンゴルへの配送に関する中央委員会の決定遂行の責任を、ペレピョールキンに委ねることを政治局は決めた。[35] ペレピョールキンは一九三〇年に代表団の一員として米国のフォード工場を訪問し、自動車利用の組織化と修理の経験を学んだが帰国後、通称ツードルトランス[一九三一年六月に設立され、道路行政の計画、指揮や自動車輸送に責任を持った連邦組織で、人民委員部と同格のソ連人民委員会議付属舗装・未舗装道路・自動車輸送中央局]局長代理に就任していた。[36] ツードルトランス設立直後にその局長代理がこの問題を担当することになったことからも、当局がこの任務の重大性を認識していたものと思われる。

続いて六月二〇日政治局は、ソ連人民委員会議の予備基金より三万ルーブルを、科学アカデミーモンゴル遠征隊の一九三一年の仕事に支出するとの六月一八日ソ連人民委員会議の布告を承認した。(37) この決定の経緯は、六月一六日にソ連中央執行委員会学術委員会議長ルナチャルスキー、(38) 外務人民委員代理カラハン、科学アカデミー常任書記ヴォルギン Волгин、遠征隊長ドミートリエフ Дмитриев の連名でスターリンに送った、出費を要請する書簡から判明する。

モンゴル政府は一九三〇年の遠征隊の成果を評価し、一九三一年の遠征隊を自腹で招く用意があり、予算の補助の他に一〇万トゥグリクを割り当てた。かくして、科学アカデミーのモンゴル遠征隊は、国家予算が二三〇〇万トゥグリクのモンゴル政府から約二〇万トゥグリクを受領する予定だが、ソ連科学アカデミーは財政的に、モンゴル政府が満足するほど金を出せない。今年は一〇万ルーブルのみ可能だが、そのうち二万五〇〇〇ルーブルはすでに昨年使ってしまった。この金額では、最大限縮小した遠征隊の作業プログラムをカバーしつつ、一九三一年に絶対に遂行が義務づけられている経済部門の遠征隊は編成できず、モンゴル政府から求められている地質、水文地質学、土壌農学、植物学、畜産学、動物学遠征隊を編成すると約一万八〇〇〇ルーブルしか残らず、必要な五万ルーブルには足りない。よって、一九三一年の遠征に三万ルーブルの支出を頼みたい。(39) 以上である。

一九二九年一〇月五日には、ソ連科学アカデミーとモンゴルの学術委員会の間で一九三〇〜三四年の共同調査について協定が締結され、(40) 同日、モンゴル側からソ連科学アカデミーへ、資金提供については四万トゥグリクを上回らないことが望ましいとの要望が出された。(41) また一九三〇年一月二五日には、モンゴル学術委員会からヴォクス BOKC（全連邦文化交流協会）へ図書の支援を求めるなど文化面でも交流があった。(42) 一九三〇年の活動と一九三一年の予定については、モンゴル政府の布告（一九三〇年一二月一二日）(43) にも述べられている。一九三〇年のソ連モンゴル共同遠征隊の活動の成果については、モンゴル語の報告のロシア語訳が文書集にも掲載されている。(44)方で一九三一年六月九日、外国貿易人民委員代理エリアヴァ(45)がモンゴル国内におけるトゥグリクの紙幣発行を促す報告を労働国防会議に対して行っている。それをまとめると、次のようになる。

一様々な理由でモンゴルはソ連から商品が輸入できておらず、そのため毛や家畜の調達がうまくいっていない［商品が流通しないと、生産者には毛や家畜を売却しようとするインセンティヴが働かないことを意味］。現在モンゴルの経済機関には、需要をカバーするだけの十分な量の商品がないので、モンゴルに駐在する通商代表、全権代表代理は、家畜や毛の調達キャンペーンが失敗する危険性を懸念し、モンゴル銀行が追加的に四〇〇万トゥグリクの紙幣発行を行うよう要請している。一方ゴスバンク取締役会は、インフレを呼び、それがモンゴル経済に悪影響を与えるとしていかなる紙幣発行にも反対し、家畜の調達期限を第二から第三四半期へ、毛の調達期間を第三から第四四半期へ延期することを提案している。我々はこれを不可能だと考える。技術的に実行不能でありソユーズミャーサ Союзмясо［全連邦食肉産業連合］や産業側にも不満を呼び、このような延期で大きな損失を生む。家畜はその追い立てが極めて困難な時期に輸入されることになり、毛は洗浄されずに汚れの三五％をモンゴル、ソ連領で運搬することになるからだ。ゴスバンク同様インフレを懸念するがその阻止は可能である。モンゴルとの国境には積み替え地点に約一万四〇〇〇トンの貨物があるが、大部分は季節性のすぐに換金できるものである（砂糖、繊維製品、ダレムバ等）。これらの商品を国の奥地にまで運び、第三四半期の末から第四四半期に蓄積しておけば、その販売を強化し、追加的な発行紙幣を流通から回収する可能性が生まれる。紙幣を発行しなければ調達キャンペーンを台無しにし、同時にソ連の輸出商品の販売にも影響する。発行紙幣の規模を幾分誇張しすぎたと考える。二〇〇万に制限は可能である。残りの二〇〇万は、モンゴル組織の財政規律の強化、国内資源の動員、国内に存在する商品の正しい分配によってカバーされるに違いない。同時に、追加的な発行紙幣は一九三一年第四四半期、一九三二年第一四半期の間に貿易組織を通じて回収されるはずであると考える。したがって追加的に二〇〇万トゥグリクの紙幣発行をモンゴル銀行にソ連ゴスバンクが命じるよう、ソ連労働国防会議に要請する。[46]

これに対し労働国防会議のルズタクは六月一三日、財務人民委員グリニコの他、カルマノヴィチ、ローゼンゴリツからなる小委が、モンゴル銀行による追加的な二〇〇万トゥグリクの紙幣発行の可能性について五日間で検討し、労働国防会議に布告草案を提出するように指示した。[47] グリニコは六月二一日に開かれたこの小委の議事録を、六月二八日にルズタクに送付したが、一九三一年第二、三四半期に一五〇〜二〇〇万トゥグリクの紙幣を発行すること、外国貿易人民委員部が第三四半期にモンゴルへ輸出されるソ連商品の販売を最大限伸ばすために必要なあらゆる方策を取ることなどを決めた。この会議には、グリニコ、カルマノヴィチの他、駐モンゴル通商代表ボトヴィニク、[48] モンツェンコープ議長ゴルドン **Гордон**、ヴネシトルグバンク（外国貿易銀行）議長レヴィタス **Левитас**、ソ連財務人民委員部外貨部長レイヘリ **Рейхель**[49] が出席していた。[50] このような経過を経て七月一三日、ソ連人民委員会議は布告「モンゴル銀行による追加的紙幣発行について」を採択した。①外国貿易人民委員部が家畜、毛の調達プランを実行するとの必須条件のもとで、一九三一年第三四半期にモンゴル銀行が家畜と毛の調達のために追加的に二〇〇万トゥグリク以上の紙幣を発行することは可能であると認め、②外国貿易人民委員部には、一九三一年第三四半期にモンゴルに輸出しているソ連商品の販売強化のためあらゆる必要な方策を取らせ、③調達事業以外の用途に関する支出を最大限削減し、同時に調達キャンペーンの実行に国内資源を最大限動員するよう、モンゴル銀行に指示するようゴスバンクに提案した。[51] 先のエリアヴァの要請にもあったが、このような紙幣発行の決定後の七月二〇日、政治局は統一した家畜調達プランを検討し、モロトフを議長とする小委員会を設置して検討を進めることになった。留意点として「モンゴルと西中国［新疆］からの家畜輸入を、想定以上に最大限引き上げる」ことを挙げている。[52]

先の六月一〇日の決定でヴェセンハはモンゴルの経済機関と遠征隊派遣についての契約締結を促されていたが、それが締結されたのは七月二二日のウランバートルである。モンゴルにおける地質調査活動について、ソ連ヴェセンハとモンゴル通商産業省が協定を結んだ[53]。重工業人民委員部の地質調査遠征隊は両国の協定に基づき、一九三一年六月に派遣され、同年には石炭、油母頁岩（オイルシェール）の産地八か所と、黒鉛その他の貴金属の埋蔵地が見つかった[54]。

六月一〇日採択のガマルニク小委の提案に関して、二か月足らず経過した七月三〇日政治局は、「モンゴルに関する指示の不実行」（ローゼンゴリツの報告）と題して審議し、ルズタクに検討を委ねると決定した[55]。議題の設定からも、政治局の指示が実行されていない現状への不満がうかがえる。そして三週間後の八月二〇日、政治局はルズタクの小委が提出した布告草案を採択して、ルズタクにはその実行について個人的に観察させるとともに、「ルズタク、オルジョニキッゼには、ネフテエクスポルトに二か月間で一万樽を出荷するという布告の項目1－Bの実行の可能性を検討」させた[56]。

具体的な決定内容は、「モンゴルへの間断ない供給に関する我々の義務の遂行」を可能にすべく、四組織にそれぞれの課題の遂行を促すものだった。【　】内が作業課題。

（1）石油輸出を担う「ソユーズネフテエクスポルト」【輸入するトラック一五〇〇台のうち、五トンタンクローリー一五台を、部品をつけてモンゴルへ発送。ヴェセンハは二か月以内に一万樽をネフテエクスポルトに提供。外国貿易人民委員部は、定められた予算内で今年中にモンゴルの石油装置の大規模建設が終了するよう監督】

（2）石油生産を担う「ソユーズネフチ」【ソユーズトランスは、活動している自動車輸送に燃料を供給するための基地を組織。ソユーズネフチは、備蓄燃料を保管するためのひとつ、あるいはふたつの出力基地（街道の初めか終わりに）を組織】

（3）道路整備を担う「グラヴドルトランス」【モンゴルの諸街道（チュイ、トゥンキン、キャフタ街道）の建設を突撃建設［資金、人材等を優先的に投入して行われる作業のこと］に指定。財務人民委員部、ツードルトランス、グラヴドルトランスは、定められた期限内に、モンゴル諸街道の建設へ補助金の交付と、実際の送金を完全に実施。労働人民委員部は、管下の地方労働部に労働者募集のためにこの諸地区を割り当てたことについて指令を出し、労働者募集を実現する上で必要な協力を実行。モンゴル諸街道の建設に従事する労働者を中央が管轄する供給へと移行させることが不可欠であり、ヴォルコフ（供給人民委員部）とトルマチョフ（グラヴドルトランス）は、供給を受ける労働者の数、ノルマ、供給のやり方を三日間で確定。ツードルトランスとグラヴドルトランスは、工業部門から受け取る道路整備車、および現存する中から配置換えによって、砕石機、グレーダー、地ならし機（エンジン付きか、馬を利用するもの）を建設のために確保。グラヴドルトランスとロスドルストロイ［道路建設に従事］は、馬の牽引力と手作業による生産を利用したすべての活動を投入し、本年中に、チュイおよびトゥンキン街道を荷馬車の通行に適した状態に整備】

（4）輸送業務を担う「ソユーズトランス」【モンゴル諸街道沿いのソユーズトランスの建設（車庫、倉庫等）を、建設資材、労働者その他の供給という点で突撃建設の一覧表に挿入。トゥンキン街道、ボルジャ街道とキャフタ＝ウスチ・キャフタ区間のために追加的にアフトカー二〇台を割り当て。全連邦自動車トラクター製造合同ＢＡＴＯは、モンゴル諸街道沿いの自動車輸送に部品を確保。キャフタ街道を利用した冬季の間断のない輸出入品輸送を可能にすべく、少なくとも一一月一五日に活動を開始できるよう積載トン数の大きい自動車五〇台を、保有車両の中からキャフタ街道へ送付】

以上のように四組織に対して、具体的な課題が課せられる一方、外国貿易人民委員部には、①「モンゴルまでの貨物移動の加速化と不要な積載超過を避けるべく、鉄道の最終駅からモンゴル国内の最終移動地点までの自動車、馬車を利用した直通連絡路の整備についてモンゴルの組織と合意」すること、そのために「運転手付きの自動車、御者の国境通過の簡易手続きを定め、その際の貨物の通関手続きも簡素化」するよう指示し、「間断ない作業を確保すべく、モンゴル街道について検討するためモンゴル人民共和国とともに、ソユーズトランスに直接従属し現地に合同管理局を有する合弁の株式会社を設立」するよう指示した。また水運人民委員部には、「モイカ埠頭までのセレンガ川、同じくアリグ川、エグ川［文書にはマリンゴウ、エティンゴルとあるが、セレンガ川の支流としてこの二河川を指すものと解釈した」において計画課題に応じた貨物輸送を確保」するよう指示した。それまで合同で行っていた、モンゴルおよびトゥヴァとの通商を、ヴォストゴストルグ Востгосторг のシステムから、独立した組織へと分離するとの外国貿易人民委員部の決定を考慮することになった。ソ連・モンゴル間の連絡路をさらに強化していこうとするモスクワの意向が理解できるであろう。

この八月二〇日の政治局決定にもあった、モンゴルおよびトゥヴァとの通商を担うヴォストゴストルグについては、九月一〇日の政治局会議で五日間検討が延期され、九月一五日にはアンティポフ[57]、ローゼンゴリツ、エリアヴァが報告した上で決定は再度延期され、一〇月五日に最終決定された[58]。①ヴォストゴストルグを解体するとの労農監督人民委員部と外国貿易人民委員部の提案に同意し、②外国貿易人民委員部は、ヴォストゴストルグに代わる東方における商工会議所の図式を政治局の次回会議までに、労農監督人民委員部とともに提出するよう指示した。

ちょうど同じ頃、モンゴルに派遣するソ連通商代表について政治局は一九三一年一〇月一〇日、ペトルーヒンを任命するとの外国貿易人民委員部の提案を採択している[59]。ボトヴィニクの後任ということになる。

二　満洲事変後のソ連の対モンゴル政策

一九三一年九月一八日の満洲事変勃発直後の九月二四日、外務人民委員代理カラハンはモンゴル駐在のオフテイン[60]全権代表に日本の動きに注目するよう打電していた。その中で彼は「日本人による満洲占領、特に洮南道路に関連して、バルガとモンゴル人民共和国国境において日本人が挑発的行動を取る可能性がある。アタマン・セミョーノフが満洲に到着したことに表れているが、白衛派の活動活発化が予想される。モンゴル人民共和国の東部地区に注目し、彼らとの関係を良好にしてそこから情報を得るようにすべきである[61]」と指示していた。このモスクワの懸念を共有したものと思われのが、九月三〇日にモンゴル人民革命党中央委員会が採択した国境地区の強化策に関する決定である。それによれば、あらゆる封建領主はアイマクの中央地区に強制的に移住させて集住させること、「生産的傾向」を有する集中ラーゲリを組織することになったという[62]。同じ九月三〇日政治局は、モンゴルからの家畜輸入について検討し、「モンゴルで家畜を購入すべく、一〇〇万トゥグリクを臨時に発行し、三か月後に回収する」ことを許可した。輸送組織にはモンゴルへの商品搬送に関する政治局決定を彼らが実行していないと指摘し、エリアヴァを他の仕事から一〇日間解放して、この仕事の組織化に個人的責任を取らせることも決めた[63]。七月段階でトゥグリクの発行とモンゴルからの最大限の輸入拡大を掲げていたが、この決定からは、事変の勃発を受け、さらに家畜輸入を急がせた印象を受ける。それでもモンゴルからの家畜輸入のために必要なモンゴルへの商品輸送はなかなか進展しなかった。一一月一八日労働国防会議は、「モンゴル人民共和国への食品輸送プランについて」布告を採択し、モンゴル人民共和国への食品輸送プランが実行されていない原因を調査し、責任者（人物と組織）を特定し、承認された輸送プランの実行を可能にするような断固たる方策を考案するようロイゼンマンに委ねた[64]。文書に署名したのは労働国防会議議長代理クイブィシェフ[65]、メジラウク（ソ連ゴスプラン議長第一代理[66]）であった。ロイゼンマンはこのとき、ソ連労農監督人民委員部参事会メンバーであった[67]。

クイブィシェフ宛のその調査結果が書かれたのは一九三一年一二月二二日であった。当時のモンゴルへの輸送の実態がよくわかるので、この報告を以下にまとめてみることにしたい。

モンゴル人民共和国への供給プランの実行の異常な事態については、すでに何度も上部の機関で検討してきた。三月二四日に開かれた中央統制委員会幹部会と労農監督人民委員部の合同会議では、一九三〇年一〇月一五日および、三一年二月二〇日の政治局決定「モンゴルへの供給について」を点検し、モンゴルへの商品供給のきわめて不満足な状態について指摘し、一連の機関、人物にすべての不可欠な方策を取るよう促した。この布告でも、政治局の命令を実行しない人を懲戒処分に処するとしていた。この他、労働国防会議も八月二四日に、モンゴルに通じる諸街道の建設、自動車輸送の確保を中心に一連の具体的命令を出した。それにもかかわらず、命令の大部分は実行されず、モンゴルへの食糧供給はきわめて困難な状況にある。最も不調なのは小麦粉である。年間二万一五〇〇トンの小麦粉輸送プランは、一一月二八日のデータによれば二五%が実行されず、五二四三トンの積み込みが終わっていない。この他にソユーズフレープは今年の第四四半期に、一九三二年の計画分九〇〇〇トンを積み出さねばならなかったので、計一万四二四三トン（五二四三+九〇〇〇トン）の輸送義務を果たしていない。ソユーズフレープはその理由を、シベリアの穀物がヨモギ（雑草）の繁茂に見舞われたことが原因だと説明した。しかしノヴォシビルスクの製粉所は一一月二九日の電報で、モンゴルへ発送するための小麦の製粉作業を一一月二八日に着手したがヨモギの匂いはなく、一二月いっぱい製粉するものを積み出す予定を知らせてきた。このことは、ソユーズフレープの職員がこの問題に必要不可欠な注意を払ってこなかったこと、調査で明らかになった通り、計画通り適時に積み出さず、最も許しがたい怠慢な態度を取ったことを示している。

モンゴルへの供給を組織する関係機関の犯罪的でいいかげんな対応は次の事実からもわかる。今年の一〇月、モンゴルへの発送を予定していたヴェルフネウディンスク地区に存在した一一四〇トンの小麦が、地域住民の必要のためにこの地方の組織によって奪われた。しかし現在に至るまで、ヴォストゴストルグも外国貿易人民委員部もソユーズフレープも、この小麦粉がどれほどの期間、この場所にあったのかについて正確な情報を有していない（ある情報によれば一九三〇年末から、別の情報によれば一九三一年三月から）。

ひきわり穀物の積み出しもきわめて異常な状態にある。「ソユーズクループィ」の計画では、今年の第四四半期には二五〇〇トンのひきわり穀物を積み出さねばならなかったが、現在に至るまで積み出しは行われていない。特徴的なのは、一〇月と一一月の一〇日間に約八万七〇〇〇トン（軍を除く）を各種組織に送りながら、ソユーズクループィの職員は同時にモンゴルへの優先的な輸送を実行しないばかりか、他の組織と同等の供給さえ行わなかった。そしてこの場合、モンゴル人民共和国への供給の特別の意義、政治的重要性を明らかに軽視している。砂糖は第四四半期に一七八八トンの積み出しを計画していたが、グラニュー糖二五二トンが積み出されただけである。精製砂糖の積み出しが遅れているのは、「ソユーズサーハル」の説明によればモンゴルへの輸出を担当している精糖工場が一一月末に作業に着手したためである。

【モンゴル諸街道への貨物の配送】

モンゴル諸街道の道路や輸送組織の仕事が極めて不十分なため、工業側がすでに積み出した商品のかなりの部分が依然として［鉄道の］終点や積み替え地点に残っており、それが原因でモンゴル人民共和国への食料品輸送の状況はさらに数段悪化している。

今年の三月一六日現在（中央統制委員会の最初の調査時）、モンゴル諸街道における滞留物は莫大な量（九四〇〇トン（ソ連領で））に上ぼり、一一月一六日のデータによれば、諸街道の滞貨貨物はさらに増えて一万一三四五トンになっている。鉄道の終点地への貨物の大量移送が第三四半期末に著しく減少し、第四四半期には完全に途絶えたため、この滞貨貨物の量は一一月二七日のデータによれば三八〇〇トンにまで減少し、ボルジャ道路では貨物は完全に消えたので、自動車輸送隊には運ぶものがない。貨物の輸送が強化されなければ、他の街道でも同様の危険が生じうる。一方でこのような状況によって、あらかじめ契約していたモンゴル人の御者たちを利用しないことになり、我々にとっては物的のみならず、顕著な政治的打撃を被るという昨年の「歴史」が繰り返されるという現実的な危険を再びもたらすものである。

貨物輸送の問題でかなりの比重を占めているモンゴル諸街道の状態の悪さに関しては、中央統制委員会（一九三一年三月二四日）、労働国防会議（同年八月二四日）が特別の決定を採択してきた。しかしグラヴドルトランスはこれらの命令の実行を保証せず、諸街道における道路建設は極めて緩慢なテンポで行われ、実質的に四月から八月の建設シーズンを無駄に過ごした。六か月間にわずかな仕事しかなされなかった。グラヴドルトランスは遠隔地の建設と関連した諸困難（労働者の募集と供給）を除去するために必要不可欠な処置を講じず、八月二四日の労働国防会議の布告が出てやっと、自動車が通行できる状態へといくつかの区間の整備に取り掛かったにすぎない。この前進も道路建設に関する作業プログラムの遂行を可能にするにはきわめて不十分である。

他方で、自動車輸送の不十分な運行システム、ソユーズトランス職員のこの問題に対する不十分な配慮、そして主としてこれらの諸街道を経由した貨物輸送の最重要性を無視する態度、これらもまたモンゴル人民共和国における食料品輸送の適時の輸送に影響を及ぼしたのだ。

この最重要の問題において完全な無責任さを露呈したヴォストゴストルグの元の指導者たちが、モンゴルへの食料品輸送を可能にすべく、具体的で機動的な指揮を執らなかったということを最後に指摘しておかねばならない。私の報告に沿って、中央統制委員会幹部会は、第四四半期のモンゴルへの食品輸送失敗に具体的に責任のあった連中に対する方策を取った。この問題に関する労農監督人民委員部幹部会の布告草案を添付する。(68)

これがロイゼンマンによる報告である。モンゴルへの供給がソ連にとって二義的なものではなく、重大な課題であったことがこれからも理解できるであろう。満洲事変直後のモンゴルをめぐる情勢についてのスターリンの考えは、一九三一年一一月二七日に、彼が休暇中のヴォロシーロフに宛てた手紙から知ることができる。(69) すでに全文を引用したのでここで詳しくは触れないが、日本が中国における傀儡として馮・閻錫山系の利用を企み、彼らの自尊心をくすぐるべくソ連極東、モンゴルにも手を出すかもしれないと示唆していた。(70) 一方、モンゴルでは一九三二年二月二七日にモンゴル政府幹部会の秘密会合が開かれ、モンゴル軍革命軍事会議議長デミドの報告に基づき、六〇〇万であった国防予算を変更し、一〇九〇万トゥグリクに増額することを決めていた。(71)

満洲事変後、政治局がモンゴルに関して本格的に取り組みだしたのは一九三二年三月八日であった。ルズタクを委員長に、レーヴィン、カラハン、ベレンキー、エリョーミン、ギンズブルグ、ベルジン、エリアヴァ、スワニッゼからなる委員会を設置した。(72) ベレンキーはソ連労農監督人民委員代理、(73) レーヴィンはソ連財務人民委員代理、(74) エリョーミンはソ連軽工業人民委員代理、(75) ギンズブルグの肩書ははっきりしないが建設関係、(76) ベルジンは労農赤軍参謀部諜報部長、(77) スワニッゼはソ連ヴネシトルグバンク議長であった。(78) 三月一〇日に政治局は、モンゴル問題に詳しいチュツカーエフをこの委員会に加えた。(79) その検討結果が審議され、決定が採択されたのは三月一六日である。ポストゥイシェフ、カガノーヴィチ、カラハンからなる委員会はオフティンへの全般的な指示に関する草案を作成し、モンゴル人民革命党中央委員会で仕事をするソ連共産党中央委員会の指導員 **инструктор** となりうる人物の候補者を挙げること、その人物はオフティンの指示に従うことを明記することなどを決定した。[80] この時点でのソ連指導部によるモンゴル理解を把握するため、この決定内容を検討することにする。

（1）ソ連から現地に派遣されている全権代表、通商代表、ソヴィエト教官が、モンゴルの当事者が国家運営、経済運営を習得するうえで最大限の援助を与えるべきであるとの政治局の決定に反して、一部の顧問、教官はモンゴル組織に自ら取って代わろうと試みていると批判。[81] カラハン、エリアヴァは、全権代表部、通商代表部を通じて、すべての国家、経済機構にモンゴル人をできるだけ採用し、彼らが指導的役割を果たすよう支援を指示。外国貿易人民委員部は供給人民委員部、ゴスバンクとともに、学習と資質向上のためソ連の通商、財政、輸送機関に少なくとも一〇〇人のモンゴル人を三か月受け入れること（費用はモンゴルでの事業に関心を有するソ連の経済機関が負担）。教官団、顧問団の構成を再検討する一九三一年一一月二八日の中央委員会組織局決定に従い外務人民委員部（カラハン）、外国貿易人民委員部（エリアヴァ）は顧問、教官数を削減（軍人と内務保安局は例外とする）して政治局に実行を報告。ソ連の顧問への給与はモンゴルの指導的活動家を上回らない（高度の専門家は例外。ソ連国内との差額は関係機関が支弁）こと。全権代表は上記決定を一か月で実行すること。[82]

商品流通と財政

（2）外国貿易人民委員部は三七〇〇万ルーブル（価格はフランコ・グラニツァ[83]）相当の商品を適時に輸送すること。通商代表ペトルーヒンはモンゴルの組織とともに常設の通商網を拡大し、遊牧生活に合わせ主として移動式の通商網を拡大、バザール、定期市を組織し、全面的な商品流通を強化。売れ残り商品と需要の少ない商品を販売すること。ストルモングを解体し、その取引、倉庫網をすべてモンツェンコープに引き渡すことが望ましい。解体は遅くとも一〇月一日までに実行。

（3）モンゴルの組織とともにオフティン、ペトルーヒンは、モンゴル・ソ連間の貿易にかかる経費削減に必要な対策を実行し、ソ連の輸出商品については二〇％以上、モンゴルの輸出商品については三〇％以上、輸送費用は一五%以上の削減を達成すること。

(4) モンゴル銀行による一〇〇万トゥグリクの発行についての、財務人民委員部とゴスバンクの許可を承認。この一〇〇万トゥグリクを最長二〜二か月半で回収できるよう、外国貿易人民委員部とペトルーヒンは、商品を輸送、販売すること。

(5) 国防経費をカバーするため、モンゴル政府に四〇〇万トゥグリクの長期借款(五〜八年)を平均以下の利子で供与。財務人民委員部(レーヴィン)、外国貿易人民委員部(エリアヴァ)は一〇日以内に借款の供与と返済の期限、取り決めを検討[84]。

輸送

(6) 一九三二年に自動車を投入するとの政治局の決定が実行されていないので、(A) 労働国防会議はモンゴルトランスへ、ヤロスラヴリ工場の五トントラック一〇〇台と故障自動車の修理のための部品、AMO工場[当時はすでにジス(スターリン名称自動車工場)に名称を変更]のアフトカー一〇台その他を割り当てること。外国貿易人民委員部はモンゴルの自動車輸送のため海外で早急に部品を調達。(B) キャフタ、トゥンキン、チュイ街道の正常化、セレンガ川での浮送に必要な補助金問題を労働国防会議は検討。(C) 全ロシア工業協同組合は八月一日までに、五〇〇〇台の荷馬車を製造。(D) ソユーズトランスは四月一五日まで[泥濘期の開始]に、鉄道に蓄積されたモンゴル向け物資を輸送。(E) 水運人民委員部は河川輸送を強化し、一九三二年にはモンゴル領内で少なくとも五万トンの貨物をセレンガ、オルホン川で輸送し、コソゴル湖での蒸気船の稼動も保証。(F) 交通人民委員部はモンゴル向け物資を軍事的な性格を持つ物資と同等に扱い、特にザバイカル鉄道上の滞貨貨物一三〇〇トンをボルジャ駅へ急送。

工業建設

(7) 重工業人民委員部は、(A) 遅くとも四月一五日までにプロムコンビナート建設に関する最終的な協定を調印し、作業量を考慮に入れて正確な建設費も算出。(B) 七月一日までに第一期の建設(発電所、皮革工場)、一〇月一日にはすべてのコンビナートが完成し、一九三二年に製品が市場に出回るよう、建設と組み立てを強力なテンポで実行。

政治局決定の実行の点検

（8）モンゴルにおける通商、輸送問題に関するこれまでの政治局決定を点検し、命令の不実行や歪曲に責任ある者を明らかにし、責任を追及するよう中央統制委員会幹部会に委任。

宴会と贈り物

（9）モンゴルでのソ連の勤務者による宴会、会合、祝賀等の実施を厳禁し、モンゴル人民革命党中央委員会にもモンゴル側が同様の宴会を禁止するよう要請。双方の革命記念日は例外とするが、その際多額の費用をかけないこと。カラハン、エリアヴァはこの決定の実行を保証すること。モンゴルにおけるソ連の勤務者が贈り物を受け取るのを厳禁し、中央統制委員会は違反者の責任を追及。

内務保安局への供給

（10）ヤゴダ[85]（オゲペウ）は内務保安局に必要な量の武器と装備品を検討して、次の政治局会議までに報告すること。モンゴル軍と同じ条件で内務保安局にも装備、武器を放出。

封建主義者の資産没収

（11）封建主義者の資産没収は、活発な反革命分子との闘争に不可欠な程度にとどめるようモンゴル人民革命党中央委員会に提案。没収資産はゴスホーズ、コルホーズ、貧農経営に譲渡するが、贅沢品や生産と直接関係ないものは国家に引き渡す。ジャスの資産については、地方の機関が、この問題に関する政治局決定に従うよう提案。

（12）モンゴルに関連するあらゆる問題解決のため、ヴォロシーロフ、カラハン、ポストゥイシェフ、エリアヴァからなる政治局の常設小委員会を設置[86]（四月一六日の政治局会議でこの委員会の議長にヴォロシーロフを任命[87]）、以上である。

（1）にある通り、当時の人口が七〇万人で識字率が一〇％[88]といわれるモンゴルで、幹部要員を確保するのも容易でなかったが、一九二九年末の顧問や教官に対する指示が守られていなかったことを示している。これ以後もモンゴルにおける教育問題にソ連当局は強い関心を払っていくことになる。(6)に述べられている輸送物資への「軍事的性格」の付与からも、政治局がモンゴルを、極東地方同様の前線とみなしていたことが明白である。[89]交通路について概観した通り、ボルジャ駅はモンゴル西部に最も近い鉄道の駅であり、満洲国に最も近い地区への物資の搬入を急いでいたことがわかる。一方、この時期にはコミンテルンの招待でモンゴルから二人の人物がモスクワに派遣されていた。[90]

国防上も重要な無線通信に関連した決定が採択されている。人民委員会議は一九三二年三月一五日の布告で、通信人民委員部がモンゴルに八つの放送無線ステーション（二〇kW—一、一kW—一、一五〇W—六)、無線放送局七か所、約三〇〇〇の受信設備を建設することを指示した［設備の不足で同年七月にはルィコフ通信人民委員がモロトフに関係機関へ設備の提供を指示するよう訴える一方、トゥハチェフスキーは同年一〇月、軍が使用するため設備は譲れないと答えるなど順調に整備が進んだわけではなかった］。[91]通信人民委員部はトラスト「ラジオストロイ」に建設を委ねたが、一九三二年春にウランバートルに派遣された技師ヴォルコフ **Н. В. Волков** が数か月で当初案を上回る規模で計画を策定、一〇月二二日に人民委員会議は当初の一九三三年初頭から八月一日に完成期限を延期した。この建設にラジオストロイは二四人を割り当てたが、必要な装備の不足で期限内に完成できず、さらに一九三三年一二月へと期限は延期された。[92]これとの関連で政治局は一九三二年三月二三日、モンゴルの無線通信化と関連した支出に一三〇・五万ルーブルを人民委員会議の予備基金から通信人民委員部に拠出させた。[93]すでに七年電気工として働き、赤軍の移動無線局長だったシマノフが一九三二年四月、プロムモンゴルストロイと二年契約を結び、無線局設置作業をモンゴルで実施したことを回想している。[94]

三月三一日に政治局は、五〇万ルーブル相当の武器、装備品、制服を軍の予備からモンゴルの内務保安局に放出することも決めた。[95]工業分野では、これ以前にもソ連ヴェセンハがモンゴルの要請で技術者を派遣し、工業化プランの作成で協力し、プロムモンゴルストロイ **проммонголстрой** なる組織を設置していた。先の三月一六日の決定に従い、労働国防会議が四月一六日、工業担当の関係者に工業化に関する追加支出を検討させ、五月二三

	ペルシャ	トルコ	アフガニスタン	新疆	モンゴル	トゥヴァ	合計
輸入プラン：大型家畜	7万	5万	1.2万	3万	15万	0.8万	32万
輸入プラン：小型家畜	30万	12万	10万	40万	80万	1.5万	173.5万
9月25日までの実際の輸入量と達成率：大型家畜	16,294 (23.3)	28,287 (56.6)	7,773 (64.8)	3,782 (12.6)	38,253 (25.5)	2,954 (24.4)	96,334 (30.1)
同上：小型家畜	89,693 (29.9)	68,061 (56.7)	34,078 (34.1)	25,664 (6.4)	203,773 (25.5)	6,621 (44.1)	427,890 (24.7)

日に政治局は総額一三五〇万ルーブルを要して工業コンビナートをモンゴルに建設することを決定した。プロムモンゴルストロイが建設を担当し、建設総額一三五〇万ルーブルの内訳はソ連の外貨五二〇万ルーブル、八三〇万ルーブル相当のモンゴル通貨とし、重工業人民委員部は、建設する建物の正確な一覧（拡張は不可）、各建物の価格と双方の明確な義務、すべての建物の建設終了時期を二〇日以内に明示し、一九三〇年一二月に批准されたモンゴル政府との合意に基づいて協定を締結すること、財務人民委員部はソ連人民委員会議予備基金より、本年追加的に一七〇万ルーブルのクレジットを、一九三〇年一〇月一九日の協定に基づいてモンゴル政府に供与すること等を決めた。(96) これがモンゴル最初のコンビナートとなる。

四月一六日に政治局は、東方諸国からの家畜輸入について検討しルズタク（委員長）、ヴォロシーロフ、カガノーヴィチ、ポストゥイシェフ、キーロフ、ミコヤン、ローゼンゴリツ、エリアヴァ、モロチニコフからなる小委員会を置き、(97) 供給人民委員ミコヤンの提案の方向で検討すること、モンゴルだけでなく中国からの家畜輸送に関する問題にも取り組み、提案を次回の政治局会議に提出するよう指示した。(98) モンゴルからの食肉調達を図るべく、商品輸送の拡大を目指したことについては既述の通りだが、モンゴルはソ連が家畜を輸入していた東方諸国の中でも特にその数量が多かった。一九三二年のデータによると、上表の通り、大型、小型合わせて約二〇〇万頭の家畜の輸入を計画していたが、モンゴルは一〇〇万頭弱で約半分を占めていたことがわかる。九月二五日現在の実際の達成率を見ると大型、小型ともに三割程度で低かったが、その三週間後の一〇月一五日には大型で三五・二％、小型で四五・三％まで輸入達成率が上昇している。

「ソユーズミャーサ」という食肉担当の機関の報告によれば、モンゴルから輸送される家畜は東シベリアの西部に四か所（クルティク、ヴェルフネウディンスク、ムィソヴァヤ、ペトロザバイカリスク）、東部に四か所（オロヴャンナヤ、ボルジャ、ブィルカ［ボルジャとオロヴャンナヤの間に位置する］、マッィエフスカヤ）計八か所に存在する肉処理コンビナートへ運び込まれることになっていた。一九三二年八月一九日の労働国防会議の布告によれば、モンゴルへ労働国防会議の全権代表としてクラーノフを派遣し、家畜の購入と鉄道までの運搬作業の指揮を執らせ、農業人民委員部にはモンゴル、トゥヴァの国境および家畜の運搬通路へ二〇人の獣医を派遣するよう指示している。「スコトインポルト」［家畜の輸入を担当］は九月一五日〜一〇月一五日にかけて一二万五〇〇〇頭を引き渡す予定だったが、受け入れを準備していた西部のコンビナートではなく東部に送ったため、それを一〇〇〇キロから一二〇〇キロ西部に送り返さねばならなかったと説明している。この他肉を保存するための塩の問題（イルクーツクから一〇〇キロのウソーリエ（現在のウソーリエ・シビルスコエ）に工場）、特に東部のコンビナートにおける燃料、労働者、作業用のビニール製の特別服、長靴等が不足する問題があった。(99) 既述の通り、満洲事変に対応し政治局は極東軍の増強、労働者、物資の動員を強化し始めていたが、第一次世界大戦時同様、軍のための食肉の供給源としてモンゴルは重要な役割を果たしたものと考えられる。時間的に少し後のことになるが、一九三四年一〇月一三日、政治局は特別極東軍のためにアメリカ、カナダ、アルゼンチンで一〇万頭の家畜を購入するという参謀総長エゴーロフの提案を却下している。(100) モンゴルからの食肉だけでは不十分なためなのか、十分であっても輸送能力に限界があったのか提案の理由は定かではなく、却下の理由についても外貨不足なども考えられるが、いずれにせよアルゼンチンからさえ肉の輸入を検討していたということは、極東地域へのその供給の困難な状況を示している。先の四月一六日の決定を受けて、政治局は五月四日にモンゴルからの家畜の輸入に関して、ルズタクの小委員会の提案を修正して採択した。一九三二年にモンゴルから牛を一七万五〇〇〇頭ではなく一五万頭、羊を一二〇万頭ではなく、八〇万頭輸入するというものである。(101)

一方で一九三二年三月一六日の政治局決定で検討を決めていた党中央委員会全権代表オフティンに対する指示案が政治局によって承認されたのは、四月二三日であった。ソ連の対応を詳しく知るためにも重要と考えるので、その内容をまとめることにする。

（1）モンゴルにおけるソ連の政治・経済組織、すべての顧問、指導員の仕事は党中央委員会代表が全般的に指揮するが、彼はモンゴル人との公式関係においてソ連の全権代表として発言する。

（2）モンゴル人民革命党中央委員会との日常の接触、その仕事に対する不可欠な援助、全権代表への支援のため、ソ連共産党中央委員会はモンゴル人民革命党付顧問を派遣する。彼は我が党の全ての指示に関する仕事を指揮し、オフティンの助言者として彼に従属し、彼の指示で行動する。

（3）軍部、内務保安局への顧問団長は、一方で全権代表に従属するとともに、ソ連の対応する省庁と直接連絡する権利を有する。これらの省庁［陸海軍事人民委員部やオゲペウのこと］は顧問団長と連絡を取り、必要なあらゆる指示を、中央委員会の代表［全権代表］を通じて出す。

（4）中央委員会代表［全権代表］にとっての当面の最重要課題は、現在のモンゴル指導部の一体性の確保であり、現状ではきわめて大きな意義を有する。この命令に関していかなる些細な点でも違反し、モンゴル指導部内の派閥闘争に少しでも協力しようと試みるならば、在モンゴルソ連人顧問、指導員その他の活動家は、党からの除名を含む最も厳しい党的な責任を問われるということを警告する。

（5）中央委員会代表［全権代表］は、ソ連の援助が最も効果的に利用され、実質的な独立国家としてモンゴル人民共和国が最大限に発展、強化するような対策を講じることが不可欠である。モンゴルにおけるソ連のあらゆる仕事は、資本主義的な発展段階を経ずに、ソ連の援助のもとに社会主義へと向かっている遅れた民族への兄弟的な援助の模範になること。この課題と現状の特殊性を考慮し全権代表は、大国主義的排外主義のいかなる小さな発現、命令的手法、モンゴルの指導部をソ連の活動家で置換する行いを断固として阻止し、処罰すること。

（6）モンゴルで働くソ連の活動家はモンゴルの指導者の助言者、顧問であり、モンゴル人民革命党、モンゴル政府の決定の実行を容易にすることが課題であり、彼らの権威と意義は全面的に擁護され、強化されるべきである。同時に全権代表は上述したすべての問題に関して、指導員が仕事上、全連邦共産党の政治路線を確固として貫き、指導員同士で相互に協調し、競合や個人的ないざこざを許さないように注意すること。

（7）中央委員会代表［全権代表］は、ソ連の指導員、顧問制度を将来的に完全に解消するために必要な階層を作り出すべく、モンゴル人幹部要員の養成、資質の向上、モンゴル経済の全分野におけるモンゴル人専門家幹部の養成に最大の関心を示すこと。そのためにモンゴル国内で特別の学校、コースを設置し、顧問、指導員は仕事の中でこの目標達成を図ること。全権代表は党路線の正確で正しい実行を確保しつつ顧問、指導員の質的な構成に特別な関心を寄せること。

（8）ソ連共産党中央委員会はソ連の経済機関のモンゴルにおける活動が不十分であることを再確認し、全権代表がその活動を十分に監視するよう委ねる。モンゴル市場への商品供給、価格政策、品揃え、経費の削減、モンゴル組織との協定実行等に関し、社会経済的・日常的な特殊性を考慮せず、ソ連で採用されている経済活動の手法をモンゴルに機械的に持ち込ませないよう、これらの経済機関、通商代表部に義務の実行を要求する。

（9）上述の問題について、ソ連の活動家が全連邦共産党の路線を歪曲、無視し、モンゴルの同志に大国主義的、命令的態度或いは拝金主義を見せる時、また全権代表、党中央委員会代表［全権代表］の命令を実行しなかったり、正確に実行しない時、これら活動家を召喚、責任を追及する。

（10）党中央委員会は、モンゴル人民共和国の予算にとって重荷となっている指導員の定員の膨張は有害であるとみなし、近い将来指導員の全体人数を削減することを提案する。

（11）オフティンはこの命令をモンゴルにいるソヴィエト活動家に知らせること。[102]

この決定は国力の差から生じる人材の圧倒的不均衡、モンゴルにおける専門家や指導的人材の不足、それを埋めるべく重要なポストをソ連人が占めていたこと、しかも知識や専門性で優位に立っていたソ連人がモンゴル人に対して大国主義的、命令的な態度を取っていたことを如実に示している。それまでの否定的なやり方をこれほどまでに中央委員会が改める方向に進んだのは、背後に間違いなく存在していたと想定されるソ連への反感を放置すれば、モンゴル国民を敵に回す可能性が高いと考えたためではなかろうか。まさにこの時、一九三二年春にモンゴルでは反乱が広がったが、このことはソ連当局を強く憂慮させることになった。

三　一九三二年春の反乱とスターリン指導部の対応

この反乱については先行研究でも言及されていたが[103]、新たに発掘した史料に基づく研究がロシアとモンゴルの歴史家、クジミンとオユウンチメグにより二〇一五年に出版された[104]。本書に基づいて反乱の概要を説明することにしたい。本書には一九三二年に反乱が拡大する以前にも一九二八年以降の左翼急進路線への反発から、各地で反乱が勃発し、ソ連のオフティンも住民の間に広まる反ソ的感情を報告していたことが述べられる[105]。大規模な反乱は一九三二年四月一〇日頃、フブスグル・アイマクの寺院から始まり、各地に拡大していった。四月一三日に中央へ情報が伝わり、一七日にはモンゴル人民革命党第一書記ルムベを筆頭に「反革命」鎮圧を目指して委員会が結成された。以下、反乱が生じた場所、主として反乱の舞台となった寺院、反乱の地理的拡大、反乱者の構成［例えばラマ僧の参加、鎮圧側に立つはずだった党員やレヴソモル員の反乱への加担］や人数、政府側による部隊の派遣、反乱鎮圧の際の捕虜の数、逃亡者の数、双方の犠牲者の数、等が詳述される。五月九日に国家防衛評議会が、フブスグル、アルハンガイ両アイマクに非常事態を宣言するまでに至った。ウルジイバトをトップとする軍事評議会が設置され、全部で一三〇〇人からなる四部隊で構成される政府軍は、鎮圧のために首都を出発した。飛行機や装甲車も備えたウルジイバトの部隊の七一日にわたる軍事行動の記録が紹介されている。その後反乱はザブハンおよびウブルハンガイ・アイマクにも拡大した。反乱側は一九三二年七月現在、一三部隊三〇〇〇人以上を数えた。五〇〇〇人以上だとする別のデータもある。反乱が鎮圧されていたフブスグル、アルハンガイでは七〜八月に政府軍が引き上げた後に反乱が再発する例も見られた[106]。反乱は組織化され、サムボー・ドブチン、ダムディンスレンらの指導者のもと元封建領主やラマ僧、役人、一般の牧民から構成され、政府を倒して集団農場を殲滅し、モンゴル人民革命党による宗教弾圧を停止させ、古くからの秩序を回復させることを目的としていた。一九二四年にチベットを離れ、内モンゴルに居住していたパンチェン・ラマや日本が反乱を支援に来るといった噂が広まっていた。[107] 以上が反乱のおおよその経過である。ソ連オゲペウから、モンゴルの内務保安局の主任教官として派遣されていたキヤコフスキー[108]が反乱の中で殺害され、遺体はモスクワに運ばれ六月に葬られた[109]こともソ連側を憂慮させた。

一九三二年五月一六日、政治局はこの反乱への対策を取るようモンゴル人民革命党に要求した。決議には、

（1）モンゴルの同志たちの基本的な過ちは、おそらく、ソ連は発達した工業とプロレタリアートを有する社会主義共和国であり、モンゴルは人民・革命民主主義的ブルジョア的共和国であることを理解せず、盲目的にソ連政府の政策をコピーしたことにある。

（2）この過ちが、現在モンゴルにおいて広範に広がっている反乱の主因である。

（3）この過ちが除去されブルジョア民主主義国家にふさわしい正しい政策が身につけられない限り、モンゴル共和国の存在自体への脅威は存在し続けるだろう。

（4）この基本的な誤りのためモンゴルにとって受け入れられない全面的な集団化、私的商業の実質的な解体、同じくモンゴル共和国の原則に不適切なモンツェンコープによる独占、政府の実際的な解体などが生じた。これらの過ちは徐々に改められるべきであり、反乱者を粉砕し、モンゴル政府の機能を回復させ、その上で人民革命党の名前で上述の立場から宣言することが課題である。

こうして、委員会にはこの状況を基礎にした決定の草案作りを委ね、輸出、輸送、幹部に関する委員会の提案を採択した。[110] 一九三一年当時の状況についてシムコフは、「モンツェンコープの中央機関は、消費者に適時に商品を提供しておらず、国の様々な地域へ不均等に商品を供給し、その供給を中断することさえあった」と指摘し、「ほとんどいつ見ても物のない小売店は、商品の豊富にあった時代として中国の奴隷債務契約を思い起こさせ、反革命的な扇動にたんに力を貸しているだけである」と記録している。[111]

四月二三日の決定が率直にソ連のやり方を改めるよう求めていたのに対し、この五月一六日の決定はむしろモンゴル指導部が勝手にソ連の政策をコピーしたことが反乱の原因であると、全く逆の責任回避の認識を示している。モンゴルにおける反乱の深刻さがどの段階でモスクワに伝わったのかはっきりしないが、非常事態の発令が五月九日であることを考えると、四月二三日の政治局決定は反乱を十分に考慮していない可能性がある。ソ連が提示した輸出、輸送、幹部の三つの問題に関する決定は、反乱を前にして検討された緊急的な性格を有している。それについて検討しておこう。

（1）【輸出】重工業人民委員部（ピャタコフの個人的責任）は六月半ばまでに、第一四半期に積み残されたものを含め三〇万ルーブル相当のタイヤを運び出し、先に計画された五〇〇〇台の荷車（三月一六日の決定を参照）製造のための鉄八五〇トン、石油タンク建設のための鉄、鋼鉄、ボルト等を割り当てること。ザゴトゼルノ（チェルノーフの個人的責任）は、モンゴルの特別注文に応えるべく約六〇〇トンのえん麦を一〇日以内に発送すること。ネフテトルグ［重工業人民委員部傘下の石油ガス産業商品販売全ソ合同。ソユーズネフテトルグともいう］（ゼリディンの個人的責任）は、モンゴルへ周辺地域から約一五九八トンの石油製品（ガソリン、航空ガソリン、ベンゼン）を運び込み、一九三二年中にボルジャ[112]に追加的に二八二トンの石油タンク、さらにクトゥク、イニャにも四六二トンの石油タンクを建設すること。

（2）【輸送】モンゴル奥地への緊急の物資運搬のため、労働国防会議は追加的に総計五〇〇トンの運送能力を有する一〇〇台のトラックをエンジン、必要な部品とともに五～六月に送ること。ツードルトランス（セレブリャコフの個人的責任）は、モンゴルトランスから寄せられるソ連製部品の注文に五月二五日までに漏れなく応えること。外国貿易人民委員部（ゴルドンの個人的責任）は五月二五日までに、ツードルトランスに一五万ルーブル以内でソ連製部品を追加注文し、ツードルトランスは一九三二年七月一五日までにその半分、一〇月一〇日までに残りの半分を製造すること。ツードルトランス（責任者はセレブリャコフ、ペレピョールキン、ブィストロフ）は一〇日以内に三街道（チュイ、トゥンキン、キャフタ街道）へ三つの修理部隊を派遣し、六月二五日までにソユーズトランス（輸送を担当）保有の自動車の故障を一〇〇％直すこと。水運人民委員部（フォーミンの個人的責任）はセレンガ川、ことにスヘバートルのモイカ埠頭における積み込み、積み下ろし作業の機械化を一九三二年に実行すること。財務人民委員部（レーヴィンの個人的責任）は、モンゴルにおける河川輸送、大規模建設（機械化、埠頭施設の建設、水力工学的方策など）に一一・六万トゥグリクを第二四半期から支出すること。交通人民委員部（ブラゴンラーヴォフの個人的責任）は、モンゴルへの輸出貨物のために必要な車両を確保するよう、全鉄道路線に速やかに絶対的指示を出すこと。

（3）【幹部】三月一六日の政治局決定に基づき、八月一日までに一〇〇人のモンゴル人労働者を次の組織、すなわちツェントロソユーズ（担当者ゼレンスキー。以下同じ）一五人、フセコプロムソユーズ（手工業、パストゥホフ）一〇人、ソユーズシェールスチ（羊毛、ディチ）一〇人、ソユーズミャーサ（肉、モロチニコフ）一五人、ソ連農業人民委員部（ツィリコ）一五人、ヴネシトルグバンク（銀行、スワニッゼ）五人、ソユーズトランス（ペレピョールキン）一〇人、ソユーズプシニーナ（毛皮、ベレンキー）[113]一〇人、ソヴモングトゥヴトルグ（通商、ゴルドン）一〇人を受け入れること。受け入れ組織は彼らの正常な労働のため、住居と文化的日常生活の条件を整備すること。オフティン、ペトルーヒンは、七月一五日までにモスクワに派遣できるよう、モンゴル人労働者の選抜を始め、ソ連供給人民委員部（ウハーノフの個人的責任）は、モンゴルにおける家畜調達のためにソ連から二五人の指導員を割り当てること。ソ連農業人民委員部（ツィリコの個人的責任）は、家畜調達に奉仕すべく一二人の獣医師を割り当てること、以上である。[114]

自動車輸送を利用するにしても必要な燃料貯蔵施設や部品が不足していた。徐々に石油タンクの整備が進められることになるが、主要な輸送手段は動物に曳かせる荷車であった。河川輸送の機械化も進んでいなかったことがわかる。中東鉄道紛争時の一九二九年九月一二日の決定、一九三〇年一〇月一五日の決定に続くものだが輸送問題は最大のネックであり、この後もたびたび政治局で検討されることになる。ソ連で教育するため、様々な分野でモンゴル人労働者の派遣が計画されていた。

反乱への対抗措置としてソ連で教育を受けている若いモンゴル人学生の派遣を、政治局は五月二一日に決めた。地方での大衆扇動活動にモンゴル人民革命党中央委員会が利用するため、クートヴェには、最も政治的に忠実で訓練されたモンゴル人五〇名を、学生および地方労働者課程の年長部より一〇日以内に選抜してモンゴルに派遣すること、ヴェルフネウディンスクにあるラブファク［後述するが、戦間期のソ連で労働者や農民が高等教育機関に進むルートを開いた教育機関］には、同様の基準に見合った学生を三〇人、年長クラスから選抜すること、オフティンは派遣される学生を冬の授業が始まるまでに帰還させること、以上を決めた。[115]先の決定と同じ五月一六日、政治局は第二四半期における東方諸国との輸出入プランについて検討し、外貨委員会が提出した布告草案を修正して採択した。[116]モンゴルについてはトゥグリクによる輸出が一八七〇万ルーブル、輸入が一五七〇万ルーブルで、三〇〇万ルーブルの輸出超過、外貨による輸入六〇〇万ルーブルを計画していた。[117]

先の三月一六日の政治局決定にあった四〇〇万トゥグリクのモンゴルへの借款については、五月二六日、財務人民委員部代理レーヴィンとモンゴル全権代表サムボーが協定を締結している。[118]

既述の通り五月二三日にコンビナートの建設が決定されたが、五月二九日に政治局は、モンゴルとの貿易方法を変えることを関係機関に求めた。四月二三日の決定と重なるが、次のようにまとめられる。

（1）ソ連外国貿易人民委員部、供給人民委員部、重工業人民委員部、軽工業人民委員部はモンゴルの国家や協同組合組織だけでなく、私的な貿易組織や個人との貿易のやり方を変更すること。

（2）現在のモンゴルとの貿易のやり方やソ連製商品の納入は本来の目的から逸脱しているので、外国貿易人民委員部は質の悪い商品の納入と断固闘い、協定や本決定の指示に違反する者には刑事的責任を負わせることによって、モンゴル住民の基本的な商品の需要を完全に満たすこと。関係機関は、第一に住民の日常必需品（靴、服など）の送付や現地生産の発展に、最短期間で協力すること。重工業人民委員部、軽工業人民委員部、供給人民委員部は適切な品質、品種の製品を途切れることなく製造すること。外国貿易人民委員部と供給人民委員部はモンゴル政府と共同で、モンゴルの貿易機関と協定を結んで商品製造数、品揃えの計画を策定すること。

(3) 荷車および自動車によるモンゴル国内での輸送に全面的に協力すること。家内工業は一九三二年と一九三三年前半、必要な数の畜力輸送手段(荷車)を製造すること。ソ連人民委員会議は、モンゴルへの全貨物の定期的かつ不断の輸送に必要な規模の自動車輸送を提供すること。モンゴル政府には望ましい形の国内輸送の定着に実際的な協力をすること。ツードルトランスはソ連人民委員会議の資金を得て、最短期間でモンゴルに通じる諸街道を好ましい状態に整備すること。水運人民委員部はセレンガ、コソゴル湖[フブスグル湖の別名]の増水時を完全に利用し、航行を拡大すること。

(4) ソ連労農監督人民委員部は、本決定をソ連の諸組織がいかに実行しているのか、ロイゼンマンの責任で綿密な監視を行うこと。

(5) モンゴル問題小委員会は、本決定のみならず過去の決定を含めて実行具合をチェックすること。[119]

同じ五月二九日に採択されたコミンテルンとソ連共産党中央委員会の共同決定は、これとは逆に先に紹介した五月一六日の政治局決定をそのまま踏襲している。以下に全文を訳出することにする。

モンゴル人民革命は植民地の隷属と帝国主義の迫害からモンゴル民衆を解放した。自身の発展の現段階においてモンゴル共和国は、その社会経済的、民族的、日常的特殊性のため、非資本主義的な発展の道へと徐々に移行するための基礎を築いているところの民族革命的、反帝国主義的ブルジョア民主主義共和国としてのみ存在が可能である。

モンゴル人民革命政権の基本的課題は自立、独立した反帝国主義的民族国家としての共和国を強化すること、共和国の生産力を最大限発展させること、封建主義の遺骸を根絶すること、ブルジョアの搾取資本主義的要素を徐々に制限すること、干渉の脅威からモンゴル人を守ることであったし、今でもそうである。

これらの基本的課題の解決には、労働者の私的経営的イニシアチブを最大限発展させ、刺激すること、最も簡易な形の勤労牧民の共同組合、集団化を徐々に、きわめて慎重に根付かせていくこと、勤労牧民大衆を人民革命政権が支援すること、封建主義者と反動的な高位のラマ僧に対して断固闘争すること、この反革命的分子から労働者、富裕な牧民層、下位のラマ僧を切り離すこと、強力な民族軍を作り上げること、以上が求められている。

これらの基本的課題の解決は、第一に富裕な牧民層を頼みにしようと試み、外部の日本、中国の帝国主義者から支援を得ているところの封建主義者、宗教貴族、資本主義者の側から人民革命政権による施策に対する狂暴な抵抗を呼ばずにはおれない。

このことから、モンゴル人民革命党中央委員会と政府の基本的な課題は、勤労牧民、裕福な牧民層、下位のラマ僧に対して、封建主義者や高位のラマ僧を大衆から孤立させ、ラマ僧内で階層分化を引き起こすような政治路線を堅持することであったし、今でもそうである。

このような政策だけが封建主義者や宗教貴族の政治基盤を掘り崩し、モンゴル人民共和国のたゆみない強化と発展を可能にするのである。

ソ連との友好という条件下、モンゴル人民共和国は正しい政策を実行することで、生産力の急速な向上、封建主義のあらゆる遺骸の徹底的な根絶、資本主義的要素の漸次の制限のために必要なあらゆる前提条件があったし、現在も存在する。

一方で、モンゴル人民革命党中央委員会と人民革命政府は一連の許しがたい過ちや偏向を犯し、モンゴルの経済的、民族的一般的特殊性を無視し、自身の階級的支持基盤たる勤労牧民大衆から遊離し、裕福な牧民のかなりの部分を封建主義者や反革命的な高位のラマ僧の側へと追いやった。

この結果、封建主義者と高位のラマ僧が日本と中国の帝国主義者の支援を得ながら組織している現在生じているところの反乱は、モンゴルの多くの地区をまたいで広汎に広まることになったのである。

モンゴル人民革命党中央委員会と人民革命政府が犯した基本的な過ち、歪曲は、次の通りである。

①モンゴル人民革命党中央委員会幹部会が人民革命政府に取って代わり、政府を虚構に導き、政府と小フル

ルダン（ホラル）の存在が無となったことによって、非党員の大衆の眼前で政府と小フルルダンの権威は低下するだけでなく、完全に失墜した。
②人民革命政府の維持、強化のために鍛え上げられてきた闘士によって、人民革命党を絶えず補充、強化する代わりに、人民革命党中央委員会は数を求めて汲々とし、異質で階級的にも敵対的な反革命分子を多数入れて党を汚してしまった。
③反革命的な高位聖職者層に対する闘争は、遅れた大衆の宗教的な偏見に対する侮辱に取って代えられた。人民革命政府の側へと下位のラマ僧を引き付けることによって、ラマ僧内に階層分化を起こそうと闘争する代わりに、モンゴルの指導的同志たちは宗教界全体との闘争という政策を掲げ、宗教界のあらゆる分子を政府に対抗して統一させてしまった。
④モンゴル人民革命党指導部と人民革命政府は、モンゴル人民共和国憲法に反する重大な誤りを何度も犯し、中央でも地方の権力機関においても頻繁にみられた革命的合法性に違反する事態に対処しようとしなかった。
⑤モンゴル共和国の条件下では集団化は生産共同組合という最も簡単な形態（共同草刈り、共同放牧の組織化、冬季の寒さに対処する共同畜舎の建設等）でのみ許されるのに、モンゴル人民革命党中央委員会と人民革命政府は、全面的な集団化政策というきわめて誤った進路を取った。
⑥実質的な私的商業の解体とモンツェンコープの独占の確立は、モンゴル人民革命民主主義共和国の特殊性を全く反映していない。
⑦裕福な牧民に対する誤った敵対政策と、一方で文句なしに必要な反革命的封建主義者と高位ラマ僧に対する闘争における過ち。
これらすべての歪曲は、モンゴルの党指導部と政府は、人民革命的、民主主義的共和国であるというモンゴル人民共和国の経済的、民族的、日常的特殊性を無視したことを示している。モンゴル共和国の特殊性を無視しながら、同国の指導部は、ソ連はモンゴルと異なり、進んだ工業とプロレタリア階級を有し、生産手

段としての私有財産が一掃された社会主義国家であるということを見逃し、ソ連で行われているソヴィエト権力の経済・政治政策の手法をコピーしたのである。モンゴル人民共和国の憲法に応じて、モンゴルの同志たちを助けるように招集されたソ連の教官と顧問たちは、出来事のしんがりを務めるだけで、モンゴルの指導部が犯している歪曲や過ちを助けることさえ珍しくない。モンゴルで生じた状況を解消するため、以下の方策を至急、最大限粘り強く実行することが必要である。

①封建主義者や高位のラマ僧からなる反乱の指導者や組織者、同様に人民革命党やレヴソモルの転向者で最も目立ち最も活発な反乱の参加者を容赦なく殲滅しつつ、最短期間で反乱を鎮圧すること。

②これと同時に、勤労牧民大衆の中では、反革命的反乱の目的、反乱の組織者、反革命主義者への内部からの支援について広範な説明活動を展開し、それによって反乱の指導者、組織者を大衆から孤立させ、差し迫った課題を解決するため勤労牧民大衆を人民革命政府の周囲に結集すること。

③モンゴル人民革命党中央委員会とモンゴル人民共和国政府は、犯した誤りと歪曲を自覚し、自己批判を展開しつつ勤労大衆にはこれらの過ちと偏向の本質、影響を説明すること。

④特別の命令や説明活動により、モンゴルの人民大衆には、反乱の指導者、組織者の財産は没収され、没収資産は反乱に参加しなかった勤労牧民や反革命主義者と関係を断った下層の聖職者に分配されるということを知らせること。

⑤人民革命党やレヴソモルメンバーの転向者を最も厳格な形で処罰し、反乱の際に動揺した分子を党から徹底的に排除する方策も取ること。

⑥民族政府が虚構に変貌したことを断固非難する。共和国における最高権力機関として最短期間で民族政府の権威を強化すること。小フルルダンの権威を高め、憲法に基づきその権利、義務に応じてその仕事を守ること。小フルルダンに非党員の牧民大衆からメンバーの五〇％までが参加できるよう特別の注意を払うこと。これと同時に政府には、牧民や反革命との闘争で試練を経た民族主義インテリの最良の部分を政府や行政・経済機関に送り込む動きを強めること。

⑦人民革命党とその中央委員会は、共和国の生産力、特に畜産業の発展、大衆の文化向上と封建主義の遺骸の根絶、共和国の独立と干渉の危機に対抗した国防能力の確保に向けた闘争において、モンゴル人民共和国の民族革命的、民主主義的性格をひと時も忘れず、この特殊性を無視しようとするあらゆる試みと闘争しつつ、民族主義的な人民革命政府の周りに、広範な勤労牧民大衆を団結させねばならない。モンゴル人民革命党中央委員会は、特に現時点で重要な自己批判を広範に展開し、人民革命党と広範な勤労牧民大衆、第一に貧中層の牧民大衆との日常的で生き生きとした関係を確保せねばならない。

⑧勝手で不法な行為を犯す職員は厳しく処罰しつつ、党や政府のあらゆる法律違反、行き過ぎ、逸脱と容赦なく闘争すること。モンゴル人民革命党中央委員会と人民革命政府は中央と地方の権力機関、党組織の活動をきわめて厳しく統制すること。

⑨反乱の組織化に参加した高位のラマ僧に対しては断固たる弾圧政策を取りつつ、反革命的な上層から下位層を引き離し、反革命主義者と下位の聖職者層の断絶を物的に奨励しつつ（家畜の分配）、ラマ僧の階層分化を行うこと。

⑩モンゴルの条件下では誤りであった全面的集団化という政策に代えて、生産共同組合の初歩的形態（共同の草刈り、共同放牧の組織化、共同の耐寒暖房畜舎建設など）へと勤労牧民大衆が自主的に結合するようすぐに着手すること。この最も簡単な形態の生産共同組合には物資、機械、クレジットの面で全面的に国家が支援すること。

⑪私的商業の縮小に関して犯した過ちを徹底的に正すこと。私的な商品流通や商業を展開し、同時に、牧民大衆の自発的な原則に基づいて組織された農業協同組合の今後の発展にも全面的に協力すること。外国貿易の独占を断固維持しつつ、個別の商品については共和国の特別の国家通商機関を通じて、モンゴルの国外でトゥグリクが株式投機の対象にならないよう政府が直接統制しながら、第三国との通商を許可する。

⑫モンゴル人民革命党中央委員会と人民革命政府は、勤労者の私的経営へのイニシアチブの発揮と自主性を全面的に支援し刺激しなければならない。同時に裕福な牧民層の経営活動を圧迫しようとするあらゆる試

みと断固闘い、それと同時に適切な法律によって貧中層の牧民大衆を封建的な隷属から守り、モンゴルの特殊条件では認められている手法（税金、クレジット、貧しい層への国家援助等）により資本主義的な隷属からも守らねばならない。

⑬上述した経済政策の原則に応じて、銀行クレジットのシステムを再編し、モンゴルの銀行を純粋な決済機関から、国家機関や協同組合組織、私的な個人経営にもクレジットを提供して支援するクレジット・決済機関へと転化させる。裕福で強力な経営者や私的商業へのクレジットを無視する傾向と闘いながら、同時に貧中層の牧民経営に対するクレジットにも特に配慮する必要がある。政府と銀行のクレジット政策は、モンゴル国内でもソ連との通商においても売買の唯一の決済手段となるはずのモンゴル通貨（トゥグリク）の全面的な強化に向けられるべきである。

⑭牧民の貧中層に対する特典の確保、累進・所得課税の原則の堅持、牧民の経済活動と私的な商品流通発展への刺激、封建的要素の発展、蓄積への制限、以上を念頭に置いて政府の予算・税制を再検討すること。

コミンテルン執行委員会マヌイリスキー、クーシネン
全連邦共産党（ボ）書記　スターリン[120]

日中の帝国主義が反乱を援助していると言及しているこの決定が採択される一週間前の一九三二年五月二二日、カラハンはオフティンに「北満洲の西部で日本人の行動活発化の兆候がある。チチハルから西への日本軍の移動の可能性も捨て切れない。ハイラルで日本人は、バルガに二〇〇〇人のモンゴル部隊を組織することについて、バルガの指導部と交渉している」[121]と、日本の動きを警戒するよう指示していた。

一九三二年六月一日以降夏季の政治局会議にスターリンは欠席している。恒例となっていたロシア南部での執務のためモスクワを離れていた。モスクワに残った指導者たちとの書簡のやり取りから、モンゴル問題に関するスターリンの考えを知ることができる。

休暇に入って直後のものと思われるが、五月二六日にスターリンがカラハン、ヴォロシーロフ、エリアヴァに

送った覚書には、「党中央委員会とモンゴルの党中央委員会の定式の中間の立場を取ろうとする五月二五日付のオフティンの電信にある日和見主義的おしゃべりは、現在モンゴルを覆っている政治的な混乱の主因である。五月二五日のオフティンの長大で混乱した電信（電信には「続く」と述べられている）は、その直接的な証拠である」と述べ、「①モンゴルへのエリアヴァの派遣を加速する、②エリアヴァに出すモンゴル問題に関する指示を政治局メンバーの票決にかけるが、その草案は中央委員会のモンゴル小委員会に提示されるべきである。③カラハンは二〇〇語以上の電信を送ることをオフティンに禁ずること」、以上を提案していた[122]。六月二日にカガノーヴィチはスターリンに「モンゴルについて我々はあなたに電信で問い合わせたが、現地の状況はかなり複雑化した」と述べていた[123]が、先述のスターリンの指示を踏まえての問い合わせであると推測される。

六月三日、モスクワの指導者（モロトフ、ヴォロシーロフ、カガノーヴィチ）はモンゴル情勢の悪化をスターリンに伝えた。「ここ数日モンゴルの状況は急激に悪化した。五月三〇日、五〇〇挺のライフル銃を有するツェツェルリク［ウランバートルの西約五〇〇㎞に位置］の守備隊一一九五人全員が蜂起し、当局を倒し逮捕されていた四〇〇人の反乱者を解放した。彼らに合流したのは町の外れにいた七〇人の歩哨である。ウルガからはウルガ守備隊の一〇〇人の部隊が車で送られてきた。ウルガには一〇〇人の幹部が残っているが、その忠誠を完全には信頼できず、残りの交代要員［переменники 常備軍の兵士とは異なり、定期的に訓練のために集められる兵士］はほとんど頼りにならない。蜂起を鎮圧している部隊はひどく疲弊している［「蜂起の即座鎮圧を期待する根拠はない」との文章が消去］。コソゴル［フブスグル］地区では蜂起が再発するおそれがある。ラマ僧は蜂起した地区から東部モンゴルへ扇動のために散ったので、特に東部の新しい地区で蜂起が勃発することが予想される。四〇〇〇人の党組織から集められるのは二〇〇〜三〇〇人で、そのうえ軍事に通じた者はほとんどいない。オフティンはソ連の援助なしに、現有勢力で蜂起には対処できないとみなしている。最も危険なのはウルガの状況で、我々が迅速に支援しなければこれを失う可能性がある。惹起した状況に関連してヴォロシーロフのモンゴル小委は、経済的、軍事的性格を有する一連の決定を採択した。次の二点について貴方の考えを聞きたい。①我々の一五〇人を含め五〇〇名からなるモンゴル・ブリャート騎兵大隊を、モンゴル政府の指揮下にウランバートルへ投入すること。②これとは別に軍事資産、政府、その他の組織を守るためトロイツコサフスク［キャフタ近郊の町］に駐留しているソ連の騎兵大隊一個七五〇名を派遣すること」[124]。

この情報にスターリンも戸惑った。スターリンは「①最近の電信は成功について述べていたので、かくも突然の激しい悪化は理解不能である。成功について述べた電信が不正確でその作者が我々に誤解を与えたのか、あるいはオフティンの今回の情報が完全に正確とはいえず、我々を危険な問題に引きずり込むべく実際より事態を悪く描いているのかどちらかだ。②我々の軍事代表シェコ同志の役割もまた理解できない。彼はどこにいて、何をしているのか、彼の仕事は何なのか、なぜ彼は我々に報告しないのか？　蜂起者に対する作戦を誰が指揮しているのか、実際には誰が指揮すべきなのか、オフティンか、チェキストなのか、それともシェコなのか？　中央委員会のモンゴル小委員会がこの重要な問題に介入すべき時ではないか？　シェコが役に立たないならば、彼をより経験豊富な軍事代表と代えるべきではないか？　③政治的にも、また特に軍事的にも経験の足りないオフティンの情報をもとに、モンゴルへ我々の部隊を送ることは危険であると考える。モンゴルとブリャート・モンゴルは同じではない。この問題について拙速的で準備の不十分なまま決定してしまって日本との紛争へと発展し、ソ連に対する日本、中国、モンゴルの統一戦線に基盤を与える可能性がある。モンゴルにおける出来事が外部世界に秘密のまま漏れないとみなすのは正しくない。この問題についてモンゴル人自身、中国人、日本人、ヨーロッパのプレスが叫ぶだろう。我々を蜂起しているモンゴル人民と戦う占領者として、日本人、中国人を解放者として描くだろう。モンゴルの現状によって、住民の大部分と対立する占領者という本来とは異なる役割が我々の部隊に押し付けられることを恐れる。今や軍事的な鎮圧から始めることはすでに手遅れのように思われる。「まず鎮圧し、それから政治路線を変更する」という公式は今やすでに適切ではない。この問題については政治路線の変更から始めるべきである。この行動はモンゴル政府が実行すべきである。そのような行動のみが突破口を生み、蜂起者を分裂させ、モンゴル政府は失った政治的基盤を回復するだろう。このような政治的決断のあとならば極端な反革命者を孤立させ、打倒することは困難ではないだろう。このような計略のもとでならば、我々のよくカモフラージュされた部隊による援助を、同時に気づかれずに行うことが可能だろう。④早急に、完全な秘密体制のもとでモンゴルからソ連へ、モンゴルにおけるソ連の人々、代表の活動を証明するあらゆる文書、暗号電報、プロトコール、紙を運び出すよう促す。これはいかなる状況のもとにあっても絶対必要である」[125]と返信した。

そして六月四日、スターリンはカガノーヴィチにモンゴルについて考えを述べた。「モンゴルに関して私の回答はすでに受け取っていると思う。最も望ましいのは軍隊を投入せずに済ますことである。モンゴルをカザフスタンやブリャートと取り違えてはならない。重要なのはモンゴル政府が政治路線を根本的に変えることである。(一時的に)「左派」を追放し、彼らに代わって大臣と中央委員会の指導者に新しい路線、すなわち、我々の政策を遂行することのできる人物を押し上げる必要がある。左派のうちモンゴル大衆の間で権威を保つ最も有能で、思慮深い(我々の政策の観点から)人物のみをポストにとどめておく必要がある。刷新されたモンゴル政府は、内政の分野で過ち(経済、宗教など)が犯され、これらの誤りは早急に正されると公然と宣言せねばならない。反乱の首謀者はモンゴルから自由と独立を奪おうとした中国の、そして特に日本帝国主義の工作員であり、政府はこれを考慮して彼らを完全にせん滅するまで容赦のない闘争を行うと宣言しなければならない。政府は武器を引き渡し恭順の意を表した一介の反乱者すべてに恩赦を宣言せねばならない。これらのことすべては、政府の構成の変更とともに、綿密かつ思慮深く準備して緊急に召集するところのフルルダン **Хурулдан**［ホラル］を通して実行する必要がある。現在はこれが重要であり、軍隊の投入ではない。もちろん、ウルガの状況がもしも絶望的(オフティンの報告は客観的でないとみなすのでこの点について私は疑う)ならば、ブリャート・モンゴル部隊を投入することも可能だが、一時的な手段として、この術策に訴えるのは最も極端な場合においてのみであり、その場合でも、軍隊の投入は政治路線の変更という主要な方策に対する二義的かつ追加的な方策であると認めたうえでの話である」(傍線はすべてスターリン自身によるもの)[126]。

これを受けたモスクワの指導者(モロトフ、カガノーヴィチ、ヴォロシーロフ、オルジョニキッゼ)は同日、スターリンの状況判断、提案に同意しオフティン、エリアヴァに指示を出したことを伝えた。またシェコ［すでに紹介した通り、一九三二年よりモンゴル国防省顧問としてソ連から派遣］から受け取った情報は幾分パニック的なオフティンの電信を確認するものではないが、モンゴルの全般的状況は重大なままであるとしたうえで、二日にチタからウランバートルへ派遣された一〇機編成の飛行隊を現地に残すか呼び戻すべきかどうかについての判断を仰いだ。[127]これに対し、翌五日スターリンは「一〇機の飛行機全部かあるいはその一部が、あらゆる正式の手続きに則ったモンゴルの所有物であると宣言するよう提案する。そのためにモンゴル政府がソ連から飛行機を一九三一年の初頭にこれこれの値段で購入し、値段のいくばくかはこれこれの時期に支払い、残りはこれこれの時期に支払うだろうという内容の協定をモンゴル政府と締結すること」と指示した。[128]この提案にヴォロシーロフ、オルジョニキッゼは「正しい」と署名している。同日政治局はカラハン、ヴォロシーロフにスターリンの提案にしたがってモンゴル政府と協定を結ぶよう指示した。[129]スターリンの指示はソ連が軍事介入をしているという事実を隠蔽すべく、時期をさかのぼって文書を偽造させることまで検討する周到なものであったといえよう。

　飛行機に関連して、一九三三年一〇月にモンゴル空軍への協力のために派遣されたスデツ将軍 B. A. Судец の回想が残っている。彼によれば、一九三一年春には偵察飛行士ブルスラフスキーが教官としてモンゴルへ派遣されていたが、一九三一年秋には一九二八年にオレンブルグの飛行学校に派遣された五人のモンゴル人飛行士のうち三人、一九三二年春にはさらに二人が帰国し、彼ら五人が一九三二年の戦闘に参加して勲章を授与され、一九三二年秋にソ連から偵察機P《エール》－5が送られた時、彼らはすぐにその操縦法を習得したとある。[130]また、配置された飛行機の種類、数については不明だが、日本軍に対抗するため、この時期に「モンゴル政府との合意に基づいて、いくつかのソ連の空軍部隊がその領域に配置された」[131]と空軍史に記載がある。バドラハはのちに、彼が「反乱鎮圧のために飛行機部隊を派遣する要請をヴォロシーロフに電報を打つ」よう提起したこと、「飛行機部隊がきわめて重大な役割を果たした」と証言した。[132]ソ連の外国諜報活動の概説史には、ソ連の治安機関がモンゴルの内乱鎮圧に出動し、ソ連側に死者が出ていたと記録されている。[133]ラマ僧の反乱について一九六四年にロマーキナに語ったのが、その鎮圧に参加したエレンドであった。[134]

　軍の責任者であり、政治局のモンゴル小委員会委員長でもあるヴォロシーロフは六月六日、スターリンに書簡を出し、その中でモンゴルについても言及している。

「モンゴルについてちょっと。君の発言は正しかった。オフティンはウクライナ人たちがいうように、「驚いて

[с переляку]」ツェツェルリクの守備隊（一一四五人）全員が蜂起し、逮捕されていた反革命主義者全員（四〇〇人）を解放してならず者に合流したと伝えていた。この他にも、彼はウランバートルでさえ支持を得られなかったとも報告してきた。決定を下す前にこの種の報告については綿密に検討すべきだと、君ならいうだろうがそれが正しい。私はオフティンを信用し、シェコに問い合わせることさえしなかったが、彼はオフティンの報告の三日後になって、ツェツェルリクの守備隊からはならず者部隊の側に七〇人が逃亡し、うち三〇人が捕らえられたと報告してきた。このようにオフティンはパニックに陥って皆を混乱させた。実際、モンゴルにおける状況は相変わらずかなり深刻なままである。しかしそれでもシェコは、もうじき反乱は鎮圧されるだろうと伝え続けている。エリアヴァは六月四日に出発し、モンゴルのための車と物資はすでにモスクワから発送された。ウランバートルまで、さらにモンゴル国内でも必要な地点まで物資がいち早く移動できるようにあらゆることがなされている。一〇機の飛行機部隊は六月五日にウランバートルに到着した。今日、君の提案に従って、この一〇機の飛行機の売却手続きを取る(135)」。

この同じ六月六日カガノーヴィチは、スターリンにモンゴル対策を報告しているが、ムンツクなる人物についても言及している。「現在受け取った電信によると状況はオフティンが報告したよりも好転しており、ツェツェルリクは我々の手に残った。ウランバートルは直接の脅威にさらされていない。しかしあなたの指示に従い、我々はオフティンには万が一の場合に備え全権代表部から秘密文書を片付けるよう指示した。エリアヴァは四日に出発したが、彼にはあなたの電信を知らせるべく飛行機でおいかけて送り、政治的な対策を強化するよう指示した。あなたは書簡の中で新しい人々を登用することについて正しく提起しているが、エリアヴァとオフティンには明日、（人事の）刷新や犯された過ちについて全国民に宣言することについて追加的に指示を出すつもりだ。これらの方策を取らず、軍隊の派遣から始めると事態を悪化させることになる。したがって軍隊を送らないというあなたの基本方針を政治局は完全に採用した。飛行機については然るべく手続きを取る。今日オフティンはウランバートルで大部分が同郷人、つまり我が党員からなるソ連市民六〇〇人の連隊を形成したとの電信をよこしてきた。私はこれを禁じる必要があると考える。昨日我々は彼のこの劣悪極まりない報告に対して激烈な電信を打った。彼によればモンゴル人の共産主義者でクートヴェを卒業し内モンゴルからやってきたムンツク Мунцук なる人物が、現地の部隊で蜂起が準備されており、実弾だけが必要だなどと報告したらしい。オフティン自身は自らそのような蜂起はとても有効であるなどと付け加えている。我々はこれは挑発であり、このムンツクこそ挑発者であるとみなす。オフティンにはすぐにこのムンツクを逮捕し我々のところへ送るよう指示し、彼には許しがたい妄信をたしなめた。彼は見るところパニックに陥ったようだ」[136]。カガノーヴィチの述べる通り、前日の六月五日、政治局は外務人民委員部名で「プンツク〔政治局の決定ではムンツクではなくプンツクと記載されており、これがこの人物の本名の可能性がある〕の情報を挑発とみなす。あなたの妄信は許し難いとみなす。早急にプンツクを逮捕し、モスクワへ送ること」との指示をオフティンに出していた[137]。「プンツクに関しては政治局が一九三二年八月一九日、再度彼の問題を検討し「プンツクをモスクワへ連行し、オゲペウと外務人民委員部には彼の人物を暴露する」よう委ねている」[138]。

六月七日スターリンはカガノーヴィチに「オフティンは、私の考えでは解任すべきだが、彼の交代については綿密に準備しながら行う必要がある」[139]と述べている。これについては六月一二日にカガノーヴィチが、「オフティンの交代のため候補者を探す。見つけ次第貴方に報告する」と伝えた[140]。それでもこのあと一年あまりオフティンは全権代表の職を務めることになる。

この六月一〇日、政治局はスターリンが六月四日に自ら下線を引いて強調したモンゴルにおける指導部の交代、新路線の採択を促す決定を、書簡とほぼ同様の文章で採択し、モンゴルのオフティンと同じく四日にモンゴルへ発った外国貿易人民委員部のエリアヴァに送り、早急な実行を促した[141]。直後の六月一二日にヴォロシーロフに宛てた書簡の中でスターリンはモンゴルについて「シェコはその電信による報告によれば、それほど悪くないように見える。彼を少々元気づけ、時々彼に指示を出さねばならない。もしもモンゴルにおける政治転換が、ある程度満足しうるものならば、モンゴルは独立を維持し続けるであろうし、もしそうでなければ、いかなる〝軍事行動〟もモンゴルを、日本‐満洲の餌食になることから救えない」[142]と述べていた。シェコに厳しい目を向けていたスターリンも彼の報告にある程度満足していた様子がうかがえる。

このようなソ連、とりわけスターリンからの圧力が功を奏したと考えられるが、一九三二年六月二三日、モンゴルでは政府を中心に路線変更を受け入れた。(143) その翌二四日、スターリンはヴォロシーロフにモンゴルについて「シェコはモンゴルでうまく動き回っている。まあ、うまくいけばいいのだが」と書簡に記した。(144) 彼の思い通りに路線転換が進んでいることへの満足の表れである。六月末には新たなメンバーが指導部に選ばれ、いわゆる「新路線」が実行に移されていくことになった。(145) 一九二〇年代に活躍した穏健派のアマルが復活し、首相にはゲンデンが選ばれた。(146) 六月二九〜三〇日にモンゴル人民革命党中央委員会の第三回臨時総会が開かれ、ゲンデンがモンゴルの内政状況と党の活動について報告し、状況の深刻さ、モンゴルの存在への現実的な脅威の存在を強調し、蜂起の根深い原因を明らかにした。そして「モンゴルの経済的、文化的状況にあわない方策が実行されてきた……。封建主義に対する闘争を我々は全面的な社会主義的攻勢とすり替えた。我々はソ連を模倣したが、条件が異なっていた……」と述べた。(147) その後、モンゴル人民革命党内の粛清が行われ四万人に膨張していた党員数は一・一万人へと急激に削減された。地方では選挙が実施され、チベット仏教への弾圧も緩和され、コルホーズの解体も行われた。個人経営も可能となり、「豊かになれ」とのスローガンが再び脚光を浴びることになった。(148)

コルホーズは一九三二年八月五日の布告で解体されていく。(149)「自主性の原則を侵害して作られたコルホーズは、もしその成員が集団に残ることを望まなければ解体してよい。この際、集団化された家畜は、平等にもとの成員に返すこと」(150) とされた。ゲンデンは、「現存のコルホーズを解体しなければならない。……以前、我々はコルホーズに入る人を激励したが、今ではコルホーズから出る人を激励する」と認めた。(151) 僧侶を強制的に還俗することをやめ、望めば再び僧侶になることを許したところ、一九三二年から一九三四年にかけて二万七〇〇〇人あまりが再び僧侶になった。(152)

モンゴル軍の数も問題となった。一九三二年六月二七日、参謀総長エゴーロフは、二〇〜四〇歳の非常備軍兵士を招集することでモンゴル軍の総数は六月一日までに一万八〇〇〇人に増加したが、一万八〇〇〇人を八か月維持するのに一一〇〇万トゥグリク（モンゴルの予算は三五〇〇万）必要となると指摘し、最も労働能力のある男性が生産から遊離することの影響も大きいので、シェコが述べる一万二〇〇〇人ではなく、同年九月一日から三三年五月一日までに六〇〇〇人まで減らし、三三年の夏季のみ一万二〇〇〇人に増やすよう提言した。冬が終わると馬は相当疲労しており、それによる演習はきついとした。軍幹部の人数は一万八〇〇〇人の部隊では一七一〇人、一万二〇〇〇人の場合は一二九四人が必要となるが、三一年の場合、最高、上級、中級幹部は三三三人なので、総数を削減したとしても幹部は不足する、よって三二年一〇月から、ソ連の軍の高等教育機関での育成を再開すべきで、秋に四〇人のモンゴル人を騎兵学校へ、三〇人を歩兵学校から自動化歩兵部隊の指揮官へ、三〇人を技術学校へ派遣すべきだとした。七月二八日ヴォロシーロフは、スターリンその他へ、シェコがこの提案に同意したと伝えている[153]。

一方でソ連当局はモンゴルに対する輸送力と食料供給の強化を推進していく。六月二六日にモンゴル小委員会が開催された。出席者として議事録に名前が出ているのは、委員会メンバーヴォロシーロフ、ポストゥイシェフ、ピャトニツキー、カラハン、ベルジンの他、ツードルトランスからセレブリャコフとトルマチョフ、ソユーズトランスからペレピョールキン、外国貿易人民委員部からタマーリン、ガイ、ピンスキーであった。議事内容を表にまとめると次のようになる。

審議事項	決定
モンゴルへの小麦粉一万八〇〇〇トン、脱穀きびの搬送（一万八〇〇〇トンのうち第一四半期に九〇〇〇トンを搬送、第二四半期には搬送されていない）	政治局には直近の会議で、本問題に関する外国貿易人民委員部による報告を議題にし、同人民委員部には一九三二年の計画を実行させる。
モンゴル・プロムコンビナート建設について（一九三二年五月一	五月一六日の決定が実行されていないことを確認。重工業人民委員部（ミハイル・カガノーヴィチ）、軽工業人民委員部（エリョーミン）は、供給、ファイ

六日政治局決定）	ナンスの現状、いつ必要な資材が送られたのか、送られていなければなぜか、誰の責任なのかについて五日以内にモンゴル小委に報告すること。エジョフ、モスクヴィンは、皮革コンビナートの技術指導員一人、モンタージュ技師一人、繊維コンビナートの技術指導員一人を一〇日以内に選抜、派遣すること。エジョフ、ツィホンは至急、熟練労働者五〇〇人の派遣の可能性を検討し、すぐに派遣すること。
モンゴル諸街道における輸送（ペレピョールキンの報告）	五月一六日の政治局決定が実行されておらず、モンゴル諸街道の現状は、モンゴルへの貨物輸送プランの実行を保証できないことを確認。ソユーズトランス（ペレピョールキン）は、諸街道の拠点に修理工場を至急完成し、必要な部品も確保して修理を行うことで輸送を支えること。諸街道沿いに長距離にわたって民家がないので、休憩と駐車のため全街道に宿を建設すること。供給人民委員部（ミコヤン）はモンゴル諸街道で働くソユーズトランスのスタッフへの供給を保証すること。メジラウクは自動車修理工場のためソユーズトランスの活動に見合った一三の工作機械を割り当て、一〇日以内に積み込むこと。
モンゴル諸街道における修理・建設作業について（セレブリャコフ、トルマチョフの報告）	ツードルトランスが五月二一日の人民委員会議布告を実行していないことを確認。モンゴル諸街道（チュイ、トゥンキン、キャフタ）における修理・建設作業を加速すべく必要な措置を早急にとること。各区間道路局を統合する独立した街道ごとの道路局、それらをまとめるモンゴル諸街道中央管理局を設置し、組織を改編すること。
モンゴルへの貨物輸送の指導・監視、道路建設作業、輸送を行う労働国防会議の臨時全権の任	党中央委員会と労働国防会議には、ヴェルフネウディンスクにこの臨時全権を置くよう要請する。

命について	
モンゴル諸街道で運ばれる貨物の警備について	オゲペウはその警備にあたる哨所をモンゴル諸街道に早急に組織すること。
エリアヴァの情報について	モスクワに帰還後、個人報告の中で述べるべき問題を暗号や書簡の中で触れないよう、エリアヴァに電報を送ることをカラハンに委ねる。(154)

一九三二年から一九三三年にかけてソ連全土で飢饉が深刻化していく中で、モンゴルはどのように位置づけられていたのか。それをうかがい知ることができるのが一九三二年六月一六日の政治局の決定である。西シベリアを主題にしたものだが、「八月末のシベリアへの供給と北部への穀物輸送を確保するため、新しい収穫から一万七〇〇〇トンをヴォルガ中流域からすべてシベリアに輸送すること。中央委員会の決定に従い備蓄委員会は、モンゴルへの積み出しは例外として行うが西シベリアからの穀物搬出を取りやめ、西シベリアへ七月一日までに（ヴォルガ中流域からの）すべての積み出しを行うこと。西シベリア地方党委員会は穀物の消費を七月には二万五〇〇〇トン以下に、八月には二万七〇〇〇トン以下に抑えること」以上である（傍点は筆者による）。地域により備蓄穀物の量は異なっていただろうし、当局の判断について即断すべきではないだろうが、本決定にのみ依拠するならば、そこから透けて見えるのは、モンゴル、シベリア、ヴォルガ流域という優先順位である。シベリア自体に穀物が不足している状況でもモンゴルへの輸送だけは実行させ、さらにそのシベリアにはヴォルガ流域から穀物が運ばれていた流れが把握できるだろう。(155)

モンゴル小委員会は、七月から八月にかけて、さらに細かく穀物輸送について指示を出している。(156) 七月一日、政治局はモンゴルについて、①労働国防会議付属備蓄委員会に対し、一〇日以内に自身の保有分より、モンゴルへの輸出規格に合致した三〇〇〇トンの小麦粉、一〇〇〇トンの脱穀したきびを供給人民委員部へ割り当てること、②供給人民委員部はウハーノフの個人的な責任のもとで、承認された一九三二年前半のプランに基づいて、七月一五日までに一万八〇〇〇トンの小麦、三五〇〇トンの脱穀したきびの積み出しを終えること、以上を決めた。[157] ウハーノフは供給人民委員代理を務めていた。[158] 続いて八月一日には、「モンゴルへの輸送に残った五六〇〇トンの小麦粉のうち一〇〇〇トンをガンズーリノ［ブリャートの村］から、四六〇〇トンをサマラから、八月一四日から九月一日にかけて供給人民委員部に送らせる」とのフロプリャンキン、[159] クイブィシェフの提案を政治局が採択した。[160] これは先のモンゴル優先の穀物輸送の流れを受けたものであると考えられる。ブリャートからの輸送は理解できるが、ヴォルガ流域のサマラからわざわざモンゴルまで穀物を運ばせていたことになる。一方で逆の動きもあった。少し時間が空くが、一九三三年一月三〇日、政治局は東シベリア地方のプシカリョフの電報を検討し、モンゴルで一プード（一六・三八kg）四～五ルーブルのソ連通貨で小麦を購入するとの提案を却下する一方で、外国貿易人民委員部には二〇万プードの飼料用穀物を販売するという条件で、同量の小麦を購入するよう委任した。[161] 先の決定に見た通り、一九三二年六月にはモンゴルへ一万八〇〇〇トンの小麦を搬送する決定をしておきながら、半年後にそこから小麦を二〇万プードすなわち三二七六トン買い戻すことを決めたことになる。東シベリアからの要請は同地における食料事情の悪化が原因であると考えられるが、金銭と飼料用作物に違いはあるものの、スターリン指導部は飢饉に至るほど深刻化していなかったモンゴルからの再入手に踏み切ったのではないだろうか。

一九三二年六月一七日に政治局は第三四半期の輸出プランを検討したが、その中で「モンゴルへの輸出として商品フォンド委員会［労働国防会議に附置された。一九三二～三四年。正式名称は商品フォンド通商調整委員会］が予定していた既製服六〇万ルーブルに加え、さらに六〇万ルーブルの既製服を出す（生地での代用も可）」ことを決めた。[162] さらに七月一六日に政治局は「モンゴルへの商品の間断ない運搬確保と関連した道路建設について」モンゴル小委による決定草案を採択し、組織問題についてはエリアヴァの帰還まで問題を延期することとした。六月二六日のモンゴル小委でも提案された労働国防会議の臨時全権代表については、クリメンコの任命を撤回し、交通人民委員部の別の人物に交代させることとし、中央委員会書記局にはその候補者の人選を委ねた。[163]

この道路建設についての七月一六日の決定は、担当する（1）ツードルトランス、（2）ソユーズトランス、

（3）水運人民委員部、（4）外国貿易人民委員部の四つの役所が行うべき仕事が列挙されている。順番にそれらの概要をまとめることにしたい。

（1）【ツードルトランス（責任者はセレブリャコフ、ブィストロフ、トルマチョフ）】本建設シーズン中（一九三二年一〇月一日まで）に、チュイ、トゥンキン、キャフタ道路で自動車の正常運行を可能にすること。特にトゥンキン道路ではカルバン峠を迂回する一八㎞の新道路を敷設。今からこの三道路で冬の輸送に備え、必要な除雪機を準備。現在の修理・建設作業員（チュイ道路一〇四六人（計画では四五一四人）、トゥンキン道路八七四人（計画では二六八三人））では今年中の作業完了はまったく不可能なので、ツードルトランスは計画通りの人員を七月中に確保。西シベリア地方執行委員会の労働部はそのための労働者募集で全面的に協力。労働者確保は供給に直接依存しているので、供給人民委員部はツードルトランスのために割り当てを確保（トゥンキン道路に二五〇〇人分、チュイ道路に四五〇〇人分）。作業を進めるべく、キャタピラ・トラクター「コムナール」を一〇台提供。必要な技師、技手を手配して建設作業の指導に当たらせる。

（2）【ソユーズトランス（責任者ペレピョールキン）】諸要因から四〇％以上の輸送手段が稼動せず、モンゴルに送られるべき貨物が送られていない。著しく低い輸送量なのに、一九三二年前半にモンゴル諸街道で滞貨（ヴェルフネウディンスク四三五〇トン、クルトゥクとヴィレニ二九〇〇トン、ビイスク一三〇〇トン）が発生したことを確認。全道路に修理工場を組織し、自動車を修理。ツードルトランスはすべての自動車に部品を確保。チュイ、トゥンキン道路では三交替制を導入。自動車運転手のスタッフを改善。班ごとの運行を実践。駐車とスタッフの休憩のため、全街道で宿を早急に建設。供給人民委員部はソユーズトランスで働く労働者分の食事を提供。軽工業人民委員部は必要な防水布、ロープを提供。重工業人民委員部は一三の工作機械をツードルトランスに、修理に必要な資材も提供。基本的な貨物（六五％）は全街道で荷馬車で輸送されており、近い将来には自動車輸送がそれを代替できないので、優良な御者への配給と報奨金の付与のため供給人民委員部、外国貿易人民委員部は特別の基金を割り当てること。供給人民委員部は御者の冬季の仕事や修理作業員のために必要数の特別服を支給。重工業人民委員部はツードルトランスの注文に従い、石油製品を輸送するためのタンクローリー一五台を早急に準備。供給人民委員部は御者が道中、飼料を補給するための基金をソユーズトランスに支出。

（3）【水運人民委員部】セレンガ川、オルホン川による水上輸送の現状は満足できるものではない。一五日以内にセレンガ川の航行に適した荷船四隻（総トン数四七五トン）をアンガラ川から移送。イルクーツク市ソヴィエトは平底の荷船を二隻アンガラ川経由で水運人民委員部に譲渡し、代わりにより吃水の深い荷船を受領。水運人民委員部はゴロホフ造船所［イルクーツク近郊、アンガラ川河口のリストヴャンカにある造船所のことであると思われる］で五月二五日に積み込まれた、各々二五〇トンの金属製荷船のセレンガ川へ急いで送付。今シーズンの利用が可能になるよう、オルホン川向けの一〇〇馬力のボート二隻を急いで建造。コソゴル湖へ一〇〇馬力のボートをさらに一隻送り、輸送力向上をはかる。航行可能期間に石油製品の輸送を行うべく十分なトン数の油輸送船の建造に早急に着手。水運人民委員部はこの船の電気溶接のための専門家、設備で支援。

（4）【外国貿易人民委員部】半年間の年間プランに対する遂行割合は小麦粉、脱穀きび三七％、砂糖二五％、たばこ三二％、茶一七％、ダレムバ三六％、革・靴二八％であり、全体でも三〇％を超えない。鉄道、街道上を移動している貨物を集計しておらず、モンゴルへの供給の正確な状況を把握できていない。政府のプラン遂行のため断固たる措置を取ること。交通人民委員部とともにモンゴル向け貨物の鉄道による迅速かつ不断の輸送のためにあらゆる対策を実行。交通人民委員部と鉄道で、ツードルトランスとは諸街道でモンゴル向け貨物の移動を正確に配車・管理。貨物の包装を改善。貨物を発送する職員の個人的責任を強く問うこと。

最後に、党や政府の諸決定を適時に正確に実行させるため、外国貿易人民委員部、重工業人民委員部、軽工業人民委員部、ツードルトランス、水運人民委員部、供給人民委員部、交通人民委員部には、その人民委員代理の一人にこの問題の責任を負わせることとする、としている。(164)

一方労働国防会議は一九三二年七月九日、モンゴルへの貨物転送、モンゴルの諸街道における道路建設作業、輸送の調整と指揮を任務とする労働国防会議の全権代表をヴェルフネウディンスクへ派遣することとし、クリメンコを任命したものの、彼が病気のため既述の通り、政治局がその任命を撤回し、七月末に代わりにロマノフが任命されていた。その後一九三三年三月一〇日、モンゴルへの物資配送の指揮をソヴモングトゥヴトルグ［ソ連とモンゴルおよびトゥヴァの貿易に従事する組織］の議長ゴルドンに委ねることを人民委員会議が決定したため、労働国防会議の全権代表というポストはなくなった。またモンゴル諸街道における建設作業の指揮、監督はツードルトランスに委ねることになった。[165] 先の決定では道路建設要員を一般的な労働者募集で賄うことになっているが、足りないところは例えば集団化で農村を追われシベリアのラーゲリに放り込まれた囚人たちで補われていた。[166]

一九三二年八月一六日、政治局は東方諸国における家畜の購入について決定した。[167] モンゴルについては、家畜の購入とそのモンゴル国内からソ連の鉄道駅までの追い立てを指揮すべく、クラーノフ Куранов を労働国防会議の全権として派遣すること、供給人民委員部はソ連国内での家畜の追い立てを技術的に支える五人の職員をクラーノフの指揮下に派遣すること、農業人民委員部（ツィリコが責任を持つ）は、モンゴルおよびトゥヴァとの国境付近および追い立てする街道へ二〇人の獣医師、医療助手を一〇日以内に割り当てて派遣すること、外国貿易人民委員部、ザゴトスコート［家畜の調達組織］は翌年の早春に、家畜を受け入れることを想定し、モンゴル内部および新疆東部における家畜調達に関する問題を検討すること、[168] 以上である。購入は順調に進んだとしても、その後に問題が生じていた。この二か月後、一〇月一六日に政治局は家畜の輸入を議題とし、オゲペウから政治局に入った情報により、ソ連国境における輸入家畜の受け入れの状況がまったく許しがたく、犯罪的であると認めた。そしてこの許しがたくずさんな管理に対しベレンキー、モロチニコフ、バゾフスキーを譴責し、今後同様の事態が生じた場合、即刻党から除名すると警告したのである。このときのベレンキーとはソユーズプシニーナの議長のことだと思われる。さらにカガノーヴィチの小委員会による提案を採択し、輸入家畜の受け入れ作業のため供給人民委員部の割当量から二五台のトラックをザゴトスコートに付与し、モロトフにはこの目的のため三台の軽自動車を探すよう委ねた。[169] バゾフスキーは食肉を取り扱うトラスト・ソユーズミャーサ、またはトラスト・ザゴトスコートの責任者である。[170] 採択されたカガノーヴィチの小委員会による提案は、モンゴルの家畜について西シベリアと東シベリアに分けて言及している。

西シベリアに関しては、①ザゴトスコートは、モンゴル国境で受け入れた牛一万四八〇八頭、羊一六万六三一四頭を追い立てビイスクまで移送。②労働国防会議の調達委員会はこの作戦のためザゴトスコートに、チュイ街道周辺にある三〇〇〇トンの干し草を割り当て、ザゴトスコートはこの量をソ連の別の地点で補塡。③ザゴトスコートのシベリア事務所長スミルノフは直ちに現地に赴き、チュイ街道での干し草の送付、正確な分配を監督。④ザゴトスコートは一一月一日までに計画に未達の牛四〇〇〇頭、羊四万頭を受領。⑤ソユーズミャーサはビイスク、バルナウルのコンビナートで受け入れた牛、羊（①の頭数）を屠殺。⑥ザゴトスコートは厳寒が到来した場合、追い立て途中に家畜を屠殺し、肉はビイスクの冷蔵庫に持ち込むよう準備（屠殺者、屠殺道具、塩、容器等）。⑦中央委員会、労働国防会議の西シベリア全権としてエイヘ、その代理にアレクセーエフを任命、本決定実行の責任者として、輸入家畜の輸送、保管、加工に関してあらゆる方策を現地で取らせる、以上である。

東シベリアに関しては、①第四四半期にモンゴルから五五万頭の羊、三万頭の牛の受け入れを予定、ソユーズミャーサは道中で家畜屠殺地点を速やかに組織、厳寒が到来した場合現地で屠殺し、腸と皮を加工。②労働国防会議調達委員会は移動する家畜のために一六〇〇トンの非圧縮干草をザゴトスコートに付与、ザゴトスコートはそれをヴェルフネウディンスクの基地に輸送、さらに三五〇〇トンの圧縮干草を鉄道で輸送される家畜のためザゴトスコートの鉄道飼料基地に送付。③外国貿易人民委員部は家畜の追い立てを急ぎ、ザゴトスコートは本年一一月一〇日までに国境での受領を完了。④中央委員会、労働国防会議の東シベリア全権としてレオーノフ、代理にザルニスを任命、本決定実行の責任者として輸入家畜の輸送、保管、加工に関してあらゆる方策を現地で遂行、以上である。[171]

東シベリアで家畜受け入れの責任者となった東シベリア地方党委員会書記レオーノフに対し、スターリンは一九三二年一〇月二二日、「中央委員会の決定によりあなたは輸入家畜の受け入れ、保護、処理に関する中央委員会と労働国防会議の全権に任命された（決定は一〇月一七日にあなたに送付された）。ザカフカースの全権ベリヤ、西シベリアの全権エイヘからはすでに講じられた方策についての報告を受理している。あなたからはいまだにいかなる情報も受け取っていない。中央委員会の決定遂行に関してあなたが講じた方策について早急に中央委員会に報告するよう求める。この問題は重要で、輸入家畜の救済とその適時の送付のためには、断固たる措置が不可欠であるということを考慮に入れること。講じた方策について電信を送られたし」[172]。レオーノフの他に宛先に上がっていたのはタシケントのバウマン、アルマアタのイサーエフであった。中央から決定が送付されてわずか五日後に対応策を催促されており、この問題に対するスターリンの関心の高さが推し量られる。

以上のような食料の輸送や、輸送力の向上に関するソ連のモンゴルへの関与がモンゴル社会の平穏化、国民の不満の軽減にどれほどの効果を持っていたのかについては、別の史料に依拠せねばならないであろう。ともかく、一九三二年九月二二日にモンゴル政府は反乱の完全な鎮圧を発表した[173]。鎮圧後、反乱首謀者はウランバートルへ連行され、一九三三年四月に裁判にかけられ、三九人が法廷に立ったが、その経過は新聞にも掲載された。裁判の結果、一八人は控訴の権限を有するものの死刑、一五人は年限の異なる懲役を宣告され、六人は解放された。逮捕者は拷問によって自白を強制させられた[174]。

九月一日の政治局会議はスターリンにとって三か月の休暇明けの初めての会議であったが、モンゴル小委員会にスターリンを加え、エリアヴァの報告に基づき、具体的な措置を検討することを決定した[175]。エリアヴァの報告は八月三一日の日付がついているが、その概要をまとめておく。ソ連にとってのモンゴルの意義として、①中国商業資本のこの植民地を重要な国際革命の一画へと変貌させる前提のひとつである人民革命政権の存在（この一画は遅れた植民地諸国における非資本主義的な発展の道を実現させ、隣国の関心をひきつけこの牧畜国家を中央アジアと極東における革命の前衛にする一種の「実験場」である）。②満洲から中国トルキスタンまで約三〇〇〇キロという長距離にわたって、我々の南シベリア国境の戦略的な天然の覆いとしての役割。③ソ連の最重要の食肉、資源基地としての役割。④満洲と極東における軍事的な紛争の場合、中国との連絡のための唯一の道として利用する可能性。以上の四点を列挙したエリアヴァは、日本と満洲の強化、内モンゴルにおける政策の活発化という現在の特殊事情を前にモンゴルへ最大限の関心を向ける必要性を訴え、モンゴル内政の過ちとして、①モンゴルの原始的な牧畜的経済制度を何ら考慮することなく、しかもコルホーズへの加入を拒否する牧民から牧場を奪うまでの行政的手法を用いた全面的集団化の強化。②党よりも強力でかつ一定期間反革命分子を糾合することのできた仏教寺院に対する、モンゴルの経済的、政治的、文化的条件や人民革命政権の実際の力とは不釣合いな広汎な攻撃。③封建領主と同等の富裕な牧民階層からの家畜の没収。④私的な商取引の実質上の完全な禁止とモンツェンコープ、ストルモングによる国内外商取引の独占。⑤独占的かつ、住民を商業的に搾取する最悪の手法を用い、反乱の直前には物々交換にまで至らせたかつてないほど高価な協同組合的な商取引（モンツェンコープ組織の維持には国民一人当たり一二トゥグリク、すなわち八〇万人の人口に九五〇万トゥグリクかかっている）による、きわめてひどい商品供給。⑥政府の信用をなくし、実質的にそれを解体してしまい、専横と不法を広汎に行き渡らせ、政府が大衆との関係およびそれに対する影響力を喪失させてしまうところの党とレヴソモルが政府に取って代わるという状況、以上の六点を挙げた。エリアヴァは現地で目撃した宗教弾圧のひどさ、反乱の拡大（国民の四五％にあたる三二万五〇〇〇人が住み、全家畜の六〇％を有する地域が反乱に見舞われたと指摘）、刑務所への囚人の集中（反乱により六〇〇〇人までに拡大）などについても言及し、六月以降モンゴル指導部が政策を変更していく過程について最後にまとめている。[176] エリアヴァ報告の前段は、なぜこれほどまでにソ連がモンゴルに関与を深めていくのかについての戦略的な観点を端的にまとめたものであるといえよう。革命の前衛、中国との遮断および連絡路としての戦略的位置、資源基地としての役割である。後段はそれまでの対モンゴル政策への批判的反省に立ったものだが、これまでも見てきた通り、ソ連の全権代表部や通商代表部、ソ連が大きく関与していたコミンテルンの決議に従って行われてきた政策の結果がこの大反乱であり、同様の極左的政策を国内で実行中であったスターリンが自分の政策に対する批判と受け取ったのか否かが問題となろう。

　この間一九三二年七月二八日には、モスクワの指導部（ヴォロシーロフ、カガノーヴィチ、モロトフ）が「シェコはモンゴル軍を八月一日から六〇〇〇人削減することを提案している。現在のモンゴル軍一万八〇〇〇人の維持はモンゴル政府の手に余る。到着したエリアヴァとモンゴル小委員会は削減が不可欠であるとみなしている。

	1932年1－8月		1933年1－8月		増減
	1,000ルーブル	全体に占める割合%	1,000ルーブル	全体に占める割合%	
輸出	29,462	8.2	24,456	7.7	－10.0
輸入	9,354	1.8	8,273	3.3	－11.6

我々も賛成である。あなたの意見を聞かせて欲しい」とスターリンに問い合わせていた。[177] これにスターリンは七月二九日同意したが、[178] 二万人の軍隊を維持することさえ能力的に困難なモンゴルにおいて国防事業を遂行するために、ソ連はますます関与を深めていくことになる。

一九三二年一～八月と一九三三年一～八月のソ連の国ごとの輸出入額と割合を示すデータがある。モンゴルへの輸出額は二九四六・二万ルーブルから二四四五・六万ルーブルへと減少しているものの、英国（同時期の割合は二二・七％から一五・八％へ減少して二位に）、ドイツ（一八・五％から一九・〇％へ増大して一位に）に次いでソ連の輸出相手として第三位の地位にあった。輸入は一・八％から三・三％へ増えているものの、約五割を占めるドイツや、一割を占める英国の他、イタリア、米国、新疆にも劣り六位程度であった。[179]

四　イワン・マイスキーとモンゴル、モンゴルと関連した主要人事

このモンゴルにおける反乱を注視していたのが、かつて一九一九～二〇年にかけてモンゴルの調査に出かけ、帰国後に『現代のモンゴル』を出版し、その後もモンゴルに対する関心を持ち続け、その改訂版の出版を企図していた後の駐英全権代表イワン・マイスキーである。旧知のモンゴル関係者にモンゴルの現状に関する情報提供を求めており、この一九三二年の反乱に関して興味深いやり取りがあるので紹介することにする。

フィンランドの全権代表であった一九三二年九月一六日マイスキーは旧知のチュツカーエフに、『現代のモンゴル』の改訂版の原稿が完成したが、同年春にモンゴルで生じた事件は、その近い将来に関係する全般的な方向に間違いなく影響を与えるので、この事件についても加筆したいと述べ、帰国までの関連史料の収集を依頼した。[180] チュツカーエフはマイスキーと同時期にモンゴルに滞在し、

すでに一九三二年春の政治局会議でモンゴル問題を検討した際に議論に加わっていたことは既述の通りであり、以下に述べる通り、一九三三年には全権代表としてモンゴルに派遣されることになる。

翌一九三三年一月四日付でチュツカーエフがマイスキーに宛てた手紙には、モンゴルの蜂起者の手紙が添えられていた模様だ。これは、マイスキーが求めていた史料なのだろう。チュツカーエフによればこの手紙は「私があなたと話した方策のあとに出された」ものとあり、モンゴルの新執行部による「新路線」採択後のことを意味するものと思われる。「御覧のように、六月に実行された方針転換が歓迎されていることが、とても特徴的だ」「手紙は、おそらく七月に書かれたものだろう。この手紙がバンゲン・ボグドの軍から赤いロシア人に対して出されたということが重要だ。ここにその意義があり、ここにその階級的な相貌が歴然としている。私は個人的に、勤労者は我々のほうに惹かれているように観察する。若者の間にはモスクワに行く以上の心からの願望はなかった。同様に労働者大衆も今ではそのような雰囲気である。手紙の内容がおのずから語っており、それについて細々と話す必要はないだろう。中央委員会が提起した方針転換が的中したのである」[181]。書簡集の注釈によれば、この蜂起者の手紙はフォンドに残されていないとのことであり、当面はチュツカーエフの発言からのみその内容を想像するしかない。勤労者 трудящиеся という言葉を使っているが、牧民のことを指すのだろう。

五年経過したあとも、一九三二年の反乱は関心の的であったことがわかる。一九三七年二月にチュツカーエフはマイスキーが依然として『現代のモンゴル』の改訂版を計画していることを知り、「一九三二年の事件についてある程度詳しく叙述しなければ、モンゴルの歴史は読者には理解されないだろう、あなたが障害を克服できたのかわからないが」[182]と述べている。モンゴルに関係の深かった外交官である二人、中でもオフティンの後任として一九三三年から一年あまりモンゴルに全権代表として滞在したチュツカーエフでさえ、この事件について情報を獲得することが当時から困難であったこと、彼自身、この反乱を深刻に受け止めていたことがこのやり取りからもわかる。マイスキーは結局、『現代のモンゴル』の改訂版を出版することができなかった。

モンゴル小委およびモンゴル駐在の全権代表、通商代表に関する人事については、モンゴルに限ったことではないが政治局が決定していた。どのようなスタッフがモンゴル問題に携わっていたのか把握するためにも、わかる範囲で跡づけておきたい。先にスターリンも加わったモンゴル小委には、一九三三年三月八日に政治局の決定でアンティポフ、カルマノヴィチが加えられ、アンティポフにはモンゴルに関する政治局決定の実行の点検を委ねた(183)。同年五月二二日にはモンゴル小委委員長ヴォロシーロフをモンゴル小委に関する常設責任書記と二人の職員が補佐することを決めた。モンゴル小委の書記には、外務人民委員部からボリソフが任命された(184)。続いて五月三一日には、五月一七日に新疆の問題から解放されていたソコーリニコフがモンゴル小委に加えられた(185)。一九三四年四月二五日にはカルマノヴィチに代えて、スワニッゼが任命され(186)、次いで五月五日には、ヴォロシーロフがモンゴル小委の委員長職から解放され、後任にソコーリニコフが任命された(187)。ヴォロシーロフに代わる陸海軍事人民委員部の代表がベルジンである(188)。さらに六月一〇日には、ストモニャコフが外務人民委員部の代表として加わった(189)。一方でモンゴル駐在のソ連代表については、一九三三年四月二九日に通商代表ペトルーヒンを解任、代わりにビルケンゴフを任命(190)、続いて一九三三年八月一五日、政治局は全権代表オフティンを解任しチュツカーエフを任命した。彼は一〇日以内にモンゴルへ出発するよう促された(191)。続く八月二二日にチュツカーエフは、モンゴルへのソ連共産党中央委員会全権代表にも任命された(192)。同一人物が形式的には国と共産党の代表として別々に任命されたのはオフティンの場合と同様である(193)。しかし病気のためか、約一年後の一九三四年八月七日、政治局は治療のためにチュツカーエフの帰国を許可した(194)。結局、同年一二月一一日には、全権代表としてタイーロフが任命され、チュツカーエフはモンゴル小委に加えられた(195)。

チュツカーエフがすでに一九二〇年代からモンゴル問題に関与していたことについてはすでに触れた。満洲国を挟んで対峙する極東地方執行委員会議長も務めた経歴が人選に大きな影響を及ぼしたものと考えられる。タイーロフの本名はテル・グリゴリャンでナゴルノ・カラバフ出身のアルメニア人で、一九二〇年代には中国でブリュッヘルのもとで働き、満洲事変直後の一九三二年からは同じくブリュッヘル司令官のもと特別赤旗極東軍で務めるなど、中国およびソ連極東の状況にも詳しい人物としてモンゴルに派遣されたことになる(196)。翌一九三五年三月一一日にタイーロフはソ連共産党中央委員会の駐モンゴル全権代表にも任命された(197)。軍の代表ベルジンに代えて一九三五年五月一五日、ウリツキーがモンゴル小委のメンバーに加わった(198)。一九三五年五月二一日、モンゴル国防相顧問としてシェコに代わりヴァイネルが任命された[199]。軍事顧問については、前年の一九三四年八月五日、モンゴル革命軍に付属して顧問 советник の職を設置し、参謀総長の職を廃止するのが適当だとのゲンデン、デミド（国防相）の意見へのソ連政府の同意を伝えるよう、政治局がチュツカーエフに指示しており[200]、モンゴル側のイニシアチブで設置されたポストで、シェコが初代の軍事顧問として赴任していた可能性が高い。ヴァイネルについては騎兵軍団長としての経験をモンゴルで活かすことを求められたものと思われる。一九三五年六月一三日政治局は、カガン Каган О. И.（ソ連財務人民委員部外貨・外国貿易セクション部長）をモンゴル小委に加え[201]、六月一七日には、委員長職からの解任要請を認めソコーリニコフは委員に残したまま、後任委員長にストモニャコフを任命した[202]。一週間後の六月二五日、モンゴル小委の正常な活動を保証する具体的な規定草案を、経験をもとに一か月で提出するよう政治局はストモニャコフに委ねた[203]。二年半全権代表を務めタイーロフは一九三七年九月一一日に解任された[204]。彼のその後の悲劇を伝える史料もある[205]。すでにオフティンの解任と人選についてスターリンとカガノーヴィチの間に交わされていた会話を紹介したが、スターリンはまさに自分の意図に沿って動き、的確な情報をもたらしてくれる人材を要求していたと考えられる。一九三八年一月一五日、政治局は駐モンゴルソ連通商代表ヌレルを解任[206]、同年四月二九日には全権代表ミローノフを解任してゴルブチクを任命した[207]。ゴルブチクはミローノフとともにモンゴルに来訪して粛清を担った人物であり、全権代表は二代続けて内務人民委員部出身者が務めることになった。ゴルブチクは一九三九年一月に解任され[208]、全権代表のポストは約半年空席であった。後任の駐モンゴルソ連全権代表イワノフを政治局が任命したのは一九三九年六月九日で[209]、同時に顧問としてマリコフも承認した[210]。ヌレルの後の通商代表は空席だった可能性がある。一九四〇年にアラノフが任命されたが[211]彼の一九四一年の死後も空席で、一九四五年にスターリンの最側近ラーザリ・カガノーヴィチの兄、ユーリー・カガノーヴィチが通商代表となり一九四七年まで務めた。以上が、モンゴル小委員会、全権代表、通商代表などの人事の変遷である。

五　関東軍の熱河攻略とモンゴル国防力の強化

この時期に政治局で採択された主な対モンゴル政策

日付	内容
一九三二年一一月一日	全般的方針
一一月一三日	商品輸送と販売価格の最終的プラン
一九三三年二月二二日	輸送・動員問題
二月二七日	セレンガ川輸送に船を提供
三月八日	国防への取り組み決定
四月二三日	一九三三年のモンゴルとの輸出入プラン
五月一〇日	輸送問題
五月一八日	商品輸送、モンゴル内部の問題、モンゴル人幹部養成、組織問題
七月五日	石油製品の供給、諸街道の活動、河川輸送、道路建設
七月二一日	第三四半期の対モンゴル輸出入・外貨プラン
八月二七日	債務の統合、クレジットの一本化
八月二九日	各省庁の課題実行状況の点検
九月三日	レヴソモルについて

九月三日	輸送問題　①一九三三年上半期の商品輸送、諸街道での仕事、水運　②街道での建設、修理　③卸業の合弁会社への出資
一〇月五日	輸送業務の強化、職員の軍事化
一〇月八日	家畜輸入
一一月一四日	セレンガ川による輸出物資輸送
一九三四年一月二〇日	モンゴル諸街道における輸送強化
二月六日	①貨幣流通と商品価格　②一九三四年予算　③国防省予算　④ソ連モンゴル貿易組織　⑤ソ連人職員数の削減　⑥映画サービス
三月七日	モンゴル小委の諸決定
六月八日	一九三四年のモンゴルとの輸出入、外貨プラン
六月八日	モンゴルとの清算、モンゴルへの外国製品の搬入
九月二三日	①ソ連への債務の削減、支払いの猶予　②金の価格表とトゥグリクの新レート　③顧問、指導員問題　④第三国とのモンゴルの貿易

モンゴル小委員会にスターリンが加わるようになって二か月後の一九三二年一一月一日に政治局は、モンゴル小委の決定草案を承認するとともに、エリアヴァ、ウハーノフ、M・カガノーヴィチ、エリョーミンからなる小委員会にに、一九三三年のモンゴルへの商品輸送に関する最終プランと決定の第一、二点と第一一節に基づき、販売価格のプランを三日で政治局に提出するよう委ねた。[212] この一一月一日の政治局決定は、①畜産業と農業（畜産業、畑作、コルホーズ）、②トゥグリクの強化（予算、モンゴル中央共同組合とモンゴルトランス[213]、財政・信用政策）、

③輸送（水運、自動車・馬車）、④工業、⑤手工業共同組合、⑥モンゴルとの通商の組織化、⑦通信、⑧モンゴル人民共和国におけるソ連の幹部要員、⑨モンゴル人の幹部要員の養成（モンゴルでの幹部養成、ソ連での幹部養成）、⑩モンゴルにおけるソ連住民に対する文化的サービス、⑪一九三三年のソ連からモンゴルへの物資輸送プラン、⑫モンゴル人民共和国への長期借款の提供という一二項目からなっており、それぞれについて対策が列挙された(214)。反乱鎮圧後でもあり、その再発を防ぐため詳細に対モンゴル策が検討されたものと思われる。以下に訳出する。

I　畜産業と農業について

オフティンは、畜産業と農業に関して以下の方策の採択をモンゴル政府に提案すること。

（1）国の基本的な経済は遊牧業 **кочевое скотоводство** であり、諸方策は最大限畜産業 **скотоводческое хозяйство** の発展、強化の方向に向けられるべきである。草刈り、保護方策、特にハシャン **хашан**［家畜が冬の寒さを防ぐための防寒小屋］の建設は、地方で早急に実現されねばならない。

（2）協組・コルホーズセクターの発展、強化はアルテリではなく、最も簡単な統合形態、すなわち共同草刈りに関する組合、ハシャン建設組合、御者、乳業組合などの組織や支援によって行うべきである。

（3）農業に対する国の組織的なサービスは、地方における仕事に焦点を移すことで再建すること。国のコルホーズ・生産セクターは現状では独自のセンターを必要としていないので、コルホーズツェントルは解体すべきであり、最も簡単な生産体に対するサービスは、畜産農業省に集中すべきである。

（4）国営農場には実験的・模範的経営の意義だけを付与し、現存するその農場網は再検討し、四～五個を超えない国営農場を残すべきである（うち牧羊二、馬の飼育一、穀物生産一）。

（5）国家セクターの基本的課題は、牧民経営がより強力な形態に徐々に移っていくよう、畜産技術の影響を次第に浸透させることである。国営農場はこの時点では、農業工場ではなく、実験的・模範的国家経営であるべきだ。このような規定の下で、以下の方策を実行する。

【畜産業について】

（1）モンゴルの畜産業の維持、改善において、飼料問題は基本である。遅れた畜産業という状況の中で、この問題解決の第一歩は草刈りの拡大である。一九三三年までにあらゆる草刈り可能地の割り当て、土地情報 землеуказание に関する準備作業を実行。そのためには、モンゴル人民共和国の状況下でより計画的に牧場を利用する可能性を明らかにすべく、第一に勤労牧民の夏と冬の遊牧の性格を研究することに着手。この仕事を実行するのにふさわしい幹部がいないため、ソ連農業人民委員部は少なくとも今年の一一月三〇日までに耕地整理技師 землеустроитель、牧草培養者 луговод からなる少数の専門家遠征隊を派遣すること。今夏には畜産農業省によって一〇か所の機械草刈りステーションが組織され、これらのステーションの飼料基地を組織するのにモンゴルトランス、ソユーズミャーサ、モンツェンコープなどの組織が大きな役割を果たしたことを考慮し、機械草刈りステーションには組織的にも物質的にも全面的に協力。今年の仕事の経験を基礎に、一九三三年における機械草刈りステーションの今後の発展の見通しを定める。

（2）モンゴルの畜産業を維持、発展させるための第二の方策は、冬季の成獣のためのハシャン、幼獣のための暖房ハシャンの設置であり、そのために建設資材を購入する際の特典的条件を定めた上で、ハシャンを建設する牧民に協力し、資金供与計画策定時にはこの方策に応じた資金を検討。

（3）家畜が交尾する期間をより伸ばすための準備的な方策として、各アイマクには交尾地点を設置。この地点設置と同時に、良質の個体を選抜し、それを種畜として利用することで家畜の品種改良も行う。

（4）様々な動物伝染病（天然痘、炭疽、ペスト等）が家畜の間で広まっていることを考慮し、各アイマクでは獣医地点に獣医師、医薬品、設備を備え、辺境にも獣医衛生サービスを強化することが必要であり、そのためにソ連農業人民委員部は、二か月間で五人の獣医師（そのうち二～三人は、セレンガ実験・獣医ステーションのための研究職員）と一〇人の獣医助手 ветфельдшер を派遣。

（5）国営の牧羊場を三つまで減らし、それぞれの羊数が一万から一万二〇〇〇頭を超えないこと。

（6）モンゴルにおける飼料基地を組織し畜産業を発展させるため、飼料作物、穀物飼料用作物の播種の比重を増やし、牧草（スーダングラス、シロツメクサ、アワ、ウマゴヤシ）の種を蒔くことにも着手。あれこれの牧草の有用性を明らかにすべく、何度も実験を実施。

【畑作について】

モンゴルで実験的・模範的な穀物農場を組織すべく、それぞれが一〇〇〇デシャチーナ［一〇九二ヘクタール］を超えない播種面積を有する独立した穀物の国営農場をふたつ（ハラ＝一〇〇〇デシャチーナ、ルジルゴレンタ＝一〇〇〇デシャチーナ）残し、これらの経営には穀物・畜産的な分野の特徴を持たせる（各経営には、一〇〇頭を上回らない成牛を与え、牧草の種をまき放牧地を作って、播種地ではそれに応じた輪作を行う）。

【コルホーズについて】

（1）モンゴルにおける移動しながら行う放牧経営の後進性、勤労習慣の欠如、広大な領土に分散、隔離して生活している状況、独特の日常生活条件、以上を考慮し、現存のアルテリ網のうちで播種耕作地を開拓し、社会化された農機や輸送手段を有する優良なアルテリを、共同作業を行う最も単純な組合の定款へと移し、残りは実体のないものとして解散する。

（2）いくつかのアイマクでは一日に一〇〇〇〜一五〇〇リットルの牛乳からバターを製造する工場を組織し、そこには必要な備品の付与や技術的な指導を行う。

（3）独立した単位としてのコルホーズツェントルは解体するが、畜産農業省には最も簡単な共同体（共同作業組合）を組織し、それにサービスするセクターを組織。

（4）コルホーズに渡された封建主義者たちの家畜は、反革命蜂起の鎮圧に活発に参加した牧民に最初に分け与え、貧中層の経営者の間で分配。

（5）ジャスの家畜を勤労牧民の放牧に委ねるのは、協定に従って自主的に行う場合に限り、両者がこの協定を着実に実行することを条件とする。

II　トゥグリクの強化について

モンゴル人民共和国の財政状況を健全化するために、以下の基本的な方策を実行する。

（1）（A）予算について。支出を五〇％まで削減するが、①予算組織の定員や事務支出を五〇％まで削減、社会・文化的支出をおよそ五〇％削減、国民経済支出を五〇％削減、以上により実施。収入に関しては、②現実的な重税の大幅な引き下げ、③複雑で効果の少ない税金を取らず、課税システムを簡素化、④比例課税を残し、累進課税を廃止、⑤小事業者への課税廃止、以上を念頭に課税システムを再検討。（B）モンゴル人民共和国に茶、砂糖、たばこへの消費税を導入し、同時にソ連財務人民委員部に、モンゴル人民共和国に持ち込まれるこれらの商品の価格に含まれているところの消費税的な利益を取らないこと。

（2）モンツェンコープとモンゴルトランスについて、事務管理費用を四〇％削減。

（3）財政・クレジット分野について。（A）ソ連財務人民委員部にはソ連がモンゴルに提供している借款すべてを単一の長期借款へと切り替えるよう委任。（B）外国貿易人民委員部、軽工業人民委員部、供給人民委員部には、今年中に計画以上に四〇〇万ルーブルの日用品を、モンゴルに対する借款に商品的な性格を付与するべく運び込むこと。モンゴル政府には、流通している量の貨幣をこの分回収するためにこの基金を利用するよう提案。（C）モンゴルで早急に手形の流通を進めるが、その流通に必要な認可も実施。国と協同組合の組織への直接クレジットの供与は有効のまま、例外として中央の組織によるその支部へのクレジット供与を許可。この場合、支部に出された費用はモンゴル銀行を通じて手形引き受けされ、中央組織の負債を保証するものとして機能すること。（D）モンゴル銀行に対する回収の見込みのない債券一七〇〇万トゥグリクを長期借款に切り換え、債権の残り部分を手形、商品、資産に切り換えることによりモンツェンコープの救済措置を実施。

Ⅲ　輸送について

（1）水運

（A）モンゴルとの商品流通において輸送が持つ重大な意義を考慮し、一九三三年よりヴェルフネウディンスク＝モンゴル方面の商品輸送の比重をセレンガ川、オルホン川に移し、モンゴルで商品の価格を著しく引き上げている自動車輸送による莫大な浪費を回避。国内配送に関わる季節的な作業を組織すべく、セレンガ川ではソ連国境からハヌイ川まで、セレンガの支流オルホン川もスヘバートルからトラ川の河口まで航行を可能にする作業を全面的に加速化。この目的のために、ソ連水運人民委員部は、一九三三年の航行を可能にする準備作業に早急に着手し、セレンガ川ではソ連国境からハヌイ川の河口まで、オルホン川ではスヘバートルからトラ川河口まで、航行条件改善と埠頭地点の整備について両河川で必要な作業を行って航行を組織。

（B）合計一四〇〇馬力の一〇隻の新しいタグボートを一九三三年の利用プランに組み込み、このうち二〇〇馬力はコソゴル湖（フブスグル湖）の合計四二五〇トンの貨物輸送量を持つ二九隻の金属製艀《はしけ》に割り当て、コソゴル湖のために合計五〇〇トンの輸送量を持つ二隻の木造艀も確保。

（C）ソ連財務人民委員部は、ソ連水運人民委員部に対し一九三二年に追加的に六〇万ルーブルを支出し（うち四〇万ルーブルはモンゴルの外貨で）、一九三三年には六五八万ルーブルのクレジット（うち八〇万ルーブルはモンゴルの外貨で）を供与。

（D）水運人民委員部はセレンガ川、オルホン川で支障なく船が航行できるような条件を整備すべく、一九三三年の航行開始時期までに必要不可欠なあらゆる浚渫《しゅんせつ》作業を実行。

（E）ソ連重工業人民委員部は水運人民委員部に五〇馬力のエンジン一二基を提供。

（F）ソ連重工業人民委員部は、セレンガ川で必要な合計一四〇〇馬力のタグボート一〇隻、四二五〇トンの貨物輸送力を持つ艀二九隻を水運人民委員部より受注し、遅くとも一九三三年二月までに分解した形でそれらを引き渡すこと。

（G）水運人民委員部はヴェルフネウディンスク市における船舶修理、埠頭業務の拡大を一九三三年のプランに組み込むこと。

（H）モンゴル国内のオルホン川、セレンガ川、コソゴル湖における航行発展に関して水運人民委員部が提出した一九三二〜三三年にかけての作業プランを承認するが、水運人民委員部は一九三三年のセレンガ川、オルホン川における航行が可能となるよう期限内に計画を実行すること。

（Ｉ）東シベリア水運局からセレンガ川汽船会社を切り離して、セレンガ川で独立した管理局を組織し、水運人民委員部の直接の管理下に置く。

（２）自動車・荷馬車

（Ａ）モンゴルトランスを以下の原則に従って早急に再編。①輸送におけるモンゴルトランスの独占を廃止。②モンゴルトランスの管轄下から以下の通り組織を移管する。道路建設は通商工業交通省へ、倉庫事業は卸取引に関するモンゴルとの合弁会社へ、同じく自動車と部品の取引も同社へ。③モンゴルトランスにはモンゴル国内のすべての商業自動車輸送を残し、この輸送の運用、修理の責任を負わせる。④モンゴルトランスには積み替え地点から卸取引会社の基地倉庫への輸送を任せるが、この輸送の際にモンゴルトランスは雇用契約による荷馬車輸送を利用できる。⑤モンゴル国内でアイマクの基地倉庫から辺境までの輸送をモンゴルトランスの管轄下から外し、通商組織やアルテリに引き渡す。⑥モンゴルトランスの調整機能を通商産業省と交通省に引き渡す。

（Ｂ）ソ連の沿モンゴル街道（ヴェルフネウディンスク、トゥンキン、ボルジャ、ウーシン、チュイ）における輸送活動の秩序化。①これらの街道における道路建設、維持を直接ツードルトランスに委任。②これらの街道における自動車輸送の運行と修理を外国貿易人民委員部に委任。

Ⅳ　工業について

（１）今後、工業建設は主として、そして第一に、畜産業、狩猟の原料を加工する工業の発展に特化。

（２）他の目的のために作られた建物（大部分は保健のため）を利用することにして、製粉所、消防倉庫の建設は今後停止。

（３）建設の現段階で必要性のないものとして、セメント工場の設計を中止。

（４）指揮官養成学校の技術的設計を中止。

（5）全連邦共産党中央委員会モンゴル小委は、特別な問題としてプロムコンビナート建設の状況について聴取し、早急に中央委員会に提案を提出すること。
（6）軽工業人民委員部はモンゴルにおける映画事業の組織化に関して、撮影、上映について検討。
（7）損失を出している組織としてモンゴルルィバ［漁業に従事］を解体。
（8）軽工業人民委員部は一九三三年春に刈り取られる羊毛の洗浄に間に合うよう、ハトガルの洗毛工場の建設を期限内に完了。その建設にルーブル、トゥグリクの補助金を支出。軽工業人民委員部はこの期限に向けて必要な幹部を投入。
（9）ソ連科学アカデミーとゲオラズヴェトカは、特定の対象に集中し、ソ連の関係機関の経費で工業的採算性を目指す調査を行いながら、最後まで地質調査を完遂。
（10）プロムコンビナート建設を一九三四年七月一日まで凍結する必要性についてモンゴル政府に提起。

V　家内工業・産業共同組合について

全権代表オフティンは、家内工業・産業協同組合を以下の原則に従って再編するようモンゴル政府に提案。
（1）モンゴル市場においてモンゴルの日用品の数がきわめて少なく、それらを製造する特別の手工業者がいないので、これらの商品（靴、鞍敷き、荷馬車、鞍等）を生産する産業協同組合のシステムが基本的な課題である。
（2）産業協同組合事務局は、手工業の様々な専門に関するモンゴル人の熟練職人の養成を基本的課題とする組織として今後は存続していくべきである。
（3）家内工業・産業協同組合を消費地と、地方に存在するその根拠地に近づけるため、家内工業・産業協同組合事務局は、その生産活動のすべてを直接辺境に移して、完全に独立採算制のアイマクの手工業・狩猟アルテリを組織し、計画・調整・指導機関としてのみ維持。
（4）家内工業・産業協同組合事務局の事務管理経費を最大限削減するため必要な方策を取る。

(5) モンゴルの日用品(靴、特殊中国的小間物)のかなりの部分が中国から運ばれており、そのために貴重な外貨が使われているという事情を考慮し、モンゴル在住の中国人手工業者が直接それらを生産するよう、彼らには、中国でのこれらの製品価格の一五%までの規模で外貨送金を許可。

VI　モンゴルとの貿易の組織化について

(1) モンゴルとの貿易はソヴモングトゥヴトルグ Совмонгтувторг を通じて行うこととし、モンゴル国内の積み替え地点へあらかじめ定めた計画に従って商品を運ばせる。その際、モンゴル国内には最低九か月分(中国人とロシア人の商人は一年半から二年、さらに三年もの在庫を抱えていた)、ソ連国内には(道中または基地で)六か月分の基本的な商品の備蓄を義務化する。

(2) モンゴル国内における卸取引のため、平等原則、もっとよいのはモンゴル人の優位性を認めてソ連モンゴル合弁会社を組織。この会社はアイマクの中心地に設置した基地となる倉庫から、モンゴル国内で小売販売を行うすべての協同組合、国家組織、個人に商品を売却。

(3) 卸取引に関するソ連・モンゴル合弁会社が存在すると、モンツェンコープには小売販売のサービス提供に注力することが可能となる。この会社設立と並んで私的商業を刺激することが望ましいが、特にモンゴル国内に最低限の数の私的商人さえ欠け、近い将来私的な商業を組織するのは不可能なので、モンゴルに残った中国人をモンゴルの小売り販売機構(モンツェンコープ)の職員の資格ですべての協同組合の取引地点で利用すること。これらの中国人は商品をユルトに住む牧民に持ち込み、原材料を集めるのにきわめて有益な存在になりうるからだ。通商組織で中国人をこのように利用するため、中国人の商売員(同じく、モンゴル人民共和国で各種の建設作業に従事している中国人労働者に対しても)には、中国の家族に最低限の外貨送金の権限を付与することも可能。

(4) 皮革と羊毛、あらゆる二義的な原材料の現地での購入は、モンゴルの協同組合や国家の小売販売組織、それに個人事業者を通じて行うが、このために各アイマクで行われる季節ごとの市を最大限利用し、ソ連モンゴル合弁の卸取引会社に親倉庫を引き渡して行う。この親倉庫では、原材料を再輸出用のものと、直接ソ連に輸送すべきものとに仕分けする。

（5）家畜は、市やしかるべき場所でソ連のザゴトスコートに調達家畜を引き渡している特別な組織の下部取引網を通じて購入。

（6）現状では、モンゴルとの貿易はソ連に黒字をもたらすことになるので、この黒字分を長期で貸方（モンゴルへの商品借款）に記入することが必要である。

（7）外国貿易人民委員部は、ソ連がモンゴルに輸出し、モンゴルから輸入する商品の価格について、ソ連の輸出商品とモンゴルからの輸入原料の相互関係が今よりもより正常で、よりモンゴル人の利益に合致するような形で再検討すること。

（8）ソ連が生産せず、ソ連が持ち込めず、さらに輸送や地理的な条件のために北部からの輸送が適当でない商品を第三国で購入する権利をモンゴルに与えるという五月二九日の党中央委員会の命令を実行する際には、その購入はヴォストヴァグを通じて、モンゴルの通商産業省の直接の指導下に行うこととし、モンゴルには第三国で必要な商品を購入するために同額の商品を輸出する権限を付与。

（9）ソ連が第三国へ再輸出するモンゴル商品のすべての外貨の売り上げはモンゴル政府に引き渡す。

Ⅶ　通信について。モンゴル人民共和国内と、ソ連・モンゴル人民共和国間のきわめて不十分な通信の状況を考慮し、必要なのは、

（1）モンゴル人民共和国に無線通信網を整備するとの昨年の党中央委員会の決定を通信人民委員部が強力に推進。モンゴル政府はモンゴル国内での建設資材の購入、輸送と建物の構築のみ負担。

（2）民間航空全ソ連合ВОГВФ［一九三〇～三二年］は一か月間でヴェルフネウディンスク＝ウランバートル間の定期的な航空連絡を再開。そのために必要な数の飛行機（三機）としかるべき飛行スタッフ、部品も確保。

Ⅷ　モンゴル人民共和国におけるソ連の幹部について

（1）五月二九日付の全連邦共産党（ボ）中央委員会とコミンテルン執行委員会の基本方針に基づく諸決定をモンゴルの党、政府の指導部が実行できるように、党中央委員会組織局に提案するのは、

（A）モンゴル畜産農業省顧問のポストには、モンゴルの国民経済で決定的な分野である畜産業を担当し、その改善を図るという、現状においては特に重要な課題遂行にふさわしい資質を備えた経験豊かな活動家を派遣。

（B）モンゴルの財政事情が完全に混乱し、予算に大きな狂いが生じ、根本的な外貨改革を実行すべき状況にある現在、モンゴル銀行取締役会副議長、財務省顧問には、特に必要なしかるべき熟練した専門家を早急に選抜。

（C）モンゴル銀行に付属して組織される経済ビューロー Экономбюро に、優秀な経済・財政家を一人選抜。

（D）ストルモングを基礎に組織されるソ連モンゴル合弁の卸取引会社の社長または副社長のポストに職員を一人選抜するが、新しい通商条件のもとでは役に立たないストルモングの指導的幹部全員を入れ換えるという断固たる方針のもとに実施。

（E）合弁会社モンゴルトランスの指導者のポストには、自動車輸送の運行、その修理をよく知る質の高い人物を選抜。

（F）道路建設の技師一名、技手五名、医師三名と准医師一〇名をモンゴルでの常駐職員として派遣。

（G）特に各アイマクに内務保安局の機構を組織するため、必要な数の熟練した教官をモンゴルの内務保安局に補充。

（H）全権代表部を第二顧問で補強。経済、財政問題、国家運営、行政機構に関する顧問や教官の指導を受け持ち、通商代表部が取り組む通商問題については担当しない。

（I）全連邦共産党（ボ）中央委員会の人員配置部は、この（A）～（H）項目で指摘された職員の選抜、手続きを早急に執り行うこと。同時に次の方策も実行。

（1）特別の協定に基づいて招聘されたモンゴルにおける顧問、責任ある教官の活動期間は三年と定める。

（2）顧問と責任教官の給与は、モンゴルの仕事環境下で正常な活動を保証することを基礎に算定。その際に顧問団とモンゴル人の大臣たちの間に大きな差異が出ることは絶対に避けること。

（3）顧問と責任教官は毎年少なくとも二か月の休暇を取得する権利を有する。

（4）顧問と責任教官の義務には、直接の任務だけでなく、モンゴル人の幹部を体系的に養成するという義務も含まれる。

（5）ソ連から派遣される残りの職員の給与は、毎年一か月半の休暇付与を必須とし、特別の協定に基づいて規定。

（6）モンゴルの組織に派遣される教官、技術要員の数を最大限削減。通商を除くあらゆる組織での削減は約五〇％とする。

（7）全権代表部と通商代表部はモンゴルの政府および経済機関で働くソ連の労働者、職員の給与について、モンゴルの条件下で必要な最低生活費を保証しつつ、最大限給与基金を削減し、給与における平等主義を解消すべく、早急に検討を進めること。遅くとも今年一一月末までに検討を終えて、モンゴル小委に提出。

（8）顧問や教官がモンゴル語会話、モンゴルの日常的な経済、地理状況を研究するのは必須とみなす。

IX　モンゴル人幹部［カードル］の養成について

（1）モンゴル人民共和国における幹部の養成。

（A）モンゴル人民共和国内における幹部養成においては、小学校の強化と、モンゴル人民共和国にとって必要な中程度の質を有する専門家（教師、獣医師、准医師、会計、電信手など）の養成を基本方針とする。[215]

（B）モンゴルの経済的、日常的、文化的な条件に合わず、教師団を確保できていない学校網は削減し、現存の小学校網は予算と教師数の限度内におさめ、教育幹部の定着、流動性との闘争に特別の注意を払う。

(C) 現存の教育機関、および計画されている教育機関網で働く教育幹部を、今後数年モンゴル国内で養成。新しい教育機関は、十分な数の質の高い教員団が完全に確保された条件でのみ開校。

(D) 余計な学科の最大限の削減、より正確な専門性、卒業生の質の向上の観点からモンゴルにおける現存の教育機関のプログラムを再検討。

(2) ソ連における幹部の養成。

(A) ソ連におけるモンゴル人幹部の養成は主としてヴェルフネウディンスクとイルクーツク、一部はモスクワに集中すべきである。これらの地点にしかるべき教育機関がない場合に限って、モンゴル人学生は他の都市にも派遣することができる。

(B) モンゴル人学生をソ連のテフニクム［中等技術学校］や高等教育機関に送り出すことを基本的な任務とする現存のヴェルフネウディンスク、イルクーツクのラブファクは維持。ヴェルフネウディンスクのラブファクの学生定員は、予備部門を削減して二〇〇名とする。モンゴル・ラブファクのプログラムは、ラブファクを卒業する前に学業を中止させた場合でも学生をモンゴルでの実践的な仕事で利用できるよう構築。この目的のためにラブファクの学習プランはふたつの独立した学習段階に分割。①最初の二年を修了した学生はソ連のテフニクムに入学できる。②最後の二年を修了する学生は高等教育機関に入学することが可能である。同時に第二、第三の学習段階では、モンゴルにおける実践的な仕事のために不可欠な知識を提供するように設計すること。活動プログラムには、モンゴル人民共和国、同国の歴史や経済に関する研究、モンゴルの現在の状況を解明する諸問題に関する材料を含むこと。

(C) イルクーツクにおけるモンゴルコースの定員を五〇名とする。その課題は、二年間でソ連のテフニクムあるいはラブファクに入学できるようにモンゴル人学生を教育すること。

(D) 下部の党活動家養成をモンゴル国内で行うことにして、クートヴェに付属した地方《フードン》の活動家のためのコースは解体。そのためにウランバートルにある党学校を再編し、その教員団を増強。

（E）クートヴェのモンゴル部で学ぶ学生定員を五〇名とする。クートヴェのモンゴル部を、アイマクレベルの党活動家を三年で養成するという基本方針に従って刷新。クートヴェにはモンゴルで一年間の準備コースを受講し、モンゴル人民革命党中央委員会が選抜したその党員だけを受け入れる。学習期間中、クートヴェの学生は少なくとも一〜二回はモンゴルへの夏季の生産実習に派遣されねばならず、この実習活動は地方における活動のために利用されねばならない。クートヴェのモンゴル部のプログラムは、具体的な科目を増やし、学生の普通教育を強化することで余計な科目を減らすこと。クートヴェにおけるモンゴル幹部の養成、教育は、最近のコミンテルン執行委員会および党中央委員会の指示に基づき、モンゴル人民革命党が解決すべき政治的課題と完全に一致して行うこと。モンゴルにおける実践的活動においてモンゴル人民共和国が直面する課題に対する無理解を示した同志は、モンゴル人学生の指導からは外すこと。

（F）レニングラードにあるソヴィエト東方諸民族ラブファクのモンゴル部は解体するが、そこで学ぶ学生はイルクーツク或いはヴェルフネウディンスクのラブファクへ移管。

（G）ソ連の高等教育機関、高等技術教育機関、ラブファク、テフニクムでは今後、原則として、ヴェルフネウディンスクのラブファク或いはイルクーツクのコースを修了したモンゴル人を受け入れる。

（H）モンゴル人民革命党やレヴソモルのメンバーが学習しているソ連のモンゴル人教育機関では、モンゴル人民革命党中央委員会の指導のもとに活動する、同党やレヴソモルの細胞を組織する。これらの細胞が行うべき課題は、モンゴル人学生の間で行う政治・啓蒙活動、モンゴル人民革命党および政府の基本的決定の周知、モンゴル人学生の労働規律向上に向けた教育機関事務部の支援である。

（I）ヴェルフネウディンスク、イルクーツク、クートヴェおよび特別の教育機関で学ぶモンゴル人には設備の整った寮、制服、食事を提供。

（J）ソ連で学ぶモンゴル人学生全員の経費は、モンゴル人民共和国に対する長期借款として、ロシア共和国教育人民委員部の資金で賄われるが、教育人民委員部参事会メンバーの一人には、ソ連におけるモンゴル人幹部養成の指揮監督と彼らに対する供給について個人的な責任を負わせる。

（K）健康面で問題なく、学業を修める用意が十分整い、政治的にも問題ないモンゴル人を、ソ連での学習のために正しく選抜できるようソ連全権代表部に促す。

（L）医者の民族幹部養成を加速するため、医学テフニクムを一九三三年に修了するモンゴル人の中から二〇名を医学部に移す。ロシア共和国保健人民委員部は、彼らの奨学金としかるべき場所を高等教育機関に確保。

（M）ソ連農業人民委員部は、畜産業と畜産物加工の合理的な方法をモンゴル人に教育するため、ヴェルフネウディンスクに大きくない農業経済学校（ラブファクタイプ）を開校すること。その卒業生がソ連の畜産テフニクムに入学できるように、この学校のプログラムをモンゴル経済の最重要の必要性に合致させる。

X　モンゴル人民共和国に居住するソ連住民に対する文化的サービス

（1）モンゴル人民共和国内のソ連の学校を後援するという党中央委員会の委任を、ロシア共和国教育人民委員部は実行していない。

（2）モンゴル人民共和国に派遣されているソ連人職員とその家族、特にモンゴルの辺境にいる人々に対する文化的サービスに特別に関心を払う。教官や専門家の子弟には、特別の寄宿舎を建設し、しかるべき資金を提供することでウランバートルにおける学習を保証。

（3）教育人民委員部にはモンゴル人民共和国における現存のソ連の学校網を二〇校、一三八〇人分拡大し、このうち七年制学校一校と第一水準の学校一校はウランバートルに、一八の学校はソ連人住民が居住するモンゴル各地に開設。特にロシア人農民が居住する村落でクラブがないところには読書小屋 **изба-читальня** を組織する。モンゴルでの恒常的活動のため移動映画を二班編成して送る。

（4）学校網、読書小屋、移動映画の組織に関わる臨時の費用として、一九三二年の教育人民委員部の予算に五万五〇〇〇ルーブルを支出。

（5）ソ連の学校への補助金、モンゴルにおけるソ連人居住地における文化的サービスのため、教育人民委員部の予算に、年間一五万ルーブルの規模の補助金を含める。

（6）教育人民委員部は一か月をかけて全権代表部の申請に従って九人の教育専門家を選抜し、モンゴルに派遣。

（7）モンゴル小委にはモンゴル国内における幹部養成に関する政治啓蒙、教育活動の形式、手法と関連したあらゆる問題を個別に検討し、解決すること。

XI　一九三三年のソ連からモンゴルへの商品輸送プランについて

（1）ソ連の工業組織によるモンゴルへの輸出商品の発送に関する一九三三年のプランを基本的に承認。

（2）供給人民委員部、重工業人民委員部、軽工業人民委員部、フセコプロムソヴィエトは、外国貿易人民委員部との合意のもとに定められた期限内に、リストに従った商品を発送すること。

（3）軽工業人民委員部、重工業人民委員部は、モンゴルへの商品輸出プラン実行のために必要な産業協同組合への原料の供給を保証。

（4）供給人民委員部、重工業人民委員部、軽工業人民委員部、フセコプロムソヴィエト、外国貿易人民委員部は、一九三三年の第一、第二四半期には年間プランの少なくとも六五％の商品がモンゴルに発送されるようにすること。

（5）モンゴルへの商品発送プランの実行に責任を負うのは供給人民委員部のウハーノフ、軽工業人民委員部のフシュマン[216]、重工業人民委員部のピャタコフ、産業協同組合についてはフセコプロムソヴィエトの議長ヴァシレフスキー Василевский とする。

XII　モンゴル人民共和国に対する長期借款の供与について。一九三三年のモンゴル軍の維持費に等しい額の、モンゴル人民共和国に対する長期の無利子借款を供与する。一九三四年より八年間、毎年同額を返済することとする。外務人民委員部はこの借款について、モンゴル人民共和国政府としかるべき協定を締結すること。

以上が、政治局決定のすべての内容である。この決定に従い同日、エリアヴァ、ウハーノフ、ミハイル・カガノーヴィチ（政治局員ラーザリ・カガノーヴィチの兄）、エリョーミン（ソ連軽工業人民委員代理）からなる委員会には、一九三三年のモンゴルへの商品輸送と販売価格の最終的なプランを三日間で検討して提出するよう指示が出された[217]。最終的に政治局はこの委員会のプランを一一月一三日に採択しエリアヴァ、スワニッゼその他には、近くモンゴルへ出張するよう指示した[218]。採択されたプランには工業製品、石油、金属など重工業人民委員部関係で三八品目（七三七万ルーブル）、穀物、たばこ、飲料など供給人民委員部関係で三三品目（一四三六・七万ルーブル）、繊維、石鹼など軽工業人民委員部関係で三九品目（二七三二・七五万ルーブル）、衣服、靴など工業共同組合関係で一一品目（三九二・二万ルーブル）について、それぞれ数量と金額が列挙されている[219]。

第Ⅰ項目はモンゴルの主要産業たる畜産業の重要性を改めて強調し、草刈りの拡大とハシャンの設置を品種改良や獣医サービスの強化とともに実施して家畜の増産を目指し、左派政権下で行われてきた集団化については、最も単純な統合形態を推奨している点に牧民たちの反発への対応を見ることができる。第Ⅱ項目では支出の大幅削減と安定した収入の確保を図っているが、今後借款が大きな問題となる。一九三一年二月段階の交通人民委員部による輸送費の分析を紹介した通り、第Ⅲ項目は陸上交通の莫大な費用を避けるべく、水運利用にかなりの力点を置いていることがわかるであろう。第Ⅳ項目はモンゴルの主要産業たる畜産業を基盤とした工業の発展を目指す一方で、必要のない事業を当面凍結していることがわかる。洗毛工場、映画、資源探索だけは残された。モンゴル住民の日用品の品不足が痛感されていたことから熟練した手工業者の養成を目指す一方で、中国人手工業者の力も借りざるをえなかったことがわかる。第Ⅵ項目の貿易については、商品不足を避けるべく商品の備蓄を重要視していた。モンゴル人商人が少ないのでここでも中国人をあてにしていた。両国間の無線や航空機による連絡も図られた（第Ⅶ項目）。第Ⅷ項目にある通り、ソ連からモンゴルに派遣される指導者には知識や経験を求めていたことがわかる。それまでの教官や顧問の中に不適切な人材がいたことの結果かもしれないが、有用な人材を派遣すべくそれなりの便宜をはかる必要があった。第Ⅸ項目には、特にモンゴル人幹部の養成についてモンゴル国内とソ連のふたつに分けて詳細に定めている。この時期の留学生でその後、チョイバルサンの後継者としてモンゴルの指導者となるツェデンバルが代表的だろう。彼はモンゴルの小学校を卒業後、一九三〇年にイルクーツクへ留学し、イルクーツク国立大学に付設された二年間の準備コースを卒業、一九三二年シベリア財政経済大学のラブファクに入り、一九三三年ウラン・ウデのモンゴル・ラブファクに移ったが、一九三四年に、「モンゴル・タナ・トゥヴァ幹部担当ロシア共和国教育人民委員部全権代表部」により、シベリア財政経済大学に入学した。論文をロシア語で書き、それをモンゴル語に訳していたことで有名だった。卒業時にソ連財務人民委員と面会しており、将来を嘱望されたソ連に近い幹部としてモンゴルに戻った。教師を経て一九三九年に財務次官から財務大臣に就任するとともに、モンゴル商工銀行の取締役会議議長も兼務した。[220] 第Ⅹ項目に掲げられたソ連の学校だが、一九三三年二月二一日、政治局はモンゴル、新疆、ペルシャにおける学校の維持やその他の文化的方策に二〇万二〇〇〇ルーブルを現地通貨で、外務人民委員部には一四万五〇〇〇ルーブルを支出するとのソ連人民委員会議の布告草案を承認した。[221] モンゴルだけの数字ではないので、このうちどれだけが割り当てられたのかは不明である。

膨れ上がった予算を引き締めて半分にし、商品流通の増大を目指すという過激な政策は肯定的な結果をもたらした。一九三三年一月一日に二二二四万トゥグリクが流通していたが、三年後には商品流通が増大したにもかかわらず二〇一六万トゥグリクまで削減された。[222]

この一九三二年一一月一日の詳細な政治局決定に基づき、同年一二月五日人民委員会議は、財務人民委員部がモンゴルに対してソ連が提供してきたあらゆる借款を長期的な借款に一本化する切り替えを行う他、借款に商品的な性格を賦与すべく、計画以上に四〇〇万ルーブル相当の日用品を外国貿易人民委員部、軽工業人民委員部、供給人民委員部が一年を通じて供給することや、モンゴル銀行へのモンツェンコープの負債一七〇〇万トゥグリクに対する救済措置を施すこと、一九三三年にモンゴル軍を維持するのと同様の金額を一九三四年から八年間で償還する長期無利子借款として行うことなどについて布告を採択した。[223] 一九三二年一二月二七日にはモンゴルに

おける卸取引に従事する蒙ソ株式会社「モングソヴブネル Монгсовбунер」の設置が決められた。(224)

一九三二年春にモンゴルで拡大した反乱によりスターリン指導部はそれまでの対モンゴル政策を真剣に再検討せざるをえなかった。それが先に紹介した一一月一日の長大な決定である。このように一九三二年末から本格的な対策が講じられつつあった矢先の一九三三年初頭、関東軍が二月半ばに熱河省攻略を河北と内蒙古に向かうふたつの作戦によって開始したことは、改めてモスクワを刺激することになる。前年八月エリアヴァが、ラマ僧が日本人による蜂起への支援を行っていると噂を流していること、日本人が熱河や内モンゴルに接近すると、彼らの活動も活発になる傾向があると報告書に記していたことも当然想起されていたに違いない。(225)

一九三三年二月二二日の決議は、政治局がまさに軍事的な輸送に着手したことをよく示している。(226)

（1）陸海軍事人民委員部は、ヴェルフネウディンスク方面は一〇〇台、ボルジャ方面では二〇台の車からなるふたつの自動車部隊に、労農赤軍から指揮官および運転手を割り当て、ソヴモングトゥヴトルグがヴェルフネウディンスクとボルジャ駅から国境の積み替え地点まで、モンゴルへの緊急貨物を輸送するのに協力（期間は三月一日から四月一五日まで）。このスタッフ維持の全費用はソヴモングトゥヴトルグが負担。

（2）重工業人民委員部は、トラックAMO－3を外国貿易人民委員部から六五台、人民委員会議の予備から三五台、陸海軍事人民委員部のために至急引き渡すこと。後者はすぐに軍事輸送 военная графика によりヴェルフネウディンスク、ボルジャ駅へそれらを運び込むこと。

（3）ソヴモングトゥヴトルグは、ヴェルフネウディンスク＝キャフタ、ビイスク＝オングダイ、クルトゥク＝クィレン、ボルジャ＝ソロヴィヨフスク間の幹線道路で故障中の現存のトラック団を遅くとも三月二〇日までに修理すること。セレブリャコフは個人責任でトラック部品や修理工場のための追加設備に対するソヴモングトゥヴトルグの注文に完全に応えること。

（4）重工業人民委員部はヴェルフネウディンスク、ボルジャで自動車に必要な量の燃料、潤滑油を陸海軍事人民委員部に至急手配すること。

（5）輸送、貨物の順番の決定、鉄道の最終駅と積み替え地点における適時の積み込み、積み下ろし、これらの全般的な指揮を、ソヴモングトゥヴトルグの議長ゴルドンに課す。労農赤軍より輸送の際に配置されるスタッフを指揮するため、ソ連革命軍事会議の判断でゴルドンの補佐役を任命する、以上である。[227]

ちなみにその働きによってゴルドンはモンゴル政府により叙勲されたようだが、ヴォロシーロフは一九三三年末のモンゴル代表団との会談の中で彼の働きに対する不満を表明、モンゴル側が授与したため勲章を剥奪できないと嘆いている。[228] 続く二月二七日には、それまでの計画を変更し、セレンガ川での輸送に利用するため、重工業人民委員部が水運人民委員部のために建造していたタグボート二隻、また建造が終了しレナ川（ヴォストコゾロトВостокозолото＝シベリアで金採掘に従事する組織）に送られる予定だったタグボート二隻を移すことを決定している。[229] その後四月二三日に、セレンガ川のための二隻のタグボート蒸気船を重工業人民委員部から水運人民委員部に引き渡す人民委員会議の布告が政治局で承認された。[230] このように陸上、河川を利用した輸送改善策には、緊急的な意図が明らかに見て取れるだろう。三月八日の政治局会議は、モンゴル小委員会が提出したモンゴルに関する決定を承認し、アンティポフをこの小委メンバーに加えてモンゴル問題に関する政治局決定の執行状況を監視させることとし、カルマノヴィチもメンバーに加えた。そしてこのモンゴル小委員会がモンゴルの国防に取り組むことを決定した。[231]

政治局で承認されたモンゴル小委の決定は、（1）商品供給（2）価格政策とトゥグリクの強化（3）商品流通網（4）モンゴル人民革命軍への支援（5）モンゴル人民革命軍の軍幹部の養成（6）クレジット政策、以上の六項目からなる。それぞれの内容を要約すると次の通りとなる。

（1）労働国防会議付属輸送委員会より一九三三年第一、第二四半期に毎日四〇貨車を提供されるソヴモングトゥヴトルグは、関連人民委員部のモンゴルへの輸送のためにこの貨車を提供。交通人民委員部は政治局の決定を実行すべく、モンゴルへ向かう貨物を軍事貨物と同等に「軍事輸送」で送り、モンゴル向けの商品には協定に基づく禁止措置 конвенционное запрещение を適用しないこと。外国貿易人民委員部にはヴェルフネウディンスク街道の自動車隊復興のため、部品（「プラハ」ブランドの自動車用）の購入費用三万米ドルをソヴモングトゥヴトルグに割り当て、輸送労働者、運転手、御者に配給すべくソヴモングトゥヴトルグの基地から食料、工業製品（小麦粉二〇〇トン、貨車で砂糖二台、繊維製品二台、巻きたばこ一台、茶一〇〇籠を限度に）を割り当てることも許可。厳しい規律を維持すべく、モンゴル諸街道には政治部を設置し、すべての輸送労働者を軍事化されたものとみなす。輸送労働者に制服一式、食料を供給すべく供給人民委員部は外国貿易人民委員部のために特別の基金を割り当てること。モンゴル諸街道で輸出に携わる労働者は、遠隔地の労働者と同等とする［すなわちそれだけ手当を増額］。ピャタコフ（重工業人民委員部）、フォーミン（水運人民委員部）は、一九三三年の航行までにセレンガ、オルホン川、コソゴル湖での船舶航行の組織化を行うとの一九三二年一一月一日の政治局決定の実行状況と、正確な作業完了日を五日以内に政治局に報告すること。モンゴル諸街道とモンゴルへ自動車輸送の円滑化のためドゥガノフ（ツードルトランス）、シゴフ（ソユーズトランス）、ノデリ（外国貿易人民委員部）を至急派遣すること。以上を決めた。

（2）約八〇〇～一〇〇〇万の余分なトゥグリクを流通から回収するための方策として、中国で購入した商品（八〇～九〇万ルーブル）を平均で四〇〇％値上げして販売（三五〇～四〇〇万トゥグリクの売り上げ）。職員・労働者の賃金を平均五％削減（一五〇万トゥグリク）。巻きたばこ、茶、砂糖の消費税引き上げ（六〇〇万トゥグリク）。以上をモンゴル政府に提案。商品をソヴモンブネルの倉庫から個人商人や仲買人に放出する際には、一定量の原料（定められた卸受け入れ価格に基づいた相応価格分）を彼らが供出することを条件とする。

（3）卸取引について、事務管理費を五〇％削減するとの政治局の決定が完全には実行されていないとして、オフティンには遅くとも四月一日までに実行状況を報告させ、卸業者の事務管理費を取引高の四％に限定することを決めた。小売りについては事務管理費が取引高の一二％内にとどまっているところでのみ、協同組合の末端組織を維持すること。その他の末端組織は商品販売や調達に関して、固定された一定の委託販売手数料に依拠してリスクを取る仕事へと移行させる。私的商業については現金決済による商品の販売、調達で私的事業者を活用し、十分な担保がある場合にはモンゴル銀行や商業機関が私的事業者にクレジットで商品を販売することも認め、委託方式で私的事業者を通じて商品を販売することも許した。輸送については、自動車による貨物輸送料金を一トン・キロメートル当たり、現行の五六・七コペイカから四〇％引き下げて三四コペイカとし、モンゴルトランスはクライアントからつけではなく、現金で支払いを受けること、ソヴモングトゥヴトルグが積み替え地点まで送ったモンゴル軍向け物資は、軍の自動車輸送を利用するのが望ましい、とした。

（4）モンゴル軍維持のための八〇〇万ルーブルの借款の内訳は、食料、燃料等約三三五万ルーブル、日用品約四六五万ルーブル、軍備、装備等約四四五万ルーブル計約一二四五万ルーブルで、この額が輸出価格に換算して八〇〇万ルーブルとなる［ソ連とモンゴル間の貿易で用いられた金ルーブルが、ソ連国内のルーブルの約一・五六倍の価値があったことを示す］。食料、燃料、日用品等が販売されるまで三か月間、モンゴル銀行がモンゴル軍に前金を渡すこと。

（5）モンゴル人民赤軍統合軍事学校 объединенное военное училище МНКА の人員を七〇〇人まで増やし［それまでの規模については記述がないので不明］、年内に必要な施設を建設することをモンゴル軍に提案、陸海軍事人民委員部は一九三三年に二〇〇人以内のモンゴルの軍学校生徒を、労農赤軍の軍事技術系の学校に受け入れること。

（6）卸業者に対するクレジットをすぐに停止。銀行が限度額を設定する根拠となる財政プランを提出して初めて各組織はクレジットを申請できる。組織間の決済はモンゴル銀行が行うこととし、そのためにあらゆる組織の資金はモンゴル銀行の同組織の決算口座へと入金され、そこからあらゆる支出が行われ、債務も支払われる。決算文書は小切手、手形、為替手形、引き受け勘定書であること。予算で賄われる機関や大規模建設への銀行の融資は禁止。以上である。[232]

さらに五月一〇日に政治局は、国境からモンゴル内部への物資の移送のために、二か月の期限で、キャフタ街道およびボルジャ街道で働いているソヴモングトゥヴトルグの自動車輸送隊を運転手スタッフとともにモンゴルへ投入することも許可した。[233] 三月八日、五月一〇日の決定にもあるが、この時期のモンゴル国内に登録されていた自動車の数は、一九三三年四月一日現在のデータによれば、トラック五五六台、軽自動車三八九台で、計九四五台だった（うちモンゴルトランスの所有がそれぞれ三三四台、三〇台の計三六四台で、他の車は様々な組織に属していた）。ただし登録はされているものの、部品の不足、質の高い修理業者の不足のため稼働率は五〇％を切るという状況だった。[234]

満洲事変のあと、ソ連は極東への大々的な物資輸送を行っていたが、モンゴル宛の物資もそれと同様に、軍需物資並みに行うことになった。極東では、ザバイカル、ウスリー鉄道での輸送状況が改善されなかったため、一九三二年末に政治部を設置したうえで輸送に従事する労働者を軍事化するという対策が取られていたが、[235] 以上の決定からモンゴルへの輸送従事者にもそれを適用したことがわかる。余分なトゥグリクの流通阻止、モンゴル銀行を通じた貨幣の流れの把握、輸送費の削減と商品流通の拡大、モンゴル軍への食糧や装備の提供、軍人の教育にも力を入れていることがわかる。これを受けて三月二六日、カラハンはオフティンに、ウルガの軍事学校の定員を七〇〇人に増員する決定と関連し、収容施設を同年中に拡充する必要があること、労農赤軍の技術系軍学校へモンゴル人学生二〇〇人を派遣することが可能だと伝えた。[236] 時間が少しだけさかのぼるが、モンゴルにおける無線通信網の拡大に関してソ蒙両国の協定が締結されたのは、一九三三年二月九日であった。[237] 両国間の電信連絡に関する協定（一九三〇年五月二〇日に締結）が、一九三三年七月一七日、無期限に延長された。[238] この熱河省占領後も、関東軍は内モンゴルへの進出を進めるべく特務機関網を拡充していった。関東軍はこの地域に進出するために内モンゴルの自治運動を進めていた徳王（シリンゴル盟副盟長、スニト右旗＝カルガンとウランバートルの中間に位置する交通の要衝）を利用した。この動向について日本では研究が進みつつあるが、[239] モンゴル国境の南東部におけるこのような活動をソ連も注視していたに違いない。

六　モンゴル小委員会の活動

この時期に政治局の下でモンゴル小委はどのように活動していたのか。一九三三年三月二八日の会議を例に取ってみることにする。

三月二六日、陸海軍事人民委員部よりカガノーヴィチ、エリアヴァ、ピャトニツキー、アンティポフ、カルマノヴィチ、ベルジンに「ヴォロシーロフの命令により、彼の執務室（フルンゼ通り、ソ連革命軍事会議第一入口）で三月二八日一二時にモンゴル小委の会議を開催」との通知があり、次の五項目を議題として掲げた。①軍事問題（ベルジンの報告、労農赤軍参謀長エゴーロフを招聘）、②政治問題（a）オフティンへの政治書簡の承認（草案は三月二〇日にエリアヴァが送付）、（b）モンゴルのレヴソモルに関する青年インターナショナルの決定の承認（草案をピャトニツキー、カラハンが送付）、（c）モンゴルの大会招集について（エリアヴァ）、（d）モンゴル人民革命党中央委員会とレヴソモル中央委員会への教官の任命について（カラハン、ピャトニツキー）、③タナ・トゥヴァに関するカラハンの提案（資料は三月二一日にカラハンが送付）、④モンゴル人民共和国における地質調査活動と資源採掘についてのピャタコフの提案（資料を送付済み、ピャタコフと外務人民委員部のリトヴィノフを招聘）、⑤ヴェルフネウディンスクにおけるパイプライン設置、セレンガ川における石油輸送船建造等についてのエリアヴァの覚書（送付済み、エフニとリャボヴォルを招聘[240]）。

モスクワのフルンゼ通りの名称はソ連崩壊後、元のズナメンカ通りに戻ったが、一九二五年に死去した前陸海軍事人民委員フルンゼを記念して名付けられた。この通りにあったアレクサンドロフ軍学校の建物を、革命後に革命軍事会議が接収して使っていた（その後国防人民委員部、現在は国防省）。議題は多岐にわたり、事前に参考資料が参加者に送付され、特別な議題に関しては専門家を招聘して議論していたことがわかる。モンゴル国内ではない、ヴェルフネウディンスクやトゥヴァに関しても議論していたことから、担っていた事業は幅広い。スターリンはモンゴル小委に選ばれてはいたものの、参加の形跡はなく、おそらくはヴォロシーロフを通じて議論を確認していたものと推測される。

そして実際に三月二八日にモンゴル小委の会議が開かれた。議事録に名前のある出席者はヴォロシーロフ、エリアヴァ、カラハン、ピャトニツキー、カルマノヴィチ、アンティポフ、ベルジンが本来のメンバーでその他にガマルニク、エゴーロフ、スワニッゼ、エフニ、リャボヴォル、ペトロフスキー、リトヴィノフ（重工業人民委員部）、ピンスキー Пинский（ソヴモングトゥヴトルグ）である。上記のようにモンゴル小委の参加者に日時と議論するテーマについて事前に通知していたわけだが、当日の議論で、どのような決定がなされたのか見てみることにしよう。

（1）モンゴル防衛の諸問題について。すでに今年現実的となったモンゴルへのバルガ、チャハルからの巨大な破壊活動の危険性がますます高まっていることを考慮し、以下の点から政治局に問題提起することが必要である。（A）一九三三年春と夏にモンゴル軍の人数を八〇〇〇人から一万二〇〇〇人に増やすこと、（B）モンゴル軍の動員需要を完全に保証できる水準まで、モンゴル軍のための物資の備蓄を増加させるが、その備蓄はソ連領内に保管する。基本的な作戦行動を可能にするよう、航空測量を利用しながらモンゴル領内で測量活動を継続することが不可欠である。

（2）モンゴル駐在全権代表への書簡について。文面の修正を施すとともに、モンゴル人民革命党大会を一九三三年七月に延期し、二、三の最重要の問題の審議に限定。

（3）モンゴル人民革命党のプログラムについて。ピャトニツキー、エリアヴァ、カラハンからなるトロイカには、モンゴルの新たな政治的路線から生じる修正を施し、四月一五日までに小委の承認を受けること。

（4）モンゴルのレヴソモルに関する青年インターナショナルの決定について。同じトロイカには、交換意見をもとに決定草案の策定を委任。青年インターナショナルの決定を説明し、レヴソモル中央委員会にはそれを実行に移す作業の円滑化を支援すべく、三か月間、その全権スィソーエフ Сысоев を派遣するが、彼はモンゴルへの中央委員会全権の指示に従うこと。

（5）党中央委員会、レヴソモルへの教官の派遣について。モンゴル人民革命党中央委員会、レヴソモル中央委員会に一人ずつ、これらの機関の組織活動の円滑化を支援すべく派遣する。両者はモンゴルへの中央委員会全権の指揮下に置く。

（6）モンゴルにおける教官やその他のソ連の職員について。（A）適切な質の高い人材確保の面でも、モンゴル側から要請のあった作業の実行を管理する上でも、現在の選抜方法は不十分と判断。中央委員会には人事を担当する組織人員配置局に、モンゴルへの軍人を除く人材選抜を担う責任者一人を任命するよう要請。選抜された人物は先のトロイカが承認に責任。このトロイカは最短期間でモンゴルにおけるソ連の顧問、教官の物的・日常的サービス（ソ連に残る職員家族の扶養、治療、休暇等）に関する具体的方策を検討。（B）六月一日までにソ連教官を五〇％削減するとの一九三二年一一月一日の政治局決定を完全に履行することが絶対に必要だとオフティンに念押し。（C）モンゴルでの労働条件に不適切なソ連職員全員をソ連に戻すようオフティンに指示。（D）モンゴルのソ連コロニーにおける党組織の人数が多いことを考慮し、党中央委員会には現地の専任書記を任命するよう要請。(241)

（7）モンゴルにおける地質調査活動と資源利用について。政治局に次の布告草案を上程。（A）一九三二年一二月五日のソ連人民委員会議布告を発展させ、ソ連財務人民委員部は一九三三年のモンゴルにおける地質調査活動に六一・五万ルーブルをモンゴル通貨で支出、ソ連重工業人民委員部は七七・三万ルーブルを支出。（B）モンゴル地質調査遠征隊長リトヴィノフ **Литвинов Т. Т.** は遅くとも六月一日までに宝石に関する地質調査活動と、その産地におけるついでの開発を組織すること。重工業人民委員部と交通人民委員部は四月二〇日までにこの遠征隊に設備を送付。ソ連重工業人民委員部（ソユーズゲオラズヴェトカ［全連邦地質調査合同］、グラヴツヴェトメトゾロト［非鉄金属・金プラチナ産業総局］）は遅くとも四月一五日までにモンゴルへ技術委員会（二名）を、リトヴィノフとともに金産地の利用プランを作るために派遣。(242)

（1）は、やはり関東軍の動きがモンゴルへの緊急的な動員、軍事的な輸送に着手させたことを裏づけている。人民革命党大会の日程延期やレヴソモルに対する青年インターの決定等についてもここで原案が練られていた。

このような事前調整を経たのち、政治局は一九三三年四月二三日、モンゴルに関連した諸問題、すなわち①モンゴルにおける地質調査活動および、天然資源の開発について。②石油タンクの建設について。③モンゴルのための活動家について。④党中央委員会全権代表への指示について。⑤レヴソモルへの指示について。以上について最終的な解決を、スターリン、モロトフ、ヴォロシーロフ、ローゼンゴリツ、カラハンからなる小委員会に委ねると決定した。(243) 議題を見ると、三月二八日のモンゴル委員会での審議と重なっていることがわかる。

一九三三年四月二三日、政治局は同年の東方諸国との輸出入プランを採択した。(244) そのうちモンゴルについては、輸入を三六八八万五〇〇〇ルーブル、輸出を四一五二万三〇〇〇ルーブルとした。第三国における商品の購入額を三三〇万ルーブルとし、外貨による支出を二〇〇万ルーブルと定めた（これには一九三二年から持ち越された四五万ルーブルの未払い分を含む）。トゥグリク通貨については、貿易による収入が五〇九〇万七〇〇〇ルーブル、支出が四一八九万四〇〇〇ルーブル、貿易外のやり取りでは収入が一〇万三〇〇〇ルーブル、支出が九二八万五〇〇〇ルーブルとなっていた。

これに続いて五月一八日には、モンゴル小委員会の決定草案が政治局で承認されたが、(245) 決定は以下の四項目、すなわち、（1）モンゴルへの商品輸送、（2）モンゴル内部の問題、（3）特にその中の、ソ連におけるモンゴル人幹部養成問題、（4）組織問題に大きく分かれていた。

（1）モンゴルへの商品輸送

（A）一九三二年九月一日の党決定を補い、一九三三年第三四半期末までに年間プランに基づく全商品と一九三二年の未発送商品を積み替え地点まで送付（エリアヴァに責任）。

（B）一九三三年三月一日の党決定の遂行の個人的責任をアンドレーエフ［交通人民委員］に負わせる。モンゴル向け商品輸送のため六月に一五〇〇貨車を用意。

（C）三日以内にAMOのトラック一七五台をモンゴル諸街道に配備（責任者はオルジョニキッゼ）。財務人民委員部のグリニコは重工業人民委員部への支払いを担当。

（D）エリアヴァ、セレブリャコフは一か月以内にチュイ、クルトゥク、ボルジャ街道で自動車修理部隊を形成、ヴェルフネウディンスクにはキャフタ道路で活動する自動車輸送へのサービスのため修理工場を設置。

（E）オゲペウのヤゴダは、四つのモンゴル諸街道、セレンガ川で、自動車輸送の適時かつ不断の作業、貨物の保管を監視。そのための特別要員を割り当て。

（F）ツードルトランス（セレブリャコフの個人的責任）は、モンゴル諸街道に秩序をもたらすとの一九三二年五月二九日の政治局決定の実行に関して、断固たる措置を取ること。

（G）水運人民委員部（フォーミンの個人的責任）は、一九三三年のセレンガ、オルホン川、コソゴル湖における河川輸送についての一九三二年一一月一日の政治局決定を実行すべく、断固たる措置を取ること。同時に同人民委員部は一九三三年中、四万九〇〇〇トンの貨物（うち九〇〇〇トンは石油製品）を送付。

（H）一九三三年のモンゴルのための第三国における輸入割当量を二五〇万ルーブルとする。

（I）重工業人民委員部（責任者はピャタコフ）は、石油タンク［内容から инстиляция をこう訳した］建設のため金属、設備の積み込みに責任を持つこと（金属は六月一五日、ボイラーは八月初めまで）。水運人民委員部（ヤンソンの責任）は一九三三年の航行までモイカに水上液体移送機を設置すること。財務人民委員部はモイカの倉庫建設、モンゴルの他の地点の石油タンク建設の完了に九二万五六〇〇トゥグリク、二八万六六〇〇チェルヴォンヌィ・ルーブル［一チェルヴォンヌィ・ルーブル＝チェルヴォーネツは一〇ルーブルに相当する銀行券］、この他に一九三二年の計画に基づくこの建設終了に二〇万二三〇〇ルーブルを支出。[246]

（2）モンゴル内部の問題

（A）一九三三年のモンゴルからソ連への家畜輸入を牛六万頭、ゾー［ヤクと牛の交配品種］五〇〇〇頭、羊六〇万頭、ヤギ五万頭、馬一万五〇〇〇頭とする。

（B）一か月半以内にモンゴルトランスにAMOの新トラック一五〇台を補充。モンゴルとの清算はエリアヴァが実行。

（C）重工業人民委員部（責任者はギンズブルグ）はコンビナート建設の継続作業に至急着手し、一九三四年三月の完了をめざし必要な技術系スタッフ、不足している設備を確保。財務人民委員部は建設完了のため一五〇万ルーブルをソ連通貨で支出。モンゴル政府にも協力を要請。

（3）ソ連におけるモンゴル人幹部養成問題——一九三二年一一月一日の政治局決定に追加

（A）ロシア共和国教育人民委員部は、ヴェルフネウディンスクのモンゴル・ラブファク[247]を維持し、モンゴル人に対する普通教育の基本的な基地とみなす。

（B）モンゴル人の中等、高等教育の基本的基地をイルクーツクとする。

（C）東シベリアにおけるモンゴル人教育の指導、監視のため、ロシア共和国教育人民委員部は二人の全権をイルクーツクに常駐させる。この全権には、ソ連の駐モンゴル全権代表を通じてモンゴルの教育省と連絡を取る権限を付与。

（D）ヴェルフネウディンスクのラブファクで学ぶモンゴル人の定員を二五〇人とし（一九三四年秋からの毎年の受け入れは七五人）、準備コース七五人、一年生六五～七〇人、二年生六〇～六五人、三、四年生各二五人をおおよその目安とする。毎年、二年修了時に三〇～三五人をテフニクムへ送る。

（E）教育人民委員部は外務人民委員部とともに、ヴェルフネウディンスクのラブファクへのモンゴル人派遣の規定、条件、ラブファクからソ連の中等、高等教育機関への進学規定を制定。モンゴル共和国にとって教育者、畜産獣医、医療関係者の幹部養成が最重要の課題と認識。

（F）中等学校教員の早期養成のため、トロイツコサフスクの教育テフニクムに一九三三年秋、ヴェルフネウディンスクのラブファクの第一回集中コース修了者二〇～二五人でモンゴル部を組織。

（G）ロシア共和国保健人民委員部は、社会的病 социальная болезнь や助産に特に着目し、一九三三年秋からイルクーツクの医療テフニクムに、二〇～二五人のモンゴル部を組織。募集方法、教育プログラムについて外務人民委員部と合意。

（H）ヴェルフネウディンスクにモンゴル人のために小規模農業学校（ラブファクタイプ）を設立するとの一九三二年一一月一日の中央委員会決定を、ソ連農業人民委員部が実行していない。修業年限三年のこの学校を三三年秋より毎年三〇〜三五人を集めて開校。学校はヴェルフネウディンスクのモンゴル・ラブファクに開校し、校長は畜産業の専門家を据え、教室を確保すること。募集方法、教育内容について外務人民委員部、ロシア共和国教育人民委員部と合意すること（責任はヤコヴレフとカラハン）。

（I）モンゴルでの仕事にモンゴル人を準備させるべく、外務人民委員部は教育人民委員部とともに、ヴェルフネウディンスク、イルクーツクのモンゴル人教育施設とモンゴルとの連携を確立（新聞やモンゴル政府・モンゴル人民革命党中央委員会の決定を提供、教師による報告の組織等）。

（J）モンゴルから他の都市へ派遣される学生に奉仕すべく、ヴェルフネウディンスクのモンゴル・ラブファクに通過地点を設置。

（K）モンゴル人学生にはモンゴルでの休暇を三年間で少なくとも一回、往復の移動も含め三か月認めること。外務人民委員部は教育人民委員部とその手続き、毎年の休暇取得者の数について検討。

（L）教育人民委員部と東シベリア地方党委員会は、三〇〇人のモンゴル人学生を収容する校舎、寮をヴェルフネウディンスクに建設。突撃的建設のリストに追加。

（M）ソ連供給人民委員部（責任者ミコヤン）は、東シベリアで学ぶモンゴル人学生に、特に肉を割り増しした割り当て（一人当たり二キロ）による不断の食料、日用必需品の提供を保証。

（N）モンゴル人学生の維持経費は、ロシア共和国教育人民委員部予算から支出。ロシア共和国人民委員会議は一九三三年のモンゴル・ラブファクへの予算を二一万七〇〇〇ルーブル増額。ソ連財務人民委員部は、一九三三年のモンゴル人学生への補助金を支出（農業学校、トロイツコサフスク教育テフニクム、イルクーツク医療テフニクム、イルクーツクの教育人民委員部全権、イルクーツクの各種学校の生徒、等に分けて金額を列挙、計八万四〇〇〇ルーブル)。

(O)ヴェルフネウディンスクのラブファクに、モンゴル人民革命党中央委員会に従属する党およびレヴソモルの細胞を組織するとの、一九三二年一一月一日の政治局決定を確認。東シベリア地方党委はその組織化を保証し、活動を支援。

(P)ロシア共和国教育人民委員部は、モンゴル人学生に対する教育活動の徹底的改善に関して必要な措置を取ること。イルクーツクでは、モンゴル人学生のために、すべての教育施設で赤いコーナー、モンゴル同郷会、モンゴル人民革命党とレヴソモルの統一細胞を組織。

(Q)ソ連の労組へのモンゴル人学生の受け入れは適当でない。

(R)ソ連共産党やコムソモールへのモンゴル人学生の加入認可は例外的措置であるとの党中央委員会の決定を確認。

(S)赤旗勲章を有するモンゴル人八人に、例外的措置として三三三九ルーブルをモンゴル通貨で支払うことを許可。

(4)組織問題

(A)軍、内務保安局、ソ連通貨で給与の二五%を受領しているソ連組織の職員には、三月決定の五%の給与削減を適用しない。

(B)駐モンゴルソ連全権代表部の仕事の多さと課題を考慮し、定員削減を撤回(全権代表部の一五の役職、三つの領事館で九つの役職を維持)。トゥグリクの購買能力低下を考慮し、あらゆる経済的な必要をカバーできるよう必要な規模に全権代表部の予算を引き上げ。

(C)モンゴルにおけるソ連人教官団の指導に関する一九三二年一一月一日の決定に加え、通商代表は、すべての政治的、経済的問題、特にモンゴルの組織(モンツェンコープ)における貿易の指導で、党中委全権(オフティン)に従属することを確認。

(D)ソ連共産党ウランバートル細胞の常任書記を置くことが必要で、それにジーミンを任命。

（E）外務人民委員部には、ハトガルに領事館支部を二人の職員で設置。

そして最後に、カラハンがモンゴル首相ゲンデンにしかるべき注意を払わなかったため、資本主義諸国の代表同様、彼に外貨でホテル代金を支払わせたことを許しがたいことと指摘。ヴォロシーロフがゲンデンにホテルでの支払額を確認し、人民委員会議の予備基金から支払うこと、ゲンデンにはソ連側の不注意が原因で責任者は処罰されると伝達すること、ヴォロシーロフはモンゴル政府メンバーにソ連政府から贈り物を用意し、オフティンとともに発送すること、以上も決めた。[248] ジーミンは一九三一年から三五年にかけてモンゴル人民革命軍の政治部顧問を務めていた。[249]

一九三二年一一月一日の政治局決定でもかなり詳しく定めていたソ連におけるモンゴル人の教育問題について、（3）では一九項目も列挙してまとめている。特徴としては、ヴェルフネウディンスクで普通教育、イルクーツクで中等・高等教育と役割分担を明確化したこと（A）（B）。解体するイルクーツクの分と合わせてヴェルフネウディンスク・ラブファクの定員を五〇人増やしたこと（D）。教育人民委員部からの代表を常駐させ（C）、学生の派遣や進学の決まりを明確化しようとしたこと（E）。ターゲットとする専門家を三つの職種（教員、畜産獣医、医療関係者）に絞り、それぞれの中等教育の推進について具体的に定めていること（F）（G）（H）。卒業後の就職のための連携を強化し（I）、学生の休暇も詳しく定めている（K）のは新しく、寮の規模も三〇〇人収容と明確化して建設を急がせ（L）、食事のノルマも定め（M）、予算も明示し（N）、教育の改善を指示した。この教育問題については、約四か月後の九月二一日開催のモンゴル小委員会において検討された。教育人民委員部のオルヘラシヴィリの報告に基づき、ヴェルフネウディンスク、トロイスコサフスク、イルクーツクで学ぶモンゴル人学生に対する供給、ヴェルフネウディンスクでのモンゴル・ラブファクの建物、寮の建設状況を労農監督人民委員部（担当はグリシン Гришин）に点検させること、教育人民委員部には、同年にモンゴルへの帰省を延期させられたモンゴル人学生の正確な人数を明らかにして委員会に報告するよう指示した。三年間で少なくとも一回三か月間の休暇を認めることになったので、毎年帰省を認めていたわけではないが、帰省を希望する学生の人数を確認して傾向を探る意味もあったのかもしれない。また保健人民委員部には、イルクーツクの医療テフニクムのモンゴル部学生の補充について明らかにし一〇日で報告するよう委ねた。一方でヴェルフネウディンスクに農業学校を開設するという一九三二年一一月、一九三三年五月の決定が実行されていないと断定され、農業人民委員部（担当者ロゴフ Рогов）には至急実行を求めた。[250] このようにモンゴル人学生に対する教育問題は事後的にも実行状況の観察を継続しており、指示を出して終わっただけではない。

一九三三年七月五日には、①モンゴルへの石油製品の供給、②モンゴル諸街道の活動、③河川輸送、④道路建設について政治局が決定した。①については、重工業人民委員部がネフテエクスポルトに対し、チュイ街道のために二〇〇リットル入りドラム缶八〇〇個、トゥンキン街道に五〇〇個を支給送付すること、労働国防会議付属燃料委員会（ロモフ）はソヴモングトゥヴトルグに対し、モンゴル諸街道のために必要な量のガソリンを供給させることになった（右表参照）。

	第３四半期	第４四半期
チュイ街道	938トン	938トン
キャフタ街道	415トン	415トン
トゥンキン街道	55トン	55トン
ボルジャ街道	476トン	476トン
ウーシン街道	62トン	62トン

②については、ヴェルフネウディンスクのソヴモングトゥヴトルグの機械工場への毎月三〇〇トンの石炭供給、ソヴモングトゥヴトルグのための八〇〇個のころ軸受け、六〇〇個のピストンの供給、これまでの協定に従った自動車や運転手の派遣、そのための資金提供、モンゴル諸街道とソヴモングトゥヴトルグが政治部の補充をするための政治要員二五人の選抜と派遣、ジャッキ四〇〇台の送付などを内容としていた。③については、セレンガ川による貨物輸送を拡大すべく荷船の建造、修理を加速させるための現地への専門家派遣、浚渫船の組み立て、ソ連からの輸出物資以外のセレンガ川輸送の禁止と違反者の処罰、セレンガ輸送へのブリャート・モンゴル共和国による協力（党委員会書記エルバノフ Ербанов、共和国人民委員会議議長ドルジエフ Доржиев）、河川輸送従事者への供給確保、両国間の航路の清掃（責任者はフォーミン）などを決めた。④については、ツードルトランス（ペレピョールキン）が早急にキャフタ道路で自動車の通行を可能にし、五日以内に道路の状況と必要な方策を報告す

るよう指示した[251]。

一九三三年七月二一日には第三四半期の輸出入プランに関する外貨委員会の決定を政治局が承認したが、その中でモンゴルについては、輸出が一四〇七万ルーブル（うち五七・二万ルーブルが外国商品）、輸入が一〇七二・九万ルーブル、外貨収入が現地通貨で二一九四・三万ルーブル、外貨支出が現地通貨で一七八八・九万ルーブル、世界通貨で三五万ルーブル、現地通貨による黒字が四〇五・四万ルーブル、世界通貨による赤字が三五万ルーブルであった[252]。

八月二九日には、モンゴルに関する政治局決定に関して各省庁による実行状況をまとめたモンゴル小委員会の報告を政治局が承認した[253]。工業関係（重工業人民委員部、軽工業人民委員部、供給人民委員部）、交通人民委員部は一九三三年前半、モンゴルへの物資の積み出しで満足のいく成果を上げたと評価された。一方で供給面は不十分だと指摘（二四四〇万ルーブルの計画で実行は一一四〇万ルーブル）、水運人民委員部（フォーミン）、ツードルトランス（セレブリャコフ、ペレピョールキン）、ソヴモングトゥヴトルグ（ゴルドン）の責任が指摘された。一〇月一日よりモンゴル諸街道はソヴモングトゥヴトルグを通じて中央からの供給体制に移ることになった。フォーミンには河川輸送が最も効率的に成果を出すよう給与体系を二〇日で再検討するよう指示した。財務人民委員部は二二五万ルーブルを建設、機械購入、モンゴル諸街道における軍事化警備のために五日以内に支出すること、ヤゴダは二〇日以内にモンゴル諸街道、トゥヴァの街道で警備体制を整えることになった。ヤンソン水運人民委員[254]にはモンゴルに関する中央委員会の決定により真剣に取り組むよう指示し、責任者の氏名を列挙し厳しく処罰するよう伝え、セレンガ河川輸送局のスタッフを一か月かけて点検し不適切な職員を排除するよう求めた。外国貿易人民委員部のエリアヴァにも同様に、ソヴモングトゥヴトルグの職員を一か月で点検し、ふさわしくない職員を排除するよう指示した。諸街道における点検は新設の政治部長に委ねた。アンティポフは、党統制委員会およびソ連労農監督人民委員部が、その全権をヴェルフネウディンスクに任命すると報告したが外国貿易人民委員部、水運人民委員部、ツードルトランス、重工業人民委員部、軽工業人民委員部、供給人民委員部はモンゴルに関する中央委員会決定遂行に責任を持つ人物のリストを、三日以内にアンティポフに通知することになった。

本決定を見てもわかる通り、なかなか進展しないモンゴル事業について中央は業を煮やし、この事業に携わる各人民委員部の具体的な役人の名前を挙げて職務怠慢について責任を取らせ、スタッフを再点検して引き締め、改めて命令の忠実な実行を要求したのである。

五月三一日に日中間で塘沽停戦協定が調印され、ソ連当局は関東軍のモンゴル侵攻という事態を当面は心配する必要はなくなったといえるだろう。しかし、満洲と接する極東ソ連地区と同様、モンゴルがソ連にとって戦略的にきわめて重要な地域であったことには変わりはない。その後もモンゴルに対する政策はモンゴル小委員会、政治局でたびたび議論の対象になった。一九三三年六月四日人民委員会議は、前年一二月や一九三三年三月の決定に基づき、八〇〇万ルーブルの借款をモンゴルに供与することを正式に決定している。[255]

この頃、一九三三年八月一日、政治局は東シベリア地方党委書記レオーノフの提案を受け、東シベリアの国境警備部隊を二〇％増員し、東シベリア地方のザバイカル地域の非常体制を極東地方と同等レベルまで引き上げ、オゲペウの全権代表には「過去に外国の白衛活動」と関係を持っていた敵対的分子の根絶、強制移住に関する断固たる方策を取る権限を与えることを決めた。そしてチタと国境地域で西部国境の例にならいパスポート制度を導入した。[256] 満洲国内における関東軍の動きとともに、ザバイカル地域で内戦時代にセミョーノフやウンゲルンらとつながりのあった人々が、満洲国あるいはモンゴルから侵入してくる動きにも警戒を強めていたことがわかる。パスポートを保持していなければ移動できない制度をこの地域に導入することで、人の自由な移動を制限し、ひいては当局にとって好ましくない人物の活動をあらかじめ抑え込むことを狙っていたといえるだろう。

七　レヴソモル活動への介入、借款の一本化、輸送の軍事化

共産党入党前の青年層を組織するソ連のコムソモールにあたるモンゴルの組織がレヴソモル ревсомол（青年革命会議）であるが、モンゴル人民革命党から独立したその活動を憂慮したソ連共産党中央委員会政治局が、モン

ゴル国内における統一した指導を求めて介入している。政治局がプルボの報告に基づき、青年コミンテルン執行委員会 ИККИМ の提案「モンゴルのレヴソモルの活動について」を承認したのは一九三三年九月三日で、青年コミンテルンの全権としてこの決定を説明し、レヴソモル中央委員会の実行を支援すべくスィソーエフを約三か月間派遣することを決定した。[257] 彼はモンゴルへのソ連共産党中央委員会全権代表に従属することになった。[258] この問題については一九三三年三月二八日のモンゴル小委で方針が立てられ、青年コミンテルンの決議案も同委が練っていたことは既述の通りであり、約半年を経て政治局での決定という段取りとなった。ソ連にならった上意下達的なシステム作りを要求しているという点で興味深く、内容を検討してみることにする。

この提案はまず、第二の党になろうとする前衛的傾向、上層部だけでなく、特に地方の政府組織で党に取って代わり、或いは直接干渉する点、宗教との闘争における行政的方法、全面的集団化の実行、レヴソモルの状況や活動に関する青年コミンテルンへの誤った情報伝達などに表れているレヴソモル指導部の許し難い政治的な誤り、「左派的な」行き過ぎを指摘し、その原因を前年のコミンテルンとソ連共産党中委の合同決定同様、モンゴルの特殊な条件（国家の性格規定）を理解せず、またモンゴル人民革命党の指導のもとに動く大衆的、革命的な啓蒙組織であるという自らの役割を理解していないことに求めた。一九三二年の路線転換以降、肯定的な傾向は見られるが、依然として改革は進んでいないとして、具体的な課題を提示している。簡単にまとめると、

（1）国民経済の基本である遊牧的畜産業の改善、発展に向け、個人のイニシアチブに基づいた牧民の大衆運動の高揚、その主導者になること。

（2）革命政権の強化、権威の向上、国内における通商、商品流通の促進、共同組合の強化等におけるあらゆる政治・経済政策の実行において党と政府を助けること。

（3）新しい輸出物品の探求、手工業への参加、輸送において政府と党を援助すること。

（4）裕福な牧民の経済活動を妨げるあらゆる試みと闘う一方、貧・中牧民には税金面での優遇措置、クレジットの供与などの法制を実行、貧しい牧民には雇用労働に関する法律を説明すること。

（5）レヴソモルの教育活動は、牧畜経済の特殊性、牧民の若者の文化水準を厳格に考慮しながら行うこと。活字媒体は表現を工夫して大衆に近づけること。学校の再建に参加すること。メンバーから文盲をなくすことに努力し、他民族たるカザフ、中国人その他の若者の教育活動にも目を向けること。

（6）反宗教闘争における過ちの繰り返しを警告する。主として、自然、人間、動物に関する自然科学的な知識を広範に広めることでこれを実行すること。宗教に対する攻撃を行わずに、チベット医学に対する科学的、ヨーロッパ医学の優位、ラマ僧は治療できないこと、彼らの自然現象についての説明は誤っていることを、具体的な例によって証明すること。

（7）レヴソモルの最も重要な課題は国防力の強化、日中の帝国主義的干渉の脅威からの防衛である。軍の中にレヴソモルの細胞は作らず、党の指導下にひとつにまとめること。各人は自覚、規律の面で軍事においてよき手本であるべきで、各牧民に国防を担わせるため、若者に軍事知識を広めること。

（8）レヴソモルは人数の空虚な数字を追わず、その拡大を注意深く調整すること。形式主義を排除し、生きた指導を行うこと。

（9）近くウランバートル、各アイマクの中心地で政治および全体教育の集まりを組織すること[259]、以上である。

レヴソモルについてはマトヴェーエヴァの著作[260]があるが、時代的制約を受けて有益な情報を得ることができない。ソ連の場合コムソモールはソ連共産党の下部組織として忠実に活動していたが、レヴソモルはチョイバルサンが主導して一九二一年八月設立[261]されて以来、モンゴル人民革命党の下部組織というよりは独立した別の党のような性格を有していた。したがって本決定にある通り、両者間に軋轢があったため、政治局はそれを解消し、ソ連におけるコムソモールのような役割を求めたものと理解される。奇しくも一九三三年三月から治療のためにモスクワを訪れていたチョイバルサンは、モスクワを離れるにあたり九月一三日にヴォロシーロフに宛てて感謝の書簡を認めたが[262]、詳しい動向が不明だと言われているこのモスクワ滞在中にソ連の党指導者と面会し、このレヴソモルの活動についてもこの決定に従うよう促されていた可能性は十分考えられる。[263] この九月三日のレヴソモルに関する決定がなされる直前、八月二八日に政治局は、パリで開催される青年反戦大会へモンゴルのレヴソモルから一人を代表として派遣してもよいと決め、その人物は「モンゴル人民共和国は平和的な息継ぎ期を利用し、成功裏に経済建設を行っているとの平和的発言に限定すべき」とし、レヴソモル中央委員会書記グンスィンを候補者として挙げた。またコミンテルン中央執行委員会には、日本人に占領された内モンゴルからの代表一人も大会へ派遣することを許可した。[264] 平和的な発言とは、ソ連がモンゴルで大々的に行っている様々な動員事業については触れないということを意味しているのだろうか。外部世界に送り出すわけであるから、万が一ソ連に対するモンゴルの否定的な反応が漏れないよう人選には慎重を期したはずである。

前述した通り、一九三二年一一月一日に採択した長大な決定の中で、政治局は「トゥグリクの強化」（第Ⅱ項）と題して、ソ連がモンゴルに供与している借款すべてを単一の長期借款へ切り替えるようソ連財務人民委員部に委ねたが、一九三三年五月二二日、ソ連人民委員会議は布告「モンゴル人民共和国政府に提供されている借款、クレジットの一本化について」を採択した。それに従って交渉した結果、モンゴル政府との協定が締結されたのは同年八月二七日であった。一九三三年一月一日現在、モンゴル政府の債務総額を一四〇〇万トゥグリクと算定、年利二％で毎年一月一日、一九三四年一月一日から一五年かけ、一九四八年一月一日に返済を完了することになった。[265] 一四〇〇万トゥグリクの内訳は次の通りである。

（１）一九二四年一二月二三日の協定に従い、モンゴル通貨の発行と硬貨の鋳造に対して二五万ルーブル、一トゥグリク＝九五コペイカとして二六万三一五八トゥグリク。

（２）これを実際に供与した一九二五年四月から一九三三年一月一日まで七年九か月間、年利四％で計算すると七万七五〇〇ルーブル、すなわち八万一五八〇トゥグリク。

（３）上記二四年一二月二三日協定で提供した七五万ルーブル（七八万九七四三トゥグリク）の鋳造硬貨を、モンゴル商工銀行に引き渡した一九二六年一月から、償還完了の三二年一一月一日まで六年一か月の利子を、年利四%で二〇万五〇〇〇ルーブル（二一万五八〇〇トゥグリク）と算定。

（4）三二年五月二六日の協定でソ連財務人民委員部がモンゴル政府に供与した四〇〇万トゥグリクの借款。

（5）それに関する利子は、一六〇万トゥグリク分（一九三二年六月一日～三三年一月一日まで七か月間）、年利二%で一万八六六六トゥグリク、二四〇万トゥグリク分（一九三二年一一月一日～三三年一月一日まで二か月間）、年利二%で八〇〇〇トゥグリク。

（6）様々な時期に軍からモンゴルへ渡された未返済の残り八九五万五三二六ルーブル＝九四二万六六五八トゥグリク、以上の1～6の債務の合計一四〇一万三八六二トゥグリクのうち一四〇〇万を統合債務とし、残りの一万三八六二トゥグリクはモンゴル政府によりモンゴル商工銀行を通じて、ソ連財務人民委員部の口座へ、遅くとも一九三三年九月一日までに納付、以上である。年ごとの支払いは次の通りである。

年	元本	利子
1934		28万
1935	10万	28万
1936	15万	27.8万
1937	20万	27.5万
1938	25万	27.1万
1939	30万	26.6万
1940	35万	26万
1941	40万	25.3万
1942	145万	24.5万
1943	150万	21.6万
1944	160万	18.6万
1945	170万	15.4万
1946	185万	12万
1947	200万	8.3万
1948	215万	4.3万
合計	1,400万	

先の決定と同じ一九三三年九月三日には、輸送問題について三つの布告、すなわち、①一九三三年上半期のモンゴルへの商品輸送、モンゴル諸街道での仕事、水上輸送の状況について、②モンゴル諸街道での建設、修理の進行について、③卸業に関する合弁会社の基金への出資についての決定が採択されている[266]。先の八月二九日の政治局決定からほとんど時間が経過していない時点での決定であり、内容も重複するところが多い。なぜ、似たよ

うな決定が続けてなされたのかは不明だが、これまでの決定で言及されていなかった点に絞ってまとめると次のようになる。①では、モンゴル国内に存在するすべての自動車で国境から国内の拠点まで物資を運び、その基地から僻地には荷車だけで牧民が利用する商品を第一に運び込むよう通商代表ビルケンゴフに指示、全権代表オフティンにはその実行の厳しい監視を命じた。アンティポフには、各省庁によるモンゴルに関する中央委員会決定の実行状況を一〇日間で点検するよう指示した。キシキンは、各省庁の不十分な仕事に関する材料を至急アンティポフに引き渡すことになった。彼は一九三三年五月よりソ連オゲペウ輸送部長を務めており、[267] 政治局決定の中で「腐敗し役に立たない」と非難されている各省庁職員の具体的な言動についてオゲペウが収集した資料を引き渡すことで、労農監督人民委員部の引き締め政策を支援させたものと考えられる。②ではツードルトランスのペレピョールキンに、これまでの決定（一九三二年五月二九日、三三年五月一八日）の実行が不十分であるとして、モンゴル諸街道（特にトゥンキン街道とチュイ道路の南部）の迅速な整備を改めて求めた。ここでもキシキンにはチュイ道路、トゥンキン道路へオゲペウ輸送部の責任ある職員を割り当て、特別の監視下に置くように指示した。③では対等の原則に基づき、モンゴルで卸業に関する合弁の株式会社モンソヴブネルを設立するとの外国貿易人民委員部の計画を承認、三〇〇万ルーブルの出資を認めた。解体されるストルモングに関して残ったソ連の資金を一か月で計算し、国庫へ納付するよう外国貿易人民委員部に指示、以上である。

輸送業務をさらに強化する決定は、この一か月後の一〇月五日に採択されている。それによると、同年三月八日の政治局決定を発展させ、ソヴモングトゥヴトルグに属するボルジャ、キャフタ、トゥンキン、チュイ、ウーシンのモンゴル諸街道の事務局に勤務する者、輸送業務に直接従事する者、軍勤務者と軍事義務のある者（予備役にある者、長期間の休暇を取っている者、地域部隊の交代スタッフ、軍外の勤務についている者）を労農赤軍に属する者として扱うことを決めた。すなわち、彼らに労農赤軍の操典規則を適用し、軍法会議の管轄下に入れ、軍勤務者の特典を受けるが、モンゴルの諸街道での仕事と勤務にとどめ、以前の基準に基づいて、従事している職務と実行される仕事に応じて給与を受け取るものとされた。[268] 同じ一〇月五日には、ソヴモングトゥヴトルグの流動資本を増やすべく、ソ連人民委員会議の予備基金から五〇〇万ルーブルを出すことを政治局は決めたが、[269] この方策と関係していたのかもしれない。五〇〇万ルーブルについては一〇月二日に開かれたモンゴル小委員会で決定されていた。[270]

三月八日の決定で諸街道に政治部を設置し、輸送労働者を軍事化することは決まっていたが、ソヴモングトゥヴトルグの諸街道に設置する政治部の定員を中央統制委員会および労農監督人民委員部が承認したのは一九三三年一一月二九日になってからで、遅れて設置され一二月五日に同様に定員が決まった新疆諸街道で輸送に従事するソヴシントルグの政治部と同様にソ連人民委員会議が予算を決めたのが一九三四年四月八日だった。実際の活動に関する史料は未見だが、計上された予算の詳細な内訳から活動も少しは推測できる。キャフタ街道は一三人（政治部長、教官二人、タイピスト、大隊長、政治指導員六人、党委責任書記、修理工場長）と最大で、ボルジャ街道三人、クルトゥク街道八人、チュイ街道八人、ウーシン街道四人とそれぞれ配属された役職・人数は様々で合計三六人となる。職種・勤務場所によって給与は異なり、事務経費（事務用品、購読新聞・雑誌、郵便、電話、図書、出張経費、制服）や備品（無線通信設備、タイプライター、ナガン式拳銃、家具、アパート）、特別業務支出（移動映画、革命記念日、赤いコーナー、治療等）、宣伝活動のための新聞発行（月一五号、五〇〇部（ただしモンゴル・新疆合わせて）、ビラや冊子、紙代、印刷代）などに分けて予算が計上されていた。出張経費はチタとノヴォシビルスクにある労農赤軍の政治部へ各政治部長が月に二回、往復の旅程を含め平均六日、正副部長や教官が月に一〇日間各街道で出張することを想定して予算を組んでいた。[271]予算の都合上、新聞、映画、図書や様々な催しを通じた本格的な政治教育は一九三四年から行われたと推測されるが、あとで述べる史料によれば一九三四年一月に不適格を理由に道路の政治部長が解任されており、やはり一九三三年から政治部体制の構築は進められていた。

一九三三年一一月一四日に政治局は、たびたび有効活用を促していたセレンガ川経由の輸出物資の輸送について決定した。[272]①一九三四年の航行期間にセレンガ川およびオルホン川で輸送量を増やすよう外国貿易人民委員部と水運人民委員部は一九三四年二月一日までに計画を策定。②水運人民委員部はバイカルストロイで組み立てられたタグボート二隻をセレンガ川に投入し、ヴェルフネウディンスクにおける冬季停泊所、修理工場、埠頭業務を発展させる計画を一九三四年初めまでに策定。一九三三年中にモンゴル国内における探索作業を終結して年初までにセレンガ川開発計画を策定。船団のあるスヘバートルに管理局を設置。③水運人民委員部は運行経費をカバーすべく貨物輸送のチャーター料金その他の手数料を取るが、モンゴル政府とこの点で協定を締結。④重工業人民委員部は船舶組み立てのための金属を用意し、一九三三年に水運人民委員部の中央アジア、東シベリアの事業ために製造していた引き船各二隻、三隻をセレンガ川に一九三四年初めまでに引き渡し、水運人民委員部がそれらを引き取って組み立てること。⑤水運人民委員部は一九三四年初めまでに浚渫船一隻を国内河川からセレンガ川に送り、外国貿易人民委員部はセレンガ川のために外国で浚渫船三隻を購入（一隻五～六万ルーブル、図面も受領）。一九三四年の航行に間に合うよう、ヴェルフネウディンスクに届けること。⑥ソ連ゴスプランは第二次五か年計画におけるセレンガ川発展計画を策定。木材人民委員部は造船その他の建造のために木材を提供。供給人民委員部は河川輸送に従事するスタッフへの供給を実施。以上である。中央アジアや東シベリアなど、他の地域のために造られていた船舶をセレンガに送ることになったわけであり、モンゴルの優先順位の高さを改めて示すものだろう。

少し時間はさかのぼるが、一九三三年一〇月八日政治局は、家畜輸入プランの実行について労働国防会議の布告草案を承認した。[273] 一九三三年の東方諸国からの家畜の輸入プランが、大部分外国貿易人民委員部の責任で実行されず、モンゴルの場合九月一五日現在、牛六万五〇〇〇頭、羊六五万頭の輸入予定が、それぞれ六八〇〇頭、六万一〇〇〇頭にとどまっていた。このため外国貿易人民委員部とソ連供給人民委員部の責任者の名前を挙げ、対策を列挙したのである。モンゴルに関わる部分については、①輸入量を牛二万五〇〇〇頭、羊三五万頭、馬六〇〇〇頭に変更し、スコトインポルトによる受け入れ期限を、北西方面で一九三三年一一月一五日、東部と北部で一九三四年一月一日とした。②外国貿易人民委員部は①で指摘した以外に、肉二五〇〇トンをスコトインポルトに引き渡すこと（内訳は西部五〇〇トン、北部一五〇〇トン、東部五〇〇トン）。③ソヴモングトゥヴトルグ（ゴルドン）はこの肉を西部では二月一日まで、北部と東部では二月一五日までに運ぶこと。④スコトインポルトは家畜輸送プラン実現のため、一〇日以内に一〇人以上の職員をモンゴルに派遣すること。⑤エリアヴァはモンゴルの通商代表部を家畜輸入事業のために動員すること。⑥モンゴルから食肉コンビナート引き渡し地点までの追い立てに関する必要な対策は完全に実行されたとの供給人民委員部（ベレンキー供給人民委員代理）[274]の指摘を留意する。⑦一九三四年からは輸入家畜の取り扱いに関する誤解を防ぐため、国境までの送付については外国貿易人民委員部、国境から目的地まで供給人民委員部が責任を持つこととする。⑧オゲペウ（プロコフィエフ）は、国境から引き渡し地点までの家畜輸送を細かく観察し、輸送、受け入れを怠る責任者を厳しく追及。⑨最初に責任を問われた責任者（外国貿易人民委員部のロンム、スコトインポルトのアサウリチェンコ）には再度の失敗の場合の厳しい処罰を警告。以上である。[275] 一九三四年二月一〇日現在、二〇〇〇トンの肉がモンゴルから運ばれ、残りの五〇〇トンも二月中に運ばれると外国貿易人民委員部が報告した。[276]

モンゴルで調達した家畜の行先だが、例えば一九三四年三月一七日の政治局決定にある通り、対日戦争の準備を急いでいた極東もその重要な送り先のひとつだった。一九三四年二月一日から一〇月一日まで極東地方に必要な肉の量は三万一六一五トンと計算、このうち外からの搬入量を二万七五〇トンと定めた。そして屠殺後の重量四〇〇〇トンとなる生きた家畜をモンゴルで調達し、八月一五日までに国境の拠点で供給人民委員部に引き渡すよう外国貿易人民委員部に指示した。[277] すなわち本件の場合、極東外から搬入される食肉の五分の一はモンゴルから運び込まれていたということになる。

八　ルムベ事件とエリアヴァ代表団の派遣

一九三三年後半から約一年、モンゴルではいわゆるルムベ事件と呼ばれる捏造事件によって、モンゴル人民革命党内で多数が粛清された。リンチノヴァがモンゴルの研究を紹介しているのでそれに基づいて概要をまとめることにする。[278] 一九三一年一一月に満洲事変後の状況を把握すべく満洲のバルガに特別任務を与えられ派遣されたレヴソモル員を通して、当時バルガで活動していたダムディンなる人物が故郷の母に送った、外国生活の苦しみなどを記した変哲のない手紙が発端だった。なぜかその手紙が内務保安局（リンチノヴァは内務省としている）のダンザンの手に落ち、ダンザンは昔から遺恨のあったツェヴェグジャプを受取人として内容を偽造した。差出人(ダムディン)が日本軍に加わり、日本軍のために情報を送るよう、ツェヴェグジャプその他の仲間に呼びかける内容である。欄外には仲間にも読ませたとのツェヴェグジャプのメモ書きまで書き加えられた。この偽造書簡が上層部に伝えられると、内務保安局長官ナムスライはすぐに関係者の逮捕を命じたため、一九三三年五月三一日からツェヴェグジャプら一七四人が逮捕された。拷問されたツェヴェグジャプは、反革命組織の指導者がモンゴル人民革命党中央委員会書記で労組中央評議会議長であったルムベであり、ルムベがウンドゥルハンからの出張帰りに手紙を受け取ったと自白したのである。そのためエルデブオチルとゲンデンの許可を受けて、ルムベは七月一九日に逮捕された。これがいわゆるルムベ事件の発端だった。

彼の逮捕直後の七月二七日、オゲペウの外事部からスターリンへ、ルムベの陰謀が摘発されたとの報告が入った。「ヘンテイ・アイマク〔ウンドゥルハンを中心とする当時一三あった行政区画のひとつ、政治局文書ではケントと表記している〕における反革命陰謀に関する新しい証拠を受領した。告発されたツェヴェグジャプ、バドマ、マルハエフは、モンゴル人民革命党中央委員会書記ルムベが、ヘンテイ組織の命令書簡の受け渡しで仲介者であると証言した。書簡の内容をルムベは知っていた。書簡はマルハエフが執筆し、ルムベを通じてヘンテイ組織のリーダーの一人ツェヴェグジャプに渡された。マルハエフはさらに、右派モンゴル人のイデオローグたるジャムツァラーノ教授（在レニングラード）とともにルムベが、すでに一九三〇年に日本人に書簡を送ったということを証言した。オフティンの助言のもと、内務保安局の教官団は内務保安局長官ナムスライに、内務保安局の名前でルムベの逮捕の問題を提起するように提案した。ゲンデン、中央委員会の二人の書記、国防相の決定で、ルムベは逮捕された。ルムベの尋問が始まった」（傍線はスターリンによる）[279]。

それから二か月以上たった一〇月八日には、「スパイ組織の問題」についてモンゴル小委員会（出席者は、ヴォロシーロフ、ソコーリニコフ、エリアヴァ、ピャトニツキー、ベルジン、アルトゥーゾフ）で話し合われた[280]。いかなる「スパイ組織」なのか具体的な言及はないものの、取り調べを受けている指導的人物たちを現時点で事件に引き込むのは政治的に望ましくないとし、「ヘンテイ・アイマクとドルノド（東）・アイマクにおける組織に関する事件を、指導的な上層部と関連した事件から切り離すこと、この指導的上層部と関連した事件については、事件を膨らませたり資料を公表したりすることなく、あれこれの人物の行動を慎重に明らかにすること以上には今のところ行動を起こさないこと、同時にすべての書類は指示を受けるべく早急にモスクワに送付すること、諸アイマクの組織については、断固とした懲罰的手段を取り、事件の取り調べと終結を進めること、指導的人物の解任といった問題の決定にチュツカーエフの参加を排除することがないような関係をゲンデンと打ち立てること、スコベーエフがチュツカーエフの知らない間にゲンデンに助言をすることは許しがたいこと、スコベーエフを懲戒処分に処すことが不可欠であること」[281]、以上を全権代表チュツカーエフに指示した。また現地の政治的状況、商品供給の状況、組織問題に関する命令の実行状況を調査するため、遅くとも一〇月一五日までにウランバートルへエリアヴァと作業グループが出発することになり、エリアヴァに対する指示を政治局に提出して承認を受けること、エリアヴァ到着まで中央委員会の全体会議の開催を遅らせることにモンゴルの指導部と合意するようチュツカーエフに指示した[282]。この議事録が一〇月九日の政治局で承認された。ルムベの逮捕をロシアの全権代表チュツカーエフが聞かされていなかったこと、スコベーエフが彼を差し置いてそれに関与していたことを意味するものと思われる。

ジャムツァラーノの名前もある通り、ルムベ事件のターゲットは、国境を越えてモンゴルに逃亡していたブリャート人だったことが判明している。二〇世紀初頭以降のツァーリ政府の政策によりザバイカル地方へロシア農民の移住者が増え、土地を奪われたブリャート人が増加したこと、一九一一年のハルハにおける独立宣言に惹かれたこと、第一次世界大戦中の一九一六年に発せられた動員令等が原因として挙げられている。ブリャート人の外モンゴルへの大量移住を調査する委員会が一九一七年二月に設置され、約一万人がモンゴル領内に逃げ込んだと推測したが、一八九七年と一九二六年の国勢調査の比較で減少した約五万人についても逃亡が想定された[283]。外モンゴルではブリャート人組織が作られ、一部はさらに内モンゴルへ移住した。一九二一年のモンゴル革命後、ブリャート人は様々な分野でモンゴル行政にも協力したが、一九二二年にはブリャート・モンゴル・ホラルが正式に承認され、ブリャート人たちは独自に集まって様々な問題を議論した。一九二三年にはロシアから移住したブリャート人に国籍を付与する法律も採択され、一九二九年までに九二四三家族、三万五五一七人がモンゴル国籍を取得した。[284] 一九二五〜二七年にはアガ、セレンガ・ブリャートから一〇〇一家族、三六二五人が移住する[285]など、移住の流れは止まらなかったが、ソ連国内の政治気象の変化はモンゴル国内のブリャート人にももろに影響することになる。一九二九年六月には「モンゴル東部諸地区のブリャート人に関する問題」と題してソ連全権代表部の報告が出され、この地区に居住する一万五八〇〇人のブリャート人を反革命者とみなしたのである。翌一九三〇年五月二六日には、犯罪者たるロシアからの亡命者は懲罰を加えるべく祖国に戻すとの協定がソ蒙間で締結された。ロシア領で罪を犯した者は強制送還されるとの布告も出たが、亡命自体が犯罪視される中では、移住してきたすべてのブリャート人に適用される可能性があった。一九三三年一月に開かれた各アイマクの代表団の評議会では、ブリャート人は日本人の共犯者だとみなされた。[286] これがルムベ事件の背景である。ルムベは労組組織の指導者として、モンゴルに移住してきたブリャート人が新しい土地で生活を始め、国籍や権利を取得するのに多くの支援を行った。そしてソ連の教官団や内務保安局が展開したブリャート人に対する攻撃を阻止しようとして自らが標的になったのである。[287]

ロ—シシンは「ルムベ事件」の準備に参加したのがモンゴルの内務保安局への顧問団長チビソフであると述べているが、[288] 先の七月のオゲペウからスターリンへの報告で、顧問団がナムスライに逮捕を提起したとある通り関与は間違いないが、ダンザンが偶然手に落ちた書簡を偽造するところから関与していたのかどうか詳細は不明である。その経歴からソ連の対モンゴル政策に対しても大きな影響を及ぼしたと思われるが、チビソフに関する情[289]報は乏しい。

さて、モンゴルに急遽派遣されたエリアヴァへの命令は、一〇月一九日に政治局で承認された。[290] その内容は以下の通りである。かなり長くなるが、興味深い事実が多く含まれているので、詳しく内容を追うことにする。まず、エリアヴァら代表団の基本的な課題として、

（1）特にモンゴルへの供給のための商品の輸送、商品備蓄の形成、諸街道と自動車輸送の改善、水上交

通路の利用と河川・湖上船団の創設、畜産業振興、農業生産物の加工の組織化、あらゆる行政・経済活動分野におけるモンゴル人幹部の強化に関する政治局の諸決定をソ連、モンゴルの諸機関が実行しているかどうかについて点検すること。

（2）モンゴル指導部、全権チュッカーエフとともに、あらゆる分野で次年度に予定されているモンゴルの最も重大な問題を現地で明らかにし、政治局のモンゴル小委員会に提出すべく、具体的な提案を準備すること。家畜の調達および、最近の経済的・財政的諸政策の結果定着している、既製品と家畜その他の現地の原料の等価交換を現地で研究すること。モンゴル人が日常的に使用する特殊商品のリストおよび、これら必要不可欠な特殊商品を、ソ連からの輸送、現地での製造、中国からの輸入によりモンゴル市場で確保する方法を詳しく研究すること。

（3）（A）広範な牧民大衆の雰囲気とその政府に対する態度の分析、（B）モンゴル人民革命党の状態を特徴づけること。（C）モンゴルの党・政府上層部の動向の評価、（D）反ソ、親日傾向の評定、（E）ブルジョア、封建・聖職者グループの政治・経済プログラムの分析、（F）階級関係の分野における「新路線」の総括、以上の六項目について政治局へ報告すべく全般的な政治的状況を分析すること。反革命組織に関する問題については、エリアヴァに委任。

（4）ヘンテイ、ドルノド（東）アイマク、ウランバートルの組織に関するあらゆる取り調べ資料を詳細に検討し、捜査手法、証言の信頼性を検証すること。下級組織の問題を徹底的かつ確実に壊滅させる必要性についてモンゴルの諸機関を指導すること。同時に、過去に（一九三三年まで）親日的な動揺を示した指導層に近い分子に対しては、主として彼らの本性を明らかにし、必要ならば、徐々に仕事から外すことも視野に入れて慎重な路線を取るよう、捜査、懲罰機関（チュッカーエフ、エリアヴァはこれらの指示を秘密裏に個人的に誰に出さな話し合って決めること）に提案する。下級のスパイ・反乱組織の仕事に積極的に参加した有罪者にのみ、厳しい弾圧手段を適用すること。のちに出される指示を基礎とするエリアヴァの政治局への報告後、上層部と関係する人物に関するすべての問題は方向づけられる。日本の諜報・反乱プランに、聖職者とその組織がどの程度参加したのかという問題もまた明らかにするようエリアヴァに委ねる。

（5）ラマ僧による扇動的で、経済的・組織的活動との闘争について、エリアヴァにはチュツカーエフとともにモンゴル指導部に説明し、牧民大衆のための完全な宗教的自由を守るという政治路線を実行するよう委ねる。同時に、寺院やラマ僧は国家、行政、経済機関に反抗しないという点も順守されるべきである。寺院関係者のあらゆる政治的発言の試みは厳しい反撃を受ける。寺院のあらゆる商取引への参加は、自身の余剰生産物の販売を除いて禁止する。ラマ僧に対するあらゆる現行法は厳格に施行される。同時に、国内で徐々に巧妙な反宗教プロパガンダの基礎を築き、実現の可能性が出てきたら病気治療や学習における寺院の機能を狭める。モンゴル政府には近い将来、最も影響力のある寺院のある地区に、いくつかの模範となる学校や治療施設を開設するよう提案する。モンゴルにおける文化活動の実践を詳細に検証し、文化・啓蒙活動を下層牧民層に近づけること、大衆の直接的で日常的、経済的問題に応える実践的性格をできるだけそれに付与することにより、その改善に向けた対策を取ることが不可欠である。

（6）モンゴルとの国境に位置するソ連の諸地区について、エリアヴァには関係するソ連、モンゴルの諸機関とともに、ソ連からモンゴルへ移動する住民を減らすための対策、勝手な移住者のソ連への送還の手続きを明らかにし、必要ならば、モンゴルとの国境地帯における供給状況の改善に向けた方策を準備し、モンゴル小委員会に提出することを委ねる。

そして最後に、特別に「日ソ関係の緊張と関連した現在の外交状況」を考慮してエリアヴァに課せられるのは、

（1）最近の日本の全般的な政策動向や、責任ある日本の軍事的指導者による対ソ予防戦争支持の多くの発言、しかも対ソ戦争に際して日本はモンゴル共和国領を奪取するとの内容が含まれていることに示されるように、日本による侵略の危険性が増大していることをモンゴル指導部に説明すること。日本人はすでに現在、モンゴル共和国の奪取を全面的に準備していることを示すこと。

（2）モンゴル軍の戦闘準備の状況、指揮官、兵士の政治的な気分、技術的資源の物的状況を詳しく点検

すること。モンゴル軍の戦闘力を今後高め、モンゴル共和国の国防力を強化するのに最も緊急で重要な方策を指摘すること。

（３）日本の侵略に反撃することが必要な場合のモンゴルの軍事的・経済的な資源の動員プランの状況を知ること。奇襲攻撃された場合、軍事的な供給基地や基本的な商品の倉庫が、どの程度日本人から奪われないような配置になっているのか明らかにすること。日本の攻撃を最初に被るであろう地区（バルガ、カルガン方面）から、軍事的な紛糾の際に、あらゆる種類の家畜、特に労役用家畜を避難させるプランを、モンゴル政府とともに検討し確立すること。それと同時に、攻撃の時に備えてラクダ輸送を準備すべく、内モンゴルと接する地帯で日本人がラクダを購入していないかどうか明らかにすること。[291] 内モンゴルにおけるそのようなラクダの流出を停止させる方策を取ること。

（４）戦時体制への準備という特別の観点から、ソ連モンゴル間の交通、通信手段の状態を点検すること。軍隊の投入、大砲や自動車化部隊の移動、補給の運搬等に求められる条件といった観点から、道路や通信手段の改善のために必要な最重要の対策を指摘すること。

（５）現地の有能な指導者とともにラクダ部隊の創設問題を検討し、モンゴル軍の中にこの部隊を創設するプロジェクトを、必要な予算をつけて提案すること。

（６）軍から代表団に加わるメンバーは、ソ連の軍事教官団の仕事をエリアヴァに詳しく説明し、軍が実行を委ねた仕事の進捗状況について、彼に定期的に報告すること。同時にエリアヴァには、モンゴル指導部の適切な人物に、国防の状況、今後の国防力強化と関連したプラン等、彼らの興味を引く基本的な側面について情報提供すること。

以上に述べたことは、最大限の慎重さをもって実行されねばならない。エリアヴァ小委員会の仕事のこの部分については、ジェコ、デミドがこの問題のために招くモンゴル人活動家にのみ知らせること[292]、以上である。

エリアヴァの代表団に委ねられたのは、（1）～（3）にある通り、これまでの政治局決定の実行具合を点検するとともに、モンゴル国内の情勢を詳しく分析することにあった。（5）からは、宗教問題に関して、レヴソモルに対する指示と同様に、牧民の宗教的な自由は維持しつつ、ラマ僧の影響力を徐々に排除していくことを求めていることがわかる。（6）は、ルムベ事件のターゲットがブリャート人だったことと深く関係しており、その移住を阻止しようとの意図が表れている。また一九三二から三三年にかけてソ連で猛威を振るった飢饉との関係で、ブリャートのみならずカザフスタン、シベリア方面からのモンゴルへの避難民の規模拡大の可能性も高い。（4）はルムベ事件に関係したものだが、事件が捏造されたものであるだけに、実態としてどれほど親日的な分子・組織が存在していたのかが問題となる。これとの関連で最後の六項目で、日本のモンゴルへの侵略の危険性を説明し、国防のために動員、避難、ラクダ、交通、通信、軍事教育等、あらゆる対策を練ることを求めている。日本の危険性を誇張して訴え、モンゴル指導部をソ連に繋ぎとめるという戦略であるともいえるが、これ以後のソ連による軍事的な関与を考慮すると、将来の対日戦においてソ連の指導下にモンゴルが果たすべき役割を真剣に想定して出された軍事的指示であるとみなしてもよいように思われる。

このようなモスクワからの指示を受けて開かれた一九三三年一〇月のモンゴル人民革命党中央委員会の第四回総会、一九三四年三月の小ホラル第一八回セッションでも、帝国主義の陰謀、日本のスパイ、その摘発と懲罰について多くのことが語られた[293]。一九三三年一二月四日、ルムベをウランバートルへ送致して欲しいとのゲンデンの要請を認めるモンゴル小委の決定を政治局が承認した[294]。一九三四年一月二七日には、ルムベ事件と関係のある一二五人のブリャート人と七〇〇人のその家族を一〇月革命からの避難民としてモンゴルから追放するとのゲンデン首相の秘密命令が出た[295]。ルムベは長期の拷問のあとで、一九三四年一月二〇日、日本のスパイのために働いたとの自白調書にサインした。モンゴルを日本の植民地に変えるべく、ウランバートル、ドルノド、ヘンテイの三つのアイマクで反革命運動を組織し、日本から一七〇〇万トゥグリクを受領する交渉を行い、国家指導部の分裂をもたらし、日本に多数の秘密文書を漏洩したと認め、関わったとする著名な政治指導者の名前も列挙した。最初に逮捕された一七四人のヘンテイ・グループは一九三三年一一月三日に判決を受け、三〇人が銃殺、三六人はソ連へ移送、残りは五〜一〇年の刑を受けた。ドルノド・グループ一一〇人のうち七八人がブリャート人だったが、一一月に一八人が銃殺された。ルムベと直接関連があり、ウランバートル・グループを構成する三三人はナムスライをトップとする委員会によって秘密裏に一九三四年六月二五日に審理され、一三人に死刑が言い渡されたが、国家小ホラルが七人を減刑、五人が銃殺された。この事件では、総勢三一七人が逮捕、拷問にかけられうち五三人が死刑、一三六人が刑務所へ送られ、一二六人がソ連へ送られた。[296]

この事件がモスクワの指示で動いていたことは一連の政治局の決定から判明する。一九三四年五月二三日に政治局は、①内務保安局が組織の指導者たちに下す判決、処刑の適用には反対しない。処刑を言い渡された者に対し小ホラルがその軽減にイニシアチブを発揮するような場合、チュツカーエフはこの目論見を適宜報告すること。②以下の三点について検討すべく、アルトゥーゾフ［ソ連オゲペウの外事部長］[297]は様々な時期にソ連へ派遣されたモンゴル人の完全なリストを作ること。検討する内容とは、（A）そのうちの何人かを帰国させる可能性、（B）ソ連における彼らの活動と行動を点検、（C）現時点でモンゴルへ戻すことが適当でない派遣者の別の地域への配置、である。[298]一か月後の一九三四年六月二八日には、「ルムベ事件に関して五〜六人に死刑を適用するモンゴル小委の提案」を政治局が採択したが、[299]これはルムベが一九三四年六月に銃殺されたとの記述と符合する。[300]小ホラルが処刑に対して軽減するような動きとは、モンゴル国内にも事件の捏造を感じ、反対する動きがあったことを示しており、その動きを阻止するものとみなせよう。結局、最終的にルムベの生死を決定したのは政治局であったということになる。

もとに戻るが、一九三三年一〇月にエリアヴァ代表団への指示にある軍事対策を実行するためか、一二月一六日には、「軍関係予算で発生した赤字と関連し、予算の緊急的な要請を満たすため、二〇〇万トゥグリクを上回らない額をモンゴル共和国財務省にモンゴル銀行が貸し付け」ることを政治局は決めた。[301]

この時期、一九三三年一二月七日に開かれたモンゴル小委の内容についてまとめておくことにする。出席者はヴォロシーロフ、ソコーリニコフ、エリアヴァ、カラハン、ピャトニツキー、アンティポフ、ローゼンゴリツ、セレブリャコフ、アルトゥーゾフ、グリシン、アルクス、ベルジン、スワニッゼ、エルショフ、ソルキン、ボリソフであり、モンゴル人民共和国における状況（商品供給、輸送、幹部、雰囲気その他）についてエリアヴァの報告を聴取し、それに関する次のような決定が列挙されている。

（1）以下の下部委員会で具体的な提案を検討し、モンゴル小委のメンバーに配布すること。

（A）商品供給、貨幣流通、価格変動、モンゴル人民共和国の予算について。ソコーリニコフ（議長）、エリアヴァ、アルクス、スワニッゼ、グリシン、エルショフ。

（B）現行の幹線道路に関する諸問題について。ガマルニク（議長）、ローゼンゴリツ、セレブリャコフ、エリアヴァ。

（C）道路・輸送問題について。セレブリャコフ（議長）、エリアヴァ、キシキン、プラヴディン、アッポガ。

（2）モンゴルにおけるソ連人教官数の削減方法について次回のモンゴル小委に提案するようアンティポフに委任。

（3）諸問題。

（4）一九三二年反乱鎮圧時にモンゴルで死亡した教官たちの家族の扶養について。

（5）モンゴルに派遣されその活動期間に死亡したり、労働能力を失ったりする職員家族の扶養について。

（6）ソ連の教官の家族へトルグシンを使って送金することについて。モンゴル小委メンバーへのアンケートを使って決定[302]、以上である。

この会議には出席していなかったメンバーも役割を割り当てられていたことがわかる。一九三〇～三一年にかけてモンゴル問題で重要な決定を下したガマルニクの名前もあるし、この時期、極東地方との鉄道連絡問題で重要な役割を果たしていたキシキンの名前が、一九三三年九月の決定同様出ている。アッポガは一九三〇年から三七年まで、労農赤軍参謀部第三局長兼軍事連絡部長、同時に一九三三年三月より兼任で労農赤軍軍事輸送アカデミー軍事連絡学科長も務めた。[303] また一九二〇年代初めにモンゴル軍の教官として派遣されていたソルキンの名前もある。

ちなみに前記（2）の課題に対応するためか、モンゴルで活動していたソ連人についての報告が一九三三年一二月一六日、アンティポフに提出された。不完全だと断りのある総数は二五六六人で、このうち現地採用が一九六〇人（七七％）、ソ連からの派遣が六〇六人（二三％）で、内訳はモンゴル組織に三五五人（うち党員一七九人）、合弁企業（モンゴルトランス、モンゴル銀行、モンゴルシェールスチ）二三一人（うち党員六五人）で、六〇六人のうち一六四人は職人、機械工、熟練労働者、運転手だった。二五六六人にはモンゴル人民軍の教官団九一人は含まれていなかった。関係機関が適切な人選を怠っていたため、一九三三年中に知識不足、イデオロギー的定見のなさ、大国主義的対応、堕落が原因で一六人が送り返され、三六人は役に立たないとチュッカーエフは報告した。間違いなくソ連人教官の削減は可能で、外国貿易人民委員部は五組織（モンゴルトランス、モンソヴブネル、モンツェンコープ、クストプロムソユーズ［家内工業・日用品生産協同組合連盟］、通商代表部）で五〇％の人員削減が可能だとみなしていた。外務人民委員部、陸海軍事人民委員部のみ若干の人員増加を求めていた。以上を踏まえこの報告の筆者は、すべての機関による正確な人員の把握と必要な人材に絞ったモンゴルへの人材派遣のため現地に調査委員会を派遣するよう提唱した。[304] あとで見るように、一九三四年二月、政治局は約四割の人員削減を決定することになる。

九　ドブチン、エルデブオチルとの会談、一九三四年の対モンゴル政策、地質調査

モンゴル国内でルムベ事件が進行中だった一九三三年末に、スターリンはモンゴルからの代表団とクレムリンで会談した。そのときの会談記録が残されており、モンゴル政策を主導していたスターリンがモンゴルについて、いったい何を考えていたのかについて知るためにも全文紹介することにする。一二月二五日に、スターリン、ヴ

ォロシーロフらソ連首脳と会談したのは、ドブチン Добчин、エルデブオチル Эльдебочир であった[305]。記録によれば、二一時から二三時まで会合が続いたが、記録は記憶に基づいて通訳が筆記したもので、逐一記録したものでないことに注意する必要がある。

エルデブオチル　①新方針の導入後、ラマ僧の増加が見られ、党と政府の側からは彼らに対して何ら対策は打たれていません。寺院から出た多くのラマ僧が元の寺院に戻りました。戻ってくる際に五〇トゥグリクを徴収しています。党員の中には寺院に入ってしまう例もあり、今後どう対処したらよいかわかりません。②住民の中で政権の権威を高める方策との関連で、また粛清実行後に党員が著しく減少したため、党員の中には今や決定的な指導的役割は政府のほうに移り、党は二義的な地位に追いやられたとの印象を抱く人がいます。これらの問題についてあなた方からの指示を得たいです。

ヴォロシーロフ　モンゴル人民共和国の人口七〇万[306]強のうち、約一二万がラマ僧[307]で、信心深い牧民にとって彼らは宗教上の指導者であるだけでなく、医師、家内手工業者、商人、そして助言者でもあります。私はブリヤート・モンゴルでチベット仏教の礼拝堂を見学しましたが、そこで彼らは音楽に合わせてのツァム Цам（神々の神聖な踊り）を見せてくれました。チベット仏教には健康で活発な若者が送られています。チベット仏教の住民に対する影響は巨大です。この他にチベット仏教は同性愛 **гомосексуализм** にふけっており、そこにやってくる青年を肉体的に堕落させています。

スターリン　チベット仏教は何を基盤に存在していますか？

ドブチン　チベット仏教（寺院）への資金はふたつの回路を通じて流れています。①寺院自身の資金（ジャス）は、チベット仏教の物的な蓄えとして役立っています。②住民の寄進は、両親や親戚が寺院で学ぶラマ僧を養おうと贈るものです。

スターリン　これは国家の中の国家です。チンギスハンはそんなことを許すはずがありません。彼ならばこの連中を皆殺しにするでしょう。ロシア正教に対する我々の活動を例に、チベット仏教を分裂させる必要があります。彼らが神を信じているのかいないのかということではなく、彼らは人民革命政府を支持するのかしないのかに基づいて解体を進めるべく、この仕事を内部から行うのです。この解体作業を行うべく、寺院には二〇〇人の強力な党員を投入する必要があります。ほとんどこのようにして我々はロシア正教に臨みました。その結果、わずかな反動勢力が残るだけとなり、我々は彼らを容易に壊滅させたのです。統一した強力な革命政党なしに、強力な政府はありえません。中国で国民党はそのような党ではありません。各将軍が軍と政府を握り、自分の国民党組織を作っています。その結果、中には英国や米国に自分を売ったりする者がいます。貴党と政府の指導部は上から統一されねばなりません。中央委員会の幹部会と政府の幹部会は一体でなければなりません。その下の指導は、党の路線と国家の路線に分割されるべきです。下部に向けて党は住民と強く連携すべきです。

スターリン　あなたに質問があります。貴国の国民所得はどれほどですか？

ドブチン　一九三三年の国家収入は八二〇〇万トゥグリクで、一九三三年の国家予算は三三〇〇万トゥグリク［うちソ連への債務が一〇〇〇万トゥグリク、CKの指摘。CKとは、ソコーリニコフのことだと思われる］。軍の維持は約一三〇〇万トゥグリクです。

CK　現在、彼らは二〇〇〇万トゥグリクを要求しています。彼らは流通から六〇〇万トゥグリクを回収し、それ以上の回収は停止しました。商品の価格を引き上げて回収したためです。

スターリン　公務員の維持にどれほどの費用がかかり、ソ連の教官はあなた方の経済・協同組合組織で何人働いているのですか？

ドブチン　我が国では行政区分に応じて協同組合網が組織されました。三〇〇のソモン［下部行政組織］にはそれに応じた定員の職員を抱えた末端組織が一つずつ存在します。経済・協同組合組織の全職員は約五〇〇〇人です。その維持費に約七〇〇万トゥグリクがかかります。ロシアの職員と教官は約四〇〇〇人です。

スターリン　貴国の予算のかなりの部分は職員の維持費です。より少ない数の職員でやっていくことはできませんか？　経済・協同組合組織に務めるソ連からの職員は半減すべきだと考えます。それで浮く金は国民教育、保健に使うべきです。エリアヴァ同志は、現地であなたに節約の必要性等、立派な話をする一方で、自分の人民委員部からは職員の派遣を続けています。貴国のロシア人職員を半減するとしたら、この先どうやって嘆きますか？

ドブチン　現在きわめて必要な専門家を削減するならば、もちろん嘆くでしょうが、二義的で、現段階でそれほど必要でもない職員を削減するのならば嘆くこともないでしょう。逆に合理的だと思います。

スターリン　誰を切るのか、この問題はあなたが現地で、チュツカーエフ同志とともに自分で決めて下さい。（ヴォロシーロフの方を向きながら）今後、モンゴルへの労働者の派遣は、各人民委員部が自分勝手に送ることができないよう、あなたの委員会を通じて調整する必要があります。

ヴォロシーロフ　（ドブチンとエルデブオチルに対して）必要ない人間を受け取らないよう、あなた方はこの問題についてより積極的になるべきです。例えばあなたたちはゴルドンに、経済問題でよい仕事をしたとかで叙勲しましたが、なぜこんなことが必要だったのですか？　彼はここに戻ってきて、自分の手柄の証明として勲章を見せびらかしています。しかし私には彼らから勲章を取り上げることはできません。なぜならあなた方が叙勲したからです。

スターリン　あなた方のところではどのような組織を通じて、商品供給を行っていますか？

二人の答え　ソヴモングトゥヴトルグとソヴモンブネルです。そのあとでモンツェンコープを通じて分配されます。これらの組織のそれぞれの役割、意義が説明される［通訳による注釈］。

スターリン　余計な上級機関としてソヴモンブネルを解体する必要があります。その代わりにソヴモングトルグを残す必要があります（トゥヴァは分けて話すことが可能だ）。ソヴモントルグは直接、モンツェンコープに商品を届けることになるでしょう。

国家商業はありませんか？（答え　ありません）

大衆から入ってくる商品のうち一部を直接商人に販売するために取り分ける必要があります。商人は認め、彼らには課税し、それによって国庫収入を増やすことが必要です。

（国家商業はない、との説明の後で、エルデブオチルは通商産業省は仲裁者であると述べ、商人たちに商品を販売するため銀行に特別部門を設置することが必要だとの考えに賛同した［この部分は手書きで書き加えられている］）。

（**ヴォロシーロフ**　住民自身が自分に必要な商品の品揃えを決めることに参加していない、ということを示しつつ、住民に商品を配布している組織の仕事の不十分さを指摘した。［通訳による注釈］）

スターリン　明らかに、我々の教官は、仕事への取り組みが杜撰で、ソ連の人口稠密地における仕事のやり方をコピーしながら、現地で分配網を構築しています。あそこには住民は稀でしょう。だから追加的な諸経費がかからないような別の方法で商品がその後分配されるように、一定の地域に地方の分配地点を作る必要があります。

ドブチン　仲買人などを通してですね。

スターリン　さもないと商品はこれらの余計な上級機関によって食い尽くされ、消費者まで届かないでしょう。あなた方は商業に真剣に注目すべきです。より優秀で教養ある人々をこの仕事に投入すべきです。汚れ仕事として商業を軽蔑しては駄目です。クートヴェ出身者は何人いますか？

エルデブオチル　約二〇人です。

スターリン　そのうち誰かが経済関係で働いていますか？

エルデブオチル　いいえ。

スターリン　クートヴェ出身者を利用する必要があります。

スターリン　軍人はどうですか？

エルデブオチル　前の軍団長プンツクはモンツェンコープの議長として働いています。

スターリン　軍人を利用することも可能です。彼らはより規律のとれた人々です。もしあなた方が住民の要求を満足させることができず、大衆との深い絆を結べないならば、どんな権力もあなた方を助けることはできません。

ヴォロシーロフ　あなた方は牧民に関する具体的な仕事をしばしば軽蔑しつつ、抽象的な諸問題に取り組むのを好んでいます。汚れ仕事で実践的な仕事にまじめに取り組むことが必要です。そうしないとチベット仏教の影響力と闘争できず、人民革命政権に対する住民の好意を勝ち取ることはできないでしょう。

スターリン　教師の養成はどうなっていますか？

エルデブオチル、ドブチン　ウランバートルに教育テフニクムがあり、いくつかの上級学校があります。全部で我が国には一八〇の小学校があり、約四〇〇〇人が学んでいます。ヴェルフネウディンスク（ブリヤート・モンゴル）で二〇〇人が学んでいます。新方針まで国中でラテン語化が行われていました。新方針の採択後、現在ラテン化はほぼ停止しました。ウランバートルでわずかですが実施されているだけです。

スターリン　あなた方が勇敢な騎乗者であることを私は知っていますが、この問題で急ぐには及びません。実験的にひとつの町でのみ許可して、どうなるのか観察することが必要です。最初はロシア語であっても、自分たちの教師を養成することに真剣に取り組むことが必要です。これを恐れる必要はありません。例えばトルクメンでは、はじめたった一人しか教師がいませんでしたが、それも保安部に勤めていた人物でした。ロシア語で教員養成を始め、現在自分たちのスタッフが存在しています。チベット仏教には、住民の間に映画、ラジオ、写真を普及させ人気を博すような方策で対抗する必要があります。あなた方は空間を通して話すことができるがラマ僧はできないということを住民に見せるべきです。軍には何人いますか？　飛行機、戦車の数は？　戦闘能力はどうですか？

ヴォロシーロフ　八〇〇〇人です。約二〇台の小型戦車があるが、戦車はなく、数十台の飛行機があります。軍隊の戦闘能力は満足すべきものがあります。

スターリン　カルガン方面にどれほどの軍隊がいますか？

エルデブオチル　ウデ［内蒙古のエレンホトに対峙するモンゴル国境の町］地区には二騎兵連隊が駐屯しています。

スターリン（ヴォロシーロフの方を向きながら）　彼らが軍を強化するのを助けねばなりません。

ヴォロシーロフ　シェコがここに来ました。我々は必要なことはすべてやります。

スターリン シェコは現地でどのように働いていますか、正直に言ってもらえませんか？ 本当に正直に！

ドブチン 彼はよく働いています。我々の状況を知っています。

スターリン チュツカーエフはどうですか？

エルデブオチル 良いです。

ヴォロシーロフ オフティンよりも？

エルデブオチル もちろん、オフティン以上です。

ヴォロシーロフ なぜですか？ オフティンはあなた方の左翼的偏向者と闘ったではありませんか？

スターリン 闘ったのは闘ったが、その後妥協しました。他に彼よりも良い人物がいなかったので彼は良かっただけです。なぜなら新方針は彼の提案で導入されたわけではないからです。住民は誰を最も信じていますか、あなた方ですか、それともチベット仏教ですか？

エルデブオチル チベット仏教です。

スターリン （ドブチンに向かって）あなたはどう思いますか？

ドブチン 我々は牧民とともに一〇年にわたって独自の生活を構築してきました。もちろん失敗もありましたが、顕著な成果もあります。新方針採択後、牧民の気分は我々にとって著しく有利に改善しました。だから牧民が我々よりもチベット仏教のほうをより信じているとは私はいえません。あなた方の賢明な指示に従って我々が自分たちの仕事を通じてこの好感を定着させられるかどうかは、今後我々自身にかかっています。

スターリン （賛意を示すうなずき） ブリャート人はどうですか？ あなた方を助けていますか、いませんか？

エルデブオチル 助けてくれる人もいますし、害を及ぼしている人もいます。

スターリン ブリャート人やカルムィク人と言語で類似点はありますか？

エルデブオチル　類似点はありますが、モンゴル人はブリャート人とは、カルムィク人以上に容易に理解し合えます。

スターリン　トゥヴァ人とはどうですか？

エルデブオチル　トゥヴァ人はキルギス語、オイラート語に似た独自の言語を話しますが、習慣や宗教で彼らはモンゴル人に似ています。

スターリン　彼らは明らかにチュルク系だ。ウズベク人やバシキール人がモンゴル語から拝借したように、ポーランドの **уланы**（槍騎兵）は、どうやら昔、**Улан**（赤い）という言語をモンゴル語から取ってきたようだ。バートル **багор** という言葉もまた、ロシア人やチュルク人が、モンゴル人から学んだものだ（勇者 **богатырь батыр**）。モンゴル語に、かまど **очаг** という言葉はありますか？　――「ありません」との答えに――おそらくこの言葉はチュルク語にだけあるのだろう。

会見の最後に、ドブチンは短い挨拶と感謝の言葉を添えて、スターリン、ヴォロシーロフに写真集を見せながら、調度品が完全に揃ったユルト、付属品を備えたモンゴルのテント、サドルと装具の付いた馬一頭を贈呈した。

スターリン（手書きで）　ゲンドゥン首相に、彼と会えなかったことについて私の謝罪を伝えてください。将来会えることを楽しみにしています。

以上である。

そして、ドブチンらへの受け入れにゲンデンが送った一九三四年一月一六日の書簡に対してスターリンも三月七日に返事を書いた。それを次に掲載しておく。

スターリンからゲンデンへの書簡

モンゴル人民共和国閣僚会議議長　ゲンデンへ

あなたの書簡を一九三四年一月一六日に受領しました。書簡とあいさつに感謝します。

あなたの共和国がやっと正しい道に立ち、国内生活で成功し、その国際的な力を強化し、その独立を固めていることを非常にうれしく思います。

あなたが、全精力を次のことにつぎ込むならば、貴国ははるかに改善するように思われます。①共和国の指導者の間に完全な一体性があること、②共和国政府に対する牧民たちの完全な支持が確保されていること、③国の軍隊が自分たちの国家的な課題を見事にやってのけ、自分たちの国民政府に完全に忠誠を誓うこと、以上です。

私の考えでは、これらの条件は貴共和国の民族的、国家的独立の基礎をなすものであり、これらの条件が守られるならば、モンゴル人民革命共和国は無敵になるでしょう。

ソ連に関しては、今後もモンゴル人民革命共和国に応分の支援を行う用意があります。この点について心配するには及びません。私とヴォロシーロフとモロトフは、皆一緒にあなたが送ってくれた贈り物に感謝しております。一〇発、二〇発の弾倉をつけたソ連製の新しい自動銃を小さな贈り物としてお受け取りください。二本足や四本足のあらゆる種類の狼とあなたが闘うのに役立つことでしょう。

戦闘的あいさつを送ります！

И・スターリン

一九三四年三月七日　　エルデブオチルとドブチンに戦闘的挨拶を[308]

一九三四年に入ると、ソ連のモンゴルへの関与はますます深まっていく。一九三四年一月二〇日、政治局会議はモンゴル諸街道における輸送強化について検討し、モロトフの最終的な検証に委ねた。[309]そして同日、モロトフの検証を経て中央委員会の決定草案が採択された。[310]大きく、輸送と人材に分けて、それぞれ関係機関のなすべき仕事と責任者の氏名が明記されている。それを表にまとめると次のようになる。

輸送について

機関（責任者）	期限	仕事
西シベリア地方党委（エイへ）	一九三四年一二月一日まで	チュイ道路に一万二〇〇〇の荷車による畜力輸送を整備。
供給人民委員部（フロプリャンキン）と人民委員会議調達委員会（チェルノーフ）	一九三四年第一四半期	チュイ道路における畜力輸送（一万二〇〇〇回の荷車輸送）を商品に交換するため、必要な量の飼い葉、食料、工業製品を外国貿易人民委員部に提供［荷車を使った輸送に対する報酬としてこれらを供与するという意味か］。
ソユーズネフテトルグ（エフニ）	一九三四年二月半ば	ビイスクのソヴモングトゥヴトルグ宛に計画以上に三〇〇トンのガソリンを発送。
外国貿易人民委員部	至急	陸海軍事人民委員部に引き渡すべく、三五セットの輸入機械一式（変速機とケロッグ製機械式ポンプ付きの九三馬力のヘラクレス・エンジン）を購入、発送。陸海軍事人民委員部はそれを用いて、一月にタンクローリーЯ3《ヤズ》-5を一〇台、二月にЯ3-4を二五台組み立て［Я3はヤロスラヴェリ工場を指すものと思われる］。
重工業人民委員部（スヴィストゥン）	二月一日まで	リスト一、二、三［省略］に基づき、機械一式、部品をソヴモングトゥヴトルグに提供。
重工業人民委員部	第一四半期	自動車用靴（ゴム、カバー、修理用ゴム）の必要数を点検、提供。工場からの出荷は二月一日より前。
燃料委員会（メジラウク）		ソユーズネフテトルグが石油タンクに二週間分を備蓄するようガソリンの需要を調査、常時確保。同時に燃料委員会は第一四半期の燃料を

		確保、毎月同量を中央から供給。
重工業人民委員部（M・カガノーヴィチ）	三月一日まで	ソヴモングトゥヴトルグにケーブル、電線、鉄製の樽、管を納付。
フォーミン	一月三〇日	一九三四年のセレンガ川での輸出輸送についての一九三三年一一月一六日の人民委員会議布告を実行できなければ、厳罰に処すると警告。水運人民委員部の責任者と、荷船、蒸気船、埠頭を建設している現地の責任者の氏名を中央統制委員会、労農監督人民委員部に報告。
外国貿易人民委員部		一二〇台のトラックを提供。

幹部について

機関（責任者）	期限	仕事
中央委員会	二月一〇日まで	モンゴル諸街道の指導的幹部や中間管理職（労働者供給部長、倉庫長）として常時勤務する三〇人を選抜、動員。
ツードルトランス（セレブリャコフ）	二月一〇日まで	外国貿易人民委員部に技師一〇人、技手一五人を選抜、派遣。
重工業人民委員部（モスクヴィン）		技師五人、技手一〇人、仕上げ工一五人を派遣。
外国貿易人民委員部		倉庫管理者一〇人、経理一五人を派遣。
モスクワ、レニングラ	二月一五日ま	運転手の党指導体制強化のため、それぞれ二〇人、一〇人の党員運転

ード党委員会	で	手を派遣。
外国貿易人民委員部		指導的高級指揮・政治・技術スタッフは二〇%、中級指揮・政治・技術スタッフは一〇%、運転手、生産労働者は二〇%、倉庫勤務者、荷役労働者は一〇%、ボルジャ・トゥンキン・チュイ道路の建設労働者は一〇%、現行給与から引き上げ。
通信人民委員部（ルイコフ）	一九三四年前半	キャフタ道路での電話連絡を組織化するための補助金を検討。
ウリリッヒ	第一四半期	ザバイカル軍集団、西シベリア軍管区の軍法会議は、諸街道で特別の出張裁判を開き、見せしめ裁判を複数実行。

以上が人材についての決定だが、特に外国貿易人民委員部に対しては、第一四半期に、各街道を独立採算制による独立単位とするため、各街道の構成、スタッフを確認し、基本的な経済的数値をもとにノルマを一か月間で策定（輸送一トンの料金、クレジットのノルマ等）。第一四半期には、諸街道において定期的に文書で監査するシステムを確立し、倉庫、転送地点で商品を完全に登録。一か月でソヴモングトゥヴトルグの中央の指導部を強化し、キャフタ道路長チェルニャコフ、トゥンキン道路政治部長チュプロフを、仕事に不適格という理由で解任。諸街道の大建設に適時に財政支出し、そのために必要な建設資材を出すように、体系的に監視。以上を決めた。[311]

続いて二月六日に政治局はモンゴルの予算を含め、モンゴルに関連した問題を詳細に決定した。[312] ①貨幣流通と商品価格、②一九三四年のモンゴル人民共和国予算の統制数字、③一九三四年のモンゴル人民共和国の国防省の予算、④ソ連モンゴル貿易の組織的構造、⑤モンゴルにおけるソ連人職員の数の削減、⑥モンゴルにおける映画サービスの組織、以上の六項目である。

①では、貨幣の新発行を避け、一九三三年末の水準に貨幣流通量をとどめること。モンゴルの牧民にとって現

存の商品価格は不利なので、原料、家畜の価格を二〇〜二五％引き上げ、四月一日までにこれについての布告を準備（チュツカーエフとビルケンゴフが担当）。ソ連ゴスストラフ（保険会社）のモンゴルにおける代理店を閉鎖し、納付金がモンゴル政府の手元に入るよう、モンゴルの保険会社を設立。以上である。

②では、一九三四年予算を一九三三年と同水準とし、歳入面では消費税を課す三つの商品（茶、砂糖、巻きたばこ）に対する特別の割り増し分を平均五〇％、中国製品にかけている割り増し分を七五％引き下げ、この割り増し分の納付金はすべて予算に加えるようにモンゴル政府に提案。歳出面では経済、社会・文化、行政・管理支出を一九六〇万トゥグリクとし、軍事支出四一〇万トゥグリクを予算に加え、道路建設支出を一五〇万トゥグリクと設定、一九三三年の統合債務および同年の八〇〇万トゥグリクの特別債務の支払いを一年延期するよう提案。

③では、一九三四年の軍事予算を一三三〇万トゥグリクとすること。ソ連の負担は一一二〇万トゥグリク（うち九二〇万は一九三四年の支出、二〇〇万は一九三三年の超過支出に対してモンゴル銀行がモンゴル政府に出した貸付金をカバー）とすること。このうち六二三・七万トゥグリクはソ連が持ち込む商品を販売することにより、二九六・三万トゥグリクは、フランコ・グラニツァの輸出価格（すなわち工業の蔵出し価格から三三・五％の値引き）で現物で受け取ること。ソ連財務人民委員部と外務人民委員部は三月一五日にはモンゴル政府に最初の借款が引き渡されるよう、三月一日までに一一二〇万トゥグリクのモンゴル政府への借款を公式に作成。ソ連人民委員会議は予備基金からこの金額を渡すこと。ソ連財務人民委員部はモンゴル側に引き渡される現物の工業の蔵出し価格と輸出価格の差額と国境までの輸送料金一五〇万ルーブルを軍に補塡。以上を決めた。

④では、ソ連モンゴル間の貿易に携わる全組織は、モンゴルの国内商業についてはモンゴル政府や経済組織が全責任を持ち、彼らがソ連との貿易プランの策定に活発に参画し、商品の質や注文のすべての条件に合致しているかどうか点検するという原則に立脚すべきだとして、不可欠な対策を列挙した。（A）ソ連外国貿易人民委員部とモンゴルの通商産業省が合意した輸出入プランに基づいてモンゴルと貿易する。（B）ソヴモングトルグ［ソヴモングトゥヴトルグより、トゥヴァとの貿易に従事する組織が分離したため、ソヴモングトルグとなる］をソ連からモンゴルへの輸出を行う基本的組織として再編するが、そのために外国貿易人民委員部は、ソヴモングトゥヴトルグ

からトゥヴァ専門の貿易を分離。ソヴモングトルグから自動車、医薬品の輸出を分離しアフトエクスポルト、レクテフスィリヨ Лектехсырьё［医薬品の調達、販売に従事］に引き渡す。ソヴモングトルグからすべての輸入業務を分離し、ソユーズプシニーナ、スコトインポルト、ソユーズザゴトシェールスチ、ラズノエクスポルト Разноэкспорт［畜産原料・廃棄物輸出全ソ合同］に委ねる。ソヴモングトルグはモンツェンコープと私的セクターと取引する会社に国境の転送地点で商品を引き渡す。ソ連の輸入会社は、モンゴルの調達機関がモンゴル国内で調達した原料や家畜を国境で受け入れる。（C）ソ連モンゴル株式会社モンソヴブネルを解体し、外国貿易人民委員部はモンゴル政府とこれについて合意すること。（D）私的貿易の秩序化、発展により商品流通を拡大すべく、モンゴル銀行に私的セクターとの取引のため卸取引を行う国家会社を組織するよう提案。モンゴル銀行はこの会社にクレジットを提供。（E）ソヴモングトルグの理事会に、通産省とモンゴルの通商組織から三人の常設派遣団を設置し、モンゴル市場の特殊な需要に応じた注文の割り当て、これらの注文の期限内の実行、商品の品質や配送地点への送付を確保するなどの管理・監視を行う機能を付与。（F）第1項で述べたノルマに従いソ連人を削減することでモンツェンコープの全機構を徹底的に削減し、偽の規制的下部組織網も削減し、支出に収まる細胞のみ残す。（G）外国貿易人民委員部は第三国からのモンゴルのための輸入プランを、毎年、通産省と合意すること。西側諸国から輸入される商品については、ソヴモングトルグが承認された範囲内で輸入会社に購入のための仕様書を送付し、商品受領後モンゴルに送り届けること。第三国からの承認された輸入プランに基づき、通商代表は中国における商品購入のためヴォストヴァグに適切な輸入割当量を指示するが、モンゴルの組織はこの割当量の限度内でそれに応じた仕様書を発行する。茶の購入はツェントロソユーズの輸入事務所を通じて行う。（H）外国貿易人民委員部（ローゼンゴリツ）は、六か月で一五〇人以上の会計係を養成し、一〇〇人以上の会計係の質を高めるべく、四月一日までにウランバートルでモンゴル人の会計係の教育、再訓練を組織。

⑤では、モンゴルに勤務しているソ連人労働者を四一％削減（うち予算組織で二二％、企業で四一％、経済組織で四四％、ソヴィエト組織で五五％）し、チュツカーエフはその正確な実行を点検。アンティポフはチュツカーエフ、エジョフとともにモンゴルへのソ連人職員の補充、そのソ連への召喚に関する指示草案を策定。チュツカーエフ

は現地で採用され、今後モンゴルに滞在し続けるのは望ましくなく削減の対象となったソ連人をモンゴルから移住させる小委員会をウランバートルに設置。

⑥では、モンゴル人民共和国のため二本の映画を早急に製作することを念頭に、ソユーズキノ（シュミャツキー）が一か月以内にモンゴルの映画サービス（撮影、映画のプロジェクト、移動映画館等）の組織化について詳細に検討した提案をモンゴル小委に提出して承認を受けることを決めた。[313]

一九三四年二月一九日、詳しい経緯は不明だが、ソドノム・イシ Содном Иши なる人物を逮捕し、モンゴルへ送るとのヴォロシーロフの提案が政治局で採択された。[314]

さらに三月七日には、モンゴル小委による四項目の決定を政治局が承認した。

（1）「革命軍事会議について」では、革命軍事会議を解体するとのゲンデンの意向を尊重し、組織的に国防省をより明確に定式化し強化し、その活動を速やかに規定。政府の国防小委員会の構成を強化し、特別規定でこの小委員会と国防省の相互関係を明確に規定。ゲンデンが提示したスタッフの配置換え（モスクワ駐在サムボーを「政治局」長に任命、革命軍事会議メンバーのダシ・ツィビク、ウルジイバト、モンツェンコープ理事会議長プンツクをモスクワでの学習に派遣）に同意。現時点で「政治局」をモンゴル人民革命党に従属させるのは不適切なので、従来通り国防省の管轄下に置くが他の国家機関同様、人民革命党中央委員会に従属する。以上の方策を実行するようチュツカーエフに委ねる。

（2）「モンゴルのためのソ連の幹部の養成について」では、東方学院および科学アカデミーがモンゴル書籍を注文するために一五〇〇トゥグリクの送金許可を財務人民委員部が与えること。

（3）「モンゴルの全権代表部建屋」の増築が不可欠なので、財務人民委員部は外務人民委員部に六万トゥグリクを支出。

（4）「プロムコンビナートとハトガルの洗毛工場について」。軽工業人民委員部が管轄下の諸工場にモンゴル人六〇人を受け入れて教育し、優秀な人材を高級技術職員として養成（費用はソ連の国家予算から支出）。

軽工業人民委員部が建設し、第一期の始動期に入ったばかりのハトガル洗毛工場は、モンゴル政府への引き渡しは時期尚早だが、秋の洗毛シーズン終了後、引き渡し問題を再検討。[315] 以上である。

一方で、ソ連のモンゴル専門家養成のためモンゴル文学の取り寄せ、[316] 会話実践のためナリマーノフ・エヌキッゼ名称東方学院モンゴル部の三、四年生三一人のモンゴルへの一年間の派遣も企てた。派遣と滞在費用として一万九〇六五ルーブル、五万三九四〇トゥグリクの支出を決めた。[317]

ルムベ事件に関連して一九三四年五月二三日の政治局決定をすでに紹介したが、同日、政治局はモンゴル人民革命党大会についても決定している。大会の議事日程に党の大衆活動、商業の展開に関する諸問題を追加すること、チベット仏教の影響と闘争することを視野に入れ大会で文化活動についての諸問題を提示するのは適切だが、この大会でチベット仏教との公然たる闘いを宣言することは避けることが必要である、と述べられていた。[318] この段階ではチベット仏教に対する弾圧はまだ日程に上っていなかった。

一九三四年六月八日、政治局は一九三四年のモンゴルとの輸出入、外貨プランについて検討し詳細な決定を下したが、周辺の市場を勘案した戦略が企図されていたことを示している。

（1）対モンゴル貿易における正常な決済を確立すべく、モンゴルに近い中国の市場（カルガン、天津、ハルビン）における正貨価格を基礎に輸出入商品の価格を構築するが、その際モンゴルへ輸入されるソ連製商品のソ連・モンゴル国境での価格は、同様の品質でモンゴル・中国国境から入る商品より平均で二〇％安くし、逆にモンゴルからソ連へ輸出される家畜、原料は同様の製品で中国へ輸出される値段より平均して一〇％高くすること。外国貿易人民委員部は六月一五日までに新たな正貨価格表を検討し、モンゴル人民共和国政府と協定を結ぶこと。その新しい表をもとに、モンゴル政府とは一九三四年の臨時の決済方法で合意すること。秋までに定まるモンゴルの国内市場での価格、その外国との取引における正貨による価格との相互関係などを検討し、一一月一五日までにトゥグリクの金ルーブルに対するレートを定めること。

（2）モンゴル政府と合意した、一九三四年のモンゴルへの輸出一四〇〇万金ルーブル（現在価格で四三九〇万三〇〇〇ルーブル）、工業側が外国貿易人民委員部に渡す商品の価格八八五四万九〇〇〇ルーブル（政府が承認した九五七二万二〇〇〇ルーブルではなく）を承認する。

（3）モンゴル政府と合意した、一九三四年のモンゴルからの輸入八五〇万金ルーブル、このうち再輸出は二八八万五〇〇〇金ルーブル（現在価格でそれぞれ二一七四万五〇〇〇ルーブルと六四五万ルーブル）を承認する。

（4）一九三四年のモンゴルのための第三国からの輸入三六六万四〇〇〇金ルーブルを承認する（一九三三年に計画以上にモンゴルに運ばれた中国製商品八三万金ルーブルを加算して）。

（5）モンゴルのための外国製品の購入費として一九三二年、三三年分の支払いを合わせて、一九三四年に三六二・九万金ルーブルの外貨を割り当てる。

（6）重工業人民委員部、軽工業人民委員部、供給人民委員部、ソ連人民委員会議付属調達委員会は、一九三四年のプランに基づいたモンゴルへの商品の引渡しを一〇月一日までに終えること。

（7）重工業人民委員部はモンゴルから輸入する毛で、モンゴルで必要とされる品質の毛織物、ニット製品を製造。そのために粗目の羊毛一六八トン、ラクダの毛五四トン、ヤギの柔毛五トンを利用。[319]

同じ六月八日には、モンゴルとの決済およびモンゴルに搬入される外国製品について政治局が決定した。

（1）モンゴル国内で九か月分の商品を備蓄するための融資として、無利子で更新されるクレジットを、ソ連政府がモンゴル政府に供与。これらの商品は備蓄完了後、放出される。この九か月分の備蓄の規模は毎年外国貿易人民委員部と通産省の間の合意に基づき設定。融資額の規模を確定する際には、ソ連および第三国からの輸出はフランコ・グラニツァの価格によること。九か月の商品備蓄の規模を、一九三四年には正貨価格で六〇〇万金ルーブルに定める。商品に対する消費税、関税を輸入時ではなく、販売時に徴収するようモンゴル政府に提案。

（2）備蓄商品は特別に登録し、一部を国境の配送地点、一部をモンゴル国内のモンツェンコープやモンゴル銀行の基地に集積。これとの関連でチュツカーエフ、ビルケンゴフは倉庫の収容能力を調べ、必要ならばモンゴルの関係機関に必要な対策を講じるよう要請。

（3）貿易および非貿易部門におけるモンゴルのソ連に対する債務の再計算、低減が必要だが、トゥグリクのレート再検討に応じて、一九三四年一一月一五日までに再計算を実施。外国貿易人民委員部はゴスバンクとともに、この期限までにこの再計算についてモンゴル小委員会に提案し、承認を得ること。

（4）再計算の際には、ふたつのクレジットの期限を定める。非貿易部門の債務、過去の貿易部門の債務は年利二％で一〇年、一九三四年に生じる債務は年利二％で五年とする。

（5）外国貿易人民委員部はモンゴル通産省と輸出入計画について交渉する際には、ソ連から第三国へ再輸出する商品、および第三国からモンゴルへ輸入される商品について特別なグループを割り当てること。

（6）外国貿易人民委員部はモンゴルから再輸出される商品の受け入れ、販売について輸出企業および人民委員部内で特別に登録すること。外国貿易人民委員部とモンゴル通産省の間で合意された価格で、モンゴルからソ連が受け取る再輸出商品の価格は、ヴネシトルグバンクにあるモンゴル政府の特別の外貨口座へと算入されるが、その口座で第三国からモンゴルへの輸入支払いも決済される（モンゴルの組織が再輸出計画を超過遂行する場合、それに応じて第三国からモンゴルへの輸出割当量も増えるし、逆もありうる）。

（7）第五、第六項目との関連で、外国貿易人民委員部とゴスバンクは二〇日以内にこれに応じた指示を出し、モンゴル政府とも合意すること。[320]

一九三四年六月一四日には、政治局は先の六月八日の決定を受けてモンゴルへ輸出する小麦について検討し、ソ連人民委員会議付属農産物調達委員会に対して、モンゴルへの輸出のための小麦の年間備蓄の引き渡しが一九三五年一月一日までに完了するよう、一九三四年一〇月一日までに三万五〇〇〇トン以上の小麦粉を積み出すことを許可した。[321]

一九三四年六月二三日に政治局は、モンゴル共和国成立一〇周年を記念しソ連の中央執行委員会、人民委員会議の代表（代表団長にはカラハン、メンバーにスミドヴィチ[322]とタジエフ[323]を任命）を派遣することを決め、カラハンと代表団はソコーリニコフ、ストモニャコフとともに、代表団の仕事を計画するよう指示した[324]。また、ブリャート・モンゴルから八人の代表団を派遣することも承認された[325]。これと関連して六月二八日には、モンゴル政府への贈り物も決められた。①エンジン「ライト」を積んだ旅客飛行機二機、②二台の「ジス」製バス、③映画プリント一式をつけた一〇台の移動映写設備を贈呈する他、二か月間「小規模のサーカスを興行のためソ連の資金で派遣する」ことも含んでいた[326]。引き続き六月三〇日政治局は、この贈り物の送付はお祝いに間に合うよう、オゲペウにその組織を委ね、発送、輸送料に関するすべての支出をソ連中央執行委員会が負担すること、重工業人民委員部は飛行機二機、バス二台をすぐに引き渡すこと、贈り物は公式にソ連中央執行委員会の名前で引き渡すことを続けて決定した[327]。時期的に少し遅くなるが、一九三四年七月二九日に政治局は、「モンゴル共和国独立一〇周年祝賀」に関して外務人民委員部による訂正を施していない未検証のテキストを諸新聞に配信したかどで、メンクス Менкус（タスの外信部長）とバラバシ Барабаш（同副部長）を譴責する決定を行っている[328]。モンゴルの独立にとってのソ連の存在を確認させる行事として、象徴的な行事であったといえるのではないか。またソ連が贈った飛行機には、モンゴル住民に「文明」を体験させる効果もあった。一九三四年六月のナーダムの祝日の際に、モンゴル住民は航空パレードの目撃者となった。戦闘機が模範爆撃や空中からの射撃を実演してみせた。飛行部隊の訓練のみならず、パラシュートの訓練をモンゴル女性も含めて行っていたスデツは、八〇〇メートルの高さから地上一五〇メートルまでパラシュートを開かないという開傘遅延降下を実演してみせた。グループによるパラシュート降下も行われた。K－5型飛行機に牧民や労働者を乗せてウランバートル上空を飛行したことを含め、これらの行事は反宗教的なプロパガンダの意味を持っていたとスデツは回想している。別の場所では、飛行機から降りてきたのが人間であることに驚く住民の様子が描かれている[329]。

一九三四年後半にもモンゴルへの物資の輸送体制の改善は着々と続けられていた。一九三四年八月七日に政治局は「モンゴルのためのいくつかの商品の積み下ろし期間の変更について」検討し、洋服用羊のなめし皮、婦人用絹等に関して決定し、[330]続いて八月一三日には「モンゴル人民共和国のためのガソリンについて」、備蓄委員会が至急ソユーズネフテエクスポルトに貸し出す形で、ヴェルフネウディンスク基地の備蓄から二〇日を超えない限度でモンゴルへ発送するために、ガソリン二〇〇〇トンを引き渡すことを許可した。モンゴルに送るガソリンが周辺になかったため備蓄を解除せざるをえなかったものと思われる。備蓄取り崩し後にそれを補填するのが常だが、ソユーズネフテエクスポルトのヴェルフネウディンスクにある倉庫の在庫量を補充すべく、モンゴル人民共和国への発送を予定されているガソリンのヴェルフネウディンスクへの送付を交通人民委員部に急がせ、ソヴィエト統制委員会（アンティポフ）には、その遂行を監視させた。[331]

ここで地質調査を目的とする遠征隊派遣についてまとめておきたい。一九三一年に行われた調査が成果を上げたため、翌一九三二年以降も派遣は続いた。一九三三年三月にはヴォロシーロフのモンゴル小委でも議題に取り上げられていたが、その後六月四日にクイブィシェフは、一九三三年のモンゴルへの地質調査遠征隊派遣の費用として、ソ連人民委員会議の予備基金から五一万九〇〇〇ルーブルをトゥグリクで重工業人民委員部に支出する布告を採択するよう政治局に求めた。[332]約三週間後の六月二八日政治局はこの問題について、一九三二年一二月五日のソ連人民委員会議の布告を発展させ、金の探索作業は停止し、宝石や貴金属をモンゴル人民共和国で探索する活動を一九三三年に終了するのに三八万トゥグリクを支出することを決めた。[333]

翌一九三四年四月二日、ソ連科学アカデミーの常設書記だったアカデミー会員のボリシャク[334]がソ連人民委員会議に問題提起した。要約すると、「ここ数年ソ連科学アカデミーの地質遠征隊は、モンゴルの学術調査委員会 **научно-исследовательский комитет** とともにモンゴルの広大な地域で調査したが、その課題はモンゴおよびそれと接するシベリア南部の地質学的構造を理解するために不可欠なモンゴルの基本的な地層、地殻変動を解明することであった。これは広範な学術的関心を引くだけでなく、今後の地質探索活動のための基礎を構築するという実践的な意義も有していた。遠征隊はこの他に、鉱物資源を直接探索する作業も行って一連の発見を成し遂げ、資源地図を作製するための情報も収集したが、その分布が地質構造や地殻変動のプロセスに依存していることも示した。一九三三年には計画した地質学的測量の他に、ハンガイ山地やダルハトで一連の鉱物資源の産地を発見した。特に注目すべきはダルハト地区南部の大変有望で希少なバナジウム鉱の産地である。通常バナジウムの産地は、その他の希少鉱物を含む層と関係するので、特に注目すべきだ。そのためソ連科学アカデミー幹部会は、一九三四年もさらに鉱物資源を探索すべく、この地区での地質遠征隊の調査を続行すべきと考える。ソ連科学アカデミー地質学研究所の総合的な学術指導のもと、地質学者ラチコフスキーが遠征隊の隊長を務めるべきである。スタッフには、地質学者レベデヴァ、地形学者クルペーニン、研究員シゾヴァ、スモリヤニノヴァが入るが[335]、一九三四年一月九日付でモンゴルの学術調査委員会から送られた要望に合致するものだ。調査に必要な費用として、三万九四六六ルーブルと、二万三四〇〇トゥグリクが割り当てられる。四月半ばに出発するので、遠征隊のモンゴルへの派遣を至急、了承して欲しい」、以上である[336]。四月一三日にボリシャクは遠征隊にレフチェンコ С.В. Левченко を加えるようソ連人民委員会議に承認を求めた[337]。ソ連ゴスプラン議長代理メジラウクは四月一六日、一九二七年からモンゴルで活動しているこのソ連科学アカデミーの地質調査団による調査報告書と一九三四年の具体的な計画について知らないので、それを受領後に遠征隊派遣の可否を考えたいとソ連人民委員会議に伝えた[338]。ところが四月一七日のモンゴル小委は、一九三四年の遠征隊派遣を取りやめ、三五年に延期することを決めた[339]。ちなみにオゲペウの外事部長アルトゥーゾフは、最初に決まった派遣予定のスタッフについては四月一一日に、あとから加えられたレフチェンコについては五月五日に、派遣に反対しないと人民委員会議に伝えていた[340]。このように外国に派遣される人物については、治安機関による人物評定がなされるのが普通であった。ちょうど一九三四年五月七日、政治局は全人民委員部と中央、地方の組織に対して、ジダーノフ（議長）[341]、メジラウク［ヴァレーリー］、エジョフ、アグラーノフ[342]をメンバーとする中央委員会の小委の許可なく、外国へ代表やグループ、代表団を派遣することを禁止した。この小委は政治的な信頼性だけでなく、実務的な妥当性の観点からも外国出張に関する問題を決定することとされた[343]。

前年の遠征隊派遣取りやめを受け、一九三五年三月二六日の幹部会会議でソ連科学アカデミーは二〇人の派遣メンバーを決定した。内訳は地質関係が七人、動物学関係が五人、飼料関係が五人、人類学・言語学関係が一人、歴史・考古学関係が三人だった[344]。この後、五月から七月にかけて科学アカデミー（副総裁のコマロフ）だけでなく、外務人民委員部のストモニャコフからも人民委員会議（議長のモロトフや議長代理のメジラウク）宛に、五月初めの出発予定が遅れている、資金も出して欲しいとの要請が引き続きなされた。(345) ところが派遣メンバーの検査が済んでいないとの理由で一九三五年の派遣も取りやめになった。(346) 一九三六年に入っても、四月にコマロフが遠征隊の調査対象やその狙い、ソ連にとっての有益性を説明し、ストモニャコフも今年こそ派遣して欲しいと訴え続けることになる。(347)

十　モンゴルの債務削減とコミンテルン代表団の派遣

一九三四年八月一九日、カガノーヴィチとモロトフは休暇先のスターリンに、「モンゴル・満洲国境で、財宝探しを口実に国境を越えた日本人二人と中国人一人が捕らえられた。現状を考慮しこの問題で紛争を巻き起こす必要はないと考え、「モンゴル政府には逮捕した者に追放を宣告し、即時追放するよう提案する」との決定を検討している。あなたの意見を伺いたい」と問いただしたところ、翌八月二〇日スターリンは同意した。(348) 満洲との国境付近でのソ連、モンゴルの国境警備隊の活動を物語るが、このような国境における紛争が一九三〇年代後半には徐々に増加していくことになる。

また九月一三日、政治局は近く開かれる予定のモンゴル人民革命党大会へ、コミンテルンよりシュメラル、コラロフ（ブルガリアの政治家。一八七七～一九五〇）を派遣することを決定したが、二人では不十分と考えたらしく、クイブィシェフ、ピャトニツキー、ジダーノフには第三の候補を検討するよう指示した。またジダーノフ（招集）、カガノーヴィチ、ヴォロシーロフ、クイブィシェフ、エリアヴァ、ピャトニツキー、ソコーリニコフが、政治局の名前で大会に向けたコミンテルン代表への指示を承認すること、ピャトニツキー、ソコーリニコフ、エリアヴァが指示の草案を作成することを決めた。(349) これに関して三日後の九月一六日、カガノーヴィチとクイブィシェフは、モンゴル人民革命党大会への代表団としてコミンテルンがシュメラル、コラロフを指名し、シュメラルはすでに現地へ向かったこと、「我々はこれでは不十分なので彼らとともにソコーリニコフを派遣することを提案する。ソコーリニコフ自身は自分のモンゴル派遣に反対している。我々は彼の派遣を押し通すべきであると考える」としてスターリンの意見を聞いたところ、同日スターリンはこれに同意した。[350] これが翌一七日に政治局の決定となった。[351] シュメラルは一九二八年の同様の大会でコミンテルンを代表して出席し、いわゆる右翼偏向路線を攻撃、モンゴルにおける左派の台頭を導いた人物であった。続いて九月二〇日、カガノーヴィチはモンゴル問題についてスターリンに問い合わせた。内容は以下の通りである。

今日、モンゴル大会に出席する代表団への指示について編集した。この指示にはいかなる新たな政治方針も含まれていない。代表団には従来の、正しさが証明された命令に立脚するよう指示した。組織問題については党の役割と比重を高めることに重点を置き、しかも無条件にゲンデンの地位を保全することである。あなたに指示の草案を送るので、意見を電信で知らせて欲しい。モスクワからすでに出発した代表団に手交すべくそれをイルクーツクに送らねばならないので。

同時にソコーリニコフはいくつかの問題を提起した。最も重要なのは、モンゴル政府が我々に対して抱えている債務の削減とその支払い猶予の問題である。彼らは我々に丸々九五〇〇万トゥグリク返却せねばならず、エリアヴァ、ソコーリニコフによれば、ソ連との貿易におけるモンゴルにとって不利な価格の結果、この莫大な債務が生じたのである。したがって彼らは債務を三四〇〇万トゥグリク減らし、軍関係の債務二八〇〇万トゥグリクの返済を一九四五年まで猶予するよう提案してきた。こうして近い将来の債務として三三〇〇万トゥグリク残ることになる。

我々はこの方向で交渉するようソコーリニコフにのみ許可し、正確な数字を入れていない短い布告草案を採択した。残りの布告は、すでに存在する中央委員会の決定を基礎とし、外国貿易人民委員部が実行していない布告に基づくものではない。ともかく私はあなたにそれらを送る。返済猶予と債務削減についてあなたの意見を知らせて欲しい。[352]

モンゴルの首相ゲンデンの取り扱いとモンゴルのソ連への債務支払いが当面の重大な問題として浮上してきた。これより前の九月二日、政治局はルズタクに、モンゴル小委により持ち込まれた問題として、「金による価格表」および「モンゴルおよびソ連の経済機関の間の決済の臨時の手続き」について検討し、提案を中央委員会に持ち込むよう委ねていた[353]。エリアヴァ、ソコーリニコフがモンゴルにとって不利とみなしていた価格設定を検討する作業が同時に進められていたように思われる。

九月二二日、スターリンはカガノーヴィチに、「モンゴルに関する債務削減と返済猶予は採択してもよい。モンゴルへの代表団への指示は立派ではないが、受け入れ可能である」と回答した[354]。こうして翌九月二三日政治局は、①モンゴル人民共和国のソ連に対する債務の削減と支払い猶予について、②金の価格表とトゥグリクの新しいレートについて、③顧問、指導員に関するソ連・モンゴル間の合意の見直しについて、④モンゴルの第三国との貿易について、以上の四点を決定した[355]。①については、ソコーリニコフに対し、モンゴル人民革命党の代表と会談する際には、具体的な数字は持ち出さずに債務削減と支払い猶予の可能性の問題について触れることを許可し、正式の交渉と数字の確定はソコーリニコフがモンゴルから帰着し、モスクワへモンゴル人民共和国の代表、特にゲンデンが来るまで延期することを決めた。②については、一九三四年六月八日の中央委員会の指示を実行すべく、外国貿易人民委員部にはモンゴル政府と金価格表について合意し、労働国防会議に結果を報告すること、金ルーブルに対するトゥグリクの臨時の決済レートについてヴネシトルグバンク（外国貿易銀行）はモンゴル銀行と合意するよう指示した。③については、モンゴル小委員会が持ち込んだ新協定の草案を基本的に承認し、外務人民委員部に協定締結に向けてモンゴル政府と交渉に入るよう指示した。④については、（a）一九三二年五月二九日、一一月一日のモンゴルと第三国との貿易に関する中央委員会の決定［それぞれ第三章第三節、第五節を参照］を遂行していないと外国貿易人民委員部（ローゼンゴリツ、エリアヴァ）を譴責し、一九三五年からはモンゴルの商品の第三国への輸出、第三国からのモンゴルへの輸入をソ連の輸出入・外貨プランから除外することを指示した（理由は外貨の利益を管理するモンゴル政府にのみこれらの手続きを行う権限が属しているため）。（b）第三国からモンゴルへ物資を持ち込むべく商品を購入する際に、ソ連の貿易機関が受領していた外貨のレートの差額をソ連の収入に換算していたことは、ソ連の通商の原則を許しがたく歪曲したものであると認め、モンゴルのソ連に対する債務を精算する際に、誤って獲得されたこの金額をモンゴルの借方［要するに負債の減少］に算入すること。

（c）第三国との輸出入業務を通商産業省の直接の指揮下に、モンゴル政府に承認された割当額の範囲内で行うこと、第三国の市場における販売、購入を協定に基づいてヴォストヴァグその他のソ連の通商組織が実行することをモンゴル政府に提案すること。モンゴル政府の委託を実行するソ連の通商組織が最小限の手数料、保険料を取るよう外国貿易人民委員部は監視すること、[356] 以上を定めた。特に一九三〇年代に入るとモンゴルの貿易に占める中国の割合が低下しソ連の比重は圧倒的になっていくが、中国以外の第三国との通商においても地理的にソ連を通さざるをえず、外貨操作を行う中でソ連が利益を得ていた背景があったといえよう。

同じ九月二三日、ソコーリニコフ、ピャトニツキー、エリアヴァが作成したモンゴルへ派遣されるコミンテルン代表団への指示草案が政治局で採択された。[357] 七項目に分かれた内容を要約すると以下の通りである。

（1）**二年間の評価**　モンゴル人民革命党中央委員会総会が一九三二年七月に採択した正しい決定により、この二年間モンゴルの経済状況は著しく改善し、家畜の総頭数も増加し、牧民の最重要の必需品は完全に提供されているとはいえないが、最遠方のアイマクでさえ基本的商品の供給は改善され、国家機構はうまく機能し始め、政府の権威も強固になり、国防も著しく強化された。

（2）**モンゴル人民革命党**　この成功は、ひとえに党の働きによるが、これにより当然視される党の組織的な強化は生じておらず、最近は党中央組織の活動が低下し、大衆の中での活動は低調である。一九三四年、党幹部会の開催は五〜六回にとどまり、そこで重要な議題は何一つ審議されず、新党員の入党は停止されたままである。

（3）**代表団の任務**　一九三二年五月一九日付ソ連共産党中央委員会、コミンテルン執行委員会の書簡に示されたすべての指示は有効で、モンゴル人民革命党中央委員会の七月総会の決定、特に政治、組織部分は正しいことを確認すること。組織に関する決定は、採択された政治路線を反映してそれに密接に関連したものであり、党が国家活動を指導する際のやり方や形式を定めた七月総会の組織問題に関する決定は、政治的、経済的方針をうまく実行するための前提条件であると説明すること。そのことにより代表団は、党の中央組織と政府組織のよりよい相互関係の構築を手助けすること。党のたゆまぬ扇動、宣伝活動、組織活動なしに革命の成功を定着させられないし、政府の活動の成功のためには、党の団結、見解の統一、合意が不可欠であると説明すること。

（4）**ソ連との密接な関係**　代表団は大会で極東の状況についても説明し、モンゴルの経済的・文化的発展はソ連との最も密接な関係、ソ連による不断の兄弟的な援助なしには意味もなく不可能であることを説明すること。モンゴル独立の強化は、帝国主義との全般的な闘争におけるモンゴルとソ連の労働者大衆の兄弟的同盟と団結のたゆまない強化を意味することを特に説明すること。

（5）**モンゴル指導部**　代表団は指導的リーダーたちとの会話の中で、指導部内の不和の存在と境界を徹底的に明らかにすること。その際、党中央委員会幹部会と政府間の正しい相互関係に基づき、ゲンデンと他の指導的リーダーたちの間でより好ましい協調体制が築かれるよう努力すること。

（6）**ゲンデンへの説明**　党幹部会と政府間の完全な協調が不可欠なこと、党と党活動の意義と役割を過小評価することは、モンゴル共和国の運命にとってきわめて否定的な影響をはらんだ深刻な政治的誤りである、と適切に友好的な形で彼に説明すること。中央委員会は政府の日常活動へ介入できないということを、中央委員会の書記たちに示すこと。

（7）**中央委員会の構成**　中央委員会の構成を拡大しないよう提案する。中央委員会幹部会は一九三二年七月決定に基づき、候補なしに一一人の委員を選出すべきである。党、政府の最重要のメンバーであるアマルが中央委員会、同幹部会の委員でもないため、彼を両者の委員に選ぶよう提案すること。中央委員会幹部会への候補リストが明らかになり次第、代表団は自らの提案をモスクワに報告すること。[358]

一応は一九三二年の方針転換以来の活動を評価しながら、低調なモンゴル人民革命党の活動強化、ゲンデンを中心とした指導部の一体化、その政府との関係の正常化を求めたものとまとめられる。モンゴル人民革命党第九回大会（一九三四年九月二八日〜一〇月五日）でコミンテルン代表団は、政治局の指示通りに動き、シュメラル、コラロフはモスクワへの帰還後一〇月二九日にモンゴルの状況を説明する覚書を提出した。[359]

先の九月二三日の政治局決定ですでに、モンゴルの債務削減の最終決定はゲンデンの到着を待って行うこととしていたが、モンゴルとの関係を検討すべくゲンデンがモスクワに招かれることになった。政治局は一九三四年一〇月一九日、モンゴル首相ゲンデンと彼の随伴者のソ連への受け入れ、滞在費用のため一〇万ルーブルを支出することを決め、[360]一〇月二三日には、このモンゴル代表団との交渉を実行するためにエリアヴァ（議長）、ソコーリニコフ、ストモニャコフからなる委員会を結成することも決定した。[361]同日、政治局はソコーリニコフ、およびコラロフ、シュメラルには党中央委員会に対し、モンゴル人民革命党大会の活動に関する印象、結論について報告を提出するよう指示し、この問題については報告の提出後、中央委員会で検討することとした。[362]

第四章　ソ連の対モンゴル関与の拡大——ノモンハン事件に至るまで

一　スターリン・ゲンデン会談——一九三四年

本章では一九三〇年代後半、モンゴルへのソ連の関与がさらに拡大し、それまでの両国の共同作業が試されるノモンハン事件に至るまでの行程を描くことになる。一九三四年一一月一五日に、スターリンらソ連指導部とモンゴル代表団が会談[1]した。この会談の速記録は史料館に保管されているが、この文書の冒頭には、「校閲したSt（＝スターリンの署名）」との署名があり、タイプ打ちで起こされた会談内容にスターリン自ら校正している。将来の文書の公表を考えてのことか、記録を残しておくことで、その後のモンゴル側との交渉で使うことも考えていたのか不明だが、会談での本来の発言内容もわかるので消去した部分も含めて紹介する。スターリンが消去した文言は「　」の中に「　」で示し、挿入した箇所には傍線を引く。彼の関心のありようも伝えることができるのではないか。単なる語句の修正はそのままにしている。

モロトフ（ゲンデンの方を向いて）　どのような問題を持ち出そうとお考えですか？

ゲンデン　我々が明らかにしたいと考えている内政の基本的な問題ふたつについて提起したいと思います。ご存知の通り、あなたの熱烈な支援のもと、同志スターリンや他の指導的同志の助言を得て、我々は新方針を導入しました。この新方針を熱狂して歓迎した我が国の牧民はそのために党や政府の周りに団結しています。第九回党大会は新方針導入後に実施されている党や政府の施策すべてに賛同、承認しました。

基本的な諸問題に移ります。モンゴル人民共和国において党や政府にとって基本的に危険な存在であるチベット仏教が最初の問題です。チベット仏教は公然と党や政府と闘争しています。

スターリン　チベット仏教が公然たる闘争を行っているとあなたは信じているのですか？　それはどこに現れていますか？　事実ですか？

ゲンデン　チベット仏教は現時点で党や政府に対する公然たる反乱は組織していませんが、政府が実施している政策すべてにあらゆる方法で反対しており、それらを歪曲し掘り崩そうとしています。

ヴォロシーロフ　この闘争はラマ僧が個人的に行っているのか、それとも寺院全体で組織的に行っているのでしょうか？

ゲンデン　下層のラマ僧は新方針に共感を持っていますが、高位のラマ僧は公然と闘っています。例えば、牧民が新方針を支持しているので、新方針は神自身が導入したもの、反乱がもたらした結果であり、反乱と日本に驚愕して政府がそれを導入したのだといった噂を高位のラマ僧は流しています。その後我々はチベット仏教の影響力を弱めるため、一連の方策を実施しています。例えば、寺院に未成年者を受け入れることを禁ずる法律を出しました(2)。

スターリン　その法律はいつ出され、牧民たちはそれをどうとらえていますか？

ゲンデン　この法律は一九三三年初めに出しました。宗教を徹底的に撲滅するための法律だと牧民たちは理解していますが、ラマ僧がそのように説明したからです。

スターリン　いかなる対抗扇動を行いましたか？

ゲンデン　この法律は宗教の撲滅を目的としていないこと、未成年者は人生の進路を意識して選べないこと、大人になって初めて意識的な選択が可能になること等一連の論文を新聞に掲載しました。特別に反宗教的な文献を我々は出版していません。

スターリン、ヴォロシーロフ（強調しながら）　今の場合、その種の文献は問題になりません。

スターリン　ラマ僧には自分たちの新聞がありますか？　ラマ僧は何語で書いていますか？

ゲンデン　彼らに新聞はありませんが、諸寺院には技術的な印刷手段（木版術）があります。彼らはチベット語で書いています。

スターリン　ラマ僧は全員チベット語を理解するのですか？　牧民も理解しますか？

ゲンデン　ラマ僧は基本的にチベット語を知っていますが、知らない人もいます。牧民は理解できません。

スターリン　どのような新聞が何語で刊行されていますか？　その部数はどれくらいですか？

ゲンデン　三紙あります。人民革命党中央委員会、政府、軍です。モンゴル語で出版され、それぞれ五〇〇〇部です。

スターリン　モンゴル人民共和国にはどのような学校があり、どの言葉で教育していますか？　識字率はどの程度ですか？

ゲンデン　小学校がありますが、資金と教員が不足しているので数は多くありません。ここではモンゴル語で教育しています。識字率は約八％です。

ヴォロシーロフ　教員の中にラマ僧出身者はいますか？

ゲンデン　います。

スターリン　もっと教員を増やす必要があります。彼らが政府や党の政策の伝道者になるべきで、彼らが新しい人びと［「ラマ僧」を消去して挿入］になるべきです。寺院では何を教えていますか？

ゲンデン　純粋な教理以外に、医学と占星術です。最近モンゴル語の文法を教え始めています。モンゴル語を学んでいるラマ僧に我々は様々な特典を与えています。

ヴォロシーロフ　これに対してラマ僧はどのように反応していますか？　政府寄りの考えを抱くラマ僧はいますか？

ゲンデン　貧しいラマ僧は政府の諸施策に共感を抱いています。我々は彼らに特典を付与しています。高位のラマ僧からはより多くの税金を取っています。貧しいラマ僧の間でモンゴル語の識字率を高めようといろいろと努力しています。ラマ僧が輸送、手工業など生産的な仕事に従事するよう奨励しています。この他なりません。

政府は大きな寺院に四人の全権を任命しました。この方策は肯定的な結果を生んでいます。ラマ僧に対する政府の諸方策との関連で、寺院において規律が低下しているとか、ラマ僧が商売や宗教とは何ら関係のないまったく副次的なことに従事し始めていると、高位のラマ僧たちが話し始めているということを指摘せねばなりません。

スターリン　どのような資金でラマ僧は［「祈禱式の」を消去］寺院で生活して［「切り抜けて устраиваются」を消去して挿入］いるのですか？

ゲンデン　牧民の寄進からなるジャスを資金としています。

スターリン　ジャスとは何ですか？

ヴォロシーロフとエリアヴァが説明する。

スターリン　どのように寄進は集めていますか？　自主的にですか、それとも強制的ですか？

ゲンデン　自主的です。

スターリン　寄進はどのような用途に使われますか？

ゲンデン　寄進者に対してその現在と将来の生活を祈るためです。

スターリン、ヴォロシーロフ　「自主的・強制的な形で」お金が集まりますか。

ゲンデン　集まります［「自主的」にとゲンデンが答えているのに、それを無視して「強制的」にとの言葉を付け加えた二人の圧力に抗しきれず、強制的に集めることに同意したことを意味する］。

スターリン　下位のラマ僧を含め、すべてのラマ僧が寺院で私的な事業を営み、ジャスの財産を処分する権限を持っているのですか？

ゲンデン　あらゆるラマ僧に私的な財産があります。

スターリン　それはどのようなものですか？

ゲンデン　主に家畜ですが、それからお金とその他の資産です。下位のラマ僧にも私有財産はあります。もちろんジャスの資産を処分するのは高位のラマ僧です。このように高位のラマ僧は個人的な財産とジャスの資産を持っているのです。

スターリン　モンゴルでは井戸の利用をどのように組織していますか？　水に対して支払う必要がありますか？　それらを寺院が管理していますか？　政府は井戸を建設していますか？

ゲンデン　井戸は牧民、ラマ僧など皆が利用しています。水の代金は徴収していません。高価で整った井戸を国の金で掘ることは不利です。例えば南ゴビで掘られたふたつの新しい風力式の井戸はそれぞれ二万四〇〇〇トゥグリクかかりました。冬は水が凍るので動きませんし、夏は風が吹くときだけ水が手に入ります。このように巨大で高価な装置の付いた井戸が使い物にならないのはなぜかといえば、牧民は常に一か所に住んでいるのではなく、絶えず移動しているからです。南ゴビを視察した時それを見たエリアヴァ同志がこの井戸についてはよくご存じです。

スターリン　モンゴルの畜産業において井戸はどのような役割を果たしていますか？

ゲンデン　その役割はとても大きいです。

スターリン　畜産業にとってきわめて重大な意義を有する井戸の整備という経済的な問題について、政府が実際に配慮しているということを牧民に示すべく、国がこの事業に取り組むべきなのに、そうしないのはなぜですか？　あなたが指摘したような巨大で高価な井戸を作る必要はまったくありません。きわめて簡単な装置をつけた井戸で十分だからです。もちろんそんな井戸はモンゴルにあるでしょう。

ゲンデン　最近になって我々はこの問題にも取り組み始めました。例えば青年革命同盟［レヴソモル］は畜産省と契約し、非常に安価な井戸を掘っています。我が国の条件下、二万四〇〇〇トゥグリクで二四基以上掘ることの可能な簡便な井戸で済ませることがまったく可能だ、というのは正しいと思います。

チョイバルサン　レヴソモルは六〇の井戸を掘ることになっています。このうち五〇基はすでに準備ができています。

ゲンデン　飲料水を衛生的に改善すべく、あらゆる汚物の集積地で病原菌の発生源であるガンダン寺のために政府はウランバートルに井戸を掘りました。下位のラマ僧はこの方策を支持しています。

スターリン　それはもちろん正しいことです。しかし私は巨大な経済的意義を有する家畜の水飲み場のための井戸のことを話しているのです。

ゲンデン　それは正しいです。我々は今後、この点について発展させるつもりです。チベット仏教についての問題に戻ります。ソコーリニコフ同志はモンゴルにいたとき、チベット語からモンゴル語に祈禱の言語を替える問題を提起しました。我々もこの問題を検討しましたが、まだ一定の結論に到達していません。特にアマルですが、そのような方策に反対する同志も中にはおります。私はいくつかの寺院で試してみてはどうかと考えています。この問題は非常に複雑なので、皆様の助言を仰ぎたいと思います。この他に、外見は正統的なラマ僧の格好をしながら、ラマ僧に対して一定の方向に導くよう、特別に訓練された優秀な党員をラマ僧の中で活動すべくモンゴルへ派遣するのが良いとの、モスクワの指導的同志の意見をチュツカーエフ同志が昨年、戻ってきたときに伝えてくれました。この考えは現在の条件のもとでは実行しにくいと私はみなしています。

スターリン　それは困難ですか？

ゲンデン　とても困難です。そのために訓練された人がモンゴルにはいません。

スターリン　もし困難ならば、待つしかありませんね。

ゲンデン　チベット仏教の問題は非常に複雑なので、それに応じた法律だけでなく、イデオロギー路線でいかにしてチベット仏教と闘うべきかあなた方に助言を仰ぎたいです。

スターリン、ヴォロシーロフ　新方針の導入後、寺院の影響力は強まりましたか？　それとも顕著に弱まりましたか？

ゲンデン　文句なく目立って強まりました。これは牧民に対するラマ僧の宣伝の影響からも明らかです。彼らはラマ僧のいうことを信じています。

ヴォロシーロフ　牧民に対してより大きな影響力を与えているのは、政府と党ですか、それともチベット仏教ですか？

ゲンデン　おそらくチベット仏教です。

ヴォロシーロフ　モンゴルの慣習では、祈禱を行う集まりで牧民が牧民に対して扇動的な演説を行うことは可能ですか？

ゲンデン　政府や党で働く公的な人間が演説するならば、牧民たちは宗教を撲滅しようとする政府や党の方針の発現として理解するでしょう。私人が発言するならば、そのような意味は持たないでしょう。そのような人間の話は聞かないでしょうし、気違いじみたものとみなすでしょう。

スターリン　あなたはチベット仏教に対して自分の無力を証明しているということになりますね。

ゲンデン　行政的にラマ僧は我々のいうことを聞いていますが、牧民の間でラマ僧は我々よりも大きな影響力を発揮しています。他方で、最近の事実を取り上げると、新たな現象を見ることができます。例えば、最近の国民的な祝祭ナーダムでは、同時に行われた宗教的な祝祭たるツァムよりも多くの人を集めました。カラハン同志がこれを観察しました。このような現象は特徴的だとみなす必要があります。

スターリン　何らかの過失が原因で著名なラマ僧の誰かが裁判にかけられたり、逮捕されたりした事例は最近ありましたか？

ゲンデン　ふたつの事例がありました。一人の有力なラマ僧が、反革命的活動と日本人とのスパイ的なつながりを理由にホブドで逮捕されました。もう一人の七五歳のズギン・ラマはツェツェルリクで同じくスパイ行為のため逮捕されました。しかしこのラマ僧の逮捕に関する不満が原因で牧民、ラマ僧の間で多くの会話が交わされたため、彼は一年間刑務所にいたあと釈放されました。有力なラマ僧は牧民の間で非常に人気があり、彼らが日本の工作員たるパンチェン・ボグド［パンチェン・ラマのこと］と関係を持っていることが明らかになっても、我々は彼らの逮捕に踏み切れません。例えば、エリアヴァ同志も知っているヨンゾン・ハムボその他の有力なラマ僧には、その反革命性を暴くデータがあるのですが、処罰されないままです。彼らに対して今後どう対処すればよいか助言をお願いします。

スターリン　それで全部ですか？　答えてもいいですか？

ゲンデン　これで全部です。あなたの意見、助言を聞くことができれば非常にうれしいです。

スターリン　貴国には国家の中に国家が存在するということになります。ひとつの国家はゲンデンの政府で、もうひとつはチベット仏教の国家です。しかもチベット仏教の政府はより強力です。正面攻撃で敵を倒せない戦争では、迂回という手法が用いられます。ここでも同様に、チベット仏教は大きな勢力なので、それを徐々に迂回戦術で倒す必要があります。ゲンデン同志がここで述べた法律はもちろん適切で、このような迂回の動きをまさに採用したものです。最初に学校の事業を強化し、自分たちの教員をより多く抱え、若者に対する影響力の点でチベット仏教と闘う必要があります。このような闘争においてあなたが一人の教員でも失えば、大きな損失となるでしょう。教員たちとレヴソモルは、政府の政策の直接の伝道ベルトになるべきです。党とレヴソモルの活動を強化し、活性化せねばなりません。ゲンデンは個人的により活発に、直接党の仕事に従事する必要があります。牧民の必要不可欠な需要を満たすべく努めているのはラマ僧ではなく国家である、ということを彼らに示すべく、国のお金でより多くの井戸を作る必要があります。主な課題、それは新方針を強化することです。チベット仏教は新方針に同意していません。新方針が導入されるまでの状況、すなわち牧民が党と政府に不満を抱き、彼らに対して反乱するような状況を復活させることを望んでいるのです。したがって何としてでも新方針を強化する必要があります。

様々な政治的罪を犯した有力なラマ僧に対しては、時々処罰すること、しかも一般的な反革命的活動で告発するのではなく、祖国への裏切りのかどで裁判にかけることが必要です。この場合、外国の敵と結託したこれらのラマ僧が自分の国を裏切ったということを人民、牧民が理解するよう裁かねばなりません。しかしこのような手法はさしあたっては［挿入］、時々のみ可能です。

これらの方策はすべて迂回的なものです。他方で、私の知るところによれば、貴国には新方針に同意しない活動家も存在します。あなたの課題は、そのような連中と最も容赦のない闘争をすることです。祈禱をチベット語からモンゴル語に替えるのが適当だとのソコーリニコフ同志の考えに関してですが、基本的にこれはまったく正しいものです。独立した民族［挿入］国家において、祈禱を含めたすべては母語で行うべきです。トルコを例に挙げましょう。ここでは祈禱をアラブ語から母語のトルコ語に替えました。ロシアでは当時、祈禱をギリシャ語からスラヴ語に変更しました。日本でも祈禱はまた母語で行われています。貴国で祈禱の言語を母語にするのが困難ならば、若者が成長し、大衆の文化水準が向上する間、この方策を一時的に棚上げすることも可能です。デミド同志もこのような変更に反対していると私は知っています。もしこれを実施するのが現在困難ならば、待つ必要があるでしょう。もちろん将来的には、モンゴルにおける祈禱は民族的な［挿入］モンゴル語で行う必要があります。

ヴォロシーロフ　神はすべての言語を知らねばならないということですね……（一同笑う）。

スターリン　ラマ僧はまた医療にもまた［挿入］従事していることは知られているので、あなた方はこの問題をラマ僧から取り上げるためにも［挿入］、自分たちの医師、准医師、獣医師を強力に養成する必要があります。(3) 住民の文化水準の向上を根気強く成し遂げねばなりません。一人の兵士も文盲のまま出ることのないような強力な軍を持つ必要があります。しかも軍隊内では基礎的な技術的知識を習得するだけでなく、政治的にも［「ある程度」を消去］訓練されているべきです。軍は政治的に訓練されたものでなければなりません。強力な軍隊なくして、強力な国家はありません。

結論

（1）例えば税制の分野で、下位のラマ僧と高位のラマ僧に対［「する適用においては」を消去］して別々に適用するなど［挿入］、本日我々が話したラマ僧に対する法律的な施策を続けることが必要である。

（2）国家が井戸の建設に責任を持ち、それを利用するためには、井戸の主人はラマ僧ではなく国家であり、国家は高位のラマ僧と下位のラマ僧の間で差をつけている［挿入］ということを住民が理解するよう裕福なラマ僧に［「大きくない」を消去］税を課すべきである。

（3）学校の建設と教員、医者、獣医師の養成を進める必要がある。レヴソモルと党の活動を強化する必要がある。党は牧民の政治的水準を向上させることができるよう、自分の活動を構築すべきである。軍隊を強化し、軍と住民の識字率と文化レベルを向上させる必要がある。その時に貴政府は強力になり、チベット仏教よりも強くなるだろう。

モンゴルには映画や劇場はありますか？

ゲンデン　あります。本当に小さいものですが、モンゴルの歌をパテフォン［ラッパのついていないポータブル蓄音機］のレコードに録音したものがすでにありますが、これは牧民の間で大変な成功を収めました。

スターリン　これらの文化的な方策すべてを何としても強化し、映画や劇場をチベット語ではなく、母語のモンゴル語で拡大することが必要です。これらの課題をすべて実行に移したら、あなたはチベット仏教よりも強力になるでしょう。そうすれば、ラマ僧は孤立し、弱体化する［「あなたにおもねる」を消去して挿入］でしょう。

ゲンデン　第二の問題です。別の重要な問題、すなわち「豊かになりなさい」というスローガンについてあなたの回答もまた受け取りたいのです。このスローガンを私がどう考えるのか、私の考えを述べます。新方針の本質から導き出されたこのスローガンは、あるグループが別のグループを搾取して豊かになることは目指していません。このスローガンは貧農、中農、富裕者など住民のあらゆる階層で家畜が無制限に増えること、しかも牧民の上位階層の裕福さが増大することも阻止しないことを意味しています。このスローガンは我が国の全畜産業の全面的な拡大を目指したものです。もちろん通商や工業の分野で搾取は生じるでしょうが、畜産業でそれはないでしょう。我が国において主な危険は封建領主とラマ僧です。牧民の上位層の拡大を我々が制約していないことが、肯定的な結果を生んでいます。新方針導入後、我が国では三五〇〇万頭も家畜の数が増えました。

スターリン　家畜の数を増やすために、政府の側から特別な政策は行いましたか？

ゲンデン　いいえ、特別な政策は採択しておりません。この他にこのスローガンは責任ある活動家、職員に対しては適用されておらず、牧民に対してのみ向けられたものです。牧民に対して我々は差別的な政策を行っています。二〇万経営のうち三〇〇〇の経営には課税しておらず、経営の七六％は税金について特典を有しています。

スターリン　これで発言はすべてですか？

ゲンデン　すべてです。

スターリン　ゲンデンはすべて語っていないと私は考えます。あらゆる問題に関して意見を交換すべく、詳細に話し合うために我々はここに集いましたが、ゲンデンは話すべきことをすべて話したわけではありません。このような場合、私はあらゆる問題について全く率直に自分の意見を述べることにしましょう。すべての家畜が社会の手にあるとき、換言すれば我々のようにコルホーズの手にあるとき、頭数が増えることで社会全体の幸福が増大することになります。しかしモンゴルにはコルホーズも社会的な所有もなく、コルホーズを組織するための条件もありません。モンゴルでは家畜は独立した個人の手にあり、家畜に対して私的所有が存在しています。この条件のもと、私的所有が存在する場合、豊かになるということはいうまでもなく、あるグループが別のグループを搾取することによって生じるのです。これは法則で逃れようがありませんし、このことについてはゲンデンにはっきりと話すべきで、徹底的に述べるの［「話したり隠さないこと」を消去して挿入］を恐れてはいけません。現実を直視すべきです。レーニンが述べたように、事実は動かしがたいものです。新方針を導入したとき、貴国をブルジョア民主国家と呼んだのをあなたはおそらく覚えておいでではないですか？　そう思うのですが？

ゲンデン　はい、はい。

スターリン　ブルジョア民主主義とは何を意味するのでしょうか？　これは、搾取は禁止されないということを意味しています。しかし同時に、豊かになることへの呼びかけ［挿入］、搾取への呼びかけを全く意味していません。ブルジョア民主主義共和国では、私的所有が存在し社会的所有がないので、搾取は不可避な悪です。畜産業における労働力の雇用は必ず行われるでしょう。牧民が多くの家畜を所有しているならば、一人で放牧することはできず、他人や貧しい牧民［「労働力」を消去して挿入］を雇うことになるでしょう。そうでしょう？

ゲンデン　そうです。

スターリン　しかしこれは、彼らが搾取されるということを意味します〔挿入〕。あなたの共和国はたんにブルジョア民主主義共和国ではなく、新しいタイプのブルジョア民主主義共和国で、しかも反帝国主義国家です〔挿入〕。新しいタイプのとは何を意味するのでしょうか？　そのような体制の元では、搾取を認めつつ政府はこの搾取を奨励もしないし、支持もしないということを意味しています。〔「これは牧民の貧中層に支援が与えられ、課税によって上層の伸びが制限されることを意味します」を消去〕。すなわち、豊かになること、搾取することは法律では禁止されませんが、彼らを政府が支援することはなく、逆に政府は富裕な者に課税することによって彼らを制限するのです〔挿入〕。あなたの税制はこの方向を目指すべきです。他のブルジョア民主主義国家では富裕層が貧農を搾取することを国家が助けていますが、貴国では逆です。搾取を許しながら、あなた方はそれに共感したり、支持することはなく〔「ないでしょう」を消去〕、税金の助けを借りてそれを制限するのです〔挿入〕。ここにこそ新しいタイプのあなた方のブルジョア民主主義国家の本質があるのです。したがってあなたの政府は富裕層からより多くの税金を取り、貧農と中農をあらゆる手段を使って助けねばなりません。まさにこれが「豊かになりなさい」というスローガンについて語ることが誤っている理由です。このようなスローガン、このような呼びかけは必要ないのです〔挿入〕。

結論　内政の分野で、モンゴル政府は、第一に、主たる危険として封建主義者とラマ僧に対する断固たる闘争を行っています。第二に、富裕層の存在を認めながら、税制によってその豊かさの伸びを制限し、貧中層に対してあらゆる支援を行っています。ここに、内政分野における、あなた方の新しいタイプのブルジョア民主主義国家の本質があるのです。

外交政策において、あなたの政府は帝国主義者と関係を持っていませんし、反帝国主義的で〔挿入〕、自身の民族国家の〔挿入〕完全な独立の立場に立っています。ここに新しいタイプのあなた方のブルジョア民主主義共和国の外交政策の本質があります。〔「あなた方はソ連から独立を獲得する必要は何もありません。あなた方はソ連から全く独立しています。ソ連はあなた方の土地を欲しいとは思いませんし、自分の土地は十分多く持っています」を消去〕。

貴国をこのように特徴づけると、発展の資本主義的道と非資本主義的道の間の闘争は不可避です。貴国が強くなるにつれ（現在はまだ弱い）、教員、経営者、軍人［挿入］その他、政府の政策の伝道者にあたる幹部が増大するにつれ、文化が向上するにつれ、住民の意識が向上するにつれ、貴国の経済は徐々に一般的な軌道へと移っていくでしょう。これは非資本主義的な発展の道が優勢になることを意味するでしょう。しかしこれはまだすぐに訪れるものではありません。牧民は社会的な、すなわちコルホーズ形式の経営へと移行すべきで、そうなったときその必要性を自ら完全に理解するでしょう。そのためには長い時間が必要です。［「しかしそれを目指さねばなりません」を消去］。何はともあれ国家の中の国家がないようにしなければなりません。ゲンデンの政府［「国家」を消去して挿入］がチベット仏教よりも強くあらねばなりません。［「これらのことについてゲンデンは直接話さねばなりません」を消去］。国家がこのような特徴を持っていると、搾取は通商や工業だけでなく、畜産業においても見られるでしょう。これは不可避で、雨、極寒、その他の自然現象のようにもっともなことです。したがってあなたの政府は搾取を不可避［「で理にかなった」を消去］なものとみなしながら、それを支持しても、呼びかけてもいけません。したがって「豊かになりなさい」というスローガンは、搾取への呼びかけ同然なので掲げるべきではありません。

ヴォロシーロフ　そしてあなたの呼びかけがなくても牧民は勝手に裕福になるでしょう。

スターリン　豊かな牧民と貧しい牧民の間の闘争は不可避的に生じるでしょうが、政府はこの闘争で貧しい牧民を支援すべきです。

ゲンデン　この問題に関してあなたがこのように明らかにしてくれてとても嬉しいです。私は牧民のあるグループによる別のグループの搾取についてもまた述べようと努めました。

スターリン　その問題について貴国で話し合いがもたれたことを知っています。両方のグループともこの状況をおそらくは理解していたでしょうが、それでもやはりゲンデンはもうひとつのグループよりも正しい理解により近かったです。富裕な者を党に入れないでください。党の事業に有益な独立した豊かな牧民のみ入れてもよいです。

ヴォロシーロフ（笑いながら）　そのように裕福な者は、将来真っ先にコルホーズに入るでしょう。

スターリン　党を裕福な者に渡してはいけません。あなた方、党と政府が自分の手の中に権力を握っていることが必要です。あなたの国は強くなるべきで、それによって将来的に［挿入］経営の社会的な形態への移行のための基盤を作らねばなりません。［「現時点で貴国にはコルホーズを組織するための条件はありません」を消去］。

ゲンデン　あなた方の助言をすべて喜んで理解しますし、自身が仕事をするうえでその指示に従っていこうと思います。私はあなたを長時間拘束したくないのですが、もうひとつの問題、すなわち指導部について話したいです。我が国では指導部に一体性があります。原則的な意見の相違はありません。最近第九回党大会が終了しましたが、そこで新方針導入後の党と政府の諸政策を承認しました。それと同時に大会は、政府に対する党中央委員会の側からの指導が弱いと指摘しました。中央委員会書記たちだけでなく、中央委員会幹部会メンバーとしての私にも責任があります。

スターリン　まさにあなたの責任です。あなたは中央委員会幹部会のメンバーでもあります。あなたが直接中央委員会の活動に積極的に参加するべきです。

ゲンデン　一二月に召集される大ホラルについてもまた話したいです。ホラルでは私の報告が基調演説となりますが、第九回党大会の決定がその基本にあります。指導的組織の構成の問題に関してあなたと相談したいと思います。チュツカーエフ同志が病気のため開催時に来られないのでなおさらです。これは非常に重大な問題なので、現地で滞りなく行うために、あなたの助言が必要です。あなたの書簡にはかつて、小ホラルには五〇％の非党員がいるべきだと指示されておりました。我々はこれを実行しています。

スターリン　正しいです。まさに非党員が必要です。

エリアヴァ　現在小ホラルに非党員はいません。

ゲンデン　私はできたら個人的な候補者について相談したいと思います。小ホラル議長、首相、大臣たちですが構いませんか？

スターリンとその他　どうぞ、どうぞ。

ゲンデン　アマルに関して、問題は解決済みだと思います。彼は小ホラル議長のポストにとどまるべきです。彼と私の間には意見の対立がありましたが、それでも私はあなた方の助言に従い、彼の役割と意義を理解し、最近では彼との関係も良くなってきています。けれどもアマルには地方から優秀な職員を副議長としてつけることが必要だと私は考えます。私を誰かに代えるとの提案はないだろうと思います。大臣たちに移ります。国防のデミド、畜産と農業のチョイバルサン、財務のドブチン、通商と工業のメンデ、教育と保健の統合大臣ゴンジョ、内務保安局のナムスライです。さらに法務省がありますが、我々は解体するつもりです。一人を除きすべての大臣は中央委員会幹部会のメンバーです。彼らは同じポストに再度つかせねばなりません。

スターリンとヴォロシーロフ　いったいどうして法務省を解体して、あなたは法（秩序）законность［立法 законодательство を消去して挿入］制度を解体するつもりですか？　いったい誰が法秩序の諸問題に関わるのですか？

ゲンデン　政府です。検察が法律の遂行を監視し、上級裁判所 Главный Суд が司法組織を監督します。刑務所は内務保安局の管轄に入るほか、支出が削減されます。

スターリン　第一に教育と保健省を統合するのは正しくないと私は考えます。これらの分野はそれぞれが非常に重要で、国家は真剣に取り組むべきです。だいたいにおいて、保健の問題、幹部の養成、教育［「軍」を消去して挿入］に関する支出は惜しむべきではありません。保健と教育省は分離し、少数ながら仕事のできるスタッフで再建すべきです。法務省を解体してはいけません。この省は不可欠です。内務保安局は内務省に再編すべきです。

ゲンデン　保健と教育省を分離することはできますし、法務省も維持します。内務保安局を内務省に再編することは不適切だと私は考えます。ここで私は内務人民委員部の構造を詳しく知りました。ソ連の条件では内務人民委員部は二～五年の懲罰を与える事件のみ決定し、残りについては裁判に回しています。我が国では深刻な政治的性格を持つ事件を裁判に回すのは不適切です。

スターリン、モロトフ　[「我が国では一定のカテゴリーの問題は内務人民委員部から裁判所には引き渡されず、特別なやり方で解決されています」を消去。政治局はしばしば、特定の人物に死刑を適用するなど、超法規的存在であったが、そのような事実を認める発言を消去している] 法務省と内務保安局は最も重要な機関で、あなた方が封建領主やチベット仏教と闘争するなかでその意義はきわめて大きいものがあります。したがってこれらには最も真剣に注目すべきです。

スターリン　よって法務省は維持すべきで、保健と教育省は独立すべきです。内務保安局の再編については、それがもし現在困難ならば［「一〇年ほど」を消去］待つことは可能です。

ゲンデン　あなたと自分の代理についてまだ話したく思います。

スターリン　彼らはどのくらいいて、働きはどうですか？　兼任ですか？　それとも他の仕事から［挿入］自由なのですか？

ゲンデン　二人の代理は兼任です。国防大臣のデミドと財務大臣のドブチンです。デミドについては、軍事面では優秀ですが、他の分野の知識は不十分だといわねばなりません。このようなことを述べるのも、私とデミドの間には摩擦があり（以前のことで、現在はありませんが）、公平性を求めるためです。

スターリン、モロトフ、ヴォロシーロフ　首相の代理は他の仕事を兼務してはいけないと聞いていますが？

スターリン　二人の代理は兼任すべきではないです。例えばモロトフの三人の代理はすべて他の仕事を持っていません。代理が専任であるべきなのは、ゲンデンが他の諸問題にも関心を払うことができるからです。専任だと省庁の利益を反映していないので、その代理はより公平にふるまえるということからも望ましいのです。

ゲンデン　専任の代理が持てればとてもうれしいです。我が国には人材が少ないので、一人でも専任の代理がいれば素晴らしいです。

スターリン　一人でも結構です。

モロトフ　第一代理としてあなたは誰を想定しておいでですか？

ゲンデン　この役割には、デミドよりもチョイバルサンがずっと経験があると思います。

スターリン、モロトフ　チョイバルサンに対し、彼がこれをどう思うのか尋ねる。

チョイバルサン　私は畜産業の諸問題に非常に関心があります。

スターリン、モロトフ　畜産業の仕事からは離れずに閣僚会議副議長のポストにあなたはつくのです。新しい役割のもとであなたは以前と変わらずそれを指導することになります。

スターリン　あなたの提案に党中央委員会は同意しますか？

ゲンデン　中央委員会は同意すると思います。専任の代理を抱えながら、私は党の活動にもっと時間を注げることになります。他の大臣については、話さなくてもいいと思うのですが？

スターリン　もちろんです。すべての候補者についてあなたは現地で自分で検討せねばなりません。

ゲンデン　我々の指導部に一体性があるのかどうかについてあなたの意見を知りたいと思っていました。これが第一の質問です。第二にモンゴル人民共和国の独立問題についてあなたから説明をいただきたいと思っていました。

スターリン　あなたは一体性が自分たちのところにあり、原則的な対立はないとご自分でおっしゃったではないですか。実践的な問題についての不一致はあるかもしれませんが、実際的な問題は各々検討し、あなた方の一人一人が自分の意見を持つことができます［「たねばなりません」を消去して挿入］。このような実践がさらに一体性の強化を促します。私たちの実践の例を取りましょう。我が国では実践的な諸問題について時々対立が生じますが、それでも我々の一体性は大岩のように揺るぎません。一体性はあなた方の仕事の成功の基本的な条件ですから、一体性を何としても強化せねばなりません。次に、独立について。貴国は実質的に［挿入］独立しています。私の知る限り、ソ連だけがあなた方の独立を認めています。そうじゃないでしょうか？　あなた方は中国から公式的に分離しておらず、そのような分離は宣言されていません。そうですよね？

ゲンデン　はい、その通りです。ソ連以外に、我々を誰も承認しませんでしたし、中国からは公式に分離しておりません。

スターリン　貴国には中国の公式の代表は誰かいますか？　あなた方は他の国家による承認が欲しいですか？　それらと公式の関係を持ちたいですか？　このテーマについて他の国の代表と会話したことがありましたか？

ゲンデン　中国の代表はいません。外国からのいかなる承認も受けていません。私はいかなる外国の代表ともこのテーマで話したことはありません。

スターリン　ということは、外国人による承認をあなたは望んでおられないのですか？　このテーマでいかなる外国の代表とも交渉を行ったことはおありではないのですか？

ゲンデン　ええ、私は誰ともいかなる交渉もしていません。外国の（日本からの）承認を求めた人々を、あなたもご存じの通り、我々は処罰しました。我々が外国からの承認を獲得すべきでしょうか？　あなたのほうがはるかによくおわかりのはずです。モンゴル人民共和国を外国が承認する問題は、国内問題ではなく、国際問題だからです。

一九三二年の反乱後、新方針を導入したあとに我々モンゴルの指導的幹部は、ボグドウルにあるダーチャでお茶を飲みながら、我がモンゴルは政治的な様式の点でどの国に似ているかというテーマについて話し合いました。その結果、国際的な承認が欲しいとの私の考えが生まれたのかもしれません。そのとき私は、我がモンゴルはソ連にもブルジョア共和国にも似ず、おそらくはソ連と密接な関係を維持しているトルコに似ているのではないかと述べました。たぶん、この私の発言に関して何人かの私の同志は、私がトルコの代表を招いてこの国との関係構築を望んでいると考えたのではないでしょうか。

スターリン　あなた方が国際的な承認を獲得するとき、貴国は公式に［挿入］独立国となるでしょう。そのような承認をあなた方が獲得するならば、何ら不都合なことはありません［挿入］。第一に、あなた方は中国からの独立を宣言せねばなりません。あなた方の独立承認を中国から勝ち取り、他の国々からもそのような承認を受け取れば、あなたは内モンゴル、バルガ、チャハルそして他のモンゴル諸地区［挿入］にとっても引力の中心になるでしょう。そのとき彼らは完全な独立があなたのところに存在すると知るでしょう。いかにしてこれを達成するか？　第一に、あなたは自国を強くせねばなりません。今のようにあなたの政府か、チベット仏教かどちらが強いのかわからないようでは、他の国々は［「外国人たち」を消去して挿入］どうしてあなた方を承認するでしょうか？　そんな状況はよくありません。よってまず初めに国として強くなること、軍隊を強化し、牧民の経済的文化的水準を高めねばなりません。あなた方が国家として強くなれば、そのとき中国からの独立を宣言することができます。そのとき、日本、英国その他の帝国主義国家も独自のイニシアチブであなた方を承認しようとしてくるでしょう。もしも承認しないのならば、あなた方は強い国家として、それを恐れる必要はありません［「たんに相手にせずにすませることができます」を消去して挿入］。重要なのは、強くなることです。［「よく知られているように、強者は尊重するが弱者は殴られるという法則が存在するのです」を消去］。

モロトフ　誰もソ連を承認したくないような状況が我々にも過去にありましたが、今や、あなたもご存知の通り、我々はあらゆる国々から承認され、国際連盟にも加盟しました。

スターリン　強力になったときだけ、そのような承認をあなた方は受け取れるでしょう。そのためにあなた方は適切な基盤が必要です。強力な軍隊を持たねばなりません。［「仮にあなた方が強くなれば」を消去］強い国になれば、あなた方は中国からの［挿入］独立を宣言することができますし、中国人たちはあえてあなた方を侵略しようとはしないでしょう［「蒋介石はそのときあなた方を攻撃するかもしれませんが、その場合にこそ強い軍隊が必要なのです」を消去して挿入］。

それから、内部的に強力な国になることが必要です。ラマ僧をしっかりと統制することが必要です。［「自分自身がラマ僧になる必要があります」を消去］強い国になれば、強力な軍隊を持つことになり、そのときに中国はあえてあなた方を侵略しようとはしないでしょう。弱い国は叩かれ、強い国だけが尊重される、ということを忘れてはいけません。ここにこそあなたがたの独立問題の本質があるのです。

あなたはトルコについて言及されました。トルコと貴国の間には大きな違い［挿入］があります。［「トルコは貴国に似ていません」を消去］トルコでは政府［「のトップ」を消去］に［「ベイが地位を占め」を消去］、ベグ・地主層が存在し、国には公の地位が温存されました［傍線部挿入］。貴国では政府［「がトルコよりも牧民に近い」を消去］に人民からの代表が座っており、あなた方の政府はトルコよりも人民により近い［挿入］。あなた方の公たちは、御存知の通り中国へ逃げ出し、彼らにはモンゴル人民共和国の中に居場所はありません。御覧の通り、違いは小さくありません［「内モンゴルに逃亡し、あそこにはブルジョア政府、貴国には牧民政府があります」を消去して挿入］。

会見は三時間続いた。記録者イリイン Ильин

約一〇日後の一九三四年一一月二四日、モスクワのモンゴル大使館における夕食会にもスターリンらが出席した。その際の記録も以下に紹介することにしよう。(4) ソ連側はスターリンの他、モロトフ、ヴォロシーロフ、ミコヤンなどが出席した。ゲンデンに続きスターリンが乾杯の音頭を取ったが、その際に「あなた方モンゴル人には三人分飲んだり食べたりする人がいますが、我が国の村でも三人分飲み食いできる人を見つけることができます。これはあなた方も我々も豊かだということを示しています。飲んだり食べたりするのは簡単ですが、独立を守り通すのはより難しい。モンゴル人の同志たち、政治家、経営者、芸術家、女性の芸術家（軍人もいますとの声）、軍人、普通の住人たちの中では、日本がチャハルを奪取し、外モンゴルを奪おうと企んでいるとの噂が流れています。自身の独立を守り通す必要がありますが、それを守り通すのは、飲み食いよりもはるかに難しいものです。飲むのは難しくない。私は特に何ができるという人間でもありませんが、私にとってひとつだけ明らかなのは、あなた方が寝れば、日本はあなた方を食べてしまうということです。内モンゴルの王公たちは日本に抵抗しましたが、この抵抗は弱い。王公たちの抵抗は弱く、このような抵抗は得になりません。我々は抵抗ができ、闘いに立ち上がるモンゴル人のために乾杯します（ゲンデンの万歳の声）。万歳と叫ぶのは簡単です。実際にモンゴルの独立を守り通すことが必要で、これは乾杯したり、おしゃべりしたりするよりも難しいのです」。続いてゲンデンもソ連側の出席者のために乾杯した。

その後、ゲンデンがチベット仏教と封建主義者を徹底的に解体しうる自分より好ましい人物はモンゴルでは見つからないだろう、富裕層に関しては過ちがあったかもしれないが、重要なのはラマ僧と封建主義者を解体することだと述べると、スターリンがゲンデンにその課題を慎重に、徐々に実行するよう警告した。スターリンはチベット仏教がチンギスハン帝国の崩壊後に生まれ、その帝国崩壊の最初の兆候だったと述べた。ゲンデンはスターリン、モロトフにシェコ、ビルケンゴフをモンゴルに戻してくれるよう頼み、シェコが戻らないとモンゴルの独立にとっては損失になると述べた。またエリアヴァがビルケンゴフを駐英通商代表に任命しようとしていることはモンゴルに対する裏切りだと述べた。

食事のあと、一行はクレムリンで映画『チャパーエフ』を鑑賞した。このときもスターリンは前回と同様、この映画とモンゴルの独立問題を関連づけ、「モンゴル人は達成された成功に安心していてはだめで、もし寝てしまえば必ずや日本のような強い敵との戦いで敗北を喫することになるだろう」と述べた。映画のあと、スターリン、モロトフ、ヴォロシーロフとゲンデンの間で活発な議論が交わされた。

スターリン　日本はモンゴル国境へますます近づいてきている。日本はチャハル、ドロンノールで止まらない。日本は内モンゴルの奪取に限定するつもりはなく、外モンゴルをも奪おうとするだろう。自国の独立を守り通すことをどう考えていますか？　貴国の状況が悪くなればどうするつもりですか？

ゲンデン　我々にはふたつの道があります。抵抗せず、降伏して日本の植民地になるか、または全力を尽くして闘い、自国の独立を守り通すことです。

スターリン　貴国には軍隊はどれほどいますか？

ゲンデン　一万から一万一〇〇〇人です。

スターリン　とても少ないです。これでは師団一個にも足りません。飛行機は何機ですか？

ゲンデン　約一〇機だったと思います。

シェコ　ダシチラブ、ここへ来てください（シェコとダシチラブが来る）。飛行機は何機ありますか？

ダシチラブ　三三機です［史料にはシェコの発言として記録されているが誤りだと思われる］。

スターリン　少ない。貴軍は一個師団より少ないんですよ。日本人は騎兵師団一個に自動車化機械化部隊と飛行機をつけて派遣するだけで、十分ウランバートルを奪取するでしょう。付け加えれば貴軍はまだ戦争を経験していない。貴軍の半分は自主的に日本人に降伏するかもしれない。そのような投降者は何％いますか？

ゲンデン　指揮官からはそのような分子は消したので、裏切りはないでしょう。兵士たちに新しい方針をいかに正しく説明するかにすべてがかかっています。

ダシチラブ　そんなに大きな割合にはならないでしょう。

シェコ　指揮官の中にさえ自主的に投降する者はいるでしょう。

ゲンデン　重要なのは、指揮官がいかに振る舞うかです。

スターリン　残念ながら、私は外交官ではありません。私は革命家としてあなたと話しています。貴国の状況が悪くなったらどうなされますか？　軍人たちは計画を練り上げる際、常に最悪を想定してそこから考えるのに慣れているからです。さもないと、あとから考えていては手遅れになるからです。

ゲンデン　新聞報道やあらゆる情勢から判断して、次のような結論に到達しています。①ソ連と日本の力関係は、ソ連は日本を怖れず戦争を引き延ばしていないが、日本はソ連を怖れ何としても戦争を避けようとしているという状況にある。ソ連が日本よりはるかに強い。ソ連は発展している国家でありその力は世界で認められている。日本は衰えており、ますます弱くなっている（スターリン「正しくない。あとで発言しよう」）。②日本とソ連が戦争する際、日本の背後では反乱が生じるだろう（スターリン「武器のない者は蜂起しない。武器が必要だ」）。満洲ではパルチザン運動が強まっているので、日本は満洲にまだ定着していないが、これは日本が我々を攻撃しないということを意味していない。③我々の国境はあまりにも長く、人間が足りないので、日本が攻撃してくるときバルガから新疆まで防壁を築くことはできない。ソ連からの支援が必要だ。

スターリン　どのような支援ですか？

ゲンデン　技術的な支援です。我々は全力で闘うでしょう。そのときに御覧になればわかることです。

スターリン　日本が衰退し、腐敗し、弱いだけだというのは正しくありません。日本はもちろんソ連よりも弱い。日本が満洲で耐え忍んでいたこの二年間、ソ連はますます強くなりました。ソ連は戦争する準備ができており、日本を怖れていません。ソ連の軍事技術的な威力は数倍に伸びました。我が国には着陸せずに二〇〇〇キロ飛行する爆撃機があります。技術の他にも我が軍は献身的に闘います。戦争になれば東京まで到達したり、ハルビン、奉天に行くのは難しくはないでしょう。戦争が始まれば、我々は止まらずに、撃破、撃破するでしょう。しかし今は、これは問題ではありません。もちろん我々にも支援は必要ですが、あなた方ほどではありません。我々にとってあなた方の支援は特に必要ありません。ところであなた方の状況が悪くなった場合、一体どうされるおつもりですか？

ゲンデン　ソ連からの支援を利用しながら全力で防衛します。

スターリン　どのような支援を？

ゲンデン　第一に技術で、必要ならば人間（軍隊）です。

スターリン　どのような根拠に基づいて話されていますか？　あなた方の独立を我々（ボリシェヴィキ）は完全な意味で理解しています。貴国領土には我が赤軍兵士は一人もいません。教官たちはあなた方の希望通りお渡しします。貴国に必要なくなればすぐに彼らを呼び戻します。家畜を受け取れば、お金を払うしこれからも払うでしょう。我々には貴国の豊かさは必要ありません。自国にもたくさんあるからです。我が国にはまだ開発していない土地が少なからずあり、他所の領土は必要ないのです。何を根拠に我々が貴国領土に我が軍を投入せねばならないのでしょうか？　二国間で戦争が戦われているとき、何を根拠に誰が助けるのかという問題が常に生じます。

ゲンデン　ソ連は革命の初期に軍隊で助けてくれましたし、今もまた助けてくれるでしょう。

スターリン　私を扇動するには及びません。私はあなたが扇動できるモンゴル人兵士ではありません。率直に問題提起します。私は立場上、外交官ではありません。外交官的配慮をお望みなら、かくもあけすけに問題提起することをお許しください。モンゴルはその言葉の本当の意味で独立国家です。もしも状況が悪くなったら、ソ連は何を根拠に支援すべきで、何をすべきなのでしょうか？　あなた方が壁に押さえつけられたら、どうなさるおつもりですか？

ゲンデン　ソ連が支援をするべく呼び出され、以前と同じく再び支援するでしょう。我々はソ連から支援されていることを隠していません。モンゴルがソ連に依存していることはすべての人が知っています。

ヴォロシーロフ　一九二〇～二一年と現在の類似性を持ち出してはいけません。当時貴国も我が国もまだ完成した国家ではありませんでした。現在ソ連はあらゆる大国と外交関係を維持し、国際連盟のメンバーでもあります。

スターリン　知的にではなく、よりかみくだいてしゃべる必要がある。さもないと理解されないだろう。我々にはふたつの立場があります。中立を保ち、モンゴルと日本が戦争するに任せ、我々は関与しないという立場、一方でモンゴルは我々の友人で同盟国なので、それに手を出すのはよせという立場です。貴国にもまた、中立を守るか、ソ連は友人で同盟者であるという立場があります。

中立を守ったり、或いは日本の側につくということ、これはあなた方の自由意思の問題です。日本と一緒にいたいならどうぞ。我々と一緒にいたいなら、それもどうぞ。中立を維持せねばならない、そのような立場にあれば日本はモンゴルに手を出さない、したがってモンゴルにはその畜産業を自由に発展させる可能性が生まれる、と考えるモンゴル人も一部にはいます。そこから、軍事技術やソ連の人々をできるだけ多くソ連に戻す必要があるといった気運が出てきます。私はこの立場は正しくないと考えます。子羊が狼より下流に立って水を濁らせているということを理由に子羊を食べてしまうぞと狼が脅したという小話があります。この脅しを実行に移し、狼は子羊を食べてしまいました［下流にいれば上流の水を汚しようがない。非合理的であろうとあらゆる口実を設けて難癖をつけ、目的を達成すること］。この話は、我々の話題と全く同じです。日本はどちらにしろモンゴルを食べ尽くそうとするでしょう。あなた方が誰と一緒にいようとするのか、これはあなた方の問題です。日本とか、それとも我々とか？　我々と一緒にいて支援を求めるならば、どうぞ。

ゲンデン　我々はあなた方の側にいて、支援も欲しいです。

スターリン　国際関係には、いわゆる相互援助条約というものがあり、この条約を結んだ国は第三国から攻撃されたらお互い助け合うことになっています。そのような条約はソ連とフランスの間に存在することは可能です。ドイツがフランスを攻撃するならば、ソ連がフランスを助けますし、逆にドイツがソ連を攻撃するならばフランスがソ連を助けます。もし支援が欲しいなら、具体的に交渉する必要があり、そうでなければ手遅れになるでしょう。

ゲンデン　今になってやっと理解しました。これについて考え、私は一九二九年にヴォロシーロフ同志に提起しましたが、その後提起していませんでした。我々には支援が必要で、私は具体的に交渉する用意があります。

スターリン　ただたんに助けるというのではだめです。いかなる支援をするのか、具体的に交渉することが必要です。この問題は非常に重大なのです。一方で経済的な諸問題があり、他方に政治的、軍事的な諸問題があるのです。我々はあなた方より強力で豊かなので、借款や貿易に関連した貴国の債務を我々はたんに帳消しするか、または僅かな金額まで引き下げることが可能です。この問題はより重大です。

ゲンデン　このことを私は考慮にいれていませんでした。実際的にあなた方と交渉することに同意します。

スターリンとモロトフ　我々は相互援助条約について話しているのです。

以上がスターリンらソ連指導部とゲンデンとの交渉内容で、一一月二七日に再度、交渉することになった。一一月二七日の会談(5)では三つの問題が議論され、次のようにまとまった。

（1）**【財政・経済】**　一九三四年一月一日時点でのモンゴルのソ連への通商債務三〇〇〇万トゥグリクを帳

消しにする一方、一トゥグリクあたり三〇金コペイカとして換算した一九三四年末の借款残高三三〇〇万トゥグリク、すなわち一〇〇〇万金ルーブルのうち半分の五〇〇万金ルーブルを帳消しにし、残りをモンゴルのソ連への債務とし、一九四一年より返済を開始すること、ただし四一年までの六年間、年利二％すなわち一〇万金ルーブルのみ支払うこと、肉や毛皮で支払ってもよいとスターリンは述べた。ここでスターリンはエリアヴァに家畜と原料に今年どれくらい支払ったのか尋ね、それぞれ一〇〇万と八〇〇万金ルーブルとの答えを受け、この八〇〇万ルーブルのうち一〇万ルーブルを差し引き、金ではなく家畜や原料での支払いでもよいとした。ゲンデンは一九四一年まで債務が減らないことを心配し、毎年一〇万ルーブルでもすぐに支払いを始めること、モンゴル側の規律を維持すべく、支払が滞った場合、違約金として五％支払うことを提案した。これに対しスターリンは、利子も違約金支払いの規定も定めないほうがモンゴルにとって良いだろうとし、毎年二〇万金ルーブルを一九三五年から二五年間一九五九年まで支払うことを提案、それで決着した。[6] 次に合弁会社について、両国の代表がモンゴルトランス、プロムコンビナート、モンゴルシェールスチ、モンソヴブネルをモンゴル側に引き渡す手続きについて、六か月間で話をまとめるようスターリンが提案した。エリアヴァがここで、モンソヴブネルはすでに解体され、モンゴルトランスの引き渡し問題はすでに決着し、ハトガルの洗毛工場もモンゴル政府が引き受けられると思うと述べると、スターリンはプロムコンビナートについて、ソ連の投資三〇〇万トゥグリク、超過出費五〇〇万トゥグリクのうち、五〇〇万については帳消しにすると述べると、ゲンデンも許容できると応えた。そしてスターリンはソ連・モンゴル間の通商について、モンゴルに近い東部の市場［中国を想定］より五％安い価格でソ連がモンゴルに商品を販売する一方、モンゴル側が同じ市場より二％安い価格でソ連に原料を販売することを求めた。これに対してゲンデンは、ソコーリニコフとの以前の話で出ていたそれぞれ二〇％安い販売、一〇％高い買い取りという条件［本書第三章第九節、一九三四年六月八日の政治局決定を参照のこと］と異なり、いささか不可解だと反論した。スターリンは当初案の実行が困難だと判明したこと、モンゴルの債務の一部帳消しや軍の維持経費の肩代わり、相互援助条約締結によるシベリアの軍隊強化のための余計な肉消費等を挙げ、二％安い価格でも可能ではないかと述べた。ゲンデンはこれに対し、国内で羊一頭に一二トゥグリクを支払っているが、国境ではそれが四金ルーブルになる、ソ連に二％安く売る場合、牧民への支払いを減らすのか、それとも二％は経済組織が負担することになるのかと問いただした。結局この問題についてはスターリンが折れて、ソ連による原料の買い取り価格は二％引かず従来通りとした。ソ連がモンゴル軍に無償で支出する六〇〇万トゥグリクと、モンゴルがソ連との貿易で被る五〇〇万トゥグリク（一九三五年のデータ）の赤字を考えると、ソ連側の収支が一〇〇万ルーブルのマイナスになることについてスターリンがゲンデンの確認を求めた。

（2）【軍隊】強い軍隊を持たねば帝国主義者たち、日本があなた方を破滅させると、それまでの会話の内容をスターリンが繰り返し、一万二〇〇〇人の軍隊が必要だと述べた。ゲンデンも国防省次官ダシチラブも約一万人いると答えると（ゲンデンは正確な登録はなく一万二〇〇〇人の可能性もあると述べた）、ヴォロシーロフは配給を受けている常備軍兵士、交替要員が一万四〇〇〇いると述べた。さらに騎兵が八〇〇〇だと述べると、スターリンは少ない少ないと述べ、内務保安局を除いて一万二〇〇〇必要で、それには年間一六〇〇〜一七〇〇万トゥグリクが必要であるとし、前年の軍事支出が一四〇〇万トゥグリクであると答えたゲンデンに、五年間毎年六〇〇万トゥグリクを援助すると述べ、残りを自ら調達するよう求めた。「軍隊は防衛手段であるだけでなく大きな学校であり、それにお金を惜しんではだめだ」、軍隊は「文化の培養地かつ国家体制についての思想を広めるかまどであり幹部を育てるところだ」、強力な軍隊を持てば敬意を払われると述べた。そして軍隊維持に必要な歳入を増やすべく、たばこ、塩、マッチの専売を勧めた。ゲンデンが一九三五年の軍事予算を考える際、常備軍を減らし、地域軍を増やすことが望ましいと考えた、正確な登録はないが、現在軍には一万二〇〇〇人以上いるので、追加的な動員は必要ない、徴兵適齢前の訓練が始まる五月までに正確な軍隊の人数を計算し、一万二〇〇〇に足りない分を徴兵前の新兵から補充すると述べた。スターリン、ヴォロシーロフは幹部は適時に訓練しておかないと戦時には手遅れになると注意を促した。

（3）【外交・政治問題】スターリンは不可侵・相互尊重条約を提案し、多数の国と同様の条約を結んできたと説明した。また不可侵条約の締結は、世界に貴国が完全な独立国であることを誇示することになる。このような条約は、「あなた方が我々を攻撃するのではないかと恐れているので必要なのです」（笑い）と述べたスターリンはモンゴルの人口を尋ねた。ゲンデンは八〇万人だと答え、前回の提案以来、自分たちもそのような条約が必要だと考えた、相互援助条約同様防衛的な性格があると述べると、スターリンは不可侵条約と相互援助条約は別物で、ふたつを締結したいが、前者は公表しても後者は今のところ公表するつもりはないが公表すべきだろうかと尋ねた。ゲンデンは公表の必要はないとし、不可侵条約についてはモンゴルのイニシアチブ、提案で締結との形式がとれないかと尋ねると、スターリンその他は、正しい、正しいと答えた。

ソ連内務人民委員部の教官チビソフは任務を終えて帰国する（一九三四年一二月三一日）際に、モンゴルの内務保安局長ナムスライへ「……スターリンは以前、すべてのラマ僧は反革命家である、彼らは祖国の裏切り者として大衆の面前で公然と処罰することだけが必要である、と述べた。チベット仏教の高僧に関しては、現在状況は穏やかである。したがってこれまで通り彼らを平穏な状態のままに置いておく必要はない。ラマ僧に対して打撃を加える必要がある」との指示を残した。[7] この時期、一九三四年一一月一四日を期にバタマエフらの反ソ暴動がモンゴル各地で組織されソ連人が多数殺害されたため、ソ連は軍事力を行使してこれを鎮圧したと主張する論者[8]がいるが、筆者が閲覧した限りのソ連側の文書にはそれをうかがわせるような記録は出てこなかった。ゲンデンとスターリンらの会談と同時並行的に生じたとされるものであり、話題に上ってもよさそうだが会談でも取り上げられていない。別の蜂起の情報もある。[9]

ゲンデンらモンゴルの代表団のモスクワ滞在中の一九三四年一二月一日、一連の協定が両国間で締結された。いずれの協定もソ連側はエリアヴァ、ソコーリニコフ、ストモニャコフ、モンゴル側はゲンデン、メンデ、ダシチラブと三人ずつの名前が挙がっている。協定の内容を列挙すると次の通りである。ソ連モンゴル合同会社について、[10] ソ連モンゴル通商の基本について、[11] 顧問、教官、専門家について、[12] 一時的なトゥグリクの清算レートについて、[13] ソ連モンゴル通商取引における清算について。[14]

また、同じ一二月一日、ストモニャコフからゲンデンに書簡が送られた。これまで公開されていた文書と、最

近になって公開された文書のふたつがある。両方を並べて、異同を確認しておこう。まず、これまで公開されていた文書だが、

ソ連の経済機関がモンゴル経済強化のためモンゴルへ物資を輸送しました。一九三四年にはモンゴル人民共和国で正常な物資流通を実現し、私的な市場の価格を著しく引き下げました。このソ連製品の強力な輸出は価格でモンゴルの対ソ輸出を上回り、モンゴルのソ連への貿易赤字をもたらしました。一九三四年一月一日現在、ソ連のヴネシトルグバンクはそのバランスシートに三九〇〇万ルーブルのモンゴル銀行の負債を抱える一方で、ヴネシトルグバンクにはモンゴル銀行に九六〇万ルーブルの負債があります。モンゴル銀行の負債削減の可能性についてのモンゴル人民共和国政府からの要請を受け、ソ連は友好的なモンゴルの経済的強化のため、モンゴル銀行のヴネシトルグバンクへの負債、一月一日現在の二九四〇万トゥグリク［のちに、ルーブルに訂正された］を帳消しにすることに合意します。[15]

次に最近新たに史料集に掲載された文書は、以下の通りである。

閣僚会議議長殿　ソ連政府を代表し、以下の情報を貴殿にお知らせすることは栄誉であります。国防力強化の必要のため一九三三年初めまでに、ソ連がモンゴル人民共和国に提供している借款は、一九三三年八月二七日に両国政府の間で締結された特別の合意に基づき、総額一四〇〇万トゥグリクと確認されました［本書第三章第七節参照］。一九三三〜三四年にソ連からモンゴルに二回の借款、総額一九〇〇万トゥグリクが供与されました。かくしてモンゴル人民共和国がソ連に対して負っている国防の必要のための債務総額は一九三四年一一月三〇日現在で三三〇〇万トゥグリクとなります。できるだけ有利な条件でこの借款を償却したいとのモンゴル政府の要望に応え、またモンゴル人民共和国の一体性と領土の不可侵性を守るのに必要な人民軍編成を友好的に支援する用意があることを示すため、ソ連政府は、三三〇〇万トゥグリクの

債務を五〇〇万金ルーブルにまで削減し、上記の債務を一九三四年に無利子の単一債務五〇〇万金ルーブルへと借り換え、モンゴル政府は毎年二〇万金ルーブルを二五年間、一九三五年一二月一日より一九五九年一二月一日まで利払いなしで返済することになります。[16]

これはスターリンとゲンデンの間のやり取りを確認したものである。これまで公開されてきた前者の文書は、モンゴルが抱える二九四〇万ルーブルという債務を帳消しにした気前のよいソ連という印象を与えるであろう。その結果両国間に貸し借りはない状態が生じたように見えるが、後者の文書にある通り、その後もモンゴルがソ連に対する債務を二五年間にわたって払い続ける協定を結んでいたことを隠していることがわかる。

モンゴル代表団との交渉後の一九三五年一月一日、政治局は駐モンゴル全権代表に次のように指示した。[17]

（1）【モンゴルにおける軍事予算】軍事予算案に関してシェコの点検により、（A）一九三五年に軍需物資の輸送を削減、（B）金価格による正確な計算でソ連から輸送される現物供給の価格を削減、（C）備蓄構築のための一連の過大な補助金を削減、以上による削減が可能だと指摘。ソ連の支援を六〇〇万に厳しく限定した上で、予算は一二五〇万トゥグリクで十分だと判断、モンゴル政府が増額する気なら、自腹を切るよう要求。軍事予算の内訳は金銭で一〇〇〇万、輸送される現物供給に二五〇万（この数値については国防人民委員部、政治局とも合意済み）と配分。一九三四年のモンゴル政府の実際の軍事支出六〇〇万トゥグリクを考えると、三五年の五〇万の増加はわずかであること、スターリンがゲンデンに歳入増対策をきわめて具体的に助言したこと、軍への借款をこれ以上提供するつもりはなく、代わりに今後五年間の無償財政支援を表明したことをゲンデンに想起させ、誤解があればそれを解消すること。上記の軍事支出をする余力がモンゴルにないとの全権代表の見解はまったく誤りで、自国軍の強化のためモンゴル政府が尽力すべきことを精力的に説明すること。

（2）【労働者に対する給与支払い】出張する労働者にルーブル支払いができるよう、ヴネシトルグバンクはモンゴルの組織に対してもルーブル口座を開設すること。出張労働者のために以前定められたソヴィエトルーブルによる支払いの基準と額は、特別な指示が出るまで変更しないこと。ソ連労働者がモンゴルの組織に給与のトゥグリクによる支払い増を要求することは厳禁し、詳細な指示はヴネシトルグバンクが送ること。

前者の指示からは、諸種の方策によって余計な経費を削りながら、モンゴル側には若干の負担増を求めつつ、着実な軍備増強を推進するよう求めていることがわかるが、現地にいたタイーロフ［一九三四年一二月一一日に任命されているので新任］はその余力はモンゴルにないと主張していたことがわかる。特に一九三二年以降進められたソ連からモンゴルへの輸送改善策は三年も経過してようやく目に見える成果が見え始めたことをうかがわせるのが、一九三五年三月二〇日、ローゼンゴリツがスターリンとモロトフに送った報告である。彼は一九三四年初めの決定でソヴモングトゥヴトルグがふたつの組織ソヴモントルグとソヴトゥヴトルグに分離されて以降、モンゴルとトゥヴァへの商品輸送は著しく改善し、一九三四年に両地域に九か月の商品備蓄を構築するというプランが完全に実行されたこと、そのため一九三四年の商品輸送一一万八〇〇〇トンが、一九三五年にはかなり削減され四万四〇〇〇トンにまで減る予定であると述べ、モンゴルやトゥヴァに輸送される商品の価格政策や商品の提供方法などはほとんど同一なため、歳出削減効果もあるとして前記二組織の再統合を求めたのである。[18]

自国軍の増強をスターリンから促されたモンゴルだが、この一九三五年に二一歳で徴兵されたモンゴル人の回想が小長谷によって記録されている。バヤントゥメンの第五師団に集合した多数の新兵の中から、小隊長の学校に選抜された三〇〇人の中に、インタビューを受けたミンジュールもいた。三〇〇人のうち文字を知っていたのは七〜八人だけだったが、彼は三か月後にモンゴル文字を読み、手紙を書けるまでになり、六〜七か月後に小隊長になったという。[19]

二　国境交渉、軍事協力の拡大

この一九三五年初頭より国境紛争が頻発し始める。一九三五年一月八日、モンゴル軍騎兵がハルハ廟を占拠したため満洲国軍の反撃を受け相互に数名の死者を出す事件、満蒙国境最初の軍事衝突たるいわゆる「ハルハ廟事件」が発生した[20]。牛島康允はこの件について、日本の対外蒙侵略意図をモンゴル国民に知らしめるためスターリンの示唆を受けたソ連の軍事顧問か、チョイバルサンの命令に基づきモンゴル側が仕掛けたものと推定している[21]。それを証明するような史料は管見の限り見出していないが、ゲンデンらとモスクワで会見した後でもあり、そこでのスターリンの発言を読めば、モンゴル指導層に訴えた日本の軍事的脅威を思い起こさせるため、わざと挑発したとする解釈がなされる余地はないとはいえないだろう。そのような意図があったとしても大規模な紛争へ拡大する可能性をどの程度計算していたのかという新たな疑問もわく。一方で大きな損害をもたらさないのであれば、日本側の積極的な動きはモンゴルを自陣営に引き付けておきたいスターリンにとっては好都合な側面もあったことは否定できない。ともかく満洲国のモンゴルへの抗議により、一九三五年六月より満洲里会議が開かれることになった[22]。会議は同年六月一日から二三日まで第一回、九月二日から一一月二五日に第二回、翌一九三六年一〇月二六日から一一月三日に第三回会議が開かれたが、結論は出なかった。本書で交渉の詳しい内容に触れる余裕はないが、満洲国の背後に日本が存在していたように、国境交渉に臨むモンゴル代表団をソ連が背後からコントロールしていたことは政治局文書からも明らかである。そのコントロールの全貌はやはりロシア外務省史料館の史料などで補う必要もあるだろうが、本書では、どのような指示がモスクワから出されていたのかについてのみ、流れを追うために列挙するにとどめたい。

一九三五年二月一六日政治局は、①ハルハ河国境の係争調停に限定した権限を委ねてダンバ、サムボーからなる代表団を派遣し、満洲領内で交渉に入るようゲンデンに助言すること。②この論争に関して合意に達しない場合、係争地点に対するモンゴルの権利を代表団は保留し、モンゴルは武力でその権利を実現するつもりはないと発言すること。③日満側が全国境に関する交渉や、モンゴルと満洲間の関係復活に関する交渉へと代表団を引き込もうとするならば、委任された権限は限定され、ハルハ河の紛争に関係ない諸問題は審議できない。ウランバートルと連絡を取れず提案を政府に報告せねばならないと回答すること。④交渉場所をモンゴル国内に移すことは認めない。以上を指示した。[23]あくまでもハルハ河紛争に限定して、満洲国とモンゴルの間で国境交渉が行われないように警戒し、かつ偵察の余地を与えぬようモンゴル国内での交渉を拒否させたといえる。ソ連のスタンスは三月九日にリトヴィノフが、かつての駐日全権代表で、一九三三年に国交回復後初代駐米全権代表として赴任していたトロヤノフスキーに宛てた書簡からうかがえる。リトヴィノフは「外モンゴルに対する日本の行動は、今のところモンゴルと満洲の間で帰属が争点となっている国境の湖や寺院の奪取に限定されている。事件の解決だけでなく、国境の点検やモンゴルと満洲国の公的な関係樹立のためモンゴルを広範な交渉に引き入れるべく日本人はこの事件を利用しようとしている。換言すれば日本は政治的に外モンゴルを従属させようとしているのだ。現在外モンゴルと満洲国の間で会談場所について交渉している。ソ連の会談への参加についての外モンゴルの提言を日本人は拒否した」と述べた。[24]そして四月一七日、政治局はタイーロフがゲンデンに、満洲代表団の構成について最終的に譲歩すること、すなわちそこにウルジン・ガルマーエフが参加すること、交渉場所として満洲里を挙げるようにとの助言を指示した。[25]代表団の構成や会談場所が双方で問題になっていたが、結局ソ蒙側が折れて、満洲国の興安北警備軍司令官のウルジン少将の参加を認めたのである。

こうして第一回満洲里会議は一九三五年六月三日に始まったが、その直後の六月二二日、政治局は次の文書をモンゴル代表団が日満代表団に手交するよう、外務人民委員部のストモニャコフ名でウランバートルの全権代表に指示した。

「満洲代表団と我々の政府は、満洲里駅に我々が到着して以来……日経過し、また……回の会議が開かれ、ハルヒン・スメ［スメ、またはスムは行政上の「村」を指す］問題に関して交渉することに合意していたはずなのに、双方の間でいまだに交渉が始まっていないという点を確認した。満洲側が両政府間の合意に反し、ハルヒン・スメ問題でなく、我々の代表団が何ら権限を持たず、しかもこの会議招集を決めた際には議論の俎上にも上らなかった、両国間の「友好」その他の話し合いを主張して、会議の議事日程について延々と話しているためである。

我が政府はこの満洲代表団の立場に驚いた。武力で他国領土を占領し、その返還を拒否し、実際、両国政府間で交渉開始を合意したのに、その問題の調整の話し合いを拒んでいるこの二国間で、友好について話ができないというのはわかっていて当然だからである。以上のことから我が政府は我々に再度、満洲代表団に早急にハルヒン・スメ問題の調整交渉入りを提起するよう委任した。ハルヒン・スメの問題について完全な調整後、満洲政府がモンゴル政府に提起を望んだ他の諸問題について交渉の用意があるということを、我が政府は再度、確認したい。もし満洲代表団がモンゴル政府によるこの新提案さえ再度拒否するのなら、政府より報告と指示を受領するためウランバートルへ出発するよう我々は指示されている」。

第二にストモニャコフは、この声明を満洲代表団に手交したとの知らせを受け取り次第、この声明についてのモンゴル政府の報道を現地のモンゴル紙に掲載するよう促し、タスの現地記者には、モンゴル紙がこれを掲載後、モスクワにこの報道を全部伝えるよう委任すること。第三にモンゴル政府には、モンゴル側の声明に満洲代表団が否定的に回答する場合、すなわちハルヒン・スメに関する交渉に入らないのなら、すぐに満洲里を発って戻るよう助言すること。その際、現地を離れることは、「断絶の性格を帯びてはならず、報告と指示受領のための中断であるべき」こと。モンゴル代表団は、到着後訪問した相手に対しては、別れの挨拶をすべきであること。以上を全権代表に伝えた(26)。この翌日六月二三日に会合が開かれ、その後モンゴル代表団は本国政府との打ち合わせのため帰国した。

七月三日にも政治局は、モンゴル代表団の満洲側への返事を準備した。「①モンゴル政府はモンゴル領内で人々が拘束されたと信じているが、被拘束者たちが最初から解放されたのは、モンゴル政府の善意と平和愛好を示す。②その平和愛好的態度をさらに証明するためにモンゴル政府は馬、荷馬車、差し押さえられた物品を返還する用意がある。③将来にわたって不快な国境事件が繰り返されぬよう、モンゴル政府はあらゆる国境事件を現地で究明するためのモンゴル・満洲合同委員会の設置を提案する。④この委員会には、どちらの領土で人々が拘束されたのか最終的に確定するよう委ねる。もしこれが満洲領内で起きていたら、モンゴル政府は謝罪し、責任者を処罰する準備があるとあらかじめ表明する」。以上の四項目についてモンゴル代表団が回答するよう指示し、最後に、「日本人の最後通牒とモンゴル政府の回答をタスを通して我が国の新聞に掲載すること」とした。[27] これは、ハルハ廟事件から約半年を経過した一九三五年六月二四日、ハルハ河の支流ハイラステンゴール（ホルステン河）付近で関東軍の測量手と白系ロシア人の助手が逮捕され、日本側の求めにより釈放されるという事件（ハイラステンゴール事件）に対する決定である。[28] この決定に基づいた記事が『プラウダ』に掲載されたのは七月六日である。[29]

一九三五年七月九日、政治局は全権代表タイーロフに、①モンゴル領内における常駐日本人代表と電信線設置の許可を求める日本人の追加的要求は、モンゴル政府の主権と独立を侵すことになるので、拒否することに我々は反対しないと通知。②ソ連はすでに東京で提案しており、その結果が判明するまで再度持ちかける必要はないとモンゴル政府に説明。③いかなる物質的な援助をモンゴル政府は当てにしているのか究明。以上の三点を指示し、最後に『プラウダ』がチョイバルサンのインタビューについてコメントするよう指示した。[30] その記事は翌七月一〇日に掲載されたが、[31] 彼がインタビューに答える形式を取ることで、あたかもモンゴルが独自に交渉を行っているように見せるための演出である。ウランバートルその他への日本人の常駐は最も避けたかった事態であろうが、「拒否することに反対しない」との控えめな表現は、逆に拒否感の強さを物語る。

これに続けて八月九日政治局は、「満洲国の八月五日の書簡に対するモンゴル政府の回答草案」を承認し、「ハルヒン・スメに関する問題の解決を将来の国境委員会に委ねることが適切」[32] と決定した。さらに八月二〇日、政治局は国境交渉についてタイーロフに、満洲国に対しモンゴル政府が次の回答を出すように指示した。

（1）国境紛争解決のための全権任命と、国境委員会設置について満洲里駅で九月初めに交渉を始めることに同意するとの八月一五日の満洲国政府代表による発言をモンゴル政府は考慮にいれる。またハルヒン・スメ地区の事件解決について交渉の全権を付与された同じ代表団に満洲側との交渉が委ねられた。

（2）八月一五日の満洲国政府代表の発言の第三項について、この問題に関する立場はすでに明確に満洲国に伝えているので、モンゴル側はこの問題をつぶさに検討することはない。

（3）モンゴル国政府の命令により、代表団全員は報告のため早急にウランバートルへ戻る。満洲里における九月一〇～一五日にかけての正式な交渉の開催日時は、チタの満洲国領事館へ電信で伝える、以上。[33]

これを受けて九月二日に始まった第二回満洲里会議でも、満洲国代表は双方の代表を相手国に常駐させることを主張し、地方委員をモンゴルではタムスク・スムとバヤントゥメン、満洲国では満洲里、ハイラル、中央委員をお互いの首都ウランバートルと新京に置くことを提案した。モンゴル側は地方委員の駐在地には賛成したが、中央委員の常駐には強硬に反対した。[34] 九月五日、カガノーヴィチはスターリンに「外務人民委員部が、国境小委員会に関するモンゴル人民共和国と満洲国間の合意草案を提出した。我々は意見を交換したが、まずまずの内容だと考えている。あなたにそれを送るので、意見を知らせて欲しい」と書いた。[35] これに対してスターリンは九月八日、「モンゴル人民共和国と満洲国間の合意草案を返却する。朱を入れたが、そこは譲れないところだ」と書いて送った。[36] この合意案は九月一三日に政治局で承認された。[37] 少し時間が空くが、ストモニャコフよりこの交渉での日本外務省代表の発言を知らされたカガノーヴィチ、モロトフが一〇月二三日、外務人民委員部がこの発言とともに『イズヴェスチア』に掲載を検討している論評案を妥当なものとしてスターリンに送り意見を求めると、[38] 翌二四日にスターリンは、「いつものストモニャコフ的混乱だ。この草案にはモンゴル人民共和国が認めていないものの満洲国は実質上同国から公的な承認を勝ち取っていること、モンゴル人民共和国は国境代理人の交換に限定することの方を重視していることさえ説明していない」と批判した。[39] 結局一一月二五日に会議は決裂するが、その直前の一一月二三日、政治局は満洲里交渉に関して、タイーロフとの電話でストモニャコフが述べた回答を、モンゴル政府が満洲国側に渡すようにタイーロフに指示した。[40] 以上、第二回会議が決裂するまでのソ連側指導部の対応がわかる場合にのみ焦点を絞って述べてきた。交渉に参加する代表団の陣容、満洲側に手交する文書、交渉をめぐる報道機関による提供情報の内容まで含め、ソ連がモンゴルの背後にいて交渉を主導していたこと、中でもモスクワを離れていたスターリン自身が具体的に指示していたことは明らかであろう。

一九三五年の元日に現地に指示していた軍事協力について、政治局は三月一七日、ソ連からモンゴル人民軍へ渡される現物支給について、①国防人民委員部［一九三四年六月に、陸海軍事人民委員部より名称変更］ではなく、外国貿易人民委員部の通商組織（アフトプロムエクスポルト、ソヴモングトルグ）が引き渡すこと。②規格要求に完全に合致した支給品を、工業側が外国貿易人民委員部の諸組織に引き渡すよう、国防人民委員部、外国貿易人民委員部は手続きを定めること。以上を決定した。[41] これを受けて四月二八日に政治局は、一九三五年に①ソ連人民委員会議予備基金から国防力強化のためモンゴル政府に六〇〇万トゥグリク（一八〇万金ルーブルに相当、以下同じ）を支出。②うち二五〇万トゥグリク（七五万金ルーブル）は、一九三五年に予定していたモンゴルへの輸出プランに加えて、軍への現物支給として引き渡す。③残りの三五〇万トゥグリク（一〇五万金ルーブル）は、ソ連がモンゴルとの貿易から得ている資産から現金で支給。以上を決定し、外国貿易人民委員部には、一九三五年のモンゴル軍への現物支給計画について国防人民委員部、モンゴル政府と二〇日以内に合意し、このために工業側の追加的な製造プランをモンゴル小委に提出して承認を受けるよう指示した。[42] モンゴルの環境に合致した制服等、軍の装備品に関しても配慮していたことがわかる。

同じ四月二八日、「一九三五年のモンゴルに関する輸出入プラン」も政治局は決定した。内容は①ソ連商品の購入に関する全権を委ねられたモンゴル代表団の要請を考慮し、モンゴルの国防予算補強のため確定済みの資金に加え、一九三五年に一〇一・五万金ルーブル（三三〇・六万トゥグリク）分の商品をクレジットで提供することに同意。②一九三五年のモンゴルへの輸出プランを八四四・九万金ルーブル、輸入プランを六三八・三万金ルーブルと決定。③外務人民委員部は外国貿易人民委員部とともに、上記商品クレジットの提供と一九四〇年一月一日までのそれらの返済手続きを定める協定を立案し、モンゴルと締結すること。以上である。[43] 正確な日付は不明だが、この決定が出る前、モンゴル小委議長のソコーリニコフが、スターリンへモンゴルの対ソ貿易赤字の削減を訴えた。彼によれば、外国貿易人民委員部が計画している一九三五年の対モンゴル貿易では、輸入が五七一・七万金ルーブル、輸出が九九七・一万金ルーブルで、モンゴルの赤字が四二五・四万金ルーブル、すなわち一四〇〇万トゥグリクとなるが、この他にソ連がモンゴルへ提供する軍装品二五〇万トゥグリクと合わせ、赤字総額は一六五〇万トゥグリクとなる。このうち六〇〇万トゥグリクは軍への無償供与だとしても、残りの一〇五〇万トゥグリクが一九三五年の新たな債務となる。一九三四年までに蓄積された商業債務を帳消しした直後に、このような債務の形成は望ましくないと政治局に善処を求めたのである。ソコーリニコフは輸入物資の項目変更や削減、モンゴルからの輸出増大（例えば一九三四年に四万頭を輸入し、一九三五年に三・五万頭を予定していた牛の輸入を四・五万頭へ、馬の輸入も一・五万頭から二万頭に）、一トン四二金ルーブルもする高すぎるガソリン価格の引き下げなどを例に挙げ、モンゴル政府も赤字の削減を望んでいると述べていた。(44) 四月二八日の政治局による最終決定と比較すると、輸出が約一五二万減り、輸入が約六七万増え、約二二〇万金ルーブルモンゴルの赤字が削減されているところを見ると、ソコーリニコフの訴えかけが影響を及ぼした可能性が高いように思われる。

ソ連・モンゴル間の連絡路の整備策として、一九三五年四月二一日労働国防会議は、ウラン・ウデ＝ウランバートル間の航空路線の再建について布告を採択した。すでに前年の七月九日、ウンシュリヒトが飛行機駐機場の強化・刷新、路線の西部（ホブド）、南東（ザミン・ウード＝Удеをこう解釈した）方向への延長を含む航空路線の再編を中央委員会に提案していたが、スターリンがクイブィシェフ、さらにクイブィシェフがルズタクに検討を委ね、彼が八月に布告の草案を出したものの問題が先送りされていた。決定内容は、①民間航空総局（トカチョフ）は一九三五年中に両都市間の再建総合プロジェクトを終了すべく、早急にウスチ・キャフタ＝ウランバートル区間の路線探索に着手。②ソ連財務人民委員部は三五年、民間航空総局へ余分に一六四〇〇トゥグリクを支出。③民間航空総局は路線の再建を一九三六年に終了。以上である。他路線の採算性への疑義もあり、この路線の探索のみにとどまった模様である。(45) 一方で自動車輸送に不可欠なガソリンタンクの警備について、政治局は一九三五年六月一三日、①外国貿易人民委員部はモンゴルにあるソユーズネフテエクスポルトの石油タンクの警備を、赤軍での勤務年限を終え、除隊した将校、兵士で組織すること。②すべての石油タンクの警備員の数は五〇人（中級幹部一名、下級幹部五名、兵士四四名）とすること。③自由雇用の原則でヴォロシーロフの命令により、極東軍ザバイカルグループの除隊者から警備員を補充、幹部は一〇〇％党員、同候補、兵士は三〇％以上党員、同候補、コムソモール員で補充すること。④この警備には外国貿易人民委員部の軍事化された組織（モンゴル諸街道等）への規定を適用するが、特別の民間制服を着用。⑤ローゼンゴリツはモンゴルでの仕事に将校、兵士が金銭的関心を抱くような待遇、とくに給与を定めること。⑥警備員の募集とモンゴルへの派遣期間の確定をヴォロシーロフ、ローゼンゴリツに委任。⑦内務人民委員部は派遣を簡易形式で実行。以上を決定した。[46] これと関連するが、「モンゴルへの石油製品の間断ない輸送を確保し、そのためにソ連領内に不可欠な繰越備蓄を作るため」政治局は同年一〇月七日、ソユーズネフテスブィト［石油販売を担当］が、一九三六年の航行が始まる（五月一日）までに、ウラン・ウデに次の容量を持つ貯油施設、すなわち重油のために一四〇〇トン（一九二五立方メートル）、飛行機用ガソリン＝各七二トン（一〇五立方メートル）のタンク三つ、オイルのためのタンク九五トン（一〇五立方メートル）と一六八トン（一八七立方メートル）、以上を作るよう指示した。[47] このように、自動車、船舶、航空機の運行に必要な燃料の貯蔵と、貯蔵設備に対する警備を着実に進めていた。そしてこの時期、政治局は極東軍を編成し五月一一日、特別赤旗極東軍よりザバイカル軍グループを分離して、ザバイカル軍管区（東シベリア地方とヤクーツク自治ソヴィエト社会主義共和国を管轄）を設置、特別赤旗極東軍の名称を極東軍管区に変更した。[48] 一方で八月九日、ソ連人民委員会議予備基金からソ連国防人民委員部へ、モンゴルにおける地形学的調査を続けるため二七万トゥグリクを支出することを政治局は決めたが、[49] 軍の移動や配置等、将来的な戦争も想定して行われた調査であろう。翌一九三六年三月九日にも同様に政治局は、モンゴルで行う地形・測地調査の実施費用、総額三〇万トゥグリクを限度とする外貨を、財務人民委員部が国防人民委員部に一九三六年の外貨プランの非貿易部門より提供するよう指示した。[50] この時期には、モンゴルとの輸出入に関する問題[51]や、モンゴルの指導者の治療[52]についても政治局は決定していた。

重油用	1400トン（1925立方メートル）
航空ガソリン	72トンタンク（105立方メートル）3個
オイル	95トンタンク（105立方メートル）1個 168トンタンク（187立方メートル）1個

三　ソ連職員の待遇改善、モンゴルにおける映画産業、コンビナートの火事

スターリンとゲンデンの会談で話題になった通り、一九三四年中に再検討されていたモンゴルの

通貨トゥグリクのルーブルとの交換比率は、一九三四年一二月一日、一トゥグリクをそれまでの九五から三〇金コペイカへとレート変更した。ところが、この変更がモンゴルで働きトゥグリクで給与支払いを受けていたソ連労働者の強い反発を呼び、彼らに対する特典を用意する必要に迫られた模様である。(53) 一九三五年五月一一日政治局は、モンゴルにおける諸問題として、映画基盤の組織化、ソ連科学アカデミーのモンゴルにおける調査遠征隊の活動とともに、モンゴルにおけるソ連人労働者の日常生活条件の改善、以上についてモロトフの外国貿易に関する小委員会の検討に委ねた。(54)

これを受けて五月二六日に政治局は、モンゴルで働く指導員、専門家、全権代表部や通商代表部職員の日常生活の待遇改善について決定した。①モンゴルへ派遣される上記ソ連組織の職員の給料の二五%を、ソ連外貨で天引きするという一九三五年一月一日からの制度を停止。②上記派遣者が、モンゴルのトゥグリクで受領する給与の額面価格の五〇%を、ルーブルで追加的に賦与する慣例を確立。③この補助金支出のため一九三五年には九〇万ルーブルを支出。④トゥグリクで彼らが受領している給料の二〇%までトルグシン(55)で購入するノルマを定め、同時にトルグシンを通じた彼らの送金限度を廃止。⑤駐モンゴル全権代表部への補助金として、(A)ウランバートルで派遣労働者のためのアパート建設に二五万、浴場に五万、計三〇万トゥグリク。(B)現存の診療所の拡大(二病床以下)に五万トゥグリク。(C)この診療所の維持に毎年三・六万トゥグリク(一九三五年より)の支出を決定。以上である。(56) これより前の四月一四日、人民委員会議の外貨委員会は、外国貿易人民委員部がモンゴルのソ連通商代表部に一万二〇〇〇トゥグリクのボーナス基金を出し、同じく一万金ルーブルをモンゴルの通商組織で働くソ連職員の治療代金として送ることを決めており、(57) これもソ連の労働者の不満を軽減するための対策であろう。

九月二五日には、先の五月二六日付の政治局決定に追加し、モンゴルで働くソ連の指導員およびソ連の全権代表部、通商代表部の職員への補助金の支払いとして、一九三五年に五七万ルーブルを追加的に支出することを決めた(58)(これと並んでここではトゥヴァでの同様の人々への二一・四万ルーブルの補助金支出も決めている)。さらに一九三六年二月一〇日には、前年五月二六日の決定に加え、三六年一月一日付でモンゴルの(この決定はトゥヴァも含む)

あらゆるソ連の組織で働く職員に対し、その基本給に対する一〇〇％のボーナスをソ連の負担によりチェルヴォーネツ・ルーブル［すなわち金ルーブル］で追加的に支払うこと、そのために四八〇万ルーブルを支出することを決めた[59]。同日、一方で政治局は、モンゴルから帰国するソ連国民が持ち込む品目を制限していた一九三四年六月二一日付の人民委員会議決定を改め、他国から帰国するソ連国民と同様のノルマを定めることにした[60]。もちろん優秀なソ連人職員ばかりではなかった。一九三七年一二月から翌一九三八年二月にかけて、ストモニャコフ外務人民委員代理はモロトフに、役に立たないことが判明したソ連人専門家や指導員、例えば一九三七年には一四人が期限前にモンゴルから帰国しており、この場合一九三四年一二月一日の規定に従いソ連側が帰国費用を負担することになる、一九三七年分の二万五〇〇〇トゥグリクをモンゴル政府が肩代わりしているので、その支払いを決めて欲しいと訴えたのである[61]。この問題については決定までかなりの時間を要し、一九三八年九月一九日、政治局はモンゴル政府の負担をカバーすべく、ソ連人民委員会議予備基金から七万一六一五ルーブルをトゥグリクで支出すること、一九三九年の外貨プランにおいても、一九三八年の同様の支出を考慮することを決めた[62]。

対モンゴル政策の基本方針をまとめた一九三二年一一月一日の政治局決定では、モンゴルにおける映画事業の組織化を軽工業人民委員部に検討させていたが（本書第三章第五節を参照）、その後も一九三三年末のオチル、ドブチン、一九三四年末のゲンデンとの会談でも、映画好きのスターリンは、「チベット仏教には、住民の間に映画、ラジオ、写真を普及させ人気を博すような方策で対抗する必要があります。あなた方は空間を通して話すことができるがラマ僧はできないということを住民に見せなさい」。「映画や劇場をチベット語ではなく、母語のモンゴル語で拡大することが必要です。これらの課題をすべて実行に移したら、あなたはチベット仏教よりも強力になるでしょう[63]」と、チベット仏教への対抗手段として新しい技術の活用を訴えていた。この問題に関する五月一一日の検討委任を受けて、政治局はモンゴルで映画基盤を作ることについて一九三五年八月二二日に決定した。内容を要約すれば、①モンゴルで記録映画、教育映画の制作、常設および移動映画劇場でモンゴルとソヴィエトの映画を配給する点でモンゴル政府に技術援助。②そのための撮影基盤（トーキー映写機等）を第三四半期にソ連から輸送し、ソ連で製造できないものは第三四半期に映画写真産業総局を通じて第三国に注文（約三万二〇〇〇金ルーブル）。③外国貿易人民委員部（エリアヴァ）、映画写真産業総局（シュミャツキー＝かつてコミンテルンでモンゴルを担当）は、第三、第四四半期に上記設備をモンゴルの映画組織に競合相手より安い正貨価格で引き渡し。④映画写真産業総局は、モンゴルに映画組織を作り、ソ連の映画上映を円滑に進める上で全面的に協力。そのために、（a）遅くとも三五年一〇月一日までに、常駐の経験豊かな映画配給の専門家一人、一二月一日までに記録映画、教育映画の制作に関わる職員五人を派遣し、彼らはモンゴルの専門家養成に早急に着手。（b）採算があう価格で、最良かつモンゴルの観衆に適したソヴィエト映画を定期的に配給する協定をモンゴルの映画組織と締結。[64] 以上である。ソ連の映画人によるモンゴルでの映画撮影の話もあり、これについては前年の一九三四年四月二三日の人民委員会議布告で約一〇万トゥグリク割り当てられていたが、一九三四年中はシナリオ執筆に終始していたらしい。一九三五年九月七日人民委員会議の外貨委員会は、モンゴルでの映画撮影に一〇万トゥグリクの支出を決めた。[65] そして翌一九三六年五月一九日の『プラウダ』にレンフィルム（レニングラードの映画撮影所）の映画『モンゴルの息子』の紹介が載った。[66] 完全にモンゴル人民共和国を題材にした初めての映画で、ほぼモンゴル人俳優のみ出演し、モンゴル語で作られた映画であった。一九三五年一一月にモンゴルへ派遣され約四年働いたグセフが、スタッフの養成、機材の整備等ゼロから事業を立ち上げていった模様を回想している。[67] 革命前からロシア人だけでなくモンゴル人の中でも映画を鑑賞する機会があったことについては、本書の第一章でダレフスカヤの著作から紹介した。したがってスターリンのイニシアチブでモンゴル人が映画という新たな文明に出会うようになったと考えるのは誤りであろう。一連の政治局の決定ではソ連とモンゴル映画しか上映が予定されておらず、これらの映画がどれだけの頻度で上映され、どれだけの住民が鑑賞し、いかなる影響を及ぼしたのか等といった問題については改めて検討する必要があるだろう。

一方でこの時期、一九三二年四月に建設が決定されたモンゴルで最初のコンビナートは活動を始めようとした矢先、火事で一部が活動停止に追い込まれた。一九三五年六月九日の火災による被害、建設資材や設備の導入におけるソ連の全面的な支援を六月二三日付の電信でゲンデンが求めたところ、六月二八日、それに応じるモロトフの返答が送られた。[68] ゲンデンの説明にも、日本帝国主義者の工作員や現地の悪意ある分子からの妨害行為の存在を結論づけるデータがあると述べてはいたが、八月二二日に政治局は、モンゴルの全権代表タイーロフにコンビナートの火事の捜査、犯人の摘発を最後までやり遂げるようストモニャコフを通じて指示し、ミュール紡績機三台をモンゴルに供与する共同提案をピャタコフ（重工業人民委員部）、リュビーモフ（軽工業人民委員部）に委ねた。[69] 建設担当者による報告（一九三五年九月）によると、毛糸工場は動いているもののフェルトとラシャの生産工場が停止に追い込まれ、毛糸の輸出増大などを差し引いても損失は約二〇万トゥグリクに上ること、復旧作業は一一月半ばには終了するが、ミュール精紡機が一〇月までに納入されれば、一九三六年初頭から生産開始可能とのことであった。[70] 結局、火事について政治局は、一九三五年一一月二九日、「ウランバートルのプロムコンビナートへの放火事件について」と題し、三五年一一月二六日付のストモニャコフの覚書（二六八八号）に述べられていた提案を採択すること[71]で決着した。この火事の問題は一九三五年末にモスクワを訪問したゲンデンらとの会談でも持ち出されることになる。

四　スターリン・ゲンデン会談——一九三五～一九三六年

モンゴルでは一九三五年後半から、ゲンデン解任とチョイバルサンの権力獲得への動きが強まっていくことになる。もちろんソ連の意向を反映したものであった。例えば一九三五年八月二七日、カガノーヴィチはスターリンに、「モンゴルのタイーロフ［全権代表］より興味深い手紙を受け取ったが、その中で彼はゲンデンやすべての指導部の気分を述べている。見るところ、ゲンデンはますます我々から遠ざかっている。念のためあなたにこの手紙を送る」と伝えている。[72] この書簡集の編集者注によれば、この手紙は見出せていない模様だが、ボイコヴァが外務省史料館から引用しているソ連の外交官の記録によれば、ゲンデンは「我々がソ連を頼りにするのは、ソ連のためではなく、世界革命のためでももちろんなく、我々の民族的独立を継続的に強化するためである」と述べた（日時は不明）という。ボイコヴァはまた、一九三四年一月一七日にゲンデンが、モンゴル人で代えられるならば、指導員、現地で採用された人を削減するよう指示したことを指し、文章には具体的には書かれていないが、もちろんソ連人指導員を念頭に置いていた、例えば一九三六年における社会安全保障省（内務保安局のことをさすものと思われる）の職員二五〇人中、二〇人のモンゴル人、モスクワから派遣された三人の中国人を除けば残りがロシア人だったように、ロシア人の削減を目指してゲンデンは活動していたのだとする。[73] 既述の通り、一九三四年末にゲンデンと会談した際にスターリンが自らソ連人職員の半減を主張していたことも想起する必要があるが、問題はやはりどのような官庁のどのようなポストを握るかであって単に人数の問題で即断できない。

モンゴルからの照会があった模様で、一九三五年九月二五日、カガノーヴィチ、モロトフはスターリンに、「①複雑化した国際状況を考慮し、モンゴル人民共和国はチベット仏教とのおおっぴらな闘争を行わないが、逆にラマ僧の中から暴かれた日本の工作員は、罪証を明らかにし厳しく弾圧することを除外しない、②チベット仏教との闘争、特に教育や保健の分野におけるその影響力との闘いを、チベット仏教との闘争というスローガンを掲げることなく、遠まわしなやり方で強めていくこと」、以上をモンゴルの指導部に提案することが不可欠だとして、スターリンの意見を尋ねた。[74] 翌二六日、スターリンは二人に「［貴殿らの電報の内容が］よくわからない。私の考えでは、チベット仏教の反革命的組織者は、国際状況が悪化すればするほどより厳しく弾圧する必要がある。というのも、これらの輩は、その上さらに、日本の略奪者を利する自民族の裏切り者でもあるからだ」[75]と反論した。一九三三年末のドブチンらとの会談でスターリンはチベット仏教を国家の中の国家だ、チンギスハンならその存在を許すはずはないと強硬な意見を述べてはいたが、一九三四年五月にはチベット仏教徒の公然たる闘争は避けると、政治局は決定していた（本書第三章第九節）。また一九三四年末のゲンデンとの会談でもスターリンは、大勢力のチベット仏教を迂回戦術で倒すことが必要だと述べていた。スターリンの部下たちは、以上の経緯を踏まえ、「チベット仏教との闘争というスローガンを掲げずに遠まわしな反宗教闘争」を掲げたにもかかわらず、スターリンの強硬路線に反論することもなく、一〇月一日「チベット仏教の反革命的組織者は日本の略奪者の側に立った自民族の裏切り者であるから、モンゴルの国際環境が悪化すればするほど、彼らをより厳しく弾圧する必要があるとの考えに立ち、チベット仏教との闘争を緩めないようモンゴル指導部に提案する」と政治局

で決定した。スターリンの言葉をほぼ一語一句忠実に反映した決定であるといえる。(76)

スターリンにとってモンゴル指導部と会うたびにチベット仏教との闘争を訴えていただけに、ゲンデン指導部は僧侶に甘いと映った。全権代表のタイーロフもゲンデンを解任するようモスクワに何度か提案していた模様である。一九三五年一〇月一四日にゲンデンは、一九三四年一一月以来の活動報告をスターリンに送り、モンゴルには人口の一一・七%にあたる八万五六七七人のチベット仏教僧侶がいるが、寺院の大部分は高い税金を払っており、高僧は弾圧されていると述べ、軍については予算以上に二〇〇万トゥグリクを余分に支出し、除隊予定の兵士を一年延ばし、軍の牽引力増大のため四〇〇〇頭の馬を購入し、政治的なレベルの低い指揮官、兵士の改善に努めていることなどの努力を列挙した。前年の会談で軍を一万二〇〇〇人、内務保安局を二〇〇〇人に増やし、さらに現在それぞれの人数・予算を一万五〇〇〇人、一七〇〇万トゥグリクと三〇〇〇人、三五〇万トゥグリクに増やすことを計画しているが、一四〇〇万トゥグリクの予算では到底無理なので、両者を合わせて一万四〇〇〇～一万五〇〇〇を超えないこと、数より質を重視し、技術系に力を入れることを提案した。国家歳入二九七〇万トゥグリクの約八二%は直接、間接税で賄い、歳出は行政七〇〇万（内務保安局を含む）、教育・保健に六二八万、経済・工業に八〇四万、国防その他に八四〇万と内訳を示し、三六年には主として増税で一五〇から二〇〇万の増収を見込むが、念願の病院建設と二〇〇ソモンにおける小学校建設を計画しているので軍へのこれ以上の支出は無理だと説明した。(77) 特に軍の増強がこれ以上無理だという説明がモスクワの指導部の反発を招いたようだ。ゲンデンらモンゴル代表団一向はモスクワに呼ばれ、スターリンからねじを巻かれることになる。(78) 一九三五年一一月一九日、ストモニャコフからタイーロフを通じて送られた招請状には「あなたの書簡をソ連政府の指導者たちが読んだ。きわめて内容に富み、重大な書簡だが、その中にはあなたとの討議を要するいくつかの重大な問題について触れられている。したがってこれらの問題を検討するためにあなたがモスクワへ短期間客として来ることが望ましい。スターリン、ヴォロシーロフ、モロトフよりよろしく」と述べられていた。(79) その到着前にもモンゴルに関して政治局は一連の決定を下している。一九三五年一〇月七日には、ロシア共和国保健人民委員部がモンゴルで行う医療遠征隊の活動を一年延長することを決定した。(80) 一九二〇年代半ば以降医療遠征隊が派遣され、保健分野ではモンゴル人学生の教育に力を入れてきたことについて触れてきた。ゲンデンとの会談の中で、スターリンが保健省、教育省の統合に否定的に反応したことも確認しておきたい。チベット仏教への対抗だけでなく、ソ連による医療サービスは、ソ連のイメージアップ戦略としても欠かせない要素のひとつであったといえよう。続いて一〇月九日に政治局は、モンゴル人民共和国に送った「技術 техника」の維持に関する支出五〇万トゥグリク（一五万金ルーブル）をソ連が負担することを決めた。(81) 軍事的な装備の維持を意味しているが、おそらくは次のスターリン指導部との会談で言及される通り、七月に送られた飛行機、戦車のことであろう。また一一月一六日、政治局は一九三五年のモンゴルへの商品輸出を一五〇万ルーブル増加させることを決めた。(82)

ところで、モンゴル政府の代表団ゲンデン首相、デミド国防相、ナムスライ内務保安局長の三人は一九三五年一二月一一日から一か月以上、一九三六年一月九日までモスクワに滞在した。(83) この滞在中に彼らがスターリン指導部と会談したのは、一九三五年一二月三〇日と翌一九三六年一月七日の二回である。一二月三〇日の会談については二種類の記録があり、両者を比較するとそれぞれ記録に濃淡があり、話の順番も異なっている場合、話している内容が別の人の発言として記録されている場合がある。したがってこのふたつの記録をA、Bとして適宜再構成して以下に提示したい。どちらの記録から採ったのか区別するため、史料Bの記録には冒頭に＊印をつけることとし、特に断らない限り史料Aの発言である。筆者による補足説明は［ ］の中に入れることとする。発言者が記されず、要約が挟まれていることがあるが、これも記録者によるものである。ふたつの会談に出席していたストモニャコフが二回目の会談終了後の一月一〇日、駐モンゴル全権代表タイーロフに二回の会合をまとめるかなり詳しい報告を送っており、それも参考になる。(84)

一九三五年一二月三〇日の会合

＊**スターリン**　サムボーはどこにいますか？

＊**ゲンデン**　ウランバートルです［のちのアマルとの会談でもスターリンはサムボーについて問い合わせている］。最初にモンゴル人民共和国における教育、保健、畜産業の発展、チベット仏教との闘争、国防に関連した

ゲンデンの試案が書面の形でストモニャコフにより提示された。

スターリン　あなたは何に関心があり、何を最初にお話しになりたいですか？

ゲンデン　私は会話を容易にすべく書面の形で自分の考えをまとめた試案を提出しましたが、目を通していただけたものと期待します。

ストモニャコフが手短に試案の内容を読み、チベット仏教の問題のところで中断する。ここでゲンデンは口頭で正確を期し自分の考えの根拠を述べる。ゲンデンのあとにデミドが発言し、一八歳のラマ僧についての法律を厳密にする必要性とアマルの考えについて述べる。その後ゲンデンがこの問題についての以前の説明を繰り返す。

［この部分については史料Bが詳しい。以下の通りである］

＊ヴォロシーロフ　チベット仏教が大きな力を持っています。男性人口の最も健康な部分が寺院にいます。九万六〇〇〇人です。人数が多いだけでなく、チベット仏教は巨大な経済力、精神的な影響を住民に及ぼしています。ラマ僧は教師であり、医者でもあります。彼らは牧民の現在、将来のために祈っています。したがっていかなる質問も意味をもちません。チベット仏教といかに闘うか、同志スターリンが昨年助言しました。課題はそれらを実行に移すことです。この点、あなた方は何もやっていません。

＊スターリンとモロトフ　その通りです。

＊ストモニャコフ　一八歳の若者に、ラマ僧になりたいかなりたくないか質問することは、若者がチベット仏教の世界に入ることを合法化することを意味しています。年齢制限を一八歳から成人の二〇歳に引き上げる必要があります。この年齢に達すれば徴兵できます。かくしてチベット仏教への入り口を閉ざすのです。

＊スターリン　軍への徴兵がほとんどない。したがって多くがチベット仏教にはいるのです。

＊ストモニャコフ　健康な部分が軍に行き、残りの不健康な部分はチベット仏教に行ってもいいのです。

＊デミド　さらに別の提案もあります。その提案とは未成年がチベット仏教に入るのを禁止する法律を正

確にすることです。

＊**スターリン**　正確にするとは？

＊**デミド**　第一に、この法律を厳格に実行することです。法律は一九三二年に出ましたが、寺院には一九三二年までに入った未成年者が住んでいます。寺院の管理者には彼ら未成年者にモンゴル語の文法を教えるよう委任しています。第二に、牧民が寺院に預ける子供の比率を定めることです。一人の子供しかいない場合、寺院に渡してはいけません。二人いる場合二人とも順番に軍に入ることとする。三人以上の場合、希望するなら一人を寺院に渡してもよい。ただしその息子は健康ならば寺院に入る前に軍務につくこと。モンゴル人が成人年齢に達するのは早いので徴兵年齢は一八歳とする。この法律に従えば寺院に今いる一万八〇〇〇人の未成年者のうち一万人以上は寺院から出ることになります。この法律は有効でチベット仏教の数を一気に減らし、そこへの流れをほぼ止めるでしょう。アマル大統領［原文のママ］がそのような意見です。

＊**モロトフ、ヴォロシーロフ**　悪くない法律ですね。

＊**ヴォロシーロフ**　一八歳青年についての法律は実行されていません。寺院には未成年者が一万七九〇〇人います。

＊**モロトフ**　チベット仏教への人の流れは止まっていません。法律が実施されていません。

＊**スターリン**　あなた方は、始めるべきことから始めていないと思います。それからではありません。現在モンゴルにとって重要なのは国防の問題であり、それから始めるべきです。

［次に国防問題に話題が移る］

＊**ストモニャコフ**　予算自体、モンゴルは大きくありません。軍事予算は全体予算に応じて割り当てられています。

＊**ヴォロシーロフ**　とても少ないです。日本は莫大な金を軍隊に注ぎ込んでいます。予算の四分の三が軍隊に行っています。防衛したいなら資金を惜しんではいけません。強力な軍隊を持つ必要があります。

スターリン　モンゴル政府を代表してゲンデンはこの問題について何をおっしゃりたいですか？

ゲンデン　私は自身の書簡で国防の諸問題について詳しく触れたので、この問題は本試案の第四項目に掲げました。

スターリン　これではまったく足りないし、具体的でもありません。もしあなたが貴国の独立、国家、故郷を愛しているのならより真剣かつ具体的に問題提起すべきでした。ゲンデン、あなたは自分たちの国防能力を強化したくはないのです。これは国家予算の支出三二〇〇万のうち軍にわずか八〇〇万、すなわち二五%しか割り当てていない事実からも確認できます。＊「貧しさは口実になりません」。満洲里駅であなたは、これらの交渉や国境の事件は満洲国とモンゴル人民共和国の間ではなく、ソ連と日本の間の問題なので、彼らすなわちソ連と日本に話すべきだったのだ、とサムボーに述べたとの話が伝わっています。これはいったいどういうことですか？」＊「もしも、ソ連と日本が喧嘩するのに任せればいい、モンゴルは関係ないとお考えならば、我々としてもソ連が原因でモンゴルが破滅することは望みません。我々には貴国の領土は必要ありません。自分の領土で十分です。貴国に防衛を強制してはいません。完全に貴国の意思にかかっています。防衛したくないならばどうぞ。戦わずに日本に譲歩しても構いません。我々としてはあなたの意見を知りたいし、はっきりさせたいのです。率直に話しましょう。お互いに真実を隠すなら、友人とはいえないでしょう。本当の友人とはお互いに真実を述べあうものです。この問題を解明することが支援の問題と関わってきます。もしも自分で守りたくないのなら、我々の支援が手助けになることもないし、我々による貴国領土の占領と理解されるでしょう」。

これは嘘で挑発だ、そのようには話さなかったとゲンデンは述べる［史料Aはこの通り、短く話の内容を要約するだけだが、史料Bは以下の通り、ゲンデンの反応が詳しい］。

＊**ゲンデン**　サムボーには、息継ぎをより多く得るため、交渉をできるだけ引き延ばすのが必要だと話しました。日本に占領されるとどんな結果が待ち受けているか私は理解しています。国家領域における自分の

一一年間の活動の間、モンゴルの独立強化にはソ連の支援が必要不可欠だと理解しました。私はソ連の支援に賛成だったし、今も賛成ですし、これからもそうです。ソ連の指導員の削減に賛成し、［左翼］偏向時代に指揮や指導員の欠点と闘うのに賛成したからといってソ連に反対していたわけではありません。この路線もソ連の同志たちは了承してくれました。ソ連に対していかなる疑念も私は持っていません。ソ連は誠実に我がモンゴルを助けてくれています。合弁会社をモンゴル人に引き渡してくれます。ソ連への債務を削減しました。技術や人材で支援し、我々の幹部養成にも支援してくれています。帝国主義者はソ連のように支援できないと分かっています。ソ連と資本主義国家の間の根本的相違を理解しています。もしも我々が資本主義国家を頼りにしていたら、ずっと前から資本主義大国の植民地的従属のもとに置かれていたでしょう。ソ連は我々を助けるだけでなく、我々と地理的に長い距離、国境を接しています。これも意味を持っています。ソ連は世界中で権威を有し、モンゴルを含む全世界の労働者の中で権威を勝ち得ています。いったい誰を頼りにするのかは我々の問題ですが、この問題は明らかです。日本を頼りにする者はモンゴルの利益だけでなく、自分の個人的な利益も理解していません。貴国はもちろん強制してはいません。我々の考えはこのようなものです。もちろん私はどこかで配慮のない言葉を述べたかもしれません。しかしそのような発言をどこでやったのか覚えていません。私はソ連の支援を期待しています。仕事を見てください。あなたがそのように思い私を信用しないなら、我々の今後の会談、基本的な問題の解決は困難になるでしょう。もちろん私も誤りを犯しうるけれども、修正に努めるし、モンゴルの同志がそれを助けてくれます。

［以下、史料Aに戻る］

モロトフ　我々の意見はひとつです。あなたは包み隠さず、自分を正当化すべきではありません。今スターリン同志が述べたのと同じ、信頼しうるデータを我々は持っています。ゲンデン、あなたは酔った時には常に反ソ的で挑発的言辞を述べているということからもまた、このことは確認できるのです。あなたがここに出発する前、おそらく自分はクレムリンの病院を通して「健康状態を理由に」クリミアへの長期休暇と休養を提起されるだろうと述べたことを知っています。我々はそのような策を弄したり、遊びにつきあう気もありません。

ゲンデンはこれも嘘であり、そんなことは話していないし、知らない、彼に対するそのような誹謗を誰が話したのか非常に興味深いが、そのような非難の中で仕事をするのは困難だと答える。

ヴォロシーロフ　ゲンデン、あなたは自軍にまったく配慮していません。もしもあなたが軍隊の強化に関心を持っているなら、あらゆる資金を投入すべきです。あなたは昨年約束しましたが、まったく何もしませんでした。当時同志スターリンはあなたに確固たる独立のためには強力な軍隊を作る必要があると言いました。もしもあなたがそのような軍隊を作らないのならば、誰もあなた方に敬意を払わないでしょう。

ゲンデン　我々は自軍に十分な注意を払っています。二〇〇万トゥグリクを支出し三年の現役制を導入しました。

スターリン　それでは少ないのです。予算の何パーセントを軍のために犠牲にしていますか？

ゲンデン　二五％まで、六〇〇から七五〇万トゥグリクです。

スターリン　それは少ないです。我々に国防が必要な時、国家予算から七〇～八〇％を支出しました。ゲンデン、もしあなたが外部の敵から自国の独立を強化することに関心があるなら、五〇～六〇％、すなわち一六〇〇～一七〇〇万は絶対出さねばなりません。あなた方の軍隊は国の唯一の学校でもあるからです。あらゆる軍隊の問題をデミド一人に負わせてはいけません。あなたがすべてのことに参加し、皆の関心を引くべきです。ゲンデン、もしあなたが国防に関心がなく、モンゴルをだまし、それから利益を得ているとあなたがみなすソ連との関係によってモンゴルは被害を被っていると考え、日本人たちと仲良くしたいのなら、どうぞお好きなように！　これは貴国の内政問題です。我々は貴国の労働者の利益と独立のためにあなた方との関係を維持しています。もしあなた方が望まないならば、我々は無理に我々と関係させようとは思いません。ここで我々が話すことはすべてあなた方の国内の問題です。貴国では現在チベット仏教が強力です。

ラマ僧に対してあなたは何もしていませんね。ラマ僧はあなた方をがつがつ食べ、成長し堅固になっています。あなたがもし強力な軍隊を作り、ラマ僧を解体しないのであれば、彼らが良き軍隊とその後背地を崩壊させるので、これもまたよくありません。ナムスライが率いる内務保安局という名前の組織もまたチベット仏教との闘争で何もしていません。以前も現在も、我々のチェカは国内、国外の反革命との闘争と並んで、宗教の経済的、政治的、精神的な基礎を掘り崩す闘争を展開していますが、貴国にはそれがありません。あなたもナムスライもこの点何もせず、逆にチベット仏教を奨励しています。

モロトフ　我々は同志スターリンとともに率直に、あけすけに話しています。ゲンデン、あなたは酔った時、我々に敵対的な様々な言葉を発して饒舌になるということを我々は知っています。あなたはそもそも、満洲里交渉の問題も、国境紛争の調整の問題もあなた方の問題ではないとみなし、モンゴルの問題を他人に押し付けようと望んでいるのです。事実を挙げましょう。ゲンデン、あなたは当方で事件が勃発して困難な時、休暇を取るとの名目でさっさと逃げ出し、長い間不在でしたね。スターリン同志の言うことは正しいです。あなたがラマ僧と闘わないのなら、あなたを助けてどんな意味があるでしょうか。あなた方のチベット仏教国家は現在、ゲンデンが率いる貴国よりも強力なのです。

ヴォロシーロフ　あなたが国内でラマ僧日本人帝国主義者と闘争しないのなら、実際どんな得があってあなたを助ける必要があるでしょうか。あとでこの支援がラマ僧や帝国主義者への支援ということになるでしょう。

スターリン　現在貴国の軍隊には何人いますか？

デミド　現在一万二六〇〇人です。夏には地域軍と合わせて一万四〇〇〇人以上いました。

スターリン　機関銃は何丁ですか？

デミド　軽機関銃が約三〇〇と重機関銃が二五〇です。

スターリン　弾薬はいくつですか？

デミド　古いの、新しいの、様々な口径含めて一六〇〇万です。

スターリン　飛行機は何機ですか？

デミド　飛行中隊を合わせて五〇機あまりです。

ここで場所を移し、お茶を飲みながら会合は続いた。

［史料Bにはスターリンの発言が記録されている］

＊**スターリン**　チンギスハンを怒らせてはいけません。彼はチベット仏教に我慢できなかった。チンギスハン時代には仏教はありませんでした。モンゴルにおける仏教の浸透と発展はモンゴル国家の没落と関係があります［この他に、チンギスハンの攻撃の詳細を語る］。

＊**モロトフ**　国内におけるチベット仏教や反革命との基本的な闘争は内務保安局が実行すべきですが、ナムスライ同志はかなり長期にわたってモスクワに滞在しながら、なぜか頑固に沈黙を守ってきたし、あたかも銀を口からこぼすのを怖れるようにここでも黙っているのに私はとても驚いています。

そして、（モロトフは）反革命的ラマ僧は何人が責任を追及され、どのような罪に問われたのですかと質問し、ジャミヤン・ドゥイブ Жамьян Дыб その他の反革命分子を解放したということは、チベット仏教の反革命的分子の勢力に対し、一定程度譲歩したことを物語る事実だと結論づける。

＊**モロトフ**　昨年同志スターリンはチベット仏教と闘争する際の迂回戦術を指示したが、あなた方はこれを何も実行しなかった。ナムスライ同志の話を聞けるならば興味深いのだが。最近、貴国では経済の最重要分野のひとつであるプロムコンビナートが燃やされました。すべての問題と権力はナムスライの手にある。なぜこれを警告できなかったのですか？　これはとても重要で特徴的な問題ですが、これについてあなた方同志ゲンデン、同志ナムスライは黙ったままだ。

［史料Aに戻る　スターリン、モロトフ、ヴォロシーロフはプロムコンビナートへの放火に関連して、それが日本人と関係していたのか尋ねると、ナムスライは、この事件は日本人と関係があり、首謀者が処罰されたと答える］

スターリン　プロムコンビナート放火の主要な鼓舞者が隠れるのを誰かが助けました。

ゲンデン　一九三五年、約二〇〇人のラマ僧に法的責任を取らせました。このうち約五〇％は高位に属するラマ僧です。ジャミヤン・ドゥイブの解放について我々はタイーロフ同志と話しました。彼は満洲里交渉中に法的処罰を下すのは控えるべきだと助言したので、我々はジャミヤン・ドゥイブを解放したのです。

ナムスライ　ジャミヤン・ドゥイブの解放は党と政府の指導者が検討しました。私もタイーロフと話しましたが、彼は交渉や紛争中に彼を処罰する状況にはないと述べました。だいたいにおいて私は政府や党の指示に基づいて働いており、それらの指示にのみ基づいて仕事をしています。ラマ僧の活動について私は報告書を出しましたが、それが承認されるならそこには、チベット仏教との闘争に関して多くの方策が列挙されています。ソモンの議長や党員といった責任の重い活動家でさえ、信仰心が篤く神に祈っているので、チベット仏教と仕事をし、闘争するのは我が国ではとても困難です。

スターリン　ゲンデンの政府もナムスライの内務保安局もチベット仏教との闘争を遂行せず、彼らを奨励さえしているので、彼らは右翼的です。

ヴォロシーロフ　貴国ではプロムコンビナートが放火されました。あなた方も、内務保安局の組織も警告もできず厳しい対策も取らず、ジャミヤン・ドゥイブその他を解放し、反革命分子に自由を与えたのです。かくしてあなた方は客観的にみて、革命の敵による反革命的な悪行を助け、奨励しているのです。

スターリン　国際環境が複雑化すればなおさら、あなた方はジャミヤン・ドゥイブその他のチベット仏教上層の反革命的分子をより厳しく処罰し、大打撃を与えるべきでした。その代わりに彼らに譲歩してしまったのは誤りです。チベット仏教との闘争、反帝国主義的政策の実行に関して、右翼的偏向を行っています。以前貴国には左翼的偏向が見られました。左翼的偏向も悪いのですが、現在は右翼的偏向が左翼的偏向よりもひどいです。ゲンデン、あなたはチベット仏教を侮辱せず、民族的な独立を守ろうとしています。それは両立不可能です。チベット仏教の利益を侵害することなく、民族的利益を守ることはできません。同志ゲンデンにも同志ナムスライにもチベット仏教と闘争しようとする食欲がないのです。食事をするときは、食欲とともに食べねばなりません［史料Bではこの食欲に関する発言はスターリンではなく、ヴォロシーロフが述べ、スターリンが「その通り」と述べたことになっている］。例えばデミドが正しく自分の意見を述べたように、様々な増税やその他の手法によってチベット仏教との厳しい闘争を行わねばなりません。宗教者が多数いた当時、我々は彼らに多額の税金を課しました。もしもあなた方がチベット仏教と闘争せず、手を出そうとしなければ、彼らはじきにあなた方を完全に食い尽くすでしょう。

［このあたりのやり取りを史料Bがより詳しく伝えている。またプロムコンビナートの火事とナムスライの反応も詳しい。繰り返しの部分もあるが史料Bを以下に引用する］

＊スターリン　良い軍隊を持ったとしても、現在貴国の軍は悪いですが、チベット仏教と闘わねば何も生まれません。民族的な強化と同時にチベット仏教を強化することは両立しません。チベット仏教は民族復興ではなく、没落の産物です。チベット仏教の言葉のような現象さえ（外国語による祈禱）、チベット仏教は国家の没落と関係し、没落の産物だということを示しています。エルバーノフ、ドルジエフと話しましたが、彼らはブリャートの生活は改善していると言っています。私は言葉を信用しないので、他のデータで調べているところです。ラマ僧抜きでブリャート・モンゴルの生活が改善しているのは明らかです。一万八〇〇〇から二万二〇〇〇の家畜がいるコルホーズがあります。ラマ僧なしでモンゴル人はどうして生活できないことがあるでしょうか？　民族的な強化を望む者は、ゲンデンがやっているようにチベット仏教の強化を訴えることはできません。ふたつにひとつです。民族的な強化か、チベット仏教かです。民族的強化の立場に立つなら、チベット仏教を本気で包囲せねばなりません。累進所得税を導入し、チベット仏教の内部対立を先鋭化させ、彼らの武器を奪い、国家への裏切りの罪で個々のラマ僧を処罰することで国の威力を示し、自国軍を強化するのです。換言すれば体系的にチベット仏教の影響力を掘り崩すのです。モンゴルにはまたこれらの課題を実行し、国防力を体系的に強化する政府、チベット仏教と真剣に闘う政府が求められています。

そのような政府が我々の同盟者になるでしょう。
＊ゲンデン　私たちはチベット仏教との闘争が不十分でした。
＊スターリン、モロトフ、ヴォロシーロフ　何もやっていません。
＊ゲンデン　我々はチベット仏教の収入を計算しました。年間二七〇〇万トゥグリクです。大部分が高位のラマ僧の手に入ります。累進税を導入し、ラマ僧から一五〇万トゥグリクをとっています。
＊スターリン　少ないです。彼らには少なくとも四〇〇〇万の収入があり、五〇〇万以上の税金を取るべきです。高位僧は地主より悪いです。
＊ゲンデン　税金引き上げも可能です。九万二〇〇〇人のラマ僧のうち八〇〇〇人は高位僧で、三万人は地方に住み、未成年が一万七〇〇〇人です。ラマ僧の数の伸びを制限するには一八歳についての法律を厳格に実施し、一八歳の若者を徴兵すること、ラマ僧の未成年者に文法を教えることです。一九三五年に、一六四人のラマ僧に法律違反で責任を取らせました。何人かは政治的犯罪が理由です。ラマ僧の法律順守を監視すべく、各アイマクに政府の全権が任命されました。かくして経済的影響力を掘り崩す線でチベット仏教との闘争を行い、チベット仏教の伸びを抑えるべく闘争し、高位のラマ僧と闘争し、彼らから税金を取り立てることが必要です。アマルの提案もあります。
＊モロトフ　ゲンデンにはチベット仏教と闘う食欲がありません。チベット仏教との真の闘争がありません。内務保安局の義務はチベット仏教と闘うことです。ゲペウは反革命との闘争と同時に、宗教とも闘いました。この点内務保安局は何もやっていません。
＊スターリン　その通りです。
＊モロトフ　チベット仏教に対して、おしゃべりではなく真の闘争を行う必要があります。ここにナムスライがいます。国内の反革命に対する闘争をどこでやっていますか？　なぜプロムコンビナートへの放火事件をうっかり見逃してしまったのですか？　なぜこの問題を警告しなかったのですが？　国内の反革命とチベット仏教に対する本物の闘争が見えません。ゲンデンとナムスライがなぜ黙っているのか驚かされます。

なぜ彼らは適時に警告し、プロムコンビナートを守らなかったのですか？　あなた方が何もしなかったことに驚かされるし、ナムスライが何もしゃべらず口に水をふくんだかのように座っているのに驚かされます。ラマ僧が貴方たちを怖れているのではなく、あなた方がラマ僧を怖れているのです。政府、国家の力を示さねばなりません。正面攻撃ではなく迂回的方法でチベット仏教を捕らえ、体系的にチベット仏教の力を掘り崩し、チベット仏教、国内の反革命すべてと本物の闘争を行わねばなりません。我々はあなた方を助けますがあなた方が自国内の敵と闘わないならば、あなた方にとって我々は同盟者でも何でもありません。あなた方が真剣に国内外の敵と闘争するときに真の同盟者となるでしょう。貴方が率直に自分の意見、自分の立場について述べることを期待しています。はっきりさせたいのです。そうすれば結構ですし、良い同盟者となるでしょう。お互いを理解しお互いを自主的に助けるならば、良い同盟者になるでしょう。

＊ナムスライ　私は黙っていたのではなく、ヤゴダ、スルツキーと話しました。チベット仏教と我々の闘いが不十分だったのはその通りです。内務保安局は党と政府の指示を実行しています。我々はチベット仏教の問題で偏向を警戒しました。ラマ僧のジャミヤン・ドゥイブは四か月刑務所に入っていました。新聞には多くのことが書かれました。彼は年をとっています（六六歳）。日満との交渉のため彼の件は延期されました。一時的に解放したのです。

＊スターリン　それは戦術的誤りではなく、政治的誤りで、右翼偏向です。貴国では右翼偏向のゲンデンが、左翼偏向を非難しています。左翼偏向は悪いのですが、右翼偏向はもっと悪いです。困難な時、犯罪者は解放せず、処罰するか拘束しておきます。貴国では反対のことが起きました。我々がデニーキン、ユデーニチ、コルチャークと戦い、街を奪っていた時、まず、残ったブルジョアに軍税 контрибуция をかけました。いかなる登録もせずに一気に四〇〇〇万ルーブルを手に入れました。当時この金でヴォロシーロフとともにスターリングラードを守ったのですが、ブルジョアを人質として捕らえ彼らを船に詰め込んでヴォルガ川（幅四キロ）に浮かべ、もしも市内で反乱が始まればお前たちを爆破すると告げました。まさにこのように敵やチベット仏教と闘わねばなりません。これがすなわち包囲戦です。

＊ナムスライ　アルタイ、南……の問題は裁判の審理に持ち込まれました。一〇人が裁判にかけられています。チベット仏教は牧民だけでなく労働者に対しても影響力があります。すべてがラマ僧を尊敬しているのです。

＊スターリン、モロトフ、ヴォロシーロフ　まさに政府と張り合っているわけです。

＊ナムスライ　チベット仏教問題について、我々が詳しい報告を作成しましたが、それはすでに中央委員会で審議されました。大衆運動を実行するならば、チベット仏教に関するこれらのすべての方策を実行することが可能です。

モロトフが遅くなったのでこの辺で終わりにしようと述べると、ヴォロシーロフも同意し、我々にはたくさんの仕事があり、明日も仕事をする。お客さんたちは休んでください。次回の会談までに準備をする必要がある。今回触れたすべての問題に答えてくださいと述べた［深夜二時に会談は終了した］。

一九三六年一月七日の会談

会談が開かれたのは、年が明けて一九三六年の一月七日だった。

スターリン　米国の記者に答え、新聞に掲載されたインタビューでゲンデンは、日本・満洲人がモンゴル人民共和国を攻撃する際にはソ連からの支援を期待すると述べています。精神的なのか、軍事的なのか、それとも軍隊なのかどのような支援ですか？

ゲンデン　この件について私は書簡に書きました。技術と専門家の支援が必要です。これはモンゴルにとって大きな支援になるでしょう。一九三五年七月に派遣された貴国の技術部隊は、大きな政治的意義を有していました。

スターリン　どんな技術部隊ですか？

ヴォロシーロフ　航空、戦車です。

スターリン　ということは、あなたは精神的支援と軍備による支援を望んでいるわけですね。
ゲンデン　そうです。
スターリン　貴国政府の全メンバーが同じ意見ですか？
ナムスライ　私は嬉しいだけではなく、これに賛成です。特に専門家が必要です。
デミド　モンゴル独立の強化という問題では、ソ連からの支援が必要ですし、平和時には、軍の戦闘的、政治的な準備、軍の技術的装備面の充実、国家の経済力や文化の向上への支援が必要です。敵に反撃する軍を準備することです。第二に戦時には軍備や部隊での支援が必要です。その他に国際情勢が許すならば、相互援助条約の締結です。この件についてはゲンデンが昨年、モスクワ訪問後に話しました。
ゲンデン　一昨年、スターリン同志がそのような条約について話しました。我々の同志は皆それに賛成しました。私はこの問題でタイーロフ同志と話しました。彼はそのような相互援助条約の締結は状況によると話しました。
スターリン　同志は皆賛成していましたか？
ゲンデン　はい。
モロトフ　ゲンデン、あなたはどう考えていますか？　もし状況が許すならばそのような条約を締結することは可能ですか？
ゲンデン　状況が許すなら、相互援助条約をソ連と今にでも締結する用意があります。
モロトフ　具体的にどのような支援（精神的、軍備、部隊）が必要なのか、中央委員会で検討しましたか？
ゲンデン　いいえ、布告は採択されていません。しかし同志スターリンへの私の書簡の内容について検討しました。それに参加したのは、デミド、チョイバルサン、アマル、ロブサンシャラブ、ロブサンドルジです。この書簡にはあらゆる種類の支援が述べられています。
デミド　私は知りませんが。
ゲンデン　以前に日本人が最後通牒を突き付けたときに、ソ連に支援を求めると決定しました。あらゆる形態の支援が必要です。

モロトフ　あなた方の間には対立があるようですね。一方で技術や専門家の支援について話し、他方であらゆる種類の支援について話しています。どう理解すればいいですか？

ゲンデン　我々は自ら国を守らねばならず、そのために自分たちの力を強化すべきだとあなたはおっしゃいました。これをもとに私は技術や専門家の支援ということを述べたのです。

スターリン　ウランバートルに帰還後、小ホラルの議長とともに閣僚会議（少人数で）を招集し、いかなる支援が必要か決めるべきです。ソ連政府はあなた方を助けるつもりだと請け合います。これはすべてお互いの自主性の原則に基づくべきです。ここで貴殿らの間にさえちょっとした意見の相違があるからです。ゲンデンがひとつのことを言い、デミドが別のより具体的な話をしています。なので政府全体の決定が必要です。

モロトフ　貴国に強力な軍隊がなければ、我々のいかなる支援も助けにならないでしょう。その上、戦闘能力のある軍隊がなければ、我が部隊のモンゴルへの進駐は、占領のような形になってしまうでしょう。

スターリン　貴国は強力な軍隊を持つべきです。八〇〇万は少ないです。我々はまだ遅れて、荒廃していた時分に、予算の八〇％以上を支出しました。貴国は少なすぎます。

ゲンデン　支出は軍隊、内務保安局、文化建設、保健、国家機関（党機構も含む）に向かっています。

スターリン　予算の半分を軍に、少なくとも一五〇〇〜一六〇〇万トゥグリクを出さねばなりません。

ヴォロシーロフ　日本は予算の五〇％を軍に支出しています。

この後も、お茶を飲みながら会談は続く。

スターリン　我々が出すのは六〇〇万トゥグリクまでです。残りは自分たちで探してください。ラマ僧からもっと取るべきです。高僧からは二〇〇万、中位のラマ僧からは一〇〇万、低位のラマ僧は無税にすべきです。

ゲンデン　私は大寺院を数えましたが、九九存在します。ラマ僧の収入を明らかにし、チベット仏教の中で仕事を遂行するためには、大きな機構とそれを支える資金が必要です。

スターリン　偉大なフランス革命の際、革命軍は宗教界の収入で生活していました。彼らに属していた土地が売却され、彼ら（革命軍）はその売却代金で生活していたのです。彼らはいかなる機構もなしにやりおおせたと思います。チベット仏教はあなた方の敵だということを理解すべきです。ゲンデン、あなたには右翼的な偏向があります。

ヴォロシーロフ　ラマ僧にはいいことは起こらないでしょう。

ゲンデン　我が国の東部国境の紛争と、交渉との関係で、ラマ僧の中での活動、チベット仏教に対する闘争も弱めました。

スターリン　ここにこそ右翼的な偏向があります。ゲンデン、あなたは真実を話されるのがいやでしょう。でもしかたありません。モンゴルの利益のほうが重要です。

さらにスターリンとデミドは軍の構成について議論する。デミドは現在一万二六〇〇人、師団四個、独立中隊四個、地方中隊二個、装甲旅団、自動車化旅団、通信中隊があり、一万五七〇〇人を抱えられると述べた。デミドは指揮官の貧弱な物的状況を述べた。

スターリン、モロトフ、ヴォロシーロフ　指揮官は民生機関の職員の二～三倍もらうべきです。国境警備は内務保安局に移管可能です。敵に近い場所の警備は、軍に委ねるべきです。

ナムスライ　国境の距離は非常に長く（三〇〇〇キロ）、すぐに対応するのは困難です。金も人も足りません。

ヴォロシーロフ　当分、今のままでも大丈夫です。

ゲンデン　数的にも、質的にも軍を強化していると理解しています。指揮官に応じて、どれだけ軍の数を増やすのか、具体的にはデミドとヴァイネルが考えています。資金については、六〇〇万を貴国からもらうので、残りは自分たちで調達します。我々は軍隊も含めてあらゆる種類の支援を要求します。政府の決定が必要です。私がやります。チベット仏教については、闘争を強化するよう努めます。……私は怒っていません。反対に喜んでいるのです。

スターリン、モロトフ、ヴォロシーロフその他がゲンデンの言葉を確認した。

以上が二回目の会談の内容である。この会談終了後の一九三六年一月一〇日、ストモニャコフはスターリンに、「あなたの昨日の委任に従い、タイーロフへの情報書簡の草案を送付します。書簡の作成に際して私は、イリインの覚書に可能な限り近づけ、より正確になるよう努めました。この問題を検討される際には、同行者ヴァイネルとともにゲンデンが出立するのは明日、一一日の午後二時であるということを考慮していただくようお願いします」[87]と述べていた。この情報書簡なるものは、スターリン指導部とゲンデンらとの会談の通訳イリインが作成した覚書に、ストモニャコフ自身が補足説明したものであった[88]。このストモニャコフの説明には、すでに紹介した会談記録には残されていない交渉内容が記録されている。その点をまとめると、スターリンは帰国後、モンゴル政府が公式にソ連に支援を求める決定を採択すること。軍隊について、現在の一万五七〇〇にさらに二〇〇〇を加え四〜五個師団と四連隊で編成するよう求め、戦時ではなく、平時の今、ソ連軍を送ることでモンゴル軍を助け、ソ連軍が周囲の状況に順応できるメリットを述べ、二方向、すなわちタムスィク［タムサグボラグ］、カルガン方面にそれらを配置すると述べた。自動車化機械化旅団二個三〇〇〇人を送る準備があり、それぞれは歩兵師団一個分の威力を持つと述べた。会話を記録した一人であるストモニャコフによれば、モンゴルへソ連軍を派遣するとのスターリンの発言にゲンデン、デミドはとても満足していたという[89]。

五　ゲンデン解任、赤軍のモンゴル駐屯、満洲里第三回会議

モンゴルからの代表団が一九三五年一二月一一日にモスクワに到着してわずか一週間後に、モンゴルと満洲国の国境近辺で武力衝突が生じた。ロシア側の説明には、「日満軍が国境のブラン・デルスの哨所を攻撃し、その衝突が一九三六年一月にも再開、三月までに大規模な武力衝突にまで発展していた」[90]とあるが、日本側は、「昭和十年十二月十九日、満軍の北警備軍が貝爾湖南西方のジャミンホドックに監視哨設置のため偵察におもむいたところ、既に同地を占領していた外蒙軍から射撃を受けた。ここに満蒙両軍の間に戦火が交されることになり、事態は逐次発展した」[91]と説明している。これはいわゆるオラホドガ事件であり、三月の衝突はタウラン事件[92]と呼ばれる。その際に捕虜になった日満軍人のソ連軍による尋問調書が刊行されている。[93]一二月一九日の事件当日、全権代表タイーロフとストモニャコフ、ウリツキーが直接電話で会話した記録が文書集に掲載されている。紛争の正確な位置情報や日満側のトラックや兵士の数、紛争の原因などが話し合われているが、タイーロフにしても事件当日のことなので正確な情報の入手に務めると応答している。外務人民委員部のストモニャコフは、日本側が攻撃を正当化できる要素があるのかどうかいち早く究明する必要があると述べており、これらの会話にのみ依拠すれば、ゲンデンらのモスクワ滞在中にクレムリンが故意に、モンゴルに軍拡を強制すべく事件を作り出したようには思えない。この会話の中でモスクワ滞在中のゲンデンより、最近モンゴル人兵士の越境逃亡の例がいくつかあるとの情報をストモニャコフが伝えると、タイーロフは今回の紛争地ではなく、バヤントゥメンの南東ホルカイトで脱走があったが、ダリガンガ地区（内モンゴルと接する東南の国境地帯にあり、清朝時代には帝室牧場とされていた）では三人の兵士と二人の下士官が越境を試みたものの拘束されたと伝えた。さらに彼はそのような越境（откочёвка という言葉を使用。遊牧民・鳥獣などの「移動」を意味する言葉）は、様々な場所で起きているが、一二月九日のホルカイトを除けば一〇月から一一月にかけての現象だと述べている。[94]一方で逆に、内モンゴルから越境してくる遊牧民に対する対処も問題となった。一二月二五日に政治局は、ウランバートルのタイーロフへストモニャコフの名前で送る指示草案を採択した。「ダリガンガ地区の特殊性、日本のいつもの挑発の可能性を考慮

し、モンゴル人たちにはこの事態に際し特別の慎重さを発揮するよう提案されたし。この問題に関して、この地区である程度定期的に行われている通常の遊牧民の移動が、実際に一度ならず起きているのであれば、遊牧民を説得して自発的に内モンゴルへ戻るよう仕向けることに全力を尽くすことが必要である。もしもそれが不可能なら、彼らを国境の外へ強制的に追いやることが必要である。しかしその場合でも、いかなることがあっても武器を使用してはならず、移動させられる人々が略奪されないよう、またあとから苦情が持ち込まれる口実を提供するような行動をモンゴルの国境警備隊員が行わないよう配慮せねばならない」(95)。同じ場所でモンゴルから兵士が越境を試みたものの拘束された事件から一週間も経ていない段階での政治局決定であり、ふたつの問題の関連性が疑われるが、後者の政治局決定で用いられる移動という言葉は、本来の遊牧民の移動の意味で使われているように思われる。内モンゴルよりこの地区へ国境を越えて頻繁に遊牧のための移動が生じていたと推察され、政治局としては遊牧という口実のもとで、国境の突破の難易を試す日本の意を受けた試みや、偵察要員の派遣を強く疑っていたということが明白に読み取れる。このようにモンゴルからの逃亡、内モンゴルやバルガからの越境、侵入を警戒すれば、国境警備隊のさらなる充実が求められることになる。

ゲンデンらモンゴル代表団帰国後の一月二三日に開かれたモンゴル人民革命党中央委員会幹部会は、デミドの報告に基づき国防について決定し、アマル、ゲンデンの二人に国家小ホラルを代表してソ連に早急に支援を要請するよう委任した。できるだけ早くモンゴルへ自動車化旅団二個、戦闘飛行機大隊一個を投入すること、現存の労農赤軍を維持すること、旧タイプの戦車三〇台を一九三一年製造の新型と交換すること、モンゴル軍幹部養成のための設備を送付すること、モンゴル軍へ二〇〇万トゥグリクを支援すること、したがって総額八〇〇万トゥグリク（従来の六〇〇万と今回の二〇〇万）となる支援のうち軍には四七〇万を商品、二五〇万を現金で、警備に五〇万を商品、三〇万を現金で供与すること、アマル、ゲンデンの二人にはこれらの送付とモンゴルに来るソ連人兵士の住居確保を委任した。モンゴル軍の人数を一万七〇〇〇人に増やすため二〇～二五歳男性の動員プランを六月一日までに作成することになった。モンゴル軍部隊の再編や階級章の制定、給与の増額や生活条件の改善も定めた。内務保安局の人数は二五〇〇人に増やすこととした。一九三六年の予算は軍に一六〇〇万、内務保安局に四五〇万トゥグリクを予定した。最後に日本と満洲国からの攻撃の脅威について説明するよう党組織や省庁に指示した。[96] 次いで一月二五日に小ホラルと閣僚会議が合同で、上記の内容を布告として制定したが、軍人の給与については二倍となること、予算および警備への支出は計二〇五〇万トゥグリクとなり前年から倍増していると述べていた。[97] そして実際同日、モンゴル政府はソ連政府に軍事・財政協力と赤軍の派遣を要請した。[98] 一九三五年初めのハルハ廟事件以来、満洲里における日満との交渉が続いていたが、同年一二月一九日に新たな紛争が生じ、日本が新たな戦争を仕掛けてくる危険性が強まっている、モンゴル軍だけでは不十分だ、一九二一年同様の支援を信じているとして、ソ連の支援を頼んだのである。

このようにスターリンの指示に従い、モンゴルに帰国した指導部は国家機関で正式にソ連に軍事支援を要請することを決定したのである。それに応えて政治局は一九三六年一月二五日、モンゴルの予算増大に関する諸方策のプラン（一月二三日付のタイーロフの電信）に同意しているが、[99] これは今述べた通り、モンゴル人民革命党大会における軍および警備への予算増額決定を承認したものである。さらに一月二七日政治局は、一月二六日の覚書に述べられたモンゴル人民革命軍の強化に関する国防人民委員部の方策を承認し、ソ連人民委員会議基金から総額五〇万トゥグリクをその目的のために前金として支出することを決めた。[100]

ゲンデンは早くも一月二八日、軍への現物支給四七〇万トゥグリク分の商品の一覧をタイーロフに渡したが、[101] 両国の軍部があらかじめ準備していたものだろう。これを受けて二月一〇日、政治局はソ連がモンゴルに与える六〇〇万トゥグリク（上記決定では八〇〇万トゥグリクに増額されたはずだが、ここでは六〇〇万となっている）の補助金に関して、モンゴル人民革命軍が要求する現物供給品の請求書一覧（次表、計四七八万七四七八トゥグリクはゲンデンが請求したものと同じ）を承認し、残りの一二一万二五二二トゥグリクは、モンゴルにおけるソ連側の出費を上回るソ連の輸出から出てくる利益から現金で支払うこととした。[102] 同日、政治局は別の決定で、モンゴル側が注文していた皮革製品製造の完全な遂行を軽工業人民委員部に委ね、[103] 一九三六年のモンゴルにおけるソユーズネフテエクスポルトの建設に関する問題について、モロトフ、メジラウク、ピャタコフ、ストモニャコフに決定を委ねた。[104] またこの二月一〇日には、ソ蒙の合弁会社について一連の決定がなされた。解体されるソ蒙株式会社「モ

1936年におけるモンゴル人民革命軍，内務保安局の現物支給の申請一覧表（単位はトゥグリク）	
軍備・弾薬　21項目	1,070,550
航空機関連　3項目	347,033
自動車・装甲関連，自動車関連　10項目	755,400
軍・経済関係　18項目	1,045,133
化学関係　7項目	99,000
食糧・飼料　10項目	633,000
燃料　各種2,255トン	211,530
医薬品	80,000
獣医関連	52,000
通信関連　3項目	81,032
建設資材	330,000
政治教育関連	82,500
合計	4,787,478

ンソヴブネル」の利益のソ連側取り分についてと、[105] モンゴルトランス、モンゴルシェールスチのモンゴルへの引き渡しに関する決定[106]である。これまでのソ連のモンゴルへの投資分を二五年かけて支払うことを求めるものであった。

一九三六年二月一七日、政治局は、キャフタからウンドゥルハンへの自動車化装甲旅団の投入を延期することを国防人民委員部に許可しており、[107] 軍の投入は一時延期された。

同じ二月一七日、政治局は極東地方の諸問題として特別石油タンクを重工業人民委員部から国防人民委員部の管轄に移すソ連人民委員部の布告草案を承認した。その拠点にはウラジオストック、ハバロフスクと並んでチタを中心とするザバイカル地方を含む東シベリアも含んでいた。この決定はソユーズネフテスブィト（石油販売の連邦組織）の管轄下にあるすべての石油タンクを一九三六年四月一日から五月一五日にかけて国防人民委員部に移管するというものであり、それに伴った様々な問題（すべての関連資材、人材を伴う移管、不良石油製品の取り換え等）が決定された。また、一九三五年五月四日の人民委員会議の決定にもかかわらず極東における石油タンク建造が進捗していないことから、期限を決めて一九三六年一〇月一日までには全部を完成するように指示した。その大まかな数字を並べると以下の通りである。

三地区合計で期限までに八万七七一八トンの石油タンクを整備する予定であったことがわかる。決定には細かく事務所の管轄下にある倉庫の場所と規模が記されているが、チタ事務所にはイルクーツク（三五三〇トンと五〇〇トンの二個）やチタ（二四七〇トンと六五〇トンの二個）、ボルジャ（六五〇トン一個）などにタンクが一八個計画された。さらに極東地域全域で追加的に一九三七年一月一日までに五万トン分の石油タンク、一九三七年には一四万八〇〇〇トン分（うち三万トン分は一九三八年七月一日までに完成）の石油タンクの建造も準備することになった。

ザバイカル軍管区、特別極東軍、太平洋艦隊ごとに建設されるタイプの異なるタンクの場所と規模が記されている。(108) 一九万八〇〇〇トン追加されるわけであるから、合わせて約二九万トンのタンクが満洲国を囲む地域に整備される予定であったことがわかる。三月二九日にはこの極東のためのガソリンをカリフォルニアから輸入することを政治局は決定した。(109) 石油タンクの設置場所にモンゴル国内の地名はないが、特にモンゴル東部地区と接続する地域では多数のタンク建設が進められており、これが数年後のノモンハン事件の際にも威力を発揮してくることになる。

単位はトン数	ウラジオストック事務所	ハバロフスク事務所	チタ事務所	合計
石油タンク設置構想	30,145	33,040	24,533	87,718
国防人民委員部へ1935年に引渡し済み	3,100	450	640	4,190
1936年の引き渡し予定	27,045	32,590	23,893	93,529
そのうち4月	6,810	—	8,740	15,550
5月	5,650	5,220	1,150	12,020
6月	230	14,040	7,048	23,388
7月	4,185	2,180	—	6,365
8月	1,040	—	—	1,040
9月	7,060	11,150	6,955	25,165

この間、スターリンが求めてもゲンデンに拒否されていた案件、すなわち「内務保安局の代わりにモンゴルに内務省を設立すること、内相のポストにはナムスライではなく、他の人物をモンゴル中央委員会の判断で任命することに反対しない」との決定が一九三六年二月一八日、政治局で採択された。(110)「反対しない」と中立的な表現を用いてはいるが、逆にやっと内務省を導入できたとの満足感を感じ取ることができる。三月一日にアメリカの新聞人ロイ・ハワードに対して行ったスターリンの話は国際的反響を呼んだ。「もし日本がモンゴル人民共和国を、その独立を侵して攻撃しようとするのならば、我々はモンゴル人民共和国を助けねばならない。……我々は一九二一年の時と同様に、モンゴルを助けるだろう」というものであった。(111) そして三月一二日ソ連・モンゴル両国は、一九三四年一一月二七日以来存在していた紳士協定を発展させ、ウランバートルで相互援助に関する議定書(112)を取り交わした。この議定書を一九二四年の中ソ協定に反するものと南京政府が四月七日に抗議するが、ソ連はそれを斥けた。(113)

この間、三月一一日〜二〇日に開かれたモンゴル人民革命党中央委員会総会で、チョイバルサンがゲンデンを国防力強化における過ち、ソ連との友好強化への躊躇のかどで痛烈に批判、ゲンデンは首相から解任され後任にアマルが就任することになった(114)。

解任後のゲンデンの取り扱いについても政治局は何度か議題に取り上げている。彼の解任によりモンゴル情勢が不安定化しないようにとの政治局、ひいてはスターリンの洞察を表しているので、以下に引用しておく。一九三六年三月一九日、政治局が全権代表タイーロフに対して指示した内容は以下の通りである。

「ゲンデン解任を、病気を理由とする本人の辞任要請によって説明し、彼の過ちに関する情報を公表しないようモンゴル指導部に促すこと。かかる内容の公表は、モンゴル独立を守り、日満のゆすりに反撃する決然たる政策に与しないゲンデンを代表とする重大なグループがモンゴルに存在し、彼のモスクワ滞在中にモンゴル人民共和国とソ連政府の間に何らかの政治的対立が明らかになったなどという説を日本人がでっちあげる好機を与えることになるだろうと説明されたし。ゲンデンの過ちを説明せずに彼を中央委員会から解任することはできない。彼を中央委員会から解任しその過ちを公表するとなると、彼をモスクワへの全権代表に任命することは不可能となるだろう。したがってゲンデンをモスクワへ任命するとの口実で、中央委員会および中央委員会幹部会に彼を残すよう提案されたし。小ホラル会議議長にドクソム Доксом を任命する提案には同意する」(115)。これはソ連国内でのゲンデンの軟禁を決定したものだが、依然としてモンゴル国内で影響力を保持している彼を帰国させると、ソ蒙関係にマイナスの影響を及ぼすとみなしたためではなかろうか。そのために用意したのが「病気」と「駐モスクワ全権代表」というポストであり、ここでも日本の反応を相当心配していることが看取される。

次いで四月四日に政治局は、クリミアの保養地のひとつで、ゲンデンと彼の家族の滞在用に独立したダーチャを提供し、彼の治療を組織するようカミンスキー(116)、ストモニャコフ、パホーモフ(117)に指示し、モスクワでのゲンデン滞在も手配し（四月三日付ストモニャコフの書簡（詳細は不明）に基づく）、人民委員会議はこれらの費用としてその予備基金より上記三人が提出する予算に従って必要な資金を支出することを決めた(118)。ゲンデン解任に関する情報が広まったためと考えられるが、四月二三日政治局は、①ゲンデン解任に関する問題でウランバートルから受領した文書を押収する対策を取る。②モスクワにいるモンゴル人の間でこの問題を今後も詳細に研究しないよう対策を取る。③タイーロフには、モンゴル人がこの問題に関する材料をモスクワに今後送ってこないよう対策を取るよう委ねる。以上を決定している。[119] 完全な情報の遮断を意図したものと考えられる。その後、翌一九三七年二月二〇日に政治局は、ソ連保健人民委員部にゲンデンとその家族への治療サービスと食事提供を休息の家「フォロス」で行うよう委任、食事と警備の維持に関するその他の支出は内務人民委員部に委ね、衣服、下着の購入、ゲンデンとその家族の移動に関連したソ連人民委員会議の予備基金からの支出を毎月三〇〇〇ルーブル以下に定め、彼らの暮らしぶりに対する全般的な監督やサービスを外務人民委員部（ストモニャコフ）に課すことを決めた。[120] ゲンデンへの対処を知る材料として続く三月二五日に政治局は、クリミアからキスロヴォックへ移動することに反対しない、と決定している。[121] ゲンデンは帰国を求めたらしいが、結局クリミアからソチへの移動中の一九三七年七月一七日逮捕され、一一月二六日処刑された。[122]

ゲンデンはこのように悲劇的な最期を迎えることになったが、一九三六年四月二日、中央委員会出版部長ターリ[123]がスターリンに、「最近の極東における諸事件とソ蒙相互援助議定書との関連で、モンゴル人民共和国に対するきわめて強い関心が生まれ」、「あらゆる集まりでモンゴルについてたくさんの質問が出されている」が、「我々はモンゴルについてほとんど何も書いてこなかった」ので、「その地理的状況の特性、モンゴルを奪いそれを経由してソ連に攻撃しようとする日本帝国主義の計画、貴方がロイ・ハワードとの会談で言及された一九二一年のモンゴルへの我々の援助等、モンゴルについての情報提供的な性格をもった一～二ページの記事」を、外務人民委員部との合意の上で新聞（最初は『プラウダ』『イズヴェスチア』『クラースナヤ・ズヴェズダー』『コムソモーリスカヤ・プラウダ』『ザ・インドゥストリアリザーツィユ』）に載せてはどうかと提案した。[124] これを受けて政治局は二日後の四月四日、中央委員会出版部に、その旨の指示を出した。[125] この趣旨に則って「モンゴル人民共和国　読者の理解のために」と題して記事が掲載されたのは四月五日であり、[126] さらに四月八日にはハルヒン H. Халхин の「モンゴル人民共和国の発展の道」と題する文章も掲載された。[127]

年初から始まったモンゴル軍の拡充策を、その後もモスクワは進めていくことになる。四月三日政治局は、①一九三六年二月一〇日の決定に加え、八〇〇万トゥグリクの補助金に基づき、一九三六年の現物支給に関するモンゴル人民共和国政府の追加申請（一九三六年のモンゴル人民共和国の国境警備隊のための制服・装備、武器・弾薬、通信手段）に応じること、②モンゴル人民革命軍が以前受領した旧タイプの装甲自動車三〇台を同数の新型装甲車（総額一〇万九〇〇〇トゥグリク）と取り替えること、③軍事学校、軍病院のための設備、総額三一万トゥグリクをモンゴル人民軍のために支出すること、④②と③で述べた装甲自動車、設備は臨時に国防人民委員部の在庫から割り当て、のちに生産部門が埋め合わせること、以上を決めた。決定に添付されている表から、一九三六年現在の国境警備隊の人員構成は高級幹部一一四人、上級幹部一一八人、中級幹部六九一人、一般隊員二三七七人であったことがわかる。(128)

翌四月四日には同年一月二七日の中央委員会決定に追加し、モンゴル人民共和国におけるソ連国防人民委員部の組織活動に、ソ連人民委員会議予備基金から一七八万二二〇〇トゥグリクを支出することを政治局は決めた。(129)モンゴルに進駐するソ連軍部隊の活動にかかる経費のことである。そしてさらに迅速な連絡手段を構築すべく、四月五日に政治局は、①外国貿易人民委員部はモンゴルへ計画以上に電信用ケーブル一〇〇トンを即時、五〇トンを第二四半期と第三四半期の前半に積み込むこと、②通信人民委員部はラマ・フレン Лама-Хурен からソ連国境まで、さらにソ連の直近の電信利用可能地点まで、ソ連の資金で早急に電信用ケーブルの建設に着手し、一九三六年末までに運用開始できるよう作業を終えること、以上を決定した。(130)

五月八日にも政治局は、モンゴルに関する国防人民委員部の提案を承認しグリニコ、(131)ブラゴンラーヴォフ、(132)レヴィチェフからなる小委員会にはこの事業の財政面を検討し、中央委員会に報告するよう指示した。(134)五月二〇日にこの小委の検討結果が審議されたが、二月にいったん延期されていた赤軍の自動車化部隊の投入を意味していた。同日の政治局決定は以下の通りである。

（1）国防人民委員部にソ連人民委員会議予備基金より一八〇〇万ルーブルと六三〇万トゥグリクを、一九三六年五月八日の政治局決定で予定しているモンゴル人民共和国に関する方策に支出。

（2）内務人民委員部（幹線道路総局に関連）に、ダラスン＝マングト＝クィラ間の道路建設完工のために八〇〇万ルーブル、マングトからウンドゥルハンまでの道路建設続行のため二七〇〇万ルーブル、内務人民委員部には幹線道路総局がモンゴル人民共和国領内で行う建設に関する支払いに三〇〇万トゥグリクをソ連人民委員会議予備基金より支出。

（3）内務人民委員部の幹線道路総局は、この建設に関する設計、予算の作成を遅くとも一九三六年九月一五日までに完了すること、ソ連財務人民委員部には設計図や予算の提示なしに、既述の建設期限前に資金提供することを許可。

（4）通信人民委員部はラマ・フレンからクィラまでの複線通信を、一九三六年の建設用に通信人民委員部に割り当てられた補助金によって建設。

（5）メジラウク［ヴァレーリー］は、この建設のための機械設備と資材フォンドの必要数を、五日間で内務人民委員部（幹線道路総局）と国防人民委員部に割り当てること。(135)

ダラスンはチタから南東へ六五キロに位置し、ザバイカル鉄道も通過する。マングトとクィラはモンゴル国境の町（ともにオノン川とその支流に面する）であり、ボルジャとは別に東部の前線から後退した線に沿ってソ連との連絡路を構築しようとしていたことがわかる。ウンドゥルハンが赤軍の駐屯地である。ラマ・フレンなる地名を特定できていないが、以上の文書から、クィラとウンドゥルハンを結ぶ線上に近いところに位置していたのではないかと推定される。今回新たにモンゴルに進駐するソ連軍部隊との連絡を円滑にすべく、幹線道路および通信設備の整備を意図していた。先に示した石油タンク設備の増築とも連動する。

六月二五日に政治局は、「一九三六年の赤軍部隊の維持に関わり、五月八日の中央委員会政治局決定により本年六月にヴァイネルに割り当てた支出に追加し、一八七万二六五二トゥグリクを支出する」(136)ことを決めた。ヴァイネルは第三章で言及した通り、一九三五年五月にモンゴル国防相顧問としてシェコに代わって任命され、一九三六年一月のソ連とモンゴル代表団の会談にも出席し、彼らと一緒にモンゴルに戻ってきていた。(137)これも駐モンゴル軍の維持経費であったことがわかる。ソ連の軍人がモンゴルで授与される勲章についても政治局は定めてい

る。(138)

一方で五月一一日には西シベリアとモンゴルを結ぶ幹線、チュイ道路の迅速な建設についても政治局は決定した。(139)東部国境ばかりでなく、戦時に備えてモンゴル西部との連絡路を整備しようとした意図の表れであるとみなせよう。五月一九日に政治局は、ソ連とモンゴル間の河川輸送について一〇年前の合意に基づきモンゴル側に施設を与えることを決定したが、その内容からはあくまでもモンゴル国内における河川交通の管理をソ連側が握ろうとしていたことが明白である。(140)

七月一〇日に政治局は、クィラとチタを結ぶ基幹道路建設について決定した。外務人民委員部がモンゴル政府と連絡を取り、①二万五〇〇〇㎥の産業用材製造に必要な木材をモンゴル領内で調達、それらをモンゴル国内およびソ連の国境ステップ地域での道路建設に利用すべくオノン川で浮送する許可を得ること。②モンゴル領内での食料品製造の許可を得ること、支出予定の人民委員会議予備基金三〇〇万トゥグリクから支払うこと。③建設は囚人を利用するため、囚人警護のため内務人民委員部のイルクーツク連隊をモンゴル領内に入れる許可を得ること。(141)以上である。ダラスン＝マングト＝クィラ道路の整備に関する二か月前の五月二〇日の決定を補完するものである。チタを起点にしてもダラスンを経由することに変わりはない。クィラを経由しさらにウンドゥルハンの赤軍駐留地への接続道路を、囚人労働を活用して整備しようとしたものと考えられる。

同時にこの時期、一九三六年五月二三日、政治局は「モンゴル解放一五周年」を記念した一連の行事を決定した。(142)六月一七日に政治局は、追加的なモンゴルへの商品輸送を決定した。(143)これまでの決定でも獣医関連の援助はなされてきたが、一九三六年六月一七日、ストモニャコフはタイーロフに、モンゴルの畜産農業省を援助すべく二年の期間で獣医学遠征隊を派遣することが決まったと知らせている。(144)

一九三五年末に中断していた国境紛争をめぐる満洲国とモンゴルの間の交渉は、その後も続いていたが、モンゴル政府が満洲国に対して述べるべき内容をモスクワの政治局が詳しく指示していた実態にもちろん変化はない。一九三六年の流れを政治局の文書から追ってみることにする。一九三六年四月三日、政治局はアマルが満洲国外務省に渡すべき覚書を承認した。(145)それまでの交渉の流れにも言及したこの覚書の概要をまとめると以下の通りとなる。

三月二九日に日満側が国境を侵犯したとモンゴル政府は三月三〇日に抗議したが、四月一日満洲国はモンゴルの飛行機が二回領空侵犯したと主張、これは何ら根拠のない抗議であると三月三〇日の抗議内容を確認する。一九三五～三六年の国境紛争を検討、解決するため、常設の国境代表の任命と、合同委員会の設置にモンゴル代表は同意したが、条件について満洲側が議論を長引かせている、常駐地点としてモンゴル代表は満洲里、満洲国代表はタムスィク・スメを提案し、彼ら代表の仕事、合同委員会の役割についても提案したのに、満洲側の妥協なき拒否のために交渉が進んでいない。交渉場所として満洲国が提起したバヤントゥメンは様々な理由から不適切であり、タムスィク・スメまたは後者が満洲国にとって不適切ならば、チタ（三月三〇日にすでに提案）を提案する。以上である。

これに続いて五月一九日に政治局は、五月五日の満洲国の覚書に対するアマルの返答草案を承認した。[146] 双方が国境紛争を処理するための委員会の設置などについて合意しているものの、満洲国の代表をモンゴル国内の二地点に任命すること、委員会の開催場所として依然としてバヤントゥメンを指定していることに同意できないとし、あくまでもチタでの開催を提案する内容であった。一九三六年八月二二日、政治局はモンゴル・満洲会談の再開に関して、交渉を九月二〇日に開始することにして、満洲国に対するモンゴルの回答草案を承認し、代表団の団長にサムボー、メンバーとしてルト・オチルを任命するというモンゴル人の提案を承認した。[147] すでにモンゴルへのソ連軍進駐は始まっており、より前線に近いバヤントゥメンではソ連の行っている軍事関連の方策を探知される恐れがあると考えたためかもしれない。逆に満洲国側としてはそれを知るための提案だったのだろう。

一九三六年九月二三日に政治局は、①満蒙国境における過去の紛争の調査を、紛争処理に関する常設の合同国境委員会に委ねることに同意し、②モンゴル人民共和国と満洲国間の国境の点検に関して外務人民委員部が提出した合意草案を承認した。[148] 続いて九月二六日に政治局は、クレスチンスキーが九月二五日の覚書（No. 4622）の中で提案したモンゴル政府の満洲国への回答草案を承認し、[149] 一〇月一一日には外務人民委員部が作成した満洲国外務省に対するアマルの抗議文を採択した。[150] さらに一〇月一三日には、外務人民委員部が提出した満洲国へのモンゴル政府の回答草案を承認した。[151] このあと一〇月二六日より第三回満洲里会議が開かれたが、外交代表の交換について意見対立は解消せず、一一月三日に交渉は中止された。[152] この当時満洲里での会議のモンゴル代表になったダリザヴ（モンゴル国防省次官）はモスクワに招かれストモニャコフから指示されていた。[153] さらに半年経過した一九三七年六月二日に政治局は、満洲里での交渉に参加しているモンゴル代表団を、その会議が中断している間、ウランバートルに召還することに反対しないと決議している。[154] 続いて九月二七日にも、満洲国の外務省に対するアマルの回答文の草案を政治局が承認した。[155] 以上、内容はともかくモンゴルと満洲国の交渉に関して、一貫して政治局が指示を出していたことが跡づけられたといえよう。

六　スターリン・アマル会談と軍事協力の拡大、動員のための道路・鉄道の整備

モンゴル国内での駐屯が始まった赤軍について一九三六年七月一〇日、政治局は「モンゴル小委員会の問題」と題して、部隊への商品供給の整備について決定し、[156] 続く八月一七日には、モンゴル政府顧問の資格で、モンゴルに常駐する質の高い財政家・予算専門家を一五日以内にエジョフに提示してその承認を得るようグリニコ（ソ連財務人民委員）に指示した。[157]

一九三六年九月二七日、政治局はモンゴルでの活動について決定したが、中国紅軍を「遊牧民」とカモフラージュして表現し、①「遊牧民」に対する援助に関してディミトロフ（コミンテルン執行委員会書記長）、ウリツキー（労農赤軍参謀部第四部長）が提出した作戦プランを承認、②「遊牧民」のところへ飛行機で王明とアルト（または師団長のロヒ）[158] 同志の飛行を許可した。さらに③一五二台の自動車、飛行機の購入、基地の設置、スタッフへの支払い、組織活動のために五七万四三〇〇ドル、一三四万七〇八〇トゥグリク、一四二万一六九〇ルーブルを支出、④国防人民委員部には自動車部隊を補充すべく、モンゴル人民共和国政府の要請に基づき一六二人の運転手を割り当て、⑤作戦の遂行と運転手、警備の提供について「会社」がモンゴル人民共和国政府と合意するのに反

対しないこと、⑥「ソユーズネフテエクスポルト」は「会社」との取り決めに従い、一一月一日までにダランザドガドに燃料基地を設置し、二四〇トンの燃料を提供すること、以上を決定した[159]。作戦とはモンゴル南部のダランザドガドを拠点に中国共産党との連絡を目指すものだった。この時期の中国共産党の動きにさえスターリンが重大な決定を下していたことを含め、これ以後の経過についてはすでに拙著で言及したのでこれ以上は詳しく述べない[160]。

モンゴルの首相兼外相アマルが一九三六年一〇月二八日より翌一九三七年一月一四日にかけてソ連を訪問していたが[161]、これは前年までゲンデンが呼びつけられていたのと同様である。この滞在中にアマルは二回、スターリンらソ連首脳部と会談したが、その内容を以下に要約して収録する。

一九三六年一二月二三日の会合[162]には、ソ連側からスターリン、モロトフ、ヴォロシーロフ、リトヴィノフ、ストモニャコフ、タイーロフ、モンゴル側からアマル、メンデ、デンデブが出席した。

最初にアマルがふたつの問題、すなわち書面で彼が提起した要望と内政についてソ連側の回答を求めた。まず国防についてアマルは、一九三五年に軍の組織的強化、再編、数的拡大を行ったが、軍と内務省合わせて一万九〇〇〇人の人員を抱えているため、前年以上の支援をソ連に求めた。スターリンとヴォロシーロフが具体的な数字を求めたので、アマルは前年の八〇〇万（金と物資）に対し、一四〇〇万トゥグリクと答えた。ふたつ目の貿易の問題はメンデとローゼンゴリツの間で合意に達し協定を結んだが、相違は四七〇万ルーブルに達すること、モンゴル側としては各種繊維製品の品質向上と品揃えの充実を希望していること、モンゴル側としてもまだモンゴルに輸入されていないが、販売が見込まれる商品に対する住民の需要を考慮することが課題であると伝えた。ソ連の商品の品質が悪いのかとスターリンが尋ねると、品質の悪い商品が中にはあるとアマルは答え、住民の需要やモンゴルに適した新商品のリスト作成のため、小委員会を設置しモスクワ駐在の通商代表にこの問題を委ねるつもりだと付け加えた。住民の需要を調査する機関があるはずだがとスターリンが聞くと、アマルは通産省の働きが悪いと答えた。アマルはまた皮革製品の搬入が不十分だと述べた。スターリンが中国から商品を輸入しているのかと尋ねたので、アマルは茶とドゥンザ（タバコ）だと答えると、第三者が、プロムコンビナートにはふたつのタービンを持つ発電所があるが需要に応えておらず、専門家が必要とみなす二五〇〇kWの第三のタービンにかかる費用一三〇万トゥグリクの支援を求めると述べた。第四者が、プロムコンビナートを動かす石炭はウランバートルから四〇キロ離れたナライハからトラックで運んでいるが不便なので狭軌線を敷設したいが、専門家によれば四五〇万トゥグリク必要だと述べた。それでは少ない、ドイツ人が計画したときにはいくら要求したのかとスターリンが尋ねると、詳細は詰めていなかったが、約二〇〇〇万かかるといっていたとアマルは答えた。タイーロフに向かってヴォロシーロフが、モンゴル政府がソ連から供されているクレジットの額と期間などの貸借対照表を作成することが必要になると述べた。

アマルはトロイツコサフスク＝ウランバートル幹線の改善のためカラゴル［後の交渉ではハラという地名になっている］からウランバートルまでの一七〇キロの道路建設への支援を求めると、スターリンがどのような道路かと尋ねたので、アマルは舗装道路だと答え、さらに西部のソ連国境からツァガンノールまで一二キロの自動車道路の建設への支援も求めた。そして国境（トロイツコサフスク）からウランバートルまで船舶、自動車、荷車を使った商品の輸送が途切れがちなので、ウランバートルまで輸送すべく少なくとも一〇〇台の自動車のための車庫をトロイツコサフスクで組織して欲しいと述べた［タイーロフは、ソヴモングトゥヴトルグの貨物自動車輸送隊をキャフタ道路に組織することだと説明］。

アマルは、以前行われ現在凍結されている金採掘のため、調査と組織化のため地質学遠征隊の派遣を求めた。さらに性病克服のための第二医療遠征隊、第二獣医遠征隊、牧草と水資源調査のための遠征隊の派遣も要請した。スターリンがラマ僧が家畜を治しているのかと尋ねるとアマルは否定した。彼らは梅毒を治しているのかとスターリンが尋ねると、治療はしているが、全治させていないとアマルは答えた。ヴォロシーロフはヨーロッパの医者は梅毒より強く、全治させている、梅毒はラマ僧よりも強いので彼らは全治できないと述べた。井戸に注目しているのか、誰が責任者なのかとスターリンが尋ねると、アマルは畜産農業省で、シルニンが責任者だと答えた。井戸を監視すべきだと述べたスターリンが誰が井戸の持ち主なのか、井戸を利用している牧民に課税しているのか尋ねたところ、アマルは牧民の所有だが課税していないと答えた。スターリンは、「それは正しくない、井戸は国家の管理下に置き、それを監視し警備員を任命し、その維持のために牧民から少額の税金を取るべきだ。モンゴル人民共和国の条件下では井戸はソ連の機械トラクターステーションと同様の意義を有する。井戸を所有する牧民に課税しないのは正しくない。そうなればもちろん井戸への配慮がなくなる。あなたが水供給を組織化できるのなら、内モンゴル人は進んで貴国にやってくるだろう。警備員を任命し、自国の牧民からはより少なく、内モンゴル人には二倍課税すべきだ。これは大きな問題だ」と述べた。アマルは中国の支配下にある三〇〇万人の同胞たる内モンゴル人が、その井戸とともに自ら自分たちに併合する時がくると考えている、自分たちはソ連の方を見ている（期待している）と述べた。スターリンは（小さな声で）「わからないが……」と応え、かつてはモンゴル人が中国人を倒したので、彼らが防御のために万里の長城を建設したのだと述べると、アマルは万里の長城までの全領土は我々モンゴル人のものだと答えた。ヴォロシーロフが（笑いながら）貴国には帝国主義的目的があると述べた。アマルは井戸は重要な問題なので、揚水のためのポンプが必要だと述べた。さらに協定に反して派遣されていない科学アカデミーの遠征隊を学術委員会を通して派遣するよう求めた。牧民が多くのロシア人を見て不審に思い、日本をはじめ諸外国の人々がソ連はモンゴル奪取を狙っていると述べるだろう、このように判断したので人材は十分揃っているが派遣しなかったとスターリンは説明し、モンゴル政府がソ連政府、モロトフへ毎回、公に遠征隊を申請し、モンゴルの新聞にも掲載すれば、住民も自国政府の要請で派遣され、ソ連が遠征隊を押し付けているのではないと納得するだろうと述べると、アマルは帰国後に申請すると応えた。スターリンはツァーリ政府はモンゴルを奪取したが、我々にそのつもりはないと述べた。

モロトフはアマルの以上の要求は受け入れ、実行ともに可能で担当部局の代表者、ストモニャコフ、ローゼンゴリツ、グリニコが財政面で検討を加えるだろうと述べ、モンゴル側のクレジット条件を尋ねたところ、アマルは少なくとも五〇年を望むとのモンゴル人民革命党、政府の要望を伝えた。スターリンは笑いながら、一〇〇年だ、あなたがたが北京を奪うのを待つと述べ、軍と内務省軍の費用を尋ねた。タイーロフが二一〇〇万プラス、ソ連からの八〇〇万の補助金が費用で、国境軍の強化が必要だと述べた。アマルは内務省と合わせて三八〇〇万で、ソ連には一四〇〇万トゥグリクを要求し、特に綏遠《すいえん》との国境部隊の強化の必要性を訴えた。タイーロフが軍への人材補充が困難だと述べると、ヴォロシーロフは兵役につくまで若者が寺院に入ることの禁止、チベット仏教への課税強化を唱えた。アマルは現行法でも寺院に入れるのは第三子だがその数は少なく、一八歳までに寺院に入ることは許可されていない、チベット仏教への課税は今年から増やしたと述べた。スターリンはソ連でモンゴルほどラマ僧が多ければ、もっとたくさんの金がたまるだろうと述べた。

　次にスターリンが軍事問題は緊急を要すると述べると、アマルもモンゴルの軍人は急いでいる、すでにモスクワに二か月滞在しているが早く全問題を片付けたいと述べた。スターリンが一四〇〇万は多すぎる、軍事予算の四分の一を負担すると述べ、アマルが一〇〇〇万もらえるとウランバートルに打電していいかと尋ねると、スターリン、ヴォロシーロフ、モロトフの三人は四分の一だと声を揃えた。スターリンはソ連側の支援に応えてモンゴル側が羊毛と特に靴底用の皮革の納入を増やすよう求め、一九三七年に大型獣を何頭ソ連に売却できるか尋ねた。メンデは前年が五万だが六万頭を計画していると答えると、スターリンは少ない、もっと欲しいと述べた。アマル、メンデは前年実績から困難だが増やすように努めると述べた。スターリンが狭軌線建設で協力できるし、（笑いながら）客車をつけて牧民も運べると述べると、アマルも（笑いながら）より収入が増えると応えた。アマルはゾド（寒雪害）が昨年は六回、今年は三回あり大きな損害をもたらしたと述べると、スターリン、ヴォロシーロフは飼い葉の備蓄を準備すべきで、そのために馬力草刈機、レーキが必要だと述べた。スターリンがモンゴル人は乗馬は好きだが、馬に草刈機や繋駕用具をつけて働かせるのを好まないと述べると、アマルはその通りだと答えた。スターリンはヨーロッパ人は機械を使ってアジア人を叩いている、アジア人が機械を導入し身につけない限り、ヨーロッパ人は彼らを叩き続けるだろう、もし機械を手に入れれば早く移動でき、より強力になる。井戸を管理し、少なくとも一〇か所の機械草刈りステーションを設置し、機械修理工場を組織するトラストに類した組織が必要だと述べた。モンゴル人の運転手はいるかと尋ねると、アマルは運転手もパイロットもいると答えた。ヴォロシーロフはモンゴルには素晴らしい運転手もパイロットもおり、モンゴルの牧民は優秀だと述べた（会談は四時から六時半まで続いたが、最後にスターリンとヴォロシーロフは再度機械（技術）の意義を指摘した。アマルはモンゴルの必要に適したピックアップ、フォードの生産をソ連がやめたのは残念だと述べると、モロトフはモンゴルにピックアップが必要だとは知らなかったと述べ、その輸出も可能だと答えた）。

一二月二六日か二七日を予定していた二回目の会合が開かれたのは一九三七年一月四日[163]で、クレムリンのモロトフのアパートにアマルはメンデ、デンデブとともに招かれた。ソ連側から出席したのはスターリン、ヴォロシーロフ、オルジョニキッゼ、カガノーヴィチ、リトヴィノフ、メジラウク、ミコヤン、ローゼンゴリツ、グリニコ、ストモニャコフ、タイーロフである。モロトフ、スターリンがまだ到着していない段階での会話は次の通りである。

ドニエプル発電所が八九万馬力だとのミコヤンの説明からモンゴルの馬の話、モンゴルにもセレンガ、オルホン川があるので将来的には水力発電所を持つようになるとの話に発展した。モスクワ見物についてのリトヴィノフの質問にアマルは多くを見物したこと、特に種畜場のギンギツネに感銘を受けたので、ウランバートルでも組織したいとローゼンゴリツに話すと、彼は餌をやるのが困難なので、利益にならないと答えた。アマルが、「新年を迎えたくさんの仕事を処理せねばなりません。南部国境は不穏で、日本人があそこで大仕事をやっています」と帰国を急ぐ理由を説明すると、リトヴィノフは、彼らは我々を怒らせるのを怖れているので今、日本人は入ってこない、よもや貴国に攻め入ることはないと答えた。アマルは、モンゴルでは現在六つのアイマクがゾドの被害を受けており、家畜には困難が待ち構えていると述べると、リトヴィノフは家畜のための飼料の取得方法に関心を示したので、アマルが説明した。

ここでスターリンとヴォロシーロフを除くモロトフその他が現れ、モロトフが早速アマルが提起した問題の討議に入った。軍事予算について、前回の会合でソ連は一九三七年にモンゴル人民共和国の軍事予算の四分の一を支援することを提起（昨年は八〇〇万トゥグリク）し、アマルが増額を望んでいる件について、その重要性に鑑みて、二五～三〇％の範囲で支援すること、三三〇〇万トゥグリクを予定している軍事予算の三〇％だと一〇〇〇万になるが、残りはモンゴル側で負担するよう求めた。これにアマルは、南部国境に生じた状況との関係でより多くの補助金要請を促す電報を何通か受け取っており、「日本人が大仕事を行って」いるため、一連の対策と守備隊の増強に追加資金が必要だと、三〇％ではなく三分の一、すなわちモンゴルの負担二二〇〇万に対し、一一〇〇万をソ連に求めた。これにモロトフは、同じく「日本の略奪者に対して維持」しているモンゴル国内のソ連軍の維持にも相当の額を費やしているとして三〇％を主張、そして軍を支援すべく、トゥグリクを追加的に発行し、三〇〇〇万まで流通を増やすよう求めた。グリニコが、現在二三〇〇万トゥグリクが流通していると話すと、モロトフはさらに七〇〇万発行し、それらを軍の必要やその他の支出に充てるよう求めた。軍に金を惜しまないこと、追加的な発行なしの対応は不可能だと説明し、モロトフはこの問題やその他の支援やクレジットの問題についても、通常二国間で想定されるように、ソ連モンゴル政府間の覚書の交換や、条約の調印といった形で公文書を作成することが必要だと述べた。モンゴル人民共和国自身の威信にとっても不可欠だとして、しかるべき文書でこれらの問題すべてを公式化するよう求めた。アマルは、三〇％の件、公文書の件、通貨の追加発行について同意したが、トゥグリクの交換比率や価格への影響を懸念した。市場価格と国家価格というふたつの価格のカテゴリーが商品にも原料にも存在し、商品価格は毎年予測不能な幅で上昇し、昨年の商品価格は一〇〇〇万トゥグリク分上昇したこと、消費税が導入された商品もあること、これらは住民にとってすべて増税となること、以上を考慮すべきだと述べ、さらに商品価格を引き上げる必要があるか尋ねた。それに対してモロトフは、それは貴国の問題だ、ソ連もかつて同じように価格を引き上げたと答え、一九三七年も増税するのか尋ねた。アマルは一九三六年の国家予算四六〇〇万を三七年には四九〇〇万にすると答えた。

タービンの問題に移り、その設置のため期間一〇年のクレジットを供与すること、年利三％の均等払いで協定を結ぶこと、ウランバートルからナライハ炭田までの狭軌線四〇キロの建設にもクレジットを供与し、レール、蒸気機関車、貨車を提供すること、この件ではカガノーヴィチが支援すること、建設完了一〇年後に、一〇年間の均等払いを開始するが、年利三％の支払いは鉄道利用の開始後に始めることで協定を締結するよう求めた。メンデが金利なしでは駄目なのか尋ねると、モロトフは金利をつけてクレジットを供与するのが普通でソ連の条件は最良だ、軍の支援は無償で行うし、三％以下では不可能だ、コルホーズからも三％を取っている、他国での金利ははるかに高いと述べると、アマルは検討してみると答えた。次にモロトフはスヘバートル埠頭経由のキャフタ＝ウランバートル幹線のうち、まずはハラ＝ウランバートル間一七〇キロの建設に合意すること、金利なしで支払い開始は五年後、二五年の均等払いというクレジットの条件を提示した。また、同じ条件でタシャンタ＝ツアガンノール線二二キロも建設することに同意したが、一〇〇台の自動車については、モンゴル国内でソ連の自動車輸送組織を作るのには反対した。モンゴル政府の要請に基づきモンゴルトランスを再編、モンゴル側に引き渡した前例を引き出し、昔の体制への回帰を否定した。一方でモンゴルトランス強化のため、一〇〇台の自動車の売却、修理工場、車庫の拡大にクレジットを出し、必要ならば運転手や機械工を提供すること、モンゴル政府が自ら事業を展開するよう促した。アマル、メンデの二人はモンゴルにはソユーズネフテエクスポルトその他のソ連の組織が存在すると述べたが、モロトフは数を増やしたくないと答えた。

アマルはモンゴルにはソ連への昔からの債務があり、その返済も済んでいないのにどんどん増えることになる、返済できないのではないかと不安視した。絶大な軍事的、経済的、通商的意義を有する幹線は不可欠で、莫大な建設費がかかるが、「どちらにせよ我々が将来的に支払えないクレジットを供与するよりも、貴国が無償で支援してくれる」ほうがよい、いよいよの場合でも五〇％は無償でお願いしたいと頼んだ。これにモロトフは、クレジットは最も有利な条件で供与されており、モンゴルの経済は今後も現在同様伸びる、返済は可能なので長期間少しずつ払えばよいと述べた。軍は無償で支援するが、他の分野は無償では無理、かくも有利なクレジットは世界に例がない、ソ連では支出が多く、連邦共和国は税金を支払い、穀物、麻、亜麻などを納入していると述べた。カガノーヴィチは、都市である組織が建物を建設する場合、市ソヴィエトの公益事業から利子をつけてクレジットの提供を受ける、国家間で事業を行うので、両者間には正常な関係があるべきだと述べると、リトヴィノフも、あらゆる国家はクレジットに利子をつけて発展してきた、これほど有利な融資条件はないと訴えた。ソ連もこのような有利な条件を有しないとモロトフも付け加えた。

ここでメンデが、モンゴルトランスは輸送が困難に陥りそうなので、モンゴルに自動車基地を設置するよう要請したが、ソ連の自動車、修理工場や車庫を作るのにも必要だとして、残りのクレジットは受け入れ可能だと述べた。ところが、アマルが（いらいらして）、「お前、すべての提案に同意するつもりか？　あちら、ウランバートルで検討しなくていいのか？」と述べると、「私はアマルの意見に賛成で、幹線は無償で建設されるべきです。残りは受け入れ可能ですが、利子なしでです」と意見を変えた。それでもモロトフは、輸送はモンゴル人自身が運営すべきで、三％以下の利子はありえないと繰り返した。アマルは経済発展とともに貨物量も増大し、雄牛が遊牧民の移動に忙しいため、荷車輸送が貨物輸送に対応できず、自動車輸送の拡大が必要だが、モンゴルトランスは一〇〇台の車で対応できないと訴えると、ローゼンゴリツが人材を提供すると約束した。

ところが、そこにヴォロシーロフとともに現れたスターリンは、「スタッフは提供しない。モンゴル人自ら働き、学ぶべきで、モンゴル人自ら幹部を養成すべきだ。そうなればモンゴル国家は強くなるだろう」と述べた。モロトフも運転手、パイロットを養成するよう促した。その後、綿製品、ダレムバなどの品質改善、その品揃えの充実に関するアマルの要求について、軽工業人民委員部、外国貿易人民委員部に指示が出た。皮革・ロシア皮の増大についても指示が出たが、逆にソ連は大型の皮革原料、羊毛の輸出を一九三七年に比べて一五％増やすよう求めた。そしてスターリンは、モンゴルがソ連に輸出していないヤギ皮三〇万枚の納入も保証するよう求めモロトフも同調すると、メンデは一九三七年に一六万五〇〇〇枚のヤギ皮をソ連に輸出する予定だと答えた。そこでスターリンが、モンゴルはソ連経由でヤギ皮を他国へ輸出しているだろうと述べると、アマルは（メンデと相談し）、皮革原料は一〇％増やせるが、羊毛はどうしても増やせないと答えた。スターリンがソ連はペルシャ（イラン）でもっと安価に羊毛を購入している、モンゴルはもっと近いと述べるとアマルは牧民からもっと多く購入するよう努めると応えた。

さらにスターリンはクレジットに頼らず、現金で決済するよう提案、羊の頭数を尋ね、アマルが一三〇〇万頭だと答えると、少ない、羊毛が少ないと述べた（ここでメンデは多くの羊毛が消えていると言おうとするが、アマルは彼に話をさせず、きつい言葉でたしなめた）。そこでローゼンゴリツがモンゴルでは多くの羊毛が消えていると述べ、アマルは五％でさえ増やすのは困難だと応じても、スターリンは少ないなと繰り返すだけだった。アマルは、約束が現実的でないことを怖れている、牧民からよりたくさん羊毛を購入するよう努めたいと述べた。

スターリンが提起した機械草刈りステーションの組織問題について、五月までに一〇か所のステーション設置を手伝い、草刈機、教官を提供するとモロトフが述べると、スターリンもモンゴル人自身が働くだろう、ソ連は教官を派遣して手伝うと述べた。アマルがすでにある二か所に加え、この年にさらにふたつのステーションを計画中だと述べると、スターリンが誰の管轄下にあるのか尋ねた。タイーロフが国防省だと答えたが、アマルは畜産農業省だと訂正した。スターリンはこれに対し、とても重要なので国家が管理すべきだと述べ、ブリャート人の組織の例を挙げた。モロトフが井戸網の拡大、改善についても国家機関創設が必要だ、その管理、改善のため、牧民からわずかでも税金を取るべきだと述べると、スターリンも水税だと応じた。モロトフは教官の派遣や提供するボーリング機械の二年後の譲渡、モンゴル滞在中の地質調査遠征隊の増強を提起した。スターリンは、井戸の管理、井戸に屋根を付ける必要性を訴え、モンゴルが水を得れば家畜も力強くなると述べた。モロトフはさらに、科学アカデミーの遠征隊と獣医遠征隊のふたつを派遣すること、医師の派遣を強化すると述べた。

アマルは、すべての要望が容れられ満足しているが、幹線の無償建設と利子の問題に検討の余地ありと述べた。ここでスターリンは、ソ連で近く誕生する二院からなるソ連最高会議で予算小委が報告する際、どこに四〇〇〇万を支払ったのか？　と尋ねられたら、これは一〇、二〇、三〇年の返済期間でモンゴル人民共和国にクレジットとして提供したと答える、条件を問われれば、年利三％と答える（一部は無償で）、モンゴルの他国から受けるクレジットの条件についての質問には、英国から五〜六％、ドイツから五〜一〇％なので、モンゴルを助けていると答えられる、さらに言葉だけでは信用しない最高会議に報告するためにも公的な文書、協定が必要で、それがあれば、これらの資金を浪費したとはいわれない、利子のないクレジットは理解できない、すべて法律に基づいてなされるべきだと述べた。さらにスターリンは（微笑みながら）、「アマルが我々の新しい憲法を憎悪しはしまいかと（怖れつつ）、憲法に則って予算小委は、この四〇〇〇万について最高会議に報告することになるだろう」と述べた［一九三六年一二月いわゆるスターリン憲法の採択直後であり、今やソ連には本物の立法権力が誕生し、民主国家の代表者としてスターリンといえども説明責任がある、本憲法採択前ならばスターリンが勝手に金を工面できたがそうはいかないので、アマルも新憲法を憎むことになるだろう、という意味］。これに対しアマルは、クレジットの返済期間については、将来的に特別に話をつけられるよう期待すると述べると、スターリンは利子の問題はどうするのかと尋ねた。これにアマルがあくまでも利子なしでと求めると、スターリンは、日本人は満洲人から何%の利子を取っているのか尋ね、アマルが彼らは利子なしに略奪していると答えるとスターリンは「いいえ。彼らは八〜一〇%の利子を取っています。我々は略奪をしたくないので、穏当な利子を取ります。軍は無償で助けます。幹線道路敷設では利子を取りません。狭軌線建設、タービンではわずかながら利子を取ります。あなたはコルホーズについて聞いたことがありませんか?」と尋ね、コルホーズに供与するクレジットでも三%取っており、「もしも我々があなた方から取る利子がより低いと、彼らはこれを知って我々を罵るでしょう。秩序が必要です。もうすぐ議会が始まり、議会で我々は質問に答えねばならないのです」と述べた。

アマルが最後に、これらの案件の実際的な遂行手続きについて尋ねると、モロトフはモンゴルに人々が派遣され検討すべき問題は検討され、協定草案が練られ調印される運びになると応えた。アマルが調印の場所を尋ねると、スターリンはウランバートルのほうがよい、ソ連からはタイーロフが調印するのでモンゴル側も代表を出すよう促した。

会談後夕食会が開かれお互いが乾杯の音頭を取った。スターリンはデンデブの健康のために乾杯し、一九〇三年の自身の流刑地(ノーヴァヤ・ウダ=イルクーツク北に位置する)からの逃亡の話をし、出席者全員が**нухур**(モンゴル語で団員、隊員を意味)、**урлюк**(トルグートの部族)、**эмиссия**(通貨発行)といった新しく一般的に用いられる言葉をマスターしたと冗談を言い、アマルにはサムボーはどこにいるのか、彼はいい人間かと尋ねた。治療しにここに来たが彼はいい人間だとアマルが述べると、スターリンは彼を完治させねばならないと答えた。ミコヤンがモンゴルの諸問題の解決とスターリンら党指導部一人一人の健康を念じて乾杯したが、リトヴィノフはモンゴル人民共和国への内モンゴルの併合を冗談に付け加えた。夕食は午前二時半に終了した。

以上が速記記録に残された両国首脳の会談内容だが、アマルは速記録に残っていないスターリンの発言を伝えている。彼はモスクワで会ったモンゴル人医師リンチンに「このようなことは不可能だと説明しようとしたが、スターリンは私の話に耳を傾けなかった。一〇万人のチベット仏教徒を根絶することなど我々にできるはずはない」と反発していた。[164] この滞在中、タイーロフはスターリンの執務室を三回も訪れており、[165] 彼から指示を受けつつ、アマルと交渉していたものと想像される。

この三か月近いモンゴル首相の滞在中に行われた話し合いの成果とみなせるが、一九三七年一月一六日政治局は、タシャンタからソ連モンゴル国境までの自動車幹線の建設について、①内務人民委員部の幹線道路総局は、ソ連領内のチュイ幹線、すなわちタシャンタからソ連モンゴル国境までの追加建設を実施すること。この区間の建設作業は一九三七年に終了すること。②ソ連財務人民委員部は内務人民委員部の幹線道路総局に人民委員会議の予備基金からこの作業の実行に必要な金額を支出すること。幹線道路総局は一か月間で、ソ連財務人民委員部にこの作業の実行のために適切な予算を提出することを決定した。[166] これは一九三六年五月一一日の決定を受けたものであり、このときまでに設計や予算についての作業が進んでいたものと思われる。これと同時に政治局は、モンゴルに関して詳細な決定を採択した。内容を要約して紹介する。

Ⅰ　ファイナンス部門

モンゴル政府に同国の全軍事予算の三〇％を無償援助することに合意する。三三〇〇万ルーブルの軍事予算のうち、一九三七年には軍と国境警備隊に七二〇万トゥグリクの現物を供与し、二八〇万トゥグリクの現金を支出する。モンゴルの国境警備隊への現物供与は内務人民委員部を通じて実施する。今後、モンゴルの軍事支出への無償援助の供与手続きはモンゴル政府との覚書の交換を通じて行う。以上の手続きは一九三五年、三六年の援助に関しても実施する。モンゴル政府には約三〇〇〇万トゥグリクまで貨幣流通を拡大するよう、一九三七年のトゥグリク発行額の増大を提案する。

Ⅱ　通商部門

(1) プロムコンビナートのボイラー発電所再建のため、一九三七年第一四半期に二五〇〇kWのタービン発電機一台、設備、配電装置を発送する（ゴスプランと重工業人民委員部が担当）。タービン発電機はモンゴル政府に年利三％で一〇年のクレジットにより提供する（通商代表部とモンゴル政府が手続きを実行）。

（2）モンゴルへ輸出される繊維製品の品揃えと品質の改善策。ソ連軽工業人民委員部は品質改善と色落ち防止のため必要な対策を取り、一九三七年のダレムバの生産を一四一〇万メートルから一八〇〇万メートルへ増やすこと。軽工業人民委員部（リュビーモフの個人的責任）は綿織物、絹織物、毛織物の種類、色合い、描画についてモンゴルの通商組織の一九三七年の注文に完全に応えること。モンゴル市場における需要を調査し、地区ごとの好みに合わせて品揃えすべく、外国貿易人民委員部、軽工業人民委員部は遅くとも一九三七年二月一日までに現地へ一人ずつ専門家を派遣すること。モンコープソユーズ［モンゴルの協同組合組織］とモンゴル国家貿易協会には、すべてのソ連製織物のアルバムをモンゴル語の解説つきで全アイマクの中心に行き渡る数提供すること。

（3）皮革製品に関して。ゴスプランは二五〇〇万立方デシメートル［当時このような単位を用いていたものと思われる。一デシメートルは一〇センチ］のロシア皮をモンゴルに割り当て、皮革製の軍装一式に対するモンゴルの要望に応えるべく追加的に四〇〇万立方デシメートルのクロム革を出荷すること。ロシア共和国軽工業人民委員部はそれを衣服用羊なめし皮に加工すること。軍装製造のためソ連軽工業人民委員部はフランネル、サテン、毛皮を準備すること。

（4）モンゴルからソ連への原料搬出の増加に関して。一九三七年に皮革原料を一五％、獣毛を一〇％増やし、さらに三〇万個のヤギ皮を再輸出のため輸入すること。

（5）今後、モンゴルとのあらゆる決済は外国貿易決済のため新たに定められたレートに従ってルーブルで行う。

Ⅲ　輸送部門

（1）ウランバートル＝ナライハ炭田間の狭軌鉄道の建設。同路線のために蒸気機関車、貨車、客車を提供し、交通人民委員部は一九三七年中の建設着手をめざし技術的設計と予算作成のため、遅くとも二月一日までにウランバートルへ熟練専門家を派遣し、モンゴル政府には建設、車両、その他の設備支払いのため長期クレジットを設定する（建設終了一〇年後から一〇年の均等支払いで完済、建設完了の翌年から三％の利払いを開始）。合意条項はモンゴル政府と全権代表の協定の形でまとめること。

（２）キャフタ＝ウランバートル幹線道路（スヘバートル埠頭を経由）の建設。内務人民委員部の幹線道路総局は一九三七年から建設を開始し、ハラ＝ウランバートル間一七〇キロの区間を一九三七年末までに最初に完了し、幹線道路総局は一九三六年のクィラ＝ウンドゥルハン線と同様の建設方式［すなわち囚人労働も活用］で進め、モンゴル政府は建設終了五年後から利子なし二五年間の均等払いをすること。モンゴル政府と全権代表の協定の形で合意するが、内務人民委員部、外務人民委員部の同意も取り付けること。

（３）ソ蒙国境からツァガンノールまでの道路（モンゴル領内、二二㎞）の建設。内務人民委員部の幹線道路総局は一九三七年に建設を完了すること。合意内容の手続きは上と同じ。

（４）自動車輸送の強化策について。モンゴル政府に年利三％で一〇年間のクレジットを設定し、モンゴルトランスの自動車保有台数の増加を図るべく、ジス－５型トラック一〇〇台、モンゴルトランスの修理工場、ガレージ拡大のための必要資材を提供する。幹線道路総局はモンゴルトランスの活動拡大に必要なソ連の指導員、機械工、修理工、運転手を提供するが、運転手や労働者はできるだけ多くモンゴル人で補充すること。ピックアップ二五台、軽自動車ガス［ГＡ３ゴーリキー自動車工場］－Ａ二五台も割り当て、三七年第一四半期に発送すること。モンゴル国境までの適時の貨物輸送確保に関するアマルの要請と、モンゴルとの商品取引の著しい拡大に関連し、一九三七年には追加的に七五台のジス－５型自動車を提供すること。

Ⅳ　モンゴルにおける機械草刈りステーションの組織

不作時の干草の確保、その他の干草の需要を満たすためソ連農業人民委員部は熟練した指導員と必要な設備、修理施設をつけ、一〇か所の機械草刈りステーションを設置すること。ソ連の指導員はモンゴル政府が派遣するモンゴル人職員とともに五月一日までに組織を完了、一九三七年の草刈りキャンペーンを実行し、その後モンゴルの経済機関にこの組織を引き継ぐこと。ソ連からの無償の贈り物としてモンゴル政府と特別協定を締結すること。

V　モンゴル人民共和国内の井戸網利用の拡大、改善

タイーロフは、現在モンゴルで活動している重工業人民委員部の地質学遠征隊を技術的基盤として利用し、ウランバートルに到着後、アマルと井戸網の拡大、利用改善に関する具体策を検討すること。牧民が保有する家畜数に応じた水税の導入、井戸の警備をアマルに提案し（このため井戸の近くへ畜産家は経営とともに移住）、モンゴル政府がこの目的のために設立する特別組織へ二年以内に作業を引き継ぐべく、既述の地質学遠征隊へ必要な数のモンゴル人労働者を派遣するようモンゴル側には提案する。外国貿易人民委員部、重工業人民委員部は掘削と井戸の構築のため必要な数のボーリング設備、ポンプ、風力発電機を提供し、井戸を掘削する遠征隊のスタッフを増強すること。

VI　ファイナンスと各省庁の申請

各事業主体は必要な設備、資材を申請、予算案を提出し、ゴスプランは必要な設備等を提供し、人民委員会議は補助金の総額を確定させ、ソ連財務人民委員部は各事業に関し、定められた期間の長期クレジットを組むこと。

VII　モンゴルへの遠征隊の派遣

モンゴル政府からの書面による要請を受け、第二獣医遠征隊、科学アカデミー遠征隊を派遣する。セレブロフスキー[167]は二か月以内に、モンゴルにおける金採掘の組織に関する問題について自身の結論を提出すること[168]。以上である。

これらの決定は、紹介したアマルらモンゴル代表団とスターリン指導部との会談内容に基づいて決められてい

ることがわかるであろう。通商部門の軽工業に関する決定に見る通り、繊維製品の品質に関する要望に対してきめ細かい対応を試みようとしていたことがわかる。輸送部門では、モンゴルで初めての鉄道を狭軌ではあるがウランバートルとエネルギー基地たるナライハ炭田の間で建設しようとしたことが注目されるが、ナライハ炭田については科学アカデミーによる調査が奏功したものと思われる。[169]ウランバートル＝ナライハ線について、交通人民委員に就任していたカガノーヴィチは、赤軍の鉄道軍特別軍団に建設を任せ、軍団から八〇〇～九〇〇人の大隊が割り当てられ作業が進行している模様をモロトフに伝えていた。[170]この路線を運行するスタッフについても両国間で検討が進められた。[171]この鉄道建設の協定は、同年一一月初頭の全権代表ミローノフとアマル首相の書簡の交換の形で合意が成立した。[172]費用の支払いなど一月の政治局決定から変更はない。ウランバートルへの石炭搬出はこの路線によって増大した模様だ。[173]キャフタ道路についても同様に一一月初めの二人の書簡のやり取りで合意が成立した。[174]鉄道、道路建設ともにあくまでもモンゴル側の要請にソ連側が応えた形を取っている。機械草刈りステーションはソ連における機械・トラクターステーションを想起させる。[175]井戸網の拡大、その警備、課税はまさに一九三四年末のゲンデンとの会談でスターリンがアイデアとして出していたものであり、ゲンデンの解任後ここに政治局の決定として採択されることになったのである。[176]Ⅲの（3）で運転手などをモンゴル人で充当するよう指示があったが、内務人民委員部のエジョフがこの項目の変更を求めるほど、モンゴル人からの補充は困難であった。[177]当時のソ連科学アカデミー総裁コマロフは、一九三七年四月一五日、モンゴルの学術会議議長デンデブに宛てて、五月に言語学者一人、畜産学者二人、考古学者一人、飼料スタッフ五人、地質学者二人、地形学者一人、遠征隊長が派遣されると知らせていた。[178][179]

これに続いて政治局は一九三七年二月二四日、①モンゴル駐屯の強化部隊のために行う一九三七年の建設の規模を、四〇六万五〇〇〇トゥグリクと五二〇万ルーブルと定めた。四〇六万五〇〇〇トゥグリクは一九三六年のモンゴルでの建設に支出された資金（労働国防会議の一九三六年四月五日布告と、三六年五月二三日布告）の残金で、ソ連人民委員会議の予備基金から支出される五二〇万ルーブルは、国防人民委員部がソ連から搬入する建設資材、機材への支払いに充てることになった。一方で、②モンゴルにおける国防人民委員部の組織活動に関する支出

（労働国防会議の一九三六年四月五日、三六年六月二六日の布告）に、ソ連人民委員会議予備基金から四三六万三七三八トゥグリクを一九三七年に割り当てた。[180] これはすなわち、モンゴル駐留部隊の維持にかかわる費用である。

この時期、一九三七年二月三日、雑誌『現代のモンゴル』出版に対する一万五〇〇〇トゥグリクの毎年の支出を求めるタイーロフの要請を政治局は承認した。[181] 三月四日に政治局はモンゴル問題について、三月二日付のリトヴィノフの覚書 no. 2666 に記されていた提案を承認したが、[182] 内容は不明である。

さらに一九三七年四月八日に政治局は、モンゴルにおける特別ガソリンタンクの建設について決定し、①ソユーズネフテエクスポルトの明細書に従い、重工業人民委員部はモンゴルへ遅くとも四月一〇日までに設備と資材を発送すること（各種資材の一覧も添付されている）。[183] ②交通人民委員部は遅くとも四月二五日までに上記の設備と資材をボルジャとウラン・ウデへ届けること。③ソ連財務人民委員部は重工業人民委員部に対し、ソユーズネフテエクスポルトがモンゴル人民共和国で特殊タンクを建設するために、四三万ルーブルと三六万三〇〇〇トゥグリクをソ連人民委員会議の予備基金より至急支出すること。④重工業人民委員部は、傘下のグラヴネフチ（石油産業総局。その中の担当はネフテプロヴォドスクラドストロイ［石油パイプライン、石油タンクの製造に携わる組織］）よりソユーズネフテエクスポルトのもとに、特殊タンク建設に関する専門家として作業監督の技師一人、技術者三人、仕上げ工一〇人を割り当て、遅くとも四月一五日までに彼らをモンゴルに派遣すること。[184] 以上を決めた。先に紹介した一九三六年二月の政治局決定は極東地域における石油タンク建設を意図したもので、モンゴル国内での建設計画は含まれていなかったが、一年あまり経過し、モンゴル国内へもタンク網建設のターゲットが広がってきたわけである。

四月一五日には、ソロヴィヨフスクからバヤントゥメンまでの狭軌鉄道建設問題に関するアマル、デミドの問い合わせに対するリトヴィノフの回答案を政治局は承認した。[185] ソロヴィヨフスクは、いわゆるボルジャ道路上でソ連モンゴル国境のソ連側に位置する町である。アマル、デミドが四月一〇日付の電信で、モンゴル東部とソ連の連絡路強化のためこの鉄道建設を求め、リトヴィノフがそれに肯定的に答えたものであり、ソ連が必要な資材、人員、資金をすべて負担することを内容としていた。[186] モスクワにおけるスターリン・アマル会談の流れから考えて、モンゴルの指導者によるソ連への建設要求に応えるという形式を取らせた、ということだろう。したがって先の内容不明の三月二日のリトヴィノフの覚書で、アマルらに本決定の趣旨で要請するよう求めた可能性がある。さらに、四月二五日に政治局は、マングト＝バヤントゥメン間の道路建設と、マングト＝ウンドゥルハン、マングト＝バヤントゥメン間の道路沿いに設置される電信線敷設の費用を仕事量から総額二五六〇万ルーブル、ファイナンス面から二二二七万ルーブル（うち五〇万ルーブルはモンゴル外貨）と算出し、道路建設用機械の取得に追加的に一九〇万ルーブルを支出すること、ソ連財務人民委員部は計二四一七万ルーブルをソ連人民委員会議予備基金から建設を担当する内務人民委員部に支出（第二四半期には一〇〇〇万ルーブル）すること、以上を指示した。[187]

一方で一九三六年同様、一九三七年二月一六日にはモンゴル人民共和国へ派遣されているソ連の労働者の給与への一九三七年の補助金を五八〇万ルーブルと定め、[188] さらに三月一三日には、三月一日付でモンゴルでの仕事に派遣されるソ連の労働者に、外貨（トゥグリク）で支給される給与を二〇％引き上げることも政治局は決めている。[189] 前年の一九三六年一二月二日、外務人民委員代理クレスチンスキーが人民委員会議のルズタクに出した要請によれば、モンゴルにおける物価上昇とこれに応じた給与の増大の必要性を何度も訴えてきた全権代表タイーロフが、モンゴルからの帰国後の現在もモスクワで再度この問題を提起しているとして、外務人民委員部として給与の増額（例えば全権代表は五二〇→六七五、参事官は四五〇→六〇〇、領事は三九〇→五一〇など）を求めた。そのデータによれば、外交官の給与が変わっていないのに、生活に必要な最低限の費用が一九三二年から一九三六年にかけて五九・六％上昇したという。[190] 三月一三日の政治局決定は一般労働者を対象にしたものだが、このような物価上昇のデータは参考になる。五月二六日に政治局は、モンゴルにあるソ連の幼稚園、保育園の維持のために一七万五〇〇〇トゥグリクを外務人民委員部へ支出すること、ロシア共和国教育人民委員部に対し、ウランバートルのソヴィエトコロニーのために学校建設費用として六一万ルーブルをトゥグリクで支出すること、ウランバートルにあるソ連の労働者クラブの維持にも七万五〇〇〇トゥグリク（一九三六年のモンゴル銀行株式の配当金を利用）を提供することを決めた。[191] 通貨の追加発行によるインフレ懸念を訴えていたアマルに対し、商品価格の引き上げは貴国の問題だとモロトフは突き放していたが、さすがにソ連から派遣される労働者やその家族に対しては配慮を示したということだろう。

この頃一九三七年五月にチョイバルサンがエジョフソ連内務人民委員に送った報告には、高僧に対する見世物裁判がすでに五回実行され、スターリンの助言を実行に移していることを知らせていた[192]。同年三月にはモンゴル人民革命党中央委員会幹部会が、国境付近にあった五〇あまりの寺院を国境の内側に向かって一〇〇キロ以上移動させることを決定した[193]。寺院への攻撃は続き、一九三七年当時、あわせて七七一あった大小の礼拝堂、寺院のうち、一九三八年には七六〇が閉鎖されていた[194]。

七　日中戦争に対応したモンゴルにおける軍事力増強

このように前線モンゴルにおける動員体制の整備を着々と行っていたさなかに、一九三七年七月七日の盧溝橋事件を機に勃発したのが日中戦争であり、モンゴルへの戦火の飛び火を警戒したと思われる対策を政治局は次々に打っていくことになる。

一九三五年四月に労働国防会議により路線探索が指示されていたウラン・ウデ゠ウランバートル間の航空路線の再建について一九三七年七月一五日政治局は、作業を実行するため、民間航空総局には一九三七年に外貨リミットとして総額一一九万二五七〇トゥグリクを支出するとの人民委員会議の決定を承認した[195]。この問題について民間航空総局のトカチョフは、一九三六年中にこの路線の再建を終了するよう指示されていたが、一九三六年に作業は進展せず、トカチョフも事業費の追加支出を繰り返し要求していた。最終的にソ連財務人民委員部のグリニコが一九三七年六月二八日、支出には反対しないが、アエロフロートによる一五〇万以上の要求は過大だとして、一一九万二五七〇トゥグリクを認めた[196]。この財務人民委員部の判断が政治局でも考慮されたものと考えられる。政治局決定の翌日にはソ連人民委員会議の布告として採択された[197]。盧溝橋事件後の採択なのでそれと関連ありそうにも見えるが、実際は一九三五年から二年以上解決が長びいていた。実際、これより前の六月二八日には、アマルがモスクワ駐在全権に、ウランバートル＝アルタンボラグ間で四つの飛行場建設に同意したことを伝えていた。[198]

一九三七年八月一四日、政治局は、ソ連内務人民委員部には、ミローノフとともにチェキストのグループをモンゴル人民共和国における作戦行動のために派遣させると決定した。[199] ミローノフはこのとき内務人民委員部からタイーロフに代わってモンゴルへのソ連全権代表に任命された人物で、一九三八年四月まで務めた。[200] 八月二四日にミローノフとともにウランバートルに到着したのは、内務人民委員第一代理のフリノフスキー、[201] 国防人民委員部政治部長アレクサンドル・スミルノフである。スミルノフはかつて一九二九年一〇月にモンゴル小委に加えられたこともあったが（第二章八節）、このあと一〇月には国防人民委員代理となる。具体的な作戦内容は不明である。彼らの派遣を決めた八月一四日政治局は、モンゴル人民革命軍の強化のために部隊の追加投入を決めた。第五七特別狙撃軍団の形成である。送られた部隊、駐屯地、その他の対策は以下の通りである。

（1）フェクレンコ同志の自動車化装甲旅団をウンドゥルハン経由、ザミン・ウード［カルガン道路に存在、内モンゴルと国境を接する地点］へ移駐。

（2）第一一機械化軍団の重戦車旅団一個をウランバートル経由、チョイレン［カルガン道路に存在］へ移駐。

（3）第三六狙撃師団を自動車化し次の地点へ配備　（A）ウランバートルに師団本部と狙撃連隊、大砲連隊、（B）ハタンボラグ・ソロンケル［内蒙古包頭の北約三〇〇キロに位置］に狙撃連隊一個（C）サイン・ウス、サイン・シャンダ［ウランバートルから南東四〇〇キロ、カルガン道路上に位置］に狙撃連隊一個。

（4）騎兵連隊二個（第一五、二二騎兵師団より一連隊ずつその大砲とともに）を、バヤントゥメン経由でシネ・ダイガンガ・ソモンまたはフルスプガイン・ソモン地区へ（騎兵部隊が行う駐屯地区の調査に依拠）。

（5）バヤントゥメンの航空兵力を航空旅団に増強（戦闘機大隊一個、軽爆撃機大隊一個、襲撃機大隊一個）。

（6）国防人民委員部はバヤントゥメン＝ウンドゥルハン間に、ザバイカル軍管区の重・軽飛行機の基地を設置（各飛行機の五回飛行のための燃料、五回分の爆弾セットを配備）。

（7）第三六狙撃師団の自動車化のための装備補充（大隊に二六台の自動車、狙撃連隊に二〇〇台の自動車、大砲連隊に二〇〇台の自動車、他の部隊に二〇〇台の自動車計一〇〇〇台［狙撃連隊三個、大砲連隊一個なので］の一トン半自動車、全部隊に燃料、食料、飼料その他を供給するための二五〇〇台の三トン自動車、計三五〇〇台を一〇日で国防人民委員部は提供。うち三トンタンクローリーは五〇〇台）。

（8）自動車大隊一五個、移動修理大隊二個を展開するため国防人民委員部に予備役召集を許可。

（9）国防人民委員部は、バルガとの国境警備をモンゴル人民革命軍からモンゴル内務省に完全移管し、軍隊を国境警備から解放するようモンゴル軍首脳部に提案すること。

（10）フリノフスキーの小委員会は現地で、ソロヴィヨフスクの渡し場からバヤントゥメンまでの狭軌鉄道の緊急建設についてモンゴル人民共和国政府の許可を得ること。ソ連内務人民委員部はこの鉄道建設に至急着手すること。[202]　以上。

第一一機械化軍団は一九三三年にレニングラード軍管区で形成され、一九三四年一〇月にザバイカルへ移駐した。戦時に興安嶺山脈を通して打撃を加えるために多数の戦車を利用するという考えは一九三二年に生まれ、トゥハチェフスキーの提案の一年後に実現した。ザバイカル軍のための作戦動員計画は、戦時に展開する軍隊を、興安嶺経由で北満洲の奥深くへと一気に移動させることを念頭に考案された。攻撃のテンポは第一一機械化軍団が定めることになっていた。[203]　カルガン方面へ軍を展開して南部の防衛を強化するとともに、至急鉄道建設に取り掛かることを決めたことからわかるように東部地域でも防衛力の強化をはかった。ザミン・ウードへ移駐したのはウラルの部隊であった。ゴルブーノフによればその経緯は以下の通りである。一九三六年九月初め、ウラル軍管区司令官はモスクワから命令を受け、第二ビャトカ地域狙撃連隊が第七特別任務自動車化装甲旅団に再編された。一九三七年六月末、この旅団の一部はザバイカルへの移駐命令を受け、一九三七年七月一一日までに命令された地点に到着した。しかし、八月一二日の命令で旅団の戦闘車両、輸送車両はボルジャ駅からワンドゥルハン経由で、ザミン・ウードへ向かった。道のない、ステップと砂に覆われた一〇〇〇キロの行程を旅団は一五日で踏破し、八月二七日には、旅団のすべての部隊はザミン・ウードに集中した[204]。ザバイカル軍管区第一一機械化軍団についてゴルブーノフの説明を引用すると、一九三七年八月一九日、その第三二機械化旅団が移動命令を受けた。途中で止まりながら、故障した機械の修理を行いつつ三週間を費やし、九月七日部隊はチョイレンに到着し、九月一四日旅団はウンドゥルハンに全体が揃った。全く何もないところへ到着したため部隊はゼロから始める必要があった。暖を取るための薪や食料を含め、最も近いソ連の鉄道の駅からは数百キロの道路のない行程であった。この状況の中ですべての希望は自動車輸送に置かれ、三八〇〇台のトラックが鉄道の駅と部隊の間を間断なく往復した[205]。一九三七年一〇月五日、政治局は先の八月一四日の決定を変更し、冬季間は「第三二機械化旅団」をウンドゥルハンに駐留させることを決定している[206]が、ゴルブーノフの説明とあわせて考えると、上記の決定（2）と符合することがわかる。部隊はチョイレンに到着したものの、駐留環境の厳しさか何らかの理由で再度ウンドゥルハンへ向かい、前線部隊の決定を政治局が追認したものと考えられる。軍事コミッサールの政治報告には、「第三六自動車化師団の移駐時に起きた事故は四一件（うち乗員を乗せたままの車の反転が五件）、破損四〇九件」といった移駐を急いだあまりの事故、故障が報告されていた。兵士や指揮官の不満は強かった。特に予備役から大部分が補充された第三六自動車化狙撃師団の場合にそれは強かった。「なぜ私が呼ばれたのか、私は全く何も理解できない。戦いに行けば日本人の標的になるだろう」「今すぐ車を放り出し、歩いて家に帰りたい」「モンゴルに行くと知っていたら、家で自分の指を切り落としていたのに」「幹部として残されるなら自殺してやる。家族から離されるなんてソヴィエト政権も社会主義もいったい何のためにあるんだ」「もし解放してくれるなら、裸足、裸でイルクーツクに行くんだが」「どっちにしろここから逃げ出すぞ」といった兵士の不満が記録されている。指揮幹部も同様で、ソ連で一年、モンゴルで三年計四年も休暇がないとの不満や、「除隊させてくれるなら、すべてを差し出す」「もし帰宅させてくれないなら、飲んだくれてやる」「なぜ我々がここへ来たのか、なぜこの世に生きているんだ」「医者を犬のように扱っている。こんな生活なら自殺してやる（軍医）」といった不満が出ていた。報告者は「政治的・精神的な高揚と同時に、大部分の兵士・指揮幹部には同時に否定的な気分が多数見受けられる」と結論づけた[207]。

モンゴル国内では兵舎、倉庫、食堂など軍事関連施設の建設がすすめられた。例えば第三六自動車化狙撃師団は七〇、第三騎兵旅団は三六の軍事施設の建設を予定していた。工兵部隊はこの他にモンゴルで九つの発電所、軍団病院、パン工場などを建設せねばならなかった。部隊からは毎日六〇〇〜九〇〇人が建設作業に従事した。建設のテンポは遅く、一九三七年から三八年にかけての冬、部隊はテントや穴小屋で冬を越した。[208]

一九三七年九月一〇日現在、総勢二万五八〇九人（うち指揮官は二六二二人）、戦車二六五台、装甲車二八一台、飛行機一〇八機、大砲五一六門、自動車五〇四六台を数えていたこの第五七特別狙撃軍団は、一〇月一一日には二万九二〇九人（うち指揮官は二九四七人）、一〇月二三日には三万二七九四人（うち指揮官は三二二四人）とその後も増大を続けた。[209]

一方で一九三七年八月一〇日には人民委員会議がモンゴル領内の八か所に追加的に気象台を設置することを決定した。この問題は軍、特に航空部隊の活動とも関係があった。それ以前の経緯を示す文書によれば、一九三四年から三五年にかけてモンゴルとの協定に従い、一九三六年に人民委員会議付属気象庁がモンゴルに七つの気象台（ウランバートル、バヤントゥメン、ウンドゥルハン、ホブド、ダランザドガド、ツェツェルリク、ウリャスタイ）を設置し、ソ連から出張している八人が勤務に従事していた。ウランバートルの二人のうち一人は予報士であった。言語、翻訳の問題でモンゴル人スタッフの養成は困難であった。気象情報は、電信や無線でウランバートルへ、そこから総括文書としてイルクーツクの気象局へ、さらに極東、ザバイカルの気象台へ伝えられるが、伝達手段に問題があり、現状では極東軍、ザバイカル軍、民間航空の必要を満たす状態ではなく、軍からの不満も伝わった。さらに高層気象学的観測も不十分であった。このような状況の中でウランバートルには三人の予報士を追加する他、他の気象台にも大幅に増員することが決められた。[210] 以上のような経緯を考慮すれば、気象台の追加的な設置もやはり軍事的な対策であったとみなせよう。

部隊の追加的投入という緊急の対応策に付随してのものであると考えられるが、八月二〇日、「モンゴルへ増派される労農赤軍部隊にモンゴルの通貨を確保し、彼らに不可欠な商品を提供する」ため、①ソ連財務人民委員チュバリが八月二二日までに、ゴスバンクのウランバートル支店の国防人民委員部の口座へ四六七万一二五三トウグリクを送金。②ソ連国内商業人民委員ヴェイツェル[211]は九月一日までに、ザバイカル軍管区のヴォエントルグ(軍事通商)のために、八二万一八三五トゥグリク相当の個人の日用品、食料品を追加発送。③ソ連国防人民委員ヴォロシーロフに、ウランバートルで四六七万一二五三トゥグリクを受け取る全権を有する法人を財務人民委員部に八月二五日までに知らせ、ザバイカル軍管区のヴォエントルグに追加的に引き渡すべき商品の一覧と個数を八月二三日までに国内商業人民委員部に報告。以上のソ連人民委員会議による布告を政治局は承認した[212]。

一九三七年八月二一日、日中戦争を機に中ソ両国は不可侵条約を締結したが、ゲンデンの盟友デミド国防相が列車の中で殺されたのは八月末である。この件についても政治局は八月二三日、「国防相デミドが道中死去したとの内務人民委員部西シベリア地方局長の報告」に関連し、①ソ連内務人民委員部は、死のあらゆる状況を厳格に調査すること。そのために大臣に付き添っていたすべてのモンゴル人、客車のソ連人乗客係を逮捕、尋問すること。②外務人民委員部(ポチョムキン)、国防人民委員部(ヴォロシーロフ)はモンゴル政府に対して哀悼の意を表明すること。③死亡したデミド大臣とジャンツァンホルロー師団長の遺体は火葬のためモスクワへ運び、その後でモンゴルに送ること[213]。以上を決定した。外務人民委員部の記録には、食物に含まれていた「外部からの毒の作用……の結果」死が訪れたとの医学的鑑定がなされたとあるようだが[214]、わざわざモスクワまで遺体を運び、火葬に処すとの決定は、その理由が明記されていればともかく当局の関与を強く疑わせるものがある[215]。

一方で政治局は八月三〇日、モンゴルの駐留部隊への燃料、減摩材を確保するためのソ連人民委員会議の布告草案を承認した[216]。燃料については、さらに九月一九日、モンゴル領内に燃料タンクを建設するという承認済みプランに加え、二九〇〇トン分のタンクを同年中に建設することを政治局は決定した。ウランバートルに九〇〇トン、チョイレンに二〇〇トン、サイン・シャンダに一四〇〇トン(うち二〇〇トンは前線の飛行場の拠点のためのもの)、バヤントゥメンに二〇〇トン、前線の飛行場の拠点のためにバイシントに二〇〇トンというのが内訳である[217]。一九三六年二月の政治局決定で計画された石油タンクは極東全体で約二九万トンであり、それから考えれば一%にすぎないが、それでもやはり軍の機械化、自動車化が進んでいくと同時にその燃料供給網の中に徐々にモンゴルも組み込まれていく様子がうかがえる。

八月二九日、スターリンはスミルノフ、フリノフスキーに次のような書簡を送ったが、ソ連軍のモンゴルへの投入理由を説明しているので全文を訳すことにしよう。

「モンゴル領内に投入された我が部隊の政治委員、指揮幹部、また赤軍兵士には相互協力に関するソ連とモンゴル間の条約の政治的、軍事的な意義と並んで、我が軍のモンゴルへの投入の目的を説明せねばならない。次のような点に関して説明する必要がある。①相互援助条約は、日本軍がモンゴル人民共和国を経由しバイカル地域へ突然出現すること、ヴェルフネウディンスクで鉄道線が分断されること、極東軍の後背地へ日本人が出現すること、以上から我々を守ってくれる。②モンゴルに軍隊を投入することで、我々が目指しているのはモンゴルを奪取することでも、満洲や中国に侵攻することでもなく、日本の侵略からモンゴル人民共和国を守ることだけ、すなわちモンゴルを経由して日本がザバイカルに侵攻することから守ることだけである。③モンゴルの国境を守ることで、我が軍は日本の略奪者から我が極東とザバイカルすべてを守っているのだ。④モンゴル人民共和国の軍隊が弱体な中、我が軍がモンゴルにいなければ、挑発された日本人がモンゴルを容易に奪取しザバイカル領内へ侵攻しかねず、逆に我が軍がモンゴル人民共和国内に存在することが、日本の侵攻に対する防壁を設け、平和維持の基礎を築くことになるのだ。我が軍はモンゴル人民共和国の国境を守りつつ、日満側からの平和侵犯を妨害せねばならない。⑤平和に対する侵害を邪魔し、極東におけるソ連の利益を守るべく、我が部隊はモンゴルで日満の略奪的襲撃に対して当然の反撃をするだけでなく、後退する中国軍がモンゴル人民共和国へ侵入しないようあらゆる対策もまた講じるべきである。なぜならばこれが日本人にとって中国人を追ってモンゴルに侵入する口実になりうるからである。これを避けるべく、我が軍はモンゴルへ後退する中国軍を速やかに武装解除せねばならない。

受領と実行について報告すること。スターリン」[218]。

九月一日、フリノフスキー、ミローノフは次のように要請した。

「モンゴルへの我が軍の進駐、宿舎の割り当て、新生活の構築と関連してモスクワからの送金により否応なくモンゴルのトゥグリクの需要が増大している。一方でモンゴル銀行の金庫、備蓄は、我々のあらゆる方策に間断なく資金を供給できる状態にない。モンゴル銀行の保有残高は、全国に分散した七〇〇万トゥグリクの紙幣だけである。ウランバートルには二三〇万トゥグリクだけで、残りは地方にある。モスクワから三〇〇万トゥグリクの紙幣を受領することを期待している。その上、かなりの流通紙幣（二七〇〇万トゥグリク）は傷んでおり、回収する必要がある。一時期、モンゴル銀行はヴネシトルグバンクに五〇〇万トゥグリクの新紙幣印刷を発注した。この額は最低限必要な額である。それにもかかわらず、造幣局がこれを受注しておらず、第四四半期には、諸機関が正常に機能するために不可欠な量の紙幣が手に入らないおそれがある。ここに述べたこと、そしてこの問題について続いた文通を考慮し、モンゴル銀行による五〇〇万トゥグリクの発注にすぐに応じること、さらに追加的に一〇〇〇万トゥグリクも印刷するよう造幣局に指示を出して欲しい。我々はまた、印刷紙幣の当地への早急な輸送についての特別な命令を出すことも求める」。この文書の上にスターリンは、「モロトフへ。フリノフスキーとミローノフは正しい。彼らの提案に賛成する」と赤鉛筆で書き込んだ(219)。

フリノフスキーらは、モンゴルの指導部とも国防問題について調整していたものと考えられる。一九三七年九月四日政治局は、モンゴルについて、フリノフスキー、スミルノフ、ミローノフ宛の以下の電文を承認した。「①徴兵期間を変更することなく、長期兵役者を一二月一日まで除隊させないようモンゴル人民共和国政府に提起するというあなた方の提案に同意。②モンゴル人民革命軍の後方組織のために二〇〇台のトラックの引き渡しを求めるアマルの要請を、短期的なクレジットを賦与することで認めることに同意。モンゴル政府には、このクレジットの償還方法、期間について質すこと(220)」。自動車については約一か月後の一〇月二〇日、政治局は、モンゴル政府に一九三七年の第四四半期のプラン以外に軽自動車M－1二〇台を、モンゴル人民共和国との輸出に関する全体的な決済の中で処理することにして提供することを決めた(221)。

モンゴルとソ連の連絡路を強化すべく、政治局は一九三七年九月四日、戦車の投入さえ想定してセレンガ川にかかる橋を強化する決定を下す(222)一方で、九月五日には、ウラン・ウデ＝ナウシキ間の広軌鉄道建設も決定した(223)。ナウシキはキャフタの西約三〇キロに位置する国境の町であり、この路線はソ連領内の鉄道であったが、将来的には国境を越えてウランバートルまでの延長を想定したものであった。キャフタ道路に並行してシベリア鉄道と接続する鉄道支線を建設しようとするプランは革命前から持ち上がり、シベリア鉄道のどの駅と接続するかについて主としてウラン・ウデ、ムィソヴァヤ案があったことが知られている[224]。ムィソヴァヤはナウシキからほぼ真北に位置するバイカル湖岸の町バーブシキンの駅である。ここに至ってソ連政府は、両国を接続する主要な幹線において少なくとも国境までは鉄道を建設することで、輸送能力の向上を図ろうとしたものと考えられる。

この路線を最終決定する際に、内務人民委員エジョフが一九三七年九月スターリン、モロトフに宛てて、ウラン・ウデ＝ナウシキ線の他に四案を提示し、比較検討している文書がある。この路線は一九三六年にも最も詳しく調査され、ウランバートルまで接続するのが簡単で、沿線人口も多い最適案とされていた。セレンガ川沿いを通る第二案は河を越えずにすむので安上がりだが、人口が少なく、このコースを通る地域は疑いなく隣国が最も詳しい情報を有しているに違いなく、簡単に空襲を受ける可能性があると指摘していた。推薦されたウラン・ウデ＝ナウシキ線もウラン・ウデから四〇キロの地点に大きな橋があり、それが壊されるとシベリア鉄道から孤立するとも指摘している通り、空襲その他の軍事的考慮は、鉄道路線の選択において大きな比重を占めていたことがわかる[225]。その後一年間さらに検討が加えられた。一九三二年三月の政治局会議にも顔を出していたギンズブルグが、ソ連人民委員会議付属建設問題委員会議長の肩書で道路探索の結果を人民委員会議に報告した。ナウシキはキャフタ道路から三〇キロ離れており、セレンガ渓谷沿いにナウシキとキャフタを道路で結ぶ必要があるが、ナウシキから国境を越えたスヘバートルまで一〇キロ延長すると、キャフタ道路とすぐに接続可能であるうえ、転送基地には倉庫のための広場もあるので貨物輸送の費用を削減できると主張した[226]。この主張が認められ、一九三八年九月二五日スヘバートルまでの鉄道延長を人民委員会議は決定した。全体予算を二億二四九〇・五万ルーブルと見積もった[227]。最近ウラン・ウデで『ウランバートル鉄道（二〇世紀初めから一九五七年）』と題した文書集が出版されたが、収録されているのは一九一〇年から一九一四年、次いで一九四〇年以降、主としてモンゴルで建設が進められた一九四七年以降の文書で、一九三〇年代の文書はまったく欠落している[228]。

一九三七年九月に入り、フリノフスキーらを派遣したスターリンの意図と「作戦内容」がますます明らかになってくる。チョイバルサンは九月二日、第一副首相、内務相に加え、最高司令官と国防相に任命されていた。そして「反革命的陰謀」の疑いありとしてフリノフスキーが提示したのが一一五人のリストであった。九月一〇日より、このリストに掲載されている人の逮捕が始まった。(229) 政治局は、一九三七年九月一九日の決定で、チョイバルサン、法務大臣、モンゴル人民革命党中央委員会書記の三人で、モンゴルのラマ僧の問題を検討する特別トロイカを結成するとのフリノフスキーの提案を採択した。(230) 一〇月二日に形成されたこの特別トロイカは、チョイバルサン以外に法相ツェレンドルジ、中央委員会書記ロブサンシャラブから構成された。一九三七年一〇月二二〜二六日に開催されたモンゴル人民革命党第三回総会は内務省の活動を完全に容認した。総会の決議には特に「我々の革命的な達成が、増大し強化されていくにつれ、敵の陰謀は減っていくどころか強まっている。チベット仏教のセンターとゲンデン・デミド一派の陰謀の摘発で日本の諜報機関との闘争が尽きるわけではない……スパイと祖国の裏切り者の大多数は依然として暴露されていない。総会はモンゴル人民革命党の全党員に対し、日本やその他の工作員の摘発に関して内務省に最大限積極的に支持するよう呼びかける」と述べていた。(231) 日本人への幇助の罪に問われて二三人のチベット仏教の高僧に対する公開裁判が行われた。これもスターリンがゲンデンらに実行を促していた仕事のひとつであった。こうして、「ゲンデン・デミド反革命組織」への参加が疑われ、隣国ソ連と同様のテロルがモンゴルを席捲した。(232) 一九三八年八月のゴルブチクの報告には、主要なラマ僧はほぼすべて排除され、七七一の寺院のうち、六一五が灰燼に帰したこと、二六の寺院が活動していること、八万五〇〇〇のラマ僧のうち、残っているのは一万七三三八人で残りは逮捕されるか、還俗したとあった。(233) 一方でソ連国内でもモンゴル問題に携わっていた学者の中には粛清の犠牲になる者も多数存在した。(234) ローシシンは、一九三五〜三七年のモンゴル内務省顧問団長としてすべての寺院やラマ僧の登録、一九三七年一月の内務省における協議会への材料の準備などで粛清の騒ぎに活発に参加し、フリノフスキーのリスト作成にも参加した人物としてチョイバルサンピャクを挙げているが、(235) 彼についての情報は乏しい。

先のモンゴル人民革命党中央委員会総会でチョイバルサンは、潜在的な敵、日本帝国主義の社会的基盤になる民族グループとして中国人、バルガ、ブリャートを挙げ、特にブリャートについては「ブリャートは約二万人が我が国に居住しているが、日本人はラマ僧同様その中にスパイとなる者を探している。私がすべてのブリャートに反感を持っていると思われたくないが、私は人々には批判的に接近する。モンゴルに居住しているブリャートとは何者か？　彼らの一部はセミョーノフ、ウンゲルン一味その他の白衛将軍らの残党である。誰がダウリヤ政府を主導したのか？　ブリャートと日本のエージェント、セミョーノフである。誰がモンゴル人にこの政府への合併を提案したのか？　ブリャート人サンピロンとジャムツァラーノである。モンゴルで誰が最後の日まで日本の諜報機関の指導者だったか？　ブリャート人のロビク・ドルジ、ジャムツァラーノ、ツォクト・バドマジャポフ、リンチノ、ビンバーエフ、ガロン、ガルゾトフその他である」[236]と述べている。このようにブリャート人が粛清のターゲットのひとつだったことは重要である。先に一九三三年のルムベ事件についてまとめたが、ブリャート人を標的にしたという点でその再来であるとみなせる。これより前の一九三七年三月二八日、内務人民委員エジョフはスターリンに、ジャムツァラーノの逮捕を求めていた。一九三二年以来レニングラードに住む彼は、自分の周囲にモンゴル人学生を集め、日本好き、反ソ的な精神で教育していること、レニングラードで逮捕されたブリャート・モンゴル人学生の捜査資料によれば、ジャムツァラーノはレニングラードに存在するブリャート・モンゴルの反革命センターの指導者として、ブリャート・モンゴルにおけるソヴィエト権力を転覆し、すべてのモンゴル民族をひとつの独立国家に統一しようとの日本よりのスローガンのもと、モンゴル人民共和国におけるソ連の影響力を解消しようとしている。レニングラードのモンゴル人学生を徴募し、ラマ僧や封建諸侯の中に反革命的蜂起細胞を組織すべくブリャートやモンゴルへ派遣しているとした。その活発な協力者が院生メルゲン・ゴムボジャンであり、イルクーツクで解体された反革命的な汎モンゴル主義センターの捜査資料からもジャムツァラーノがブリャート・モンゴルにおけるこの組織のイデオローグで直接の指導者だと判明している、としてその逮捕を求めたのである。スターリンは逮捕を許可した。[237]

一九三七年一〇月一〇日、モンゴル政府はモスクワの指示を受け、一九三八年予算を決定したが、その際に全権代表ミローノフは、国防費増額の必要性から、ラマ僧（七〇〇万から一三〇〇万トゥグリク）と牧民（一〇〇万から二〇〇万トゥグリク）への増税による追加的な歳入増大策を盛り込もうとした。これに反発したアマル首相は、「あなたの提案、これは左翼的な行き過ぎである。チョイバルサンは罪のない何百人ものラマ僧、牧民を逮捕しているが、あなたはさらに彼らに増税したいのか？　どこからラマ僧が一三〇〇万トゥグリクも支払うのか？　我々は彼らを銃殺し、寺院からは追放し、彼らは各地で乞食をしており、ジャスももはや存在せず、高位の僧侶もすでにいない。牧民に増税することは、牧畜経営を完全に採算の取れないものにする」と述べた[238]、という。ソ連のこのような圧力に反発するアマル首相にも次第に危険が迫っていた。

　モンゴルで仕事をしたソ連の関係者の中にも、粛清された者は多数存在した。かつての駐モンゴル全権代表タイーロフの逮捕の経緯を中心に、モンゴルにおける粛清の推移をハウストフが説明している。タイーロフは一九三七年八月八日に逮捕されるが、駐モンゴル全権代表部顧問として共に働いていたタルハーノフをすぐに逮捕せよとスターリンがモンゴル駐在内務人民委員部代表チョピャクへ暗号電報を出したことを知り、一九二〇年代の中国でともに働き親交を結んでいた彼を救うべくスターリンに間接的に働きかけたようだ。同年四月三日のスターリンとの面会で、自分が信頼されているとの印象を受けたためであった。ハウストフは連邦保安庁に保管されているタイーロフの尋問調書をもとに、このスターリンとの会談内容を引用している。それによれば、デミド国防相が親日的なのかどうかスターリンが確認したので、タイーロフはその疑念を払拭しようと努めた。また軍を国境に近づけること、水のない地区で井戸の数を増やすことについて具体的な指示を受け、軍事協力に関する問題を話し合った。当初スターリンはモンゴルの軍事予算の四分の一を保証するといっていたが、タイーロフがそれでは現在の支援より少なくなると述べたので、スターリンはモンゴル側が皮革と羊毛の調達量を増やすという条件で三分の一まで増加することに同意した。またИ《イ》－16型飛行機の数を増やすことも話題になった。今後もモンゴルとの関係を発展させるという点でタイーロフと意見を共有した。興安嶺への攻撃は計画されていないこと、被扶養者的で反ソ的な気分を生むことになるのでモンゴルはソ連に併合されないとも話した。我々には拠点だけが必要で、そのためにはモンゴルを支援する必要がある、と話したということである。スターリンの意図を垣間見ることのできるこの会見の中身は興味深いが、当然のごとくタイーロフはタルハーノフを救えなかっただけでなく、自身も捕らえられることになった。通商分野ではソコーリニコフと通商代表ビルケンゴフのグループの背信が捏造された。モンゴルへの商品輸送をわざと削減して商品飢饉を作り出したとして、この方針の実行者として通商代表代理スタロズーム Старозум がスターリンの命令で逮捕され、グループの逮捕へとつながっていった。一九三七年一二月には労農赤軍諜報局代表ネミーロフ А. С. Немиров が逮捕され、彼もタイーロフやタルハーノフとの関係を供述し、同じくモンゴル人民革命軍参謀部の教官だったシュモーヴィチ Шумович も逮捕され、ヴァイネルらとモンゴル騎兵師団の破壊活動に従事したといった捏造話を自白させられた。(239) かつて一九三五年一〇月からモンゴル人民軍の政治顧問団長として活動したサフラズベキャンも一九三七年七月末に逮捕された。(240) 当時の外モンゴルは外部に閉ざされた空間であり、ソ連がそれを促していた。(241)

一方で、逮捕したタイーロフについてスターリンは一九三七年一〇月二三日、フリノフスキーに「今やタイーロフとヴァイネルについて軍団の上層部（ある程度は中級幹部でも）で追及するのを食い止めるのはすでに不可能だし、その必要もないと私は考えるが、この問題についてモンゴル人たちは知らないことだ」と書き送った。(242) この段階までスターリンは全権代表が粛清されたとの情報を隠そうとしていたこと、モンゴル人の動揺を抑えるためか、彼らに対してはさらに情報遮断を求めていたことがうかがえる。

この頃モンゴル軍に対するソ連のコントロール強化を目指して任命されたと思われるのが軍事顧問である。一九三七年九月二〇日、政治局は、モンゴル人民革命軍の総司令部付き政治担当軍事顧問にカメンスキー Каменский П. Г.、モンゴル人民革命軍総司令部付き軍事顧問にリトヴィノフを任命した。(243) 一九三五年三月から一九三七年一〇月まで軍事顧問団長を務めていたのがニキーティン旅団長で、軍事顧問団の党ビューローのメンバーでありながら、「人民の敵ヴァイネルの策動を暴露し、それと活発に戦えなかった」政治的近視眼性を責められ解任された。(244) したがってニキーティンの後任がリトヴィノフということになる。その後、一九三九年二月七日、政治局は軍事顧問団長リトヴィノフを解任し、ポズニャコフ Поздняков М. П. を承認している。(245) 一方、一九三七年段階でモンゴル内務省の中央、地方合わせて二七四人の職員のうち七一人（ほぼ二六％）はソ連からの顧問、インストラクター、通訳であり、彼らは特権を受け、物質的に保障されていた、(246) という。

一〇月一六日に政治局は、プロムバンクが、マングト＝ウンドゥルハン、キャフタ＝ウランバートル、マングト＝バヤントゥメン、タシャンタ＝ツアガンノールの諸道路、キャフタ道路のセレンガ川架橋建設に、一〇月一日現在でこれらの建設に利用されていない九〇〇万ルーブルを充てて手当てすることを許可するとのソ連人民委員会議の決定を了承した[248]。すべてソ連・モンゴル間の連絡路の強化策であり、第五七特別狙撃軍団の形成と連動している。続いて一〇月二一日には、一〇月革命二〇周年の記念日にモンゴル人民革命軍の指揮官一〇人をソ連に招待することも決めた[249]。一方で同じ一〇月二一日、政治局はモンゴルのソ連への統合された旧債務を金ルーブルからドルに換算するとのストモニャコフの提案を却下した[250]。彼の提案の理由、および却下の理由については不明である。また一一月二日、政治局は、一九三七年一月一六日付決定に代えて、モンゴル政府に対し同年の銀行券の発行限度額を約三七〇〇万トゥグリクのレベルに定めるようモンゴル政府に提案することを決めた[251]。年頭のアマルとの会談を経て一月段階では三〇〇〇万トゥグリクまで引き上げられ、モンゴル来訪直後に紙幣の増刷を求めたフリノフスキーらの意見にスターリンが賛意を示したのは紹介した通りだが、一年も経たずに二割以上も限度額を引き上げていることがわかる。

一九三七年一〇月までには、モンゴル内に、三万人の兵士・将校、数千の機関銃、重機関銃、数百の大砲、二八〇台の装甲自動車、二六五台の戦車からなるソ連の強大な軍部隊が集中した。この第五七特別軍団の参謀部はウランバートルに置かれた。部隊の移動を五〇〇〇台の各種自動車が支え、飛行場や滑走路には一〇七機の飛行機が存在した[252]。一気に部隊の人数が増えたため、問題も深刻化した。一九三八年の初めの特別軍団の状況に関する報告によれば、「第三六狙撃師団に二〇〇〇人が補充された……師団には夜具がなく、兵士はアシの上に寝ている……第七、第八自動車化狙撃旅団に加わった赤軍兵士はわらの上で寝ており、ハーフコートにくるまっている……一九三八年五月まで騎兵旅団には冬用の軍装一式、すなわち外套、ブーツ……などが計画通り支給されなかった」と述べられていた[253]。

厳しい利用条件に兵器もついていけなかった。例えば「一九三八年秋までに第七自動車化装甲旅団では、三五一台の自動車のうち二九四台だけが動けた……旅団では半年に三二件の事故があり、二四六件の破損が生じた」。部品が不足し、使えない自動車、飛行機も多数見られた。各部隊に共通に見られた特徴は、「使い物にならないバッテリー、エンジンの年間限度を超える使用、部品の欠如、通信手段の整備の遅れ」であった。したがって一九三八年一〇月までに、航空部隊では故障した飛行機が二八～三四％、地上部隊では故障した戦闘車両、輸送車両が一六から五八％に上った[254]。

指揮幹部の中にも不満が高まる。特に、自動車部隊、特別機械化旅団、第八自動車化装甲旅団などモンゴルに長期間駐留する部隊の不満が大きかった。高い給与にもかかわらず、特別軍団の指揮幹部は、休暇の禁止、二年勤務に関する命令を司令部が実行しないこと、家族の不在、不便な日常生活に不満がたまっていった。治安機関がそれを記録している。「ここでの勤務が名誉ある出張なのか、または名誉ある流刑なのかをいうのは難しい」「なぜ我々がモンゴル人民共和国を守らねばならないんだ。我々にとって円丘と岩に何の得がある」「今は生きているんじゃなくて、刈り取る前に朽ちそうだ。給料をもらわなくても、ヨーロッパに歩いていこうといわれれば喜んで行くだろう」「あと一年もここで生きていかなければならないなら、自殺した方がましだ。これ以上もう我慢できない」「いつかここから抜け出せるなら、おそらく嬉しさのあまり発狂するだろう[255]」。

指揮幹部の中には、モンゴルを去るという唯一の目的を達成すべくわざと自分の評判を落とし、党からの除名を試みる者さえいた。「飲酒に溺れねばならない。この手法でのみ赤軍からの除隊が可能だ」と述べる者、モンゴルでの勤務がいやで自殺を試みる者もいた[256]。実際にモンゴルに駐屯する兵士の中で飲酒の増加傾向が記録されている[257]。

一九三七年一二月一七日、詳細は明らかではないが、政治局はモンゴル・満洲国国境における事件について検討した[258]。一九三八年一月一〇日、政治局は、①内務人民委員部に対し、国境および国内警備の軍事学校、内務人民委員部国家安全保障総局 ГУГБ НКВД の諸学校にモンゴル人を一五〇人まで学習のために受け入れることを許可。②カルムィク州党委員会は、ロシア語と母語の両方をよく操る三〇人のカルムィク人を通訳としての仕事のために一か月以内に選抜。以上を指示した[259]。同じモンゴル系のカルムィク人も動員して、モンゴル人の国境警備の幹部を養成しようとしていたことがわかる。

八　一九三八年の軍備増強とモンゴル、ソ連からの逃亡者の情報

一九三八年初めから政治局は国境地帯における警備強化策を打ち出していく。モンゴルとも深く関わってくるチタ州、ブリャート共和国についても特に言及されているので、簡単にまとめておきたい。チタ州は一九三七年九月二六日のソ連中央執行委員会布告によって、東シベリア地方がイルクーツクを中心とするイルクーツク州、チタを中心とするチタ州に分割されることによって形成された。極東地方からゼーヤ州が加わったが、ゼーヤ州は行政単位としては消えた。さらにブリャート・モンゴル自治ソヴィエト社会主義共和国からアガ、ウラノノン・アイマクが加わり、アガ・ブリャートモンゴル民族管区がチタ州に形成された。イルクーツク州にはブリャート・モンゴルから四つのアイマクが加えられ、ウスチ・オルダ・ブリャート・モンゴル民族管区が作られた。二月一日には日本、朝鮮、満洲、モンゴルとのソ連国境警備を強化すべく、極東地方、チタ州、ブリャート・モンゴル共和国に国境制限区域を設定した。そこにはイルクーツク駅からハバロフスク駅までの鉄道、この区間の鉄道路線より南部に位置する全区域、ウスリー川、アムール川より東にある地域、カムチャツカ州、ニジネ・アムール州、極東地方の全地域を含んでいた。極東地方、チタ州、ブリャート・モンゴル共和国から反ソ分子、好ましくない分子を移住させるプランの策定を内務人民委員部に委ね、これらの地域の執行委員会には国境体制（国境制限区域内での移動の決まり、国境から五〇〇メートル地帯における道路閉鎖、猟、漁業、放牧、家畜の移動）に関する決定を出すように指示し、内務人民委員部にはこの三地域から国内外のパスポートを所持しない外国人を強制的に移住させ、スパイ、破壊、その他の反ソ的活動に従事している疑いのある者を逮捕し、それらを超法規的にトロイカで処罰するよう指示した。これら三地域の国境制限区域への外国人の進入はトランジットの旅客やソ連が招待した者、外国のコンセッション勤務者を除いて禁止し、交通人民委員部にはイルクーツク以東のすべての駅でこれら三つの国境制限区域へ入る権利を示す文書を提示した場合にのみ乗車券を販売する制度を確立するよう指示した。[260] 続いて二月二〇日には、国境制限区域に鉄道で切り取られるチタ州北部地域も含めるようにとのチタ州党委員会による提案を政治局は採択する一方、国境から五〇〇メートル地帯にあるもののコルホーズの経済

活動にはきわめて不可欠な道路を閉鎖しないことを許可し、チタ州には五〇〇メートル区域内の居住地点からの強制移住策について提案するよう指示した。[261]

一九三八年に入って、河川交通についても見直しが行われた。それは前年一二月一二日に、ミローノフがモイカ埠頭への三日間の現地視察をもとにストモニャコフ、フリノフスキーに行った報告を受けたものだと思われる。その報告では物資流通、ソ連製品の売却価格、モイカ自体の問題で多数の容認しがたい醜態、犯罪を見出したと述べている。「すべての物資の七〇%、特別物資［軍需物資、兵器を意味するものと思われる］のかなりの部分がモイカを通過するが、モイカには現在、二〇〇〇万金ルーブル相当の物資と多数の国防関連の貨物が存在する。全組織の倉庫の配置があまりにも込み入っているので、破壊分子一人が夏にひとつの倉庫にでも放火すれば、一日でモイカ全体が焼尽に帰すだろう。私のモイカ滞在中、積み込み作業地点がとても狭い上、倉庫への道が一本しかないところへ、五〇〇〇頭以上のラクダ、数千の馬車、数百の自動車が集中していた。言語を絶する無秩序、門や道路、倉庫における終わりのない渋滞はあたかも「バビロンの雑踏」［大混乱を意味］のようだ。同時にソ連、モンゴルの組織はすべて一九三八年に新しい建設を予定している。国防の目的に沿うべく、また物資流通の費用を削減すべく、一一月一三日のモンゴル小委の決定をいくつか変更することが不可欠だ」と述べて、四つの提案を行った。①これ以上のモイカにおける倉庫建設を中止するだけでなく、二〇%の貨物をシャラゴル［キャフタの南東に位置し、セレンガ川の支流チコイ川の上流でモンゴルと国境を接する河港］に回す。②シャラゴルならば一八〇キロ自動車の輸送距離を短縮するため安価ですみ、国防のためにモイカの負担も軽減も減らせるので、ここに早急に倉庫を建設。③モイカで三回、ウランバートルでも一二月七日に開いた会合（通商代表部や貿易組織のソ連人教官の他、セレンガ蒸気汽船会社、ソヴモングトゥヴトルグからバロディン、モンゴル人民革命軍、内務省の代表も参加）で、乾燥貨物［液状のもの以外を指すと思われる］の船舶による輸送が一〇万トン以上増える見込みで、したがって外国貿易人民委員部の乾燥貨物の輸送も四万三〇〇〇トンにまで増大することが判明、よって最低二万トンはシャラゴルに運ぶこと。樽ではなく平底船で液体［ガソリン等と思われる］を運ぶとすると、現在の船舶の容量九五〇トンでは三万トンしか運べないので、冬季に追加的に三五〇トンの平底荷船三隻を次の航行に向けて移すこと。

④モンゴル小委の計画では年間通じて稼働しても二万トンの貨物しか運べず、河川交通の利用を外国貿易人民委員部が見直さねば、それ以上は荷車で運ばざるを得ず、ソヴモングトゥヴトルグに莫大な損失をもたらすばかりか、ブリャート・モンゴルが季節的に最大二五〇〇台の馬車しか提供できないので実行不能となる。以上である。日中戦争を受けて、一九三七年後半に大々的に進められた物資輸送がもたらした混乱状況を如実に語っているが、この報告に接したスターリンは、この文書に、「ストモニャコフへ。[ミローノフへ] 返事を出す必要がある」と書いて送った。(262)

このような現地からの提言を受けてのものだと思われるが、一九三八年一月二四日にソ連人民委員会議付属経済評議会が布告を採択した。①水運人民委員部は一九三八年の航行で、セレンガ川でウラン・ウデからスヘバートルまで一四万トンの貨物（内訳は乾燥貨物が、外国貿易人民委員部三万八〇〇〇トン、国防人民委員部三万二〇〇〇トン、内務人民委員部一万二〇〇〇トン、地方の貨物五〇〇〇トン、水運人民委員部三〇〇〇トン、石油など液体貨物が計五万トン）を輸送する予定だが、うち二万トンをオルホン川でシャラゴル港まで運ぶこと。②航行期間開始後アンガラ川から四隻の曳航蒸気船、二隻の乾燥貨物用平底船を移すこと。セレンガ川、オルホン川での河川整備事業等を内容としていた。(263) アンガラ川から船舶を調達するのはいつものことだが、一九三二年三月の政治局決定で、同年少なくとも五万トンを河川を利用して運ぶことを計画していたことから考えれば、一四万トンの計画は相当程度の輸送力向上を実現したといえるかもしれない。

一九三八年には特に春以降、モンゴル国内の第五七特別軍団、モンゴル人民革命軍の強化に関して政治局は様々な決定を下すことになる。それ以外の対策も含めて時系列的に諸決定を追っていくことにする。一九三八年二月七日、モンゴル駐在全権代表より外務人民委員部にモンゴル地質調査団の活動について報告があり、その中で「軍事的な目的のために水供給に関する要求が、モンゴル人民革命軍、強化軍、国境警備部隊に関して当初計画されていたよりも高まっていることを考慮し、熟練した幹部を遠征隊のスタッフに増強すること」を求めていたことが注目される。(264) この調査団は一九三七年一月の政治局決定で派遣が決定された科学アカデミーによるものと思われる。二月一四日、政治局は、フリノフスキーが二月一三日付の覚書（No. 100891）に述べた提案を承認するとあるが、覚書がどのような内容だったのか不明である。[265]

前年に引き続き一九三八年二月一七日、政治局は、①一三の機械草刈りステーションを組織するための設備を現金支払いでモンゴルへ輸送して欲しいとのモンゴル政府の要請を承認し、外国貿易人民委員部には五月一日までにこの設備を実行するよう指示した。②農業人民委員部にはモンゴル政府の申請に従い機械草刈りステーションに勤めるのに必要な三〇人のソ連人職員の選抜、手続きに早急に着手するよう指示した。[266] 続いて三月七日、政治局は、長期クレジットの条件で自動車修理、レンガ、石灰工場、食肉コンビナートの建設をモンゴル政府がソ連に要請している問題をあらゆる側面から検討し、政治局に具体的な提案をするようモンゴル小委員会に委ねた。[267]

四月一三日に政治局は国防委員会の決定を承認した。内容は、第五七特別軍団の一九三八年における部隊建設に関するもので、その総額を四三〇二万五五三七ルーブルと八五三万九六七一トゥグリクと定め、ソ連人民委員会議の予備基金から支出することになった。[268] そして五月二九日に政治局は、モンゴルに派遣されている軍人への新たな報酬規定を一九三八年一月一日付で制定するとともに、その基準をもとに一九三八年に必要な予算を確定した。報酬規定の概要は、指揮幹部および超過勤務者には極東派遣手当てをつけてルーブル支払いとしソ連にある個人口座か家族へ支払い、モンゴル国内ではトゥグリク支払いで追加的に支給することになった。そのモンゴル国内での毎月の追加支給額は階級によって小隊長の一五〇から師団長の三〇〇トゥグリク、軍団長の五〇〇トゥグリクまで様々に規定された。現役兵士および若手将校はルーブルの代わりにトゥグリクで給与が支払われる(最低の八からパイロットの五〇トゥグリクまで)が、モンゴル滞在中の食費は無料とされた。またモンゴルでの従軍は遠方勤務とみなして勤務年限を二年とし、一年勤務すると一か月分の報酬を与えること、年に四五日の休暇を賦与すること、家族には不在中の居住権を確保することなどを定めている。軍隊維持のための必要経費は一人当たり毎月一五トゥグリク(内訳は燃料の準備八、住居等二、風呂他二、政治・文化〇・五、規定外の冬季用軍装の購入一、建物の修理〇・五、その他の支出一)、したがって年間一八〇トゥグリクと算定した。以上の算定方法により、軍を維持するための支出は人数が変更しないとの条件で各四半期に四七五万トゥグリク、すなわち年間一九〇〇万トゥグリクと定められた。報酬が約七割の一三四七・五万トゥグリク、燃料や日常生活のための費用に約三割が充てられた。また同日、政治局は三七年の八月二〇日から一二月三一日にかけてのモンゴルに駐屯する軍への兵士補充による追加支出を約六六七万九四八七トゥグリクと算定し、すでに前年八月二〇日の決定で支出された四六七万一二五三トゥグリク以外のカバーのやり方を定めた。(269) これらの規定がありながら、必ずしもすべてが守られていなかったため、将校や兵士の不満がたまっていたことは、すでに紹介した通りである。

続いて一九三八年六月一五日に政治局はモンゴル人民革命軍の再編を決定した。モンゴル政府に提案すると決定にはあるが、もちろんソ連主導による再編である。この時点におけるモンゴル軍の編成がわかるので、その概要についてもまとめてみることにしよう。

（1）騎兵師団を現状の五個から各々に二〇〇〇人を配備する六個へ増大（内訳は騎兵連隊二個、大砲二門からなる大砲大隊、二一台の装甲自動車からなる装甲大隊）。
（2）ダランザドガドにある第三五独立騎兵中隊を、六六七人からなる騎兵連隊に改編。
（3）現存の民兵連隊三個を、各々二〇〇人の常備兵からなる均質な部隊に再編。
（4）現存の装甲旅団を中型装甲車四八台、軽装甲車二八台からなる中隊二個からなる大隊三個に再編。
（5）各々飛行機一五機で編成される飛行中隊二個からなる軽爆撃と襲撃の連隊二個と、飛行機一五機で編成される飛行中隊からなる飛行学校、計七五機からなる飛行旅団を設置。
（6）ウランバートルの統合軍事学校の生徒数を六〇〇人まで増大、赤軍の教育機関で学ぶモンゴル人の数をそれに応じて削減。
（7）生徒数一二五人からなる予備学校は維持。
（8）バヤントゥメンの高射砲大隊は維持し、ウランバートルに高射砲中隊を新たに編成。
（9）ウランバートルの独立通信連隊四〇〇人を維持。
（10）国防省とモンゴル人民革命軍の中央スタッフを二四七人まで削減。
（11）モンゴル人民革命軍の後方支援組織を一一三三人まで削減。

(12) 新編成のモンゴル人民革命軍の総数を一万七八〇〇人と規定。
(13) 再編される部隊の所在は不変、新編成の第一〇騎兵師団はウルゲイ・ヒドに駐屯、以上である。[270]

中央と後方組織を削減しつつ、地方に展開する部隊の増強を図ったものといえる。一九三三年三月八日の政治局決定で統合軍事学校の定員を七〇〇人まで増やし、同年中にソ連の軍事学校に二〇〇人の生徒を受け入れるとの決定があったが(第三章第五節)、この段階で六〇〇人への増大を計画しているところから、やはり七〇〇人までの増員は無理だった様子がうかがえる。この時点までの統合軍事学校の生徒数の規模がわからないので、増加した人数は不明だが、ソ連への留学組が帰国して教育スタッフにも加えられることにより、ソ連への留学の必要性も減少していったものと推定される。一九三七年段階のモンゴル人民革命軍は一万四〇二八人、戦車と装甲車九六台、飛行機三〇機、大砲九一門であったことから、[271]人数を四〇〇〇人近く増加させていることがわかる。同時にこのモンゴル人民革命軍と国境警備隊に対する一九三八年の供給についても定めている。それについても簡単にまとめておきたい。

(1) モンゴルの軍事予算の三〇%を無償援助するとした一九三七年一月一九日の人民委員会議布告[政治局決定は既出の通り一月一六日]に基づき、一九三八年の援助額を一一七〇万トゥグリク(現物支給の内訳は軍に九三〇万、国境警備隊に二四〇万)と規定。
(2) 外国貿易人民委員部は一九三五年三月一七日の政治局決定[第四章二節]に基づき、この一一七〇万トゥグリクの物資を一九三七年販売時の価格でモンゴル政府へ販売。
(3) これ以外に、軍の再編と非常用備蓄形成のため総額七七二・八万トゥグリク(内訳。P《エール》-5型二二機等各種飛行機とこれらへの部品合わせて約二二三・三万、自動装甲戦車関連で約二六一・五万、弾薬二八八万)の物資を、国防人民委員部はモンゴル人民革命軍へ赤軍の基金から特別の長期クレジットで提供。
(4) 駐モンゴルソ連全権代表ゴルブチク、モンゴル人民革命軍顧問リトヴィノフは、本決定に基づきモンゴル側がソ連に現物供給を申請するようモンゴル政府に提案。

（5）外務人民委員部、財務人民委員部は総額七七二・八万トゥグリクの特別長期クレジット（金利二％、支払いは一九三九年より一〇年の均等払い）をモンゴル政府と締結。以上である。[272]

一一七〇万トゥグリクが軍事予算の三〇％にあたるため、この年のモンゴルの軍事予算は三九〇〇万トゥグリクだったことになる。通貨の大量発行によりインフレが昂進していたと思われるが、一九三七年の販売価格に据え置いたことは一応の配慮を示したということだろう。追加的な物資援助は政治局が決定しながらも、形式的にはモンゴル側がソ連に申請する形を取らせようとしていたことがわかる。一〇年をかけて支払うこの長期クレジットについては七月三〇日に調印された。[273]

この時期、ソ連にとっては国防上の懸念を呼び起こす事件が極東で生じていた。一九三八年六月一三日未明、ソ連内務人民委員部極東地方全権代表であったリュシコフが琿春東南の国境地域を越えてソ連から満洲国へ逃亡したのである。[274] ユダヤ人家庭に生まれ、一九一七年にボリシェヴィキ党に入党したリュシコフは、一九二〇年には軍からヴェチェカの勤務に移り、出身地のオデッサを中心に一九二〇年代は主としてウクライナの治安機関に勤務していた。[275] 一九三一年にバリツキーのバックアップで中央に呼ばれて以降については、モゾーヒンの著作が詳しい。以下に満洲国への逃亡までの経緯をごく簡単にまとめておく。

ウクライナ、北カフカースにおける集団化に従事し、一九三二年にはカガノーヴィチの特別委員会で活動した。一九三三年四月にはオデッサで「飢饉挑発事件」を調査し、モルチャーノフと穀物を見つけ出し、見世物裁判も実行した。また「ロシア民族党」捏造事件にも従事し一九三四年三月には一〇〇人以上を摘発した。一九三四年一二月初めのキーロフ暗殺事件後の捜査にも直接携わった。一九三五年二月に摘発されたクレムリン事件の捜査、一九三六年八月のトロツキー・ジノヴィエフセンターの捜査にも加わった。一九三七年内務人民委員部アゾフ黒海地方局長に就任後、責任者として多数の富農や犯罪者の処刑・流刑に従事した（本書には具体的な数字が列挙（一四～一六頁））。一九三七年八月、内務人民委員部極東地方全権代表デリバスらの逮捕の承認をエジョフがスターリンに要求、承認されると、リュシコフはデリバスの後任に選ばれた。極東の軍首脳部を除去する陰謀を企てていたという理由でリュシコフが医者を摘発し、エジョフがスターリンに逮捕の許可を求めると、スターリンはそれを了承した。九月にエジョフは極東の軍需工場における破壊グループについて報告し、日本の領事がそれを指揮していると逮捕の許可を求めた。一九三七年には極東党委のトップの粛清も続いていたが、この間、リュシコフに対する告発もなされていた。ブィストルィフは一九二〇年代のリュシコフの行動を問題にし、同じく一九二〇年代にウクライナで働いていたヴィゼリもリュシコフを告発した。一九三八年五月末、内務人民委員部の人事異動でリュシコフも中央に呼ばれることになった段階で、身の危険を感じ満洲へ逃亡した。[276]

以上がリュシコフ亡命までの経緯だが、これを受けて妻（Нина Васильевна Люшкова-Письменная）が逮捕された。六月一五〜一六日にフリノフスキーがリュシコフについて行った妻の尋問内容を要約すれば、一九三七年一月仲間の相次ぐ逮捕をどう思うか、怖くないかと尋ねたところ、そうだ、奇妙だ、ことによるとと答え、この時期に自身の運命を懸念するようになった。七年間［二人は一九三一年に結婚］の結婚生活の間、ソ連の何らかの達成について喜んだ様子を見たことは一度もなく、昇進には恐ろしく熱心で自分の性格——偽善、執念深さ、妬み屋——についてはきわめて否定的だった。共同生活の間、文学は熱心に読んでいたが政治文書は一度も読んだことがない。一九三三年には政治生活に無関心になった。スターリンに捧げられたジャンブル（Джамбул Джабаев 一八四六〜一九四五。カザフの詩人）の詩に対する彼の皮肉な態度が特に記憶に残っている。右翼トロツキストグループに対する裁判について家族の間で話題になった時でも、いかなる憤激も示さなかった。七年間マスクをかぶり、人々や党・国家から自分の俗物性、二枚舌、裏切り行為を隠していた。ブリュッヘル［極東ソ連軍司令官］とは悪い関係にあった。以上のように供述した妻は一九三九年一月、八年の自由剝奪の判決を受けた。[277]

満洲国へ逃亡したリュシコフは関東軍が対ソ戦略のために利用することになる。リュシコフが関東軍にどのような情報を提供したのかについては、戦後、シベリアに抑留された関東軍将校[278]に尋問した内容が引用されており、関東軍が保持していたリュシコフ関係資料が湮滅された可能性が高いことを考慮すると史料価値は高い。ところがモゾーヒンの著作では、注釈がはっきりしない箇所が多く、引用が難しい。すでにリュシコフについては先行研究が存在するが、これらの先行研究とモゾーヒンが引用している史料とを突き合わせ、リュシコフがもたらした史料の価値について再検討する必要があるだろう。例えば、リュシコフは極東への出発前にスターリンと会見し、彼が日本との戦争は避けられず、日本は極東をこの戦争のための基地とみなしていること、そのため軍や後方から敵対的なスパイや親日的な分子を排除すべく徹底的な方策を取る必要があること、極東の内務人民委員部の指導者デリバス、ザパドヌィ、バルミンスキーは日本のスパイであり、中国人、朝鮮人は日本がスパイ活動、破壊活動を行うための大きな基盤であると述べた、と日本側官憲に話した。[279] 実際に一九三七年七月二八日リュシコフはスターリンと一五分だけだが会見したことを確認できる。[280] また、ウラジオストックから艦隊の基地を変更する可能性を探り、特別な方策を実行すべくサハリンへスターリンの秘密使節としてヤルツェフ少佐が一九三八年三月に派遣され、サハリンのすべての権力は彼に従属したこと、彼の課題は先鋭化した日本のコンセッションとの関係を正常化し、同時に島の戦闘態勢を整え、師団とサハリンスク、ソフィースクにおける航空基地の形成に着手することであり、それに日本を注目させ、大陸で大きな戦争が勃発した際、サハリン南部を防衛のため日本の空・海・陸軍の部隊を引きつけることを狙っていたとリュシコフは述べた。[281] この件についても一九三八年二月二八日、ヤルツェフのスターリンとの会見は確認できる。[282] スターリンとの会見という目立つ出来事についてリュシコフの発言は確認できるため、彼の発言全体についても信憑性は高いものと判断できるのではないかと考える。満洲国を取り囲むモンゴルやソ連極東だけでなく、サハリンをも視野に入れて対ソ戦に備えていたスターリンの戦略的視点を改めて確認できよう。

ところでリュシコフの逃亡は、日本にとってソ連の内情、特にモンゴルを含む極東の国防の状況を詳しく知らせる情報源として重要であったが、日本陸軍省の将校から話を聞いたクックスによれば、ソ連軍の内情について日本側はそれに先立つ五月二九日に、モンゴル駐屯の第三六自動車化歩兵師団から自動車で脱走したフロントヤルマル・フランツェヴィッチ少佐からの情報により重きを置いていたとのことである。[283]

さらに一九三八年八月末にモンゴル東部国境から満洲国へ逃亡してきたのが、「モンゴル赤軍第二軍団第六師団宣伝班長」ビンバー騎兵大尉であった。彼の手記は『朝日新聞』に連載され、翌一九三九年にまとめられて出

場所	容量(t)
中国村	200
ウランバートル	560
電話局	200
イルゲネヒアド	200
チョイレン	500
ハラアイロン・ソモン	200
サイルス	200
ウンドゥルハン	700
ムクハンヌィフ・ソモン	250
合計	3,010

版された。[284] 彼はウランバートルの士官学校を卒業後、一九三三年にレニングラードの赤軍騎兵士官学校へ留学（一九三五年七月帰国）した時代を回想し、モンゴルにおけるソ連の政策、特に軍内部における粛清に反発して亡命したという。軍隊内部の親ソ連派と反ソ連派の存在を明らかにしている。最近になって参謀次長ダンバが日本と連絡をとるためにビンバーを脱走させたというモンゴルの学者の研究を田中克彦が紹介していたが、[285] 二木博史によって批判されている。[286]

さて、先の六月の決定に続いて一九三八年八月三日、政治局は国防人民委員部のために、モンゴルで石油製品保管用の特殊タンクを上表に示す通りの場所（場所をすべて特定しているわけではないが、そのまま記す）と容量で建設することを決定した。外国貿易人民委員部は一九三九年五月一日までの建設終了を指示された。総額は七七四万九一五〇トゥグリクと四四四万一五〇〇ルーブルである。重工業人民委員部はこの建設のために必要な技能を有する各種スタッフ総計約一五〇名（内訳は略）を派遣することになった。[287] これは二九〇〇トンの石油タンク製造についての一九三七年八月三〇日の決定に連なるものである。合計で三〇一〇トンなので、一年で約二倍に増やしている。このタンク建設については、すでにノモンハンでの武力衝突発生後になるが、一九三九年六月二七日に政治局は、建設価格についてあらゆる余計な点を排除し、予算を七七四万九一五〇トゥグリクから三九八万三六二一トゥグリクへと削減するという外国貿易人民委員部の提案を了承することになる。[288]

一九三八年八月八日に政治局は、第五七特別軍団の再編を決定した。ノモンハンにおける戦闘から約一年前の赤軍の状況を確認しておきたい。

I　組織問題

（1）第五七特別軍団はあらゆる面で国防人民委員の指揮下へ。

（2）九六名の指揮スタッフ（航空部隊、道路・運行部隊、測量部隊、対空防衛その他）を追加して指導部を強化。

（3）第三六狙撃師団を九九三八名からなる自動車化狙撃師団へ再編（狙撃連隊三個、大砲連隊、対戦車防衛大隊、高射砲大隊、偵察大隊、通信大隊、工兵大隊、戦車大隊、後方支援部隊等）、主たる戦力は自動車一三九二台、各種機関銃（手動五〇六、重一三九、高射三七）、迫撃砲、榴弾砲、各種大砲（四五㎜、七六㎜、七六㎜高射）、Б《ベー》T《テー》型戦車、装甲車等より構成。

（4）一〇八五名から一四三八名に増員して、独立自動車化装甲連隊を第八独立自動車化装甲旅団へ再編。

（5）ザバイカル軍管区の騎兵師団より計五八七名、砲兵中隊三個からなる大砲大隊を移駐し、大砲で独立騎兵旅団三個を強化。

（6）軍事・輸送車両修理のため、ウランバートルに三〇〇人の修理施設を設置。

（7）一九三八～三九年に高射砲大隊二個を設置。

（8）通信部隊を三九八人増員し、一個四三六人の独立通信大隊二個を設置。

（9）モンゴル内の道路修理のため一六五名の道路建設中隊を設置。

（10）ウランバートルに重爆撃機TБ《テーベー》－3、一一機からなる飛行中隊を設置。

（11）飛行機の修理改善策として、三六四人からなる新しい飛行基地をウランバートルに、四六人からなる修理工場をバイン・オボ・ソモンに設置。

（12）機動飛行場建設のため、四五七人からなる飛行場技師大隊を設置。

（13）飛行機基地の上空監視警戒通信部門 ВНОС ＝ Воздушное Наблюдение, Оповещение и Связь[289]を、哨兵二七名増員して強化。

（14）医療・衛生サービスの向上のため、ウランバートルの後送病院を七〇人の軍勤務者と一八五人の民間雇用者からなる四〇〇床の常設病院へと再編。

（15）三五人の軍勤務者、一六五人の民間雇用者からなる二〇〇床の常設軍事病院をバヤントゥメンに建設。

（16）総計三〇名のスタッフで衛生・伝染病実験室をバヤントゥメンに、衛生・細菌学実験室を第三独立騎兵旅団、第七自動車化装甲旅団にそれぞれ設置。
（17）バヤントゥメンとウランバートルの守備隊に政治部を設置し、特別部隊を統括。
（18）指揮幹部の休息を確保すべく、ウランバートルに一〇〇人収容の休息の家（一二人の軍勤務者、四五人の民間雇用者から構成）を設置。

この他、入浴・洗濯部隊、軍装の裁縫部隊の設置も決定した（詳細は略）。

II　戦場の準備

（1）通信ラインの建設計画、モンゴル国内の無線網の状況に関する通信人民委員、国防人民委員の報告を国防委員会の会議で聴取。
（2）一九三八年のモンゴル人による一八の坑井、一二六の井戸の建設がきわめて不十分だったことを考慮し、ボーリングパーティーと装備を増やし、一九三八年末までに追加的な八本の坑井を建設すべく支援。
（3）赤軍の大部隊が駐屯し他に燃料備蓄のないサイン・シャンダ、ユゴズィルにおける石炭採掘をモンゴル政府に要請。

最後に、この特別軍団に関する建設の指揮を、建設資材、設備を確保してソ連人民委員会議付属の「グラヴヴォエンストロイ（軍事建設総局）」の特別部に委ねること、国防委員会の会議で、指揮幹部のための日常品確保の問題について外国貿易人民委員部の報告を聞くことを決めた[290]。本書では省略するが、この決定に続いてザバイカル軍管区における方策についても検討されている。これに先立つ一九三八年七月二一日の軍事総評議会 **Главный Воснный Совет** 第一五回会議で、第五七特別軍団の軍団長ニーネフが報告しており[291]、その議論をもとにこの政治局決定が下されたことがわかる。組織問題については、軍事総評議会の決定に変化はないが、その他の問題については総評議会で検討されていた項目のうち政治局決定から抜け落ちているものもある。モンゴルの戦場に関する軍用地図を準備し、軍団に必要数確保するようにとの参謀部長への指示が目を引く。コーネフは長文（九六頁）の報告を準備したようだが、刊行されているその冒頭部分によると第五七軍団の人員はこの時点で三万三一二五人、戦闘車両五六七台、飛行機八七機、自動車六二八八台であった。[292]

この軍事総評議会の直後に満洲国東南部で朝鮮軍と極東ソ連軍が大々的に武力衝突する張鼓峰事件（ハサン湖事件）が勃発する。[293] 八月三一日に開かれた軍事総評議会で極東赤旗フロント司令官ブリュッヘルは死者四〇八人、負傷者二八〇七人を出したこの紛争で適切に指揮を執れなかったと痛烈に非難されて司令官から解任され、極東フロントも第一独立赤旗軍、第二独立赤旗軍に分割されることになった。[294] 一方、ザバイカル地域では、国境地域における「清掃」が同時に行われていた。一九三八年九月二四日政治局は、チタ州の党委員会に、国境地区で粛清された三二二六家族を国境から離れた主として州の北部地域へ移住させ、彼らを農業、森林、金産業に従事させること、州の国境地域へ移住させるために労農赤軍から同年に除隊された二〇〇〇人の赤軍兵士を募集することを許可した。[295] 先に一九三八年二月一日に政治局が採択した国境制限区域に関する決定を紹介したが、この「清掃」はそれと合わせて考えたい。潜在的に敵と密通する危険性ありとみなされた国境周辺居住家族に代えて、より信頼しうる兵士に国境監視を委ねたものである。

一方で約一年前の一九三七年一〇月に建設推進を決めていたマングト゠ウンドゥルハン線は約一年後に完成に近づいていた。一九三八年一一月六日、ソ連内務人民委員代理フィラレトフ[296]はソ連人民委員会議議長モロトフにこの道路について報告した。ハプチェランガへの支線を含むダラスン゠マングト゠ウンドゥルハン線六六一キロのうちソ連国境からウンドゥルハンまで三三三キロはモンゴル国内を通過するが、モンゴル側が自力で運用と修理できない理由として、ウリフン・マイハナ、ウイスン、バヤン・ウラ・ソモン、インデルメグなど数軒の家からなる村が点在する人口希薄な地域を通過していること、熟練した現地の幹部がいないことを挙げ、この道路の戦略的重要性を考慮したソ連全権代表ゴルブチクが、ソ連内務人民委員部の幹線道路総局が運用する必要性を提起したと述べた。そして道路の正常な運行のために、ソ連国境からウンドゥルハンまでの区間を受け持ち、修理も実行する道路管理局を一九三八年一一月より組織し、一九三九年に完成するバヤン・ウラ・ソモン゠バヤントゥメン間二〇三キロの管理もこの管理局に委ねること、それを考慮して管理局はバヤン・ウラ・ソモンに置くことが必要だとソ連内務人民委員部がみなしていると述べた。そしてフィラレトフは道路の維持管理と当面の修理費用として、一九三八年いっぱい二〇万ルーブル（うち一二万トゥグリク）が必要だとしてその支出を求めた。[297]外国における活動のためか、リトヴィノフが一一月一三日、この案について反対しないと回答し、[298]内務人民委員部が提出した予算案を精査した財務人民委員のズヴェレフは一一月一六日、二〇万ルーブルの支出は可能と評価した。[299]ところがそれから約一か月を経過した一二月一一日、人民委員会議のブルガーニンはフィラレトフに、一九三八年の内務人民委員部への予算から一〇万ルーブルを、そのうち六万トゥグリクは東方に関する一九三八年のプランから出すことを認めた。[300]この間の経緯は不明だが、財務人民委員部が支出を認めた金額さえカットされている。ともかく、このような形でモンゴルに駐屯するソ連軍との連絡路の整備は進められていた。[301]

先にモンゴルに駐留することになった兵士たちの不満を紹介したが、当局にとっては彼らの懐柔策も必要だった。一九三八年一一月一四日、政治局は「第五七特別軍団の指揮幹部の子弟に対する文化的・日常生活サービスの改善のため」として、軍団の児童施設の建設、設備、維持にかかる費用九六万九七七トゥグリクを国防人民委員部に支出するというソ連人民委員会議付属国防委員会の布告を承認した。一九三八年第四四半期に二三万二二六二トゥグリク、残りの七二万八七一五トゥグリクを一九三九年の第三四半期までに支出し、国防人民委員部の全体の予算からカバーすることにした。[302]家族に関しては、一九三九年一月五日に政治局が、同年一月一日より、軍幹部、指揮官と兵役義務期間以上に勤務する兵士の被扶養者で、モンゴルにともに居住し独立した生計の手段がない者に対して、成人には七五トゥグリク、一六歳までの子弟には五〇トゥグリクを毎月支払うことを決めた。[303]前年の一九三八年七月二一日に開かれた軍事総評議会では、指揮幹部が家族と居住できるように住宅建設を計画すること、指揮幹部の子弟が通う六つの学校を建設することを計画しており、[304]これらの決定はそれを具体化したものであるとみなせるだろう。一九三八年一二月九～一〇日に開かれた軍事総評議会で第五七特別軍団についても検討され、一九三九年のその非軍事的建設に四五〇〇万ルーブルを支出することを決めている。また一九三八年八月五日の政治局決定を受け、サイン・シャンダ、ユゴズィルにおける石炭採掘のため、モンゴルへ一〇〇人の炭鉱夫と必要な数の技師・技術スタッフを派遣するよう重工業人民委員部に依頼することも決めている。[305] 一九三八年一二月三〇日、政治局は、国防人民委員部に、スペインへの武器売却に関するX作戦とともに、対中支援に関する3ET（ゼット）作戦に関して二八〇万二四二五ルーブルと四万五〇〇〇トゥグリクを支出することを決めている。[306] 詳しい内容は不明だが、トゥグリクで資金を提供したということは、モンゴルルートを経由した対中支援の可能性が高い。

このようにモンゴルにおける軍事的な増強策が進められる中で、一九三八年一一月二三日政治局は、チョイバルサンに「労農赤軍二〇周年」記念メダルを贈呈することを決めた。[307] この当時チョイバルサンは一九三八年九月から翌三九年一月にかけてモスクワに滞在していた。モスクワで新しい内務人民委員部の指導者となったベリヤとも会見しているが、[308] 一九三九年二月一一日ベリヤはヴォロシーロフに対し、チョイバルサンが進めるモンゴル軍内の粛清について詳しく説明している。[309] すでにモンゴルに帰国していたチョイバルサンは二月九日、駐モンゴルソ連全権代表代理スクリプコを訪問し、モスクワでのスターリン、ヴォロシーロフとの会談の内容、特にアマルを排除するよう指示を受けたこと、その他彼が粛清するつもりである政府高官の名前などを列挙した。[310] その話の通り、三月九日にはアマルが解任され、チョイバルサン自身が首相に就任することになる。[311] 二月一四日には、政治局がモンゴル人民共和国への指導員として、グラスコフ、[312] ミリツィン Милицин M. M. の派遣を承認した。[313] 内務人民委員部の問題として政治局の議題になっており、以上の流れを考慮すると、二人はチョイバルサンが進める予定のモンゴル国内における粛清について、ソ連側から援助すべく派遣された可能性が高いのではないかと推測される。ミリツィンの経歴は不明である。アマルはゲンデン同様逮捕され、一九三九年七月にはソ連に送られ、長期間の取調べと反革命的陰謀を非難された。彼は最終的に一九四一年一〇月銃殺された。[314]

一九三九年一月三一日付で、ソ連財務人民委員ズヴェレフからミコヤンに、「モンゴルにおけるソ連の基本的な支出と供与された借款」と題して詳しい報告が出された。[315] これは一九三〇年代のソ連の対モンゴル政策の資金面について総括したものであり、これまで述べてきた政治局や政府による決定からは、なかなかうかがい知れないその後の実行状況を知ることが可能である。したがってこの内容を表の形で詳しくまとめることにしたい。

I　水運人民委員部

セレンガ、オルホン川で一九二六年から協力を始め、一九三五年までに約五五〇万トゥグリクを投入。それによる一三四万六二〇〇トゥグリク相当の建物、施設は一九二六年六月一六日の協定に従い一九三六年にモンゴルへ譲渡。その他は航行を可能にするための支出で、モンゴル政府は特に手をつけなかった。一九三六年にはタイーロフとチョイバルサンが結んだ協定（一〇月六日、ソ連政府によるこの合意協定承認のデータはない）に基づきさらに事業を遂行、この引渡しについても協定がある。一九三六〜三八年には二七〇万トゥグリクを投入し、一九三九年は一六〇万ルーブル（うち一〇三万一〇〇〇トゥグリク）の投入を予定。一九三六年以降、ソ連が河川を借り、一九三七年五月一八日締結の協定（一九三八年一月一日に失効）で、賃借料は施設・建物の財産目録価格の三・五％（一九三七年には四万四五二八トゥグリク）、保険料（年に二万五〇〇〇トゥグリク）、修理代金（年に約八万トゥグリク）を水運人民委員部が支払っている。協定失効後の一九三八年一月一日以降も支払いを継続している。

II　内務人民委員部の幹線道路総局

・一九三六年から幹線道路の建設に多額を支出してきた。

・ダラスン＝マングト＝ウンドゥルハン線　一九三六年五月二三日の労働国防会議布告で七三〇〇万ルーブルを予算としたが、実際には七六〇〇万ルーブルを投入（うちモンゴル領内で三五〇〇万）。細かい協定はなく、現在建設は終了。一九三八年一二月一一日の人民委員会議の命令で、運用を内務人民委員部に委任。一九三九年の運行費用は一六〇万ルーブルと一一三万七〇〇〇トゥグリクだが、モンゴル側からの支出はない。

・キャフタ＝ウランバートル線　一九三七年一月一九日の人民委員会議布告に基づいて建設が始まったが、完了していない。予算で一億四八〇万ルーブルを計上、一九三九年一月一日現在、四二〇〇万ルーブルを支出。一九三九年には一六〇〇万ルーブル（うち九二万五〇〇〇トゥグリク）を支出予定。現在二四キロのみ運行しているが、一九四〇年に建設を終了せねばならない。一月一九日協定では、モンゴルは二五年かけて支払うことになっているが、運用条件について協定はない。

・ウルザ＝バヤントゥメン道路　一九三七年六月二五日の労働国防会議布告で建設が決定され、一九三八年五月一五日の人民委員会議布告で三七三〇万ルーブルの予算を決定、一九三九年に建設終了予定。一九三七～三八年に二〇〇〇万ルーブルを支出（うち一一四万一〇〇〇トゥグリク）、一九三九年には六五〇万ルーブルの支出を予定（うち四〇万トゥグリク）。運行条件などの協定はない。

・ソ連モンゴル国境からツァガンノールまでの路線　一九三七年一月一九日の人民委員会議布告で、この路線二二キロに対し六〇〇万ルーブルの予算を計上し、全額使ったものの建設は終了していない。実質的に三八年から停止状態にあり必要金額も不明で、三九年の予算措置の予定もない。運行条件についての協定はない。

III　中央鉄道建設局（Цужелдорстрой）

・ウランバートル＝ナライハ間の狭軌鉄道の建設は、一九三七年一月一九日の人民委員会議布告に基づいて進行中。一九三八年一一月二一日に二一二〇万ルーブルの予算を決定。一九三七、三八年に支出されたのは一六四八万五九八〇ルーブル（うち一三二万九四一四トゥグリク）で、三九年一月一日現在七〇・一％の建設は終了。三九年の投資は五〇六万四〇二〇ルーブル（うち二六万五〇〇〇トゥグリク）を予定。一九三八年七月、臨時の利用を開始。建設一〇年後より一〇年をかけてモンゴルが支払う予定だが、建設完了一年後から、年利三％で投資額の利子分の支払いが始まる。

IV　ソ連人民委員会議付属気象委員会

一六の気象台の建設、維持は一九三五年七月一九日、一九三八年八月一〇日の協定で調整され、ソ連が建設、維持している。一九三五年の協定により五年経過時点（すなわち一九四一年から）でモンゴルに無償譲渡される予定。一九三七年に八つの気象台の建設を終了。一九三七年一〇月一六日の政府布告でさらに八つの建設を計画。一九三八年五月一〇日、人民委員会議の命令で六〇万トゥグリクを支出。一九三八年は四万六〇〇〇トゥグリクのみ使用しただけで、追加八施設の建設は停滞中。一九三九年にはこの建設に四万トゥグリク、現有施設の利用に二九万トゥグリクを予定。

V　ソユーズネフテエクスポルト

一九三五年より一連の布告に基づいて実行（多数の布告名は略）、特別施設と商業施設を設置したが、前者は赤軍へ引き渡す。一九三五～三八年に商業施設建設に四六三万二六〇〇トゥグリク、二二六万八〇〇〇ルーブル、特別施設に一一一八万六三五〇トゥグリク、七二〇万九〇五〇ルーブルを支出した。特別タンクのうち九一万三二〇〇トゥグリク、二九万二〇〇〇ルーブルの価格のタンクを一九三六年にモンゴルに引き渡したが、引渡し、支払いについての協定は今に至るまで締結されず。

VI　アエロフロートによる航空路線の建設、利用

五年を年限とする一九三六年七月七日締結の協定に基づいてウラン・ウデ＝ウランバートル路線を運用。一九三六～三八年に三〇八万ルーブルを支出（予算では四三一万一〇〇〇ルーブルのところ）して建設は終了。モンゴル内のアエロフロートの資産はソ連の資産だが、協定では、合意が無効になった場合、モンゴル側がこの資産を購入すると規定。この路線の運行のため、ソ連は毎年補助金を支出、一九三八年五五万三〇〇〇ルーブルを支出、一九三九年には四〇万八〇〇〇ルーブルを予定。

VII　以前のソ連・モンゴル合弁会社とプロムコンビナート負債

モングソヴブネル六七三万六四〇二、モンゴルシェールスチ一〇五万、モンゴルトランス一六三万八九三六、プロムコンビナート三〇〇万、計一二四二万五三三八トゥグリク、すなわち一六三二万六八九四ルーブルである。一九三七年よりモンゴル側へ渡されたが、モンゴルによる負債の清算に関してまだ決定していない。一九三七年一月一六日、中央委員会は、モンゴルが長期のクレジットで支払うことを決めた。条件についてはまだ締結しておらず、したがってソ連への入金もない。

VIII　ソ連から供与された借款、債権

①三五年七月一日の人民委員会議の布告「モンゴルに対し一九三四年にソ連が供与した全借款を統一した無利子債務に統合することについて」は両国の協定で確認され、総額五〇〇万金ルーブルを二五年で返済することになった。適時の納付は必ずしもなされていない。

②三三年三月二三日の人民委員会議布告　軽工業人民委員部はモンゴルシェールスチへの五五万トゥグリクの投資について債権を有する。年利二％で一九四〇年より八年で返済予定。
③三七年一月一九日布告　自動車、修理のための設備に供与された借款総額六九万一二七五ルーブルを年利三％、一〇年で返済予定。支払期限を超過している債務は八万四六二一ルーブル二〇コペイカ。
④三七年一月一九日布告　タービン発電機への借款。二二〇万ルーブルを年利三％で一〇年で返済の予定。
⑤三八年六月一七日の人民委員会議布告　七七二万八〇〇〇トゥグリクを年利二％で一〇年間の長期借款。
⑥三四年六月一〇日の人民委員会議布告　ヴネシトルグバンクは無利子で二〇〇〇万トゥグリク、すなわち二六〇〇万ルーブルを九か月の商品備蓄形成のために提供。

IX　教育

一九三二〜三七年にソ連はモンゴルの幹部の教育および生活費として、約七一一万九三〇〇ルーブルを支出。一九三八年にも総額四〇〇万ルーブルを予定し、一九三九年も支出予定である。両国間に教育に関して協定はなく、その経費返済についても協定はない。

一九三九年二月二日、政治局はモンゴル銀行への発券限度額を総額六五〇〇万トゥグリクに設定した。[316] 一九三七年一月に三〇〇〇万、同年一一月に三七〇〇万トゥグリクが限度額であったことから、一年あまりで約二倍に増加していることを確認しておきたい。モンゴルに関する問題の処理について一九三九年三月五日に興味深い決定がなされている。モンゴル、新疆、タナ・トゥヴァの諸問題に関する委員会を設置するという提案を却下するというものであった。二月二三日にリトヴィノフがスターリンに宛てた書簡に、その趣旨が詳しく説明されている。[317] 以前存在していた諸委員会が廃止されたため、モンゴル、トゥヴァ、新疆に関する現地からの問い合わせに責任を持って応える体制がなく、問題が放置されていると彼は見ていた。政治局は提案を却下した上で、これら諸国・地域に関する問題は関連した人民委員部に送付するよう外務人民委員部に指示した。通商、経済状況については外国貿易人民委員部、国内秩序、各地権力組織の相互関係、人事問題などは内務人民委員部を担当とし、社会政治的な発展、党やコミンテルンの問題は直接中央委員会に出すこととした。担当の人民委員部はその権限の範囲内で検討、回答し、その権限を越える問題については中央委員会が検討することとした。[318] 一九三〇年代初頭にモンゴル小委、新疆小委が設置され、問題が生じるとそれらが集まって諸問題を検討していたわけだが、一九三〇年代末ともなれば、各人民委員部の中にこれら地域特有の問題に関する知識が蓄積されると同時に、それらの問題に通じた一種の専門家集団が育ち、独自に判断を下せるレベルにまで達していた可能性がある一方で、一九三七〜三八年の大規模なテロルを経て、これまでこれらの地域の問題に従事していた専門家が抹殺され、知識の乏しいスタッフだけが残った影響をリトヴィノフが痛感していたのかもしれない。モンゴル問題に携わったソ連のスタッフの経歴をできるだけ明らかにしようと努めたが、かなりの部分がこの時期に姿を消していることに改めて気づかされる。

一九三九年三月三一日には政治局が、内務人民委員部による極東での鉄道建設について決定したが、モンゴル関連ではウラン・ウデ＝ナウシキ間二四七キロの路線を一九三九年中に完成させ、運行を開始すること、それに八九〇〇万ルーブルを投下すること（六月一日までに内務人民委員部は追加作業の予算を提出すること）を決めていた。[319] 一九三七年九月五日に建設を決定した時点では、一九三九年初めに運行開始を予定していたことを想起したい。この段階で一九三九年いっぱいの完成へと時期を遅らせていることがわかる。

四月二八日に政治局は、モンゴルに駐屯する赤軍の維持に関して、その人数、一九三八年五月二九日制定の給与体系に従い一九三九年に三七五二万五〇〇〇トゥグリクを支払うことを決定した。[320] 一九三八年が一九〇〇万トゥグリクであったことを考えると、二倍に増えてはいるが、内訳を見ると人件費は一三四七万五〇〇〇から一八七七万に増えるだけで、環境整備にかなりの費用を割いていることがわかる。

先に述べた通り、兵士や指揮幹部内の勤務への不満を記録していた内務人民委員部の特別部の活動の結果、第五七特別軍団の中でも、一九三七年から三八年にかけて粛清が猛威を振るった。これはソ連全土で同じ時期に拡大していたもので、別にモンゴルが特別なわけでもない。大量逮捕、逮捕された軍人への拷問、虐待、肉体的影響についてザバイカル軍管区内務人民委員部特別部職員ジノヴィエフ П. В. Зиновьев が、ソ連内務人民委員代理宛に一九三八年六月二八日に書簡を執筆した。「約七か月前、ザバイカル軍管区特別部の組織には、誰でもどのように殴ってもよいという別の実践‐理論、が植え付けられた……」。様々な拷問が用いられたが、「このような尋問の方法は個人的に正しくないと思っていたし、今もそう思っている。それらが我々の組織の名を汚すだけでなく、敵が我々を挑発するのを促し、嘘の証言を行い、誠実な人々を中傷するからである……多数を殴ったこと、何人か述べるのは困難だが、あなたに報告した事件の一六八人のうち三分の一以上は、地位の高い人を含め拷問されたということをこの手紙で報告する」と述べた。ジノヴィエフ自身も一九三九年に逮捕され処刑されることになる。[321]一九三七年から一九三八年一〇月一日までの間に、特別軍団で逮捕されたのは、反ソ軍事陰謀の参加者四二人、スパイ・破壊活動で三四人、妨害行為で二六人、反ソ宣伝その他で一一八人だった。反ソ軍事陰謀の参加者として文書に名前の出ていた二九人、政治的に信頼できない、或いは外国出身の指揮幹部、一般兵士四五八人が、労農赤軍の指揮幹部局に送られた。モンゴル軍参謀部長職に就くべく派遣された軍事教官（一九二三～二四年がコシチ、一九二四～二六年がカンゲラリ、一九二七～三一年、一九三三～三五年がシェコ、一九三一～三三年がポクス）のうち、ポクス[322]を除くすべてが処刑された。一九二五年からモンゴルで初めて航空部隊を創設したラーピン A. Я. Лапин、モンゴル人民革命軍最高司令官軍事顧問ヴァイネルその他も処刑された。[323]

ザバイカル軍管区、モンゴル駐屯第五七特別軍団における粛清を総括し、ミリバフは粛清の影響は軽微であると主張する論者を批判、狙撃師団四個、機械化旅団一個がノモンハン事件に投入できたはずだと主張している。[324]先に言及した飲酒の増加の他、事故やモンゴル人に対する犯罪、モラルの低下も記録されている。[325]

モンゴル全体の粛清については、一九三二年から四〇年にかけて反革命の罪で逮捕、裁かれたのは二万八四五一人で、このうち二万八二二人、すなわち七三％が銃殺されたという。しかも一九三二～三七年には裁かれた一七三〇人のうち一六〇人、すなわち〇・九％にとどまったが、一九三七～四〇年にかけては二万六六〇人、すなわち七七％が銃殺されており、この時期の弾圧の強さを物語っている。[326]

九　ノモンハン事件

先行研究

本節はいわゆるノモンハン事件、ロシア、モンゴルではハルヒンゴール事件（またはハルハ河戦争）と呼ばれる（以下、ソ連側文書を引用する際には、ハルヒンゴールと記述することもある）武力衝突を取り上げる。双方に多数の死傷者を出した戦争であり、特に日本はソ連相手に大きな痛手を被り、当時中国大陸で戦われていた日中戦争や第二次世界大戦の帰趨にも大きな影響を及ぼしたと考えられることから注目を集めてきた。日本には公式の戦史叢書[327]の他、石田[328]、北川[329]、辻[330]らの当事者による回想の他、五味川[331]、実際の戦闘について牛島の著書[332]が知られていたし、日本側の戦争参加者に広く話を聞いて執筆された米国の研究者クックスによる大著[333]が翻訳されていた。ソ連やモンゴルでもこれまでにシーシキン[334]やゴルブーノフ[335]らの著作、モンゴル人兵士の回想録[336]があったが、やはりソ連の崩壊で史料状況が一変すると、新たな史料をもとに研究が活発化した。史料集も刊行され[337]、国際関係の改善による研究者の交流も進み[338]、研究が進展した[339]。オシマチコによる地域紛争に関する研究[340]、紛争時に活躍した戦車に関する研究[341]の他、防衛省防衛研究所はロシアで収集した史料集[342]を刊行した。

さらに二〇〇九年に事件から七〇周年を記念して、当時のロシア大統領メドヴェージェフがモンゴルを訪問し日満軍との戦闘に参加したモンゴルの退役軍人を労うなど、近年ノモンハン事件に対する当局の関心は衰えるところかむしろ高まっているとさえいえよう。すでに本書でたびたび利用してきたロシアとモンゴルの軍事協力に関する文書集が、二〇〇八年に刊行され[343]、メドヴェージェフのモンゴル訪問時の写真も収録した研究・文書集[344]が二〇〇九年に出版された。モンゴルとブリャートの研究所が中心となったノモンハン事件から日本の敗戦までを扱った論文集[345]、モスクワのロシア科学アカデミー東洋学研究所が編集した論文集[346]、約一〇人がノモンハン事件について触れたチタの学術会議の論文集[347]など、ロシアの各地でこの問題について研究が進められていることがわかる。重要なのはノモンハンの軍事衝突に焦点を絞った詳細な文書集[348]が出版されたことであり、スターリンとノモンハン事件の叙勲に焦点をあてた小冊子[349]まで出ている。最近のロシアにおける研究動向を総括する論文もいくつか出ている。[350] ロシア、モンゴル両国の学者が組織され、ノモンハン事件やソ連モンゴル連合軍による一九四五年の満洲侵攻等の主要な問題について共同研究が行われ、文書集や論文集が刊行されている。

このような動きは東北アジア地域の二〇世紀前半、戦後秩序が形成されるまでの過程に関する歴史認識をめぐり近年東北アジア地域各国で展開された論争とも無関係ではなく、ロシアにとっては、「対日戦勝国」と「共闘」する一方で、極東で圧倒的な力を蓄えつつある中国を念頭に、ロシアの安全保障にとっても重要なモンゴルとは、ともに血を流しながら連帯して国土を守った友好や協力の輝かしいシンボル「ハルヒンゴール」(ノモンハン)戦勝の偉業を想起し、その連帯とソ連の後押しの結果、中国がモンゴルに独立を賦与することになったとの認識を学術的に改めて確認、周知させ、ロシアの勢力圏にとどめておきたいとの現代的課題を設定している可能性も否定しきれないだろう。ただし、偽書田中上奏文はロシア、モンゴルではいまだに引用され、それが「存在しないことも証明できていない」[351] とまで執念深く活用されているのを目にすると、果たして量に見合うほど研究が進展しているのかとの疑問も抱かざるを得ない。しかし、史的な問題の解明よりも、前述したような政治目的を現在のロシア当局が設定し、その遂行を歴史家に促し、その目的が達成されるのであれば、文書の真偽などどうでもよい問題なのかもしれない。

同じ時期の日本においても研究は活発で、田中克彦による著作、[352] 軍事史家秦郁彦による総括的な研究[353]も著され、ゴールドマンの著作[354]も翻訳された。ノモンハン事件七〇周年を記念して開かれた国際シンポジウムの論文集[355]にも興味深い論文が集められ、田中やフスレによる論文集、[356] 二〇一四年に開催されたシンポジウムの成果を集めた論文集[357]など研究者集会が相次いで企画されてきた。この他にも紛争時に使用された飛行機、[358] 日本側の事件に対する情報統制[359]や、半藤の議論を批判的に継承しつつ、独ソ不可侵条約締結交渉とノモンハン事件への対処について論じる横手、[360] ソ連側の軍事指導の対立を論じる花田[361]の論考もある。特に二〇〇九年以降のロシア、モンゴル、中国における研究状況についてはフスレによる論文[362]が詳しい。

紛争は、ハルハ廟事件以来一貫して、清朝統治下の行政区分を継承したハルハ河東方一三キロに国境線があると主張するモンゴルと、ハルハ河にあると主張する日本・満洲国双方の主張が異なることが原因で生じたが、日本側にも当時から日本の主張には無理があるとの考えがあったにもかかわらず、「国境線明確ナラサル地域ニ於イテハ防衛司令官ニ於テ自主的ニ国境線ヲ認定シテ之ヲ第一線部隊ニ明示シ」という文言を含む「満ソ国境紛争処理要綱」が作成され、一九三九年四月二五日の作戦命令により示達されたことが紛争を拡大させたとの指摘には説得力がある。[363] 時期についても日本では一九三九年五月一一日にモンゴル軍が満洲軍監視哨に攻撃をしかけたことに事件の始まりを見るが、モンゴルでは二月頃から日・満軍が国境を侵犯し小競り合いが続いていたと主張する。[364] 日本側は五月一一日に満洲国軍が敗退したために関東軍が一個連隊を派遣し、五月末まで続いた第一次事件と、ソ蒙軍がハルハ河を越えて六月半ばに両岸に部隊を展開したのに対応し、六月下旬から約一か月関東軍の第二三師団と第二飛行集団がソ蒙軍に攻撃するものの、七月下旬以後守勢に回る第二事件に区別しているが、八月末にソ蒙軍が全面攻撃をしかけ九月初めに停戦に至るという経過をたどった。事件の背後でソ連はドイツとの接近を推進し、ノモンハン事件の最終局面で独ソ不可侵条約が締結（八月二一日に発表、八月二三日に締結）されたことも考慮に入れつつ事件を見る必要がある。

一九三七～一九三八年の粛清により、飲酒の増加、モラルの低下などの現象がモンゴル駐在ソ連軍に見られたことについて言及した。ジューコフも、七月の戦闘でパニック状態に陥り、持ち場を勝手に放棄する兵士がいたことを報告しているが、これへの対応も力ずくによるものだった。「一九三九年七月一九日までに、全部隊で四九人が裁判にかけられ、そのうち二四人が処刑された。この他に七月一九日段階で三七人が逮捕され、彼らに対する捜査が行われた」。また、七月一五日には、自軍の前線に近い後方に国境部隊の特別任務大隊総勢五〇二人（キャフタ、ダウリヤの国境警備中隊）がジューコフの指揮下に入った。前線からの逃亡を防ぐ阻止部隊の役割を担うことになった。[365]

ノモンハン事件の最中の政治局決定

本書では戦闘の詳しい状況については紹介した先行研究に譲ることとし、これまで本書で述べてきたモンゴルにおける動員体制の整備との関連を中心に、ソ連当局がいかに事件に対応しようとしていたのかに焦点を絞って整理し、次に捕虜問題を考察の対象にしたい。

最初にノモンハン事件が進行中であったこの時期の政治局決定について、国境紛争とは直接関係ない問題も含めて列挙することにしよう。一九三九年六月一二日政治局は、モンゴル人民革命軍の一二六名の指揮官に、軍事アカデミーや軍学校で教育を受けさせたいとのチョイバルサンの要請を承認した。[366] これは第一次事件直後の決定であり、将来の軍首脳の養成を目指しての対策であろう。これに続いて七月五日、労農赤軍軍事総評議会は、一九三八年のハサン湖（張鼓峯）事件における失態を理由にブリュッヘルを解任し、沿海地方の第一赤旗軍（シュテルン Штерн Г. М. 司令官、太平洋艦隊も指揮下に入る）とハバロフスク、ブラゴヴェシチェンスク方面の第二赤旗軍（コーネフ Конев И. С. 司令官、アムール小艦隊も指揮下に入る）に分割されていた極東の軍隊とザバイカル軍管区軍（レメゾフ Ремезов Ф. Н. 司令官、モンゴル駐留第五七特別軍団もその指揮下に入る）を統合した前線方面軍をチタに設置し、その司令官にシュテルンを任命する決定を行った。この前線方面軍司令官は、それぞれが国防人民委員に直属し相互に関係を持たなかったこれらの軍隊の軍事的、作戦的準備、動員準備、物資確保をコントロールすることが任務とされた。[367] ブリュッヘル粛清後に分割されていた特別赤旗極東軍が再度統合されたわけだが、これはもちろんノモンハンばかりでなく、極東全方面で関東軍との戦闘が拡大する可能性を考慮し、それを調整することをシュテルンに委ねたものと推定される。これより先、白ロシア軍管区司令官代理を務めていたジューコフが急遽モスクワに呼ばれ、出頭した彼に対しヴォロシーロフはモンゴルへ行くよう命じた。タムサグボラグの第五七軍団司令部に現れたジューコフは軍団の状況を視察してその不十分な点をヴォロシーロフに報告したところ、フェクレンコに代わって軍団司令官に任命されることになった。[368]

戦争を控えた緊張感が感じられないのが七月九日の政治局決定で、一八回目のモンゴル独立記念日に関して七月一日の要請に応え、二七人のサーカス団を八〇日間モンゴルに派遣するというものである。[369] 前年、同様の話が持ち上がり三九年へと延期されていたが、六月二七日に外務人民委員部のデカノーゾフがモロトフに改めて、一九三九年七月一一日にモンゴルが革命一八周年、独立一五周年を迎えるにあたりサーカス団を派遣したいが、ソ連の全権代表も、モンゴルの駐ソ全権代表もこれに前向きなのでこれに応えたい、ソ連人民委員会議が芸術問題委員会に派遣を許可して欲しい、と要請したのである。二七人を八〇日の日程で派遣する費用二三万九二二ルーブル（モンゴル国内はモンゴル側が費用負担）と、七月六日に独立一八周年を祝う予定で同様に派遣を要請しているトゥヴァ共和国にも、一二人を四五日の日程で派遣する費用六万四六三一ルーブル、計二九万五五五三ルーブルの支出を求めたのである。[370] この要請が満額認められ、七月一〇日にはソ連人民委員会議が布告として採択した。[371]

また同日七月九日に政治局は、全軍事予算の三〇％をモンゴル政府に無償で協力することに関する一九三七年一月一九日のソ連人民委員会議布告に基づき、一九三九年のモンゴル軍維持経費への支援として九〇一万五〇〇〇トゥグリク（一一八四万五七一〇ルーブル）、モンゴル人民共和国の国境警備隊に一二〇万トゥグリク（一五七万六八〇〇ルーブル）を支出すること、外国貿易人民委員部には、一九三五年三月一七日の政府決定に従い、モンゴル政府の注文に応じて一九三九年中に、モンゴルの軍と国境警備隊に上記金額の供給物資を輸出するよう指示した。[372] 一九三八年の援助額一一七〇万トゥグリク（現物支給の内訳は軍に九三〇万、国境警備隊に二四〇万）と比較すると、軍に対しては微増、国境警備隊は半減となっている。したがってこの段階では軍に対してこれまで以上の大々的な資金供給を企図していたようには思えない。

動員問題

続いて七月一四日、政治局はソ連最高会議幹部会の命令を採択したが、そこにはザバイカル軍管区の軍と第五七特別軍団強化のために訓練召集を受けた予備役の幹部、下級将校、一般兵士を東方国境の脅威を及ぼす状況を考慮して一九四〇年二月一日まで動員状態に置き、赤軍にとどめることを内容としていた。[373] 前線に最も近いザバイカル軍管区よりいつでも増派可能な状態に兵員を置いていたことが見てとれる。同日政治局は、モンゴル人民革命軍の部隊への労農赤軍の指導教官の定員を承認し、その指導教官の一九三九年における維持経費として二四六万四六六九・八ルーブル（一八七万五七〇〇トゥグリク）を割り当てた。[374] ソ連がモンゴルに提供した近代兵器、技術を教えるべくソ連が派遣していた軍事教官は一九三六年に一一〇人、一九三七年には一五三人へと増大していたが、ノモンハンの軍事衝突が始まるまでに、戦略・作戦班の教官、顧問の数は六八一人にまで増加した。[375]

ここで動員面に焦点をあてて、ソ連の対策を検討してみることにしたい。特に興味深いのが、前述の決定と同じ七月一四日に政治局が採択した、ボルジャからソロヴィヨフスク村経由バヤントゥメンまで鉄道を建設する決定である[376]。それによれば一九三九年一〇月一日までの臨時運用の開始、四〇年一〇月一日までの通常運行を目指し、建設のために鉄道連隊二個を派遣する他、チタ州の党委員会には八月一日にボルジャ駅に集合するように二〇〇〇人の労働者を募集すること、内務人民委員部のラーゲリ総局には七月二五日にボルジャ駅に集合するようにバム建設から三〇〇〇人の労働者を派遣すること、建設に必要な機械、レール、木材などの資材の準備、資金の手当て等を関連する各人民委員部に指示し、建設の責任者に鉄道建設軍団司令官代理コンドラチェフ З. И. Кондратьев を任命した。この時期に進められていた自動車輸送による前線への大々的な動員策と並行し、鉄道で一気に前線まで貨物・兵員を輸送する意図を持ち、囚人労働も活用してわずか二か月半の突貫工事で臨時運用開始を目指すという野心的かつ無謀なこのプランは、当時のスターリン建設の典型例といえよう。すでに言及したことだが、この建設に従事した鉄道軍特別軍団は満洲事変を契機に一九三二年初頭に急遽設置され、一九三四年に全部隊が極東へ移駐され極東の鉄道路線の建設、改修に従事していた。ボルジャからバヤントゥメンまで三二四キロの路線建設に従事することになったのは、この鉄道軍特別軍団の第四、第九鉄道連隊と第六八鉄道建設大隊を主体とする部隊であった。建設責任者コンドラチェフは、「建設は通常と異なっていた。設計や技術に関連した文書は一切なく、準備された建設資材、部品もなかった。路線を探索すること、線路を設計しそれを建設すること、必要な資材を探し出しそれを届けること、以上のすべてを同時に、しかも戦闘状況の中で行わねばならなかった」「組織的生産的な困難に、ソロンチャーク土、水不足、森林のなさ、四五度の猛暑という自然の困難が付け加わった。全くの酷暑の中、兵士たちは二〇〇メートルの地下から吸い上げた水の水筒を受け取った」と、建設の困難な状況を伝えている。ボルジャからバヤントゥメンまで一日平均四・二キロ、七六日間で建設され、一一月七日に最初の列車が運行され、時速三五キロで走った[377]。一一月七日なのですでにノモンハン事件の後のことになる。この鉄道はノモンハンの前線まで延長され、関東軍との戦いに利用されたとするものもあるが[378]、前線まで線路が延長されたのは、後述する通り独建設が完了した途中まで物資を運んだ可能性は否定できない。

ソ戦争のさなかになる。

一方でこの時期、ロシア中央部から極東へ人員や物資を運ぶシベリア鉄道は大きな進歩を遂げていた。満洲事変勃発時には単線の多かったシベリア鉄道を全線にわたって複線化する工事がほぼ完了したのである。[379] 囚人労働も大々的に利用して行われたソ連の東西を横断する大動脈の整備により、スターリン指導部は東西二正面を見据えつつも、大規模な動員による「交通渋滞」を懸念する度合いが低下したことに自信を深めていたのは確かだろう。シベリア全線ということは、モンゴルまでの路線ということではもちろんなく、満洲国西部国境の紛争が満洲国東部地域におけるソ連軍との戦闘に飛び火した際の対処も想定していたということである。

さらに七月二九日、政治局は一九三九年の「モンゴルにおける通信の国防的建設」に関する国防委員会の決定を承認し、一〇〇〇万ルーブルを投入することになったが、[380] これも動員と不可分の関係であろう。八月の決戦を前に、ソ連はボルジャ駅から前線基地へと部隊を集結させた。鉄道建設計画があったとはいえ、主力は自動車輸送である。シーシキンによれば、攻撃の開始までボルジャ駅から七八〇キロ、未舗装道路により、弾薬、ガソリン、食料、燃料など全体で三万六〇〇〇トンの貨物を運ぶ予定であった。そのために五〇〇〇台の自動車が必要なところ、二六〇〇台しかなく増強する必要があった。[381] ハルヒンゴールでは、当初統合された混合倉庫が稼動していたが、そこには供給されたあらゆる種類の物資が含まれていた。これらの倉庫の管理者は全体の指揮に従属していたが、部隊の指揮官には従属していなかったため、その注文に機動的に答えることができなかった。したがってザバイカル軍管区との連携を強化して後方を調整する必要に迫られた。このようにハルヒンゴールでの戦闘の当初、後方の準備のなさが明らかになった。シュテルンはヴォロシーロフに「よく考え抜かれた後方の組織は、……全く存在しなかった。完全なる即興性と計画性のなさが見られる」と報告せねばならなかった。必要な後方の組織化がなされていないことを国防人民委員代理のクーリクも指摘した。[382] 貨物発送の順序、一貫性がなく、隊列の移動の運行表などを定めず、輸送番号はなく、修理用具が行路ごとに配分されず、兵站・道路作業は調整されていなかった。[383] ジューコフの到着後、様々な対策が打たれ状況は改善したという。[384]

ボルジャからハルヒンゴールまでの間には六つの兵站地があり、その中でより整備されている地点では毎日一〇〇〇人に食事を提供し、五～一五トンの燃料の予備があった。実際にこれらの兵站地では、一日に二～三〇〇〇人（特別な日には一万人）と約一〇〇〇台の自動車が通過した[385]。約七〇〇キロの距離に六か所ということは、一〇〇キロごとに一か所、中継地点があったということである。鉄道建設の責任者コンドラチェフは、独ソ戦争を中心とする回想録の中で、「現地ではきわめて多様な物資を送付する主要な手段は自動車輸送だった。モンゴルの水のないステップという条件のもとでの自動車輸送という仕事を、私はその時初めて目撃した。理論と異なり自動車は片道七〇〇～八〇〇キロのルートを走った」と述べる。コンドラチェフはドイツの対ソ侵攻から二週間あまり経った時点でジューコフに呼び出され、参謀本部に新設する自動車輸送局を率いるよう命じられた。ドイツの侵攻で貨物輸送に滞貨が発生し大混乱に陥っていたが、各地からモスクワに鉄道で集中する貨物を、自動車輸送を使って前線へと送付する役割をコンドラチェフは任された。「平時に自動車が作戦的輸送を行えるのは一二〇から一五〇キロと専門家・理論家は我々に吹き込んでいた」が、三〇〇～三五〇キロ離れた部隊に弾薬を届けねばならなかった、とも述べている[386]。当時のソ連にとっても自動車の性能、道路の状況からする理論は関東軍とほとんど変わらないか、それよりもむしろ短かったといえるだろう。ノモンハン事件前の日本陸軍を支配していた兵站常識は、「集中および兵力補充も作戦諸資材の補給輸送も、鉄道沿線の基地から二〇〇～二五〇㎞内外の距離を限度とし、それ以上に及ぶ場合は距離が伸びれば伸びるほど困難性が倍加し、特にその付近一帯が広漠不毛地である時は、大兵力の使用は不可能に近い[387]」というものだったからである。ノモンハンの場合、日本はハイラルから約二〇〇キロで到達でき、ボルジャからの距離と比較すると四分の一に近い。この点について「参謀本部も関東軍もソ連の戦略機動力の実体にまで考えが及ばず、鉄道沿線の基地から大兵力を繰り出すことなどまず不可能であろうとし、戦場に集中する兵力も外蒙軍のほかは戦場からほど近い同国領域内に駐屯する一部のソ連軍が付加される程度であろうと予測」していたという[388]。

ノモンハン事件に際して、ソ連が動員力をいかんなく発揮できたのは、日中戦争の後方で中国を支援する作戦の経験が役立っていたのは間違いないだろう。ソ連のサルィオゼクから中国の蘭州まで三七五〇キロを五二六〇台以上の自動車が輸送に従事した。この軍事輸送を統括していたアルマアタ所在の作戦本部は、輸送の改善により目標地点までの輸送日数を二四日から一八日半に短縮することに成功した。行路の途中に二〇か所の宿泊、食事、修理、燃料補給の地点と特別の警備部隊を配置した。[389] サルィオゼクはアルマアタ北東約一〇〇キロに位置し、蘭州まではウルムチ、ハミなどを経由した。[390]

ハルヒンゴールの兵士への食料は、ザバイカル軍管区の倉庫より前線から四〇〜五〇キロの地点にある軍の倉庫へ送られ、そこから部隊に転送された。肉はモンゴルが特別の契約に従って提供した。水と固形燃料の不足で、温かい食事の提供が最大の問題であったが、作戦準備のために四〇〇〇トンの食糧と七五〇〇トンの薪、四〇〇〇トンの水が輸送された。[391]

戦闘部隊の移動も大きな困難を伴った。戦車旅団はハルヒンゴールへ六三〇〜八〇〇キロを行軍する必要があったため、移動の際に第六旅団は故障一三台、第九旅団は故障八台と破損六一、第一一旅団は故障三〇と破損一七八を数えた。集結地点で戦車部隊は戦闘体制を整え、遅れた戦車の到着を待つのに五日かかった。特に第一一旅団は二日半で八〇〇キロ走破せねばならなかったので五〇%は行路途中に置いていかれたという。[392] 第五七軍団の参謀部が、当初主要な作戦方向は東部ではなく南部ゴビ（カルガン）方面であるとみなしていたことも移動に多大な労力を要した原因のひとつであり、予備部隊の転送が完了したのは一九三九年七月初めになってからであった。[393] 一方、シベリア鉄道では、旅客列車、貨物列車は特別軍事列車に道を譲り、それは途中で停車せずにウラン・ウデに向かい、そこから狙撃師団、大砲連隊、技師部隊はウランバートルを経由しハルヒンゴールへ行軍した。[394]

モスクワに戻ったジューコフがスターリンに呼ばれて初めて面会したのが、一九四〇年六月二日だった。[395] ここでジューコフはキエフ特別軍管区司令官に任命されたが、スターリンは日本軍に対する評価、ソ連軍の活動、クーリク、パヴロフ、ヴォロノフらの支援に関心を示した。記録を見る限りスターリン以外にモロトフしか部屋にはいなかったはずだが、回想録ではハルヒンゴールでソ連軍が突き当たった困難について、カリーニンが尋ねたことになっている。[396]「主な困難は、軍隊に物的・技術的に供給を確保することでした。戦闘と軍隊の生活のために必要なすべてを、六五〇〜七〇〇キロ運ばねばなりませんでした。最も近い供給のための駅はザバイカル軍管区領内にありました。食事を準備するための薪や食料を六〇〇キロ運ぶ必要があったのです。自動車の往復は一三〇〇～一四〇〇キロでガソリンを大量に使うことになり、それもソ連から運ばねばなりませんでした。この困難を克服するのにザバイカル軍管区の軍事評議会やシュテルン大将が助けてくれました」と答えた。残念ながらスターリンの反応は記されていない。

困難を伴ったソ連軍の動員に対し、日本軍の動員の実態はどのようなものだったのか。関東軍当事者の声を聞き取ったクックスによれば、ノモンハンの決戦では期待を寄せた砲兵団の弾薬が不足して苦戦を強いられた。「弾薬の型は大半が高性能火薬——通常弾と榴霰弾であった」。「第三旅団のトラック隊がハイラルと前線の間を毎日往復して弾薬を運んだ。毎朝ハイラルにあるすべての使用可能なトラックが木枠入りの弾薬三十六個を積載した。木枠一個には砲弾一発が格納されていた。輸送隊は午前九時に出発し、二百キロ強の道のりを走って午後四時に前線に着き、各重砲兵連隊後方の集積所に積み荷を下ろして積み重ね、偽装した。そしてハイラルに向けて帰途についた。毎日がその繰り返しだった[397]」。「弾薬不足の基本的な事実に輪をかけたのは、それに関連した輸送力の不足であった。関東軍がノモンハン戦線に送ることのできた七百台のトラックは弾薬、陣地構築資材、冬季用補給品、増援兵力などの運搬にあたるには余りにも少なすぎた。その四～五倍のトラックが必要だった。というのは馬による輸送はほとんど役に立たず、空輸能力もきわめて小さかったからである[398]」。「日本軍がノモンハンの作戦で一日の兵站を維持するのに必要な補給量は、ハイラルから二百キロに満たぬ距離を走行するトラック三百二十台分であった。ソ連側はトランスバイカル軍管区から一日少なくともトラック千三百台の物資を必要とした。ソ連軍司令部はその全量の輸送を達成し、これを長期にわたって継続したので、日本の軍事専門家はソ連側が〝わずか〟四千台のトラックを使用したと言っているのは、本当の数より少なく言っているものと信じ込んでしまった[399]」。そして、クックスは、「あれほどの量の人員、物資を物すごい勢いで運んだことに対して、日本の情報専門家たちは今日に至るまで畏敬の念を示している[400]」と結んでいる。

日本との動員力の差を示すのが、ソ連の軍事医学史上初めて後方の病院への負傷者の輸送に飛行機が利用されたことである。あるデータによれば負傷者の八〇％はソ連の病院へ飛行機で送られた。イルクーツク、ウラン・

ウデ、チタなどの病院で受け入れられたが、大テロルの時代に軍医や医療関係者の多くも粛清（処刑や流刑）されたため、負傷者への対応にも遅れが見られた、[401]ということであり、輸送された負傷者は必ずしも手厚い看護を受けられたわけではなかったのかもしれない。

ともかく、拠点から前線までの距離が不利な状況の中でソ連軍の動員が大きな威力を発揮することになったのは、本書で詳しく見てきた通り、一九三〇年代に進められた道路や鉄道などの輸送網の整備、ガソリンタンク網の建設などが奏功した結果とみて間違いなかろう。

捕虜問題

次に捕虜の問題について考察する。かつてクックスが、ソ連に捕虜となった日本人について、「最も信頼のおける数は三千人以上とされている」[402]と述べるほど、彼が話を聞いた日本人のノモンハン事件経験者は多数がソ連側に捕らわれ、或いは帰国しなかったとみなしていた。秦郁彦も著書の中で、ペレストロイカ以降にロシア側からもたらされた五～六〇〇という数字もあるが、八〇〇余人が上限だとみなしていた。[403]果たして実情はどうだったのか。以下、時間を追って、捕虜の数やソ連側が日本人捕虜からどのような情報を取得したのか等について、主としてロシア側の文書に基づいて跡づけていくことにしたい。

秦も日本人捕虜第一号としている第二三師団捜索隊の多田嘉蔵騎兵上等兵は五月二九日に捕虜となり、傷が回復した後モスクワの監獄に入れられた。多田および彼とともに捕虜となった黒木一等兵の二人の供述はロシアの新たな史料集に掲載されている。[404]六月一日にジューコフが参謀総長のシャーポシニコフに宛てた報告には、二人の供述をもとに、五月二八日から二九日の戦闘にハイラルから約二〇〇人の日本人が投入され、捜索隊長の東八百蔵中佐（報告の中に氏名は書かれていない）が戦死したことも記述しており、[405]きわめて迅速に捕虜の供述内容を活用していることがうかがえる。この二人の供述に関する文書は日本語から翻訳したとあり、捕虜となった日本人がモスクワで書いた可能性もあるが、とにかく最前線には日本語通訳がいて、日本人の話の内容を聞き取りジューコフに伝えない限り、彼がシャーポシニコフに情報を伝達することは不可能だろう。さらに六月四日にもジユーコフは、同じく日本人捕虜の供述をもとにシャーポシニコフに日本側の被害を含め詳しく情報を伝えた。[406]同じ六月四日、フェクレンコ第五七特別軍団司令官はシャーポシニコフに東捜索隊との戦闘について報告したが、それには五月二一日に出された小松原第二三師団長の命令も添付されていた。[407]

一方で六月二六日、ヴォロシーロフはスペイン内戦から派遣されたパイロット部隊の隊長スムシケーヴィチとの直通電話の中で、勝利を宣伝している日本側に打撃を与えるべく具体的なパイロットの名前が欲しいと述べたが、スムシケーヴィチは自殺や黙秘、そして飛行前に文書を携行していないために情報を得るのが困難であると答えたため、ヴォロシーロフは写真だけでも掲載したいと答えていた。[408]七月三日のスムシケーヴィチとの会話でも、ヴォロシーロフは前日八人の捕虜をとったとの報せについて日本人かどうか関心を示したところ、スムシケーヴィチは六人が日本人で二人のパイロットはウランバートルに送付したものの、五人の日本人パイロットは接近した際に自殺したと答えている（六人の日本人という発言と数字が合わなくなるが）。[409]

七月一一日の第五七特別軍団のモスクワへの報告には、五月からこの時点までに五三人を捕虜にしたとあった。内訳は日本人二二人、バルガ人一四人、中国人二人、内モンゴル人一四人、モンゴル人一人で、兵卒四四人であった。[410]七月一四日には、七月六日から一二日にかけての戦闘で日本側は二五四人が捕虜になったと報道され、[411]七月一九日には第五七特別軍団の諜報部から赤軍第五部に、捕虜となった将校カトウを尋問し、彼が証言した内容が報告された。前年末にバルガ人の騎兵連隊をもとに新たに編成された騎兵師団の連隊ごとの構成、五〇〇〇人の総員数、参謀部がほぼ日本人将校で占められていること、六月二五日の現地への派遣などを述べたとされる。[412]七月二三日には、射手・通信士のミヤザキが捕虜になり、[413]七月二五日にはパイロットのミヤザワ曹長が尋問に答えた記録が残っている。基地やイタリア製の飛行機、指揮官の氏名などについて話している。[414]七月二七日に第一軍集団はヴォロシーロフに、捕虜から得られた第二三師団への増強に関する情報も交え詳しく報告した。[415]七月二八日にはシュテルンがヴォロシーロフに関東軍の戦力分析と第一軍集団の攻撃計画を報告したが、その中でも捕虜から得た情報が生かされていた。[416]七月二九日にはパラシュートで脱出した伍長フクダ・タケオが捕虜になったが、抵抗したため大けがを負った。[417]八月一日には、第八騎兵師団が捕虜にした人物が、少尉だと判明したと報告された。[418] 八月四日には、ウランバートルからモスクワへ各カテゴリーの日本人将校一〇人が移送され、[419] 先に捕らえられたフクダの聴取が行われたのは八月五日である。年齢や出自も含め、日本から六月一日に来たこと、長春から応援部隊が来たこと、飛行機の種類などについて答えている。[420] 八月九日よりあとになるが、捕虜となった少尉のパイロットタグチ・シンジの尋問が行われた。出自、満洲事変後の一九三三年までの満洲での活動、保険会社での勤務（一九三四〜三九年六月）、一九三九年六月一五日の動員、七月二七日のハイラルへの到着、二九日の撃墜、関東軍の航空部隊、操縦するイ－97の速度や装備、弱点などについて話した。[421] それから数日経過後、タグチは書面で偽名を使っていたこと、改めて詳しく供述したいと述べたため、八月一二日に追加的な証言を行った。そこで彼は佐賀出身、一八九九年生まれのハラダ・フミオだと本名を名乗り、一九一九年に士官学校に入学後の経歴を詳述した。一九三四年には三重県明野の航空学校で教官として指導にあたったこと、七月二〇日に各務原の第一航空部隊へ配属され、ハイラルに七月二四日に到着したことなどについても述べた。この部隊の構成やシマヌキ（島貫忠正中佐）、ギガ（儀峨中将）らの同僚や各種飛行機の性能等についても述べた。報告は最後にハラダから聞いた内容を総括し、日本には六つの航空学校があること、すべて話したので自殺を許して欲しいとのハラダの要望が書き留められている。[422] 翌八月一三日、第一軍集団諜報部長ゴルシコフは第一航空部隊長原田（名前がフシノになっている）の証言から判明したことを赤軍第五局に報告した。日本の飛行機についての詳しい情報がまとめられていた。[423] 赤軍についての印象、ソ連は日本をボリシェヴィキ化すべきでないこと、この戦争で日本を評価すべきでないこと、日本にシベリアを取るつもりはないことなど原田の供述が記録されている。[424] パイロット・ミヤジマ曹長の尋問調書が八月一六日のものとして掲載されているが、[425] 六月二二日までの情報が含まれているのでもっと早い段階で調書が作成された可能性があると文書集は注釈している。先のミヤザワとはこのミヤジマの可能性がある。捕虜第一号とされる多田はモスクワに移送され監獄で宮島曹長と同室になったので、[426] モスクワで尋問された可能性もある。彼が答えた内容は多岐にわたり、ハイラルからの離陸時間や、上空監視警戒通信部門（ＢＨＯＣ）の場所、ソ連のИ《イ》－15やИ－16との戦い方、飛行機の高度（尋問者は知らないか、本当のことを言っていないと書いている）、機関銃の装備、ガソリンタンクが無防備なこと、モンゴル兵と戦闘していると思っていたこと、出動前日は皆で酒を飲み、死を意識して飛び立っていること、ロシア人の捕虜については何も知らないこと、モンゴル軍が国境侵犯したと聞いたこと、ロシアのこれだけの数の飛行機を予期しなかったこと、爆撃機はハイラルにあり、イ−97の燃料と航続距離、満洲の各地に広がる飛行場等についても情報を伝え、関東軍が所有する飛行機の性能についても教えた。燃料基地は奉天にあり、六月初めにハルビンに飛び、ハイラルには六月二一〜二二日に飛行中隊四個が移駐したと話した。宮島曹長は六月二二日に撃墜されているので、かなり早い段階で関東軍の航空兵力の概要をソ連側が摑んでいた可能性はある。八月二一日に第一軍集団は九人を捕虜にし[427]、八月二三日には満洲人、中国人一五四人が投降してきたとの報告があった[428]。

ロシアの文書集には日本人将兵の日記も翻訳、収録されているが[429]、戦死した際に押収されたもので、もしもそれらがすぐに翻訳され戦略的にも重要な内容が含まれている場合には、この点は几帳面な関東軍将兵の記録が、関東軍にとってはマイナスに働く可能性もあっただろう。またこれらの内容から日本人の生態、人間関係、兵士が抱く恐怖等、精神状態を分析するのに活用されたことは十分考えられる。七月一日から二日にかけての関東軍第二三師団に対する関東軍参謀部の命令も六月二八日に諜報部がキャッチし、すぐに翻訳され、スターリンらに送付された。日本側の勝利を広く知らせるプロパガンダの実行を内容としていた[430]。七月二一日に予定されていた攻撃が二三日に延期されたことを含め、六月から七月二八日までの下士官ナカムラ（第七一歩兵連隊）の日記が分析され、モスクワに暗号電報として送付されたのは八月一九日だった[431]。第三大隊機関銃中隊指揮官イワオの八月一七〜二二日の日記[432]、イワタ（エヴァタ）・フクトの八月二〇日〜二五日の日記[433]もロシア語に翻訳されている。特に後者は分刻みに情況を観察しており、利用価値は非常に高かったものと思われる。以上、日本の将兵が捕虜としてソ連側に流した情報について追ってきた。

キリチェンコは、関東軍の兵士は赤軍の残虐さについて教育を受けていたので、ソ連側はまずは恐怖心を抱かせないよう対処したが、「尋問された捕虜のうち半分以上は、「無知」を理由に、より正確にいえば故意に自分の部隊の番号を書くし、部隊長の姓だけを話した」。「したがって、彼らから受け取った情報には大きな価値はなかった」という。「部隊に通訳がいなかったので、捕虜を捕らえた場所でそれを尋問することができず、したがって最も完全な情報を獲得することもできなかった」[434]と述べているが、これに反して前述した通り、通訳も含めてソ連側は相当の準備を行い、捕虜からの情報取得に注力していたのは明らかであろう。ソ連側の手に落ちた文書についてクックスは、「七月二十日の関東軍作戦命令と七月三十日の第二三師団作戦命令が含まれていた。日本航空部隊の極秘書類に関しては、儀峨中将の命令をおさめた書類を捕獲したとソ連側は漏らしている」と記している。外蒙軍筋が、七月二日から三日にかけて外蒙軍地上砲火が一機の日本機を撃墜した時、諸計画や書類を所持した日本軍航空部隊の高級将校を捕らえたと述べていることについて、クックスは儀峨将軍の作戦主任参謀で、ソ連に交換将校として派遣されロシア語も話せた人物で、極秘書類を所持する立場にあった第一級の航空将校島貫忠正中佐ではなかったかと推測している。[435]新たな史料集には島貫の尋問は含まれておらず、島貫が何も話していないとすると原田や宮島が重要な情報を提供した（させられた）可能性が高い。文書だけでなく捕虜の尋問によって、ソ連が重要な情報を握った可能性もあるということを確認しておきたい。

八月末のソ蒙軍の総攻撃で日満軍は大打撃を受け、停戦が成立し、両者は捕虜の交換に取り掛かることになった。関東軍に捕らわれたソ連、モンゴル人兵士に関しては、スヴォイスキーによる詳しい研究[436]が出ている。本書は前半でソ連側捕虜について総括し、後半は捕虜がソ連に帰還後に当局に話した内容、裁判にかけるべきか最終的に当局が下した判断と有罪の場合の罪状等の各個人ごとのデータ、元捕虜が書いた回想、司法機関の判決文書などから構成されている。関東軍兵士による手荒な取り扱い、すなわちことあるごとにふるわれた殴る、蹴るの暴力、砂を目や口に投げつける嫌がらせなどが執拗に引用されている。また前線からハイラルを経由してハルビンに移されたあとのハルビンの監獄における状況、日本が刊行していたハルビンスコエ・ブレーミヤへの尋問掲載の経緯などが触れられている。特に、ソ連人捕虜からの情報収集を手伝ったのが、一九三八年五月に第三六狙撃師団から逃亡したフロント少佐であった。[437]

九月五日の時点で、第一軍集団の諜報部が赤軍第五局に送った報告には、捕虜二二二人のうち四人が死亡し、内訳は日本人一四八人、バルガ人六七人、中国人七人で、将校五人、下士官二七人、兵卒一七八人、動員された人一二人であった。このうち八月二〇日に捕虜となったのは一〇〇人（このうち四人が死亡）で内訳は日本人九〇人、バルガ人五人、中国人一人だった。[438]このように、日満側から捕虜になったのは、クックスや秦が述べるほど多くはなく、二〇〇名程度に留まっていたことも確認しておきたい。[439]

九月一六日にソ連に日本側と交渉に入るが、[440]九月一七日前線集団のシュテルンに赤軍参謀部に対し、ソ連内務人民委員部の管轄下にある捕虜の正確な数を知らせるよう求めた。[441]これに対し、第一軍集団は九月一八日、捕虜になった日本人は一五五人、バルガ人、中国人、朝鮮人は七一人計二二六人でうち六人は死亡し、一〇人はモスクワへ送られたが、「一〇人は自軍のために利用するが、残りの二〇〇人はウランバートルにいる」と答えた。[442]九月一九日の交渉では関東軍による戦死者の遺体の掘り起こしが問題となったが、捕虜の交換についてはほぼ七日間で行うことになった。[443]捕虜全員を交換してよいのかとの問いに対して、九月一九日にモスクワからは一対一とするよう指示が出た。[444]第一段階では、九月二七日と二九日に分けて捕虜が交換された。二七日に日本側は八七人（ソ連軍七七人、モンゴル軍一〇人）、ソ連側は六四人（日本軍五四人、満洲軍一〇人）、二九日にソ連側が追加的に二四人（それぞれ二〇人と四人）を引き渡した。[445]一〇月三日、ジューコフがヴォロシーロフに送った報告には交換後に残る一二八人の捕虜についてどうすべきなのかについて回答をまだ得ていないと述べている。[446]一〇月一四日、シュテルンはヴォロシーロフに、ソ連側が求める八人の捕虜を日本側は返還するつもりがないように見えること、交換交渉は外交ルートを通すべきこと、ウランバートルの冬は日本人捕虜にはきついので、チタに移す（バルガ人三七人、日本人六五人、抑留者一三人も含む）よう許可を求め、加藤ら抑留者に対してはよりよい待遇を求めた。[447]

この間、一九四〇年三月三日に、日本人捕虜一一七人は全員、チタの刑務所に移されていた。[448]その後、日ソ両国間で残りの捕虜の取り扱いについて交渉が行われたが、一九四〇年三月二六日、ソ連側はそれまでの主張をすべて撤回、釈放する日満両軍の捕虜四五人の名前を明かし、四月一五日、さらに七一人の名前を通知し、日本側はソ連側捕虜二人だけを釈放すればよいことになった。こうして四月二七日、日本軍捕虜七七人と満軍三九人とソ連軍捕虜二人の交換が成立した。[449]帰還した捕虜は必ずしも歓迎されず、悲劇が待ち構えていたことは日ソ双方で同じである。日本では原田文男少佐、大徳直行中尉は自殺を強制された。[450]ソ連の場合、抵抗せずに捕虜になったり、関東軍のまくビラを手にしたり、満洲に残りたいとの希望を述べていたことが問題視された捕虜は告発され裁判にかけられた。裁判にかけられた四三人のうち八人が処刑され、三〇人は五年から一〇年自由を剝奪され、五人は無罪判決を受けた。[451]

最後にここで、一九二〇年代から一九四〇年までのソ連・モンゴル間の輸出入統計をまとめておくことにする。[452]重量表示と金額表示があるが、当時のルーブルレートを一九五〇年段階のルーブルに換算する作業を行っている。品目別の表から、金額ベースで上位三位まで抜き出し、その比率を計算した。一九二三年から一九二八年までは一〇月から翌年九月までの統計であり、一九二九年より一月から一二月までのデータを表す。一九五〇年時点のルーブルとの換算比率だが、一九一三年から三五年までは三・四八五一、一九三六年については〇・七九五七、一九三七年から一九四〇年に関しては〇・七五四七二の換算率をかけて計算されている。[453]

ソ連からモンゴルへの輸出は、一九二〇年代から一九三〇年代にかけて一貫して増大し、なかでも綿織物と小麦粉が主な産品であったことがわかる。一九二〇年代末から三〇年代初頭にかけて、約六割を占めるほど圧倒的だったが、それ以降両者の比率は徐々に低下し、一九三八年には約二割にまで低下、三九年にはこの二品物が消えて、自動車、バイク、服、下着などが、主要品目の地位を占めることになったことがわかる。一方で、モンゴルからソ連への輸出だが、家畜、羊毛、皮革原料が圧倒的な割合を占める状況は、終始一貫していたことが明白であろう。

【モンゴルへの輸出】

年度	輸出(トン)	1,000ルーブル*	当時のルーブル	主要品目　上位三種類(%)
1923/24	5,748	5,246	1,507	小麦粉16.3，茶14.1，亜麻織物9.1
1924/25	6,414	9,646	2,769	小麦粉17.5，茶17.0，綿織物10.0
1925/26	9,232	12,824	3,680	綿織物23.2，小麦粉15.7，石油製品9.3
1926/27	10,993	16,146	4,633	綿織物30.2，小麦粉16.5，砂糖8.8
1927/28	18,097	26,665	7,651	綿織物29.0，小麦粉22.8，砂糖8.0
1928年10-12月	3,817	7,193	2,064	綿織物39.2，小麦粉29.1，たばこ製品4.0
1929	22,537	35,011	10,046	綿織物30.2，小麦粉28.9，砂糖6.6
1930	35,076	62,101	17,819	綿織物22.7，小麦粉16.0，砂糖6.1
1931	55,477	130,144	37,343	綿織物27.2，小麦粉12.6，たばこ製品4.4
1932	58,452	144,266	41,395	綿織物31.3，小麦粉9.5，砂糖4.9
1933	69,493	134,392	38,562	綿織物28.4，小麦粉10.0，たばこ製品4.6
1934	99,379	156,164	44,806	綿織物17.9，小麦粉11.6，服・下着・かぶり物5.9
1935	76,168	40,542	11,633	綿織物12.2，茶9.0，小麦粉8.7
1936	105,039	40,130	50,433	小麦粉15.9，綿織物11.5，茶6.3
1937	123,408	49,677	65,822	小麦粉12.9，綿織物10.1，服・下着・かぶり物7.1
1938	118,706	52,237	69,214	小麦粉11.1，綿織物10.2，服・下着・かぶり物10.2
1939	98,724	56,897	75,388	自動車・バイク・自転車と部品10.0，服・下着・かぶり物9.5，菓子類5.5
1940	99,353	89,261	118,271	服・下着・かぶり物11.4，自動車・バイク・自転車と部品6.8，茶6.8

*1950年のレート

【モンゴルからの輸入】

年度	輸入(トン)	1,000ルーブル*	当時のルーブル	主要品目　上位三種類
1923/24	10,273	6,859	1,968	家畜49.3, 皮革原料**17.6, 毛皮用獣皮14.5
1924/25	14,395	12,487	3,583	家畜33.5, 羊毛34.8, 皮革原料22.1
1925/26	9,668	13,038	3,741	羊毛39.4, 皮革原料33.5, 家畜14.5
1926/27	21,357	26,511	7,607	羊毛45.3, 家畜28.4, 皮革原料18.7
1927/28	22,239	42,177	12,102	羊毛45.5, 皮革原料29.3, 家畜16.8
1928年10-12月	11,913	15,641	4,488	羊毛59.6, 家畜35.6, 皮革原料3.3
1929	23,099	53,238	15,276	羊毛50.9, 皮革原料27.2, 家畜14.5
1930	52,461	68,813	19,745	家畜42.6, 羊毛30.7, 皮革原料17.2
1931	84,147	100,486	28,833	家畜45.4, 羊毛30.2, 皮革原料16.5
1932	54,508	67,186	19,278	家畜35.2, 羊毛31.8, 皮革原料11.9
1933	31,286	60,184	17,269	羊毛46.5, 家畜18.8, 皮革原料18.3
1934	38,233	71,657	20,561	家畜31.1, 皮革原料17.3, 毛皮用獣皮14.6
1935	43,087	27,571	7,911	家畜38.7, 羊毛18.4, 皮革原料17.9
1936	42,635	25,558	32,120	家畜39.4, 羊毛21.9, 皮革原料14.9
1937	46,302	25,430	33,694	家畜49.3, 羊毛16.9, 皮革原料12.3
1938	56,016	29,068	38,515	家畜49.9, 羊毛15.4, 皮革原料13.4
1939	66,464	37,306	49,430	家畜36.8, 羊毛15.7, 毛皮用獣皮14.0
1940	66,130	39,444	52,263	家畜38.2, 羊毛21.9, 皮革原料15.2

*1950年のレート

**皮革原料 кожевенные сырье と毛皮用獣皮 пушнина は区別されている.

第五章　第二次世界大戦とモンゴル独立への道

一　ノモンハン事件後のソ連の対モンゴル政策

ノモンハンにおける戦闘終了後、一九三九年九月一日第五七狙撃軍団の諜報部長ゴルシコフは日本軍から奪った貴重な文書類の一覧を中央に報告した。(1) ドイツ軍がポーランドに侵攻するこの九月一日、政治局はソ連軍の構成について、五一個の通常の強化狙撃師団（八九〇〇人を有する三三個の師団、一万四〇〇〇人を有する一七個の師団、一万二〇〇〇人を有する一個の師団）の他、六〇〇〇人からなる狙撃師団を七六個、三〇〇〇人からなる山岳師団または山岳タイプの師団を一三個、合計で一七三個の狙撃師団（うち一三個は山岳師団）を持つことを決定している。(2) ドイツに次いで九月一七日にはソ連がポーランドへ侵攻することになる。

戦争を有利に終結させ、ソ・蒙側の主張通りの国境線で停戦に合意したものの、ソ連はモンゴルの国防力強化に関して、引き続き対策を怠ることはなかった。最後にそれらを列挙しておく。一九三九年九月一七日、政治局は国防委員会の以下の決定、すなわち「労農赤軍の駐屯軍のためのモンゴル人民共和国における石炭採掘の展開が不十分な状態にある」ことを認識し、①モンゴル人民共和国における石炭採掘の経営管理を国防人民委員部に委任。②重工業人民委員部は、遅くとも九月二〇日までに技師、炭坑夫、設備をモンゴル人民共和国へ派遣。③ソ連財務人民委員部は、ソ連人民委員会議予備基金よりソヴィエト外貨七四万三一一二ルーブル、一〇万五一〇五トゥグリクを、モンゴル人民共和国へ派遣される労働者と専門家の本年一二月三一日までの維持経費として支出。(3) 以上を承認した。翌一八日には同じく国防委員会が、①ソ連財務人民委員部はソ連通信人民委員部のために、一〇〇万トゥグリクをモンゴル人民共和国における通信手段建設のために支出。その際、一九三九年七月三一日のソ連人民委員会議付属国防委員会の布告によって通信人民委員部のために支出された費用をもって、この金額の外貨支出をカバー。②ソ連通信人民委員部は、一〇月一五日までに一九三九年七月三一日の国防委員会布告に従ってモンゴル人民共和国における通信手段の建設への外貨支出の予算を提出して、ソ連人民委員会議付属国防委員会の承認を受けること。[4] 以上を承認した。次の戦闘に備えてのエネルギー、通信手段の整備を進めていたことがわかる。

一方で一九三九年一〇月二日に政治局は、モンゴル人民共和国の東部国境から第一方面軍の一部を撤退させ、移駐させることを決めた。[5] 東部における再度の衝突をにらみつつ、当初の駐屯地へ戻り、南部を含めて対応できる態勢を整えようとしたものと思われる。

モンゴルへの物資供給は事件後になっても変化はない。一九三九年一一月二三日、政治局は一九三九年におけるモンゴル人民共和国への供給について、国防委員会の決定を承認した。[6] 一方で同日、モンゴルに駐屯するソ連軍部隊の維持についてソ連人民委員会議の布告を承認した。[7] その外貨支出への追加予算額一〇一一万四六一トゥグリクは、一九四〇年一月四日政治局に承認された。一九三九年一一月二日付の人民委員会議布告を基礎に支出された前払い金を除外して、外貨支出に手当てするように財務人民委員部には指示するという、ソ連人民委員会議の布告を承認した。[8]

ノモンハン事件終結後の人事になるが、政治局は一九三九年一二月八日、モンゴル人民革命軍の顧問団長ポズニャコフが責任を果たしていないとみなして解任、代わりにグスティシェフ **Густишев Д. И.** を（軍団の騎兵グループ供給部長から）任命したが、[9] 三か月足らずの一九四〇年二月二七日には、彼に代えて、ツェイトリン **Цейтлин В. Л.** を任命した。[10] 一九四〇年一月二日には、プリホドフをモンゴル人民革命党への顧問に任命している。[11]

第二次世界大戦前夜、ソ連はモンゴルの外国貿易のほとんど唯一のパートナーとなっていたが、ソ連にとってもモンゴルの比重は大きく、一九四〇年の同国の外国貿易相手国のうちモンゴルは英国（四〇・四%）、米国（一九・七%）に次ぐ第三位（六%、ちなみに第四位の中国は五・四%）を占めていた。[12] ソ連が独ソ戦争に突入すると、鉄道の建設は中断し、ナウシキ＝スヘバートル＝ウランバートル線四〇〇キロの建設が再開されたのは一九四七年で、開通は一九五〇年一二月二〇日まで待たねばならなかった。[13]

一九三九年一一月一八日、チョイバルサンをリーダーに、モンゴルは代表団をモスクワに派遣し各種組織と会合を持った。スターリンとは一九四〇年一月三日に会談している。[14] ジューコフは一九四〇年五月までモンゴルに滞在したが、彼を中心に経験豊かな軍事専門家が派遣され軍事力強化に協力した。独ソ戦が始まると、今度は逆にモンゴルはソ連の後背地として援助することになった。[15] 一九四〇年一月七日政治局は、チョイバルサンにレーニン賞を授与することを決定している。[16]

戦間期のモンゴルとソ連の関係については、ツァプリン[17]の著作が簡潔でまとまっており、二〇世紀モンゴル史概説の部分[18]が新しい史料を用いている。最近もソ連へのモンゴルからの支援に焦点をあてたクルチキンによる著作[19]、第二次世界大戦中のモンゴルに関する写真集[20]などの出版が相次いでいる。両国の軍事協力に関する論文集[21]も出た。

モンゴルでは新しい世代の政治家が登場してくる。一九四〇年四月には弱冠二四歳でモンゴル人民革命党中央委員会書記長にツェデンバル、第二書記にスレンジャブが選出された。一九四一年一二月から一九四三年二月にかけて党員証の交換が行われて大量の入党は停止され、その後一九四三年三月から一九四四年末までに新たに五〇〇〇人が入党した。幹部は一九四一年に開校した中央党国家学校で養成されるようになった。

戦間期、モンゴルに経済的な支援をする余裕のなくなったソ連に代わって、モンゴル国内では自立的、自給的な動きが強まることになる。一九四〇年まで輸入していたバター生産を開始、一九四三年には輸出するまでになり、農地も一九四二年には一年で三・八倍に増え（三・七万から七万ha）、一九四二年には約四万トンの穀物、六〇〇〇トンの野菜が収穫された。輸送は主に荷車輸送で困難なままだった。ドイツと闘う赤軍兵士へのプレゼントが国民的な運動として展開され、何度も多数の列車が編成されて前線に送られた。戦時中もモンゴル国内では文盲撲滅運動が展開され、一九四〇年には初の中学校が開設され、一九四〇年一二月六日には大学も設置が決定

	1936年	1937年	1938年	1939年	1940年の見通し	1940年1－4月の実質
通商部門	＋16.3	＋19.8	＋21.5	＋32.3	＋56.4	＋5.5
非通商部門	－12.7	－27.4	－30.1	－48.6	－84.4	－28.2
合計	＋3.6	－7.6	－8.6	－16.3	－28.0	－22.6

されていたが、一九四二年九月ウランバートルにソ連から教授陣（バンニコフ А. Г. Банников ＝生物学、В. Н. Топольский, С. А. Хромов, А. Г. Шафигуллин, アバクーモフ С. И. Абакумов ＝言語学、Л. И. Каштанов и И. Т. Вейцман ［上述の通り、筆者が特定できた人物のみ専門を記した］）が来訪し、九五人の学生を集めて、一九四二年一〇月五日から授業が始まった。一九四四年一〇月には大学の本校舎が開設され、すでに五二〇人の学生が学んでいた(22)。これらドイツとの戦争を戦うソ連とモンゴル間の相互支援的な動きは、美談としてしばしば言及されてきた。本章では、これまで全く言及されてこなかった戦間期の両国の相互関係について、いくつかの問題点に焦点をあてて論じていくことにしたい。

二　ソ連とモンゴル人民共和国間の財政問題

まず問題となるのがモンゴル人民共和国での活動に関わる経費の問題である。一九三四年末のスターリンとゲンデンとの会談でそれまでのモンゴルのソ連に対する債務の再編と、残額の一九五九年までの支払いに合意し、一九三六年初めの同じくゲンデンとスターリンの会談では軍事予算へのソ連の支援を示すなど、ソ連はモンゴルの財政にも深く関与していたことはすでに触れた通りである。ノモンハンにおける紛争から一年近く経過した一九四〇年五月二九日、財務人民委員ズヴェレフ(23)がソ連人民委員会議議長代理ミコヤンに、ソ連・モンゴル間の金の流れについて一九三〇年代後半の収支バランスと一九四〇年の見通しについて説明した(24)。通商部門と非通商部門に分けて計算しているところに特徴があり、上の表の通り一九三七年からモンゴルにおける非通商部門のソ連の支出が増加して通商部門の黒字を上回るようになったため、その年からモンゴルに対するソ連の債務が増大し始めたことがわかる。

ソ連のヴネシトルグバンク（外国貿易銀行）、ゴスバンク（国立銀行）とモンゴル銀行間の勘定によれば（六か月分の商品備蓄の構築に対するヴネシトルグバンクのモンゴル銀行へのクレジットを除き）、一九四〇年一月一日現在、モンゴルに対するソ連の債務は二五一〇・一万ルーブルに達していた。一九四〇年にはソ連のモンゴルにおける外貨支出は、モンゴルからの外貨収入を二八〇四・五万ルーブル上回ることが予想されており、支出の削減、収入の増大に関する方策を何もしなければ、一九四一年一月一日にはソ連の債務は五三一四・六万ルーブルに達することが予想された。モンゴルからの外貨収入を上回るソ連の支出は、実際にはモンゴルで紙幣を増刷することで賄われた。したがって流通しているモンゴル銀行券は一九三九年一月一日の四〇三七・三万トゥグリクから一九四〇年一月一日には五四一五・八万トゥグリクへと一三七八・五万トゥグリク増加していた。一九四〇年初頭のモンゴルに対するヴネシトルグバンク、ゴスバンクの債務二五一〇・一万ルーブルを解消すべく、財務人民委員部が必要とみなしたのは、①モンゴルにおける六か月の商品備蓄総額一五七六・八万ルーブルの構築に関して、ヴネシトルグバンクがモンゴル銀行に供与した信用をこの借金返済に充当する。②一九三八年にソ連がモンゴル人民共和国に対して供与した特別長期借款の残額九一三・九万ルーブル（最後の納入は一九四八年）を期限前に返済する。以上である。後者の問題については、「モンゴル人民共和国において著しくソ連の支出を増加させた一九三九年夏の非常事態」を理由として挙げ、モンゴル政府と話し合うべきとした。ノモンハン事件をきっかけとして、ソ連のモンゴルにおける支出が増大したため一九三七年以降の傾向に拍車がかかったが、合わせて約二四九〇万ルーブルをモンゴル側がソ連に支払うことにより、ソ連の債務をほぼゼロに抑えようと対処していたのである。

さらに一九四〇年に予想される二八〇四万ルーブルの赤字についてズヴェレフは、次の対応策を提案した。①通商部門でスペットルグ Спецторг が約二〇〇〇万ルーブルを納税し、それがモンゴル予算に組み入れられる予定だが、これはモンゴルに駐屯するソ連赤軍のスタッフ、その関係者にのみ奉仕し一般の通商組織ではないので、免税措置を取ることが望ましい。したがって「スペットルグの売上税 налог с оборота と、上乗せ税 бюджетные

	各人民委員部の申請額	財務人民委員部による承認額
外務人民委員部	132.2万	114.6万
ロシア共和国教育人民委員部	100.14万	97.93万
気象庁	112.92万	54.09万
アエロフロート	21.6万	19万
内務人民委員部自動車道路総局	249.5万	227.2万
河川船団人民委員部		経費121.72万 収入115.6万
ソ連国防人民委員部赤軍の駐屯費用	8,034.5万	7,544.2万
ソ連国防人民委員部教官スタッフ	411.2万	394.2万
ソユーズネフテエクスポルト		435.3万
通信人民委員部	412.9万	262.8万
交通人民委員部	564.4万	400万

наценки［一九三一年六月、前記売上税から分離して独立の課税分野となった。パン、ワイン、たばこ、皮革製品、ゴム製品など一般的な商品にかかる税金］を原資にスペツトルグのすべての投資をモンゴルの予算に組み込むという一九三九年一一月一四日締結の協定を、モンゴル政府との話し合いで破棄すること」が必要である。モンゴルでスペツトルグが免税されると、モンゴルにおける大規模建設へのスペツトルグの五〇〇万ルーブルの支出を考慮すれば一五〇〇万ルーブルの節約となる［一〇〇〇万ルーブルが免税される一方で、五〇〇万ルーブルの投資は継続するため］。②モンゴル人民軍と国境警備部隊へソ連が提供している特別資産の一部を現金で売却することにより、約一〇〇〇万ルーブル（一九三九年一一月二五日のソ連人民委員会議付属国防委員会の布告により、一三四二万二五〇〇ルーブルの資産がモンゴルに付与された）の収入を得ることが可能。以上の二点である。これで一九四〇年の赤字のうち約二五〇〇万ルーブルが解消されることになるが、ズヴェレフは、ソ連の各組織がモンゴルで行う事業規模を縮小することで、約五六四〇万ルーブルの債務は解消されるとした。

これに続いて一九四〇年六月一五日、ズヴェレフは人民委員会議議長代理ブルガーニンに、モンゴルで活動する各省庁の活動経費の詳しい内訳を送付した。[25] この時点でソ連がモンゴル国内でどのような活動を行い、どれだけの費用がかかっていたのか、また財務人民委員部がいかにして費用削減をはかっていたのか明らかである。

（1）【外務人民委員部】全権代表部と四領事館の維持経費。一九四〇年外務人民委員部は一三二・二万ルーブルを申請、財務人民委員部は一一四・六万ルーブルを承認。内訳は、給与五三・二五万、経営・事務経費二二万、幼稚園一六・四万、出張経費六・六七万、無制限大規模投資五・四万、病院五万、外国語教育と幹部養成三・四万、設備購入・修理一・三万、代表経費一万。定員未充足のため給与分一〇%削減、チャダーエフ委員会の決定により建設に七・二万ルーブル、一九四〇年五月五日ソ連人民委員会議布告によりモンゴルにおけるクラブの維持経費に一二・七万ルーブル。この両者の支出は予算増額ではなく、承認された予算（一一四・六万ルーブル）を節約して支出。

（2）【ロシア共和国教育人民委員部】監督官、二三学校、ピオネール・キャンプ、寄宿舎の維持経費。教育人民委員部の申請は一〇〇・一四万ルーブル、財務人民委員部は九七・九三万ルーブルを承認。給与七二・三一万、経営・事務経費一四・〇七万、設備の購入・修理二・四一万、無制限の使用一・九九万、出張・交通費一・九四万、教育経費一・〇五万、その他四・一五万ルーブル。

（3）【気象庁】気象局、一六地方測候所の維持、そのうちの六測候所の建設。気象庁は一一二・九二万ルーブルを申請、当初八二・四万ルーブルを承認、その後五四・〇九万ルーブルに削減。給与二五・二四万、大規模投資一八・八五万、経営・事務経費四・一万、学術研究経費二・五万、出張・交通費一・七万、教育経費一・一万、設備の購入・修理〇・六万ルーブル。

（4）【アエロフロート】ウラン・ウデ＝ウランバートル航路の運行。アエロフロートの申請二七・六四万ルーブルに対して二一・六万ルーブルを承認。給与一六・一九万、飛行場の維持三・〇三万、航空輸送の維持一・二万、日当〇・六三万、経営・運行経費〇・二万、出張・赴任手当〇・二万ルーブル。半年間の実費を考慮し財務人民委員部はさらに二・六万ルーブルを削減して一九万ルーブルとし、本路線の赤字四・三万ルーブルを収入増で解消するよう提案。

（5）【内務人民委員部自動車道路総局】道路の建設、運行費用。建設費一二五・七六万ルーブル（No.32線キャフタ＝ウランバートル線七二・六三万、No.154国境＝ツァガンノール線二一・八五万、No.75ウルザ＝バヤントゥメン線二四・二八万）、運行費一二三・七七万ルーブル（No.498国境＝ウンドゥルハン線〔未完成部分の完成、大規模修復を含む〕一一一・九五万、タシャンタ＝ツァガンノール線六・五三万、国境＝トゥルト線五・二九万）。国境＝ウンドゥルハン線の運行費用を削減することで、申請額から追加的に二二・三万ルーブルをカット。一九四〇年三月二〇日と一九四〇年六月五日ソ連人民委員会議経済評議会命令により、それぞれ五〇万、六二・五万、計一一二・五万ルーブルが建設、運行のために前金として支出されている。[26]

(6)【河川船団人民委員部［一九三九年四月水運人民委員部が分割されて設立］のセレンガ川汽船】一二一・七二万ルーブル。運行経費九四・三万、航路標識、技術部門の維持経費二七・三九万ルーブル。運行収入は一一五・六万ルーブル。赤字額六・一二万ルーブルは追加収入で補うこと。セレンガ川、オルホン川のモンゴル領内における大規模な支出はソ連の国家予算から行われるが、一九四〇年二月一〇日付ソ連人民委員会議経済評議会布告に従い、一九四〇年にはこの名目で二〇万トゥグリク（＝二六・三万ルーブル）を支出する予定［アエロフロート同様運賃収入があり、それによって経費を賄うことが求められていたものと思われる。約六万の赤字は、約二六万の補塡で穴埋めは可能だったことになる］。

(7)【ソ連国防人民委員部】モンゴル駐屯部隊の維持経費。国防人民委員部は八〇三四・五万ルーブルを要求、七五四四・二万ルーブルを承認。一九三九年予算の残額三〇一・二万ルーブルを繰り入れ。給与五一七九・二一万、肉の購入六五七万、燃料費五二五・六万、大規模建設五九一・四万、浴場・洗濯、住居経費二八九・二万、干草の調達七三・五万、リスト未記載装備の購入六五・八万、児童施設の維持九九万、その他六三・六万ルーブル。モンゴルに駐屯する軍人に支払われる外貨による給与の基本給は、一九三八年五月三一日付ソ連人民委員会議国防委員会布告で定められた。

(8)【ソ連国防人民委員部】モンゴル人民軍への教官スタッフ維持。一九三九年一二月二八日ソ連人民委員会議布告により四一一・二万ルーブルに定められている。一九四〇年前半の実際の支出が一九七・一万ルーブルであることを考慮し、一七万ルーブルを削減。

(9)【ソユーズネフテエクスポルト】第四期特殊ガソリンタンクの建設費。一九四〇年四月二七日ソ連人民委員会議国防委員会布告で総額九七七・七七万ルーブル支出（うち四三七・二八万ルーブル、外貨五四〇・四九万ルーブル）。さらに総額一〇五・一二万ルーブルの以前支出された前金をこれに算入するよう提案。一九四〇年に繰り越されるファイナンスの残額は四三五・三万ルーブル。総額五四〇・四万ルーブル（四一一・三万トゥグリク）の外貨補助金の支出先／給与一〇七・六万、資材の購入九三・三万、輸送経費二一〇・三万、加算額一二九・二万ルーブル。

（10）通信人民委員部の大規模支出先No.277［電線の敷設事業だと思われる］は一九三九年より実施中。一九三九年九月一九日ソ連人民委員会議付属国防委員会の布告に基づき、一九三九年一〇〇万トゥグリク、一九四〇年三月一六日国防委員会の布告に基づき、一九四〇年一〇〇万トゥグリクの前金を支出済み。一九四〇年前半の実際の支出（一三一・四万ルーブル）を考慮し、一九四〇年に必要な予算は四一二・九万から二六二・八万ルーブルに減額。総額のうち五四％が給与、三四％が輸送費、一二％が電柱の支払いに。

（11）交通人民委員部の大規模支出は一九三九年から行われているNo.76の建設［モンゴル東部の狭軌線鉄道建設を意味］。一九三九年八月二六日のソ連人民委員会議の命令で前金七〇〇万ルーブルを外貨で支出。このうち一九三九年には一三五・六万ルーブルを使用。一九四〇年五月二八日ソ連人民委員会議布告で、建設にかかる給与支払いとNo.76線鉄道の臨時運行にかかる費用を、三九年八月二六日命令で支出された前金を繰り入れて七三六・六万ルーブルと算定。当初、交通人民委員部の建設費用を前金七〇〇万の残額五六四・四万としたが、一九四〇年前半の実際の支出二〇〇万ルーブルを考慮し、一九四〇年の予算を四〇〇万ルーブルに減額。

以上の事業と予算規模により、この時期のモンゴルでソ連がいかなる活動に従事していたのか、おおよその推測が成り立つのではなかろうか。ところでソ連がモンゴルに対して抱えていた債務の解消についてズヴェレフが五月二九日に行った提言は、政治局に持ち込まれることになった。一九四〇年七月二二日政治局は、①外国貿易人民委員部に対し、モンゴル人民共和国におけるスペツヴォエントルグ［上記の決定ではスペットルグとなっているが、同じ組織を意味する］の作戦に関連した税金と関税を支払わないことを認め、②外務人民委員部には、モンゴル人民共和国内でスペツヴォエントルグが関税、売上税、上乗せ税、特許税、その他の税金を免除されるようモンゴル人民共和国政府と交渉に入るよう委任し、③ソ連財務人民委員部には、一九四〇年にモンゴル人民共和国でスペツヴォエントルグが行う建設のために外国貿易人民委員部に三八〇万トゥグリクを支出すること、以上を指示した。ズヴェレフの提案がほぼそのままの形で採択されていることがわかる。またモンゴル側の同意を待たずに、ソ連がモンゴルの税制の変更を決めていることも両国の関係を如実に示しているといえるだろう。[27]

直後の七月二五日には、人民委員会議がズヴェレフを筆頭に、重工業人民委員部のユーリー・カガノーヴィチ、ゴスバンクのソコロフの三人に、モンゴルとの収支決算について非通商部門の支出をできるだけ削減する方向で再検討し、ソ連人民委員会議付属の経済評議会に提案を出すよう指示した。[28] [29]

ソ連とモンゴルの間の財政問題に関して、その後の経過を系統的にたどることができていない。一九四四年第三、第四四半期のモンゴル人民共和国およびトゥヴァ人民共和国との収支計画を示す表を見出したので以下に示すことにする（次頁の表を参照のこと）。それぞれ一九四四年七月六日、一〇月一四日にソ連人民委員会議の布告として採択された（単位は一〇〇〇ルーブル）。[30] [31]

モンゴルとトゥヴァを同時に掲載している点に特徴がある。四半期ごとにモンゴルから八〇〇万から九〇〇万ルーブルの収入を得ていたが、支出がその三倍以上にあたる二五〇〇万から二七〇〇万ルーブルに上っていたことがわかる。収入にはモンゴルのソ連に対する債務の返済の他、鉄道や船舶等交通機関が提供する運賃収入、モンゴルの資源開発から得られた収入が目立つ。一九四〇年段階でソ連側の大幅な出超が見られたため、一時的にモンゴル側が負っていた債務の返済によって両国間の取引のアンバランスを縮小する試みがなされたものの、それは一時的なもので、ソ連がモンゴル国内で行う事業にソ連側が支出するという構図に大きな変化はなかったということになる。最大の支出項目はやはりモンゴルに駐屯するソ連の軍隊の維持経費であった。次いで、非鉄金属人民委員部や地質問題委員会がモンゴル領内で行う資源探索にかなりの費用が割かれていることがわかる。この分野は先に紹介した一九四〇年段階の支出項目には見られなかったものである。

ソ連人民委員会議付属グラヴヴォエンプロムストロイ Главвоенпромстрой（軍事工業建設総局）は、一九四三年第四四半期に国防人民委員部からザバイカルフロントの軍事建設局を受け入れて作業をすることになった。一九

	収入				支出			
省庁	第三四半期		第四四半期		第三四半期		第四四半期	
	モンゴル	トゥヴァ	モンゴル	トゥヴァ	モンゴル	トゥヴァ	モンゴル	トゥヴァ
ソ連外務人民委員部	100	18	100	16	276	65	270	67
ソ連国防人民委員部（軍隊の維持）	500	—	500		19,735	14	21,569	9
ソ連国防人民委員部（特殊課題部門）	—	—	—		20	1	20	1
赤軍参謀部諜報局	—		—	—	197	—	197	—
ソ連内務人民委員部	—	—	—	—	25	—	60	—
ソ連内務人民委員部自動車道路総局	—	—	—	—	280	—	238	—
交通人民委員部	870	—	872	—	250	—	135	—
民間航空総局	25	—	20	—	42	—	38	—
河川船団人民委員部	560	—	131		488	—	334	—
非鉄金属人民委員部	—	—	—		1,000	—	1,000	—
ロシア共和国教育人民委員部	—	—	—		465	—	438	—
ロシア共和国社会保障人民委員部	—	—	—		15	—	8	—
ソ連人民委員会議付属国家物資備蓄総局	—	—	—		465	—	465	—
ソ連人民委員会議付属グラヴヴォエンプロムストロイ	—	—	—		480	—	730	—
ヴォクス	—	—	—		2	1	1	1
ソ連人民委員会議付属地質問題委員会	350	—	394		920	—	833	
ソ連財務人民委員部	4,500	—	4,135	660	—	—	—	—
ゴスバンク（モンゴル，トゥヴァからの送金）	800	40	2,842	40	—	—	1,055	—
合計	7,705	58	8,994	718	24,660	81	26,926	78

四三年一二月二日にその局長プロコフィエフ[32]は一九四四年も引き続き作業を続けるべく、ソ連人民委員会議議長代理ヴォズネセンスキー[33]に、二一〇万トゥグリクの支出を財務人民委員部に指示するよう要請していた。[34]結局同年一二月一七日の人民委員会議の命令で一八六万トゥグリクが認められたが、[35]この表からは、第三四半期四八万、第四四半期七三万合わせて一二一万トゥグリクが支出される予定であり、ほぼ予定通りの支出が想定されていたことがわかる。

三　対日戦に備えた動員・連絡路の整備——鉄道、自動車道、河川

鉄道敷設のその後

すでに述べてきた通り、一九三七年九月五日にウラン・ウデとナウシキを結ぶ広軌の鉄道建設を政治局は決定し、さらに一年後の一九三八年九月にはナウシキから国境を越えたスヘバートルまでの延長を決定するなど、ソ連とモンゴルを接続する連絡路の強化、モンゴルにおける動員力の強化に余念がなかった。一九三九年三月には同年中にウラン・ウデからナウシキまでの路線二四七キロの完成を目指していた。一方でノモンハンでの国境紛争が勃発すると、一九三九年七月一四日に政治局はボルジャからソロヴィヨフスク経由バヤントゥメンまでの鉄道建設を決定した。最初はブリャートの首都とモンゴルの中心を結ぶ路線を計画し、日本との軍事衝突の危険が高まると、東部における交通連絡の強化を優先させたのである。その後のこれらの鉄道の利用状況はどうだったのか。

ツァプリンは、一九四一年にモンゴル東部で、三〇〇キロ以上の狭軌線の鉄道網が建設されるとともに、飛行場、格納庫、通信線その他の施設も作られたとかつての概説書で述べている。[36]

一九四二年五月七日交通人民委員のフルリョフ[37]は、モロトフ鉄道[38]のボルジャ＝バヤントゥメン間[39]の運行費用の一部として一三六・二三万トゥグリク（＝一七九万ルーブル）の外貨をソ連人民委員会議に要求したが、[40]鉄道に勤

務する労働者六〇〇人の給与その他の積算根拠が示されている。これを受けて財務人民委員のズヴェレフが五月二三日、ヴォズネセンスキーに一〇〇万トゥグリクに削減すべきと主張した。一九四一年のこの路線の実際の維持経費は一〇九・六九万トゥグリクで、そのうち二九・四万トゥグリクは№76の建設に使われ、一九四一年の九か月間の実際の運行費用は八〇・二七万トゥグリクであることを理由にしていた(41)。この№76とは、既述の通り最初に建設されたボルジャ＝バヤントゥメン間の広軌線に加え、一九四〇年の交通人民委員部の支出にある通り、バヤントゥメンからモンゴル東部国境に近いスヘバートル［この場合、キャフタ街道のソ連国境に近いスヘバートルではなく、タムサグボラグのこと］までの狭軌線建設を含む事業を指しているように思われる。軍需工場等国防に関連した対象にはこのように文書上も番号を付与して情報を秘匿していた。一九四二年六月三日、ソ連人民委員会議は一〇〇万トゥグリクの支出を命じた(42)。六〇〇人の鉄道員がこの鉄道の運行に関与していたことがわかる。モロトフ鉄道の一部として運行され、その運行に携わっていたスタッフが応援に駆け付けていたため、その出張費用もこれらの予算には計上されていた。この直後、六月六日の国家防衛委員会の布告は交通人民委員部に対し、バヤントゥメン＝タムサグボラグ＝ハマルダバー線を、炭田のあるズーンボラグからタムサグボラグ（別名ヤコヴレフ小町［ハルヒンゴールの戦いでソ連邦英雄の称号を与えられたヤコヴレフにちなんだ名前か］）までの支線を含めて探索し、技術的な計画書を策定するよう指示した。そのために一九四二年に三〇万トゥグリク（うち第二四半期に一三・五万）を交通人民委員部に与えるよう財務人民委員部に指示した。そしてソ連内務人民委員部には設計・探索遠征隊のため一五〇人が四か月半モンゴルに滞在できるよう手配を指示(43)。この指示を見る限り、この段階ではノモンハンの前線まで鉄道は伸びていなかったといえるだろう。ともかく、ドイツの侵攻から一年足らず経った段階だが、対日戦に向けて徐々に準備に取り掛かったといえるかもしれない。

ボルジャ＝バヤントゥメン線とは別の路線、バヤントゥメンとスヘバートルを結ぶ狭軌線の建設過程は必ずしもはっきりしないが、この路線三五〇キロも多数の不完全箇所を抱えながら一九四三年一月一日よりモロトフ鉄道に運行が委ねられ、未完成部分を完成すべく組立事務所が管理局により設置され、鉄道軍、専門家、その他の労働者（一三〇名）で運行していた。この鉄道について一九四三年八月一六日交通人民委員カガノーヴィチ(44)はソ連人民委員会議議長代理ミコヤンに、収入を三一七・二六万ルーブル、支出を一九三・八六万ルーブル（組立事務所の維持に九・七二万ルーブル）とする予算を求めた。[45]

あくまでも計画だがその収支予想から人や物資の流れを理解できる。積算根拠として提示された収支計画には、一九四三年の貨物輸送が三二万三三二トン（うちモンゴル人民共和国の組織に三四六七九トン、ソ連の組織に二八万五六四三トン）、旅客輸送一〇万人（うち現地住民が二四〇〇人、ソ連から派遣された職員の往復で九万七六〇〇人）を予定し、貨物については一トン・キロあたり三六コペイカの輸送費、平均輸送距離二二二キロとして一トンあたり七九・七一ルーブル、旅客については一人一キロ一五コペイカで平均二一二キロとして一人から三一・八〇ルーブルを想定していた。[46] ほとんどソ連人専用路線という状態であったことがこの想定からもうかがえよう。一〇万人、三二万トンを単純に三六五で割ると、一日の利用は約二七〇人、八八〇トンとなる。詳しい運行状況まで不明だが、戦時でなければ一日数編成で主として物資を前線に送るために利用されていたのではないかと推測される。この問題についても財務人民委員のズヴェレフのチェックが入り、収入はそのままに据え置いたが、支出に関しては想定するほど勤務する人間は集まらないこと、実質的には半年の運行費用であることなどを理由にカットし、[47] それが九月四日に採択されたソ連人民委員会議の指示にも反映された。収入を三一七・二六万ルーブル、支出を四四・五万ルーブルとし、未完成部分の建設にあたる組立事務所の経費を六・八七万ルーブルとした。[48] ノモンハン事件の際のほとんど最前線まで鉄道輸送を整備して戦争に備えていたのである。

このように運行を進めていたモンゴル国内の鉄道路線であったが、その運賃が問題となった。一九四三年一一月一六日、交通人民委員代理アルチュノフ[49]が人民委員会議議長代理ミコヤンに次の要請を行っている。一九四一年八月二三日にソ連・モンゴル間で結ばれた広軌線の運行についての協定によれば、交通人民委員部が定める運賃率、条件で貨物、旅客、手荷物の輸送費を決めること（第八条）になっていた。ところが狭軌線について協定はなく、現在臨時の運賃率が適用されており、これが輸送費の増大を招き、国防人民委員部、建設人民委員部［一九三九年五月に新設］などの機関が交通人民委員部に運賃の引き下げを求めてきている。一方で、基本的にモンゴルの諸機関の旅客、貨物利用による外貨の流入を維持するため、広軌線については旅客、手荷物、軍需物資

貨物の名称	1トン・キロ当たりの現行運賃率	計画中の1トン・キロ当たりの運賃率	1トン・キロ当たり，ソ連国内鉄道の運賃率
1. 鉱物を起源とする建設資材	36.0	15.0	2.78
2. 軍事輸送—貨物および梯団	36.0	15.0	—
3. 薪と木材	36.0	20.0	3.67
4. 石炭	36.0	20.0	2.21
5. 干草とわら	36.0	30.0	3.60
6. 食糧	36.0	30.0	4.40
7. 煙草製品，アルコール，ワインその他	36.0	35.0	8.63
8. 客車便による荷物	36.0	60.0	76.0
9. 旅客輸送（一人1キロ当たり）	15.0	25.0	12.0

単位はコペイカ

および大量輸送（石炭、木材、薪、鉱物、建設資材）をソ連の現行運賃に一〇〇％上乗せした料金とすること、その他については二〇〇％引き上げた運賃率を適用すること、狭軌線については、トンキロあたり一五～三五と幅を持たせ、旅客輸送については一人一キロあたり二五コペイカの運賃を提起した[50]。上の表[51]は、狭軌線の現行および計画中の運賃率とソ連国内の鉄道の運賃率との比較を行ったものであり、モンゴル国内ではかなり割高な運賃が適用され、各省庁の不満を呼んでいたことがわかる。

一方、同年一二月九日、交通人民委員部のミシチェンコフ Мищенков が人民委員会議議長代理モロトフに、追加的に提出した四一三頁の表[52]には、狭軌線だけでなく広軌線の現行の運賃率と計画中の運賃率、そして広軌線、狭軌線の改定運賃率適用後に想定される収入が計算されている。ソ連国内の運賃率から一〇〇％から二〇〇％引き上げたとしても、モンゴル国内で適用されていた現行運賃率と比較してもかなり安くなることがわかる。新たな安い運賃率を適用することにより、収入面でのマイナスが予想された。

交通人民委員部によるこの主張が受け入れられ、一九四三年一二月一八日ソ連人民委員会議の布告が採択された。狭軌線については上表の通り、交通人民委員部が提起した運賃率が適用されること、広軌線のボルジャ＝ソロヴィヨフスク＝バヤントゥメン線については要請通り、旅客、手荷物、軍需物資および大量輸送物資（石炭、木材、薪、鉱物、建設資材）をソ連の現行運賃に一〇〇％上乗せした料金とすること、その他については二〇〇％引き上げた運賃率を適用すること、一九四四年一月一日よりこれらの運賃率を適用することになった[53]。

さらに翌一九四四年三月三日、交通人民委員代理アルチュノフはミコヤンに、交通人民委員部のソユーズトランスプロエクト Союзтранспроект［鉄道路線の設計を担当］が、カガノーヴィチ同人民委員が承認したプランに基づき、ダラスン＝ウルザ＝チョイバルサン［バヤントゥメンのこと］間の鉄道の設計探索作業のソ連領内における作業を完了し、路線約七〇〇キロのうちモンゴル領内二〇〇キロについて、一九四四年七月一日までに探索作業を終わらせるための費用二三・五二万ルーブルを要求した。(54) ダラスンはシベリア鉄道の拠点カルィムスカヤ近郊にあり、それとモンゴル北部のウルザを結び、さらにチョイバルサンに至るルートである。対日戦に際しては満洲国との国境に近いボルジャ線が万が一日本に奪取されては困るとの判断が働き、それよりも西に入った地域でソ連とモンゴルの前線を接続することを意図していたものと思われる。この提案に対しては、いつものように財務人民委員部のチェックが入り、最終的に一九四四年四月六日、ソ連人民委員会議が調査費用二〇・八八万ルーブルを外貨で支出することを許可した。(55) 終戦まで一年あまりのこの時期においても、対日戦に備えて新たな路線の建設を想定するほど、大々的な準備を進めていたことが明らかである［ウルザ＝バヤントゥメン線は№75の名称で内務人民委員部によって道路が建設されていた］。

ソ連とモンゴルを接続する道路、河川の整備

第四章第八節で述べたことだが、ダラスン＝ウンドゥルハンを結ぶ道路のうち、モンゴル国内の道路建設もソ連が受け持つこととなり、一九三八年末に予算が計上されたことまでは述べた。その後、ノモンハンにおける決戦を前に一九三九年七月二〇日、ベリヤがモロトフに以下の通り要請した。(56) バヤン・ウラ・ソモンからバヤントゥメンまでの道路二六八キロは、一九三八年からソ連内務人民委員部自動車道路総局 Гушосдор が建設を開始し、一九四〇年の完成に向けて一九三九年には六五〇万ルーブルを投下したが、同年にすべての人工物の建造と路盤の構築を終了させるには不十分であること、「今日のこの道路の特別な意義を考慮」すると、一九三九年にすべての人工物の建造、ヘルレン川にかかる橋（九四〇メートル）の建造、すべての路盤の構築を終了させることが必要で、そうすれば一九四〇年には民間施設の建設、砂利を敷き詰める作業が残るだけだとし、四〇〇万ルーブル

貨物の名称	現行の運賃率			計画中の運賃率			現行運賃との増減 ＋－	
	1トン・キロ当たり運賃率（コペイカ）	1トン当たり（コペイカ）	合計（1,000ルーブル）	1トン・キロ当たり運賃率（コペイカ）	1トン当たり（コペイカ）	合計（1,000ルーブル）	1,000ルーブル	％
A狭軌線								
モンゴル諸組織の貨物	36	7,971	2,764.3	28.6	6,366	2,207.9	－556.4	－20.1
ソ連諸組織の貨物	36	7,848	22,417.5	23	5,029	14,367.3	－8,050.2	－35.9
合計	36	7,861	25,181.8	23.6	5,174	16,575.2	－8,606.6	－34.1
旅客	15	4,500	4,500	25	7,500	7,500.0	＋3,000.0	＋66.7
B広軌線								
モンゴル諸組織の貨物	24.4	7,925	1,783.3	20.59	5,670	1,500.9	－282.4	－15.8
ソ連諸組織の貨物	23.0	6,410	37,992.6	7.66	2,138	12,672.7	－25,319.9	－66.7
旅客	28.33	5,213	10,426.0	26.47	4,870	9,740.0	－686.0	－6.6
合計	28.33	6,159	50,201.9	11.42	2,934	23,913.6	－26,298.3	－52.6

の予算増額と他の人民委員部の建設から囚人一〇〇〇人をこの建設に投入すること、工業建設材料人民委員部（ソスニン Соснин）に八月一五日までにセメント七五貨車分発送するよう指示を出すことを要請した。結局、この要請は基本的に人民委員会議によって八月二三日に承認された。[57]

その後の道路建設の経過が必ずしもはっきりせず、筆者は断片的な情報しか持ち合わせていない。例えば上の決定から約三年経過した一九四二年八月二五日、内務人民委員代理チェルヌィショフ[58]はミコヤンに、モンゴル内の道路の維持、補修、建設に一九四二年の三四半期に一一五万トゥグリクの枠がはめられ、七月一一日に第三四半期の予算三五万トゥグリクが認められているとして、第四四半期の予算三五万トゥグリクの予算を求めた。この要請はそのまま九月二四日に人民委員会議によって承認された。[59]さらに一年後の一九四三年一〇月二八日には、モンゴルの道路に勤務する技師・技術者、その他の労働者の給与を新たに定め、そのための追加資金の提供を決めた。[60]

そしてこの直後のことになるが、一一月七日、ソ連人民委員会議はモンゴル人民共和国領内における諸街道の建設（①ウランバートル＝アルタンボラグ三四九・六キロ、②スヘバートル＝ソ連・モンゴル国境一五・五キロ、③ツァガンノール＝ソ連・モンゴル国境タシャンタ三五・六キロ）に関する費用を、モンゴル政府が弁済するやり方について外国貿易人民委員部の布告草案を承認し、駐モンゴル通商代表のフィノゲノフに委任した。[61] これはそれまでの道路建設事業を総括し、モンゴル側に支払いを求めるものであり重要である。以下の通り、協定を要約できる。

建設費用は八六六三・五万トゥグリク（①八三六六・二万、②一〇六・六万、③一九〇・七万トゥグリク、番号は前記街道と照応）と定め（二条）、一九四三年一月一日からの二〇年の無利子均等払いで毎年一〇月一日までにウランバートルのモンゴル商工銀行（＝モンゴル銀行）にあるソ連ゴスバンクの口座にモンゴルが支払うこと（三条）、この協定に従ってモンゴル政府から入って来る金の全部、または一部をモンゴルでの購入（あらゆる種類の家畜、皮革原料、毛、毛皮その他）に使う権利をソ連政府は有し、それらの商品は一九四三年にソ連の貿易機関が売却した同様の製品よりも高くない値段でソ連に納入されること、またソ連の通商代表部は、その年に通商代表部がこの資金で購入を希望する商品名と数量を各年の初めまでにモンゴル政府に伝え、モンゴル政府は円滑に遅滞なくソ連に納入すること（四条）。諸街道受け入れのため、両国から三人ずつ加わる合同委員会は道路の現状を確認し、正式に受け入れるが、不十分な点があればそれを指摘し、その補修期間を定めたあと改めて受け入れ日程を調整する、以上の作業を協定締結後三か月以内に行う（五条）。これらの道路を適切に維持し、そこで勤務する幹部養成のため、ソ連政府は合同委員会が定める数の技師・技術者、熟練労働者を一時的にモンゴルに残す。仕事のためモンゴルに出張する人々の給与その他の労働条件は、モンゴルに勤務する他の組織のソ連人専門家と同等にし、合同委員会が必要とみなすだけ副業経営、資産をモンゴルに残すことにソ連は同意する（六条）。両国は将来、次の道路の建設費を計算する作業に入ることに同意する。①ウンドゥルハンからチタ方向へのソ連モンゴル国境までの道路三二一・八キロ。②チョイバルサンからバヤン・ウラ・ソモンまでの道路二〇〇・八六キロ。③チョイバルサン近郊のヘルレン川にかかる橋（七条）。この合意は、署名と同時に効力を発揮する（八条）、以上である。[62]

ところが、これから三か月あまり経過した一九四四年二月一九日、ソ連人民委員会議は改めてモンゴルとの協定内容を変更し、現地に署名を指示した。主な変更内容は街道の建設費用の見直しで、道路①のみ七三〇五・七万トゥグリクに減額した結果、総額は七六〇三万トゥグリクとなった。しかもこの金額を一九三七年一一月に締結された協定に基づいて全額モンゴル側が負担するのではなく、半額すなわち三八〇一・五万トゥグリクのみモンゴル側が支払うことになった。また支払い開始は五年後で、毎年二五分の一ずつ支払うこととした。この協定にはもとの協定にあった第七条、すなわちその後の道路建設計画に関する条項が脱落している(63)。当初の計画から大幅にモンゴル側の負担が減らされていることがわかる。この間の経過は不明だが、モンゴル側から減額を求める声があがった可能性がある。

ソ連とモンゴル間の交通で重要な位置を占めるのが河川交通である。一九四一年の報告書には、それまでの約一〇年間の河川交通の開発について次のようにまとめられている。開発は一九二六年六月締結のセレンガ川水上交通建設の五か年計画に基づいていた。次いで一九三二年一二月一日のソ連人民委員会議布告および、一九三三年一一月一六日のソ連人民委員会議布告により、オルホン川についてセレンガ川への合流地点からトラ川の合流地点まで三一二キロ、セレンガについては国境からムルンの渡し場［北上すればフブスグル湖と接続］までの三八〇キロの開発を決定した。水運人民委員部は一九三二年、ギプロヴォドトランス Гипроводтранс［国立水上交通設計探索研究所、一九三一年設立］の東シベリア支部を通じて、モンゴル人民共和国に設計・探索ビューロー、セレンガ河川航行局を通じてモンゴル領内に建設事務所モンゴルヴォドストロイ Монголводстрой を組織した。一九三二〜三五年の作業の結果、源流から国境までセレンガの諸河川で六二二キロ、オルホン川はトラ川河口からセレンガ川との合流地点まで三一二キロ、エグ川は源流からセレンガ川との合流地点まで五六五キロにわたって全面的な測量が行われた。モンゴルヴォドストロイが作業を行った一九三三〜三七年の間にオルホン、セレンガ川の航行条件は著しく改善した。この間、オルホン川で三二、セレンガ川で五一の水力工学施設が作られた。次頁の表は一九三三〜三九年に行われた作業をまとめたものである。

文書には、「この表のチェルヴォンヌィ・ルーブル［チェルヴォーネツ］は、現在の一トゥグリク一・三一四ルーブル というレートで計算して得られた。すべての上記の作業はソ連財務人民委員部が資金提供して行ったものであり、その支出をモンゴル政府は一切負担していない」とソ連の功績を強調している。この河岸の建設作業

作業	オルホン川		セレンガ川		合計	
	1,000チェルヴォンヌィ・ルーブル	うち1,000トゥグリク	1,000チェルヴォンヌィ・ルーブル	うち1,000トゥグリク	1,000チェルヴォンヌィ・ルーブル	うち1,000トゥグリク
水力工学施設						
1933–1938年	322.5	168.7	2,332.5	1,331.5	2,655.0	1,500.2
1938–1940年	1,165.3	688.8	1,001.0	593.4	2,166.3	1,282.2
設計・探索作業	851.0	438.0	2,036.0	1,041.0	2,887	1,479.1
浚渫	42.6	19.8	—	—	42.6	19.8
合計	2,381.4	1,315.3	5,369.5	2,966.0	7,750.9	4,282.3

の結果、「基本的な埠頭地点には、河川輸送に不可欠なあらゆる施設が全く人の住んでいないところに設置され、一九三二年には越冬場所がひとつといくつかのユルトがあっただけのモイカ埠頭は、その後スヘバートルと名づけられることになる町に変身した」[64]。一九二六年の協定については第二章第三節で触れた。すでに一九二〇年代から輸送路としてセレンガ川の役割に期待が寄せられていたことは既述の通りである。一九三〇年代初頭のガマルニク主導の対モンゴル政策でも輸送における河川の役割は重視された。そして満洲事変の翌年、すなわち一九三二年からモンゴルの諸河川を輸送路として活用しようという動きが活発化していったことは本書で述べた通りであり、この表はその成果を示すものである。

先に紹介した四〇七頁の表にも河川船団人民委員部の一九四四年第三、第四四半期の収支が示されているが、モンゴル国内で活動を担っていたのがバイカル・セレンガ汽船会社でセレンガ川、コソゴル湖で汽船を運行していた。それぞれ二六キロ、一二〇キロが運航距離で、乾燥貨物、石油を主に運んでいた。一九四四年一月二二日、ソ連人民委員会議は、バイカル・セレンガ汽船会社の一九四四年の収入を八七・九三万トゥグリク、支出を八七・三六万トゥグリクと定めている[65]。

四　モンゴルにおけるソ連の資源探索

一九三〇年代と同じく戦時中もソ連のモンゴルにおける資源探索は続き、タングステンの採掘に力が入れられた。トラスト「スペツゲオ Спецгео」の東方遠征部隊の技師により、一九三九年にモンゴルでタングステン酸塩鉱 вольфрамит の埋蔵地が発見され、一九四一年に水文地質学者コヴァリョフ[66]、地

質学者ソコロフ Н. Ф. Соколов によりユゴズィルの東にある埋蔵地が下検分的に調査された。[67] このような調査を受け、独ソ戦開始の翌一九四二年四月一四日、地質問題委員会議長代理ゴリュノフ[68]はソ連人民委員会議議長代理ヴォズネセンスキー、ゼムリャチカ[69]に対し、探査の過程で委員会はこれらの産地でタングステン（ウォルフラム）鉱石の採掘もついでに行うこと、ソ連の工業におけるタングステン鉱石の必要性を考慮し、立案した地質学的探索作業を許可するよう求めた。地質学的な調査、分析によれば、タングステンの埋蔵は精鉱で五〇〇〇トン、砂鉱床の形で五〇〇〇トンを想定していた。[70] この要請は当局の関心を引き、五月四日に比較的早く詳細な布告がソ連人民委員会議によって採択された。[71] 要約は以下の通りだが、戦時中、相当急いで作業を促していたことがわかる。

（1）【地質問題委員会（マルィシェフ）[72]の仕事】ユゴズィルのタングステン鉱埋蔵地で九月一五日までに少なくとも八〇〇トンのタングステン精鉱の工業的埋蔵量を探査。タングステン砂鉱床の第一区画を探索後、非鉄金属人民委員部がその精鉱を採掘できるよう五月二五日までに引き渡すこと。ジダ[73]に続くモンゴル北部で探査を行い、一〇月一日までに工業的評価を実施。非鉄金属人民委員部が行うタングステン精鉱採掘作業を可能にする水文地質学的作業を六月一日までに実施。

（2）非鉄金属人民委員部（ロマコ）[74]はユゴズィル砂鉱床でのタングステン精鉱採掘に五月二五日から着手すべく現地への遠征隊を組織。

（3）地質問題委員会には地質探査作業に一九四二年に割り当てられた資金から一〇〇万ルーブルをタングステン鉱石探索に支出。モンゴルに技師・技術者四〇名、熟練労働者六〇名を派遣。

（4）非鉄金属人民委員部は一九四二年の遠征隊に二〇〇万ルーブルを支出、遠征に必要な設備、資材等の搬入、七五人の熟練労働者（現場監督、洗浄工、坑道掘進工）、一三人の技師・技術者、行政担当者の出国を一〇日で準備、以上を許可。作業プランを承認、遠征隊の参加者には地質問題委員会「スペツゲオ」の地質パーティー参加者と同等の給与を保証。

（5）国防人民委員部（シチャデンコ）[75]は、五月二五日以降年末まで、三〇〇人の工兵中隊を必要な装備とともに遠征隊に提供。
（6）自動装甲戦車総局（ГАБТУ フェドレンコ）[76]は極東にある部隊から一〇台の自動車を遠征隊に貸与（五月二五日から年末まで）。
（7）交通人民委員部（フルリョフ）[77]はキャフタ、バヤントゥメンまで設備、物資を搬送。
（8）ソ連財務人民委員部は、非鉄金属人民委員部に一九四二年の遠征費用の半額をモンゴル外貨で支出。
（9）外務人民委員部、外国貿易人民委員部は現地の出先機関にこの事業への協力を指示。
（10）関係機関は遠征に必要な装備を提供。

以上である。独ソ戦を戦っていた当時のソ連にとって、硬度の高く砲弾や戦車の装甲に利用されていたと思われるタングステンは非常に大きな意味を持っていたものと想像される。このようにソ連はかなり急いでタングステン採掘に力を入れていたのだが、探索の方針に関しては様々な意見が寄せられていた。一九四二年八月二日、五人の学者、すなわちスミルノフ[78]（ソ連科学アカデミー通信会員）、非鉄金属人民委員部第四特別遠征隊長ボンダレンコ **М. Н. Бондаренко**、モンゴル遠征隊スペツゲオの地質学者ジェルボフスキー **Желубовский**、スペツゲオ隊長シデリニコフ **Сидельников**、貴金属総局主任地質学者ステパーノフ **Степанов** がヴォズネセンスキーに、一九四三年の調査計画作成にあたって考慮すべき点を列挙した。[79] ①ソ連のアジア部分の南部国境地帯にはアルタイ山脈のベルーハ山からアルグン川まで多数の、しかも十分大規模で豊かなタングステン、モリブデン、錫の産地が広がっている（新疆との国境を接するチンダガトゥイ、カルグートゥイ、モンゴルと国境を接するジダ、ブルクタイ、チコイ、ハプチェランガ、ハラノルその他）。②ここに列挙した貴金属は、特に祖国戦争との関連でソ連の工業にとって必要性が非常に高まっているが、採掘にそれほど投資を必要としない場所に埋蔵しているのでなおさらだ。新しい豊かな採掘地の地表部分で採掘すれば十分である。③ソ連モンゴル国境のソ連側地域ではここ数年、広範な探索作業が実行されてきたが、モンゴル国内では貴金属の真剣かつ体系的な探索作業は一九四二年まで実行されなかった。以上を踏まえると、モンゴルの北部で貴金属と錫の産地が発見される可能性が高い。しかもバヤントゥメンの南方二七〇キロ、ユゴズィル近郊で偶然にもモリブデン、緑柱石、ビスマス（蒼鉛）を含むタングステンの工業的採掘地が発見されている。これとは別にスペツゲオが行う地質探索隊により、ほぼ同一種の花崗岩が発達し、その他にも好ましい兆候が観測されている。このことから、特にブルクタイからボルジャにかけての地域、トラ川、ケルレン川沿いの地域、ボルジャとユゴズィルを結ぶ子午線沿いの地域で希少金属探索の広範な探索作業を行う根拠は十分にあると判断し、ソ連政府に申請することが可能だと考えた。そして、①モンゴル人民共和国政府とこれらの実施について協定を締結、②一九四三年にモンゴルの北部、東部で一〇〇万ルーブルを超えない規模で五つの探索パーティーを組織。以上を求めた。

　これに対し、地質問題委員会副委員長のゴリュノフは一〇月一七日、あまりに広範な探索作業を実施するのは適当でなく、一九四三年には北部に活動を集中すべきだとヴォズネセンスキーに述べた。[80] 一方、ソ連非鉄金属人民委員代理フロロフ［Флоров, Василий Аркадьевич　彼に関する情報は乏しい］は一〇月二二日、同年三月貴金属総局の主任地質学者ステパーノフをユゴズィルのタングステン鉱床の探索に向かわせ、地質問題委員会も同時に探索作業を組織し調査した結果、ステパーノフ、その後スミルノフ教授は、地質委員会の評価は過大だとの結論に至ったとミコヤンに述べた。ユゴズィルではタングステン精鉱の埋蔵量は五〇〇〇トンではなく三〇〇トン、含有量は一・〇%でなく平均で〇・一五%であること、一九四二年八月、非鉄金属人民委員部の探索遠征隊はユゴズィルでタングステン精鉱をわずか四・七トンしか採掘できず、九月に一一・八トン、一〇月の最初の一〇日間で三・九トンだったこと、ただし一九四二年の第四四半期に小さな選鉱設備が整い、水文地質学的な探索が終われば一九四三年に精鉱の採掘は一〇〇トンまで伸ばせるとし、さらにユゴズィル以外にもユゴズィルとザバイカルの間で少なくとも五つの探索隊を一九四三年に組織することを非鉄金属人民委員部として提案し、三〇〇万ルーブルの費用を見積もった。[81] 以上のような経過をたどった結果、一九四二年一一月一八日、ソ連人民委員会議は、①地質問題委員会は一九四三年、ソ連の貴金属の大産地（ジダ、ブルクタイ、チコイ、ハプチェランガ）に連なるモンゴルの北部地区でタングステン、モリブデンの下検分的地質学的探索作業を実行。②ソ連財務人民委員部は地質問題委員会にモンゴルにおける地質調査活動に一〇万トゥグリクを支出。[82] 以上を決定した。五月の段階で相当の期待を抱いてモンゴルにおける地質調査を組織したものの、夏以降の実際の探索作業が芳しくなかったため事業は大幅に縮小されたことがわかる。

翌一九四三年四月六日、地質問題委員会委員長のマルィシェフが、モンゴルの東部および南東部でソ連との国境地帯一〇万平方キロの地域における一〇〇万分の一の特別の複合的地質学的な測量を行うこと、そのための必要な資金、人員の支出をミコヤンに要請した。[83] その要求はほぼ認められ、四月一五日に人民委員会議が五項目からなる布告を出した。[84] この布告に関して地質問題委員会副委員長のゴリュノフはミコヤンに、遠征隊にはそれに適したメンバーがいないとして技師・技術者五〇人、熟練労働者三〇人が必要だとの見解を示した。[85] この要求も認められ、ソ連人民委員会議は六月二日、技師・技術者五〇人、熟練労働者三〇人をモンゴルに派遣することを認めた。[86]

このように進められた貴金属探索の作業はどのような成果を生んだのか。一九四三年一二月八日、非鉄金属人民委員ロマコはミコヤンに、一九四三年にタングステン精鉱一二二トンを採掘し、目標の一二〇トンを上回ったこと、支出を許可された二〇七万ルーブル（トゥグリクで）は使い切ったとして、超過的採掘のためさらに七〇万ルーブルの支出を求めた。[87] 財務人民委員のズヴェレフが三〇万ルーブルをトゥグリクで支出すれば十分だとミコヤンに伝えたところ、[88] その意見が容れられ、人民委員会議は一二月一八日、三〇万ルーブルの支出を指示した。[89] このようにかなりの成果が上がっているように見受けられるが、翌一九四四年四月一一日、ゴリュノフは一九四三年の成果について、北部で貴金属の大規模な埋蔵地が新たに発見され、そこにはタングステン鉱の埋蔵地がふたつあること、モンゴル中央部でもいくつかのタングステン埋蔵地が発見されたこと、発見された産地は以前に発見され開発されているユゴズィルと鉱物の埋蔵形態が類似しており、非鉄金属人民委員部には詳細な調査と開発を推薦したことを報告しているが、中でも特に注目されるのは、「モンゴル駐屯の赤軍部隊の必要を満たすため、東部国境地域で特別の複合的な地質学的測量を実行したが、それをもとにこの地域の移動条件、要塞的建造物、着陸場の建設条件が定められ、軍隊へ水を供給するための水源もまた見出した」と、軍のための活動もまとめているところである。[90]

このような成果を受け一九四四年五月一五日、地質問題委員会が一九四四年に行う地質調査活動についてソ連人民委員会議に指示を出すよう依頼した。サブーロフがそれまでの経過をまとめている。地質問題委員会の東方遠征は一九三二年からモンゴルで地質学的調査を実行し、モンゴルの二三％が地質調査の専門家によって調査され、四〇〇以上の鉱物資源の産地が発見された。それ以外にもザバイカルフロントのため一九四三年には一〇万平方キロにわたり、地質学的な地図作製 картирование を実施、その結果、部隊への水供給、防御線の構築、といった問題が解決され、様々な軍種がこの地を通過することが可能になった。一九四四年にはタングステン、モリブデン、錫、タンタルその他の貴金属の探索が続けられる予定だが、赤軍のための複合的な測量も行われる予定。[91]以上である。通常、関係各機関が意見を聴取されるが、例えば外務人民委員部はロゾフスキーがモロトフに一九四四年五月二二日、スペツゲオの地質調査遠征隊が地質調査とソ連、モンゴルの軍への水供給で大きな成果を上げたとの駐モンゴル公使イワノフ［一九四一年五月九日より全権代表から公使 посланник へと名称変更］からの報告をもとに、地質調査続行に賛成した。[92]これを受けて最終的に一九四四年五月二九日、ソ連人民委員会議が一九四四年の地質調査について次頁の表の通り、地質問題委員会に許可するとともに予算措置を講じた。[93]

一九四三年の成果で強調されていた通り、軍事的目的を持った測量に半分近くの資金の投入を予定していたことがこの表からも看取される。

地質学的調査とは別に、鉱物資源の採掘に従事していた非鉄金属人民委員部のアルヒポフ Архипов によれば、一九四四年の採掘は順調に進んだ模様で、同年九月七日、人民委員会議のミコヤンに対し、特別遠征隊は七か月の活動でタングステン精鉱採掘の計画を達成し、その他の大規模建設、地質調査活動を行ったこと、三四半期で予定されていた三〇〇万ルーブルを完全に使い切り、九月に採掘する資金がないと訴え、第三四半期に七〇万ルーブルをトゥグリクで出すよう要請した。[94]これを受けてソ連人民委員会議は九月二一日、追加的に七〇万ルーブルをトゥグリクで非鉄金属人民委員部に支出するよう財務人民委員部に指示した。[95]この流れは戦後も続いていた。ソ連閣僚会議（人民委員会議が一九四六年三月一五日に改名）は一九四六年六月二六日、地質省（地質問題委員会が省

作業の場所	鉱産物または作業	作業の目的，性格，期待される成果	資金（単位は1万ルーブル）	
			総額	うちトゥグリクで
中央，東部，東ゴビアイマク	包括的測量	5万㎢にわたり，移動の可能性，軍隊への水供給，防御線構築の土質工学的な条件の観点について評価した5万分の1の地図の作製	80	65
東北，西部	タングステン，モリブデン，錫，タンタル	工業的な将来性に関する事前の評価を伴う貴金属（タングステン，モリブデン，錫，タンタル）の産地の探索．新しい産地の発見．4800㎢にわたって包括的な地質学的測量をもとにした20万分の1の地図の作製．モンゴルアルタイ山脈の北斜面でタンタルの下検分．他．	60	50
セレンガ中部，ヘンテイアイマク	タングステン，モリブデン，錫	モンゴル北部で3つの遠征隊により1943年に実施された地質学的探索作業の結果得られた資料の研究と1945年の地質学的調査の計画立案	18	15
東部，スヘバートル，ドルノゴビアイマク	包括的測量	10万㎢の地域で4つの遠征隊により行われた包括的地質学的測量によりもたらされた資料の研究と，1945年の地質調査の計画立案	22	19
計			180	149

に改名）に対し、三〇人の熟練労働者をモンゴルに派遣することを許可している。[96]

五　モンゴル駐屯赤軍

財政問題についてまとめた際に言及したことだが、ソ連の対モンゴル支出で最大項目は軍隊の駐留経費、中でも軍人に対する給与支出だった。ノモンハン事件の翌年、一九四〇年九月一九日国防人民委員のティモシェンコはモロトフに、モンゴルに駐屯している軍隊への給与増額を要求したが[97]、これに対して財務人民委員のズヴェレフは一〇月一〇日、ソ連領内にいる軍人と比較して恵まれている、トゥグリクの購買力は取引されているレートと比較してもかなり高いとして、一九三八年五月三一日のソ連人民委員会議付属国防委員会による布告、一九四〇年七月二九日のソ連人民委員会議の布告で定められた現行のやり方を変更する必要はないと主張した[98]。財務人民委員部は無責任だと軍部は批判したが[99]、一九四〇年一二月八日、ソ連人民委員会議は軍の要求を却下した[100]。軍としては国防の最前線における活躍で待遇の改善を求めた可能性もあるが、この事例を見ると必ずしも軍の希望が通ったわけではないことがわかる。

独ソ戦開始から半年が経過した一九四二年一月一〇日、ソ連人民委員会議は同年第一四半期のモンゴル駐屯赤軍および気象台の維持経費について前払いで一二〇〇万トゥグリクを支出するよう財務人民委員部に指示したが、興味深いのはモンゴルだけでなくイラン、新疆、トゥヴァの部隊に関する経費も同時に指示していることである。[101]ソ連外に駐屯している部隊については現地の外貨が必要なため、この場合は財務人民委員部に一括して指示を出していたのだろう。一方、一九四三年二月二二日ソ連人民委員会議は、モンゴルに駐屯するザバイカルフロントの部隊がソ連西部からの輸送に頼らず、できるだけ現地で穀類と飼料、野菜、魚の調達を目指そうとしていた同フロントの軍事評議会の決定を承認した。そのプランとは、一九四三年春に七六〇〇ヘクタールに穀類と飼料作物（内訳は小麦五〇〇〇ha、大麦一〇〇〇ha、えん麦一〇〇〇ha、ソバとキビ六〇〇ha）を播種させるが、その際穀類、飼料作物を栽培する野菜ソフホーズは野菜の栽培面積を維持すること。一九四四年春に播種するため、新たに一万二四〇〇ヘクタールを耕作すること、一九四三年に播種する耕地で秋耕すること、野菜を栽培する全耕地で二年間の灌漑を維持すべく灌漑網を構築、一九四三年に漁獲高が一万五〇〇〇ツェントネル［一ツェントネルは一〇〇kg］になるようブイル湖［ノモンハンに近い満洲国との国境に位置する］で漁業を拡大、以上の方策である。これを受けてソ連人民委員会議は、これらの目標を達成すべく関係各機関には様々な機械、設備、道具を準備するように指示し、国防人民委員部が一九四三年春の播種のため、自分の手持ちから小麦七五〇トン、大麦一五〇トン、えん麦一五〇トンを供出し、穀類の播種拡大のため二〇〇万ルーブル、灌漑網の整備に三〇〇万ルーブルをクレジットで提供することを許可した。農業人民委員部（ベネディクトフ）はザバイカルフロントに野菜の種子（ニンジン三トン他）を提供することになった。[102]満洲事変の直後、特別極東軍の指揮下にコルホーズ軍団が組織され、軍事訓練と同時に農業生産にも従事していた「屯田兵」的な先例を想起させる。戦時中の厳しい時期であり、ソ連国内からの輸送の負担を軽減するためにも、現地で自給的に食料を調達することを求めていたことがわかる。

現地においては食糧生産による輸送の負担軽減ばかりでなく、国家備蓄の構築も進められていた。一九四三年一二月九日、グロトフ B. Глотов はヴォズネセンスキーに次の要請を行った。ソ連人民委員会議は一九四二年一〇月二六日、ザバイカルフロントに対しソ連人民委員会議付属国家物資備蓄総局 ГУГМР のためにモンゴルのウルザ［チョイバルサンから西北、ウンドゥルハンから東北にあたり、両者からほぼ等距離に位置する］に穀類と飼料、食糧の国家備蓄の保管基地を作るよう指示し、一九四四年一月一日よりこの基地の利用が始まることを指摘しつつ、財務人民委員部外貨委員会は一九四四年の基地運用費用の拠出を人民委員会議の命令がないため拒否している、したがって予算確定の上、この基地受け入れのための施設長の出張費用六〇〇〇トゥグリクをそこから前金として支出するよう指示して欲しい、と依頼した。[103] 財務人民委員ズヴェレフが、予算確定までの前金として出すのは可能との見解を示したのを受け、[104] 一二月二三日ソ連人民委員会議は六〇〇〇トゥグリクの支出を指示した。[105] 備蓄問題についての史料は今日のロシアでも機密事項に分類されて閲覧は困難である。施設長の出張経費という問題だったため、備蓄する場所を含めた情報が漏れ出たものだろう。東部前線から離れた後背地でソ連からも近い場所が選定されていること、一九四二年一〇月段階で構築が決定されたことなど、非常に興味深い内容を知ることができるが、この備蓄基地の機能等、詳しい内容を得るのは現状では難しい。

六　教育――モンゴル人とソ連人

モンゴル人の教育

モンゴル人の教育をイルクーツク、ウラン・ウデを中心に行っていくという一九三三年五月の政治局の決定をすでに見たが、一九四〇年代に入るとその場所をモンゴル国内に移していくという流れが見られることになる。一九四一年四月一八日、外務人民委員部事務総長ソボレフは、[106] ソ連人民委員会議議長代理ゼムリャチカに、モンゴル教育学校をウラン・ウデからウランバートルに移すようにとの駐モンゴル全権代表イワノフからの提案と、ブリャート・モンゴルソヴィエト社会主義共和国党委員会もロシア共和国教育人民委員部もこの提案を支持或いは反対していないとのイワノフからの情報を合わせて伝えた。ウランバートルには教育中等学校、教員養成コース、不完全な七年制の中等学校がいくつか存在する他、モンゴル人民共和国政府決定により一九四二年からウランバートルに国立大学が開学する予定であり、二月から国立大学への予備コースが機能し始めていること、中等レベルのモンゴル人教育スタッフを養成することがウランバートルではすでに可能なので、外務人民委員部としてもイワノフの提案を支持すると付け加えた。さらにソボレフはウランバートルで教育学校が正常に活動するためには、モンゴル人学校に付属する実験室、図書室も合わせて引き渡し、歴史、地理、物理・数学、ロシア語、教育学を教える五人の教師を派遣することが必要だと述べた。モンゴル人民共和国建国二〇周年に合わせて学校を移転し、革命二〇周年へのソ連の贈り物として実験室と図書室をモンゴル政府に贈与することを提案したのである。[107] ロシア共和国教育人民委員部からの追加情報によれば、このモンゴル教育学校は一九四一年、モンゴル教育ラブファクを基盤に設立され、在学中の二〇一人（本コースに一三九人、予備コースに六二人）はモンゴル教育省から派遣され、ロシア共和国教育人民委員部が直接財政支援しており、一九四一年には一五六万八三〇〇ルーブルの補助金が出ていた。[108] この提案は結局、四月三〇日のソ連人民委員会議の決定によって原案通り認められた。[109] ただしモンゴルにおける教育の状況は非常に困難な状況に置かれていた。就学年齢に達した児童一三万六〇〇〇人のうち学校で学んでいたのは一万二〇〇〇人で、一九四〇年にはわずか一二の中学校、テフニクムタイプの学校が八校あるだけだった。ウランバートル唯一の中学は一九四一年に一〇年生一七人を卒業させる予定だったが、九年生もわずか六四人だった。モンゴル語の教科書が不足していた。一九四〇年初めにモンゴルの教育相に就任したマシュライとソ連から派遣された顧問ルサコフ **А. В. Русаков** が約七年、ともに教育改革を行った。[110]

　教育における協力は児童教育にとどまらない。上述した通り、モンゴル政府はウランバートルに三学部からなる初めての高等教育施設を一九四二年九月一日に開設することを決定していたが、先のソボレフはこれに関してもゼムリャチカに、モンゴル政府から①組織学と解剖学、②有機化学と無機化学、③物理学、④数学、以上の研究室の設備を整えるために協力を要請されたこと、外務人民委員部も大学開設でモンゴルに協力することは妥当だとみなすとして、政府による命令を求めた。[111] これを受けて一九四二年六月八日、ソ連人民委員会議は同会議付属高等学校問題委員会が、モスクワ国立大学、モスクワ教育大学、チミリャーゼフ農業アカデミー、モスクワにあるいくつかの医科大学から上記四研究室のために設備を収用すること、ウランバートルの大学のためのモンゴル政府への贈り物として贈呈すべく、外務人民委員部がこれら設備の引き渡しの手続きを定めることを指示した。[112]

ソ連人の教育

これはモンゴル人の教育に関する決定だが、一方でモンゴル在住のソ連人子弟の教育についても当局は様々な決定を行っている。この問題については、満洲事変後の一九三二年一一月に政治局が採択した詳細な対モンゴル政策の中で、モンゴル在住ソ連人に対する文化的サービスの一環として取り上げられたことを紹介した（第三章第五節）。約一〇年経過したことになる。ソ連人子弟の具体的な数だが、一九四三年二一三七人、一九四四年二三一三人（一九四三年九月一日の実際の人数）で、一九四四年には計一〇一学級（一年生二二、二年生一九、三年生一九、四年生一四、五年生八、六年生七、七年生六、八年生二、九年生二、一〇年生二）存在し、八年生、九年生、一〇年生の児童が学ぶのは全校児童九一〇人を抱えるウランバートル中学校だけで、七年制の不完全中等学校はアルタンボラグ（児童数一九五人、以下同じ）、スヘバートル（一七五人）、ウンドゥルハン（九二人）、チョイバルサン（一三六人）の四校、他に四年生までの小学校が一四校存在した。[113] 一九四四年二月一五日にソ連人民委員会議が認めたこれらの学校の維持経費は九二万五〇七五トゥグリクで、内訳は右表の通りであった。[114]

支出項目	金額*
給与	642, 576
給与への加算金	11, 245
文房具費	151, 300
出張経費	34, 704
教育経費	3, 600
図書経費	600
設備購入、修理費	2, 400
無限定の大型支出	72, 300
その他	6, 350
合計	925, 075

*トゥグリク

これとほぼ同じ時期のことになるが、これらの学校で教育に従事する教員の待遇が問題となった。一九四四年二月九日、ロシア共和国教育人民委員のポチョムキンは人民委員会議議長代理モロトフに、[115] モンゴルにはソ連人児童のための一七の学校が存在すること（上述のデータに従えば、四年生小学校一四、七年制の不完全中学校四、一〇年生中学校一の計一九校となる）、一九四二年一二月四日付のソ連人民委員会議布告に従ってソ連のあらゆる組織の職員が受領している給与を教育関係の職員は受領していないと訴えた。[116] ソ連財務人民委員のズヴェレフはこれに理解を示し、ソ連人民委員会議の一九四二年一二月四日の布告により、モンゴル人民共和国が第四グループから第三グループに移った結果、そこで働くソ連の組織の職員は平均で二四％給与が増額されたのに対し、ロシア共和国の職員の給与はソ連の組織の職員に比べてかなり低く、二四％引き上げることは可能だとみなした。[117] この経緯からもわかる通り、在外職員の給与は当該国のランクによって差があった。あとで引き上げの経緯を示すが、インフレの影響でこの時期にモンゴルのランクが第四から第三に引き上げられていたこと、一律に引き上げが行われていたのではなく、所属によっても差があったことがうかがえる。結局この意見が採択され、ソ連人民委員会議は三月二八日、三月一日にさかのぼって給与の増額を指示した。[118]

さらに一九四四年後半に入ると、ソ連人子弟教育のために学校の増設が決められた。八月二九日、ロシア共和国教育人民委員ポチョムキンは、モロトフおよびズヴェレフに対し、ソ連赤軍政治総局とモンゴル人民共和国へのソ連使節団が、モンゴルに駐屯する赤軍将校その他の子弟、ソ連の関係各機関に勤務すべく派遣された民間人の子弟のために、一九四四年に小学校六校、七年制学校二校の開校を要請していること、軍としてはサイン・シャンダ、ユゴズィルの軍事キャンプに小学校、ウラン・ツィリク、タムサグボラグに七年制学校を希望していること、民間人子弟のためにはトゥルト、飛行場、ホブドに小学校を予定していること、これらの学校で三三五人の児童の教育が予定されていること、一九四四年の維持経費として六万七八八四トゥグリクまたは八九二〇〇ルーブルが必要であるとして、経費を求めた。[119] 追加的な説明によれば、第一七軍［一九四〇年六月にザバイカル軍管区の第一軍グループをもとに形成され、一九四一年九月にザバイカルフロントの構成に加わったモンゴル駐在の赤軍部隊］の軍事評議会が東部で学校開設を要求していたのは、この地区に駐屯する部隊へソ連、およびモンゴルの中央から家族が来るためで、二九二人の新たな児童の来訪を予定していた。その他の三つの小学校はソ連から出張する専門家の子弟四三人のためであった。[120] 最終的に一九四四年九月一〇日、ソ連人民委員会議は小学校六校、七年制学校二校の開校を許可した。[121]

一九四四年後半になり、ソ連西部で対独戦勝利の見込みが立ち始め、対日戦の準備を進めるべくモンゴルにおいても軍の増強を推進していったと考えられるが、それに伴う同伴家族の増大という現象が、このように現地における学校の増設という形を取って表れていることがわかる。

七　モンゴルに勤務するソ連人職員

モンゴルに派遣されている専門家の給与が問題となった。一九三三年に定められた規定によれば、モンゴルに臨時に出張する専門家の日当は五トゥグリクであったが、一九四〇年五月一九日、ソ連人民委員会議付属経済評議会が外務人民委員部と外国貿易人民委員部に対し、機動的作業に従事するスタッフに対して一〇トゥグリク、指導的スタッフに対して一二トゥグリクを認めた。しかし、これ以外の機関が派遣する専門家に対する経費は従前のままにとどまっていた。[122]

この問題について一九四二年三月一八日、非鉄金属人民委員ロマコは、同人民委員部が派遣する専門家の給与に、外国貿易人民委員部職員と同等の規定を適用するよう人民委員会議議長代理ミコヤンに要請した。[123] 財務人民委員のズヴェレフはこの指摘は全く正当であり、他の省庁からもモンゴルに出張する場合には日当を等しくすべきだと主張した。[124] この議論が受け入れられ、最終的に四月二四日、非鉄金属人民委員部からモンゴルに派遣される専門家には外務人民委員部、外国貿易人民委員部の職員と同等の日当が支給されることになった。[125] ただしこの命令には他の省庁について言及はない。したがって他の部局からの不満も出てくることになる。一九四二年九月一〇日、ソ連内務人民委員部のサフラジヤン[126]は、一九三〇年に定められた日当五トゥグリクでは少なすぎると、外務人民委員部、外国貿易人民委員部職員と等しい日当一〇〜一二トゥグリクをミコヤンに求めた。[127] このため九月二一日、ソ連人民委員会議はあらゆる部局から派遣される専門家に対して一九四〇年五月一九日の新たな規定を適用することを決めた。[128]

これは臨時の出張時の日当の増額であるが、一般の給与についても様々な問題提起が行われていた。例えば一九四〇年一一月六日、ソ連人民委員会議付属気象総局長フョードロフは人民委員会議議長代理ヴォロシーロフに、一九三五年の協定締結後の五年でモンゴル国内の最低生活費が高騰したため、外貨を基準としルーブルで支払われる給与を六〇%引き上げる一方、モンゴル滞在中の日当を五から一〇トゥグリクに引き上げるよう要請した。[129]

モンゴルにおける気象台設置は軍事とも関連し、既述の通り、一九三〇年代半ばからソ連人の専門家によって設置され、所員も大部分をソ連人が務めていた。この要請に対して同年一二月二日、財務人民委員ズヴェレフは、気象台職員はモンゴルで外貨による給与の他に、給与の一〇〇％にあたる額をルーブルで受領（一九三六年一一月一七日のソ連人民委員会議と中央委員会の決定による）していること、財務人民委員部としては外国貿易人民委員部に対する規定（一九三九年一一月一七日のソ連人民委員会議党中央委員会の決定）に則って引き上げることに反対しないと述べた。[130] しかし翌一九四一年二月二四日、人民委員会議はこの要請を却下した。理由は不明だが、省庁によって異なる対応が取られていたことがわかる。

さらに時間が経過するにつれ、一九四二年末にかけてのインフレで給与の増額が検討されることになった。この問題を提起したのは外国貿易人民委員代理のクルティコフで、[131] 起点が書かれていないが彼の説明によれば一九四二年一〇月現在、食品や日用必需品の価格が二〇から一六〇％上昇し、そのためにモンゴルの企業、組織の労働者、職員の給与は約五〇％増加した。価格上昇の結果、ソ連の労働者が外貨で支払う費用が著しく増加した。一人あたり一か月間の食料品、必需品、住居費用は一九四〇年六月の四六五ルーブルから一九四二年一〇月には九四五ルーブルへと一〇三％（食品一一五％、衣服一二九％、住居費二八％）増加した。一九三九年以来、食品への支出は三倍以上に増えた。最低生活費が増大し、一九三九年に定められたソ連人労働者の給与は不十分なので、モンゴルを第四から第三の国家グループに移すことで、給与を平均二四％増額すること、これとは別に、一九三九年一一月一七日のソ連人民委員会議および党中央委員会の布告で定められた規定給与体系に従っていないスペツヴォエントルグとソユーズネフテエクスポルトの労働者は、このグループ変更によって通商代表部傘下の労働者の給与が二四％引き上げられるのに合わせて、同じく二四％給与を増額する、以上を提言した。[132] この提言が受け入れられ、一九四二年一二月四日、一二月一日に遡ってモンゴルに派遣される労働者の給与体系を第三グループに引き上げること、モンゴルで働いているスペツヴォエントルグ、ソユーズネフテエクスポルトの労働者に対しては二四％給与を引き上げることをソ連人民委員会議は決めた。[133] 先に教育人民委員部からの要請を見た通りだが、第三グループへの引き上げの背景にはこのようなインフレ状況が存在していた。

	満洲	増加率	モンゴル人民共和国	増加率
1940	—		372	100
1941	625	100	582	157.5
1942	876	140.2	780	209.7
1943	1,313	210	903	242.7
1944	1,772	283	1,096	294.6

満洲の場合，1941年の数値を100，モンゴルでは1940年の数値を100として最低生活費の増加率を示している．

いち早く給与の増額を勝ち取っていた外交使節にとってもインフレは影響し、スタッフの増大とも関連して支出の増大を当局に要請することになる。一九四三年七月二六日、外務人民委員部のデカノーゾフはソ連人民委員会議に対し、「モンゴルにおけるソ連の使節の作戦要員が増加したこと、商品、物資、燃料、事務用品の価格が高騰したこと、使節の建物の大修理を緊急的に実施せねばならないこと、建物に設備を備え付ける必要があること」を理由に、イワノフ公使が一二万三五〇〇ルーブルを外貨で追加的に支出するよう頼んできたことを伝え、増額を要請した。(134) 全権代表部がモロトフからの同意を事前に得ていたこともあり、八月三日、ソ連人民委員会議は一二万三五〇〇ルーブル相当を外貨で支出するよう財務人民委員部に指示した。(135) インフレという現象はともかく、一九四三年半ばになって全権代表部の要員を増大させていたということは、増えた人数が不明ではあるが、注目すべき事実である。上述した通り、駐留部隊のスタッフ増強の動きと合わせて考慮する必要がある。

先の一九四二年末の給与水準引き上げから一年半経過した一九四四年七月にも再度給与引き上げが提起された。七月一一日、デカノーゾフがソ連人民委員会議に、直近四年間（モンゴルの場合は五年間）でソ連の労働者の最低生活費が満洲、モンゴル人民共和国ともにほぼ三倍になった［上表を参照］にもかかわらず、この間の給与の増加率が満洲で四二％、モンゴルでは二〇～二四％にとどまったとのデータを示し、現在第一の国家グループに分類されている満洲のソ連機関の労働者については三〇％引き上げ、モンゴルの労働者については第三から第二グループに移すことで最高二一・五％の給与増額をはかること、モンゴルに滞在するスペツヴォエントルグ、ソユーズネフテエクスポルトの勤務者には基本給を外貨で一八％増額するよう求めた。(136)

この要請に対して財務人民委員ズヴェレフは七月二四日、ヴォズネセンスキーに、一九四二年一二月に平均二四％給与を引き上げたモンゴルでは一九四三年に食品、工業製品の国家価格は上昇しておらず、ソ連機関に勤務する労働者は必需品を固定価格で提供され、この問題についてここ数か月重大な変化は生じていないので給与引き上げの必要はないが、満洲のソ連労働者の給与を三〇%引き上げることは可能だと回答した。[137] 結局、ズヴェレフの判断が妥当とされ、ソ連人民委員会議は八月五日、一九四四年八月一日より満洲のソ連機関で働く労働者の給与を三〇%引き上げることを決めた。[138]

八　一九四五年七月のスターリン・宋子文会談とモンゴル

モンゴル独立にあたって最大の貢献をしたのはスターリンであったといって間違いないだろう。スターリンはヤルタ会談で一九四五年二月一一日、ドイツが降伏しヨーロッパでの戦争終結後二～三か月で対日参戦することを英米首脳に約束したが、参戦の条件として、サハリン南部の返還、大連、旅順に対するソ連の優先的権限、中国との中東鉄道、南満洲鉄道の共同運営、千島列島の引渡しと並んで、外モンゴルの現状維持が筆頭に掲げられていた。モンゴル問題を含め中国に関する事項については、蔣介石の同意を取り付けることが求められ、スターリンの助言でローズヴェルトがそのような同意が取り付けられるよう方策を取ることになった。[139] ここでいうモンゴルの現状維持とは一九二四年の中ソ間の協定で確認した中華民国のもとでの自治と中国側はみなしていたが、ソ連側にとっては国家としての独立を意味することが次第に明らかになっていった。したがって日本に対する戦争が終わりに近づくにつれ、スターリンはソ連が考えるモンゴルの現状維持を中国に認めさせる必要があった。そこで行われたのがモスクワにおける宋子文中華民国行政院院長兼外交部長との会談であり、最終的にはこのさなかに蔣介石がモンゴルの独立を認めることになったのである。その過程がわかるのが二〇〇〇年に刊行された中ソ関係に関する文書集である。[140] どのようなやり取りが行われたのか、双方がどのような主張を展開したのか、速記録に基づきできるだけ忠実に、その過程を振り返っておくことにしたい。

一九四五年七月二日スターリン・宋子文会談

一九四五年七月二日、スターリンは宋子文と第二回会談を行ったが、[141] そこでモンゴルについてスターリンは「外モンゴルは特殊な地理的地位を占めており、そのために日本人は常に極東におけるソ連の地位を覆しうる。日本人は戦前ハルヒンゴール〔ノモンハン〕地区に侵入しようと試みたが、もしもソ連に外モンゴル領を防衛する法的権利がなければ、ソ連は全極東を喪失する脅威にさらされたことであろうし、これは中国にとってもまた好ましくなかった」。「ソ連は外モンゴル領を自分の軍隊で守る権利を確保せねばならず、これもまた中国のためだった」。「モンゴル人民共和国は中国の一部になることを望んでいない。モンゴル人たちは独立した存在、民族的独立を望んでいる。中国にとっては外モンゴルを切り落としたほうが有利だろう。もしそうしなければ、外モンゴルはあらゆるモンゴル人を統合する要因となり、そうなると中国にとっては不利だろう」。このように述べたスターリンに対して、宋は「我々は今外モンゴルについての問題を取り上げない。寝ている犬はそのままにしておく。かつてソ連が中国の一部だと認めたモンゴル人民共和国の独立を認めると、中国政府の地位が人民の面前で揺らぐことになる」とモンゴルについて検討することを拒んだが、別の問題の討議を経て再度、モンゴルが話題に上ると、宋は「なぜソ連はこの問題で譲歩するつもりがないのか？」と問いただした。スターリンが、「モンゴル人たち自身が中国の一部であることを望んでいない。困難ならば克服すべきだ。他の選択肢は考えられない」と述べると、宋は「今はこの問題を取り上げない」と答えた。それに対してスターリンが、「外モンゴルの問題は必ず表面化する。今回同盟条約を締結する際に、あらゆる側面を考慮すべきだ。戦争から多くのことを学んだが、中国にとってもソ連にとっても外モンゴルが独立国家となり、日本からの脅威が存在する際にその領土にソ連が自軍を投入する権利を持つことが好ましいものだということを我々は確信した」。「この腫れ物をそのままにしておくべきでない。今こそ切除する必要がある」と述べると、宋は「この腫れ物は中国にとって痛くもないし、そのうえ中国はモンゴル領内へのソ連軍の投入に一度も反対したことはない」と答えた。スターリンが繰り返し、「モンゴル人民共和国は今や自分の地位を最終的に決定することを望んでいる。中国にとってもソ連にとっても外モンゴルは豊かではないが、その地理的な位置だけが理由で、ソ連にとって大きな役割を果たしているのだ」と述べると、宋は中国政府の要望に真剣に応えるよう懇請した。するとスターリンは「モンゴル人民共和国に独立を付与することについて今話をつけておき、それについては日本壊滅後に公にすることが唯一可能な出口だ」。「日本の敗北で中国が新領土を受け取った時、モンゴルの独立について宣言することが可能だろうし、この行いは中国人民に否定的な印象を及ぼすことはないだろう」と別の角度から持論を展開すると、宋は、蔣介石と相談する必要があるし、モンゴルの独立でチベットの独立も問題になる［この問題についてチャーチルと激論したことを付言した］と述べた。スターリンは、「外モンゴルについての問題の解決で、我々が考えているのは防衛という目的だ。モンゴル人民共和国領内から日本人は、チタ地区のシベリア鉄道を容易に切断でき、極東全体が日本人の手に落ちることになるからだ」と述べた。モンゴル独立の論拠というより、一九三〇年代に入ってソ連自身がモンゴルの内政に深く関与していった理由を述べたものともいえるだろう。

一九四五年七月七日スターリン・宋子文会談

次にモンゴルが問題となったのは、七月七日に行われた第三回会談である。(142) 宋が、「ヤルタ会談の「現状維持」には同意するが、中国政府としては外モンゴルの独立は容認できない」と述べると、スターリンは、「現状維持とはモンゴル人民共和国の独立承認の意味だと理解すべきだ。モンゴル人自身が独立した国家体制を望み、このことを自ら宣言したということを考慮する必要がある」と答えた。宋が「モンゴル領内にソ連が軍隊を維持していることに反対しないし、今後も駐留を認める」と述べると、モロトフが「モンゴル人民共和国には自分の憲法があり、これは実質的に独立した国家だ」と答え、スターリンも「半月ほどしたら紛争が生じるかもしれず、モンゴル問題を現在このままにしてはおけない。この未解決が原因で中国人はあとから「中国は外モンゴルの独立を認めなかったが、それにも関わらずロシア人がそこへ軍隊を送り、この国を奪った」と言い出すことになるかもしれない。我々はそのような役割を果たしたくない」と即決の必要性を訴えた。再度現状維持について宋が持論を展開し、スターリンが、現状維持とは独立を意味すると繰り返すと、宋は「いかなる中国政府も外モンゴルの独立を認めてしまえば、政権にとどまることはできない、というひとつの側面だけでもスターリン大元帥は理解すべきだ」と答えた。これにスターリンが「なぜか？」と問いただすと、宋は「世論はモンゴルの独立承認に同意せず、政府に反対する」ためだと答えた。これにスターリンが、ソヴィエト政府がフィンランドの独立を認めながら権力にとどまった歴史の一例を引用すると、宋は、ソ連と中国を並行的に見るべきでなく、モンゴルの独立を認めれば、綿密にモンゴル問題を検討してきた蔣介石は権力に残れないと述べた。スターリンが「ソ連側も注意深くモンゴル人民共和国についての問題を検討したが、中国が同様の観点を堅持するのであれば交渉からは何も生まれないだろう」と述べると、宋は「中国はモンゴルに高度な自治を付与する用意がある」と答えた。スターリンが「外モンゴルが中国の一部のままにとどまると、紛争の原因が常に存在し続けることになる」。「ソ連は「それは何も意味しない」とスターリンが応じると、宋は「そこへソ連軍を入れても構わない」と述べた。スタ中国と同盟を締結するつもりなので、今すぐあらゆる論争的な問題を解決し、紛争のあらゆる種を排除したい」と述べると、宋は、ソ連軍のモンゴル駐留を承認する一方、独立は認められないと繰り返した。スターリンが、そのような問題設定は理解できないと繰り返すが、宋は、世論に再度言及した。ここで話は孫文時代に遡り、スターリンが「孫文時代、モンゴルにはいかなる中国の権力も存在せず、そこにはロシア軍がおり、モンゴルはすでに二四年間独立した生活を営み、中国の一地方になるのを望んでいない」と述べたのに、宋は「それでもヨッフェは、中国の一体性を認める協定を中国と結んだ」と述べた。モンゴルに対する中国の主権を確認した一九二四年の中ソ協定に深入りすることを避けようとしたのか、スターリンが再度、当時外モンゴルに中国の権力はなかったと強調すると、宋も再度世論について言及した。これにスターリンが「ソヴィエト政府はモンゴル人民共和国についての問題で譲歩できない」と述べると、宋は再度世論、中でも最もリベラルな論者でも外モンゴルの独立を認めないし、認めようものなら政府は転覆するという事情を考慮するよう求めた。スターリンがどのような勢力が蔣介石政権を倒すのかと尋ねたので、宋はあらゆる勢力がこの機会を利用するだろうと答えた。スターリンは組織政党として国民党が中国にはあるが、他は組織されていない。モンゴルの独立によって共産主義者たちが蔣介石政権を倒すとでもいうのかと尋ねた。モロトフが宋はあまりに悲観的だと述べ、スターリンも事態をあまりにパニック的に評価している、中国がソ連と同盟を結べば誰も蔣介石政権を倒せない、これを確信しているると述べた。宋が彼らは感傷的な考えに基づくべきではないと述べると、スターリンは、感傷的に考えているのではなく、事態を分析すればこのような結論に至ると答えた。宋は国民党では誰も外モンゴルの独立を支持しないし、共産主義者たちは公然とは反対しないかもしれないが、彼らが反政府闘争にこのような機会を利用しないならば、その振る舞いはとても奇妙だということになると述べた。モロトフがソ連との同盟があってもかと尋ねると、宋はそうであってもだと答え「スターリン大元帥閣下は軍事力の意義をよく理解しているが、捉えどころのない要因の意味もまた理解しているはずだ、いかなる政府も世論を侮辱することはできない」と述べたが、スターリンは「ソ連はモンゴル人民共和国の問題で譲歩できない」と繰り返した。宋は当日が日中戦争開戦九周年にあたることを想起し、中国の人民は大変な犠牲を払ったこと、政府は世論を無視できず、現実的な判断から出発している、蔣介石も彼も現状維持が認められ、ソ連が外モンゴルに軍隊を入れても紛争にはならないと述べた。

これに対して、スターリンのかなり長い発言が記録されている。「ソ連は半年や一年ではなく将来を見据えている、日本は敗退しても二〇年も経てばいずれ復活する、ソ連政府は現在だけでなく将来の見込みに立脚したソ中関係を構築したい、日本の力の復活の可能性を考慮すれば極東で我々は準備不足だということに思い至らざるをえない。不完全なウラジオストックという港しか持たない。ソヴェーツカヤ・ガヴァニという名のふたつ目の港を建設中で、三つ目の港を作るかもしれないのがペトロパヴロフスク・カムチャツキーだ。しかし鉄道で国の他の地域との接続がなければどの港も有効に機能しない、ペトロパヴロフスクと接続するためには二五〇〇キロの鉄道建設が必要だが、ウラジオストックとソヴェーツカヤ・ガヴァニの間にデ・カストリ港も必要だ。これらの港、鉄道を建設するのに四〇年はかかる。だから中国と四〇年の協定を結びたい。その完成後は我々には必要なくなるので遼東半島、中東鉄道からは出ていく。だから今我々は中東鉄道、南満洲鉄道、旅順、大連について協定を締結したいのだ、我々は四〇か月ではなく四〇年先を見ている。これらの問題との関連でモンゴル人民共和国の独立問題が提起されている。すべては我々の共通のプランの一部なのだ。我々は中国に軍隊を入れることはできない。それは馬鹿げた話だ。しかし大きくなく、独立した友好的な国には軍隊を入れることができる」。「同志スターリンは、いま述べたプランは誰にも話したことがないが、宋子文ならばこのプランを知らせることができると強調した［記録者による注釈］」。宋が再度、中国はソ連軍が外モンゴルに駐屯するのに反対しないと述べると、スターリンは「未確定問題を抱えたまま関係を構築できない、今日中国はソ連がモンゴルに軍隊を送るのに反対しなくても、明日反対するかもしれない」と述べ、かつてソ連軍を撤退させた新疆の例を挙げ、「同盟国の領土に軍隊を入れることができないと考えている」と強調した。宋が「両国の間に軍事同盟が存在した場合でもか」と述べると、スターリンは「軍事同盟は一定の目的——日本の壊滅——を目指したものだ、そのあとはどうするのか」と質したところ、宋は軍事同盟は対日戦争の時期だけでなく、より長期間有効だと答えた。スターリンは二〇年の協定草案を準備していると述べ、モロトフはソ連が四つの草案（友好相互援助協力について、中東鉄道と南満州鉄道について、旅順と大連について、モンゴル人民共和国の独立宣言について）を準備したと述べ、それらを宋に渡した。宋はスターリンがプランを開陳してくれたことに感謝し、スターリンは将来を見ているが、中国政府には現在解決せねばならない多くの問題が存在すること、今がなければ将来もない、自己保存を第一原則としているので、モンゴルへの独立付与は不可能だという至極現実的な結論に至らざるをえないと述べた。その結論が非現実的だとスターリンが応じると、宋はそれでも中国政府は自分が現実的だと考えていると述べた。スターリンはそれならば協定は結べないと述べると、宋は蔣介石から一定の指示があるのでと答えたので、スターリンは会談の終了を提起した。中国側の観点をスターリンが理解していないと残念がると、スターリンは中国人もソ連側の観点を理解できていないと遺憾の意を表明した（会談は五〇分）。

一九四五年七月九日スターリン・宋子文会談

七月八日に蔣介石の息子蔣経国が駐中大使ペトロフと会談し、モンゴル問題の解決の行方について議論していたが、[143]スターリンと宋子文が会談したのは翌七月九日だった。[144]この場で蔣介石の方針転換[145]が伝えられ、モンゴル独立への道が開かれることになった。モンゴルだけでなく中ソ間に締結された諸協定について議論されたが、モンゴルについての議論だけまとめることにする。

前の交渉の結果、蔣介石に交渉が袋小路に入ったと伝えていた宋子文は、当日重慶からの返事を受け取ったことをスターリンに伝え、返事を翻訳する間、蔣介石が見せた譲歩がどれほどの価値に相当するのかスターリンに理解してもらうためにも全体像を描きたいと述べて、次のように話した。「トルーマンには外モンゴルの問題は、中ソ両国間で審議せずに解決されるだろうと述べていたので、これほど複雑な問題になるとはワシントンでは考えなかった。トルーマンもステティニアスも「現状維持」についての自分の解釈に同意した。重慶で話し合った蔣介石も、自分同様モンゴルが交渉の障害になるとは見ていなかった」。「中国から領土の一部が切り離される際の中国人民の民族的感情の力すべてをスターリン元帥は理解すべきだ」。「満洲とモンゴルを類似（並行）的に見たくはないが、それでもひとつだけ指摘したい。中国は日本より弱く、国際状況が変わる望みも持っていなかったが、それでも満洲に対する中国の権利を譲歩することは一度もなかった」。「領土に対する主権に関する中国の本能はきわめて強く、もしも中国政府がモンゴル人民共和国の独立を認めるならば、この本能に反することであり、国家の安全保障に反することであり、世論にも反することである」。「蔣介石が払う犠牲をスターリン元帥が評価するためにこのことを話している。ソ中間の友好のために彼はこのような犠牲を払っているのだ」。以上の前置きを行ったうえで、宋子文は蔣介石からの電報を読み、三つの条件を提示した。

①旅順軍港の共同利用、大連港の二〇年間の開放、両港の行政は中国の管轄下に、中東鉄道、南満州鉄道は共同で二〇年間運行、利益は折半。②一九四四年の蜂起で生じた新疆における混乱を排除し、通商を再開すべく中国にソ連が協力、アルタイ山脈は新疆に属することの確認。③ソ連が中国に対して行う政治的、物的、精神的なあらゆる支援は中央政府にのみ向けられるべき。以上である。そして宋子文は、外モンゴルの問題は中ソ交渉の障害物なので、中国政府は日本の敗北後、この三つの条件が達成された場合、モンゴルに独立を付与する、ただし将来の何らかの誤解、紛争を避けるため独立は国民投票によって決定すると述べた。スターリンは手元に置いて考察する必要があると翻訳を求めたので、宋子文は夜に届けると約束した。

その後、満州とモンゴルを類似的に考えているのかとのスターリンの問いに対し、宋は否定したが、モロトフは実際には類似した現象として見ていると述べ、スターリンも満洲には中国人が居住し、モンゴルに中国人は住んでいないが、満洲とモンゴルを並行的に見てはいけない、モンゴル人民共和国の現状維持とは一九二一年から独立国家として存在している同国の独立承認を意味し、ソ連はこの現状が今承認されることを望んでいると述べた。これに宋は、中国の観点では外モンゴルの現状維持とは、ここに対する中国の主権を認めることだと指摘したが、スターリンはその主権はこの二四年間存在していないと答えた。

その後、電報の各条項の分析に進んだ。モンゴルにおける国民投票についてスターリンがこれは中国の利益にならないと述べたが、宋は中国政府にとって好ましい形式だと答えた。モンゴルの領土についてどの範囲を指すのかも問題となった。また、モンゴルの独立を今ではなく、日本の敗北後に設定することについてスターリンが、前回の交渉では今独立を認め、日本の敗北後に宣言すると提案したはずだと述べると、宋は日本の敗北後国民投票を行わねばならず、その後でモンゴルの独立承認について宣言することになると答えた。その後、満洲における鉄道警備の問題、新疆の状況(146)、中国共産党などが話題に上った。かくして、蔣介石がモンゴルの独立承認の条件を提示したこの七月九日の会談が、モンゴルの独立にとっては大きな転換点を意味していた。これまで両者の意見の対立をたどると、蔣介石の決断が大きな意味を持っていたことがわかるが、これについては蔣介石の決断の理由を探らねばならない。その後も交渉は続き、最終的に八月一四日、中ソ友好同盟条約の一連の文書が調印されることになった。ソ連、モンゴル軍は関東軍を破り、蔣介石が提起したモンゴルにおける国民投票が実施されたのは一九四五年一〇月二〇日で、その結果を中国政府が承認したのは一九四六年一月五日であった。

おわりに

「はじめに」の部分でも触れた通り、一九四五年の第二次世界大戦最終盤の中ソ間の交渉の結果、モンゴルは中国からの独立を果たした。中国にその独立を認めさせたのがモンゴル人ではなく、隣国ソ連のスターリンであったというのは紛れもない事実であろう。本書はそこに至るまでの、主としてスターリンが権力を握っていた時期のソ連の対モンゴル政策に焦点をあて、いったいソ連がモンゴルで何を行っていたのかについてできるだけ明らかにしようと努めてきた。利用すべき多くの史料がまだ多数存在するだろうが、本書はとりあえず筆者が収集しえた史料をもとに、ソ連共産党中央委員会政治局を中心に、人民委員会議その他の関連政府機関や党機関の活動を含め、ソ連の対モンゴル政策の決定過程、遂行過程、実際の成果にも言及することを課題とした。

それまでの道のりは長く、約一世紀の時間軸の中で見る必要があるだろう。ロシア帝国は、毛皮を求めてのシベリアから北米に至る地域への領土拡張から方向転換し、一九世紀半ば以降、清朝からのアムール川左岸、ウスリー川右岸獲得とアラスカ売却によって東北アジア地域への進出を加速させることになるが、モンゴル方面への進出もこれと同じ流れの中で行われていたことが確認できる。地理的な近接性、同系統の民族の居住、大国中国への通路といった要因のため、歴史的にロシアとモンゴルは、政治的にも経済的にも、そして文化的にも非常に密接な関係を有していた。モンゴル進出への突破口を開いたのは極東ロシアと同じくムラヴィヨフであり、その信頼の篤かったシシマレフが約半世紀にわたってウルガ駐在の領事を務めつつ、ロシア帝国のモンゴル進出の基盤を徐々に整備していった。本書では、一九世紀中盤以降、二〇世紀初頭に至る時期のロシアとモンゴルの関係について、一次史料に基づく詳細な研究を行ったダレフスカヤの著書を第一章で紹介することにより、ロシア・

モンゴル関係の深化の過程をたどった。近年、ロシアでもこの時代についての研究が次々に発表されており、さらに進展していくことが予想される。

一九一一年の辛亥革命、一九一七年のロシア革命により、清朝、ロシア帝国というユーラシア大陸にまたがるふたつの帝国が崩壊し、ともに新たな秩序の模索が始まったが、モンゴルではハルハが中心となって一九一一年にいちはやく独立を宣言、ロシアの支援のもと独立を目指すことになる。ロシアではボリシェヴィキが権力を獲得したあと、極東共和国を併合して、一九二二年末にソ連を成立させ、ロシア帝国時代にも増してモンゴルに対するアプローチを徐々に強めていくことになる。二〇世紀初頭から一九二〇年代初めの時期のモンゴルについては、日本でも多数の先行研究が蓄積されている時期であり、本書では詳しい叙述は避けている。第一章はこのように、本書の主題たる一九二〇～四〇年代のソ連の対モンゴル政策を論じるにあたって、その前史を紹介したものである。ソ連の対モンゴル政策の特徴を相対化し、より深く理解するためにも、ロシア帝国時代の対モンゴル政策の特徴、ソ連時代に引き継がれた特徴についても明らかにすることが求められる。

本書では前述した通り、ソ連の最高意思決定機関としてソ連（ロシア）共産党中央委員会政治局による決定を重視し、それを系統的にたどってきた。もちろん、政治局の決定だけを見ていれば済む話ではなく、様々な回路を通じてソ連のモンゴル政策は実施されていたし、次第にスターリンの独裁体制が強まっていくと、政治局会合の開催頻度は落ち、密室における関係者だけの決定が増加していったように思われるが、それでも重要な政策決定が政治局の場で採択されていたことは否定できない。政治局とならんで重大な決定を行い、スターリンもメンバーであった労働国防会議での決定が、今度は政府機関たる人民委員会議で布告となり、さらにはその下の諸人民委員部で具体的な政策として実行に移されていった。政治局ではコミンテルンに関する問題も議題に上っており、両者の力関係を推し量ることが可能である。モンゴルに勤務する重要なポストへの任命は、政治局で審議されており、全権代表、通商代表、軍事顧問等のポストの変遷をたどることが可能である。

ソ連邦成立後、ボリシェヴィキ政権による対モンゴル政策も本格化していく一九二〇年代に焦点をあてたのが第二章である。政治局の議題を見ていくと、当初はスターリンの姿は目立たず、外務人民委員チチェーリンがかなり積極的に自身のモンゴル政策を推進していた様子がうかがえる。ただし、日常的に内政や外交その他様々な問題を処理していた政治局がモンゴルを議題として取り上げる頻度を考えると、一九二〇年代前半はそれほど強い関心が向けられていたようには思えない。国内復興が優先され、モンゴルに注力するほどの余裕がなかったことが最大の要因であろうが、それでも財政顧問がソ連から派遣されてモンゴル商工銀行＝モンゴル銀行が一九二四年には活動を始め、のちのモンゴル軍の幹部となる青年の訓練もソ連の軍事教官が請け負って一九二三年に始まり、一九二四年にはモンゴル軍の再編も検討され始めた。この間、一九二四年のモンゴルの指導者ダンザン処刑後、首相を務めていたツェレンドルジの進退までモスクワの政治局が決定するほど、モスクワのモンゴルへの介入の度合いは小さくなかった。一九二〇年代後半より、ソ連の本格的な対モンゴル政策が立案され実行に移されていくことになった。モンゴルに特化した委員会を設置して問題点を洗い直して解決策を提起させ、政治局で議論して政策を組み立てていくという手法は、当時のあらゆる問題への一般的な対処方法と変わるところがない。一九二六年頃よりモンゴルとの経済関係強化に向けた小委員会の活動が進められ、同年五月に初めて本格的な対モンゴル経済政策が策定された。中国が市場で圧倒的な地位を占める中で、ソ連がいかにしてモンゴル経済に参入していくのかが課題として設定された。

しかし、中華民国における蔣介石の北伐の開始と上海クーデターにより、国共合作が危機に瀕し、満洲における張作霖の中東鉄道への攻撃が強まっていくにしたがい、モンゴルに対するソ連の政策も徐々に硬化していくことになった。一九二七年四月の上海クーデターを経たあとの同年七月のソ連・モンゴルの経済関係に関する政治局決定は、中国を含む外国資本の排除まで打ち出しており、モンゴルをソ連の経済圏に取り込んでしまおうという意図が明確に打ち出されることになった。この間、ソ連の治安機関の強い影響を受けた兄弟機関ともいえる内務保安局がモンゴル国内の生活にも次第に浸透していく過程に関する史料を紹介したが、一九三〇年代にはさらに強力に活動し、両国関係にも影を落としたと想像されるこの機関の活動とソ連の関与については、スタッフや組織構造等の史料が非常に乏しいことを指摘しておかねばならない。モンゴルに派遣された治安機関の代表その他のスタッフについては政治局で議題になることはなく、近年充実してきた人名事典で跡をたどることができるだけである。その人名事典にさえ名前が載らず、しかもかなり重要な役割を果たしたと思われる人物にも行き当たったが、弾圧や粛清とも関連すると想像されるこれらのスタッフについては、活動内容について依然として不明な部分が多い。ごく最近の裁判でそのうちの一人の名誉回復を裁判所が却下した例を紹介した通り、今に至るまで活動の検証は続けられている。

ソ連の経済圏へのモンゴルの取り込みは容易ではなかった。最大の障害は両国を接続する交通路の問題である。モンゴルの北部に沿って走るシベリア鉄道からモンゴル国内と連絡すべく伸びているおもな四本の道、すなわち西からチュイ、トゥンキン、キャフタ、ボルジャの四つの細々とした道路が両国を接続していたが、ソ連当局はこれらの道路を通して経済的な結びつきを強めようとしていた。故障も多く部品の調達もままならず、ガソリン供給といった基本的なインフラさえ事欠く自動車輸送の活用に向けた動きは始まったばかりで、主力は馬、牛、ラクダといった動物を利用した荷車輸送に頼らざるをえなかった。ソ連当局はこの連絡路を役立つ道具として整備すべく繰り返し決定を行っていた実態が明らかになった。そして道路ばかりでなく最も安上がりな輸送手段として着目したのが、セレンガ、オルホンといったモンゴルからソ連に流れ込む大河川や湖を活用し、船舶による輸送ルートとして整備することであった。輸送用の船舶を増やし、河岸の埠頭設備の構築にも力を入れた。下流のソ連から運ぶ場合、当然流れに逆らって上流の目的地まで輸送することになるが、勾配の緩やかな大河がこの輸送を可能にした。一方でトゥンキン道路を経由した物資はフブスグル湖を経由し、セレンガ川の支流にあたる上流の河川から下流のモンゴルの中心地へ送り届けられた。中東鉄道をめぐる一九二九年の中ソ紛争の際に、政治局は一九三〇年代の動員政策を先取りするような輸送政策をモンゴルで実行に移していたことが明らかになった。

同時代のソ連では一九二一年に導入されたネップ（新経済政策）の下で、ボリシェヴィキ指導部は内戦時代の戦時共産主義政策を放棄し、農民と和解して比較的穏健な経済政策を志向した。スターリンはブハーリンら右派と手を組みその政策を主導していたが、穀物調達危機を契機に農民に対する対応を一変、ネップを放棄し、富農《クラーク》撲滅と強制的集団化政策を推進することで右派と決裂、その勢力を一掃して一九二〇年代末には独裁的権力を樹立することになる。このような本家の政治気象の変化はそのまま、ソ連の圧倒的な影響力のもとで政策を進めていたモンゴルにおいて、ソ連と同様の左派的な政策が移植されることにより忠実に反映されていくことになる。コミンテルンの代表としてモンゴル人民革命党党大会へ派遣された代表団がこの政策転換を主導したが、コミンテルンというよりも、政治局の指示に従って動く便利な道具の役割を果たしていたといえよう。そしてその結果モンゴルにもたらされたのは、ソ連同様の混乱であった。ソ連の指導で極左的政策を採用したモンゴルでは、ソ連における農民反乱同様、牧民や僧侶を中心に大規模な反乱が一九三二年に広まることになる。ソ連国内では、反発を招いた富農絶滅政策、農業集団化政策を正当化し、緩和策は取っても誤りを認めることはなかったが、モンゴルでは反乱の拡大、国内の混乱とそれに対する外部、すなわち日本からの介入を危惧し、それまでの左翼路線を推進した指導部を更迭、新たな指導部を登用して「新路線」と呼ばれる穏健政策、すなわちネップ路線へと回帰することになった。しかも、「発達した工業とプロレタリアートを有する社会主義国」たるソ連の政策を盲目的にコピーした点に失政の原因があると、それまでの経緯を都合よく忘却して指摘するのである。「日本からの介入」とはいうまでもなく一九三一年九月に勃発した満洲事変と一九三二年三月の満洲国の成立により、モンゴル東部に安全保障上の危険要因が突発的に出現したことを指しており、スターリン指導部は是が非でもこの方針転換をモンゴル指導部に認めさせたかったのである。右から左へ変更させていた路線の継続が危ぶまれると、すぐに左から右へと急旋回させるというモンゴルにおける政治路線の変更は、スターリンにとっては自己の責任が問われかねないソ連国内とは異なり、国防という最高最大の目的のためには正当化される容易に実行可能な問題だったのである。

本書の第三章、第四章はこの満洲事変から一九三九年のノモンハン事件に至る一九三〇年代のソ連の対モンゴル政策を明らかにしたものである。一九三二年一〇月から上述のモンゴル小委にスターリンも加えられた事実は、彼のモンゴルへの関心の高さを裏づけるものだろう。スターリンとゲンデン、アマルらモンゴル代表団や中華民国の宋子文との会話の中でも、日本の存在が常に意識されていたことは本論で紹介した会談記録で見た通りだが、モンゴルに関する政治局の決定の中には、その後ますます日本の存在が影を落とすことになる。本論で引用済みだが、モンゴル関連の政治局決定の中で、改めて「日本」という言葉が出てくる事例を列挙すると、二八年一月五日、三二年五月二九日、三三年一〇月一九日、三五年七月三日、七月九日、一〇月一日、一二月二五日、三六年三月一九日、となる。モンゴルに関する決定なので、本来は関係がないはずだが、これだけを見ても実際に日本の存在を常に意識していたことがよくわかるであろう。

同じ満洲国への対応を考えるならば、モンゴルという外国とは異なり、本国内のソ連極東地域ではより大々的かつ思い通りに実行に移されたと思われる国防事業［これについても実証しなければならない］だが、満洲国を取り囲む東北西の三辺のうちモンゴルは西部を担わされていたといえよう。スターリンの発言にもある通り、この西部の弱い環が突破され、関東軍がバイカル湖方面に進出し、中央との連絡が断たれると極東地方全体が孤立してしまうという危機感からモンゴルへの関与を強めるようになったということは疑いようがない。

そしてスターリンは、モスクワを訪れるモンゴルの指導者に対しては、ソ連と共同で防衛する前線で「敵」（日本）と対峙しているとの強い自覚を持つことを要求していた。一方でモンゴルに単独で対日戦争の準備を委ねることは不可能であるということは十分認識しており、モンゴルに対する動員策、交通路の整備は、満洲事変後は格段に力を入れて実行に移されていくことになった。戦時の動員に即応できるよう、セレンガ川、オルホン川の船舶輸送とともに、自動車輸送に適した道路の整備、円滑なガソリン補給のための主要連絡地点におけるタンクの建設、頻繁な故障に対応しうる修理や部品供給体制の構築、運転手の養成などに一貫して努めた。一九三二年反乱のもとになったモンゴル住民の不満を除去すべく、彼らが求めていた必需品その他の物資をソ連から大量に提供することももちろん大きな狙いであった。なかでも一九三三年春に関東軍が熱河省攻略作戦を開始すると、緊急的な動員策を講じるとともに、規律を高めるべく輸送に携わるスタッフを「軍事化」する措置も取った。この輸送業務を軍事化するという手法は、ソ連極東の鉄道、ソ連と新疆を接続する道路においても実行されており、まさにソ連のアジア全体で日本に対峙する動員体制が構築されつつあったのである。そしてノモンハンの前線基地に向けてシベリア鉄道からの広軌の支線建設が始められたのは、紛争発生直後の一九三九年七月になってからであり、ノモンハン事件後とはいえ、わずか三か月足らずの突貫工事で完成を見ることになった。

歴史的に弱者は打たれ、虐げられる運命にあり、独立を欲するならば強くあらねばならない、反革命勢力は弾圧されればされるほど反発は強くなる、といった言い回しはスターリンがソ連国内でも用いてきたおなじみのテーゼだが、モンゴル代表団との会談の際にも同様に訴えていたことが特徴的である。満洲国に対してソ連極東と共同で対処することを求め、モンゴル指導部がそれに応じる以上、モンゴルには応分の負担を求めることになる。わずかな人口を抱え経済的にも余裕がないモンゴルに対して、軍隊の数が少なすぎるとその増員を求めるのである。そしてそれを阻害する最大の要因として敵視したのがチベット仏教の存在であった。モンゴルでは人口に占める僧侶の比率が高く、若くから青年男子の多くが寺院に吸収され、軍隊に入るべき若者の絶対数が不足し徴兵を困難にしていた。寺院における教育もモンゴル語ではなくチベット語で行われ、社会に大きな影響を与え続けるチベット仏教寺院と僧侶集団の存在は、スターリンにとって許しがたいものであった。一九三二年反乱を契機にいったんは停止し、控えていた過激なチベット仏教弾圧策は、一九三五年九月二六日のスターリンの鶴の一声で復活することになった。モンゴル人にとってのその存在の大きさからチベット仏教への弾圧を躊躇するゲンデンら新路線指導部を排除し、スターリンに忠実な人物チョイバルサンの登用をバックアップした。彼のもとで、ラマ僧はもとよりモンゴル全土でソ連同様の粛清が実行に移されていくことになる。こうして一九三二年の反乱に際して便宜的に導入された新路線は再び放棄され、政策は左旋回することになったのである。

ちなみにスターリン体制下の政策決定過程という側面に関しては、スターリンが一九三〇年代の数年にわたり夏季にモスクワを離れてロシア南部で執務した際に、側近とやり取りした手紙が幸いにも残っており、それを通じて日常的な政策決定もある程度類推することが可能である。モンゴルについても政治局の同僚がスターリンの意見を聴取する場面がしばしば見られスターリン抜きではなかなか物事が決められなかったこと、スターリンの返事が反論をほとんど受けずにほぼそのままの形で政治局の決定になっていることから、休暇時を除く日常的な政策決定の場面でもスターリンの意向が大きく反映されていたことは間違いないだろう。

既述の通り、主要なポストの人事は政治局で決められていたがモンゴルに関してスターリンの手足となって働くスタッフには的確な任務の遂行を厳しく求めていた。モンゴル小委のメンバーをはじめ、モンゴル国内で展開されていた輸送その他の経済活動や教育等様々な事業に従事した省庁の代表者については、できるだけその経歴を明らかにしようと努め、多数のソ連人のモンゴル問題への関与を明らかにすることができた。ただしおそらくはスターリン時代の他のあらゆる分野と同様、一九三七〜三八年のテロルで大部分が命を落としていることは経歴の没年を見れば明らかだろう。このため、彼らがモンゴルに関して携わった事業について抱いた印象や記録を回想的に残す機会は奪われてしまった。無事に粛清を免れた人びとがその後残したわずかな回想録は本書でもところどころで使用したが、モンゴルに対してソ連が行った事業規模からすると、きわめて断片的な情報にとどまっているといわざるをえない。

モンゴル人民革命党や政府機関、企業を支援すべく多数の顧問、指導員、教官が派遣されたが、政治局の決定をたどっていく限り、大国主義的、植民地主義的な対応、政策の押し付けといったやり方を戒め、あくまでも対等な立場で指導していくことを彼らには求めていたことがわかる。当局の実際の熱意を無視はできないが、これら否定的な対応が政治局の決定で少なからず言及されているところを見ると、それらの頻繁な事例がモスクワに報告されていた可能性も否定できない。したがって、ソ連労農監督人民委員部に現地ソ連人職員の活動の点検を担わせることにもなった。それでも基本的なインフラ整備への協力の他、様々な産業振興、医療遠征隊の派遣による保健分野への協力、特に教育面では、当時のモンゴルにおける識字率の低さも深刻であったため、モンゴル人の中から人材を育てるべく、モンゴル国内だけでなくソ連に受け入れ、様々な分野で教育を施して幹部要員を育成し、第二次世界大戦のさなかに大学設立までこぎつけたという事実は、ソ連がモンゴルの近代化に大きく貢献したプラス面として評価してよいのではないか。この啓蒙的な側面についてはロシア帝国時代からの好ましい伝統が断絶することなく受け継がれた側面もあったのではないかと推測する。ロシア革命後もモンゴルにとどまり、ソ連の機関に勤務したあと学界に転身したブルドゥコフのように、ロシア帝国時代から現地のモンゴル人と深い関係を築いていた人びとがソ連政権に協力しない限り、一九二〇年代以降の政治局決定に見られるモンゴルに対する進歩的な発想は生まれてこなかったのではなかろうか。これはあくまでも推測だが、ロシア帝国時代に蓄積されたモンゴルに関する知識なくしては、ソ連時代のモンゴルに関する政策もすぐには構築できなかったはずだからである。

様々な事業を実施するうえでお金の問題も非常に重大な要素である。必ずしも両国間のお金のやり取りがすべて判明したわけではないが、ごく簡単にまとめると次のようになる。モンゴルの国家予算の研究にソ連から代表を送ることを決めたのは一九二九年であり、モンゴルで反乱が勃発したさなかの一九三二年五月には、モンゴルに対して予算、税制の再検討を促す決定をソ連とコミンテルンの連名で出すに至った。そして一九三二年一一月には政治局自ら、モンゴル予算の策定に乗り出し、ラディカルに支出を削減してトゥグリクの流通の削減に乗り出す一方、課税方法の策定、借款の一本化も実行に移した。それ以降も同様に、モンゴルの国家予算の規模、そのうちの軍事費の総額、それに対するソ連による借款の規模（三割負担）、モンゴル国内に流通する貨幣量の制限などについてモスクワが決めていくことになった、要するにモンゴルの経済面についてもソ連が全面的に統制していたということである。一九三四年末のゲンデンとの会談でスターリンはそれまで蓄積していたモンゴルのソ連に対する債務の帳消しと残りの複数年の均等払いも認めさせた。一方的なモンゴルの債務蓄積はルーブルとトゥグリクの為替レートにも問題ありとソ連の当局者も認めていたため、それを解消する方策も検討されたが、金を借りる側が貸す側に対して頭が上がらないという構造が構築されていたともいえる。その後、満洲国との国境紛争が増加するとスターリンは軍事費への支出をますます要求することになった。一方で当初はソ連にとって黒字だったモンゴルとの収支は、非通商部門の赤字が激増した結果一九三〇年代後半には赤字に転落することにもなった。

国境紛争の頻発など、日本による軍事的脅威が高まっていくと、ソ連はモンゴルと一九三六年に新たに条約を結び赤軍の駐留を開始する。そしてソ連の「前線」の一翼を担うモンゴルに対して特に満洲事変以来、一貫して進めた軍事的・動員的政策、特に交通路の整備の効力が発揮されたのがノモンハンにおける関東軍・満洲国軍との軍事衝突であった。軍事的な勝敗はともかく、ソ連軍侮りがたしとの強烈な印象を日本に与え、日本が北進、すなわちソ連への攻撃を取りやめ南進へと比重を傾けることになったとすれば、スターリンの戦略が奏功したことを示している。そして改めて強調しておきたいのは、それまでの約一〇年間の経緯を考えると、ソ連にとっては、満洲国の出現に対する当然の防衛的反応を示した側面が大きかった、ということである。満洲事変勃発の約一〇年前のシベリア出兵を想起すれば、ソ連の反応は理解できる。満洲事変を引き起こし、満洲国を作ったことによって、日本はスターリンの強烈な反応を引き出し、モンゴルを含む満洲国の周辺地域に強大な陣地を構築させることになった。そのひとつの帰結がノモンハン事件だった。

ノモンハンの戦いで日本に打撃を加えたとはいえ、満洲国の消滅までソ連側の不安は消えなかった。したがって一九三九年以降もソ連は日本に対する前線基地の一翼を担うモンゴル国内における動員体制の整備を怠らず、鉄道敷設等の準備を着々と進めていた。他方で、独ソ戦が始まると、モンゴルはソ連の後背地として一定の役割を果たすことになる（第五章）。ソ連にとってモンゴルは、一九三〇年で七〇万人という希薄な人口よりも、長い国境にわたって中国と直接対峙せずにすむ緩衝地帯であるという地政学的な利点が最大の魅力であり、中国からの独立を後押しした革命時の指導部も、スターリン時代も、そしておそらくは二一世紀の現在も、この利点を失わないように同様のアプローチを取っているものと推定される。ノモンハン事件についてロシア・モンゴル両国の研究者による共同研究が盛んな理由についても説明した通りである。この中国との間に存在しソ連に忠実な緩衝国家としての価値は捨てがたく、ヤルタ会談で米英首脳にスターリンが求めた戦後秩序の中で、外モンゴルの独立が持つ優位性は非常に高かったといえるだろう。逆にモンゴルからすれば国境を接するのは南北の両大国だけで選択肢の幅は狭いが、経済的、人口的にもロシアを圧倒しつつある中国を前に独立喪失を恐れ、ロシアとの正常な関係の維持は死活的重要性を持つものと理解しているに違いない。

国境沿いの緩衝地帯に関しては、国境地帯特有の要素、すなわち国境を跨いで同系統の民族が居住する例が多く、したがってこれらの住民の統合を志向するグループも存在していたということが重要である。モンゴルの場合、ロシア内のブリャートやウーリャンハイ、中国の内モンゴル、満洲のバルガ（フルン・ボイル）も含めて統合する「汎（大）モンゴル主義」、カレリアとフィンランドのフィン系住民を統合する「大フィンランド主義」が想起される。一九二〇年代のモンゴルで指導的立場にたったブリャート出身のリンチノは、彼は革命直後に汎モンゴル主義運動に積極的に参加したことで知られている(1)。その後彼は、日本のスパイとして粛清の犠牲になるが、汎モンゴル主義は、ブリャートのロシアからの離脱とモンゴルその他周辺地域との合体、ロシア本体を侵食する強力な中核の出現を意味し、スターリンにとっては許しがたく思われたに違いない。この点で想起されるのは、一九三七年九月二六日のソ連政府布告で東シベリア州がイルクーツク州とチタ州に分割された際に、ブリャート・モンゴル自治ソヴィエト社会主義共和国より、アガ自治管区がチタ州へ、ウスチ・オルダ自治管区がイルクーツク州に編入されてブリャート・モンゴル自治共和国が寸断されたことである。(2) この行政的な区画変更は、ソ連国内を基盤に大モンゴル主義によるモンゴル民族の統合の動きを事前に封じておきたいという考慮が働いたものと考えられる。ルーペンによれば特にアガ地区はブリャートの中でも知識人の層が厚く、独立宣言後のモンゴルで役割を果たした知識人の多くはここの出身者であった。本書ではルムベ事件を中心に、ブリャート人を標的とする弾圧策が講じられたことをまとめたが、以上のような汎モンゴル主義に対する警戒心が強く働いていたためであるとみなせよう。

もしもスターリンがヤルタ会談やその後の中華民国との交渉でモンゴルの独立を主張しなかったとしたら、はたしてモンゴルは独立を果たせたのだろうか。中華人民共和国時代に入って今日までの新疆やチベットの状況を考慮すると、その確率はかなり低かったのではないか。そうすると現在のモンゴル国民は、スターリンのおかげで独立を享受しているということになる。多数のラマ僧を含むテロルの犠牲者、チベット仏教寺院の破壊といった否定的側面と、列強や中国に国家の独立を認めさせたスターリンの役割をどのように評価するのかは、当事者たるモンゴル国民が判断すべき問題であろう。

あとがき

筆者がソ連の対モンゴル政策に関心を抱くようになったのは、満洲事変に対するソ連の対応について調べていた一九九〇年代初めのロシア留学中であった。モンゴル問題の存在に初めて気づき、ソ連・モンゴル関係について調べ始めたが、ソ連時代の文献や史料集にはスターリン指導部が行った対モンゴル政策について詳しく触れるものはなく、ソ連崩壊後のロシアでは歴史の空白に光をあてるとして、モンゴルに関する論考が徐々に出始めるという状況にあった。それでもなんとか各種史料を集め、留学から帰国して京都大学に一九九六年に提出した博士論文では、ソ連の対モンゴル政策についてごく簡単に触れることができた。本書でも随所で利用しているソ連共産党中央委員会政治局の特別ファイルにこそ、当時のソ連の対外政策に関する決議が保管されているが、その公開が始まったとの話を聞き一九九六年以降、モスクワのロシア社会政治史史料館（РГАСПИ、当時は別の呼称）で閲覧、収集を始めた。年間のコピー許可枚数が二〇〇枚と制限されていたため、超過部分は手書きで筆写し、徐々にパソコン入力にも慣れて史料を持ち帰るようになった。こうして収集した史料をもとに、東京外国語大学の中見立夫先生が主宰されていた研究会で一九九七年一〇月、「一九三〇年代初頭のソ連の対モンゴル政策」と題して、初めてモンゴル問題に関してまとまった研究を発表する機会をいただいた。この特別ファイル（本書の注では РГАСПИ, 17/162/…）は約一〇年間、一九三四年夏までの部分しか公開されていなかったが、それ以降の時代についても公開が進んでいるとの話を二〇〇六年頃に聞き及び、一九三〇年代後半部分の史料を収集し、二〇〇九年春に「一九三〇年代ソ連の対モンゴル政策――満洲事変からノモンハンへ」（東北大学東北アジア研究センター研究叢書第二九号）と題して小冊子にまとめた。

その後、ソ連の対新疆政策について考察した『スターリンと新疆』(社会評論社、二〇一五年)を執筆する機会を与えられたが、同じくソ連の重要な東方政策の要のひとつたる対モンゴル政策について、姉妹編ともいえる本書を刊行することができ、非常にうれしく思う。本書出版の直接の契機は、二〇一五年一二月開催のセミナー『東北アジアにおける戦後秩序の形成』(東北大学東北アジア研究センター創立二〇周年記念シンポジウムのセッション)で、「ノモンハン事件からモンゴル独立へ――スターリンの対モンゴル政策」と題して発表する機会を得たことであった。筆者は前記研究叢書に続けて、モンゴル独立までの過程を考察することを課題として設定した。

いろいろと調べてみると、ノモンハン事件七〇周年に当たる二〇〇九年以降、日本のみならずロシアやモンゴルでも、モンゴル史やロシア・モンゴル関係史に関する研究や史料集の刊行がかなり活発に行われている状況を知るに至った。そこで、二〇〇九年刊行の冊子を核に(本書では第三、四章)、ノモンハン事件からモンゴル独立までを新たに執筆した部分(本書では第五章)を付け加えて、一書にまとめられないかと考えるようになった。これが本書出版のそもそもの経緯である。そのためには前史についても言及する必要があると考え、ソ連成立後の一九二〇年代の史料や関連文献を調査した結果、無謀にも一九世紀の話にまで手を出すことになってしまった。ダレフスカヤの著書を手にしたことが大きい。

それでもやはり二〇世紀初頭から一九二〇年代にかけてのモンゴル史に関する日本の研究者層は厚く、ロシア語も駆使して最も研究が進んでいる分野であり、あくまでもスターリン指導部のソ連に焦点を据え、その対モンゴル政策をできるだけ明らかにすることがロシア・ソ連史研究者としての自分の役割であると考えた。ロシア側から見た一方的な歴史になっているが、モンゴルに限らず重要な外交問題についてはほとんどスターリンが一人で決断しており、その過程、プロセスの流れを辿ることは、スターリン体制を深く理解するためには意味のあることであると考えた。

そのため、ソ連の最高意思決定機関たる政治局による決定を多く引用することになったが、対モンゴル政策についてはこれまでほとんど紹介されることのなかったこのような基本中の基本の文書については、一次史料をもって語らせるという趣旨から、煩瑣になるのをできるだけ避けつつ、主要な史料は収録することにした。今後モンゴル語やその他の史料と突き合わせて考察する際に、なんらかのヒントが提供できれば幸いである。

本書は東北大学東北アジア研究センターの助成のもとに、「東北アジア研究専書」の一冊として刊行された。出版に際し編集出版委員会の先生方、査読にあたってくださった先生方にはこの場を借りてお礼を申し上げたい。ノヴォシビルスクの歴史家セルゲイ・パプコフ教授には特に編集の最終段階で、筆者のわからないロシア語表現や用語について、いつものことながら懇切丁寧に御教示いただいた。ここに記して心から感謝申し上げたい。

本書が出るまで、長い年月をかけて少しずつ史料を集めてきたので、すべてを列挙できないが、特に最近の数年については、以下の科研費および助成団体より研究費を受領し、それに基づいて史料収集のために外国出張する機会が与えられた。科学研究費補助金基盤研究（C）「スターリン時代のソ連国境地帯における民族政策と統治政策に関する基礎的研究」（課題番号19510242　代表寺山恭輔、二〇〇七～二〇〇九年度）、基盤研究（B）（海外学術調査）「一九二〇～四〇年代の中国・ソ連における民族政策の比較研究」（課題番号21401006　代表上野稔弘、二〇〇九～二〇一三年度）、二〇一五年度JFE二一世紀財団アジア歴史研究助成「二〇世紀前半の極東諸国による交通政策と社会変動」。

たまたま留学中にソ連の対モンゴル政策に関心を抱くようになって四半世紀の歳月が経過した。この間モンゴルについて常に関心を抱き続け、ひとまずまとまった形として年来の宿題のひとつをなんとか片付けることができ、ほっとしている。宿題という点で、筆者のサンクトペテルブルグ留学時代にお世話になったアレクセイ・マルコフ、アレク・ケンについて記すことをお許しいただきたい。アレクセイとは毎日のようにプブリチカ（公共図書館）で会ったが、筆者だけでなく周辺の同僚の質問になんでも答えてくれる文字通り将来を嘱望された研究者だった。アレクは筆者の東方とは逆に、ポーランドなど西方に関心を持っていたが、同じスターリン時代の研究という点で関心を共有し、何もわからない筆者に史料館での史料の探し方を教えてくれた。まだまだ教えを請いたいと願い、筆者が勝手に同志とみなしていたお二人とも夭折し、筆者のささやかな宿題の成果について報告することができず無念の極みである。彼らの助言やその思い出なしに今日まで研究を継続できなかったと思う。

非常に時間の限られた中で、出版を引き受けてくださったみすず書房、なかなか原稿を出さない筆者に対して、根気強く編集作業の労をとっていただいた中川美佐子さんにこの場を借りて心より感謝申し上げたい。

二〇一七年二月　仙台にて

寺山　恭輔

東北アジア研究専書
スターリンとモンゴル 1931-1946
寺山恭輔

2017年 3月14日 印刷
2017年 3月27日 発行

発行所 株式会社 みすず書房
〒113-0033 東京都文京区本郷5丁目32-21
電話 03-3814-0131(営業) 03-3815-9181(編集)
http://www.msz.co.jp

本文組版 キャップス
本文印刷所 平文社
扉・表紙・カバー印刷所 リヒトプランニング
製本所 誠製本

Printed in Japan
ISBN 978-4-622-08598-0
［スターリンとモンゴル］
落丁・乱丁本はお取替えいたします

著者略歴

（てらやま・きょうすけ）

1963年長崎生まれ．東北大学東北アジア研究センター教授．九州大学大学院比較社会文化研究科助手，東北大学東北アジア研究センター准教授を経て現職．京都大学大学院文学研究科博士後期課程西洋史学専攻（現代史学）研究認定退学（1993年）．博士（文学）京都大学（1996年）．著書に『スターリンと新疆　1931-1949年』（社会評論社，2015年）．

索引

人名

ア行

カ行

サ行

タ行

ナ行

ハ行

マ行

ヤ行

ラ行

ワ行

地名

ア行

カ行

サ行

タ行

ナ行

ハ行

マ行

ヤ行

事項

ア行

カ行

サ行

タ行

ナ行

ハ行

マ行

ヤ行

ラ行

参考文献

ロシア語文献

1. В. Абрамов, *Евреи в КГБ,* Москва, 2005.
2. Г.М.Адибеков, Э.Н.Шахназарова, К.К.Шириня, *Организационная структура Коминтерна. 1919–1943,* Москва, 1997.
3. *Актуальные вопросы истории российско-монгольских отношений первой четверти XX века: сборник научных трудов,* Иркутск, 2013.
4. А. И. Андреев, *Тибет в политике царской, советской и постсоветской России,* Санкт-Петербург, 2006.
5. А. Артамонов, *Спецобъекты Сталина, Экскурсия под грифом "секретно",* Москва, 2013.
6. Б. В. Базаров, *Неизвестное из истории панмонголизма,* Улан-Удэ, 2002.
7. Б. В. Базаров, Л. Б. Жабаева, *Бурятские национальные демократы и общественно-политическая мысль монгольских народов в первой трети XX в.,* Улан-Удэ, 2008.
8. Батбаяр, Ц., *Монголия и Япония в первой половине XX века,* Улан-Удэ, 2002.
9. Батсайхан Оохной, *Монголия на пути к государству-нации (1911–1946),* Иркутск, 2014.
10. *Белая эмиграция в Китае и Монголии,* Москва, 2005.
11. Е. А. Белов, *Россия и Монголия (1911–1919гг.),* Москва, 1999.
12. Е. В. Бойкова, *Российские военные исследователи Монголии (вторая половина XIX–XX века),* Москва, 2014.
13. Е. В. Бойкова, *Библиография отечественных работ по монголоведению: 1946–2000 гг.,* Москва, 2005.
14. *Военно-политическое, экономическое и культурное сотрудничество СССР и МНР в 1920–1940-е гг.,* Улан-Удэ, 2015.
15. *Большая цензура: Писатели и журналисты в Стране Советов. 1917–1956,* Москва, 2005.
16. *Вооружённый конфликт в районе реки Халхин-Гол, май-сентябрь 1939 г.: документы и материалы,* Москва, 2014. 本書では ВКХГ と略.
17. И. Д. Борисова, *Россия и Монголия: очерки истории российско-монгольских и советско-монгольских отношений (1911–1940гг.),* Владимир, 1997.
18. *ВКП(б), Коминтерн и Китай документы, т.IV ВКП(б), Коминтерн и советское движение в Китае. 1931–1937 часть 2,* Москва, 2003.
19. *Внешняя торговля СССР за 1918–1940гг. Статистический обзор,* Москва, 1960.
20. *Военная разведка информирует. Документы Разведуправления Красной Армии. Январь 1939–июнь 1941 г.,* Москва, 2008.
21. А. В. Бурдуков, *В старой и новой Монголии: воспоминания. письма.* Москва, 1969.

22. А. С. Гатапов, *Монгольская историческая энциклопедия,* Улан-Удэ, 2015.
23. *Главный военный Совет РККА. 13 марта 1938 г.-20 июня 1941 г.: Документы и материалы,* Москва, 2004.
24. *Голод в СССР. 1929-1934,* Т.3: Лето 1933-1934, Москва, 2013.
25. Е. А. Горбунов, *20 августа 1939,* Москва, 1986.
26. *Государственная власть СССР. Высшие органы власти и управления и их руководители. 1923-1991гг. Историко-биографический справочник,* Москва, 1999. 本書では，ГВ СССР と略.
27. Е. М. Даревская, *Сибирь и Монголия: Очерки русско-монгольских связей в конце XIX-начале XX веков,* Иркутск, 1994.
28. *IX Международный конгресс монголоведов (Улан-Батор, 8-12 августа 2006 г.): доклады российских ученых,* Москва, 2006.
29. В. Д. Дугаров, Н. Ц. Сагаев, *Советско-монгольское сотрудничество в области образования и науки в 1921-начале 1990-х годов в современной отечественной монголоведной историографии,* Улан-Удэ, 2014.
30. В. Д. Дугаров, *Генезис бурятского монголоведения в российском востоковедении в период XIX-начала XX вв.,* Федеральное агентство по образованию, Улан-Удэ, 2008.
31. Дугаров В. Д. "Некоторые формы репрессивной экономической политики МНРП по отношению к ламству в 1932-1938гг. (по материалам архива ФСБ по РБ)", *Буддизм в общественно-политических процессах Бурятии и стран Центральной Азии,* Улан-Удэ, 2012, с.86-95.
32. В. Д. Дугаров, *Российская историография истории Монголии,* Улан-Удэ, 2014.
33. Н. В. Дьяченко, *Сибирь в системе советско-монгольских торгово-экономических отношений в 1917-1939гг.,* Барнаул, 2005. (автореферат кандидатской диссертации)
34. Н. Е. Единархова, *Русские в Монголии: основные этапы и формы экономической деятельности (1861-1921 гг.),* Иркутск, 2003.
35. Н. Е. Единархова, *Русское консульство в Урге и Я. П. Шишмарев,* Иркутск, 2008.
36. Г. К. Жуков, *Воспоминания и размышления,* том 1, 10-е издание, Москва, 1990.
37. К. А. Залесский, *Империя Сталина: Биографический энциклопедический словарь,* Москва, 2000. 本書では ЗАЛ と略す.
38. И. Я. Златкин, *Очерки новой и новейшей истории Монголии,* Москва, 1957.
39. *Императивы России в транспортную систему восточной Азии,* Улан-Удэ, 2008.
40. *История Монголии. XX век,* Москва, 2007.
41. *История Советско-Монгольских отношений,* Москва, 1981.
42. Капица М. С., Иваненко В. И., *Дружба завоеванная в борьбе (советско-монгольские отношения),* Москва, 1965.
43. А. В. Козлов, А. Ш. Салихов, *Героям Халхин-Гола (75 лет государственной награде Монголии),* Москва, 2015.
44. В. Кондратьев, *Халхин-гол: война в воздухе.* Москва, 2002.
45. З. И. Кондратьев, *Дороги войны,* Москва, 1968.
46. С. С. Косович, А. М. Филимонов, *Советские железнодорожные,* Москва, 1984.

47. Кручкин Ю., *Монголия была первой*. Улаанбаатор, 2015.

48. С. Л. Кузьмин, Ж. Оюунчимэг, *Вооружённое восстание в Монголии в 1932 г.*, Москва, 2015.

49. С. Кузьмин, "О деятельности Панчен-ламы IX во Внутренней Монголии и Маньчжурии, *Проблемы Дальнего Востока*, но.6, 2014г., с.132-142.

50. С. Л. Кузьмин, ""Контрреволюционный центр" в Монголии в 1930-х гг.", *Гуманитарные исследования в Восточной Сибири и на Дальнем Востоке*, но.4 (30), 2014, с.5-13.

51. Ю. В. Кузьмин, *Монголия и "Монгольский вопрос" в общественно-политической мысли России, (конец 19-30-е гг. 20в.)*, Иркутск, 1997.

52. Ю. В. Кузьмин, В. В. Свинин, *Иркутская школа монголоведения (XVII-XX вв.)*, Иркутск, 2014.

53. Л. В. Курас, "Вторая мировая война и Монголия: современная российско-монгольская историография", Учёные записки ЗабГГПУ, 2013, но.2 (49), с.124-131.

54. Т. Лхагва, "Что же думал Сталин о монголах....?", *Проблемы Дальнего Востока*, 1991, но.3, с.83-96.

55. *Лубянка. Сталин и Главное управление госбезопасности НКВД. Архив Сталина. Документы высших органов партийной и государственной власти. 1937-1938*, Москва, 2004.

56. *Лубянка. Сталин и НКВД-НКГБ-ГУКР "Смерш". 1939-март 1946. Архив Сталина. Документы высших органов партийной и государственной власти*, Москва, 2006.

57. *Лубянка. Сталин и ВЧК-ГПУ-ОГПУ-НКВД. Архив Сталина. Документы высших органов партийной и госдарственной власти. Январь 1922-декабрь 1936*, Москва, 2003.

58. *Лубянка. Органы ВЧК-ОГПУ-НКВД-НКГБ-МГБ-МВД-КГБ. 1917-1991. Справочник*, Москва, 2003.

59. *Лубянка. Советская элита на сталинской голгофе. 1937-1938. Архив Сталина: Документы и комментарии*, Москва, 2011.

60. С. Г. Лузянин, *Россия-Монголия-Китай в первой половине XX века: Политические взаимоотношения в 1911-1946 гг.*, 2-е, Москва, 2003.

61. *Люди и судьбы. Библиографический словарь востоковедов - жертв политического террора в советский период (1917-1991)*, Санкт-Петербург, 2003.

62. Е. И. Лиштованный, *Исторические взаимоотношения Сибири и Монголии: культура и общество (XIX в.-30-е гг. XX в.)*, Улан-Удэ, 1998.

63. И. И. Ломакина, *Монгольская столица, старая и новая (и участие России в ее судьбе)*, Москва, 2006.

64. И. М. Майский, *Современная Монголия: отчет Монгольской экспедиции, снаряженной Иркутской конторой Всероссийского центрального союза потребительных обществ "Центросоюз"*, Иркутск, 1921.

65. И. М. Майский, *Избранная переписка с российскими корреспондентами: в двух книгах*, книга 1, 2, Москва, 2005.

66. К. Л. Малакшанов, *Иркутский старт монгольских экономистов*, Федеральное агентство по образованию, Байкальский государственный университет экономики и права, Иркутск, 2006.

67. Г. С. Матвеева, *Монгольский Революционный Союз Молодежи: история и современность*, Москва, 1983.

68. Е. В. Матонин, *Яков Блюмкин: Ошибка резидента,* Москва, 2016.
69. М В. Мещеряков, *Очерк экономического сотрудничества Советского Союза и Монгольской Народной Республики,* Москва, 1959.
70. В. С. Мильбах, *Политические репрессии командно-начальствующего состава 1937-1938 гг. Забайкальский военный округ и 57-й особый стрелковый корпус,* СПб, 2014.
71. О. Б. Мозохин, *Противоборство. Спецслужбы СССР и Японии (1918-1945),* Москва, 2012.
72. *Монгольско-российское научное сотрудничество: от ученого комитета до Академии наук,* Уланбатор, 2012.
73. *Монголия во Второй мировой войне: фотоальбом,* Иркутск, 2011.
74. *Монголия в документах Коминтерна (1919-1934),* Ч. 1 (1919-1929), 2012. 本書では，МДК Ⅰと略す.
75. *Монголия в документах Коминтерна (1919-1934),* Ч. 2 (1930-1934), 2012. 本書では，МДК Ⅱと略す.
76. *Монголия, монгольский мир, монголосфера: (сборник научных и научно-популярных статей № 3 из газеты "Угай зам" ("Путь предков"),* Улан-Удэ, 2012.
77. И Ю. Морозова, "Социальные преобразования в Монголии в 20-40-х гг. XX века", кандидатская диссертация, 2003.
78. *На приёме у Сталина. Тетради (журналы) записей лиц, принятых И. В. Сталиным (1924-1953гг.). Справочник,* Москва, 2008. 本書では，На приёме у Сталина と略す.
79. А. В. Окороков, *Русские добровольцы,* Москва, 2004.
80. С. Г. Осьмачко, *Красная Армия в локальных войнах и военных конфликтах (1929-1941гг.): боевой опыт и военная политика,* Ярославский зенитный ракетный институт противовоздушной обороны, 1999.
81. *От Халхин-Гола до линкора Миссури: сборник научных статей,* Улан-Удэ, Улан-Батор, 2010.
82. *Очерки история российской внешней разведки,* том 2, 1996. л.264-270.
83. *Очерки истории Забайкальского края,* Чита, 2009.
84. *Очерки истории Монгольской народно-революционной партии,* 3-е, Улан-Батор, 1987.
85. Петров Н. В., Скоркин К. В., *Кто руководил НКВД, 1934-1941: Справочник,* 1999. 本書では Кто ①と略す.
86. Петров Н. В., *Кто руководил органами госбезопасности, 1941-1954: Справочник,* Москва, 2010. 本書では Кто ②と略す.
87. *Политбюро ЦК РКП(б)-ВКП(б) и Коминтерн: Документы,* Москва, 2004.
88. *Политбюро ЦК РКП(б)-ВКП(б). Повестки дня заседаний. 1919-1952: Каталог.* Т.Ⅱ. 1930-1939, Москва, 2001.
89. И. М. Попов, У истоков военного сотрудничества России и Монголии (начало 20 в.), *70 лет монгольской народной революции: Материалы международной научной конференции, Москва, 4 июля 1991г.* Москва, 1992. С.29-39.
90. *"Приграничное сотрудничество: исторические события и современные реалии", международная научная конференция 2014 Чита: Материалы международной научной конференции "Приграничное сотрудничество: исторические события и современные реалии",*

посвященной 75-летию Победы советских и монгольских войск на реке Халхин-Гол, Чита, 17–18 сентября 2014 года, Санкт-Петербург, 2014.

91. Черушев Н. С., Черушев Ю. Н. *Расстрелянная элита РККА (командармы 1-го и 2-го рангов, комкоры, комдивы и им равные): 1937–1941. Биографический словарь.*, Москва, 2012. 本書では РЭ РККА（команармы）と略す.

92. *Реабилитация: как это было. Документы Президиума ЦК КПСС и другие материалы.* Том1, Москва, 2000.

93. О. С. Ринчинова, *Буряты Монголии: вопросы истории,* Улан-Удэ, 2013.

94. *Роль и значение помощи международного коммунистического движения в становлении и развитии МНРП,* Москва, 1978.

95. *Российско-Монгольское военное сотрудничество (1911–1946): сборник документов,* часть Ⅰ, часть Ⅱ, Москва Улан-Удэ, 2008. 本書では РМВС Ⅰ, Ⅱと略す.

96. *Российско-монгольское военное сотрудничество от Халхин-Гола до линкора «Миссури» (1936–1946гг.): сборник документов,* Иркутск, 2011.

97. *Россия и СССР в войнах XX века: Статистическое исследование,* Москва, 2001.

98. *Россия и Монголия: новый взгляд на историю взаимоотношений в XX веке,* Москва, 2001.

99. С. К. Рощин, *Политическая история Монголии (1921–1940гг.),* Москва, 1999.

100. С. К. Рощин, *Маршал Монголии Х. Чойбалсан: штрихи биографии,* Москва, 2005.

101. С. К. Рощин, *П. Гэндэн-Монгольский национальный лидер: Штрихи биографии,* Москва, 2008.

102. *Русский архив: Советско-японская война 1945 года: история военно-политического противоборства двух держав в 30–40-е годы. Документы и материалы.* В 2 т.Т. 18(7-1), Москва, 1997.

103. *Русский консул в Монголии: Отчет Я. П. Шишмарева о 25-летней деятельности Ургинского консульства,* Иркутск, 2001.

104. *РЦХИДНИ Научно-информационный бюллетень,* выпуск но.8, Москва, 1996.

105. Санжаасурэн, Цэвээний, “Политика “нового курса” МНРП в отношении единоличных аратских хозяйств 1932–40 гг”, кандидитская диссертация, Москва, 1969.

106. Л. Б. Санжиева, “Монгольские аспекты информационной политики СССР в 30-е гг.XX века”, *Россия и Монголия сквозь призму времени: материалы международной научно-практической конференции “Улымжиевские чтения-3”,* Улан-Удэ, 2007, с.113–117.

107. Ю. М. Свойский, *Военноплаённые Халхин-Гола: история бойцов и командиров РККА, прошедших через японский плен,* Москва, 2014.

108. А. А. Сизова, *Консульская служба России в Монголии (1861–1917),* Москва, 2015.

109. А. Симуков, Заметки о положении на периферии МНР за 1931 год, *Восток,* 1994, но.5, с.146–155.

110. Ф. Л. Синицын, *Красная буря: Советское государство и буддизм в 1917–1946гг.,* Санкт-Петербург, 2013.

111. Ф. Л. Синицын, “Положение буддийской конфессии в Монголии в 1924–1944гг.”, *Страны и народы Востока, Вып. XXXIV: Центральная Азия и Дальний Восток,* 2013, с. 49–72.

112. В. Я. Сиполс, И. А. Челышев, *Крымская конференция 1945 год,* Москва, 1984.

113. Н. В. Скорупинская, "Инфраструктура приграничных торговых связей Алтайской губернии с Монголией в 20-е гг. XX в", *Сибирь, Центральная Азия и Дальний Восток: взаимодействие народов и культур. Вторые научные чтения памяти Е. М. Залкинда 20 мая 2005 года: Материалы конфереции*, Барнаул, 2005, с.308-315.

114. С. В. Смирнов, *Отряд Асано: русские эмигранты в вооруженных формированиях Маньчжоу-го (1938-1945)*, Москва, 2015.

115. *Советский Союз на международных конференциях периода Великой Отечественной войны, 1941-1945 гг.: Сборник документов*, т.4. *Крымская конференция руководителей трех союзных держав-СССР, США и Великобритании (4-11 февр. 1945г.)*, Москва, 1984.

116. *Советское руководство. Переписка. 1928-1941 гг.*, Москва, 1999.

117. *Советско-монгольские отношения, 1921-1966: сборник документов*, Москва, 1966. 本書ではCMO1966と略す.

118. *Советско-монгольские отношения, 1921-1974: документы и материалы*, советская часть, Москва, Уланбатор, 1975-1979, т.1. 1921-1940, т.2, ч.1. 1941-1950. 本書ではCMO1975 I, II と略す.

119. Н. С. Соркин, *В начале пути: записки инструктора монгольской армии*, Москва, 1970.

120. *СССР-МНР: страницы братской дружбы. Воспоминания*, Москва, 1981

121. *Сталин и Каганович. Переписка. 1931-1936гг.*, Москва, 2001.

122. *Сталинские Политибюро в 30-е годы. Сборник документов*, Москва, 1995.

123. А. В. Старцев, *Российско-монгольские торгово-экономические отношения во второй половине XIX-начале XX в.*, Барнаул, 2013.

124. А. П. Суходолов ред., *Россия и Монголия в начале XX века: дипломатия, экономика, наука: сборник архивных документов*, Иркутск, 2014.

125. А. П. Тарасов, *Забайкалье и Китай: опыт анализа международных связей*, Чита, 2003.

126. Тепляков А. Г. "... ГВО в Монголии является таким органом, куда почти каждый гражданин обязательно попадает". Государственная Внутренняя Охрана МНР глазами инструктора ОГПУ, 1926 год, *Вестник НГУ. Серия: Историа, философия.* 2012. Том 11, выпуск 8: История, с.184-192.

127. В. Г. Третьяков, *История сотрудничества СССР и МНР в сфере железнодорожного транспорта (1930-е-1990 год)*, Иркутск, 1999.

128. Б. Г. Третьяков, *Железнодорожня артерия Монголии: Очерки истории железнодорожного транспорта в Монголии*, Иркутск, 2001.

129. Б. Г. Третьяков, "История сотрудничества России и Монголии в сфере железнодорожного транспорта, 1890-е-1990-е гг.", докторская диссертация, Иркутск, 2003.

130. Тэраяма Киосукэ, "Советская политика по развитию сети железных дорог на Дальнем Востоке в 1930-е гг.: военизация, политотделы, строительство вторых путей", С. А. Папков, К. Тэраяма, *Политические и социальные аспекты истории сталинизма: новые факты и интерпретации*, Москва, 2015, с.50-85.

131. Тэраяма Киосукэ, "Советская политика в Монголии в 1930-е годы, Маньчжурский инцидент и усиление вмешательства СССР". С. Папков, К. Тэраяма ред. *Азиатская Россия и сопредельные*

государства, Новосибирск, 2013, с.138-198.

132. *Улан-Баторская железная дорога (начало XX в.-1957 г.): документы и материалы*, Улан-Удэ, 2010.

133. *Устремленная в будущее: 110 лет Забайкальской железной дороге*, Чита, 2010.

134. *Халхин-гол: исследования, документы, комментарий: к 70-летию начала второй мировой войны*, Москва, 2009.

135. *Халхин-Гол: взгляд на события из 21 века*, Москва, 2013.

136. Ф. С. Цаплин, *Советско-монгольское содружество в годы второй мировой войны*, Москва, 1964.

137. И. Г. Цыренова, И. Г. Аюшиева, *Политические репрессии в России и Монголии. Историческая память (по материалам III международного образовательного проекта)*, Улан-Удэ, 2011.

138. Цэцэгма, Жамбалын: *Бурятская национальная интеллигенция в становлении монгольского государства в первой трети XX в.*, Улан-Удэ, 2006.

139. Ш. Б. Чимитдоржиев, *Как исчезла единая Бурят-Монголия (1937 и 1958 годы)*, Улан-Удэ, 2004.

140. Л. И Шинкарев, *Цеденбал и его время, том 2, Докумнты. Письма. Воспоминания*, Москва, 2006. 本書では，Шин②と略す．

141. Л. И. Шинкарев, *Цеденбал и Филатова: Любовь. Власть. Трагедия*, Москва, Иркутск, 2004. 本書では，Шин①と略す．

142. В. С. Шумихин, *Советская военная авиация 1917-1941*, Москва, 1986.

143. *Энциклопедия секретных служб России*, Москва, 2004. 本書では ЭСС と略す．

144. М. А. Алексеев, А. И. Колпакиди, В. Я. Кочик, *Энциклопедия военной разведки 1918-1945гг.*, Москва, 2012. 本書では ЭВР と略す．

145. Т. И. Юсупова, *Монгольская комиссия Академии наук. История создания и деятельности (1925-1953 гг.)*, Санкт-Петербург, 2006.

英語文献

146. C. R. Bawden, *The Modern History of Mongolia*, London, 1968.

147. Elena Boikova, “Aspects of Soviet-Mongolian Relations, 1929-1939,” Stephen Kotkin and Bruce A. Elleman, eds., *Mongolia in the Twentieth Century: Landlocked Cosmopolitan*, New York, 1999, pp.107-121.

148. D. Dashpurev, S. K. Soni, *Reign of Terror in Mongolia, 1920-1990*, New Delhi, 1992.

149. Christopher Kaplonski, “Criminal Lamas: Court Cases Against Buddhist Monks in Early Socialist Mongolia,” Vesna A. Wallace, ed., *Buddhism in Mongolian History, Culture, and Society*, New York, 2015, pp.243-260.

150. Christopher Kaplonski, *The Lama Question: Violence, Sovereignty, and Exception in Early Socialist Mongolia*, Honolulu, 2014.

151. Christopher Kaplonski, “Prelude to Violence: Show Trials and State Power in 1930s Mongolia,” *American Ethnologist*, vol.35, no.2, May 2008, pp.321-337.

152. *Herdsman to Statesman: The Autobiography of Jamsrangiin Sambuu of Mongolia,* introduced and edited by Morris Rossabi; translated by Mary Rossabi, Lanham, 2010.

153. George G. S. Murphy, *Soviet Mongolia: A Study of the Oldest Political Satellite,* Berkeley, 1966.

154. Robert A. Rupen, *Mongols of the Twentieth Century,* 1964.

155. Alan J. K. Sanders, *Historical Dictionary of Mongolia,* London, 1996.

156. Sandag, Shagdariin, *Poisoned Arrows: The Stalin-Choibalsan Mongolian Massacres, 1921-1941,* Boulder, 2000.

157. Ivan Sablin, *Governing Post-Imperial Siberia and Mongolia, 1911-1924: Buddhism, Socialism, and Nationalism in State and Autonomy Building,* London, 2016.

158. Terayama Kyosuke, "Soviet Policies Toward Mongolia After the Manchuria Incident, 1931-1934", in Tadashi Yoshida & Hiroki Oka eds., *Facets of Transformation in Northeast Asian Countries,* Tohoku University, 1998, pp.37-66.

邦語文献

159. 青木雅浩「1925 年の満鉄外モンゴル調査隊拘束事件とモンゴル人民共和国」ボルジギン・フスレ編『日本・モンゴル関係の近現代を探る——国際関係・文化交流・教育問題を中心に』風響社，2015 年，55-72 頁.

160. 青木雅浩『モンゴル近現代史研究 1921-1924 年——外モンゴルとソヴィエト，コミンテルン』早稲田大学学術叢書 13，2011 年.

161. 青木雅浩「モンゴル人民革命党第 4 回大会とソ連，コミンテルン」『内陸アジア史研究』28 号，2013 年，127-148 頁.

162. 青木雅浩「モンゴルとソヴィエト，コミンテルン」早稲田大学モンゴル研究所編『モンゴル史研究——現状と展望』2011 年，323-339 頁.

163. 麻田雅文（編）『ソ連と東アジアの国際政治　1919-1941』みすず書房，2017 年.

164. 生駒雅則「ダムバドルジ政権下のモンゴル——第一次国共合作とモンゴル民族解放運動」『1920 年代の中国——京都大学人文科学研究所共同研究報告』汲古書院，1995 年，259-301 頁.

165. 生駒雅則「モンゴル人民革命党とコミンテルン——コミンテルン駐在代表ルイスクロフの更迭問題をめぐって」『岩波講座世界歴史　23 アジアとヨーロッパ』岩波書店，1999 年，253-276 頁.

166. 生駒雅則「初期コミンテルンとモンゴル——シュミャツキー，リンチノとモンゴル革命」「初期コミンテルンと東アジア」研究会編著『初期コミンテルンと東アジア』不二出版，2007 年.

167. 石田喜與司『帰らざるノモンハン——日満ソ蒙国境確定交渉秘話』芙蓉書房，1985 年.

168. 今西淳子，ボルジギン・フスレ（呼斯勒）編『ノモンハン事件（ハルハ河会戦）70 周年 2009 年ウランバートル国際シンポジウム報告論文集』風響社，2010 年.

169. 磯野富士子『冬のモンゴル』中公文庫，1986 年.

170. 磯野富士子『モンゴル革命』中公新書，1974 年.

171. 牛島康允『ノモンハン全戦史』自然と科学社，1988 年.

172. 牛島康允『蒙古——五〇年の夢』自然と科学社，1990 年.
173. 内田知之，柴田善雅編『日本の蒙疆占領　1937-1945』研文出版，2007 年.
174. 梅棹忠夫『回想のモンゴル』中公文庫，1991 年.
175. 小田洋太郎，田端元『ノモンハン事件の真相と戦果——ソ連軍撃破の記録』有朋書院，2002 年.
176. 鎌倉英也『ノモンハン　隠された「戦争」』日本放送出版協会，2001 年.
177. 北川四郎『ノモンハン　元満洲国外交官の証言 戦争と人間の記録』現代史出版会，1979 年.
178. アルヴィン・D・クックス（岩崎俊夫訳）『ノモンハン』上・下，朝日新聞社，1989 年.
179. アルヴィン・D・クックス（岩崎博一，岩崎俊夫訳）『もう一つのノモンハン　張鼓峯事件 1938 年の日ソ紛争の考察』原書房，1998 年.
180. アルヴィン・D・クックス（小林康男訳）「リュシコフ保安委員の亡命——リュシコフの越境・スターリン大粛清・張鼓峰事件」『軍事史学』92 号（第 23 巻第 4 号）60-86 頁.
181. スチュアート・D・ゴールドマン（山岡由美訳）『ノモンハン 1939 ——第二次世界大戦の知られざる始点』みすず書房，2013 年.
182. 小長谷有紀『モンゴルの二十世紀　社会主義を生きた人びとの証言』中公叢書，2004 年.
183. 小林英夫『ノモンハン事件　機密文書「検閲月報」が明かす虚実』平凡社新書，2009 年.
184. マクシム・コロミーエツ（小松徳仁訳，鈴木邦宏監修）『ノモンハン戦車戦　ロシアの発掘資料から検証するソ連軍対関東軍の封印された戦い』（独ソ戦車戦シリーズ 7）大日本絵画，2005 年.
185. 坂本是忠『蒙古人民共和国』古今書院，1955 年.
186. 坂本是忠『辺疆をめぐる中ソ関係史』アジア経済研究所 アジア経済出版会，1974 年.
187. S・N・シーシキン（田中克彦訳）『ノモンハンの戦い』岩波現代文庫，2006 年.
188. B・シレンデブ（松田忠徳訳）『資本主義を飛び越えて——モンゴルの歩み』シルクロード社，1977 年.
189. D・ダシプルブ（松本康監訳）『モンゴルの政治テロ支配と民衆抑圧の歴史　1920-1990』2013 年.
190. 橘誠『ボグド・ハーン政権の研究——モンゴル建国史研究序説 1911-1921』風間書房，2011 年.
191. 田中克彦『草原の革命家たち　モンゴル独立への道』中公新書，1990 年（増補改訂版）
192. 田中克彦『ノモンハン戦争——モンゴルと満洲国』岩波新書，2009 年.
193. 田中克彦，ボルジギン・フスレ『ハルハ河・ノモンハン戦争と国際関係』三元社，2013 年.
194. 田淵陽子「1945 年『モンゴル独立問題』をめぐるモンゴル人民共和国と中華民国——中ソ友好同盟条約から独立公民投票へ」『現代中國研究』第 11 号
195. チョイバルサン他著（田中克彦編訳）『モンゴル革命史』未來社，1971 年.
196. 辻政信『ノモンハン秘史』原書房，1977 年.
197. 寺山恭輔「ソ連極東における動員政策　1931-1934 年」『ロシア史研究』第 66 号，2000 年 4 月，61-82 頁.
198. 寺山恭輔「ソ連極東における鉄道政策　軍事化と政治部設置（1931/34 年）」『西洋史学論集』第 36 号（1998 年 12 月）1-18 頁.
199. 寺山恭輔「ソ連極東における鉄道政策（2）　バムと鉄道軍特別軍団」『西洋史学論集』第

38号（2000年1月）80-97頁.

200. 寺山恭輔「満洲事変とソ連における備蓄の構築」『東北アジア研究』第2号，173-198頁.

201. 寺山恭輔「レザーノフ遣日使節団の提唱者，ロシア宰相ニコライ・ルミャンツェフ」寺山恭輔編『東北アジア研究センター研究シリーズ』⑦「開国以前の日露関係」2006年6月，239-265頁.

202. 寺山恭輔「ロシアにおける中国学，モンゴル学の歩みと資料収集」『東アジア出版文化研究こはく』2004年12月，295-330頁.

203. 寺山恭輔『スターリンと新疆　1931-1949年』社会評論社，2015年.

204. 寺山恭輔「書評：О. Б. Мозохин, *Противоборство: спецслужбы СССР и Японии (1918-1945)*, Москва, 2012」『ロシア史研究』第93号（2013年11月）83-87頁.

205. 寺山恭輔「書評 С. Л. Кузьмин, Ж. Оюунчимэг, *Вооруженное восстание в Монголии в 1932 г.* Российская акад. наук, Ин-т востоковедения, Москва, 2015」『東北アジア研究』第20号，2016年，203-211頁.

206. 寺山恭輔「書評　Н. И. Дубинина, *Дальний Восток Яна Гамарника*, Хабаровск, 2011」『東北アジア研究』第18号，2014年2月，175-185頁.

207. 寺山恭輔「戦間期のソ連西北部国境における民族問題とスターリンの政策　フィンランドとレニングラード、カレリア」『史林』90巻1号（2007年1月），147-178頁.

208. 寺山恭輔「1930年代ソ連の対モンゴル政策——満洲事変からノモンハンへ」『東北アジア研究センター叢書』第32号，2009年.

209. 中見立夫「ハイサンとオタイ―ボグド・ハーン政権下における南モンゴル人」『東洋学報』第57巻（1976年）第1.2号，125-170頁.

210. 中見立夫「ボグド・ハーン政権の対外交渉努力と帝国主義列強」『アジア・アフリカ言語文化研究』第17号（1979年），1-58頁.

211. 中見立夫「1913年の露中宣言——中華民国の成立とモンゴル問題」『国際政治』第66号（1980年），109-127頁.

212. 中見立夫「モンゴルの独立と国際関係」溝口雄三，浜下武志，平石直昭，宮嶋博史編『アジアから考える（3）周縁からの歴史』東京大学出版会，1994年，79-106頁.

213. 中見立夫「文書史料にみえるトクトホの〝実像〟」『アジア・アフリカ言語文化研究』48・49（1995年），371-386頁.

214. 中見立夫「第4章ナショナリズムからエスノ・ナショナリズムへ——モンゴル人メルセにとっての国家・地域・民族」毛里和子編『現代中国の構造変動　7　中華世界——アイデンティティの再編』東京大学出版会，2001年，121-149頁.

215. 中見立夫「宣統三年夏の庫倫——満洲アムバン，ロシア領事とモンゴル人」細谷良夫編『清朝史研究の新たなる地平』山川出版社，2008年，310-333頁.

216. 中見立夫「〝モンゴル〟という空間と〝独立〟と〝革命〟の射程」『東アジア近現代通史第4巻社会主義とナショナリズム1920年代』岩波書店，2011年，143-161頁.

217. 中見立夫「バボージャブの軌跡——〝モンゴル独立〟をめざし挫折した，ある内モンゴル人の実像」『東洋史研究』71巻2号（2012年），92-125頁.

218. 中見立夫「〝満蒙独立運動〟という虚構とその実像」『近代日本研究』（慶應義塾福澤研究センター）第28巻（2012年）73-106頁.

219. 中見立夫『「満蒙問題」の歴史的構図』東京大学出版会，2013 年.
220. 中見立夫「メルセ——体制変動期における〝モンゴル人〟インテリゲンツィヤの軌跡」『東アジアの知識人　3「社会」の発見と変容』2013 年．有志舎，82-98 頁.
221. 中見立夫「〝内モンゴル東部〟という空間——東アジア国際関係史の視点から」早稲田大学モンゴル研究所編『アジア地域文化学叢書Ⅷ　近現代内モンゴル東部の変容』雄山閣，2007 年，21-46 頁.
222. 西原征夫『全記録ハルビン特務機関』毎日新聞社，1980 年.
223. D・ネディアルコフ（源田孝監訳・解説）『ノモンハン航空戦全史』芙蓉書房出版，2010 年.
224. ノモンハン・ハルハ河戦争国際学術シンポジウム実行委員会編『ノモンハン・ハルハ河戦争国際学術シンポジウム全記録　1991 年東京』原書房，1992 年.
225. ハイシッヒ（田中克彦訳）『モンゴルの歴史と文化』岩波文庫，2000 年.
226. 秦郁彦『明と暗のノモンハン戦史』PHP 研究所，2014 年.
227. Ts・バトバヤル（芦村京，田中克彦訳）『モンゴル現代史』明石書店，2002 年.
228. 半藤一利『ノモンハンの夏』文藝春秋，1998 年.
229. ビンバー（古木俊夫訳）『ビンバー大尉手記』朝日新聞社，1939 年.
230. ボルジギン・フスレ（呼斯勒），今西淳子編『20 世紀におけるモンゴル諸族の歴史と文化——2011 年ウランバートル国際シンポジウム報告論文集』2012 年.
231. ボルジギン・フスレ編『国際的視野のなかのハルハ河・ノモンハン戦争（増補版）』三元社，2016 年.
232. 二木博史「ダムバドルジ政権の敗北」『東京外国語大学論集』第 42 号，1991 年，265-283 頁.
233. 二木博史「日本軍の対モンゴル工作　ノモンハン戦の真相」『歴史読本ワールド』1991 年 3 月号，214-221 頁.
234. 二木博史「国際シンポジウム「ハルハ河戦争　その歴史的真実の探求」について」『日本モンゴル学会紀要』第 25 号，1994 年，79-84 頁.
235. 二木博史「ダムバドルジ政権の内モンゴル革命援助」『一橋論叢』92（3），364-381 頁.
236. 二木博史「モンゴル語版『ジェブツンダンバ・ホトクト伝』について」『東京外国語大学論集』第 82 号，1-20，2011 年.
237. 二木博史「1937 年に関東軍参謀部が作成した「満蒙国境要図」について——清代の地図との比較を中心に」『ノモンハン事件（ハルハ河会戦）70 周年 2009 年ウランバートル国際シンポジウム報告論文集』115-134 頁，2010 年.
238. 二木博史「現代史が物語化されるとき——田中克彦『ノモンハン戦争　モンゴルと満洲国』の場合」『日本とモンゴル』44 巻 1 号，89-96 頁，2009 年.
239. 二木博史「ボヤンマンダフと内モンゴル自治運動」『東京外国語大学論集』第 64 号，67-88 頁，2002 年.
240. 二木博史「モンゴル人民党成立史の再検討——「ドクソムの回想」を中心に」『東京外国語大学論集』第 49 号，1994 年，83-104 頁.
241. 二木博史「リンチノとモンゴル革命」『東京外国語大学論集』第 51 号，1995 年，243-259 頁.
242. 二木博史「大モンゴル国臨時政府の成立」『東京外国語大学論集』第 54 号，1997 年，37-59 頁.
243. O・プレブ編（D・アルマース訳，田中克彦監修）『ハルハ河会戦　参戦兵士たちの回想』

恒文社，1984 年.
244. 防衛庁防衛研修所戦史室『関東軍〈1〉 対ソ戦備・ノモンハン事件』1969 年，朝雲新聞社.
245. 防衛省防衛研究所『ノモンハン事件関連史料集』2007 年.
246. ポッペ（村山七郎監修，下内充，板橋義三訳）『ニコラス・ポッペ回想録』三一書房，1990 年.
247. モンゴル科学アカデミー歴史研究所（二木博史，今泉博，岡田和行訳）『モンゴル史 1』恒文社，1988 年.
248. 三島康夫，後藤富男『外蒙人民共和国――ソ聯極東の前衛』伊藤書店，1939 年.
249. 森久男『徳王の研究』創土社，2000 年.
250. ユムジャーギィン・ツェデンバル『社会主義モンゴル発展の歴史』恒文社，1978 年.
251. 楊海英『日本陸軍とモンゴル――興安軍官学校の知られざる戦い』中公新書，2015 年.
252. 横手慎二「ノモンハン事件――日ソ関係の転換」筒井清忠編『解明昭和史――東京裁判までの道』朝日選書，2010 年，159-174 頁.
253. 吉田豊子「国民政府のヤルタ「密約」への対応とモンゴル問題」中央大学人文科学研究所編『中華民国の模索と苦境　一九二八――一九四九』中央大学出版部，2010 年，253-301 頁.
254. オーエン・ラティモア（磯野富士子訳）『モンゴル――遊牧民と人民委員』岩波書店，1966 年.
255. ユ・ヒョヂョン，ブレンサイン・ボルジギン『境界に生きるモンゴル世界―― 20 世紀における民族と国家』八月書館，2009 年.

注

はじめに

(1) *Россия и Монголия: новый взгляд на историю взаимоотношений в XXвеке*, Москва, 2001, с.82-96.

(2) 拙稿「戦間期のソ連西北部国境における民族問題とスターリンの政策――フィンランドとレニングラード，カレリア」『史林』90巻1号（2007年1月）147-178頁.

(3) 拙著『スターリンと新疆』（社会評論社，2015年）.

(4) ソ連の対モンゴル，新疆政策を比較した試論も参照のこと．拙稿「一九三〇年代を中心とするソ連の対モンゴル，新疆政策の類似点と相違点」麻田雅文編『ソ連と東アジアの国際政治 1919-1941』（みすず書房，2016年）165-196頁.

(5) 第三章と第四章は，次の拙著がもとになっている．拙著「1930年代ソ連の対モンゴル政策――満洲事変からノモンハンへ」『東北アジア研究センター叢書』第32号，(2009年)．また英語，ロシア語でソ連の対モンゴル政策について検討したこともあった．英語論文は，Terayama Kyosuke, "Soviet Policies Toward Mongolia After the Manchuria Incident, 1931-1934,"in Tadashi Yoshida & Hiroki Oka eds., *Facets of Transformation in Northeast Asian Countries* (Tohoku University, 1998) pp.37-66. ロシア語論文は，Тэраяма Киосукэ, «Советская политика в Монголии в 1930-е годы, Маньчжурский инцидент и усиление вмешательства СССР», С. Папков, К. Тэраяма ред., *Азиатская Россия и сопредельные государства*, 2013, с.138-198.

第一章

(1) 北京にロシア正教の教会が建設されたのは1698年である．*История отечественного востоковедения-до середины 19 века*, Москва, 1990, с.66, 75-76.

(2) Там же, с.72, 127-129, 187-194, 274-283, 288.

(3) А. В. Старцев, *Российско-монгольские торгово-экономические отношения во второй половине XIX-начале XX в.*, Барнаул, 2013, с.6.

(4) Н. Е. Единархова, *Русские в Монголии: основные этапы и формы экономической деятельности (1861-1921 гг.)*, Иркутск, 2003, с.58-59.

(5) ルミャンツェフについては，次の拙稿を参照のこと．寺山恭輔「レザーノフ遣日使節団の提唱者，ロシア宰相ニコライ・ルミャンツェフ」寺山恭輔編『東北アジア研究センター研究シリーズ』⑦「開国以前の日露関係」（2006年6月）239-265頁.

(6) И. Я. Златкин, *Очерки новой и новейшей истории Монголии*, Москва, 1957, с.6-133. 後にジュンガル部の歴史を描いて学位を取ったズラトキンによる本書は，『モンゴル近現代史概説』

との題名ながら，ロシアの文書館史料も駆使してロシアとの関係を中心に1911年以前の歴史についてかなり詳しい．彼は1930年代，駐モンゴル全権代表部に務めていたので，実体験による叙述を期待したが，1950年代までカバーする後半部分の叙述はかなり時代的制約を受けているように思われる．*История отечественного востоковедения до середины XIX века*, Москва, 1990. *История отечественного востоковедения-с середины XIX века до 1917 года*, Москва, 1997.　この2冊は19世紀半ばまでと，1917年までの時期におけるロシアにおける東方学の歴史を概説するもので，モンゴル研究の進展についても触れている．不十分ながら概略的な説明は，次の拙稿を参照のこと．寺山恭輔「ロシアにおける中国学，モンゴル学の歩みと資料収集」『東アジア出版文化研究　こはく』(2004年12月) 295-330頁．В. Д. Дугаров, *Российская историография истории Монголии*, Улан-Удэ, 2014, с.4-87.　本書はモンゴル史をどのように描いてきたのかについてのロシア史学史をまとめたものである．В. Д. Дугаров, *Генезис бурятского монголоведения в российском востоковедении в период XIX-начала XX вв.*, Федеральное агентство по образованию, Бурятский гос. ун-т Улан-Удэ, 2008.　同じくドゥガロフによる本書は，モンゴルに最も近いブリャートにおけるモンゴル学の誕生と発展についてまとめたものである．Н. Е. Единархова, *Русские в Монголии: основные этапы и формы экономической деятельности (1861-1921 гг.)*, Иркутск, 2003, с.4-59. エディナルホヴァによる本書はモンゴルで活動したロシア人，特に交易に従事した事業者についてまとめたものだが，前半部分で19世紀前半までのロシアとモンゴルの交流についても簡潔に触れている．Ш. Б. Чимитдоржиев, *Россия и Монголия*, Москва, 1987 は20世紀初頭までのロシアとモンゴルの関係について，ソ連時代の代表的な著作である．

(7) Н. Е. Единархова, *Русское консульство в Урге и Я. П. Шишмарев*, Иркутск, 2008, с.31-34.　この活躍が評価され，今度はシシマレフも叙勲され，年金を受け取ることになった．

(8) А. В. Старцев, *Российско-монгольские торгово-экономические отношения во второй половине XIX-начале XX в.*, Барнаул, 2013, с.73-75.

(9) Е. М. Даревская, *Сибирь и Монголия: Очерки русско-монгольских связей в конце XIX-начале XX веков*, Иркутск, 1994.

(10) Ю. В. Кузьмин, «Проблемы русско-монгольских связей в конце XIX-начале XX века в исследованиях Е. М. Даревской», *Актуальные вопросы истории российско-монгольских отношений первой четверти XX века: сборник научных трудов*, Иркутск, 2013, с.148-170.　スタルツェフもダレフスカヤの著作をロシア・モンゴル関係研究における大事件だとみなしている (А. В. Старцев, Указ. соч., с.36).

(11) И. М. Майский, *Современная Монголия: отчет Монгольской экспедиции, снаряженной Иркутской конторой Всероссийского центрального союза потребительных обществ «Центросоюз»*, Иркутск, 1921.　邦訳は『外蒙共和国』上・下，露亜経済調査叢書，南満洲鉄道株式会社庶務部調査課編 (1927年)．ダレフスカヤの著作の中でも随所に引用されている．

(12) Е. М. Даревская, Указ. соч., с.17.

(13) Там же, с.18.

(14) Там же, с.18-48.

(15) Там же, с.48-98.

(16) Там же, с.99-113.　モンゴル史の著作とは，1969年に第2版，1983年に第3版が出た『モ

ンゴル人民共和国史』である.
（17）E. M. Даревская, Указ. соч., с.113-130.
（18）Там же, с.130-154.
（19）Там же, с.154-169.
（20）Там же, с.169-181.
（21）Там же, с.182-203.
（22）Там же, с.203-223.
（23）Там же, с.223-237.
（24）ブルドゥコフ（А. В. Бурдуков 1883-1943）の回想，日記はダレフスカヤの詳しい注釈をつけて出版された（А. В. Бурдуков, *В старой и новой Монголии: воспоминания. письма*. Москва, 1969）.
（25）E. M. Даревская, Указ. соч., с.237-255.
（26）Там же, с.256-262.
（27）Там же, с.263-271.
（28）Там же, с.272-286.
（29）Там же, с.287-313.
（30）Ю. В. Кузьмин, *Монголия и «Монгольский вопрос» в общественно-политической мысли России, (конец19-30-е гг. 20в)*, Иркутск, 1997. 最初に時代をさかのぼってロシアにおけるモンゴル研究を紹介するが，第2章では1911年のモンゴルの独立宣言以後，ロシア国内におけるモンゴルへの関心が高まり，この「モンゴル問題」にどう対処すべきか各界で熱心に議論が展開されたことについて詳しく解説している．独立は無理なので現状維持との意見，併合してゴビまで中国との国境を下げよとの意見，日露戦争のロシアの敗北で清国が政策を変更，モンゴルへの移住奨励政策により状況が変化したとの意見，モンゴルに独立を認めるべきとの意見，緩衝地帯としてのモンゴルの重要性を訴える意見等がまとめられている（с.82-124）．皇帝にも大きな影響を与えたといわれるバドマーエフの活動についてまとめた後（с.124-148），20世紀初頭にモンゴルとの通商が減退したため派遣されたモスクワ（ポポフ），シベリア（ボゴレポフ，ソボレフ）の現地調査団の調査の経緯とその報告内容の違いをまとめている．モンゴルの将来性を訴えるのは後者だが，「ロシアの植民政策はあまりにひどい」とし，「独立した発展の道が残されている」と主張していた（с.175）．最後にペルシン，エスタフィエフ，ボブリク，ウラディミルツォフ，コトヴィチ，スヴェチニコフ，ブルドゥコフ，ヴァセネフら知識人は「モンゴル問題」に対して独立モンゴルを支持する考えを主張していた（с.182-204）と総括している.
（31）E. И. Лиштованный, *Исторические взаимоотношения Сибири и Монголии: культура и общество (XIX в.-30-е гг.XX в.)*, Улан-Удэ, 1998. 特にシベリア地域とモンゴルの関係に焦点をあてている．ブリャート出身のリンチノ，ジャムツァラーノらモンゴル革命後にモンゴルでも活躍した知識人の他，特にイルクーツクやウラン・ウデにおけるモンゴル人学生の教育についてまとめている.
（32）*Русский консул в Монголии: отчет Я. П. Шишмарёва о 25-летней деятельности Ургинского консульства*, Иркутск, 2001.
（33）H. E. Единархова, *Русское консульство в Урге и Я. П. Шишмарев*, Иркутск, 2008. モンゴルと

ロシアの間の越境地点についてシシマレフが中心となって交渉し，キャフタの他，その東部に12か所，西部に9か所の全部で22か所とすることを1875年に清国と決着，1881年に協定として締結する（c.75）など両国の貿易発展に貢献し，ロシア人の高慢な振る舞いには怒りの手紙を外務省に送り（1883年1月，Там же, c.86），モンゴル研究にも尽力して12の論文を発表した（c.98）.

（34）Н. Е. Единархова, *Русские в Монголии: основные этапы и формы экономической деятельности (1861-1921 гг.)*, Иркутск, 2003.

（35）А. В. Старцев, *Российско-монгольские торгово-экономические отношения во второй половине XIX-начале XX в.*, Барнаул, 2013.　トムスク，イルクーツク，アルタイ，ビイスク等地方の史料館をめぐり，統計や企業ごとの史料，個人文書の保管状況にも詳しい（c.5-63）．特にモンゴルの独立宣言後のロシアの対応について述べ（c.64-131），第3章で19世紀半ば以降のロシア・モンゴル貿易を主としてモンゴル西部方面に焦点をあてて詳述している．租税逃れや密輸等のため，様々なデータの信頼性が問題であることが強調されるが，多数の関連データが添付されている（c.132-197）．第4章ではロシアの貿易組織の組織形態として丁稚や番頭制度，商館，ロシア商人の商売のやり方，主流をなす物々交換，不法な取引などが取り上げられ銀行の活動，インフラ，特に道路整備の問題，郵便・通信にも触れられている（c.198-284），第5章ではモンゴルへ向かったロシア人，企業規模，資産，事業内容，生活や社会活動に焦点があてられる（c.285-350）．巻末に代表的な事業家の略歴が掲載されている．

（36）А. А. Сизова, *Консульская служба России в Монголии (1861-1917)*, Москва, 2015.

（37）Е. В. Бойкова, *Российские военные исследователи Монголии (вторая половина XIX-XX века)*, Москва, 2014.　軍事偵察という性格上，遠征隊による調査結果は長い間秘密扱いにされて史料館に保管されていたため，研究が進展していなかったという（c.11）．取り上げられている遠征隊の調査結果は，軍人による地理的調査などが中心のためか他の著作には利用されることが少ないように思われる．例えば1914年夏，すなわち第一次世界大戦開始直後にモンゴルの東北地方でハルラーモフ（Харламов, Сергей Дмитриевич 1881-1965）が実行した秘密遠征の調査結果をまとめた著作（С. Д. Харламов, *Монголия*, Иркутск, 1914）は，「軍事地理学，軍事統計学ばかりでなく歴史や人類学の観点からもモンゴルについて掘り下げた全面的な研究」であり，「ある意味で19世紀後半から20世紀初頭にかけてモンゴルで行われた軍事研究を総括するもの」だとまとめられているが（c.143-145），本書は「イルクーツク軍管区，国境周辺地域の軍事地理的・軍事統計的描写．第2巻」とある通り市販はされていない（c.219）．革命後に亡命せずソ連にとどまったこのハルラーモフという人物のモンゴルに関する知識がスターリン時代に生かされたのかどうか，注目される．彼は1918年5月に赤軍に入り，内戦後軍学校の監察官，指揮官の補修クラス部長補佐などを務め，1929年からは労農赤軍の補修コース化学部長を務めていたが，1931年2月いわゆる『春』事件で旧軍人として逮捕され3年の刑を受けるものの，すぐに解放され1931年からは赤軍の航空戦力アカデミー，砲兵アカデミー，次いでフルンゼ軍アカデミーで戦術を教えた．モンゴルに関連した事業に携わったようには見えない．粛清を免れたことだけは確かだが，経歴にはかなりの欠落がある．М. К. Басханов, *Русские военные востоковеды до 1917г.:Биобиблиографический словарь*, Москва, 2005, c.251, *Революция и гражданская война в России 1917-1923гг.: Энциклопедия. В 4 томах*, Москва, 2008, Т.4, c.340.　ネット上の Я. Ю. Тинченко, *Голгофа русского офицерства в СССР 1930-1931 годы*,

Москва, 2000.（http://xxl3.ru/krasnie/tinchenko/razd4.html）.

（38）A. A. Сизова, Указ. соч., c.59-87.

（39）Там же, c.109.

（40）Там же, c.86, 110-114.　ヤコフ・シシマレフの弟アレクセイは，コサックの一員として1869年にサハリンに派遣され，1890年までサハリンで勤務し兄同様，ロシア帝国の辺境で国防の任に当たっていた．チェーホフがサハリンを訪れる数か月前に亡くなったため，残念ながら会えなかったとチェーホフも『サハリン島』に記しているとのこと（Н. Е. Единархова, Указ. соч., *Русское консульство в Урге,* c.104-106）.

（41）中見立夫『「満蒙問題」の歴史的構図』（東京大学出版会，2013年）.

（42）橘誠『ボグド・ハーン政権の研究——モンゴル建国史研究序説 1911-1921』（風間書房，2011年）.

（43）Е. А. Белов, *Россия и Монголия (1911-1919гг.),* Москва, 1999.

（44）政治局でモンゴルが最初に議題として取り上げられたのは1920年11月5日で，「モンゴル，ウーリャンハイへの遠征隊の派遣」に関して，「軍事的観点からチチェーリンの提案を検討するようトロツキーに委任し，もしチチェーリンとトロツキーの間に意見の不一致がなければ，中央委員会に合意を書面で提出し，決定を実行に移すこと」を決めた（РГАСПИ, 17/3/120/2）.

（45）ウンゲルン・フォン・シュテルンベルグ（Роман Фёдорович Унгерн фон Штернберг 1886-1921）については，近年ロシアでも史料集や著作が多数執筆されているが，本書では詳しく触れる余裕がない．ウンゲルンに対抗してロシアの軍隊を投入するとのチチェーリンの提案が採択されたのは1921年6月16日だった（РГАСПИ, 17/3/176/1）．以下，ウンゲルンに関連した当時の政治局決定を列挙しておく．6月20日に政治局は，モンゴル人民革命党のために20万ルーブルを銀で補助することを検討，承認した（Там же, 17/3/177/1）．ボグド・ハーン政権復活後の8月29日，政治局はウンゲルンの裁判について検討（シベリア革命委員会議長スミルノフの電報とレーニンの提案に基づく）し，「この問題により注目し，告発の正しさを点検し，疑う余地はないように思われるが，証拠が完全ならば，公開裁判を準備し，最大限の速さでそれを実行し処刑すること」を決めた（Там же, 17/3/195/1）．ところが9月5日，「捜査と裁判を行うためウンゲルンをシベリアに残すように」とのシベリア・ビューローの要請について政治局は検討し，その要請を承認した（Там же, 17/3/197/1）．イワン・スミルノフ（Смирнов, Иван Никитович 1881-1936）は1899年に入党，各地で革命活動に従事，2月革命時にトムスクの兵士代表ソヴィエト，内戦時に共和国の革命軍事会議で活動，1919年8月よりシベリア革命委員会議長，内戦後ペトログラード，ヴェセンハで活動，1922年より労働国防会議メンバー，1923-27年にはソ連郵便電信人民委員を務めた．1927年に逮捕され2年間流刑処分を受ける．解放後，コンバイン製造トラスト支配人，1932年よりソ連重工業人民委員部新建設局長に就任するも1933年1月に逮捕，5年の禁固刑を受けるが，1936年8月処刑される（ГВ СССР, c.530-531）.

（46）第二次世界大戦後2000年までのモンゴルに関するソ連・ロシアにおける研究状況を調査したボイコヴァによれば，あらゆる分野にまたがる約8,800件の著作，論文，文書集その他の記事のうち1921-45年の戦間期のモンゴル史について列挙されているのは，130件あまりにすぎない（Е. В. Бойкова, *Библиография отечественных работ по монголоведению: 1946-2000 гг.,* Москва, 2005）.

(47) モンゴル科学アカデミー歴史研究所『モンゴル史』1，2，二木博史，今泉博，岡田和行訳，（恒文社，1988年）．

(48) Ts. バトバヤル『モンゴル現代史』芦村京，田中克彦訳（明石書店，2002年）．

(49) M. B. Мещеряков, *Очерк экономического сотрудничества Советского Союза и Монгольской Народной Республики*, Москва, 1959.

(50) И. Я. Златкин, *Очерки новой и новейшей истории Монголии*, Москва, 1957.

(51) *Роль и значение помощи международного коммунистического движения в становлении и развитии МНРП*, Москва, 1978. これは1920年代初頭のモンゴル独立過程におけるソヴィエト・ロシアおよびコミンテルンの援助に関する叙述が大部分を占める．*История Советско-Монгольских отношений*, Москва, 1981. この著作は両国関係の簡便な通史であるが，モンゴル内政へのソ連の深い関与については言及していない．

(52) *СССР-МНР страницы братской дружбы, Воспоминания*, Москва, 1981.

(53) С. К. Рощин, *Политическая история Монголии (1921-1940гг.)*, Москва, 1999.

(54) С. К. Рощин, *Маршал Монголии Х. Чойбалсан: штрихи биографии*, Москва, 2005. イルクーツクで教育を受け，若い頃からロシアの影響を強く受け，指導者になってもたびたびロシアに長期滞在していたチョイバルサンが，いかにしてスターリンの支持を得るようになったのかについて述べている．彼の「人間的側面」を重視している．彼のソ連滞在時の活動がより詳しく判明するならば，ソ連・モンゴル関係をより深く究明できるのではないか．

(55) С. К. Рощин, *П. Гэндэн-Монгольский национальный лидер: Штрихи биографии*, Москва, 2008.

(56) С. Г. Лузянин, *Россия-Монголия-Китай в первой половине XX века: Политические взаимоотношения в 1911-1946 гг.* Изд. 2-е, Москва, 2003. ソ連が存在しイデオロギーに強い制約を受けていた時代のソ連，モンゴル，西側における研究，ソ連崩壊後に一次資料へのアクセスが容易になった後のロシア，モンゴル，西側における研究史を詳述している．

(57) *История Монголии. XX век*, Москва, 2007. 第3章で外交関係について執筆したルジャーニンは1930年代に関する記述は弱いが，1920年代にモンゴルとソ連の間に存在した対立，緊張関係と特に1928年のシュメラル代表団の派遣とそれによってモンゴル指導部の意見が右翼偏向批判へと集約され，左派へと権力が移っていく過程については鮮やかに説明している．ボイコヴァ M. И. Бойкова は第4章で40年から52年までの時期を扱っている．

(58) *Россия и Монголия: новый взгляд на историю взаимоотношений в XXвеке*, Москва, 2001.

(59) *Советско-монгольские отношения 1921-1966: Сборник документов*, Москва, 1966. *Советско-монгольские отношения, 1921-1974: документы и материалы*, советская часть, Москва, Уланбатор, 1975-1979, т.1. 1921-1940, т.2, ч.1. 1941-1950.

(60) *Монголия в документах Коминтерна (1919-1934)*, Ч. 1（1919-1929），Улан-Удэ, 2012, *Монголия в документах Коминтерна (1919-1934)*, Ч. 2（1930-1934），Улан-Удэ, 2012.

(61) *Российско-Монгольское военное сотрудничество (1911-1946): сборник документов*: в 2 ч., Москва, Улан-Удэ, 2008.　これに続いて2011年にも題名の類似した史料集（*Российско-монгольское военное сотрудничество от Халхин-Гола до линкора «Миссури» (1939-1946 гг.): сборник документов*, Улан-Удэ, Улан-Батор, 2011）が刊行されたが，内容は上記2008年のものとほとんど重複しており全く見るべきものがない．112の文書が収録されているが，2008

年の文書集に収録されていないのは4つの文書だけである（文書番号は106-109）．2008年の文書集と以下の通り重複している（前者がこの文書集の番号，後者が2008年の文書集の番号）．No.1 = No.317，No.2-105 = No.354-457，No.110-112 = No.458-460（最後の2つの文書は，本来ならNo.111，No.112となるところ，誤って107，108となっている）．これまでの刊行文書集について言及している序文の解説の中で，「ロシア・モンゴル間の軍事協力に関して最も充実している」と2008年の文書集についても取り上げ，「本文書集は，現存の文書基盤の欠落を補い，1939-46年のロシア・モンゴル軍事協力史に関する完全な文書群を可能な限り提供することを使命としている」とある．実態は前述のように見るべきところのないコピーである．しかも2008年版にあった詳しい注釈は削除されている．ちなみに「欠落を補う」べく挿入された文書（No.106-109）はすべて，『プラウダ』*Правда*の記事の転載であって，新たに発掘された史料でもない．

（62）*Сталин и Каганович. Переписка. 1931-1936гг.*, Москва, 2001.　本書ではСиКと略す．

（63）Л. И. Шинкарёв, *Цеденбал и Филатова: Любовь. Власть. Трагедия*, Москва, Иркутск, Сапронов, 2004, он же, *Цеденбал и его время,* том 2, Докумнты. Письма. Воспоминания, Москва, 2006.　本書ではそれぞれШин①，Шин②と略す．

（64）Robert A. Rupen, *Mongols of the Twentieth Century,* Indiana University, Bloomington, 1964.

（65）C. R. Bawden, *The Modern History of Mongolia,* 1989, London (second edition, first published in 1968).

第二章

（1）二木博史「ダムバドルジ政権の敗北」『東京外国語大学論集』第42号（1991年），265-283頁．同「ダムバドルジ政権の内モンゴル革命援助」『一橋論叢』92（3），364-381頁．同「リンチノとモンゴル革命」『東京外国語大学論集』51号（1995年），243-259頁．

（2）生駒雅則「ダムバドルジ政権下のモンゴル――第一次国共合作とモンゴル民族解放運動」『一九二〇年代の中国――京都大学人文科学研究所共同研究報告』（汲古書院，1995年）259-301頁．同「モンゴル人民革命党とコミンテルン――コミンテルン駐在代表ルイスクロフの更迭問題をめぐって」『岩波講座世界歴史23　アジアとヨーロッパ』（岩波書店，1999年）253-276頁．同「初期コミンテルンとモンゴル――シュミャツキー，リンチノとモンゴル革命」『初期コミンテルンと東アジア』「初期コミンテルンと東アジア」研究会編著（不二出版，2007年）297-327頁．

（3）青木雅浩『モンゴル近現代史研究　1921-1924年――外モンゴルとソヴィエト，コミンテルン』早稲田大学学術叢書13（2011）．同「「境界」を行き交う民族の思いと大国の思惑――1920年代前半の「モンゴル世界」とソヴィエト，コミンテルン」ユ・ヒョヂョン，ボルジギン・ブレンサイン編『境界に生きるモンゴル世界――20世紀における民族と国家』（八月書館，2009年）277-325頁．同「1920年代前半の外モンゴルにおけるソ連，コミンテルンの活動指導者たち」麻田雅文（編）『ソ連と東アジアの国際政治　1919-1941』（みすず書房，2017年）49-77頁．同「モンゴル人民革命党第4回大会とソ連，コミンテルン」『内陸アジア史研究』28号（2013）127-148頁．

(4) РГАСПИ, 17/3/219/1.　МДК I, но.31 にも掲載.

(5) レフ・カーメネフ（Каменев (Розенфельд), Лев Борисович 1883-1936）は 1901 年より党員，ヨーロッパへの亡命，国内での活動，逮捕，亡命を繰り返す．2 月革命後流刑地のシベリアからペトログラードに帰還，10 月革命後，英国に派遣され，帰国後モスクワ市ソヴィエト議長に就任（1926 年まで）．レーニン死後，人民委員会議議長（1923 年 7月-26 年 12 月），ソ連労働国防会議議長代理（1922 年 12月-），同議長（1924 年 2月-）を務め，26 年 1 月から 8 月までソ連国内外商業人民委員，駐イタリア全権代表（1926-27 年）を務める．その後，ソ連ヴェセンハの科学技術局長，コンセッション総委員会議長などを務める．32 年から 33 年末まで流刑処分を受ける．キーロフ暗殺後の 34 年 12 月に逮捕され，最終的には 36 年 8 月，トロツキー・ジノヴィエフ合同センター事件への関与を理由に処刑される（ГВ СССР, с.334-336).

(6) セルゲイ・カーメネフ（Каменев, Сергей Сергеевич 1881-1936）は，ニコライ軍アカデミーを 1907 年に卒業して第一次世界大戦に従軍，10 月革命後ボリシェヴィキを支持，1918 年に赤軍に入り，19 年 7 月より最高司令官に就任していた．24 年 4 月より労農赤軍監察官，25 年 3 月より参謀部長などを歴任，27 年 5 月には陸海軍事人民委員代理に就任するも，34 年には対空防衛局長に降格され，36 年の死後，反ソ活動で非難された（ЗАЛ, с.208-209).

(7) Цэцэгма, Жамбалын: *Бурятская национальная интеллигенция в становлении монгольского государства в первой трети XX в.*, Улан-Удэ, 2006, с.163.

(8) РГАСПИ, 17/3/223/4. МДК I, но.32 にも掲載．翌 10 月 28 日，シュミャツキーからチチェーリンへ．このお金については МДК I, но.33.

(9) 青木は，特にウリヤンハイの帰属をめぐり，ロシア・モンゴル間に存在した様々な見解を詳細に跡付けている．青木前掲書『モンゴル近現代史研究』39-78 頁.

(10) 青木前掲書『モンゴル近現代史研究』78-91 頁.

(11) オフティン（Охтин, Андрей Яковлевич 1891-1938）の本名はユーロフ Юров，1908 年に入党，革命時には北部戦線で活動，赤軍，鉄道政治部勤務を経て，1921-22 年にモンゴル駐在ロシア全権代表代理，ペルシャのケルマンシャフ領事（1923-25），ソ連外務人民委員部，ソヴトルグフロート取締役会メンバーを経て，27-33 年にモンゴル駐在ソ連全権代表となる．その後，37 年 11 月までソ連外国貿易人民委員部税関総局長を務めていたが，逮捕，38 年に処刑された（http://www.knowbysight.info/OOO/03691.asp).

(12) 青木前掲書『モンゴル近現代史研究』101-151 頁.

(13) РГАСПИ, 17/3/299/1.　リュバルスキー（Любарский, Николай Маркович 1887-1938）は，1905 年に社会民主労働党に入党，ロシア革命前はベルギー，イタリア，フランス，米国等で亡命生活を送った．17-18 年にウラジオストックで党活動に従事したあと，18 年にスイスにも全権代表として派遣され外務人民委員部で働いた．19-20 年にはベルリンのコミンテルン西欧書記局で非合法活動にも従事した．20 年にはイタリア，21 年にはチェコスロヴァキアへのコミンテルンの密使として派遣され，22 年から 23 年にかけてモンゴルへの全権代表を務めた．1923-29 年にはツェントロソユーズに勤務し，その後コミンテルン執行委員会付属国際農業大学の編集出版部長を 36 年まで務めていた．37 年に逮捕され，38 年に処刑された（http://www.1917.com/History/I-II/1147111389.html).

(14) ソコーリニコフ（Сокольников, Григорий Яковлевич (Бриллиант (Бриллиантов), Гирш Янкелевич) 1888-1939）は 1905 年から党員，14 年パリ大学法学部卒業，2 月革命後帰国，『プ

ラウダ』編集部，トゥルク・ビューローなどで活動．1922-26年ロシアおよびソ連の財務人民委員，26年3月からソ連ゴスプラン議長代理，28年からネフテシンディカート議長，1929-32年駐英全権代表，32年外務人民委員代理，35-36年7月ソ連木材産業人民委員第一代理，36年7月逮捕され，37年1月自由剝奪10年の刑を宣告されるが，39年5月同房者により殺害される（ГВ СССР, с.538）．

（15）РГАСПИ, 17/3/304/2.　4月から政治局メンバーに加わっていた人民委員会議議長代理兼労働国防会議議長代理のルイコフの名前が提案者の名前に出ている．ソヴィエト的手続きとは，党ではなくソヴィエト政府・省庁の線で決定を行うことを意味する．

（16）ゲッケル（Геккер, Анатолий Ильич 1888-1937）はチフリスの軍医の家に生まれ，ギムナジア卒業後，軍学校を経てロシア軍に入り，第一次世界大戦にも参加，1918年から赤軍に加わり，内戦時に各地を転戦，共和国国内警備軍参謀部長，赤軍アカデミー学長等を経て，22年7月駐中ソ連全権代表部第一軍事アタッシェを25年まで務める．中東鉄道取締役会メンバー（1924-29），駐トルコ軍事アタッシェ（1929-33），34年6月より国防人民委員部外事部長，37年5月に逮捕され処刑される（РЭ РККА（команармы）, с.68）．

（17）РГАСПИ, 17/3/309/2.　この決定は，PMBC Ⅰ, но.221にも掲載されている．

（18）РГАСПИ, 17/3/310/1.

（19）1923年の中ソ交渉，ロシア・モンゴル交渉についても青木前掲書『モンゴル近現代史研究』163-193頁が詳しい．

（20）РГАСПИ, 17/3/356/5.　提案はモロトフ．ヴェルフネウディンスクを首都として5月30日，正式に発足した．

（21）Там же, 17/3/362/6.　ポクロフスキー（М. Н. Покровский 1868-1932）は歴史家だが，1918年以来ロシア共和国の教育人民委員代理を務めていた．メンバーに関して7月9日，ポクロフスキーがヤコヴレヴァ Яковлева В. Н. に交代して欲しいと要請した（Там же, 17/3/364/）．最後のリスト番号を見落した．

（22）ジェルジンスキー（Дзержинский, Феликс Эдмундович 1877-1926）はポーランド人，ヴィリノのギムナジアを1896年に卒業，革命活動に参加，逮捕，流刑，脱走を繰り返す．1917年12月より22年2月までヴェチェカ議長，内務人民委員（1919年3月-23年7月）を兼務し，内戦中は各種委員会で活動，21年4月より23年7月まで交通人民委員も兼務，22-26年ゲペウ・オゲペウ議長，同時に24年2月よりソ連ヴェセンハ議長（ГВ СССР, с.288-289）．

（23）А. И. Андреев, *Тибет в политике царской, советской и постсоветской России*, Санкт-Петербург, 2006, с.261-262.　アンドレーエフの本書はウラン・ウデ近郊のブリャート牧畜民の家に生まれ，チベットで修行を積み，帝政ロシアの時代からソ連時代を通じて，ロシアとチベットの連携について尽力した高僧アグヴァン・ドルジエフが叙述の中心をなす．ソ連，中国，英国という諸列強のチベットへの関心を背景に，ソ連内のブリャート，カルムィクとチベットの関係ばかりでなく，同じ仏教圏であるモンゴルについても言及されており興味深い．

（24）И. Я. Златкин, Указ. соч., с.184.　交渉の結果，同年秋にウルガにソヴィエトのゴストルグの支店が開設された．これがモンゴルにおけるソ連最初の企業となった．

（25）РГАСПИ, 17/3/364/4.

（26）ワシリエフ（Васильев, Алексей Николаевич 1880-1941）は，1925年8月末まで約2年全権代表を務めた．その後奉天総領事を1926年まで務め，26年からはコミンテルン執行委員会

の東方部に務めた（http://www.knowbysight.info/VVV/01728.asp）.

(27) РГАСПИ, 17/3/369/3. 財政顧問についてはチチェーリン外務人民委員，ソコーリニコフ財務人民委員が提案者に，全権代表についてはチチェーリンの名前が提案者として出ている.

(28) 1924年3月21日のソ連革命軍事会議議長フルンゼ宛の書簡の中で述べている（РМВС I，но.232）.

(29) А. В. Старцев, Указ. соч., с.114-115. 各分野の専門家7人の名前が出ている.

(30) И. Я. Златкин, Указ. соч., с.200.

(31) РГАСПИ, 17/3/353/2. この決定は，РМВС I，но.223にも掲載されている.

(32) コシチ（Косич, Дмитрий Иосифович 1886-1937）は，商業大学で学生運動に参加して放校処分となる．第一次世界大戦に参加し1918年にはウクライナで地下活動に従事したがドイツ軍に捕らえられた．解放後，赤軍には19年に加わり内戦に参加，内戦後，22年より第26ズラトウスト狙撃師団長を務め，23年労農赤軍軍事アカデミーの高等アカデミーコースを修了後，モンゴル人民軍参謀部長として派遣された．モンゴルから帰還後，北カフカース軍管区，労農赤軍部隊監督官，モスクワ軍管区などに勤務した．37年逮捕，処刑された（РЭ РККА (команармы), с.162-163）.

(33) РМВС I，но.225. この文書の注釈（РМВС II，прим.225, с.226）によれば，モンゴルへ派遣される専門家のリストは1923年7月23日にソ連外務人民委員部東方部により準備され，そこには19名の氏名が掲載されていた．その中には，後の軍事顧問ヴァイネル（Вайнер, Леонид Яковлевич, 1897-1937）もいた．モンゴル側は，高額の武器を購入するため新しい税の導入さえ考慮していたことも記録されている.

(34) Н. С. Соркин, *В начале пути: записки инструктора монгольской армии*, Москва, 1970.

(35) ソルキン（Соркин, Наум Семенович 1899-1980）はユダヤ人で1919年に赤軍，共産党に加わり内戦を戦う．高等砲兵学校を卒業後，モンゴルへ砲兵の教官として派遣される（1923-26）．1926年9月赤軍から除隊し，モンゴルでアルタンボラグ領事，全権代表部領事部長，ウランバートルソ連全権代表部第一書記（1926-31），次いで外務人民委員部第二東方政治部でモンゴル問題の編集者（1931-33）を務めた．予備役から招集され陸海軍事（国防）人民委員部の指揮下に置かれ（1933年6月-35年6月），長期休暇に入り外務人民委員部の管轄下に入った．1936年6月より再度赤軍に移り，その諜報部では第九（モンゴル・新疆）部長代理および部長（1936年6月-39年12月），特殊任務部長（1939年12月-41年2月）を務めた．1941年から47年まで極東次いで第二極東フロントおよび極東軍管区参謀部の諜報部長，諜報局長を務め，対日戦にも参加した．戦後軍事外交アカデミー等で教鞭を執った（ЭВР, с.724-725）．チョイバルサンとは1939年8月にハルヒンゴール（ノモンハン）で会ったのが最後だと述べており（Н. С. Соркин, Указ. соч., с.115），この事件でも重責を担っていたことがわかる.

(36) Н. С. Соркин, Указ. соч., с.6, 30-36. ソルキンはモンゴル人家庭に客としてしばしば呼ばれ，言葉も学び（с.39），地方の牧民の生活も体験し家畜の世話や加工，男女同等の役割分担，村民の相互扶助等を観察した（с.72-76）．モンゴル語を学ぶロシア人教官にモンゴル人は好意を抱いていたと述べている（с.97）.

(37) Там же, с.42-43. 国防相マクサルジャブが1925年1月に率先して辮髪を切ったことで全軍に広まった．一方でラマ僧が風呂の導入や辮髪の廃止に反対して介入してきたという（с.65）.

(38) Там же, с.83.

（39）Там же, с.95-100.
（40）青木前掲書『モンゴル近現代史研究』第 4 章.
（41）РМВС Ⅰ, но.232.
（42）ラスコーリニコフ（Раскольников (Ильин), Федор Федорович 1892-1939）はロシア艦隊に勤務，内戦も海軍で戦う．1920-21 年バルト艦隊司令官，1921-24 年駐アフガニスタン全権代表，1924-28 年コミンテルン執行委員会東方書記局長，同時に各種雑誌の編集長を兼務する．総レパートリー委員会議長，ロシア共和国教育人民委員部芸術問題総局長を経て，駐エストニア全権代表（1930-33），駐デンマーク全権代表（1933-34），駐ブルガリア全権代表（1934-38）を歴任，帰国を拒否し，スターリンを告発する公開書簡を発表．国籍を剝奪され，39 年フランスのニースで死去した．
（43）РГАСПИ, 17/162/1/54.　第 1 の決定は，ウンシュリヒトの提案の検討を延期するというもので，内容は不明．
（44）РМВС Ⅰ, но.233.
（45）Там же, но.234.
（46）Там же, но.235.
（47）Там же, но.236.
（48）Там же, но.237.
（49）1933 年 8 月 27 日に債務とクレジットの整理について両国間の間で合意が交わされ，それに付随したプロトコールが作成された．プロトコールには，償還されていない債務は 8,955,326 ルーブル，すなわち 1 トゥグリク 0.95 ルーブルとして，9,426,658 トゥグリクになると計算されていた（第 1 条，第 6 項）．全債務は 1,400 万トゥグリクで，それらを 1935 年 1 月 1 日から 15 年間で償却することになった（РМВС Ⅱ, прим.237, с.227）．
（50）ファリスキー（Фальский, Фёдор Григорьевич 1897-1978）はペルミに生まれ，1919 年に入党，モンゴル駐在領事を務めた後，21 年 6 月から 24 年 10 月までクズィル（タナ・トゥヴァ）駐在ソ連総領事を務めた．32-33 年にはウラルのアルミ生産トラストの長だったようだが，詳しい経歴は不明（http://www.knowbysight.info/FFF/03732.asp）．
（51）РГАСПИ, 17/3/438/2.　ロシア革命直後に治安維持機関としてヴェチェカ（Всероссийская чрезвычайная комиссия по борьбе с контрреволюцией и саботажем.1917-1922　全露反革命サボタージュ取締非常委員会）が設立されたが，1922 年 2 月 6 日にそれが，ロシア共和国内務人民委員部管轄下のゲペウ（Государственное политическое управление 国家政治保安部）に改名し，さらに 1923 年 11 月には，ソ連人民委員会議付属のオゲペウ（объединённое государственное политическое управление при СНК СССР 合同国家保安部）へと連邦組織に統合された．オゲペウは 34 年 7 月に解体されソ連内務人民委員部が組織された．本書ではこのまま，ヴェチェカ（またはチェカ），ゲペウ，オゲペウという通称を用いることとする．
（52）Е. Л. Киселева, Личностный фактор в процессе становления тувинской государственности на примере деятельности И. Г. Сафьянова（1917-1921гг.）, *Вестник Томского Государственного Университета*, но.355. 2012г, с.61-63.
（53）ダヴチャン（Давтян (Давыдов), Яков Христофорович 1888-1938）は 1905 年に入党，チフリスのギムナジア卒業後ペテルブルグで活動した．ベルギーに亡命し工科大学を卒業，反戦活動で入獄，駐ベルリン全権代表ヨッフェの支援でロシアに帰国，20 年より外務人民委員部に

勤務，20 年 12 月組織局はジェルジンスキーの提案でヴェチェカの外国部長に彼を承認，外国における諜報活動の指導者となる．駐リトアニア全権代表，駐中国全権代表顧問，代理を務める．同時に中国におけるオゲペウ外事部工作主任を務める．24 年夏駐タナ・トゥヴァ共和国全権代表に就任，25 年 5 月に駐仏全権代表顧問，パリでオゲペウ外事部諜報員と協力，27-29 年駐ペルシャ全権代表．その後ギリシャ（1932-34），ポーランド（1934-37）の全権代表を務めるも，37 年 11 月モスクワで逮捕，処刑される（ЭСС, с.515-516）．

（54）РГАСПИ, 17/3/440/2.

（55）Там же, 17/3/441/1, 3.

（56）Там же, 17/3/512/5.　ツュルーパ（Цюрупа, Александр Дмитриевич 1870-1928）は 1898 年からの党員で，10 月革命後は食糧人民委員代理を経て同委員を 1921 年末まで務めた．人民委員会議議長代理，労働国防会議議長代理，労農監督人民委員等を務めた後，23 年 12 月か 25 年 10 月までソ連ゴスプラン議長，25 年 11 月から 26 年 1 月までソ連国内外商業人民委員を務めた（ГВ СССР, с.580）．

（57）1914 年にロシア帝国が保護領にしたことを記念して，2014 年を中心に文書集や著作が刊行され，モンゴルに劣らず活発に研究（啓蒙活動）が行われている．一部だが，目についた参考文献のみ列挙しておく．*Собрание архивных документов о протекторате России над Урянхайским краем-Тувой, к 100-летию исторического события*, Кызыл, 2014, В. В. Чагин, *Урянхай. Тува*, Красноярск, 2014. А. П. Дабма-Хуурак, *100-летие единения Тувы и России (текст), государственный доклад*, Кызыл, 2015.　トゥヴァ人の識別に関しても言及のある次の論考も参照のこと．ユ・ヒョヂョン「ダウールはモンゴル族か否か」ユ・ヒョヂョン，ボルジギン・ブレンサイン編『境界に生きるモンゴル世界——20 世紀における民族と国家』（八月書館，2009）115-273 頁．

（58）青木前掲書『モンゴル近現代史研究』第 5 章．

（59）軍事教官ソルキンは，ボグド・ゲゲン死後の宮殿に足を踏み入れた時の状況を回想録に描いている．Н. С. Соркин, Указ. соч., с.60-62.

（60）生駒前掲論文「ダムバドルジ政権下のモンゴル——第一次国共合作とモンゴル民族解放運動」259-301 頁．

（61）この間の経緯について，詳しくは青木前掲書『モンゴル近現代史研究』253-340 頁，生駒前掲論文「モンゴル人民革命党とコミンテルン」，青木前掲論文「モンゴル人民革命党第 4 回大会とソ連，コミンテルン」等を参照のこと．

（62）СМО1966, стр.21-23. および СМО1975 I . Но.76, 77.

（63）СМО1966, с.30-33. および СМО1975 I . Но.108, 109, 110.

（64）ウンシュリヒト（Уншлихт, Иосиф Станиславович 1879-1938）はポーランド人で 1900 年に社会民主労働党に入党，早くから革命運動に参加，17 年の革命時はペテルブルグで活動．内戦時はリトアニア，白ロシアで活動，ポーランドに対するスパイ活動に従事し，ヴェチェカ・ゲペウ・オゲペウの議長第一代理（1921-23），ロシア共和国革命軍事会議メンバー，労農赤軍供給部長（1923-25），ソ連の軍事諜報を統括．コミンテルン組織部の軍における活動に関する常設委員会メンバー，コミンテルンの常設軍事委員会メンバーも同時に務める．ソ連革命軍事会議第一代理，ソ連陸海軍事人民委員第一代理（1925-30）．ヴェセンハ議長代理（1930-33），ソ連人民委員会議付属仲裁長，民間航空総局長（1933-35），35 年 2 月からソ連

中央執行委員会連邦ソヴィエト書記を務めるも，37 年 6 月処刑される（ЭВР, с.781）.

（65）РМВС I, но.238.

（66）ウボレヴィチ（Уборевич, Иероним Петрович1896-1937）はリトアニア人．1913 年ペテルブルグ工科大学に進学し，15 年招集されて第一次世界大戦で出征．10 月革命後，ベッサラビアで赤衛隊編成に従事，内戦を各軍の司令官として戦う．21 年 8 月より 1 年間第 5 軍兼東シベリア軍管区司令官，22 年 8 月より極東共和国軍事相，人民革命軍最高司令官，ダリビューローメンバーを務め，極東からの日本軍排除に尽力，再度第 5 軍司令官を務めた後，ウクライナ，北カフカース軍管区で司令官代理，司令官を務める．28 年 11 月よりモスクワ軍管区司令官，29 年 11 月軍備局長，31 年 6 月より白ロシア軍管区司令官を務めた．37 年逮捕，処刑される（РЭ РККА（команармы）, с.15-17）.

（67）10 月 30 日にウンシュリヒトがチチェーリンに宛てて送った報告．РМВС I, но.240.

（68）以下の文書集に掲載されている．СМО1966, с.24-25, СМО1975 I. Но.85, РМВС I, но.243.

（69）以下の文書集に掲載されている．СМО1966, с.26-27, СМО1975 I. Но.87, РМВС I, но.244.

（70）アリスキー（Альский, Аркадий Осипович 1892-1936）は，1908 年からポーランド社民党に入党，13 年に逮捕され，以後非合法活動に従事，2 月革命後ボリシェヴィキに加わった．17-19 年ヴォロネシで活動し，19 年にリトアニアと白ロシアの財務人民委員部，19 年 11 月からモスクワソヴィエト財務部長を務め，21 年 1 月から 27 年までソ連財務人民委員部参事会メンバーだった．23 年から左翼反対派に属して 46 人の声明に署名，27 年 12 月トロツキー反対派として党から除名，逮捕され 28 年ナルィムへ流刑された．30 年に復党するも，33 年再度党から除名され，36 年 2 月逮捕，11 月に処刑された（http://www.knowbysight.info/AAA/00975.asp http://gufo.me/content_bigbioenc/al-skij-arkadij-osipovich-81042.html）．*Наши финансы за время Гражданской войны и НЭПа*, Москва, 1923. という著作がある．

（71）РГАСПИ, 17/3/479/2.

（72）*Сибирская советская энциклопедия*, том3, с.542 に，Бюджет Монгольской народной Республики, *Новый Восток*, 1926, 15.「モンゴル人民共和国の予算」という記事の著者として引用されているが詳しい経歴は不明．

（73）ピャタコフとの共著で，Про кредитову реформу という本を 1930 年に出しているが，詳しい経歴は不明．

（74）コシオール（Косиор, Станислав Викентьевич 1889-1939）はポーランド人で，13 歳から働き始め，1907 年に入党，たびたび逮捕される．2 月革命後流刑地のイルクーツクからペトログラードへ帰還，10 月革命に参加，1918 年よりウクライナで活動，22 年から党中央委員会シベリア・ビューロー書記，26-28 年党中央委員会書記，27 年 7 月から 38 年 1 月までウクライナ党中央委員会書記長，38 年 1 月よりソ連人民委員会議議長代理兼ソヴィエト統制委員会議長．38 年 5 月に逮捕され，翌年処刑される．30 年 7 月より政治局員，26 年 1 月から 28 年 7 月まで組織局員でもあった（ГВ СССР, с.360-361）.

（75）ラシェヴィチ（Лашевич, Михаил Михайлович 1884-1928）は，1917 年にロシア軍からロシア社会民主労働党ペトログラード委員会メンバーになる．内戦を各軍で闘う．20 年から 22 年シベリア軍管区司令官，シベリア軍参謀部革命軍事会議メンバー，22 年から 25 年シベリア革命委員会議長，ソ連革命軍事会議メンバー（1924-27），同時にソ連陸海軍事人民委員代理，26 から 28 年 8 月にハルビンで死去するまで中東鉄道取締役会議長代理（http://www.

knowbysight.info/LLL/04369.asp）.

（76）組織局が 1925 年 1 月 7 日に事前決定していた（モロトフ）. РГАСПИ, 17/3/484/5.

（77）РГАСПИ, 17/3/486/9.

（78）ミヘリマン（Михельман, Даниил Давыдович 1888-1938）はワルシャワ生まれ．1917 年にロシア社会民主労働党入党，19 年よりヴェセンハ幹部会書記として働く．20 年 12 月より小人民委員会議メンバー．22 年ゴスバンクモスクワ支店長，23 年より逮捕されるまでソ連ゴスストラフ総局長代理，37 年 12 月 11 日逮捕，38 年処刑された（«Альманах: Россия. 20 век» の人名事典より）．http://www.alexanderyakovlev.org/almanah/almanah-dict-bio/1019519/11.

（79）РГАСПИ, 17/3/486/10.

（80）後にソ連ゴスバンク取締役会副議長も務めることになるアルクス（Аркус, Григорий Моисеевич 1896-1936）のことだと思われる．情報は乏しいが，1936 年 7 月にテロ活動を理由に逮捕，処刑された．粛清犠牲者のデータベースに名前がある（http://rosagr.natm.ru/card.php?person=168280）.

（81）РГАСПИ, 17/3/487/5.

（82）生駒前掲論文「ダムバドルジ政権下のモンゴル」268 頁．後に金本位制に移行するが，当初は 1 トゥグリクは 1 ルーブル 31.4 コペイカ，後に 1 ルーブルと交換された．1928 年 4 月 1 日モンゴル政府は，トゥグリクのみを法定通貨と定めた（И. Я. Златкин, Указ.соч., с.200-201）.

（83）РГАСПИ, 17/3/487/5. 組織局が 1 月 26 日に決定していた.

（84）ニキフォロフ（Никифоров, Пётр Михайлович 1882-1974）はイルクーツクに生まれ，1904 年に社会民主労働党に入党，イルクーツク，ウラジオストックのソヴィエトで活動する．20 年に極東地方党委議長などを経て，党中央委員会ダリビューローメンバー，同時に極東共和国閣僚会議議長も務めた．後にエレクトロバンク取締役会議長，外国貿易局長を務めていたため，外国貿易人民委員部が推薦したものと思われる．駐モンゴル全権代表，通商代表は 27 年 9 月まで約 2 年間務めた．その後，モスクワ東洋学研究所長を経て，31-36 年にはロシア共和国供給人民委員代理を務め，36 年より年金生活を送った（http://www.knowbysight.info/NNN/03695.asp）.

（85）РГАСПИ, 17/3/513/9.

（86）Там же, 17/3/507/6.

（87）Там же, 17/3/517/9.

（88）СМО1966, с.24. および СМО1975 Ⅰ. Но.83. и с.529-530.

（89）РГАСПИ, 17/162/2/120. フルンゼの提案には中国へさらに財政顧問を派遣することも含まれていた.

（90）Там же, 17/162/2/127-128.

（91）*Железнодорожная артерия Монголии: Очерки истории железнодорожного транспорта в Монголии*, Иркутск, 2001, с.81.　はじめこの組織に自動車は 7 台しかなく，それが年間 4000 トンの貨物を輸送した.

（92）Е. М. Даревская, Указ.соч., с.60-67.

（93）РГАСПИ, 17/162/2/65.　ピャタコフ，ミンキン Минкин，チチェーリンが提起.

（94）С. Л. Данильченко, «Вклад иностранных инвестиций в экономическую модернизацию СССР (1920-1930-е гг.)», *Человек труда в истории: актуальные вопросы и исторической науки,*

архивоведения и документоведения. III Смирновские чтения, с.190.

(95) РГАСПИ, 17/162/2/124. 討論者にチチェーリン，ソコーリニコフ，ピャタコフ，アリスキー.

(96) ГАРФ, 5446/7а/417/3 и об.

(97) Там же, 5446/7а/417/4.

(98) Там же, 5446/7а/417/7.　これは外務人民委員部のストモニャコフが，進行状況について1925年12月7日に労働国防会議へ送った説明．ストモニャコフ（Стомоняков, Борис Спиридонович 1882–1941）は1900年にロシア社会民主労働党に入党，1906年亡命からロシアに戻る．1910年革命活動から離れ，15年ブルガリアで入隊し17年にロシアに戻る．20–25年にベルリンの通商代表を務める．34年からソ連外務人民委員代理，38年逮捕され，ドイツのためのスパイ容疑で処刑される（ЗАЛ, с.430）.

(99) ГАРФ, 5446/7а/417/8–11.

(100) Там же, 5446/7а/417/12.　1926年5月2日，国内外商業人民委員部から労働国防会議へ送られた報告.

(101) РГАСПИ, 17/162/2/194.

(102) Г. М. Адибеков, Э. Н. Шахназарова, К. К. Ширинья, *Организационная структура Коминтерна. 1919–1943,* Москва, 1997, с.74.

(103) МДК I, но.59.

(104) Г. М. Адибеков, Э. Н. Шахназарова, К. К. Ширинья, Указ.соч., с.74.

(105) МДК I, но.60.

(106) ヴァクスマン（Ваксман, Наум Соломонович（偽名は Леонид Симонов, Леонид Симонович Ваксман）1896–1942）はユダヤ人で1918年に赤軍および共産党に加わる．東部戦線で内戦に参加，極東共和国でも活動した．極東共和国諜報局長，同共和国ゲペウ秘密作戦部長代理，ソ連オゲペウ経済局全権（1922年3月–25年3月）を務めた後，労農赤軍参謀部諜報局に移り，25年から26年にかけてモンゴル人民軍政治部の教官を務めた．その後，上海，ハルビンのソ連ツェントロソユーズ支部で働き，フルンゼ軍事アカデミー東方部も卒業（1932）した後，ドイツでも活動した（1932–33）．38年粛清された（ЭВР, с.163）.

(107) РМВС I, но.246.

(108) Н. С. Соркин, Указ. соч., с.90.

(109) РГАСПИ, 17/3/548/2.

(110) Там же, 17/3/557/5.

(111) クヴィリング（Квиринг, Эммануил Ионович 1888–1937）は，サラトフのドイツ人入植者の家庭に生まれ，1912年に社会民主労働党に入党，革命後は主にウクライナで活動し，23–25年にウクライナ党中央委員会第一書記，25–27年ソ連ヴェセンハ議長代理，26–27年党中央委員会組織局メンバー，27–30年ソ連ゴスプラン議長代理，31年にソ連交通人民委員代理，32–34年ソ連商品基金委員会議長代理を務める．34年ソ連ゴスプラン議長代理を務めていたさなかの37年に逮捕，処刑された（ЗАЛ, с.214）.

(112) ブリュハーノフ（Брюханов, Николай Павлович 1878–1938）は1902年に社会民主労働党に入党，革命運動への参加を理由にモスクワ大学，カザン大学で放校処分を受ける．主にウファで活動していたが，18年よりロシア共和国食糧人民委員部で活動，21年には同人民委員となり，同時に赤軍への供給総局長，労働国防会議メンバーとなる．24年にソ連財務人民委員

部に移り，人民委員代理を経て 26 年 1 月より人民委員に就任した．その後 30 年 10 月にモスクワ州執行委員会に移り，その議長も務めた．31 年 4 月にソ連供給人民委員代理，32 年 2 月ソ連人民委員会議付属収穫高判定委員会副委員長に就任，37 年以降，年金生活を始めたが，38 年 3 月逮捕，処刑された（ГВ СССР, c.234-235）．

（113）РГАСПИ, 17/3/549/2.

（114）ГРАФ, 5446/7a/307/36-37.

（115）Там же, 5446/7a/307/28-29, 33-35, 39.

（116）РГАСПИ, 17/3/553/9.（3 月 25 日），Там же, 17/3/561/3（5 月 20 日）.

（117）カクティン（Кактынь, Артур Мартынович 1893-1937）は，ペテルブルグ大学で学び 1916 年より党員．革命後，北部地方，トルキスタン，ウクライナで活動，内戦後，中央統制委員会メンバー，『経済生活 Экономическая жизнь』誌副編集長，ソ連外国貿易人民委員部経済統制部長を歴任し 26-29 年にはソ連人民委員会議および労働国防会議総務局長代理を務めていた（http://www.knowbysight.info/KKK/02956.asp）.

（118）ガネツキー（Ганецкий (Фюрстенберг), Яков Станиславович 1879-1937）はワルシャワ生まれで当初はポーランドの政党に属していたが，1906 年よりロシア社会民主労働党に入党，ベルリン大学，チューリヒ大学，ハイデルベルク大学で学ぶ．10 月革命後，人民銀行で活動 18 年より財務人民委員部参事会メンバー，ラトヴィアへの全権代表兼通商代表を経て，外務人民委員部参事会メンバー（1921-23），ソ連外国貿易人民委員部参事会メンバー（1923-25），ソ連国内外商業人民委員部参事会メンバー（1925-30），ソ連ヴェセンハ幹部会メンバー（1930-32）となる．その後これらの仕事からは離れるが，37 年に逮捕，処刑される（http://www.knowbysight.info/GGG/01987.asp）.

（119）А. К. Соколов, «Советский «Нефтесиндикат» на внутреннем и международных рынках в 1920-е гг.», *Экономическая история. Обозрение*, вып.10, Москва, 2005, c.101-131.

（120）РГАСПИ, 17/3/562/2, 14-17.

（121）И. Я. Златкин, Указ. соч., c.201.

（122）ГАРФ, 5446/7a/373/3.　ロシア共和国人民委員会議総務部スモリヤニノフ Смольянинов から，フォティエヴァ Фотиева を通じてゴルブーノフ Горбунов へ提出という文書の流れがわかる．モンゴル人の医者と看護婦の増加の推移だが，1925 年から 1931 年にかけてそれぞれ 7 人から 102 人，3 人から 92 人へと増えているがやはり絶対数が少ないことがわかる（И. Я. Златкин, Указ. соч., c.225）.

（123）ГАРФ, 5446/7a/373/9.

（124）Там же, 5446/7a/373/12, 13 и об.

（125）Там же, 5446/7a/373/16.

（126）Там же, 5446/7a/373/19-23. 人件費は医者 7 人，中級職員 14 人，下級職員 11 人などに対して 29,050 ルーブルを予定．

（127）Там же, 5446/7a/373/24.

（128）Там же, 5446/7a/373/26.

（129）СМО1975 I . Но.101.

（130）СМО1975 I , c.533.　医師 6 人（専門は性病専門医，眼科医，内科医・結核専門医，育児学者，産科医・婦人科医，衛生医），准医師 5 人，看護婦 1 人など 15 人が参加した．ソルキ

ンの回想には，すでに1923年にイルクーツクからシャスティン医師，軍医オルロフがモンゴルで活動し，チベット仏教の医療に対する影響力をそぐのに貢献したと記している．また，本決定にある26年の眼科医の派遣で視力回復の知らせが広まり，成功だったと述べている（Н. С. Соркин, Указ. соч., с.67）．

（131）ДВП, т.IX, 1964, с.298-301, および СМО1975 I . Но.102. にも掲載されている．

（132）СМО1966, 29-30. および СМО1975 I . Но.104. にも掲載されている．1925年6月9日にモスクワを飛び立った6機の飛行機がモンゴルに飛来，住民の歓迎を受け，さらに中国までデモ飛行を行っていた（Н. С. Соркин, Указ. соч., с.91-94）．

（133）СМО1975 I . Но.103.

（134）В. В. Митин, «Наука и политика: Советские ученые в Монголии в 1920-1930-е гг.», *Вестник Псковского государственного университета. Серия: Социально-гуманитерные и психолого-педагогические науки*, 2008, № 5, с.34-40.

（135）С. Чулуун, Р. Тордалай, «Онходын Жамъян и ученый комитет Монголии: от традиции к науке（1920-1930）», *Монгольско-российское научное сотрудничество: от ученого комитета до Академии наук*, Уланбатор, 2012, с.50-63.

（136）РГАСПИ, 17/3/580/2-3, 9-16.　決定の後半部分の大まかな内容だけ列挙すると次の通りである．ペルシャについて，有害物資のみの禁止，輸出の最大限化，ソ連の経済機関と合弁会社，輸出入のオペレーション，ペルシャ北部の状況，東方の商人に付与する権限，第三国への自由な輸出トランジット，交通の改善に向けて取るべき必要な方策（国内外商業人民委員部，交通人民委員部），資本主義諸国による開発計画の調査とそれへの対抗，商品輸送価格を下げるための対策，輸入の割り当てと収支均衡の実現のためルスペルスバンクの果たす役割の重要性，ペルシャとの輸出入の形態などとなっている．

（137）Там же, 17/162/3/107-108. この決定のモンゴルに関する部分は，PMBC I , но.251. にも掲載されている．中国小委にはリトヴィノフ，ウンシュリヒトらがメンバーに含まれ，議題にはこの2人の名前が記載されていた．この文書の注釈によれば，政治局はこの他にも1926年8月19日，ソ連の軍事教育機関における外国人の教育条件確定に関する小委の提案（1926年8月12日付）を承認した．外国人の総数を157人とし，そのうち11人がモンゴル人だった．モンゴル人は，トゥヴァ人，中国人と並んで，ソ連の資金で教育を受け，扶養された（PMBC II , прим.251, с.229）．

（138）セレブリャコフ（Серебряков, Леонид Петрович 1890-1937）は1905年に入党，各地で党活動に従事し，革命後1919-21年には党中央委員会組織局メンバー，1922年5月よりソ連交通人民委員，1924年より交通人民委員部内で経済活動に従事するが，27年に党より除名され，30年に復党した．31年よりソ連人民委員会議付属幹線道路自動車輸送中央局長，次いでソ連内務人民委員部幹線道路総局長（ツードルトランス），同第一代理（1935-36）を務めたが，36年8月に逮捕，37年1月処刑された（ЗАЛ, с.410）．

（139）孫伝芳（1885-1935）は，北洋新軍に入営，日本に留学し陸士を卒業．直隷派の軍人として昇進，1923年福建省に派遣され勢力を拡大し，24年安徽派を攻撃し浙江省を支配．第二次奉直戦争で直隷派は敗れたが，孫は勢力を保持，25年末，奉天派を破り五省連軍総司令となり最も有力な北洋軍閥となる．26年北伐が始まり，江西省で国民革命軍と戦闘，11月初めまでに敗北した．したがってこの政治局決定が採択されたのは，孫伝芳がその戦闘に敗れる前の

ことになる．その後張作霖と和解し安国軍の副指令として国民党に対抗するが，長江下流域支配は崩壊，北京に撤退，28年にも敗れ下野した（塚本元「孫伝芳」山田辰雄編『近代中国人名辞典』（霞山会，1995）740-741頁）．

(140) РГАСПИ, 17/162/3/110-111.

(141) シュラトフは対日政策との絡みで，この政策に対してコップ駐日全権代表が馮玉祥支持に反対していたことを明らかにしている．シュラトフ・ヤロスラブ「1920年代半ばにおける日ソ関係――基本的な方針・アプローチをめぐるソ連側の議論」麻田（編）前掲書『ソ連と東アジアの国際政治　1919-1941』138-162頁．

(142) 馮玉祥（1882-1948）は模範的軍人であった父親から厳正な道徳教育を受け幼時から宗教心に篤く，1913年キリスト教の洗礼を受けた．袁世凱の帝政，張勲の復辟，段祺瑞の親日的政策にいずれも反対，21年8月北京政府の陸軍第11師団長に就任，次第に西北軍を掌握した．革命思想，特に三民主義に強い関心を示し，外国の知識も積極的に吸収した．24年9月の第二次奉直戦争では奉天派に接近して北京を占領，孫文に南北統一歓迎の意を示した．25年10月郭松齢らと同盟して張作霖に下野を迫るも敗れて26年1月モスクワに向かった（家近亮子「馮玉祥」山田辰雄編『近代中国人名辞典』（霞山会，1995）199-201頁）．はっきり日時が記されていないが，ソルキンはモンゴルの軍人とともに，ソ連からの武器をヴェルフネウディンスクで受け取り，馮の部下に引き渡した．同時にモンゴル政府はバルガ人青年数十人を受け入れ，軍事学校で教育するのを手伝ったという（Н. С. Соркин, Указ. соч., с.89-90）．

(143) РГАСПИ, 17/162/3/35.　議案には，トロツキー，チチェーリン，ヴォロシーロフ，トリリッセルの名前が出ている．

(144) Там же, 17/162/4/4.

(145) Там же, 17/162/4/11.　もう1人漢口の唐生智への政治顧問と合わせて2人選出するよう組織局に指示した．唐生智（1889-1970）は，部隊を拡大し1926年3月には湖南省での実権を握るに至った．そこで国民政府の働きかけに応じて，連ソ・容共・労農扶助の擁護，北伐への参加を表明，呉佩孚の攻撃に対して支援を要請，国民政府が湖南に部隊を派遣したことから北伐が実質的に始まった（塚本元「唐生智」山田辰雄編『近代中国人名辞典』（霞山会，1995）780-781頁）．

(146) ロシア語でГосударственная Внутренняя Охрана ＝ ГВОと訳される．内防処，内防局，内務保安処といった訳語もある．『モンゴル史』によれば，この組織は1922年7月3日に設置された（213頁）．アメリカ合衆国の領事館が24年に報告したところによると，この機関はモンゴル社会に隠然たる影響力を及ぼしていた（Rupen, *Mongols of the Twentieth Century*, pp.198-199）．

(147) Е. В. Матонин, *Яков Блюмкин: Ошибка резидента*, Москва, 2016, с.328.

(148) バルダーエフ（Балдаев, Николай Михайлович）については，治安機関の人名録にも記述がないが，1924年よりウランバートルの諜報員を務めた後，26年11月からモスクワのオゲペウ外事部の職員，32年2月よりハバロフスクの極東地方オゲペウ全権代表部外事課長を務めたという情報がある．モンゴルでの勤務中にあたるが，26年初めより中東鉄道に関して緊張が高まっていた満洲に派遣され，ハルビンの南131キロのところにあるスンガリ鉄橋を爆破するグループに加わったものの失敗に終わった歴史について，ブヤコフ（Буяков, Алексей Михайлович 治安機関出身の歴史家だと思われる）の論文がネットに掲載されている．サイト

名は「祖国に奉仕する Служу Отечеству」http://www.sluzhuotechestvu.info/index.php/gazeta-sluzhu-otechestvu/2015/mart-2015/item/1461-proval-operatsii-sungarijskij-most.html.

（149）Тепляков А. Г. «... ГВО в Монголии является таким органом, куда почти каждый гражданин обязательно попадает». Государственная Внутренняя Охрана МНР глазами инструктора ОГПУ, 1926 год, *Вестник НГУ. Серия: Историа, философия.* 2012. Том 11, выпуск 8: История, с.184-192.

（150）青木雅浩「1925 年の満鉄外モンゴル調査隊拘束事件とモンゴル人民共和国」ボルジギン・フスレ編『日本・モンゴル関係の近現代を探る　国際関係・文化交流・教育問題を中心に』（風響社，2015）55-72 頁．青木は当時のダムバドルジ政権は，日本の諜報活動に対する警戒を強めていたものの，一方で日本との交流拡大の可能性を探っていたので，事件を荒立てないように努めたとみなしている．

（151）РГАСПИ, 17/162/3/118.

（152）Там же, 17/162/4/98.

（153）PMBC I , но.250, PMBC II , прим.250（с.228-229）.

（154）PMBC I , но.253, PMBC II , прим.253（с.229-230）.

（155）ウンシュリヒト，ヴォロシーロフ，チチェーリンが報告した．РГАСПИ, 17/162/5/121., PMBC I , но.261. にも掲載されている．

（156）РГАСПИ, 17/162/6/125.

（157）Там же, 17/162/8/160.

（158）PMBC I , но.255, PMBC II , прим.255（с.230）.

（159）カンゲラリ（Кангелари, Валентин Александрович 1884-1937）はギムナジア時代から革命活動に参加，ハリコフ大学医学部からの追放，復学を経て，卒業後，軍医として第一次世界大戦に従軍，1917 年にボリシェヴィキに入党，オムスクで赤衛隊の創設に参加，18 年より赤軍に加わり内戦を戦う．内戦後，特別任務部隊（ЧОН）参謀長（1921-24），赤軍参謀部諜報局にも勤務（1923-28）した．この間ドイツでは 23 年，蜂起を企てた一連の事件の準備にも参加した．その後 25 年 10 月よりモンゴルで，ソ連軍事教官団長かつモンゴル人民軍参謀長を 27 年まで務めた．後に軍事医学アカデミーの校長（1930-34），ロシア共和国保健人民委員第一代理，ロシア共和国衛生医長（1934-37）を務めた．37 年に粛清された．РЭ РККА（команармы），с.159-161, ЭВР, с.382-383.

（160）シェコ（Шеко, Яков Васильевич 1893-1938 年）は，第一次世界大戦に参加，1917 年には赤衛隊の結成に参加した．1918 年に赤軍に入り，19 年にボリシェヴィキ党に入党し内戦を戦った．21 年赤軍アカデミーを卒業，24 年 10 月から第 20 狙撃師団長を務め，27 年 3 月から 30 年 7 月までモンゴル人民軍参謀長を務めた．その後，32 年より再度，モンゴル人民共和国国防省顧問として派遣されることになる．37 年に逮捕され，翌年処刑された（РЭ РККА（команармы），с.301-302）.

（161）Е. В. Матонин, Указ. соч., с.331-334. 1927 年 9 月 18 日，党中央委員会は，軍事評議会出版部書記のネステロフ Нестеров を理由もなく逮捕，ヴェルフネウディンスクに送還したことに対し，シェコ，ブリュムキンをポストから解任し帰国させることを決めている（МДК I , но.83）.

（162）政治局での決定は 1929 年 11 月 5 日．*Лубянка. Сталин и ВЧК-ГПУ-ОГПУ-НКВД. Архив*

Сталина. Документы высших органов партийной и государственной власти. Январь 1922-декабрь 1936, Москва, 2003, но.217.

（163）РГАСПИ, 17/162/4/84.　この決定は，РМВС I，но.256. にも掲載されている．

（164）РГАСПИ, 17/3/624/6.　3月16日に組織局が決めていた案を承認した．デイチマン（Дейчман, Исаак Наумович 1895-?）はウクライナに生まれたユダヤ人で，スイスへの留学から1918年に帰国後入党，1924年に中東鉄道，モンゴルに派遣された．医科大学を卒業した妻も同行し，中国，モンゴル，満洲でペスト対策で活躍した．彼女は26年末，ペストを制圧後ハルビンに戻った．デイチマンは27年以降キエフ党委員会で活動，31年甜菜砂糖工場の政治部長を経て，34年駐日ソ連全権代表部第一書記兼総領事として派遣，帰国後の38年に逮捕され，自由剝奪8年の刑を受けたが，家族も流刑された．43年にラーゲリで撮影されたデイチマンの写真も掲載されているが，その後は不明．ネットで参照できる彼の娘が書いた文章を参照した（http://garriabelev.narod.ru/deutschman/preface.html）．

（165）РГАСПИ, 17/162/4/73.

（166）Там же, 17/162/4/111.　筆者の前著でもこの組織に触れている．寺山『スターリンと新疆』285，318 頁．Михаил Алексеев, *Советская военная разведка в Китае и хроника «китайской смуты»(1922-1929)*, Москва を参照のこと．

（167）РГАСПИ, 17/162/5/40, 44-45.　議題には，ヴォロシーロフ，カラハン，ミコヤンの名前が見える．この問題に関する6月7日付の協議会の決定を承認するという形で政治局では採決されている．

（168）Там же, 17/3/638/4, 8-9.

（169）Там же, 17/3/645/6.　組織局で7月18日に承認を受けていた．ボトヴィニクには，次の著作がある模様．Ботвиник Е. Г., «Торговля в 1923/24 г. и ближайшие задачи», *Жизнь Сибири*, 1924, N 7/8.

（170）РГАСПИ, 17/3/640/1.（6月23日），Там же, 17/3/642/1.（6月30日），Там же, 17/3/643/2（7月7日）.

（171）ただし，「基本的にミコヤンの提案を採択（添付 No.1）し，次の変更，追加をつけてソヴィエト的やり方で検討に回す」というものである．変更，追加は5点あり，それらは，①第8項の第2段落は除外する．中国人商人については1926年5月15日の政治局決定にとどまる．②第10項，11項のA）モンゴルで勤務する職員のために現地で特別コースを組織すること，B）モンゴルにおけるソ連組織の職員の構成に関する再検討，通商代表の地位の確立，以上の問題は組織局の検討に回す．③外務人民委員部は1週間で，移住政策に関する布告草案を政治局に出すこと．④ソヴィエト的手続きで検討する際に，外国商品のモンゴルへのトランジットの問題について特に注目すること．⑤採択された決定の遂行状況を，労働国防会議は4か月後に政治局に提出すること．以上である（РГАСПИ, 17/3/644/3）．

（172）РГАСПИ, 17/3/644/10-11.

（173）ГАРФ, 5446/8а/466/1.

（174）Там же, 5446/8а/466/5 и об, 6 и об, 7 и об.

（175）1933年10月にソ連からモンゴルへ軍事教官として派遣されるスデツによれば，その当時ウラン・ウデ，ウランバートル間には週に1回のみ飛行機が飛んでいたという（В. А. Судец, «Боевое содружество», *СССР-МНР: страницы братской дружбы. Воспоминания*, Москва, 1981,

c.86).

(176) スタルツェフによれば，1892年から1911年にかけてこの道路を通過する貿易額は14.5倍に増大したが，1901-02年の道路改修後、獣道から荷車の通れる道路になって特に輸送量が増大した．11年にはキャフタ経由の貿易額を初めて上回った（А. В. Старцев, Указ.соч., с.163)．ディヤチェンコによれば1920年代初頭にこの路線に対する関心が高まった．輸送路が沿線の生活に影響を与え，イニャ，コシュ・アガチには労働者のセンターが設置されたという（Н. В. Дьяченко, *Сибирь в системе советско-монгольских торгово-экономических отношений в 1917-1939гг.*, Барнаул, 2005（автореферат кандидатской диссертации））.

(177) Н. В. Дьяченко, Указ. соч., с.20.

(178) В. Г. Третьяков, «История сотрудничества России и Монголии в сфере железнодорожного транспорта, 1890-е-1990-е гг.», докторская диссертация, Иркутск, 2003, с.149-150.

(179) 以下，自動車輸送の整備等についても説明していくが，畜力輸送への依存は1930年代を通じても大きく，1934年，延べ280,000回，38年には延べ298,000回あまり家畜による輸送が行われ，40年には国家の全運輸の60-70%を家畜による輸送が果たしていた（前掲『モンゴル史』346頁).

(180) ГАРФ, 5446/8а/367/3, 5 и об.

(181) Там же, 5446/8а/367/9, 15.

(182) Там же, 5446/8а/367/3.

(183) Там же, 5446/8а/367/1.　8月18日には党中央委員会でも同じ内容が決定された（ГАРФ, 5446/8а/367/2).

(184) СМО1975 I . Но.115 и с.534. прим.1 および ДВП, т.X, с.364.　イヴィツキー医師が遠征隊を率いた．スタッフは3人の性病医，外科医，産科医・小児科医，保健医，内科医，中級の医療補助者が4人，看護婦が1人．

(185) 二木前掲論文「ダムバドルジ政権の敗北」265-283頁．同「ダムバドルジ政権の内モンゴル革命援助」364-381頁．

(186) 生駒前掲論文「ダムバドルジ政権下のモンゴル」259-301頁．同「モンゴル人民革命党とコミンテルン」253-276頁．同「初期コミンテルンとモンゴル――シュミャツキー，リンチノとモンゴル革命」.

(187) ゲンデン（1895-1937）は，1922年革命青年同盟，23年人民党に加入，24年第1回国家大ホラル代表，24-27年小ホラル書記，25-36年党中央委員・幹部会員，26-27年革命青年同盟中央委員会書記，28-32年党中央委員会書記長，32-36年首相兼外相を歴任した（生駒前掲論文「ダムバドルジ政権下のモンゴル」290頁).

(188) С. К. Рощин, Указ. соч., *Политическая история Монголии*, с.157. 右派にはツェレンドルジ，ジャムツァラーノ，アマルらがおりチベット仏教にも理解を示し，中立国家としてソ連ばかりでなく中国や西側諸国とも交流すべきと考えた．ゲンデン，バドラハら左派に確固とした綱領はなかったが，主に貧中層の牧民を基盤に旧役人を国家や党機構から排除して地方からの新しい人材を充てることを求め，コミンテルンが彼らを支持していた．中央派には右寄りのダムバドルジ，ゲレグセンゲらが含まれ，左寄りのジャダムバにはチョイバルサンら軍人グループが属していた．グループ分けは Там же, с.160-162.

(189) Там же, с.168.　ショトマンの9月22日の演説は，МДК I , но.84.

(190) РГАСПИ, 17/162/5/90.　この日の決定は武器や人材派遣など中国に関連した諸問題についてなされたもので，その決定の中でモンゴルの問題について触れる形を取っていた．報告者はミコヤン，カラハン，ウンシュリヒト，シャツキンである．

(191) この人事については人民委員会議のほうが早く，1927年7月30日にニキフォロフを解任してのオフティン任命を決めていた（ГАРФ, 374/27/1315/2）．

(192) РГАСПИ, 17/162/5/99.

(193) Там же, 17/162/5/120.

(194) С. К. Рощин, Указ. соч, *Политическая история Монголии,* с.166-167.

(195) 報告はウンシュリヒト，ヴォロシーロフ，チチェーリン．РГАСПИ, 17/162/5/121.　この決定は，РМВС I, но.261. にも掲載されている．

(196) РМВС I, но.264.　1927年11月2日に，ソ連のモンゴル駐留部隊の歴史についてまとめた文書．

(197) РМВС I, но.265.

(198) この治安機関の外国における活動について，対象国，活動目的，幹部や資金を中心にまとめたのが，1930年2月5日の政治局決定であるといわれている．*Лубянка. Сталин и ВЧК-ГПУ-ОГПУ-НКВД. Архив Сталина,* но.221.

(199) РМВС I, но.254. ワシリエフ陸軍大佐は，1918年にセミョーノフとともにモンゴルで活動していたが，セミョーノフがオムスクのコルチャーク政権と対立すると，コルチャーク側に移った．その後コルチャーク政権が崩壊すると，逃れたハルビンで1926年12月，反ソ蜂起の好機だとセミョーノフに訴える手紙を執筆したのである．

(200) Там же, но.266.

(201) РГАСПИ, 17/3/658/1.　報告はチチェーリン，カラハン．

(202) ライテル（Райтер, Иосиф Львович 1893-1940）は第一次世界大戦でオーストリア軍の捕虜となっていた間にロシア社会民主労働党に入党，1918年ロシアに帰還，モスクワ，クルスク，サラトフ，サマルカンド等で党活動に従事し，内戦後は党中央委員会情報部，リャザン県党書記，アクモリンスク県責任書記を務めた後，モンゴルで27年8月から28年11月まで活動した．帰国後28-38年クートヴェ学長，雑誌『革命的東方』の編集長（1929-31），党中央委員会文化宣伝部長代理（1931-34）も務めた．38年9月に逮捕，40年に処刑された（http://www.knowbysight.info/RRR/11136.asp）．

(203) РГАСПИ, 17/3/659/4. 提案者はコシオール．モンゴルでは誰も知らないライテルの任命にオフティンは怒り，11月13日自身の召喚を求めた．彼はブリャートのトルバチェーエフ（後にトロイカの1人に任命されることになる）を候補として挙げていたが，ダムバドルジも同意見だった（С. К. Рощин, Указ. соч, *Политическая история Монголии,* с.167）．

(204) РГАСПИ, 17/3/658/1.（11月3日），Там же, 17/3/659-1/2.（11月10日），Там же, 17/3/659-2/6（11月13日）．

(205) РГАСПИ, 17/3/660/2.　チチェーリン，カラハンが報告している．メンジンスキー（Менжинский, Вячеслав Рудольфович 1874-1934）は，ユダヤ人でペテルブルグ大学医学部在学中から革命運動に従事し，1902年に入党する．1907年以降亡命した欧州各国で活動し，17年に帰国，10月革命後財務人民委員部その他にも務めたが，ヴェチェカに加わり23年よりオゲペウの議長第一代理，26年に議長に就任していた（ГВ СССР, с.417-418）．

（206）РГАСПИ, 17/3/661/1.

（207）Там же, 17/3/664/1.

（208）スティーヴン・F・コーエン『ブハーリンとボリシェヴィキ革命　政治的伝記—— 1888-1938』塩川伸明訳（未來社，1979）266-334 頁.

（209）С. Рощин, «Н. И. Бухарин и монгольский вопрос», *РЦХИДНИ Научно-информационный бюллетень,* выпуск но.8, Москва, 1996, с.36-46, С. К. Рощин, Указ. соч., *Политическая история Монголии,* с.152-153.

（210）РГАСПИ, 17/162/6/7.　報告には 11 月 17 日に結成された時のメンバー，チチェーリン，カラハン，ブハーリン，ヴォロシーロフ，メンジンスキーが記されている.

（211）これより前の 1927 年 11 月 2 日，ウンシュリヒトはカラハンに騎兵学校へのモンゴル人の受け入れについて伝えていた．27-28 年にトヴェリの騎兵学校に 4 人，労農赤軍参謀部付属諜報コースに 1 人のモンゴル人を受け入れるが，前者には基本的なロシア語の能力があれば望ましいが肉体的に健全で識字能力のあるモンゴル人，後者には中級または上級の指揮官でロシア語能力のある人材の選抜をモンゴル側に依頼した．30 年 7 月 24 日現在のデータによれば，レニングラードの軍事医学アカデミーで 2 人，トヴェリの騎兵学校で 69 人のモンゴル人が学習していた（РМВС Ⅰ, но.263).

（212）РГАСПИ, 17/162/6/9-10.　МДК Ⅰ, но.93. にも掲載されているが，出典を РГАСПИ, 17/162/6/7, 11. としているのは誤り（最後のリストは 9-10).

（213）РГАСПИ, 17/3/669/7.　ヴォロシーロフが報告した．トリリッセル（Трилиссер, Меер Абрамович 1883-1940）は 1901 年に入党，05-07 年革命時はフィンランドで活動．17 年以降，イルクーツク，極東（極東共和国）で活動し，シベリアにおける赤色テロルを実行．21 年よりヴェチェカの特別部，外事部等で活動，諜報部門の組織者の 1 人，26 年よりオゲペウ議長代理，30-34 年労農監督人民委員代理，党中央統制委員会幹部会メンバー，34 年党統制委員会メンバーとなる．その後逮捕，処刑された（ЗАЛ, с.445).

（214）РГАСПИ, 17/3/671/1（2 月 2 日），Там же, 17/3/672/3（2 月 9 日).

（215）トルバチェーエフ（Трубачеев, Василий Ильич 1895-1938）はイルクーツク県生まれのブリャート人で 1915-17 年に教師を務めた後，ツェントロシビリの教官，地下活動に従事した．イルクーツク県ブリャート部ビューローメンバー，党中央委員会ダリビューロー教官，イルクーツク県ブリャート部書記，ブリャート・モンゴル自治州，同州委員会の書記を歴任，ブリャート・モンゴル自治ソヴィエト社会主義共和国保健人民委員，体育中央評議会議長などを務めた後，28 年から 29 年 5 月まで駐モンゴルソ連全権代表部書記を務めた．その後，クートヴェ院生指導者，党中央委員会責任教官，ソ連畜産ソフホーズ労働者同盟中央委員会議長（1934-1938）などを務めた（http://www.knowbysight.info/TTT/09398.asp).

（216）ヒンチューク（Хинчук, Лев Михайлович 1868-1939）は 1898 年に社会民主労働党に入党，当初はメンシェヴィキに属す．1919 年ロシア共和国食糧人民委員参事会メンバー，20 年共産党に入党，外国貿易人民委員部を経て，21-26 年協同組合中央評議会議長，26-27 年駐英通商代表，27-30 年ソ連国内外商業人民委員代理，30-34 年駐独全権代表，34-37 年ロシア共和国国内商業人民委員，37-38 年ロシア共和国国家仲裁総長，38 年 10 月逮捕され，翌年処刑される（http://www.knowbysight.info/HHH/00712.asp).

（217）РГАСПИ, 17/162/6/24-25. МДК Ⅰ, но.98. にも掲載されている.

(218) МДК I, но.85.

(219) МДК I, но.96.

(220) ミフ（Миф, Павел Александрович 1901-1938）はスヴェルドロフ共産主義大学を卒業，同校やクートヴェで教える．党活動（1923-26）を経て，クートヴェの副校長，校長を務め（1926-29），1928-35年にコミンテルンに務める．中国革命の方針についてスターリンと論争する．37年12月逮捕され，38年処刑される（*Люди и судьбы. Библиографический словарь востоковедов-жертв политического террора в советский период(1917-1991)*, Санкт-Петербург, 2003, с.270-271）．

(221) РГАСПИ, 17/3/678/7.

(222) Там же, 17/162/6/56.

(223) スプンデ（Спундэ, Александр Петрович 1892-1962）はラトヴィアに生まれ，革命活動に参加，1913年にシベリアに流刑され，2月革命後はウラルで活動した．18年にロシア共和国ゴスバンクコミッサールに任命され，その後ウラル，ウクライナで活動する．19年シベリア革命委員会に派遣される．その後，カルーガ，ヴャトカ，ハリコフなどで活動，24-25年ダリビューローメンバーなどを務めた．26年から31年前半までソ連ゴスバンク取締役会議長代理，ソ連財務人民委員部，交通人民委員部参事会メンバーを務める．31年より年金生活に入るが，38年に党から除名された（http://bsk.nios.ru/enciklodediya/spunde-aleksandr-petrovich）．

(224) ベルラツキー（Берлацкий, Борис Маркович 1889-1937）に関する情報は乏しい．1904年から22年にかけてメンシェヴィキに属していた．22年3月から24年10月まで極東銀行取締役議長，24年10月からソ連ゴスバンク取締役会議メンバーだったが，30年12月2日にメンシェヴィキを裁く「ソユーズ・ビューロー」事件で逮捕され8年の刑を受けた．37年12月に収容所で死去し，91年に名誉回復された（http://1gatta-felice.livejournal.com/558417.html）．М. Г. Николаев, «К 90-летию со дня смерти Н. Н. Кутлера: «красные похороны» царского министра, *Деньги и Кредит*, 2014, но.5, с.70-76.

(225) ГАРФ, 5446/9а/267/7 и об., 8.　例えば1927年9-10月の第6回モンゴル人民革命党大会でダムバドルジ首相はモンゴル商工銀行（＝モンゴル銀行）では不十分で，モンゴル国立銀行の創設を訴えていた（С. К. Рощин, Указ. соч., *Политическая история Монголии*, с.164）．

(226) ГАРФ, 5446/9а/267/9.

(227) Там же, 5446/9а/267/1.

(228) РГАСПИ, 17/3/705/6.

(229) Там же, 17/3/683/2. ウンシュリヒト，ミフが報告した．

(230) Г. Адибеков, «Исполком Коминтерна и МНРП», *РЦХИДНИ Научно-информационный бюллетень*, выпуск но.8, Москва, 1996, с.16-26.

(231) 特にオフティンとライテルの間の意見の対立は大きく，双方が中央にお互いを批判する情報を流した．МДК I, но.103, 104, 111, 112, 113.　3月30日から4月14日にかけて行われたオフティン，ライテルのそれぞれの中央への書簡．

(232) РГАСПИ, 17/162/6/66-67. МДК I, но.115. にも掲載されている．

(233) 二木前掲論文「ダムバドルジ政権の敗北」272頁．

(234) РГАСПИ, 17/162/6/71-73.

(235) 二木前掲論文「ダムバドルジ政権の敗北」272頁．МДК I, но.110. ライテルからミフへ

1928 年 4 月 10 日の報告.
(236) С. К. Рощин, Указ. соч., *Политическая история Монголии.,* с.178.
(237) МДК I, но.117.
(238) *Политбюро ЦК РКП(б)-ВКП(б). Повестки дня заседаний. 1919-1952. Каталог, Т.1. 1919-1929,* Москва, с.618. РГАСПИ, 17/3/690/2, Там же, 17/162/6/101.
(239) 寺山『スターリンと新疆』579-580 頁.
(240) 二木は「旧貴族と僧侶に対して決定的な措置を講ずるようにとの指示を含む」と述べているが（二木前掲論文「ダムバドルジ政権の敗北」273-274 頁），後述する通りコミンテルンのミフ，ブハーリンはモンゴル人民革命党との決裂を避けた，穏健なトーンで書かれていると述べている．ワシリエフが批判したミフ・クチュモフによる草案は鋭く批判された（С. К. Рощин, Указ. соч., *Политическая история Монголии,* с.179）.
(241) МДК I, но. 119
(242) РГАСПИ, 17/162/6/103. ブハーリン，ミフが報告した.
(243) Там же, 17/162/6/110. ピャトニツキー，カラハンが報告した.
(244) 二木前掲論文「ダムバドルジ政権の敗北」274 頁.
(245) 同上.
(246) РГАСПИ, 17/162/6/122.　報告はカラハンによる.
(247) メルセについて，中見立夫「第 4 章ナショナリズムからエスノ・ナショナリズムへ——モンゴル人メルセにとっての国家・地域・民族」毛里和子編『現代中国の構造変動 7　中華世界——アイデンティティの再編』（東京大学出版会，2001）121-149 頁．同「メルセ一体制変動期における“モンゴル人”インテリゲンツィヤの軌跡」『東アジアの知識人 3——「社会」の発見と変容』（有志舎，2013）82-98 頁．1925 年 10 月に張家口で内モンゴル人民革命党を設立するまでの過程，この反乱後の 1928 年には東北モンゴル旗師範学校の校長となって後進の指導にあたったが，1930 年代にソ連に連行された後の詳しい消息はわかっていないことなどが述べられている.
(248) С. Г. Лузянин, Указ. соч., с.161-163.　この蜂起について生駒は，1928 年 6 月の張作霖暗殺から同年 12 月の張学良による蔣介石支持表明までの半年間生じた政治的空白に乗じて，ロシア人が指揮する外モンゴル人部隊がバルガに進攻し，メルセーらバルガ青年党が蜂起したものと解釈していた．生駒前掲論文「ダムバドルジ政権下のモンゴル」281-282 頁．生駒によれば，この蜂起の参加者は大部分が後に満洲国や蒙疆自治政府の官吏となり，日本の支持下で内蒙古自治運動を担うことになる.
(249) С. В. Смирнов, *Отряд Асано: русские эмигранты в вооруженных формированиях Маньчжоу-го (1938-1945),* Москва, 2015, с.279-281.　ガルマーエフはその後満洲国軍の幹部となるも，1945 年にソ連軍に投降，47 年に処刑された．彼については楊海英『日本陸軍とモンゴル』221-225 頁.
(250) 二木前掲論文「ダムバドルジ政権の敗北」274 頁.
(251) РГАСПИ, 17/162/6/124.
(252) Там же, 17/3/696/3.
(253) ボフミール・シュメラル（1880-1941）はチェコスロヴァキアの建国後の 1920 年，ソ連を訪問し翌 21 年チェコスロヴァキア共産党を結成，26 年からコミンテルンの活動に従事して

いた.

(254) РГАСПИ, 17/162/6/125. 報告は，ミフ，ピャトニツキー，ブハーリン，ウンシュリヒト.

(255) РГАСПИ, 17/162/6/128-129. МДК I , но.125. には 9 月 14 日のコミンテルン決定として，掲載されている.

(256) РГАСПИ, 17/162/6/131-132. МДК I , но.124. にも掲載されている. この文書集には，9 月 14 日にコミンテルンの政治書記局が決定したとあるが，実際には 9 月 10 日にソ連共産党中央委員会政治局が決定した.

(257) РГАСПИ, 17/3/705/2.

(258) 二木前掲論文「ダムバドルジ政権の敗北」275-277頁. С. К. Рощин, Указ. соч., *Политическая история Монголии.*, с.186-187.

(259) МДК I , но.135. 電報を読んだのは，クーシネン，クチュモフ，ピャトニツキー，ミフ.

(260) РГАСПИ, 17/162/6/138.（カラハン，ウンシュリヒトが討論者として名前が挙がっている). シュメラルへの回答草案の前に軍事部隊について，「小隊を残すとの外務人民委員部の提案を却下する. 通常の定員内の警備（ユニフォームなしで）を保証すべく，外務人民委員部予算で最小限必要な資金をソヴィエト的手続きで補助すること」と決定している . 同じ 10 月 11 日には，「モンゴルレヴソモルの大会へのキム［青年インターナショナル］の書簡」についても政治局は検討し，①モンゴルレヴソモルの第 7 回大会へのキムの特別書簡を送付するのは妥当ではない. ②全コミンテルン代表団との合意のもと，口頭の発言での材料として書簡を利用することは可能である，と決定している（РГАСПИ, 17/3/708/2. 報告したのはミリチャコフ Мильчаков, ピャトニツキー).

(261) 二木前掲論文「ダムバドルジ政権の敗北」278 頁. С. К. Рощин, Указ. соч., *Политическая история Монголии.*, с.189-193. МДК I , но.139.

(262) РГАСПИ, 17/3/711/4. 報告はピャトニツキー，ミフ，カラハン.

(263) МДК I , но.146.

(264) РГАСПИ, 17/162/7/1.

(265) РГАСПИ, 17/162/7/3-4. ピャトニツキー，カラハンが報告した. また，МДК I , но.150. にも掲載されている. この決定を受けて，同日，コミンテルン東方書記局から第 7 回大会への代表団にも，中央委員会，中央統制委員会，政府に左派の多数派を確保せよとの指示が出た (Там же, но.151).

(266) МДК I , но.152.

(267) 前掲『モンゴル史』534 頁. 家畜・財産を所有し寺院の経済を維持するもので，各寺院にいくつかあり，1920 年代末には約 7,500 存在した.

(268) 二木前掲論文「ダムバドルジ政権の敗北」278 頁.

(269) РГАСПИ, 17/162/7/28.

(270) Там же, 17/162/7/38-39. 報告はピャトニツキー，ミフ，カガノーヴィチ，カラハン. МДК I , но.162. にも掲載されている.

(271) МДК I , но.163.

(272) РГАСПИ, 17/3/729/3. カガノーヴィチ，カラハンが報告.

(273) Там же, 17/162/7/43.

(274) Там же, 17/3/730/2（3 月 14 日), Там же, 17/3/731/2（3 月 21 日).

（275）Там же, 17/3/734/2.　提案はカラハンによる．
（276）МДК I, но.166.　モスクワが左派の指導者として期待していたゲンデン，バドラハが対立していることへの懸念である．文面は以下の通り．「我々の情報によれば，ゲンデンとバドラハの間の関係は異常である．このふたつのグループが合意，協調を達成することが絶対的に必要である．内部の細かい諸問題の決定にあなたは関与すべきではない．あなたの路線が，命令的手法，取るに足りない後見，ゲンデングループに対する無視といった告発に当てはまるのかどうか，お知らせ願いたい．詳細な情報を求める．この電報と関連した諸問題を人民革命党の公式機関に提起しないでください」．
（277）РГАСПИ, 17/3/752/2. カラハン，ウンシュリヒト，ピャトニツキー，ミフが報告．
（278）Там же, 17/162/7/134.
（279）Там же, 17/3/753/1.（8 月 15 日），Там же, 17/162/7/136-137.（8 月 22 日）後者の報告はウンシュリヒト，カラハン，ピャトニツキー，トリリッセル．
（280）Там же, 17/162/7/140.　報告はウンシュリヒト，カラハン，ピャトニツキー，トリリッセル，ミフ，ヒンチューク．
（281）報告はウンシュリヒト，カラハン，ヒンチューク，カガノーヴィチ，ブハーリン，ピャトニツキー．Там же, 17/162/7/149-150. スィルツォフ（Сырцов, Сергей Иванович 1893-1937）は 1913 年に入党，ペトログラード工科大学を放校（1916 年），内戦時ドン地方でコサック解体を指揮する．内戦後，党中央委員会で活動し，同時に雑誌『共産主義革命』の編集にも従事する．1926-29 年にシベリア地方党委員会書記，1929 年よりロシア共和国人民委員会議議長，1929 年 1 月党中央委員会政治局員候補となる．1930 年 12 月派閥活動を理由にポストから解任される．1931 年以降木材輸出会社等で勤務，1937 年に逮捕，処刑された（ЗАЛ, с.436）．
（282）РГАСПИ, 17/162/7/153.
（283）ズナメンスキー（Знаменский, Андрей Александрович 1887-1943）は 1920 年より中央委員会ダリビューローのメンバー，極東共和国の内務大臣を務めた．その後ブハラソヴィエト社会主義共和国への中央委員会全権，ブハラへのソ連全権代表，中央アジアへのソ連外務人民委員部全権，ウズベク共和国へのソ連全権代表を務めた後，29 年 5 月にハルビンのソ連総領事代理，奉天総領事（1930 年 5月-32 年 10 月）を務めた（http://www.knowbysight.info/ZZZ/02752.asp）．
（284）РГАСПИ, 17/162/7/167-168. 報告は，ウンシュリヒト，カラハン，ピャトニツキー，カガノーヴィチ，ヒンチューク，ミフ．
（285）Там же, 17/162/7/172.
（286）Там же, 17/162/7/177.　アレクサンドル・スミルノフ（Смирнов, Александр Петрович 1878-1938）は 1896 年から革命活動に入る．1907-17 年にロシア社会民主労働党中央委員候補，1917 年 10 月革命後ロシア共和国内務人民委員部参事会メンバー，同人民委員代理を務める．1922 年より党中央委員，1923 年からロシア共和国農業人民委員代理，1924-30 年に党中央委員会組織局メンバー，30-33 年同候補，1928-30 年にロシア共和国人民委員会議議長代理，同時に党中央委員会書記を務めた．1930 年ヴェセンハ幹部会メンバー，1931-33 年に全連邦公益事業評議会議長を務め，33 年にソ連軽工業人民委員部に移るが，33 年 1 月中央委員会から除名，34 年末に党からも除名された．37 年逮捕され，38 年処刑された（ЗАЛ, с.416）．
（287）アンツェロヴィチ（Анцелович, Наум Маркович 1888-1952）は 1905 年からの党員で 17

年の革命前後にはペトログラードで活動，内戦後，土地森林労働者連盟中央委員会議長（1923-28），全連邦労組中央評議会書記（1928-31）を務めた後，ソ連労農監督人民委員代理（1931年10月-1934年2月．党中央統制委員会幹部会メンバーも兼任）を経て，ソ連人民委員会議付属ソヴィエト統制委員会メンバー（1934-39）となった．

（288）РГАСПИ, 17/162/7/178.　この決定は，МДК I, но.172. にも掲載されている．

（289）РГАСПИ, 17/162/7/182. 報告はブハーリン，ウンシュリヒト，ヒンチューク，カラハン．

（290）Там же, 17/162/7/186. 報告は，ウンシュリヒト，アンツェロヴィチ，カラハン，ピャトニツキー．

（291）Там же, 17/162/7/189-190. МДК I, но.174. にも掲載されている．

（292）РГАСПИ, 17/162/7/191.

（293）Там же, 17/3/765/3. 報告はウンシュリヒト．

（294）Там же, 17/3/767/12.

（295）チュツカーエフ（Чуцкаев, Сергей Егорович 1876-1944）はペルミ県に生まれ，エカチェリンブルグのギムナジアを卒業，カザン大学，ペテルブルグ大学，ハイデルベルク大学で学ぶ．1903年にロシア社会民主労働党に入党，革命運動のためたびたび逮捕される．ロシア革命時にはエカチェリンブルグソヴィエト議長，18年から財務人民委員部に勤務，21-22年シベリア革命委員会議長代理，議長，24-27年中央統制委員会幹部会メンバー，ソ連労農監督人民委員代理，27-29年，極東地方執行委員会議長，29-33年ソ連中央執行委員会予算委員会議長，33-35年駐モンゴル全権代表を務めた．38年に党から除名される（*Уральская историческая энциклопедия*, Екатеринбург, 1998, c.594）．

（296）シレイフェル（Шлейфер, Илья Осипович 1892-1937）の経歴に関する情報は少ないが，ロシアユダヤ辞典（Российская Еврейская Энциклопедия）のサイトにある伝記情報によれば，1911-20年にブンド（在リトアニア・ポーランド・ロシア・ユダヤ人労働者総同盟）に所属，20年にロシア共産党に入党，21年食糧人民委員代理，22年より外貨局長，ソ連財務人民委員部国家歳入局長，25-30年ソ連国内外商業人民委員部参事会メンバーを務めた．36年に逮捕，翌年処刑される．24年には著書『貨幣革命』を出している．

（297）スカロフ（Скалов, Георгий Борисович（Синани）1896-1940）はペテルブルグ交通大学で学び，1919年に赤軍に入り，ロシア共産党にも入党．内戦は中央アジアで闘い，ブハラへの党およびコミンテルンの代表を務める．トルキスタン・チェカを指揮し，22年末からモスクワ東方学大学学長，軍事顧問として中国に派遣され，帰国後労農赤軍アカデミー東方学部で学ぶ．29年モンゴルへのソ連代表団を率いる．参謀部第四部やコミンテルン執行委員会の指揮下に入る．30-31年コミンテルンの教官，35年3月に逮捕される．「クレムリン事件」への関与の罪で10年の刑を受け，40年ラーゲリで死去（А. В. Окороков, *Русские добровольцы*, Москва, 2004, c.334-335）．

（298）1930年1月10日，政治局は，労農監督人民委員部の小委スタッフにアルクス Аркус を加えることを決定した（РГАСПИ, 17/162/8/41. ピャタコフの報告）．

（299）РГАСПИ, 17/162/8/13.　報告はウンシュリヒト，ピャトニツキー，カガノーヴィチ．

（300）СМО1975 I, Но.135, c.535, ДВП, т.XII, 1967, но.375. この労農監督人民委員部の小委は1930年1月9日から5月25日までモンゴルに滞在して活動した．

（301）ДВП, т.XII, но.389.

（302） РГАСПИ, 17/162/8/38.
（303） СМО1966, 40-43. СМО1975 I . Ho.137 и прим（c.536）.
（304） *Железнодорожная артерия Монголии,* Указ. соч. c.82.
（305） РГАСПИ, 17/162/8/112.　報告はブリュハーノフ，カラハン．この問題は，3月5日にいったん決定が延期されていた（Там же, 17/3/778/1）.
（306） Там же, 17/162/8/129. 報告はピャトニツキー，カラハン．МДКⅡ, но.182. にも掲載されている．
（307） МДКⅡ, но.183.
（308） РГАСПИ, 17/3/783/1.　決定は4月15日に一度延期されていた（Там же, 17/3/782/3）.
（309） 1930年3月20日，政治局はトゥヴァ共和国について，①タナ・トゥヴァ共和国の経済が極端に遅れ，技術や物質的な準備が欠如していることを考慮し，現段階で集団化と没収を強化することは絶対的に受け入れられない．②タナ・トゥヴァ政府には集団化と没収を約1年延期し，この期間に準備作業を行い，機械トラクターステーションの組織化を進めるよう提案する．③タナ・トゥヴァ政府には，いかなる軍事力もソ連から送られることはないと表明する．カラハンには，採択された決定をもとにスタルコフ Старков への電報の文章についてピャトニツキーと合意するよう委ねる．④スタルコフはタナ・トゥヴァに残す．以上を決定している（РГАСПИ, 17/162/8/119-120）.
（310） СМО1975 I . Ho.140（一部は СМО1966, Ho.32 に収録）.
（311） СМО1975 I . Ho.141（一部は СМО1966, Ho.33 に掲載）.
（312） СМО1966, Ho.34, СМО1975 I . Ho.142.
（313） ДВП, т.XIII, Ho.180, СМО1975 I . Ho.143.
（314） ДВП, т.XIII, Ho.179, СМО1975 I . Ho.144.
（315） ДВП, т.XIII, Ho.182, СМО1975 I . Ho.145.
（316） СМО1966, Ho.38, СМО1975 I . Ho.146.
（317） ДВП, т.XIII, Ho.181, СМО1975 I . Ho.148.
（318） РГАСПИ, 17/162/8/160.
（319） Там же, 17/162/9/2. 報告はチュツカーエフ，マヌイリスキー，カラハン，ヒンチューク，シレイフェルである．

第三章

（1） ガマルニク（Гамарник, Ян Борисович 1894-1937）はウクライナのジトーミル生まれのユダヤ人でギムナジア卒業後ペトログラード精神神経学大学，キエフ大学法学部で学び，1914年から革命運動に従事，16年に入党，2月革命後，キエフ党委員会書記を務め，その後も内戦中はウクライナで活動を続ける．23年6月極東に派遣され，24年6月から極東革命委員会議長，26年より極東地方党委第一書記，28年末から白ロシア党中央委員会第一書記，29年10月に労農赤軍政治部長，ソ連革命軍事会議メンバーに選ばれる．34年6月から陸海軍事人民委員代理も兼任した．37年5月31日，近づく逮捕を前に自殺した（РЭ РККА（команармы）, c.20-21）．最も新しいドゥビーニナによるガマルニク研究については，次の拙稿を参照のこと

（書評　Н. И. Дубинина, *Дальний Восток Яна Гамарника,* Хабаровск, 2011.『東北アジア研究』18号，2014年2月，175-185頁）.

(2) ドガドフ（Догадов, Александр Иванович 1888-1937）は，カザンに生まれ1905年革命時にロシア社会民主労働党に入党，11年バクーの党組織からパリの党学校に派遣されレーニンらに将来の革命のための教育を受けた．ロシア革命後は主に労組活動に従事し，1920年代は全連邦労組中央評議会幹部会メンバー，書記として労組の運営に携わる．いわゆる右翼反対派としてトムスキーが労組のトップから放逐されるとドガドフも労組活動から離れ，30年にはソ連ヴェセンハ議長代理に任命された．その任命の期日がはっきりしないが，10月15日の政治局決定はヴェセンハの役割も定められており，ドガドフはヴェセンハ議長代理として会合に加わったものと思われる．その後の経歴については次の文献を参照．37年に粛清された．В. И. Носач Н. Д. Зверева, *Расстрельные 30-е годы и профсоюзы,* СПб, 2007, с.385-400.

(3) РГАСПИ, 17/3/799/2.

(4) Там же, 17/3/800/2.　報告はガマルニク，カラハン，ローゼンゴリツ，ワシリエフ，ドガドフ．

(5) ソニーズトランス Союзтранс は全連邦倉庫・輸送問題合同（Всесоюзное объединение складского и транспортно-экспедиционного дела）を意味し，1930年2月23日に設置．

(6) 資本金を200万から250万に増額したばかりだったが，1930年10月開催のモンゴル銀行株主総会では資本金を400万ルーブルに増やすため，29年の利益40万トゥグリクすなわち38万ルーブルを資本金増額のために割り当てることに双方が合意した．ゴスバンク取締役議長カルマノヴィチは同年11月24日，モンゴル銀行を通じてソ連がモンゴルの経済取引から相当額の利益を没収する印象を与えるとして労働国防会議に反対したが，労働国防会議は12月9日，38万ルーブルの半額19万ルーブルのモンゴル銀行株式の取得をゴスバンクに許可し，その後も両国で利益を折半して400万ルーブルまで資本金を増額することを決めた（ГАРФ, 5446/12а/917/1, 2 и об).

(7) А. С Немой, «Жизнь, отданная за свободу и процветание Монголии», *СССР-МНР страницы братской дружбы, Воспоминания,* Москва, 1981, с.114-121. は，モンゴルにおける医師不足を訴えるセマシコに応え，1930年11月にモンゴルへ医師として派遣されたネモイ夫妻の活動を紹介する．夫妻はツェツェルリクでモンゴル最初の保育所を作ったが，入浴と清潔な服装を嫌悪するチベット仏教の伝統のため幼児の受け入れも困難だった．夫のサムイル・ネモイは1932年のモンゴルにおける反乱で反乱軍に捕らえられ殺されるが，残された息子アレクサンドルがその28年後，父サムイルの顕彰碑の除幕に母と立ち会った．それまでの経緯，夫妻の活動を紹介している．

(8) 1930年10月19日に労働国防会議が両コンビナートと洗毛工場の建設を基本的に承認し，同じく労働国防会議が11月3日に具体的なプランを策定した（ГАРФ, 5446/11а/47/1-3)．両コンビナート建設のための「プロムモンゴルストロイ」の設置，モンゴル通産省との契約締結，契約に記されるべきモンゴル政府の責任（建設資材，労働力の提供など)，2年間の建設期間，ヴェセンハによるモンゴル人幹部150人の養成，ソ連製設備のみの利用などを内容とした．

(9) РГАСПИ, 17/3/800/2, 17-19.

(10) Там же, 17/3/803/9.

(11) Там же, 17/3/803/4.

（12）Там же, 17/162/9/68.　報告はガマルニク，カラハン，ローゼンゴリツ，ピャトニツキー.

（13）Там же, 17/162/9/73.　1930年11月15日の政治局決定と添付文書は，МДКII но.192. にも掲載.

（14）С. К. Рощин, Указ. соч., *Политическая история Монголии*, с.245. それでも1930年11月には600人を集めたコルホーズ員の大会が開かれ，当面の諸問題が話しあわれた.

（15）12月8日のコミンテルン東方書記局からモンゴル人民革命党中央委員会幹部会への書簡はМДКII, но.194.，協議会の総括については1931年1月23日付モンゴル人民革命党中央委員会教官ナーツォフからコミンテルン東方書記局への報告（МДКII, но.195, 196）．31年2月15日のコミンテルン東方書記局会議の速記録はМДКII, но.198.　また以下も参照 С. К. Рощин, Указ. соч., *Политическая история Монголии*, с.245-247.

（16）1930年12月8日，ベルジンがガマルニクに軍の配置も含めて報告している（РМВС I, но.270）. 独立国境騎兵中隊，地域兵連隊等からなり，幹部の総数は5,500人となっている.

（17）РГАСПИ, 17/162/9/142.

（18）カルマノヴィチ（Калманович, Моисей Иосифович 1888-1937）は，エスエル党（1904-）から1917年7月にロシア社会民主労働党へ移る．1920年代ロシア共和国労働人民委員代理，ソ連ヴェセンハのサハロトレスト，プロムバンク取締役会議長，ソ連農業人民委員代理などを務めた後，29年10月から34年4月までソ連ゴスバンク取締役会議長兼ソ連財務人民委員代理を務めた．34年4月よりソ連穀物畜産ソフホーズ人民委員を務めていたが，37年4月に逮捕され同年処刑された（ГВ СССР, с.332）.

（19）РГАСПИ, 17/162/9/140.　報告者はカラハンとマヌイリスキー.

（20）タマーリン（Тамарин, Антон Моисеевич 1884-1940）は，1920年代に主としてヴェセンハに務めるが，1928年に通商代表としてイランに赴任，31年には外国貿易人民委員部の東方部長を務めた．この間新疆とのソ連の貿易を正常化するための委員会を率いて現地を視察，報告書をまとめた（拙著『スターリンと新疆』98-99頁）．1934年から36年にポーランドの通商代表，36年から38年まで再びイランへの通商代表を務めていたが，39年に逮捕，40年に処刑された．逮捕後の尋問調書が公開されているが，外国貿易人民委員部の同僚の告発を強要されている（*Лубянка. Сталин и НКВД-НКГБ-ГУКР «Смерш». 1939-март 1946. Архив Сталина. Документы высших органов партийной и государственной власти*, Москва, 2006, но.47）.

（21）РГАСПИ, 17/162/9/146-147.

（22）ГАРФ, 5446/12а/1086/5 и об, 4 и об, 3 и об.

（23）Там же, 5446/12а/420/18, 17, 14, 13, 11, 10, 7, 4, 3, 2, 1.

（24）РГАСПИ, 17/162/10/5.

（25）Там же, 17/162/10/7.　報告はカラハンとローゼンゴリツ.

（26）Там же, 17/3/820/6.　報告はカラハン.

（27）Там же, 17/3/823/13（4月30日）, Там же, 17/3/824/4（5月10日）, Там же, 17/3/826/4（5月16日）.

（28）Там же, 17/162/10/79.　報告者にはカラハン，ローゼンゴリツ，オゼルスキー Озерский の3人の名前が挙がっている.

（29）1931年6月26日，ロシア共和国教育人民委員部参事会メンバーコーン Ф. Кон が，ソ連人民委員会議のモロトフにサーカス派遣のため54,000ルーブルの支出を要請（ГАРФ, 5446/12а/

852/1. この予算の中には，体操グループの派遣も含む)，ソ連人民委員会議は6月28日，その予備基金から54,000ルーブル（うち30,000ルーブルはモンゴルの外貨で支出）の支出を承認した．

(30) この問題に関して6月30日，東シベリア地方党委員会書記レオーノフの電報に基づき，政治局は，「モンゴル革命10周年祝賀に参加すべく，東シベリアから代表1人を派遣することは可能だとみなす．ジルニスとブリュッヘルの出張は除外する」と決定した（РГАСПИ, 17/162/10/104)．ジルニス（Я. П. Зирнис 1894-1939）はこの時，東シベリア地方オゲペウ全権代表（Кто①, с.208)，ブリュッヘルは特別極東軍司令官だが，レオーノフが2人の派遣も打診してきた可能性はある．

(31) 6月10日の決定なのに，期限が5月10日というのはおかしいが，これは先に見た通り，決定が数度にわたって延期されたことによるものだと考えられる．実際に政治局は5月25日，「モンゴルへ地質探索遠征隊を派遣するとのヴェセンハの要請」を許可した（РГАСПИ, 17/3/827/7. 組織局の5月21日決定より)．その際の報告者パヴルノフスキー（Павлуновский, Иван Петрович 1888-1937）は，1905年に社会民主労働党に入党，18年よりヴェチェカに加わり，反対派の弾圧を精力的に進め，モンゴルではウンゲルンの誘拐も計画した．20年1月シベリアへのヴェチェカの全権代表となり，21年にはシベリア東部における農民反乱の弾圧を指揮した．その後，シベリアにおける交通人民委員部全権やカフカースで務めた後，28年にソ連労農監督人民委員代理，30年にソ連ヴェセンハ幹部会メンバーに加わった．32年には重工業人民委員代理となった．37年に逮捕され処刑される（ЗАЛ, с.350-351)．したがってこのときヴェセンハ幹部会メンバーであり，1920年代にはシベリアやモンゴルとも関係していた人物である．

(32) РГАСПИ, 17/162/10/86-87.

(33) Там же, 17/3/829/13. 組織局の6月6日決定より．

(34) ムラヴェイスキー（Муравейский, Сергей Дмитриевич, 1894-1950）の経歴はモスクワ大学地理学部陸水学講座のサイトに掲載されているが，彼が1943年にこの講座を創設した（創設時は水文学・水界地理学講座)．ロシア革命に参加し，トルキスタン・フロントでも戦った．自身のイニシアチブで創設されたタシケントの中央アジア共産主義大学の学長（1922-24）を務めた後，モスクワで様々な行政職をこなすかたわら学術活動にも従事した．ゴスプランでは水資源・文化セクションのメンバー．30年からモスクワ灌漑土地改良大学で教鞭を執っていた．モンゴルにおける彼の活動についての情報は記されていない．さらに彼は41年に駐モンゴル全権代表顧問であったとの情報もある（http://www.knowbysight.info/MMM/05853.asp).

(35) РГАСПИ, 17/3/835/7.

(36) ペレピョールキン（Перепёлкин, Степан Степанович 1894-1937）は，その後ソユーズトランスの局長や，レーニン自動車工場（ЗИЛ）の自動車実験部門長などを務めていた．1937年6月に逮捕され，処刑された．彼については次のサイトに伝記的なデータが掲載されている（http://mwerden.de/pdf/perepelkin_ss_biografia.pdf).

(37) РГАСПИ, 17/3/831/10. 人民委員会議の布告はГАРФ, 5446/12а/847/2.

(38) ルナチャルスキーは1920年代教育人民委員だったが，29年にソ連中央執行委員会学術会議議長に就任して活動していた（33年まで）（Глухарев Н. Н., «К вопросу о деятельности А. В. Луначарского на должности председателя ученого комитета ЦИК СССР（1929-1933),

Вестник МПГУ, но.2, 2011, с.171–175).
(39) ГАРФ, 5446/12а/847/1.
(40) СМО1975 I, Но.131.　25 項目からなる.
(41) Там же, Но.132.
(42) Там же, Но.138.
(43) Там же, Но.155.
(44) Там же, Но.158.　1930 年 9 月 15 日から 11 月 1 日にかけて執筆されたもの.
(45) エリアヴァ（Элиава, Шалва Зурабович 1883–1937）は 1920 年にトルコ，ペルシャへのロシア共和国全権代表，21 年よりグルジアの陸海軍事人民委員，グルジアソヴィエト社会主義共和国人民委員会議議長を務め，31 年から 36 年までソ連外国貿易人民委員代理，36 年にソ連軽工業人民委員代理を務めた．37 年に逮捕され，同年処刑された（Альманах «Россия. XX век» の伝記事典．http://www.alexanderyakovlev.org/almanah/almanah-dict-bio/57153/25).
(46) ГАРФ, 5446/12а/484/5–6.
(47) Там же, 5446/12а/484/2.　委員長はグリニコを指名.
(48) ボトヴィニクはボトヴィンニクと記されることもあるが詳しい経歴は不明．次の雑誌を編集している．Е. Г. Ботвинник и др., *Хозяйство Монголии: политико-экономический журнал, издаваемый Монголо-Советским Деловым Клубом*, Улан-Батор, 1929.
(49) レイヘリ（Рейхель, Михаил Осипович 1880–1954）は 1929–30 年，駐仏総領事，財務人民委員部外貨部長を経て，34–38 年にはソ連最高裁判所民事参事会議長を務める（http://baza.vgdru.com/1/26990/30.htm).
(50) ГАРФ, 5446/12а/484/4.
(51) Там же, 5446/12а/484/1.
(52) РГАСПИ, 17/3/837/3–4.
(53) СМО1975 I. Но.168.　この文書はモンゴル語からの翻訳で 18 項目からなる.
(54) 1931 年 11 月 26 日，モンゴル政府は遠征隊の活動を高く評価し，さらに 2 年遠征隊がとどまることをソ連政府に要請することが必要だとの布告を採択した．32 年 4 月 5 日，ソ連人民委員会議はこの要請に応える布告を採択した．これに基づき，ソ連重工業人民委員部とモンゴル通商産業省は 34 年 3 月までソ連の遠征隊の活動を延長する協定を締結した（СМО1975 I, с.541, но.172, прим.1)．ところが，遠征隊長ウラーレツ Уралец の 32 年 4 月 27 日付ソ連人民委員会議への報告によれば，スタッフの補充は遅れ（派遣の決まったスタッフ 48 人のうち 29 人のみパスポートを受領），必要な労働者 300 人（ヴェルフネウディンスクで 275 人，モスクワで 25 人）の募集は進展していなかった（ГАРФ, 5446/13а/143/1–2).
(55) РГАСПИ, 17/3/839/7.
(56) Там же, 17/162/10/163.　報告はルズタク，カラハン，ローゼンゴリツ．Там же, 17/162/10/167–168.
(57) アンティポフ（Антипов, Николай Кириллович 1894–1938）は 1912 年に入党，各地の党組織で活動，25 年ウラル州党委員会第一書記，26 年レニングラード県党委員会第二書記などを務め，28 年ソ連郵便電信人民委員，31 年 3 月労農監督人民委員代理，党中央統制委員会幹部会メンバーとなり，34 年からソ連人民委員会議付属ソヴィエト統制委員会議長代理，35 年 4 月より同議長，同時に 35 年 4 月よりソ連人民委員会議議長代理，37 年 6 月に逮捕され，38

年7月処刑される（ГВ СССР, c.201-202).

(58) РГАСПИ, 17/3/847/6（9月10日ローゼンゴリツの要請で延期), Там же, 17/3/848/4（9月15日), Там же, 17/3/852/2（10月5日）報告はアンドレーエフ，ローゼンゴリツ，エリアヴァ，カラハン，グリシン.

(59) Там же, 17/3/853/7. 1931年10月6日付の組織局による決定を受けたものである．ペトルーヒン（Петрухин, Степан Фёдорович）の経歴は不明（http://www.knowbysight.info/PPP/13796.asp).

(60) 1921-22年にモンゴルへの全権代表を勤め，27年に再度派遣されていたオフティンは，モンゴル国内で左派が権力を握り急進的な政策を遂行していたこの時期には，より穏健的な政策を求める立場を取っていたことが知られている（С. К. Рощин, Указ. соч., *Политическая история Монголии*, c.213-214, 227., *История Монголии*, Указ. соч., 90-91, 94)．31年春にコミンテルン代表としてモンゴルへ派遣されていたチェルノモルディクとオフティンの関係は次第に悪化し，32年1月8日に政治局が，ポストゥイシェフ，カラハン，アクーロフ，ピャトニツキー，ベルジンからなる小委員会に，オフティンとチェルノモルディクの相互関係に関する問題の検討を委ねるほどまでに（РГАСПИ, 17/162/11/112）発展していた．モスクワから両者の関係を調整する代表団も送られたが，チェルノモルディクはモスクワに召還され，オフティンが残って指揮を執り続けることになった（С. К. Рощин, Указ. соч., *Политическая история Монголии*, c.247-254).

(61) ДВП, т.XIV, но.276.

(62) С. К. Рощин, Указ. соч., *Политическая история Монголии*, c.252.

(63) 最初の通貨発行の決定のみ特別ファイルに入っている（РГАСПИ, 17/162/11/19)．後者の決定はРГАСПИ, 17/3/851/6.　この決定に名前が出ているのはミコヤン，エリアヴァ，カルマノヴィチ，ヴェイツェル，グリシンの5名.

(64) ГАРФ, 5447/12а/751/1.

(65) クイブィシェフ（Куйбышев, Валериан Владимирович 1888-1935）は1904年に入党，革命活動を理由にペテルブルグの軍医アカデミーより放校，各地で活動を続け8回の逮捕，4回の流刑処分を受ける．1917年革命時はサマラの党組織を率いる．内戦で各地を転戦した．内戦後ヴェセンハ等で活動，ソ連労農監督人民委員（1923-26年)，1926年にはソ連人民委員会議議長代理，労働国防会議議長代理を務め，ソ連ヴェセンハ議長に就任した．1930-34年にはソ連人民委員会議議長代理兼ソ連ゴスプラン議長を務めた（ГВ СССР, c.376-377).

(66) ヴァレーリー・メジラウク（Межлаук, Валерий Иванович 1893-1938）はハリコフに生まれ，父はラトヴィア人，母はドイツ人だが自分をウクライナ人とみなす．当初はメンシェヴィキに属していたが1917年にボリシェヴィキに加わる．22年1月交通人民委員部総務局長，参事会メンバー，24-31年ソ連ヴェセンハ幹部会メンバー，議長代理を務めた後，31-34年ソ連ゴスプラン議長第一代理，34年4月-37年2月ソ連人民委員会議およびソ連労働国防会議議長代理，ソ連ゴスプラン議長，37年2月-8月ソ連重工業人民委員，37年8月-10月ソ連機械製造人民委員，37年10月からソ連人民委員会議議長代理，ソ連ゴスプラン議長を歴任した．37年12月に逮捕，翌年処刑される（ГВ СССР, c.414-415)．2歳上の兄イワンは，30年12月よりソ連人民委員会議付属執行委員会書記，33年3月からソ連労働国防会議書記，ソ連人民委員会議総務局長代理を務めていた．同様に粛清されている（ГВ СССР, c.415).

(67) ロイゼンマン（Ройзенман, Борис Анисимович 1878-1938）は 1902 年に社会民主労働党員となる．党中央統制委員会幹部会メンバー（1924-34 年），労農監督人民委員部参事会メンバー（26-32）を務めた後，34 年ソ連人民委員会議付属ソヴィエト統制委員会のメンバー，34-35 年に同委員会委員長代理等を務めた（Альманах «Россия. XX век» の人名辞典より．http://www.alexanderyakovlev.org/almanah/almanah-dict-bio/1017145/15）.

(68) ГАРФ, 5446/12а/751/2 и об.3. ロイゼンマンが添付した布告草案は Там же, л.4 и об. 5.

(69) 寺山恭輔「満州事変とソ連における備蓄の構築」『東北アジア研究』第 2 号，173-198 頁.

(70) РГАСПИ, 74/2/38/52-53.

(71) МДКⅡ, но.217, РМВСⅠ, но.275.　そのうち 900 万トゥグリクは封建領主，反革命分子より没収した資産から充当することになっていた．財務省には国防力強化のため 150 万トゥグリク以上の特別国債を発行する原案を至急提出するよう指示した.

(72) РГАСПИ, 17/3/875/2.　この時期，コミンテルン執行委員会でもモンゴル問題について検討が進み（1932 年 3 月 11 日の会議の速記録は МДКⅡ, но.220，3 月 21 日の会議は МДКⅡ, но.221，3 月 22 日ピャトニツキーとゲンデンらの会談は МДКⅡ, но.222），モンゴルのバダルハからはピャトニツキーに情況を知らせる報告が届いていた（3 月 5 日の報告は МДКⅡ, но.219，4 月 2 日（より前）の報告は МДКⅡ, но.223，5 月 13 日の報告は МДКⅡ, но.227）．その他の情報も寄せられており，政治局における決定にこれらの情報は活かされたものと思われる.

(73) ザハル・ベレンキー（Беленький, Захар Моисеевич 1888-1940）は，1905 年にロシア社会民主労働党に入党したユダヤ人で，1920 年代には労組の仕事に就いていたが，28 年から 31 年に労農監督人民委員部参事会メンバー，31 年 11 月から 34 年 2 月まで同人民委員代理を務め，その後継組織ソ連人民委員会議付属ソヴィエト統制委員会の通商・食料産業小委議長代理を 1 年，次に組織問題小委指導者兼同統制委員会議長第一代理を 1935 年 3 月から務めた．39 年に逮捕，翌年処刑されている（ГВ СССР, с.218）.

(74) レーヴィン（Левин, Рувим Яковлевич 1898-1937）は，1915 年からロシア社会民主労働党員，1920 年代にロシア共和国の財務省で働き始め，ゴスプランを経て，30 年から 37 年までソ連財務人民委員代理を務めた．同年逮捕され処刑された（http://www.knowbysight.info/LLL/13025.asp）.

(75) エリョーミン（Ерёмин, Иван Глебович 1895-1937）は，1917 年 6 月に入党，全連邦繊維シンディカート議長などを務める．32 年 1 月 13 日にソ連軽工業人民委員部代理に就任，37 年の逮捕まで務めたが，それ以前の経歴がはっきりしない（http://www.knowbysight.info/YeYY/00487.asp）.

(76) ギンズブルグ（Гинзбург, Семен Захарович 1897-1993）は 1917 年 3 月に入党，21 年から 27 年にモスクワ高等技術学校で学ぶ間にも建設に従事，30 年からソ連労農監督人民委員部建設部門のグループ長，同時にバウマンモスクワ高等技術学校鉄道学科で教鞭を執り（27-32），32 年から 37 年にかけてソ連重工業人民委員部建設産業総局長を務めた．戦間期にはソ連建設人民委員（39-46），戦後も活躍した（ГВ СССР, с.264-265）.

(77) ベルジン（Берзин, Ян Карлович 1889-1937. 本名は Петерис Янович Кюзис）はラトヴィア人で 1905 年から社会民主労働党員．24 年 3 月から労農赤軍諜報部長，35 年に解任，極東軍司令官政治担当代理，36-37 年スペイン共和国政府軍事顧問団長，帰国後諜報部長に再任，37

年 11 月逮捕，翌 38 年処刑された（РЭ РККА (команармы), c.41-42）.

(78) スワニッゼ（Сванидзе, Александр Семенович 1884-1941）はスターリンの最初の妻カト・スワニッゼの弟にあたる．拙著では 1934 年に新疆に送られた経済代表団を率いた人物として言及したが，経歴に誤りがあった．30 年から 35 年までヴネシトルグバンク取締役会議長，35-37 年にソ連ゴスバンク取締役会議長代理を務めた（『スターリンと新疆』223，302 頁．生年も 1886 年と間違えている）．彼の経歴は，*Реабилитация: как это было. Документы Президиума ЦК КПСС и другие материалы*. Том1, Москва, 2000, c.454.

(79) РГАСПИ, 17/3/876/9.　ポストゥイシェフ（Постышев, Павел Петрович 1887-1939）は 1904 年に入党し，流刑地のイルクーツクで党活動．10 月革命後，シベリア，極東で活動．23 年以降ウクライナで活動し，26 年にウクライナ党中央委員会書記となる．30-34 年党中央委員会書記兼組織局メンバー，33 年以降再びウクライナ党中央委員会書記，37 年クイブィシェフ州党委書記となり，38 年逮捕され，39 年処刑される（ЗАЛ, c.370-371）.

(80) Там же, 17/162/12/6.　政治局の議事録には議論への参加者としてルズタク，カラハン，エリョーミン，エリアヴァ，チュツカーエフに加え，アクーロフの名前が挙がっている（*Политбюро ЦК РКП(б)-ВКП(б). Повестки дня заседаний. 1919-1952: Каталог. Т.II. 1930-1939*, Москва, 2001, c.282）．アクーロフ（Акулов, Иван Алексеевич 1888-1937）は 1907 年にボリシェヴィキに加わる．1920 年代には労組で活動し，29 年 6 月よりソ連労働国防会議メンバー，同年 12 月よりソ連労農監督人民委員代理，31 年 7 月から 32 年 10 月にオゲペウ議長第一代理，32 年末党活動に戻りウクライナで活動，ソ連検事総長（33-35），ソ連中央執行委員会書記（35-37）を歴任．37 年 7 月に逮捕され，同年処刑された（ЭСС, 423-424）.

(81) 委員会のメンバーでもあるチュツカーエフは，前年 1931 年 7 月にウランバートルのソ連の専門家を前に，「モンゴルで以前のやり方で仕事をしてはいけない．モンゴルは別の国家であり，外国であり，モンゴルの労働者を助け，自分の経験を伝えるべきで，彼らにとって代わろうとしてはならない」と述べていた（С. К. Рощин, Указ. соч., *Политическая история Монголии*, c.250）．また，チェルノモルディクも，31 年 11 月コミンテルン本部に宛てた報告書の中で，ソ連の指導員，役人のモンゴル人労働者に対する傲慢な対応の事実を指摘していた（Там же., c.253）.

(82) 1932 年 10 月 30 日，政治局は 3 月 16 日の，モンゴルへの教官派遣についての決定を取り消すと決定している（РГАСПИ, 17/162/13/141）．その後も教官団はいたので，削減することを決定したのか，この短い決定の意味はよくわからない．

(83) フランコ・グラニツァ франко-граница とは，売却側が自分の金で国境まで商品を届けねばならないという納入の条件のことをいう．商品には，輸送費，保険費用も含まれる．

(84) 1920 年代後半，モンゴルの輸出入におけるソ連の割合は下表の通り，一貫して拡大していた（数字は%）.

年	1925	1926	1927	1928	1929	1930	1931
モンゴルからソ連への輸出	24.1	39.3	50.0	57.8	85.5	90.2	99.2
モンゴルのソ連からの輸入	19.5	22.4	22.5	23.8	48.3	74.9	90.7

例えば毛糸の輸出は1925年に中国向け86%，ソ連向け13%であったものが26年にはそれぞれ22%，78%へと逆転した．貿易の中心になったのはソ連の通商諸組織を統合して27年に設立されたストルモングであり，ソ連人がその経営を指導していた．24年にはモンゴルバンクが設立され，25年12月にはモンゴルの通貨トゥグリクの流通が始まっていた（最初は1トゥグリクを純銀18gで保証，28年4月よりモンゴル国内唯一の貨幣に指定され，金本位制へ移行）．そして30年末に国家が外国貿易独占権を行使するようになる（Rupen, *Mongols of the Twentieth Century*, pp.199, 217. 前掲『モンゴル史』245-246，275，278頁）．モンゴル・中国間の貿易が停滞した最大の要因として，ボイコヴァは29年の中東鉄道をめぐる紛争を契機に，カルガン方面の国境が閉鎖されたことを挙げている（Elena Boikova, "Aspects of Soviet-Mongolian Relations, 1929-1939," Stephen Kotkin and Bruce A.Elleman, eds., *Mongolia in the Twentieth Century: Landlocked Cosmopolitan*, New York, 1999, p.110）．内戦時代以降，27年のストルモング設立までのシベリアとモンゴル間の貿易組織の変遷についてはディヤチェンコを参照のこと（Н. В. Дьячнеко, Указ. соч., с.15-18）．この決定の指示通り，1932年3月21日，人民委員会議は，平均的最小限の利子をつけて400万トゥグリクの長期借款（5-8年）を付与すると決定（ГАРФ, 5446/13а/854/10），4月5日にはモンゴルの財務省との交渉を経てソ連財務人民委員部が提出した案を承認した．32年5月1日までに160万，8月1日までに120万，11月1日までに120万を振り込み，年利2%で返済は1934年から開始，39年1月1日完了を予定した．他方で外国貿易人民委員部には，モンゴルへの輸出で獲得する300万トゥグリクの黒字分を上記振り込み期限に合わせて（それぞれ135万，120万，45万）財務人民委員部に渡せるよう輸出を拡大するよう指示した（Там же, 5446/13а/854/2-3）．同年5月16日，モンゴルの財務省の要請で，借款返済の開始，終了期日が1年先送りされた（Там же, 5446/13а/854/1）．

(85) ヤゴダ（Ягода, Генрих（Енох）Григорьевич（Гершенович）1891-1938）は1929年10月から31年7月までソ連オゲペウ議長第一代理，31年7月から34年7月までソ連オゲペウ議長代理，34年7月より36年9月までソ連内務人民委員，その後逮捕されるまでソ連通信人民委員（36年9月-37年3月）を務めた．38年3月処刑．31年7月にアクーロフがヤゴダに代わってソ連オゲペウ第一代理に任命されていた（Кто①, с.459-460）．

(86) РГАСПИ, 17/162/12/18-20.

(87) Там же, 17/162/12/92.

(88) リテラシーの数値は1917年0.7%，28年4.8%で，28年に男性の9.21%は読み書きが可能（女性は0.26%のみ）で，そのうち3分の2以上がチベット語を知るが，モンゴル語は知らなかったとのデータがある（Rupen, *Mongols of the Twentieth Century*, p.206）．

(89) 極東を前線とみなしたソ連当局による動員政策については，寺山恭輔「ソ連極東における動員政策―― 1931-1934年」『ロシア史研究』第66号，61-82頁，を参照のこと．

(90) それまではコミンテルンの代表団もモンゴルに派遣されていたが，ソ連との直接関係へと移行していくことになった．1932年2-3月にコミンテルンの招聘でモスクワに滞在したのはモンゴル人民革命党中央委員会の2人の書記ゲンデンとシジェエである．コミンテルンの書記ピャトニツキーは彼らに「我々は常駐代表を置かないことを試そうと思っている……コミンテルン代表と幾人かのソ連の教官の間の不自然な関係はモンゴル政治にいかなる利益ももたらしていない……」と述べたという（Указ. соч., *История Монголии*, с.94）．

(91) ГАРФ, 5446/13а/1255/2, 5.
(92) Там же, 374/28/4077/79.
(93) РГАСПИ, 17/162/12/31. この問題に関して同年11月，人民委員会議は1933年8月1日までにモンゴルにおける通信施設の設置を完了すると決定（ДВП, т.XV, но.455），オフティンはカラハンの指示に従いモンゴル側と交渉，1933年2月9日に協定を締結（ДВП, т.XVI, но.34）.
(94) М. А. Шиманов, «Первые шаги монгольского радио», *СССР-МНР: страницы братской дружбы. Воспоминания,* Москва, 1981, с.145-150. ウランバートルからのモンゴル語放送が地方で聞こえた時の状況も描いている.
(95) РГАСПИ, 17/162/12/39.
(96) Там же, 17/3/885/12, 30. 建設に必要な設備，資材はすべて実際の輸出価格でソ連が製造するが，そのため重工業人民委員部は外国貿易人民委員部とともに，これらの設備，資材の売り渡し価格を10日以内に定めることになった．5月25日には，この決定を受けて人民委員会議も布告を採択した（ГАРФ, 5446/13а/916/4, 5, 22）.
(97) モロチニコフ（Молочников, А. Г.）についての詳しい経歴は不明．ただし1932年3月8日より食肉産業合同議長，ソ連供給人民委員部参事会メンバーで，記録によればスターリンの執務室には1回だけ，32年10月13日訪問し1時間部屋にいたことがわかっている（На приёме у Сталина, с.75, 671）.
(98) РГАСПИ, 17/162/12/92. 第一次世界大戦時のロシア軍に肉を供給すべくコズロフを隊長とする遠征隊がモンゴルに派遣され，1915年には63,000頭，1916年に175,000頭，1917年に10万頭の家畜を購入したことが知られている（Rupen, *Mongols of the Twentieth Century,* p.78）．当時のモンゴルにおいて家畜とは羊，山羊，牛（ヤクも含む），馬，ラクダの5種を指し，食用に供されたのは羊，山羊，牛で，馬（カザフ人は馬肉を食した）とラクダは移動・輸送用に限られた．羊，山羊からは羊毛や毛皮が生産され，これらの家畜のミルクからは凝乳，チーズも作られた（Alan J.K.Sanders, *Historical Dictionary of Mongolia,* London, 1996）．したがってモンゴルからソ連に送られた大型獣とはヤクを含む牛，小型獣とは羊，山羊を指すものと想定される．輸出頭数についてモンゴル史の概説書は，30年の家畜輸出頭数を45万頭，40年には62万頭と記述している（前掲『モンゴル史』345頁）.
(99) ГАРФ, 5446/13а/717/21-22, 39-43, 46, 57. 1932年，供給人民委員部のシステムの中に「ザゴトスコート」と呼ばれる肉の調達に関わる全連邦組織が作られ，その中で家畜の輸入に携わったのが，スコトインポルトである．そしてモンゴルとの取引のために，ビイスクとイルクーツクに支部が設けられた（Н. В. Дьяченко, Указ. соч., с.21）.
(100) РГАСПИ, 17/162/17/58.
(101) Там же, 17/162/12/114. ルズタク小委員会の決定によれば，モンゴル以外では，新疆から牛，羊それぞれ30,000頭，400,000頭，トゥヴァから8000頭と15,000頭，アフガニスタンから12,000頭と100,000頭，ペルシャから80,000頭と200,000頭，トルコから60,000頭ずつで，合計340,000頭と1,575,000頭を予定していた．やはりモンゴルが東方諸国の中でも半分ほどの比重を占めていたことがわかる．また外国貿易人民委員部には，労働国防会議に，モンゴルにおける輸送の組織化について10日間で提案を提出するよう促した（Там же, 17/162/12/124）.

（102）Там же, 17/162/12/111-112.

（103）С. К. Рощин, Указ. соч., *Политическая история Монголии*, с.258-259.　前掲『モンゴル史』308-311 頁.

（104）次の拙稿を参照のこと．寺山恭輔「書評 С. Л. Кузьмин, Ж. Оюунчимэг, *Вооруженное восстание в Монголии в 1932 г*, Москва, 2015」『東北アジア研究』第 20 号（2016 年）203-211 頁.

（105）С. Л. Кузьмин, Ж. Оюунчимэг, Указ.соч. с.11-34.

（106）Там же, сс.35-66. 添付されている地図には，反乱の中心となった 29 か所の地点が明示されている.

（107）Там же, с.67-88.

（108）キヤコフスキー（Кияковский (Стецкевич), Виктор Станиславович 1898-1932）はワルシャワに生まれ，1920 年にポーランドの諜報員としてペトログラードにいた．刑務所から解放されヴェチェカに移ったドブルジンスキー（ソスノフスキー），ポーランドの共産主義者ロジェン・マコフスキーの説得でソヴィエト政権に対する破壊活動を停止，1920 年代にはソ連の防諜機関で活動，フィンランドやニジニ・ノヴゴロドで活動した．32 年からオゲペウの外国部に移り，モンゴルの内務保安局でオゲペウの教官団長を務めていた（ЭСС, с.568-569).

（109）С. Л. Кузьмин, Ж. Оюунчимэг, Указ.соч. с.118.　その他，殺害されたソ連人の氏名が列挙されている.

（110）РГАСПИ, 17/162/12/133.

（111）И. Д. Борисова, *Россия и Монголия: очерки истории российско-монгольских и советско-монгольских отношений(1911-1940гг.)*, Владимир, 1997, с.78.

（112）関東軍が「ボルジャ付近の陣地構築は事変勃発直後の 1932 年 3 月以降，数十工区に分けて実施され，たちまち一連のトーチカ陣地が現出した．また守兵のための兵舎も設備され，爾後，引き続いてその増強が行われた」（防衛庁防衛研修所戦史室『関東軍〈1〉 対ソ戦備・ノモンハン事件』（朝雲新聞社．1969 年）227 頁）と観察していた通り，ボルジャは前線の輸送拠点としての役割を担っていたことがわかる.

（113）ボリス・ベレンキー（Беленький, Борис Самойлович 1888-1939）は駐独通商代表代理（1927-29）を務めた後，1934 年 7 月までソ連外国貿易人民委員部毛皮用獣皮・毛皮総局全連邦合同「ソユーズプシニーナ」取締役会議長，その後イタリア駐在通商代表を 38 年まで務めた．38 年逮捕，処刑された（http://www.knowbysight.info/BBB/13766.asp).

（114）РГАСПИ, 17/162/12/138-139, ДВП, т.XV, но.220.

（115）РГАСПИ, 17/162/12/149.

（116）Там же, 17/162/12/135.

（117）Там же, 17/162/12/141-142.

（118）ДВП, т.XV, Но.231, СМО1975 I . Но.174 и с.541. 年利 2％で 1935 年 1 月 1 日から 40 年 1 月 1 日までを返済期間とし，最後の 2 年に 45％を返済することになっていた（この文書はカラハンからオフティンへの報告).

（119）РГАСПИ, 17/162/12/155.

（120）Там же, 17/162/12/167-170.　次の文書集に収録されている．*Политбюро ЦК РКП(б)-ВКП(б) и Коминтерн: Документы*, Москва, 2004, но.411. および МДК II , но.229.

(121) ДВП, т.XV, но.224. 同様の情報は同年末，1932年12月25日にもカラハンからオフティンへ送られている．「チチハルからの情報によれば，ソルニ［索倫］に約3,000人の日本の軍隊が終結している」（Там же, т.XV, но.499）．

(122) Шин②, с.107.

(123) СиК, но.92.

(124) РМВС I, но.276, СиК, но.115. この文書はふたつの史料集に掲載されている．СиК（原典はРГАСПИ, 558/11/77/38-41）の編集者は「6月10日に入った［おそらく文書保管庫へ］」と注釈しているが，ほぼ同じ文書を掲載しているРМВС I（原典はРГАСПИ, 558/11/77/36-37）では，6月3日に，スターリンの秘書ポスクリョーブィシェフがソチのスターリンに送付したとしており，後者の日付を採用した．スターリンの側近による下書きを清書する際に，訂正されている箇所がある．派遣する軍の数150人は当初300人となっていた．前著『1930年代ソ連の対モンゴル政策』を執筆した際，СиКの注釈に従ってこの文書を6月10日に書かれたものと判断していたが，違和感を感じていた．6月3日ならば，次の文書とともにその後の側近たちの返信とも辻褄が合う．

(125) СиК, но.116. この文書も前の注と同じ理由で，ソチのスターリンは6月3日，或いは翌日に返信したものとみなす．

(126) Там же, но.93.

(127) Там же, но.95. 1933年10月に飛行機の指導教官としてモンゴルに向かったスデツによれば，モンゴル人民共和国国防省軍事顧問団長を務めていたシェコは，教養の高さ，社交性でモンゴル人に人気があり外貌が似ていたことからプルジェワルスキーと呼ばれていたという（В. А. Судец, Указ. соч., с.88-89）．政治局の文書ではシシェコЩекоと書かれることもある．以下，本書ではシシェコと一次史料に書かれている場合でもシェコと記述することにする．

(128) СиК, но.96. 同じ文書はヴォロシーロフの文書群にも入っている（РГАСПИ, 74/2/38/59）が，暗号文書としてソチから送られたのが1932年6月5日17時15分で，暗号解読のために中央委員会に入ってきたのが19時55分となっている．文書の左上には「厳秘 строго секретно，コピー禁止」とある．

(129) СиК, но.96, РГАСПИ, 17/162/12/175.

(130) スデツの回想にはブルスラフスキー以外の多数のソ連人教官の名前が記されている．スデツによれば1934年1月よりモンゴルで飛行機の直接の訓練が始まり，首都から40キロのソニギノに新しい飛行場が建設されたとのことである．スデツは1937年6月に帰国した（Судец, указ. соч., с.84-105）．スデツはモンゴル人民共和国の戦功赤旗勲章を2回受章した（プレブ編『ハルハ河会戦　参戦兵士たちの回想』20頁）．

(131) В. С. Шумихин, *Советская военная авиация 1917-1941*, Москва, 1986, с.186.

(132) *История Монголии*, Указ. соч., с.116.

(133) *Очерки истории российской внешней разведки*, том 2, Москва, 1996, с.267.

(134) И. И. Ломакина, *Монгольская столица, старая и новая (и участие России в ее судьбе)*, Москва, 2006, с.173-175. ジャーナリストであるロマーキナは史料館の一次史料も利用し，当事者へのインタビューも盛り込んでモンゴルの近現代史を考察した．彼女はエレンドの話を1975年に出版した著作，И. И. Ломакина, *Белые юрты в степи*, Москва, 1975. の中の一節（Страницы одной жизни）にまとめているようだが，残念ながら筆者は未見である．

（135）РГАСПИ, 74/2/37/46-47. *Советское руководство. Переписка. 1928-1941 гг.,* Москва, 1999, но.97.　ヴォロシーロフはスターリンのことを君と呼んでいることに注目．カガーノヴィチはあなたである．

（136）СиК, но.104.

（137）РГАСПИ, 17/162/12/175.

（138）Там же, 17/162/13/77.

（139）СиК, но.108.　下線部分はスターリン自身による強調．

（140）Там же, но.122.

（141）РГАСПИ, 17/162/12/182, 188.　外国貿易人民委員代理エリアヴァは，グルジア，クタイシの零落貴族の出身で，ペテルブルグ大学を卒業し社会学者ソローキン，カラハンやピャタコフと親しいことで知られていた（Шин②, с.106, 407）．

（142）РГАСПИ, 74/2/38/66. *Советское руководство. Переписка.,* Указ. соч., но.99.

（143）前掲『モンゴル史』315 頁．

（144）РГАСПИ, 74/2/38/72.

（145）前掲『モンゴル史』315-316 頁．

（146）С. К. Рощин, Указ. соч., *Политическая история Монголии,* с.262-264, С. К. Рощин, Указ. соч., П-Генден, с.67-71.

（147）*История Монголии,* Указ. соч., с.95.

（148）С. К. Рощин, Указ. соч., *Политическая история Монголии,* с.270. 40,000 人の党員のうち 70 %は読み書きができなかったとのデータもある（*История Монголии,* Указ. соч., с.73）．

（149）前掲『モンゴル史』322 頁．1931 年末の段階で 717 のコルホーズが結成され，牧民の 3 分の 1 を糾合していた（*История Монголии,* Указ. соч., с.73）．

（150）Санжаасурэн, Цэвээний, “Политика “нового курса” МНРП в отношении единоличных аратских хозяйств 1932-40 гг”, кандидитская диссертация, Москва, 1969, с.100.

（151）Там же, с.104.

（152）前掲『モンゴル史』320 頁．1930-31 年にかけて行われた強制的な還俗により，僧侶の総数は約 100,000 人から約 75,000 人に減少していた（同上 298 頁）ので，ほとんど元通りになったことを示す．別の記述によると，32-36 年に大小の寺院，礼拝堂が 840 あまりあり，そこに約 90,000 人の僧侶がおり，うち約 18,000 人が就学年齢に達した児童であったとのこと（同上 365 頁）．

（153）РМВС I , но.280, 281. 1932 年 8 月 29 日のエリアヴァはスターリンに，1932 年の予算の赤字は 1,200 万トゥグリクに達し，これは「かなりの程度，7,500 人から 18,000 人へと軍の人数が急増したことが原因である」と報告していた（РМВС I , с.233）．

（154）РГАСПИ, 17/162/13/7-8.　この議事録は，7 月 1 日の政治局会議で承認（Там же, 17/162/13/2）．ツィホン（Цихон, Антон Михайлович 1887-1939）は白ロシア人．1916 年に入党し，ペテルブルグ，モスクワの労組で党活動に従事した．内戦後，モスクワ諸地区の党委員会書記を務め，1928-30 年に建設事業者連盟中央委員会議長，1930-33 年ソ連労働人民委員，1934 年よりソ連人民委員会議付属ソヴィエト統制委員会ビューローメンバー．1938 年に逮捕され，翌 39 年処刑される（ГВ СССР, с.580）．

（155）РГАСПИ, 17/162/12/181.

（156）Там же, 17/162/13/2, 48.

（157）Там же, 17/162/13/2. 1931年に設置された備蓄委員会の活動については，寺山「満州事変とソ連における備蓄の構築」『東北アジア研究』第2号，173-198頁を参照のこと．

（158）ウハーノフ（Уханов, Константин Васильевич 1891-1937）は1907年に社会民主労働党に入り，革命後は主としてモスクワで活動，29年9月から32年2月までモスクワ州ソヴィエト執行委員会議長を務めた後，32年2月から34年8月までソ連供給人民委員代理を務めた．その後ロシア共和国地方産業人民委員（34-36年，ロシア共和国軽工業人民委員（36-37）を務めていたが，37年に逮捕，処刑された（党史便覧による．http://www.knowbysight.info/UUU/06103.asp）．

（159）フロプリャンキン（Хлоплянкин, Иван Иванович 1890-1938）は，1923-24年ロシア共和国内務人民委員代理，24-26年ソ連労働国防会議総務部長を務め，26年からソ連国内外商業人民委員部参事会メンバーだった．その後33-37年にソ連交通人民委員部参事会メンバーとなるが，37年に逮捕され，翌年処刑された（*Лубянка: Органы ВЧК-ОГПУ-НКВД-НКГБ-МГБ-МВД-КГБ. 1917-1991. Справочник,* Москва, 2003, с.294）．

（160）РГАСПИ, 17/162/13/48. 最初の2編成の直通貨物列車が8月10日，最後の編成が8月20日に製粉所に入るよう，ザゴトゼルノはサマラの製粉所に穀物を提供することになった．

（161）Там же, 17/162/14/52.

（162）Там же, 17/162/12/192.

（163）Там же, 17/162/13/28-29.

（164）Там же, 17/162/13/35-37.

（165）ГАРФ, 5446/13а/1129/1-7.

（166）シピロフ В. Н. Шипилов が，「チュイ道路のシブラーグ」と題して，1932年秋からチュイ道路建設にシブラーグ（シベリア・ラーゲリ）第7部の囚人たちが，15-20キロごとに300-400人集められて道路建設に従事したことをまとめている．建設責任者ヴィシュネフスキー（Вишневский, Николай Витальевич），1933年6月に設置されるチュイ道路政治部長ココーリン（Кокорин, Александр Иванович）らの名前が挙がっている．雑誌*Наука, культура, образование,* 2002, но.10に掲載されているとのことだが，筆者は次のサイトの論文を閲覧した．http://www.liveroads.ru/index.php?id=text&show=shipilov_siblag.

（167）РГАСПИ, 17/162/13/60.

（168）Там же, 17/162/13/72. モンゴルの他に，ペルシャ，西中国（新疆），トルコにおける家畜購入についても決定している．

（169）Там же, 17/3/903/5. 議論に参加したのはカガノーヴィチ，ヤゴダ，ミローノフ，バゾフスキー，モロチニコフ，ベレンキー，エリアヴァである．

（170）バゾフスキー（Базовский, Николай Алексеевич 1895-1938）は1917-20年にマッチ工場の工場委員会議長，19年に入党，その後マッチ関連のトラスト等に務め，1920年代後半から30年にかけてバルナウル，オムスクなどのソヴィエトで働いた．30-32年にトラスト・ソユーズミャーサの議長代理，32年からトラスト・ザゴトスコートの部長を務めていた．38年6月の逮捕時，全ソ合同ソユーズミャーサの総務部長（Альманах «Россия. XX век» の伝記情報による．http://www.alexanderyakovlev.org/almanah/almanah-dict-bio/1016467/1）．

（171）РГАСПИ, 17/3/903/29-30. この決定は，モンゴルの他に新疆，「アフガニスタン，ペルシ

ャ，カシュガル［新疆南部］」から中央アジアに輸入される家畜についても言及している．

（172）Там же, 558/11/45/2.

（173）前掲『モンゴル史』319 頁．政府側の人間 400 人以上が殺害されたとのデータがある（*История Монголии*, Указ. соч., с.95）．

（174）С. Л. Кузьмин, Ж. Оюунчимэг, Указ.соч, с.104-126. クジミンらは，本書の第六章で，1932 年のモンゴル反乱の背後にはパンチェン・ラマや日本が存在していたとのこれまでのソ連，モンゴルの史学史の解釈について，文書では裏づけられない，反乱は当時のモンゴル政府が行った極左的な政策への抵抗であったと結論づけている（Там же, с.127-174）．

（175）РГАСПИ, 17/3/898/2．モンゴル問題に関しては，通常特別ファイルに収められているが，この決定は通常の政治局ファイルに含まれている稀な例．

（176）Шин②, с.108-113．エリアヴァが物資の不足のため蜂起前には物々交換に陥ったといわれる状況について，当時モンゴル国内を見て回っていた地理学者シムコフが覚書を残している（А. Симуков, Заметки о положении на периферии МНР за 1931 год, *Восток*, 1994, но.5, с.146-155）．ツェツェルリク周辺のコルホーズの様子についても記述しているが，特にモンゴル南部における商品供給のひどさについてモンツェンコープの責任に帰し嘆いている．かつては中国から必要品を搬入していた住民も国境が閉鎖されて，それもできなくなりモンゴル南部からは中国へ移住する家族が多いことを指摘している．

（177）СиК, но.222.

（178）РГАСПИ, 558/11/78/92.

（179）*Голод в СССР.1929-1934*, Т.3: Лето 1933-1934, Москва, 2013, с.569-570.

（180）И. М. Майский, *Избранная переписка с российскими корреспондентами*, книга 1（Научное наследство, Т.31, 1）Москва, 2005, но.300．他にマイスキーに協力した人物に，元は商人で革命後に学術に従事するようになり，1930 年代に露蒙辞典を出版したブルドゥコフがいる．32 年秋にブルドゥコフが嫌疑をかけられた時には，彼の人物を保証する手紙をマイスキーは書いた（Там же, но.302）．彼については第一章で触れた通りである．

（181）Там же, кн.1, но.313.

（182）Там же, кн.2, но.417. ちなみにこの手紙に対する返信の中で，マイスキーは 20 年近く前にモンゴルで労苦をともにしたチュツカーエフとの苦しくも素晴らしい過去を回想している（Там же, но.418）．

（183）РГАСПИ, 17/162/14/75.

（184）ボリソフ（Борисов, Сергей Степанович 1889-1937）はコミンテルン極東書記局メンバー（1921-22），外務人民委員部東方部（1922-33，35-37）を務め，37 年に処刑された．Т. И. Юсупова, *Монгольская комиссия Академии наук. История создания и деятельности (1925-1953 гг.)*, Санкт-Петербург, 2006, с.254. ユスポヴァによる本書は，1920 年代にソ連科学アカデミーの様々な分野の学者が活発に行ったモンゴルにおける自然科学的，人文学的フィールドワークの実態，その派遣の経緯等についてまとめている．純粋な学問的関心から行われていた 1920 年代の調査が，1930 年のいわゆる「アカデミー事件」を契機に当局から強い干渉を受けるようになり，粛清の犠牲になった研究者が多数いたことがわかる．主な犠牲者は Там же, с.160 を参照のこと．

（185）РГАСПИ, 17/162/923/16.

(186) Там же, 17/162/16/61.
(187) Там же, 17/3/923/29.
(188) Там же, 17/162/16/48.
(189) Там же, 17/162/16/57.
(190) Там же, 17/162/16/100.
(191) Там же, 17/3/922/11. 組織局が4月27日に決定．ビルケンゴフ（Биркенгоф, Александр Ильич 1891-1936）の経歴（http://www.knowbysight.info/BBB/03693.asp はネットの伝記情報）もはっきりしない．ヤルタに生まれ，1936年5月21日に逮捕，10月4日に処刑された．モンゴルで通商代表ビルケンゴフの代理として働いたトルコの通商代表代理スタロズーム Старозум について，モンゴルとの通商で輸出入均衡に関するソコーリニコフの有害かつ反革命的トロツキー的定説を活発に主導し，36年にはモンゴルへの低めの商品輸送プランを策定，それをビルケンゴフが実行に移してモンゴルに商品飢饉を引き起こしたと内務人民委員部のスルツキーが37年6月14日に告発した．スターリンはスタロズームを逮捕せよと指示している（*Лубянка. Сталин и Главное управление госбезопасности НКВД. Архив Сталина. Документы высших органов партийной и государственной власти. 1937-1938*, Москва, 2004, но.99）.
(192) РГАСПИ, 17/3/928/5.
(193) Там же, 17/3/929/16.
(194) Там же, 17/3/950/7.
(195) Там же, 17/3/955/28.
(196) タイーロフ（Таиров, Владимир Христофорович 1894-1938），本名テル・グリゴリャン（Рубен Артемьевич Тер-Григорян）は，バクー商業学校，キエフ商業大学，モスクワ商業大学で学ぶ．1915年にロシア社会民主労働党党員，革命後モスクワの4つの銀行のコミッサールを務める．南部戦線で内戦を戦い，労農赤軍軍事アカデミー東方部で学び，25年にはテルニ（Теруни）の名前でソ連軍事顧問団南中国グループの政治顧問を務め，すべての大都市を訪れた．その後労農赤軍参謀部長助手，第二（諜報）課長（29年6月-32年2月）を務める間，ヨーロッパの大部分の国を訪れた（グルジア語，フランス語，英語を話した）．特別赤旗極東軍革命軍事会議メンバー（32年2月-35年1月）を務めた後，モンゴルに移ってきた．37年6月までこの職にあり，8月に逮捕，処刑された（ЭВР, с.749-750）.
(197) РГАСПИ, 17/162/17/147.
(198) Там же, 17/162/18/38.
(199) Там же, 17/162/18/42. ヴァイネル（Вайнер, Леонид Яковлевич 1897-1935）は，第一次世界大戦に参加し，赤軍にはその創設時から参加，内戦後北カフカース，クリミアなどで勤務，1929年より第6チョンガル騎兵師団長，33年第3騎兵軍団長を務めていた時にモンゴルへ派遣された．37年8月逮捕され，11月処刑される（РЭ РККА（команармы), с.63-64）．この人名辞典にははっきりと書かれていないが，ソルキンの回想録にある通り，23年から一時期モンゴルに軍事教官として滞在していた（Н. С. Соркин, Указ. соч., с.6, 83）.
(200) РГАСПИ, 17/162/16/150.
(201) Там же, 17/3/965/22.
(202) Там же, 17/3/965/39. 翌1936年10月19日，ソコーリニコフはモンゴル小委員会から離れた（Там же, 17/3/982/15）.

（203）Там же, 17/3/966/5.
（204）Там же, 17/3/991/4.
（205）Шин②, с.409-410.
（206）РГАСПИ, 17/3/994/63. ヌレル（Нуллер, Лев Моисеевич 1897-1941）は1919年に入党，34年までラズノエクスポルト総務部長，34年全連邦合同ソユーズザゴトプシニーナ Союззаготпушнина 総務部長を経て，35年10月より駐仏ソ連通商代表代理，モンゴル駐在ソ連通商代表．その後，全連邦合同ソヴイラントゥルトルグ議長代行を務めていた38年9月に逮捕，41年7月に処刑された（http://www.knowbysight.info/NNN/05883.asp）．
（207）РГАСПИ, 17/3/999/9. ゴルブチク（Голубчик, Михаил Иосифович 1906-1940）は1930年に入党，32-35年西シベリア地方オゲペウ経済部に勤務，35-36年スターリンスク（現ノヴォクズネツク）市内務人民委員部部長，36-37年西シベリア地方内務人民委員部経済部・防諜部長顧問を務め，37年モンゴルに派遣，39年1月まで8か月余り全権代表を務めた．39年に逮捕，処刑された（В. Абрамов, *Евреи в КГБ*, Москва, 2005, с.161-162）．
（208）ゴルブチクの勤務は39年1月13日まで（http://www.knowbysight.info/GGG/03698.asp）．
（209）イワノフ（Иванов, Иван Алексеевич 1906-1948）はノヴゴロド県に生まれ，1926年より党員，29年から38年に赤軍で勤務後，外務人民委員部に移り39年から47年10月まで駐モンゴル全権代表を務めた．翌48年にアフガニスタン大使として赴任するが，そこで死去（http://www.knowbysight.info/III/02807.asp）．8年以上もモンゴルに駐在するソ連の代表でありながら，彼に関する情報は少ない．しかし記録を見る限り，スターリンとは次の3回，いずれもチョイバルサンに同行する形で面会している．1944年1月22日（モロトフ，アントーノフ，コヴァリョフが同席），45年7月5日（その他8人が同席），46年2月22日（モロトフのみ同席）（На приёме у Сталина, с.425, 458, 467）．同時代にモンゴルで活動していた人々の回想を読む限り，敬意を抱かれたようだ（*СССР-МНР: страницы братской дружбы. Воспоминания*, Москва, 1981, с.40, 63, 77）．
（210）РГАСПИ, 17/3/1010/40. マリコフ（Мальков, Павел Михайлович 1904-1983）は1920年代に労農赤軍で活動，沿ヴォルガ軍管区に勤務（1927-35年）し，38年にフルンゼ軍事アカデミー卒業後，内務人民委員部に移った．モンゴル内務省への顧問として39年5月から41年3月まで勤務していた（Кто②, с.577）．
（211）アラノフ（Аланов, Михаил Андреевич 1902-1941）は1925年に入党，38年より自身が卒業したイワノヴォ科学技術大学の学長代行，学長を務めた後，40年にモンゴルへの通商代表となったが，翌年ウランバートルで死去（http://www.knowbysight.info/AAA/05864.asp）．
（212）РГАСПИ, 17/162/13/137.
（213）1929年12月に設立されたソ連とモンゴル両国政府共同出資による輸送機関で，当初約50台の自動車でスタートした．32年に約200台，34年に400台あまりに増加している（前掲『モンゴル史』272，330頁）．ロマーキナによれば，33年1月1日現在，モンゴルトランスは貨物自動車511台，軽自動車325台，バス4台，オートバイ53台を所有していた（И. И. Ломакина, Указ. соч., с.180-181）．
（214）РГАСПИ, 17/162/13/142-161.
（215）1924年に教育省が設置され，学校教育の拡充を行っていたが，1931年には110の学校で7,500人の生徒が学んでいた（И. Я. Златкин, Указ. соч., 224）．

(216) フシュマン（Фушман, Аркадий Моисеевич 1889-1936）は 1905 年にブンドのメンバーになるが，1918 年にロシア共産党に加わった．内戦後，皮革産業，綿花産業，繊維産業などに従事，28 年から労農監督人民委員部参事会メンバー，30 年から 31 年にかけてソ連ヴェセンハ議長代理，32 年から 36 年までソ連軽工業人民委員代理，重工業人民委員部貨車産業総局長，36 年よりソ連重工業人民委員部輸送機械製造総局長を務めた（ユダヤ人の経歴を掲載するサイトより．Российская Еврейская Энциклопедия）．

(217) РГАСПИ, 17/162/13/137.

(218) Там же, 17/162/14/1.

(219) Там же, 17/162/14/6-9.

(220) К. Л. Малакшанов, *Иркутский старт монгольских экономистов,* Федеральное агентство по образованию, Байкальский государственный университет экономики и права, Иркутск, 2006, с.43-44. ツェデンバルが卒業したシベリア財政経済大学は，その後いくつかの改称を経て，2015 年にバイカル国立大学に改称されている．ツェデンバルは当初，1932 年にコムソモールに加わったが，33 年に脱退し，レヴソモルに加わった（レヴソモルがソ連滞在中のモンゴル人でコムソモールに加盟している人に，レヴソモルに入るよう決定したため）．

(221) РГАСПИ, 17/3/916/23.

(222) И. Я. Златкин, Указ. соч., с.230.

(223) ГАРФ, 5446/14а/796/15.

(224) СМО1966, но.43, СМО1975 Ⅰ. Но.177. この協定は 1934 年 9 月まで効力があった．この組織は卸取引で肯定的な役割を果たした．34 年に解体され，これを基礎にモンゴル人民共和国ゴストルグ Госторг が設置される（34 年 9 月 14 日モンゴル政府の決定で）．37-38 年には，通商組織としてゴススナブトルグ Госснабторг，オプトルグ Опторг などが設立された（Там же, с.542）．前掲『モンゴル史』326 頁では，「卸商事会社」と訳されている．

(225) Шин②, с.111.

(226) エリアヴァはこれより前の 2 月 14 日にヴォロシーロフに手紙を出し，その中で「モンゴルへの貨物輸送に関する諸問題について私の提案もまた送ります．昨日貴方はこの問題，特に自動車についてモロトフ同志のところで検討されたようですが，私は決定についてはなにも知りません」と述べている（*Советское руководство. Переписка,* Указ. соч., но.112）．エリアヴァのこの提案内容は不明である．

(227) РГАСПИ, 17/162/14/65.

(228) Шин②, с.114. この文書では発言者がはっきりしないが，後述する会談記録を参照のこと．

(229) РГАСПИ, 17/3/6/91.

(230) Там же, 17/3/921/28.

(231) Там же, 17/162/14/75. 3 月 1 日に予定されていた会議は延期（Там же, 17/3/916/2）．

(232) Там же, 17/162/14/82-85. 流通貨幣量は，1933 年 1 月から 34 年 1 月にかけて 500 万トゥグリク減少した（前掲『モンゴル史』327 頁）．

(233) РГАСПИ, 17/162/14/137. ヤゴダには，この運転手スタッフのモンゴルへの出国を簡易手続きで行うよう指示した．

(234) Там же, 495/152/148/14.

(235) 寺山恭輔「ソ連極東における鉄道政策――軍事化と政治部設置（1931-34 年）」『西洋史学

論集』第 36 号，1-18 頁.
（236）PMBC Ⅰ, но.283.
（237）CMO1975 Ⅰ, но.178, CMO1966, но.44, ДВП, т.XVI, с.84-89. ソ連の通信人民委員部が資金を負担しモスクワ，イルクーツク，ヴェルフネウディンスク，ハバロフスクと 24 時間連絡が取れるようウランバートル短波無線通信施設を設置することになった．2 段階に分けて 15 か所に送信機が設置された．各無線通信基地に 1 人ずつ（ウランバートルは 3 人）配置される職員の給与支払いは，モンゴル政府が受け持った．設備の運用開始は 1933 年 7 月 31 日に設定された．第 4 条にはモンゴル側による敷地の確保，建物や倉庫の整備などの義務が詳しく述べられている.
（238）CMO1975 Ⅰ, но.180. CMO1966, но.45. さらに 1935 年 7 月 19 日に，改めて協定内容を拡大した（CMO1975 Ⅰ, но.207, CMO1966, но.53).
（239）徳王の自伝を利用し，この過程を詳細に明らかにした著作が，森久男『徳王の研究』（創土社，2000 年）である．また，論文集として内田知之，柴田善雅編『日本の蒙疆占領　1937-1945』（研文出版，2007 年）も刊行された．内モンゴルへの関東軍の工作とノモンハン事件の関わりについては，牛島康允が早い時期に指摘している（前掲『ノモンハン・ハルハ河戦争』15-33 頁).
（240）ГАРФ, 374/27/2002/132. エフニ（Ефуни, Наум Давидович 1897-1937）は 1917 年に入党，内戦にも参加．25 年よりグロズネフチの新事業の支配人，31 年よりソユーズネフチ取締役会議長代理，35 年よりソ連重工業人民委員部グラヴネフチ議長代理兼ソユーズネフテスブィト（石油販売を担う連邦組織）支配人を務め，37 年 5 月逮捕，11 月処刑される（http://www.alexanderyakovlev.org/almanah/almanah-dict-bio/1013648/5)．リャボヴォル（Рябовол, Константин Степанович 1894-1937）も同じく石油関連の専門家だが，データが限られている．31 年に石油の輸出を担うソユーズネフテエクスポルトが設立され，その初代議長に就任したのがリャボヴォルだった．彼も 37 年に粛清された.
（241）1933 年 2 月 21 日，政治局は「モンゴル，西中国，ペルシャにおける学校の維持やその他の文化的な方策のために，1933 年の外貨プランで支出された非通商部門の 202,000 ルーブルに加えて，人民委員会議の予備基金から 145,000 ルーブル相当を現地通貨で外務人民委員部に支出する」と決めた．モンゴル単独でどれだけ支出されたのか判断しかねるが，一応，相応の対応は行っていたことになる（РГАСПИ, 17/3/916/23).
（242）ГАРФ, 374/27/2002/125-120.
（243）РГАСПИ, 17/3/921/31.
（244）Там же, 17/162/14/127.
（245）Там же, 17/162/14/142.
（246）外国貿易人民委員代理エリアヴァがソ連人民委員会議に 1933 年 2 月 14 日，ここ数年ソユーズネフテエクスポルトがモンゴルへの石油製品輸出を計画通りに実行していないのは工業側からの鉄や付属部品の供給の遅れにも問題があると指摘した．そして 33 年にモンゴルへ 22,000 トンの石油製品を輸送し，モンゴルに 9 か月分の備蓄を構築するという決定がなされたことでもあるので，同年中にセレンガ川のモイカに 7,000㎥の容量を持つ受け入れタンク，ホブド，ホリフに規模の小さい国内タンクを作る必要があるとして，そのための資金提供を要請していた．この政治局決定で認められた金額は，エリアヴァの申請額とほぼ同じ（ГАРФ,

5446/14a/826/1 и об).

(247) 1932年にイルクーツク大学付属のモンゴルコース（26-32年に約100人のモンゴル人が学習）が解体され，それに代わってヴェルフネウディンスクにモンゴル・ラブファクが設置された（Е. И. Лиштованный, Указ. соч., с.116）．このモンゴル・ラブファクからソ連の高等教育施設へ進学の道が引かれていた．34-37年，78人が進学し，38年にモスクワに向かった3年生の18人はモスクワ輸送大学の鉄道輸送コースに進学した．しかし卒業生は主としてテフニクム（中等技術学校）へ進学した（例えば，37年だけで112人のモンゴル人が進学）（Там же, с.119-120）．別のデータによると30-40年にかけて，400人以上がモンゴル・ラブファクを卒業した（В. Г. Третьяков, Указ. соч., докторская диссертация, с.189）．

(248) РГАСПИ, 17/162/14/151-152.

(249) ジーミン（Зимин, Константин Николаевич 1901-1944）についての詳しいデータは，出身地で墓地もあるニジニ・ノヴゴロドのサイトに掲載されている（http://niznov-nekropol.ucoz.ru/index/zimin_kn/0-155）．1939年にはハルヒンゴール（ノモンハン）での戦闘にも参加するためモンゴルに戻っていた．ソ・フィン戦争にも参加し，41年9月から44年7月，ザバイカルフロントの軍事評議会メンバーだった．モンゴルで同僚だったスデツは，ジーミンが党・政治活動の経験が豊富であったと述べている（В. А. Судец, Указ. соч., с.89）．

(250) ГАРФ, 374/28/4076/273-270.　オラヘラシヴィリ（Орахелашвили (Микеладзе), Мариам Платоновна 1887-1938）はロシア共和国教育人民委員部で働き，グルジアソヴィエト社会主義共和国の教育人民委員，雑誌『国民教育』編集長（1935-37）を務め，粛清された．夫（Мамия, Иван Дмитриевич 1881-1937）はこの時党中央委員会付属マルクス・エンゲルス・レーニン研究所長代理（1932-37）であった（http://www.alexanderyakovlev.org/almanah/almanah-dict-bio/1023117/13）．

(251) РГАСПИ, 17/162/15/12-13.　フォーミン（Фомин, Василий Васильевич 1884-1938）は1910年に社会民主労働党に入党，逮捕，流刑に処され1914-17年にはロシア軍にいた．1917-19年にはヴェチェカに勤務，1919年以降，交通問題に従事し22年には交通人民委員代理に就任，その後河川船舶中央局長，中央統制委員会，ヴェセンハ，国内外商業人民委員部などに勤め，31-35年にはソ連水運人民委員代理を務めていた．38年に逮捕され処刑された（http://www.alexanderyakovlev.org/almanah/almanah-dict-bio/1018121/19）．

(252) Там же, 17/162/15/16, 19-20.　ちなみにトゥヴァについても記されており，輸出が186.6万ルーブル（うち18.1万ルーブルが外国商品），輸入が95.65万ルーブル，外貨の受け取りが現地通貨で166.6万ルーブル，支出が現地通貨で95.65万ルーブル，世界通貨で5.5万ルーブル，現地通貨による黒字が71万ルーブル，世界通貨による赤字が5.5万ルーブルと予定されていた．

(253) Там же, 17/162/15/43, 52-53.

(254) ヤンソン（Янсон, Николай Михайлович 1882-1938）はエストニア人で1905年より党員，1907年に米国に亡命，17年レーヴェリ（タリン）で革命に参加した．18年より経済，労組組織で活動し，23年から中央統制委員会書記，27-30年党中央統制委員会党参事会書記，同時に25-28年労農監督人民委員代理，28年ロシア共和国法務人民委員，30-31年ロシア共和国人民委員会議議長代理，31-34年ソ連水運人民委員，34年からソ連人民委員会議付属北洋航路局長代理を歴任，37年9月逮捕され，38年処刑される（ГВ СССР, с.621）．

（255）ГАРФ, 5446/14a/804/1.
（256）РГАСПИ, 17/162/15/17.
（257）プルボ Пурбо はこのとき，後で述べるグンスィンとともにレヴソモル中央委員会で働いていた人物だが，1933 年 12 月 4 日，モンゴル人民革命党中央委員会幹部会は 2 人の不和を問題視し，レヴソモルの仕事から召喚し，別の仕事に移すことを決定した（РГАСПИ, 495/152/145/102a）.
（258）РГАСПИ, 17/162/15/54.
（259）Там же, 17/162/15/59-61.
（260）Г. С. Матвеева, *Монгольский Революционный Союз Молодежи: история и современность*, Москва, 1983. 彼女自身はソ連コムソモール中央委員会付属の学校でモンゴルからの留学生に対して教鞭を執っていた．モンゴル人民革命党との対立という面では，この 1930 年代についてではなく，1920 年代の右派との対立に言及するだけである．
（261）С. К. Рощин, Указ. соч., *Маршал Монголии Х. Чойбалсан*, с.25.　前掲『モンゴル史』186 頁.
（262）С. К. Рощин, Указ. соч., *Маршал Монголии Х. Чойбалсан*, с.53, 57.　モスクワで勉強したいとの意向を示した（РМВС I, но.285）.
（263）党員とレヴソモルの構成員の伸びは以下の通りである．

	1921 年	1928 年	1929 年	1930 年春	1930 年末
モンゴル人民革命党	150	15,269	12,012	12,000	30,000
レヴソモル	30	10,000 以上	7,000	データなし	22,000

レヴソモルは党と比較して地方でより組織化されていた．レヴソモルと党の分離はコミンテルンその他のエージェントが参加し，ソ連が主導したものだとルーペンはみなしている（Rupen, *Mongols of the Twentieth Century*, pp.195-196）．リシトヴァンヌィによれば，1933 年モンゴル・ラブファクの学生のうち 150 人がレヴソモルのメンバー，31 人がモンゴル人民革命党のメンバーであった．また 55 人の学生がレヴソモルと同時にコムソモールのメンバーでもあり，2 人がモンゴル人民革命党と全ロシア共産党の党員でもあった（Е. И. Лиштованный, Указ. соч. с.138）．レヴソモルの構成員の変化についてマトヴェーエヴァは，21 年 11 月までに 92 人，22 年 7 月までに約 400 人，25 年に 4,000 人，26 年に 5,000 人以上，30 年に 19,500 人，35 年 1 月に 6,100 人という数字を挙げている（Г. С. Матвеева, Указ. соч., с.31, 48, 52, 54）．1930 年代の数字が明らかでないが，減少傾向にあったと考えられる．
（264）РГАСПИ, 17/162/15/51.
（265）ГАРФ, 5446/14a/796/1-2. ДВП, т.XVI, Но.272 および СМО1975 I . Но.181, 182.
（266）РГАСПИ, 17/162/15/55, 69-71.
（267）キシキン（Кишкин, Владимир Александрович 1883-1938）は，1921 年にヴェチェカに加わった．31-33 年ソ連交通人民委員代理，同時にソ連交通人民委員部極東鉄道総局長を務める．33 年 5 月よりソ連オゲペウ（34 年からは内務人民委員部国家安全保障総局）鉄道部長を務める．再度 35-37 年に交通人民委員代理を務めた交通，輸送関係では最も重要な人物の 1 人である．37 年に逮捕され，翌 38 年に処刑された（Кто①, с.231-232）.

(268) РГАСПИ, 17/162/15/96.
(269) Там же, 17/162/15/95.
(270) ГАРФ, 374/28/4076/281-279.
(271) Там же, 5446/15/2906/1, 8, 11-13, 15-22.
(272) РГАСПИ, 17/162/15/137-138.
(273) Там же, 17/162/15/98.
(274) マルク・ベレンキー（Беленький, Марк Натанович 1890-1938）はバクーに生まれ，フランス・ボルドー大学の医学部を卒業，1920年に入党，30年コルホーズツェントル議長代理，31-34年供給人民委員代理，34-36年食糧人民委員代理を歴任したが37年逮捕，38年処刑された（ヤコヴレフのサイトの伝記情報より．http://www.alexanderyakovlev.org/almanah/almanah-dict-bio/54982/1）．医学部を卒業していたためか，トゥビャンスキーとともにチベット医学に関する論文を35年の『今日のモンゴル』に掲載した（Т. В. Ермакова, «Будиийская культура Монголии в работах российского востоковеда М. И. Тубянского (1893-1937)», *IX Международный конгресс монголоведов (Улан-Батор, 8-12 августа 2006 г.): доклады российских ученых*, Москва, 2006, с.269-274）．インド哲学を研究していたトゥビャンスキー（Тубянский, Михаил Израилевич）は，コミンテルン大会には通訳として参加した．彼は学問に専念すべく27年にモンゴルへ向かい，当初1年の予定が36年まで滞在しレニングラードに戻った．同僚だったジャムツァラーノが37年8月に逮捕された2日後に彼も逮捕され，処刑された．その学術的成果は失われたという（М. Н. Кожевникова, «Ученый секретарь комитета наук МНР М. И. Тубянский», *Монгольско-российское сотрудничество*, Указ. соч., с.64-79）．ソ連科学アカデミーも彼を利用した（Т. И. Юсупова, Указ. соч., 127）．
(275) РГАСПИ, 17/162/15/106-107.　この決定は大部分がモンゴルの問題に関係しており，トルコからは輸入を増やし，新疆，ペルシャからの輸入量については前回定めた通りとしている．
(276) *Голод в СССР. 1929-1934*, Т.3: Лето 1933-1934, Москва, 2013, с.578.
(277) РГАСПИ, 17/3/941/32-33, 67. Там же, 17/162/16/18.　その他は西シベリアから5,300トン，中央アジアから1,200トンであり，残りは缶詰であった．
(278) О. С. Ринчинова, *Буряты Монголии: вопросы истории*, Улан-Удэ, 2013, с.78-91.
(279) МДКⅡ, но.230.　注釈によると，アグラーノフからスターリンに送られた日付は1933年7月27日である．
(280) РГАСПИ, 17/162/15/100.
(281) スコベーエフは，モンゴル人民共和国10周年を記念して1934年に出版された次の論文の筆者だと想定されるが，経歴は不明（Скобеев, В. «Краткий очерк истории развития народного просвещения в МНР», *Современная Монголия*, 1934, но.3-4, с.48-67）．
(282) РГАСПИ, 17/162/15/108. 10月14日の決議でエリアヴァとともにモンゴルに派遣されるメンバーが決定された（Там же, 17/162/15/103）．8人のメンバーは，プジツキー Пузицкий（オゲペウ外事部長補佐），トドルスキー Тодорский（労農赤軍総局長代理），ナウーモフ Наумов（ツェントロソユーズ理事会メンバー），イワノフ Иванов（水運人民委員部代表），カリシュ Калиш（軽工業人民委員部毛糸部長代理），ゾルキン Зоркин，テルクロフ Теркулов（外国貿易人民委員部），シャイン Шаин（外国貿易人民委員部），以上である．ゾルキンとは既述のソルキン Соркин のこと．

（283）O. C. Ринчинова, Указ.соч., c.25–39.
（284）Там же, c.48–64.
（285）Там же, c.71.
（286）Там же, c.80–81.
（287）Там же, c.85.
（288）С. К. Рощин, Указ. соч., *Чойбалсан*, с.84.　ローシシンはかつて，1930年にクー・ヴェを卒業したルムベは，ゲンデンとそりが合わなかったので，彼に関する事件の捏造については，ゲンデンやナムスライら当時のモンゴル指導部かソ連の内務人民委員部の責任にするのかについて議論があると述べていた（С. К. Рощин, Указ. соч., *Политическая история Монголии*, с.272）．文書集『コミンテルンとモンゴル』の編集者は，ルムベ事件は内務保安局とゲンデン個人によって捏造されたとしている（МДКⅡ, но.236の注釈）．
（289）チビソフ（Чибисов, Иван Фёдорович 1892–1938）は極東共和国ゲペウ議長代理，オゲペウ極東全権代表代理を1923年まで務めた後，山岳州，スタヴロポリ県，オゲペウ防諜局などで活動，31年から32年にかけてソ連人民委員会議付属オゲペウ東シベリア全権代表部特別部長代理を務めた後，32年からモンゴルの内務保安局顧問団長を務めていた．38年に粛清された（http://www.knowbysight.info/ChCC/09210.asp）．経歴からして非常に重要な人物だが，内務人民委員部の人名辞典にも掲載されていない．
（290）РГАСПИ, 17/162/15/112.
（291）ノモンハンにおける紛争のさなか，1939年6月25日に赤軍第五（諜報）部は，関東軍，満洲国軍の配置の変化とともに，モンゴルの南部国境沿い地域で，フフホトに送られる馬，カルガンに送られるラクダの購入が進んでいると参謀部に報告していた（ВКХГ, но.60）．
（292）РГАСПИ, 17/162/15/125–127.
（293）*История Монголии*, Указ. соч., с.97.
（294）РГАСПИ, 17/162/15/148. МДКⅡ, но.232にも掲載．
（295）О. С. Ринчинова, Указ. соч., с.87.
（296）О. С. Ринчинова, Указ. соч., с.86–87. バトバヤルは，317人のうち，少なくとも251人がブリャート族だったとまとめている（前掲『モンゴル現代史』56頁）．1933年にモンゴルで逮捕されてブリャートに送還，34年に様々な判決を受けたブリャートの91人のリストがある．34年2月3日に移送され，2月6日に判決を受けた人が多い．自由剥奪5年が目立つが，処刑された人もいる（*Монголия, монгольский мир, монголосфера: (сборник научных и научно-популярных статей № 3 из газеты «Угай зам» («Путь предков»)*, Улан-Удэ, 2012, с.246–255）．1934年11月3日にはソ連・モンゴル政府間の協定に基づき125人のブリャート人が家族を残してソ連の収容所に送られ，5年間重労働に従事した後解放されたが，モンゴルに戻ることやブリャートにも住むことも許されずクラスノヤルスクでの居住を強いられた（О. С. Ринчинова, Указ. соч., с.88）．
（297）アルトゥーゾフ（Артузов (Фраучи), Артур Христианович 1891–1937）はスイス人の家庭に生まれ，ペテルブルグ工科大学を1917年に卒業，母の姉妹の夫たちケドロフ М. С. Кедров, ポドヴォイスキー Н. И. Подвойскийの影響で革命運動に参加．19年にヴェチェカに加わり22年7月から27年11月ソ連オゲペウ防諜部長，27–29年ソ連オゲペウ秘密作戦部長第二代理，30年1月ソ連オゲペウ外事部長代理，31年8月より同部長，34年7月から35年5月までソ

連内務人民委員部国家安全保障総局外事部長，同時に34年5月26日から37年1月11日まで労農赤軍参謀部第4部長第一代理を務め，1年ほど軍と内務人民委員部の両方にポストを有していた．この政治局決定時，軍との兼職をする直前だったということになる．1937年5月に逮捕され，処刑された．Кто①, с.93-94, РЭ РККА (командармы), с.135-136.

(298) РГАСПИ, 17/162/16/63.

(299) Там же, 17/162/16/109.

(300) *История Монголии,* Указ. соч., с.98.

(301) РГАСПИ, 17/162/15/153.　ただし，1933年12月のモンゴルにおける貨幣流通が75万トゥグリク以上増加しないこと，この200万トゥグリクを34年予算でカバーすることも決めた．また33年の予算で予定されていたものの，様々な要因で使われなかった分を，34年の予算に回すことが必要だとも指摘している．

(302) ГАРФ, 374/27/2002/92.

(303) アッポガ（Аппога, Эрнест Фрицевич 1898-1937）はラトヴィア人で，10月革命時には赤衛隊創設に参加した．内戦後も軍で活動，民間軍事教練部門にも勤務，軍事アカデミーで学んだ後，1928年から30年にはソ連労働国防会議の事務処理会議の書記を務めた．37年3月逮捕され，11月に処刑された（РЭ РККА (командармы), с.56-57）.

(304) ГАРФ, 374/28/4077/51-52.

(305) РГАСПИ, 558/11/351/3-9, Шин②, с.113-117. にも掲載．会見は21時から23時まで．「記録は記憶に基づいて筆記」とあるので，逐一記録したわけではないことを考慮する必要がある．

(306) 1938年に刊行されたソヴィエト大百科では，モンゴルの人口を約90万としている（*Большая Советская Энциклопедия,* том 40, Москва, 1938, с.74）.

(307) 寺院に居住するチベット仏教徒の数は1920年代を通じて若干減少していたが，寺院が所有していた家畜の数（そもそも家畜の数を数えるのは困難だが）にはほとんど変化がなかった．次の表のA＝寺院に居住するチベット仏教徒の数，B＝寺院が所有する家畜の頭数，を意味する．

	1924年	1925年	1926年	1927年	1928年	1929年	1930年
A	112,700	87,300	91,600	92,300	94,900	88,200	75,500
B	—	2,912,600	2,400,418	3,343,785	—	—	3,034,556

児童の教育の面でもチベット仏教の影響は強く，1929年国立の学校に5,773人の児童が登録していたのに対し，8歳から13歳の児童9,668人，13歳から17歳の生徒9,287人が寺院付属の学校に通っていた（Rupen, p.200, 207）．ウランバートルとホブド・アイマクの少数民族居住地を除くデータによれば，33年の時点で，人口は男性267,962人，女性349,318人，ラマ僧87,774人計705,053人だった．1933年にラマ僧になったのが18,000人で，このうち441人が第7師団を除隊した兵士・指揮官だった．33年には年少の児童9,000人が寺院に入った．33年に寺院に牧民が寄進したのは38.7万トゥグリクと羊6,480頭，ラクダ111頭，牛と馬1,164頭だった．52のダツァン，122の寺院を抱えるウランバートル最大のガンダン寺には6,020人のラマ僧がいた（РГАСПИ, 495/152/154/36-42）.

（308）РГАСПИ, 558/11/351/11.
（309）Там же, 17/3/937/3.
（310）Там же, 17/162/15/169.
（311）Там же, 17/162/15/179-183.　最後に添付文書として，機械一式の細かい内容，詳細な部品一覧，必要なゴム製品等が表としてまとめられている.
（312）Там же, 17/162/15/188.
（313）Там же, 17/162/15/189-191.
（314）Там же, 17/162/16/3.
（315）Там же, 17/162/16/13.
（316）Там же, 17/162/16/13-14.
（317）Там же, 17/162/16/49.　彼らを，モンゴルの組織からの給与を与えずに，地方での下級の仕事に利用するよう指示している（ГАРФ, 5446/16a/1090/40).
（318）РГАСПИ, 17/162/16/64.　この決定は次の史料集に収録されている．*Политбюро ЦК РКП(б)-ВКП(б) и Коминтерн*, но.439.
（319）以下，省略するが，関係機関には，モンゴル向け製品のための金や銀，粗鋼，錫，鋼鉄，形鋼，自動車やその部品，燃料等を提供するよう指示されていた（РГАСПИ, 17/162/16/90-91）．2日後の6月10日，ソ連人民委員会議の布告として採択された（ГАРФ, 5446/16a/1090/36-38).
（320）РГАСПИ, 17/162/16/92-93.　この政治局決定は2日後の6月10日に，人民委員会議の布告として採択された（ГАРФ, 5446/16a/1090/33-35).
（321）РГАСПИ, 17/3/947/11.
（322）スミドヴィチ（Смидович, Пётр Гермогенович 1874-1935）は1920年代反宗教委員会などで活動，24年から死去する35年まで北方少数民族の問題に対処するいわゆる北方委員会の委員長を務めた.
（323）タジエフ（Таджиев, Абдулхай 1895-1937）のことではないかと思われる．30年から35年にかけてソ連中央執行委員会民族ソヴィエト議長を務めていた．34年から37年までウズベキスタン共和国中央執行委員会議長代理，37年に逮捕，処刑された（http://www.knowbysight.info/TTT/11614.asp).
（324）РГАСПИ, 17/3/947/34.　6月28日には，健康状態を理由にスミドヴィチに代えてトドルスキー Тодорский が任命された（Там же, 17/3/948/8)．トドルスキー（Тодорский, Александр Иванович 1894-1965）は第一次世界大戦に従軍，除隊後18年に執筆した本をレーニンが絶賛した．19年に赤軍に加わり内戦を戦う．カフカース，中央アジアで活動，28年白ロシア軍管区司令官補佐，30年より労農赤軍軍事教育局長，32年より労農赤軍総局長代理，32，33，34年モンゴルに出張した．33年軍事航空アカデミー校長，34年モスクワ・ローマ往復飛行に参加，36年8月労農赤軍高等軍事教育機関長，38年9月逮捕，15年の矯正労働の判決を受ける．53年収容所からクラスノヤルスクに流刑，55年に名誉回復された（РЭ РККА（команармы), с.114-116).
（325）РГАСПИ, 17/3/948/14.
（326）Там же, 17/162/16/109.　贈与した飛行機に関して，1935年12月1日政治局は，К-5型飛行機がモンゴルの環境に合っておらず利用できないので，Р《エール》-5型飛行機2機と交換すること

を決めている（Там же, 17/162/19/4）．ちなみに，約1年前の33年5月23日には，ゲンデンとアマルにそれぞれ1台ずつのビューイックをソ連政府の名前で送ることをヴォロシーロフに命じている．一時的に車を差し出す陸海軍事人民委員部への補塡分を含めアメリカから4台の同型車を購入するよう外国貿易人民委員部に指示した（Там же, 17/162/14/143）．贈呈された車はいつ購入されたのか不明なので，中古車かどうかはわからない．

(327) Там же, 17/3/948/14.　1934年8月28日政治局は，モンゴルへ送られた2機の旅客機とその現地への送達の金額計173,939ルーブルを重工業人民委員部に補塡することを決定している（Там же, 17/162/17/28）．

(328) Там же, 17/3/949/30.

(329) В. А. Судец, Указ. соч., с.95-97.　1936年6月1日の『プラウダ』には，「空の英雄デムブリル」と題して，貧しい両親を早く亡くし，スヘバートルの革命軍に参加した主人公デムブリルが，装甲車の運転手，技術者を経て飛行士，飛行大隊の隊長になり，1936年春には日本との国境紛争の際に日本の飛行機を追い払うまでを伝えている（*Правда*, 1 июня 1936г）．どこで誰に訓練を受けたのかなどについては一切語っていない．

(330) РГАСПИ, 17/162/17/2.

(331) Там же, 17/162/17/7.

(332) ГАРФ, 5446/14а/1093/3.

(333) РГАСПИ, 17/162/14/165.　細かくなるが，重工業人民委員部には，ソユーズネフテエクスポルトの諸企業がモンゴルで販売している燃料代金を，ソユーズネフテエクスポルトに対してモスクワでチェルヴォーネツで決済するよう提案し，モンゴルにおける地質調査遠征隊のために購入した外国文献の費用は重工業人民委員部の輸入枠に割り振ることも決めた．翌6月29日に，同じ内容の人民委員会議の布告が採択された（ГАРФ, 5446/14а/1093/1）．

(334) ボリシャク（Борисяк, Алексей Алексеевич 1872-1944）は1929年にアカデミー会員，43年にスターリン賞を受賞した古生物学者で，1896年ペテルブルグの鉱山大学を卒業，レニングラード鉱山大学の歴史地質学科長，教授（1911-30）を経て，30年に古生物研究所を自ら創設，死ぬまでその所長を務めた．

(335) 1930年，ラチコフスキー И. П. Рачковский の指導下に行われたモンゴル調査で，レベデヴァ З. А. Лебедева はナライハ炭田を調査した（Т. И. Юсупова, Указ. соч., с.124）．ラチコフスキーは反乱の起きた32年末にモンゴルに派遣され，現地の状況を調査していたが，アカデミー会員でモンゴル委員会のコマロフ В. Л. Комаров に状況の深刻さを伝え，33年はモンゴルの多くの省庁が必要性を感じている天文学隊のみ派遣されると伝えていた（Там же, с.144-145）．クルペーニン（М. П. Крупенин），シゾヴァ（П. П. Сизова），スモリヤニノヴァ（А. Л. Смольянинова）の経歴は，Там же, с.263, 272.

(336) ГАРФ, 5446/15а/556/10 и об. 11.

(337) Там же, 5446/15а/556/6.

(338) Там же, 5446/15а/556/10 и об. 4.

(339) Там же, 5446/15а/556/10 и об. 3.　1922年以来，毎年派遣されていた調査隊が34年に初めて途切れることになった（Т. И. Юсупова, Указ. соч., с.147）．

(340) ГАРФ, 5446/15а/556/10 и об. 1, 8.

(341) ジダーノフ（Жданов, Андрей Александрович 1896-1948）は1912年から革命運動に参加，

15年に入党，内戦時には赤軍，トヴェリで党活動，24-34年にニジェゴロド県（州，地方），ゴーリキー地方党委員会第一書記，34年2月より党中央委員会書記，同時に34年12月から44年までレニングラード州・市党委書記，41年より労農赤軍総政治部軍政プロパガンダ評議会メンバーなどを歴任した（ГВ СССР, с.306-307）.

（342）アグラーノフ（Агранов, Яков（Янкель）Саулович（Шмаевич, Шевелевич）1893-1938）は1915年にエスエルからボリシェヴィキに入党，19年よりヴェチェカに入る．1920年代からヴェチェカ，ゲペウ，オゲペウの秘密部，秘密作戦部の部長，部長代理を歴任，33年2月から34年7月までソ連オゲペウ議長代理，34年7月から37年4月までソ連内務人民委員第一代理，その代理を経て37年7月に逮捕，38年8月に処刑された（Кто①, с.82-83）.

（343）РГАСПИ, 17/3/945/10.

（344）ГАРФ, 5446/16а/1169/31.

（345）Там же, 5446/16а/1169/27, 13, 12, 6, 4, 1.

（346）1935年6月17日政治局は，35年に科学アカデミーの複合遠征隊をモンゴルへ派遣することは不適切であると決定した（РГАСПИ, 17/3/965/39）．*Академия наук в решениях Политбюро ЦК РКП(б)-ВКП(б)-КПСС.1922-1991*, Москва, 2000, но.139, 148.

（347）ГАРФ, 5446.18а/535/1, 2, 4, 6-8.

（348）СиК, но.474.　これを受けて同趣旨の決定が政治局で採択された（РГАСПИ, 17/162/17/11）．北川四郎はこの件について，昭和9年（1934）7月末，朝鮮総督府派遣員の川済某，石川某と中国人1人がボイル湖畔で地質調査に従事中，外モンゴル兵に拉致され，ソ連政府の斡旋で釈放されたが，これが日蒙間最初の紛争であったと述べている（北川四郎『ノモンハン　元満州国外交官の証言』31頁）.

（349）РГАСПИ, 17/162/17/37.

（350）СиК, но.525.

（351）РГАСПИ, 17/3/952/13.

（352）СиК, но.536.

（353）РГАСПИ, 17/162/17/31.

（354）СиК, но.542.

（355）РГАСПИ, 17/162/17/41.

（356）Там же, 17/162/17/48.

（357）Там же, 17/162/17/46.　この決定は次の史料集に収録されている．*Политбюро ЦК РКП(б)-ВКП(б) и Коминтерн*, но.445.

（358）РГАСПИ, 17/162/17/50-51.

（359）С. К. Рощин, Указ. соч., *Политическая история Монголии*, с.272-277.

（360）РГАСПИ, 17/3/953/58.

（361）Там же, 17/3/953/1.

（362）Там же, 17/162/17/52.　次の史料集に収録されている．*Политбюро ЦК РКП(б)-ВКП(б) и Коминтерн*, но.446.

第四章

(1) РГАСПИ, 558/11/351/40-63. 出席者はソ連からスターリン，モロトフ，ヴォロシーロフ，カガノーヴィチ，ジダーノフ，ソコーリニコフ，エリアヴァ．モンゴル側がゲンデン，チョイバルサン，メンデ，ダシチラブで，通訳はイリインが務めた．この会談についてはこれまでも，シンカリョフの史料集に収録されていた（Шин②, c.120-131）が，スターリンが校正した部分についての言及はない．

(2) ちなみに，1934年の第9回モンゴル人民革命党大会では，チベット仏教寺院の学校で18,000人の子供が学習しているのに対し，国の学校では約5,000人にとどまっている，と指摘されていた（Е. И. Лиштованный, Указ. соч., c.133）．概説史には，18歳未満で寺院にいる児童数は，1933年には15,000人あまり，1934年には18,000人あまりで，1933年12月以降，寺院にいた児童をすべて実家に帰らせる方策を取った（前掲『モンゴル史』371頁），とある．また，18,000人の児童でも就学年齢（8-17歳）児童の13%を占めるにすぎず，就学率自体が低かった（『モンゴル史』424頁）．

(3) 概説史にはモンゴル政府の要請でソ連の医者が毎年モンゴルを訪問し，その数は1930年には121人，1932年に468人に上ったと記されている（*История Советско-Монгольских отношений*, Указ. соч., c.107）．モンゴル駐在全権代表タイーロフ宛に1937年5月28日，ソ連保健人民委員カミンスキーは，1年間に13人の医師が派遣され，この時点でさらに5名の派遣手続きが終わろうとしていると伝えていた（ДВП, т.XX, но.181）．

(4) РГАСПИ, 558/11/351/66-73.

(5) РГАСПИ, 558/11/351/74-81, Шин②, c.132-135. 出席者はソ連側がスターリン，モロトフ，ヴォロシーロフ，キーロフ，ジダーノフ，カガノーヴィチ，ソコーリニコフ，エリアヴァ，ストモニャコフ，モンゴル側がゲンデン，チョイバルサン，メンデ，ダシチラブで，通訳はイリインが務めた．

(6) 1935年1月24日，34年1月1日現在モンゴルバンクがソ連ヴネシトルグバンクに負っていた債務2,940万ルーブルを帳消しにした，との連絡をモンゴル駐在全権代表代理ズラトキンがゲンデンに知らせた（ДВП, т.XVIII, но.26）．

(7) Т. Лхагва, «Что же думал Сталин о монголах...?», *Проблемы Дальнего Востока*, 1991, но.3, c.87.

(8) 牛島康允『蒙古50年の夢』（自然と科学社，1990年）141-142頁．牛島はモンゴル党史には言及がないとし，三島，後藤による戦前の研究書（三島康夫，後藤富男『外蒙人民共和国——ソ聯極東の前衛』（東京伊藤書店，1939年）132-138頁）をまとめている．バタマエフはモンゴル軍の騎兵連隊長で，反乱はウランバートル，バヤントゥメン，タムスクに拡大したとする．

(9) モコゾヴァはコミンテルンのモンゴルフォンドで，1934年秋に新疆から侵入し，同時に東部から日本人が攻撃し彼らとはウランバートルで落ち合う予定だと述べ，戦争のスローガンを公然と発した「多数のカザフ人の武装集団」が根絶されたとする史料を見出したという．彼らの日本人との実際の関係や本当にそのような集団が存在したのかといった問題については内務保安局が関わっていたとし，ナムスライや他の幹部は日本人エージェントの活動の一部を摘発

できたと主張するものの，ソ連の「権威ある」機関は具体的な情報，証明を受け取らなかったとしている（И. Ю. Морозова, «Социальные преобразования в Монголии в 20-40-х гг.XX века», кандидатская диссертация, 2003, с.138）．現地に駐在するソ連人でさえ確認できない情報が飛び交っていたということになる．モロゾヴァの本論文はアルヒーフ史料の引用にも誤りが見られ，モンゴルに生じた悲劇にソ連，コミンテルンは何ら関係ないとの主張（с.120, 126）にはうなずけない．

（10）ДВП, т.XVII, с.710-711. СМО1975 I. Но.193.　モンゴルトランス，モンゴルシェールスチ，プロムコンビナート，モングソヴブネルを金ルーブルで再評価することにした．プロムコンビナートには300トゥグリクを投資済みだが，500万トゥグリクを補償なしに投入することになった．

（11）ДВП, т.XVII, с.708-709.　СМО1975 I. Но.194. ソ連モンゴル間の決算，フランコ・グラニツァについては，金換算で，特別の協定に従った臨時の清算レートで行う．モンゴル側は，近い将来，ソ連への輸出，特に家畜，毛，皮革の輸出を増やして赤字を減らすよう努力する．ソ連の経済機関はモンゴルの通商組織に，自社の商品販売の際に特典を提供する義務を負う．モンゴルと隣接する東方の市場との流通に存在する商品価格と比較して，ソ連からモンゴルに輸出される価格の5%の割引を適用することも含む．

（12）ДВП, т.XVII, с.711-716. СМО1975 I. Но.195.　その招聘手続き，権利と義務，モンゴルでの仕事のやり方に関する協定で，モンゴルの要請でソ連がこれらの派遣に同意する形を取る．モンゴル側が申請すると，2か月以内に可否を報告し，候補の提出後2か月以内に手続きを行った後，モスクワ駐在のモンゴル全権と契約に調印し，モンゴル国境までの旅費も支給される．派遣される者の課題として，幹部の養成　モンゴル人上司の指揮に従うことなど．モンゴル側は，義務を果たさない人物の召喚を要求可能，期間は3年とし，その後は契約で残ることも可能．派遣される人と家族にはソ連政府が海外パスポートを用意し，毎年1か月の有給休暇を付与，モンゴルがその往復の費用を負担する．死傷の場合の保証，期間終了時の帰国旅費等16条からなる．

（13）СМО1975 I. Но.196（一部は，СМО1966, с.83に掲載）．ソ連のゴスバンクとモンゴルバンクの合意を承認し，1トゥグリクを30金コペイカとする．調印後実施に移す．

（14）СМО1975 I. Но.197（一部は，СМО1966, с.82に掲載）ソ連外国貿易人民委員部とモンゴル通商産業省の間の合意で，1934年1月1日からソ連・モンゴル間の通商取引は，新たな為替レート（1トゥグリク30金コペイカ）で金に換算し，フランコ・グラニツァの価格で決済する．

（15）ДВП, т.XVII, с.719-720. СМО1975 I. Но.191, 199.

（16）РМВС I, но.293.

（17）РГАСПИ, 17/162/17/105, 118. РМВС I, но.296. にも掲載．

（18）ГАРФ, 5446/16а/1102/2.　1935年4月16日，人民委員会議は布告で外国貿易人民委員部に両組織の再統合を指示した．

（19）小長谷有紀『モンゴルの二十世紀――社会主義を生きた人びとの証言』（中公叢書，2004年）107-109頁．彼はその後，自分の意思で除隊し，故郷に戻って働きだしたが，1945年の対日戦の際に内務省に引き抜かれ，11年間そこで働いたという．

（20）牛島康充『ノモンハン全戦史』（星雲社，1989年）22頁．

(21) ノモンハン・ハルハ河戦争国際学術シンポジウム実行委員会編『ノモンハン・ハルハ河戦争――国際学術シンポジウム 1991 年東京』(原書房, 1992 年) 23-24 頁.
(22) この満洲里会議については, 中村敏『満ソ国境紛争史』(改造社, 1939 年), 牛島前掲『蒙古 50 年の夢』, 北川四郎『ノモンハン――元満洲国外交官の証言』(現代史出版会, 1979 年), ゴンボスレン「モンゴル人民共和国と満洲国間の国境会談」前掲『ノモンハン・ハルハ河戦争』96-106 頁, マンダフ・アリウンサイハン「満洲里会議に関する一考察」『一橋論叢』第 134 巻第 2 号, 111-132 頁などがある.
(23) РГАСПИ, 17/162/17/132-133.
(24) *Советско-Американские отношения. 1934-1939*, Москва, 2003, но.173.
(25) РГАСПИ, 17/162/18/5. 続いて 4 月 25 日にも政治局は決定しているが, 内容は不明である (РГАСПИ, 17/162/18/9). 4 月 23 日付でウルガから来た電信に述べられていた指示草案を承認する, とあるのみでその電信の内容については触れていない.
(26) РГАСПИ, 17/162/18/70, 73.
(27) Там же, 17/162/18/80.
(28) 前掲『関東軍』321 頁.
(29) *Правда*, 6 июля 1935г. 6 月末の事件の経過がかなり詳しい.
(30) РГАСПИ, 17/162/18/83. 同じ 7 月 9 日, 最近日本からの挑発が増えているが, 7 月 6 日に日本にこの件について問題提起してくれたと, ゲンデンがソ連政府に感謝の意を伝えた (СМО1975 Ⅰ. Но.206, ДВП, т.18, но.313).
(31) *Правда*, 10 июля 1935г., с.1. 題名は「モンゴル人民共和国に対する日本軍閥の挑発」である.
(32) РГАСПИ, 17/162/18/108.
(33) Там же, 17/162/18/116.
(34) 北川前掲書, 35 頁.
(35) СиК, но.636.
(36) Там же, но.642.
(37) РГАСПИ, 17/162/18/141.
(38) СиК, но.725.
(39) Там же, но.727.
(40) РГАСПИ, 17/162/18/189.
(41) Там же, 17/162/17/151. РМВС Ⅰ, но.297 にも掲載.
(42) РГАСПИ, 17/162/18/18-19. РМВС Ⅰ, но.298. にも掲載.
(43) РГАСПИ, 17/162/18/19.
(44) ГАРФ, 5446/16а/1093/92-94.
(45) Там же, 5446/16а/811/1-3, 5-6, 20. 同日, この労働国防会議の布告が政治局で承認された (РГАСПИ, 17/162/18/7).
(46) РГАСПИ, 17/162/18/59. モンゴル国内における石油タンク建造については 1933 年 5 月 18 日に政治局が決定していたが, 1934 年には 68.97 万トゥグリクと 8 万ルーブルが投資され, 1935 年 3 月 27 日のソ連人民委員会議布告で同年に 156.7 万トゥグリクと 36.4 万ルーブルを投資することが決められた. 重工業人民委員部のピャタコフには分解した形のタンクをすべての付属部品とともに 5 月 1 日までにウラン・ウデに送付するよう指示していた (ГАРФ, 5446/

16a/1091/1）．したがって警備はこれらの方策で建造された石油タンクに関するものである．

（47）РГАСПИ, 17/162/18/174.

（48）Там же, 17/162/18/25.　同時に，特別赤旗極東軍は，極東軍管区へと名称を変えた．

（49）Там же, 17/162/18/109.

（50）Там же, 17/162/19/86.　軍事作戦を遂行するのに地図は欠かせず，したがって地理的情報は機密性が高いといえる．モンゴルの地理的研究を指導したシムコフ Андрей Дмитриевич Симуков は最終的に粛清されてしまう．彼は，1921 年 12 月 27 日にブリャート人学者ジャムツァラーノがロシアの著名なモンゴル学者オリデンブルグの助言も得て設置したモンゴル学術委員会で活動し，1923 年からほぼ 16 年絶え間なくモンゴルの地理学的研究に没頭した．36 年には自動車，馬，ラクダに乗ってモンゴル全土 3 万キロを踏破している．その成果として「モンゴル人民共和国地理アトラス」を準備したが，そこには，自然，行政，輸送，コミュニケーション，放牧のタイプ，地理的ゾーン，新旧の行政区画の比較，民族学，人口密度，地区ごとの家畜の種類，リスとマーモットの分布（狩猟と経済的利用のため），新しい行政区画のためのプランなどの地図が含まれる予定であった．他にも「地理学辞典」とモンゴルの総合地理学を準備していたが，粛清されたためこれらの仕事は完遂されず，ムルザーエフがその資料をふんだんに利用したとのことである．ウランバートルで逮捕されたのは 1939 年 9 月 19 日であり，まさにノモンハン戦争の終了直後であった（Rupen, op. cit., p.204, 221, *Люди и судьбы*, Указ. соч., с.350-351）．運転手として彼のフィールドワークの多くに同行したトゥルターノフの回想もある（Ломакина, Указ. соч, с.179-180）．

（51）1935 年 8 月 22 日政治局は，①モスクワに来訪する数人のモンゴル代表団との合意後，36 年のモンゴルとの輸出入プランを政治局に提出して承認を受けるよう外国貿易人民委員部に委任．② 36 年の総合的な輸出入プランに，36 年のモンゴル貿易における大まかな輸出入額とその差額を入れ，モンゴルの代表団との合意後に，その数字をより正確に定めること，以上を決定した（РГАСПИ, 17/162/18/120）．

（52）1935 年 8 月 31 日，政治局は保健人民委員部に対し，クレムリンの衛生局とともに，モンゴル人民革命党中央委員会書記エリデブ・オチルの治療にあたるように指示した．ウランバートルからウラン・ウデまでの移送は衛生飛行機で行い，移送と治療代金はソ連側が持つこととした（РГАСПИ, 17/3/971/6-7）．

（53）ГАРФ, 5446/16а/1090/2 и об.　ちなみに当時モンゴルに派遣されたソ連の専門家の大部分は技術系の人材であった．プロムコンビナートには設備の備え付け，モンゴル人労働者の指導のため 1933-34 年にかけて 400 人の専門家が派遣された．34 年 4 月 1 日現在プロムコンビナートには 1,182 人が働いていたが，39% にあたる 463 人がソ連の専門家であった．モンゴルトランスではその最初の活動の年に 300 人のソ連の専門家が働いていた．ここでモンゴル人は数人の運転手に限定されていた（*История Советско-Монгольских отношений*, с.99）．そのためかモンゴルトランスでは運転手を養成し，30 年には 30 人，31 年には 60 人，32 年には 126 人，34 年には 160 人の運転手が学校を卒業した（И. И. Ломакина, Указ. соч., с.181）．さらに時間が経過した 39 年 3 月 10 日，モンゴルへの全権代表代理スクリプコが外務人民委員部に送った報告によると，モンゴルが必要としているソ連の専門家は 605 人だった（内訳は，38 年に期限が終了した人 60 人，39 年に期限が終了する人 146 人，計 206 人の交代，帰国した人 50 人の補充，新しい募集 349 人）．しかしこれまでの例でいうとモンゴル側の要求に全

くあるいは一部しか応えられなかったとしており，その部分が「新しい募集」の数に表れていると思われる（ДВП, т.XXII, книга 1, но.130）．ソルキンによれば，プロムコンビナートで働くモンゴル人は初年度に1,194人から771人へと減少したと述べている（Н. С. Соркин, Указ. соч., с.77）．

（54）РГАСПИ, 17/3/963/32.

（55）1931年1月-36年1月に存在，外貨や貴金属などを保有する外国人およびソ連市民がそれらと交換に食料その他の日用品を購入することのできた商店網．

（56）РГАСПИ, 17/162/18/46.

（57）ГАРФ, 5446/16а/1121/3.

（58）РГАСПИ, 17/162/18/152.

（59）Там же, 17/162/19/71.　ここでいう職員とは，組織，合弁組織などで働いている顧問，教官，専門家，熟練労働者，また全権代表部，通商代表部，領事館，その他モンゴル，トゥヴァ領内で活動するあらゆるソ連の組織の職員を指し，「モンゴルやトゥヴァに臨時で派遣されたソ連の職員，現地で仕事に採用されたか或いは簡易越境の手続きでモンゴル，トゥヴァに到着したソ連市民」は除外される．

（60）РГАСПИ, 17/3/975/4.

（61）ГАРФ, 5446/22а/209/1, 21.　全権代表ミローノフは，1938年も同様の傾向が見られると報告していた．

（62）РГАСПИ, 17/162/24/4.

（63）本書第三章第五節，第四章第一節を参照のこと．

（64）РГАСПИ, 17/162/18/117-118. モンゴルに運ばれる映画撮影機器，第三国に発注される機器のリストは次を参照．Там же, 17/162/18/130-131.

（65）ГАРФ, 5446/16а/1188/1, 2.

（66）*Правда*, 19 мая 1936г., с.3.　解説には，日本の侵略者と王侯が支配する内モンゴルとのふたつの世界を対比することにこの映画の主要な意義があると書かれていた．筋書きはモンゴルの伝説に依拠するが，同時代を描いたもので，日本人や王侯の圧制に苦しむ内モンゴルからの大量の避難民や日本人のスパイも登場するらしい．モンゴル軍兵士や国境警備隊員はもちろん好ましい印象を残した．監督はイリヤ・トラウベルグ（Трауберг, Илья Захарович 1905-1948）．兄のレオニード（1902-1990）も映画を撮った．

（67）С. Е. Гусев, «У истоков монгольского кино», *СССР-МНР: страницы братской дружбы. Воспоминания*, Москва, 1981, с.122-144.　グセフはスタッフ養成の必要を感じ，ソ連から同行した専門家とともにモンゴル人の教育を始めた．「ウランバートルにおける1936年のメーデー」を撮影，ソ連から持ち込まれた移動上映車で各地を回った．1938年にはモンゴル最初の劇映画『ノルジマの道』も上映された．29年の中東鉄道紛争時にも撮影に参加していたグセフは，ハルヒンゴール（ノモンハン）の戦闘撮影にも加わった．シーモノフやジューコフとも会見し戦闘を撮影することになった．独ソ戦のさなか，チョイバルサンらモンゴル代表団が西部戦線に慰問に訪れた際の撮影にも加わった．

（68）ДВП, т.XVIII, но.294.　9月に建設主任がボリシャコフ（Большаков, Иван Григорьевич 1902-1980　ソ連人民委員会議総務局相談役）に説明した．6月の火事でフェルトとラシャ生産の工場が操業を停止したため前者で44万，後者で28万トゥグリクの損害が生じた（年計画773.4

万トゥグリクの9.3%に相当）．しかしフェルトとラシャ生産に使用する予定だった獣毛をソ連に輸出し54.7万トゥグリクを得たため，損失は18.3万トゥグリクに抑えられ，復旧作業は11月半ばに終了する予定である，36年からの操業開始のため35年末までには機器の備え付けも完了する予定であり，火事による損害65万トゥグリクはモンゴルゴスストラフ［モンゴル国営保険会社］により支払いも終わった，以上である（ГАРФ, 5446/16а/52/14 и об).

（69）РГАСПИ, 17/162/18/120.　ミュール紡績機について政治局は1935年9月5日，外国貿易人民委員部に3台購入するよう指示し，そのために35年軽工業人民委員部の輸入枠を25,000ルーブル増やした（РГАСПИ, 17/162/18/136).

（70）ГАРФ, 5446/16а/52/14 и об.

（71）РГАСПИ, 17/162/19/2.　ストモニャコフの覚書の内容については不明.

（72）СиК, но.609.

（73）*Россия и Монголия: новый взгляд*, Указ. соч., с.123-124.

（74）СиК, но.683.

（75）СиК, но.688.

（76）РГАСПИ, 17/162/18/170.

（77）*Россия и Монголия: новый взгляд*, Указ. соч., с.140. РМВС Ⅰ, но.301. ここにはゲンデンからスターリンへの書簡のうち軍事問題に関する部分が掲載されている（内外政，教育，チベット仏教，保健について省略).

（78）モスクワへの出発前にゲンデンは側近たちに，「スターリンが私の「頭」の病気をクレムリンの特別医療センターで診察し，その後でクリミアの療養所へ治療のために送るべく私を現地に呼んだ」.「もし現地で何か悪いことが起きるならば闘う」と述べていたようで，スターリンの対応をあらかじめ予想していた（Dashpurev, *Reign of terror*, p.33)．本書には翻訳もある．D・ダシプルブ『モンゴルの政治テロ支配と民衆抑圧の歴史―― 1920年-1990年』松本康監訳（デザインエッグ，2013年）49頁.

（79）ДВП, т.XVIII, но.410.　11月21日の回答でゲンデンは12月1日に出発すると答えた．シンカリョフの記録には名前が出てこないが，3人に加えモンゴル通商大臣メンデを含む4人は1935年12月11日から36年1月9日までモスクワに滞在した（Там же, с.666（примечание 242))．

（80）РГАСПИ, 17/162/18/174.　遠征隊の活動を拡大すべく3人の新しいスタッフを補充すること，必要な場合はスタッフの一部召喚も認めるが事前に質的に劣らない専門家を用意しておくこと，軽自動車，1.5トン自動車を提供すること，ドイツでの移動式レントゲン機械1台の購入（外国貿易人民委員部），遠征隊のスタッフがモンゴルで勤務する他の組織のスタッフに劣らない待遇を受けることへの配慮などを定めた．さらに10月9日，政治局はモンゴルの保健事業開始15周年の祝賀行事への保健人民委員部代表としてセマシコを保健省への贈物とともにウランバートルへ派遣することを決めた（Там же, 17/3/972/22)．アラノーヴィチ Аранович の3週間の派遣もその後決まった（Там же, 17/3/972/48.　10月26日政治局決定)．モンゴル保健省への贈物について政治局は1935年10月23日，2台の救急車，衛生飛行機1機，医療中等学校のためのレントゲン機械と設備を送ることに決めた（Там же, 17/3/972/45)．セマシコ（Семашко, Николай Александрович 1874-1949）はカザン大学医学部を卒業，医者として働く．この間労働者階級解放闘争同盟（1893年）に加わり，ロシア社会民主労働党に入党，

1905年にはニジェゴロドの党組織を指導，逮捕されるもスイス，フランスで亡命生活を送り，革命後に帰国，1918年よりロシア共和国保健人民委員，20年以上ソ連の医療を指導，1930-36年全連邦中央執行委員会幹部会児童委員会議長も務めた（ЗАЛ, c.407）.

（81）РГАСПИ, 17/162/18/176. この支出は，1935年4月28日の政治局決定，すなわちモンゴルに対する軍事協力についての決定に従い，年末までに積みあがるソ連の対モンゴル輸出額から輸入額を引いた差額，すなわちモンゴルの赤字を削減することによって行うこととした.

（82）РГАСПИ, 17/162/18/187. 外国貿易人民委員部の諸機関に対し，工業側が引き渡すプランを増やすのではなく，ソ連に存在している外国貿易人民委員部管轄下の残余をもって提供することとした.

（83）1935年11月23日，政治局は，ゲンデンの来訪と同時にデミドがモスクワへ来ることに反対しない（РГАСПИ, 17/162/18/190）と決議しており，当初は3人の来訪を予定していなかった可能性がある.

（84）12月30日の会談の史料AはРГАСПИ, 558/11/351/90-97，史料BはТам же, 558/11/351/103-122. 史料AはШин②, c.136-139にも収録. 1月7日会談はШин②, c.139-141に収録. またРМВС I, но.303が12月30日午前中の会談，но.304が同日夕方の会談，РМВС I, но.306は1936年1月7日の会談を掲載.

（85）エルバーノフ（М. Н. Ербанов）はブリヤート・モンゴル自治共和国党第一書記で，記録によればスターリンの執務室を1934年に1回，35年に2回，37年に1回訪れているが，特にこのゲンデンらとの会見の3日前の35年12月27日，スターリンと一対一で40分話している（На приёме у Сталина, c.175）. ドルジエフ（Д. Д. Доржиев）はブリヤート・モンゴル自治共和国人民委員会議議長. ジャミヤン・ドゥイブとは，カプロンスキーによれば，ジャミャンティフ（Jamyantiv）またはティヴ・ラマ（Tive Lama）として知られていた高僧アグヴァアンジャミヤンAgvaanjamyanである. 1935年4月30日に逮捕され，スターリン・ゲンデン会談にある通り，同年8月にいったんは釈放されていたが，この会談を受け，再度逮捕され，1936年4月に処刑された（Christopher Kaplonski, *The Lama Question: Violence, Sovereignty, and Exception in Early Socialist Mongolia*, Honolulu, 2014, pp.175-180）.

（86）1月9日のスターリンの執務室訪問記録にストモニャコフの名前がないので，別の場所か電話等で指示を受けたものと思われる. На приёме у Сталина, c.177.

（87）РГАСПИ, 558/11/352/10.

（88）Там же, 558/11/352/2/19-25. Шин②, c.141-146およびШин①, c.486-492にも掲載.

（89）Шин①, c.486-492, Шин②, c.141-146.

（90）*Россия и Монголия: новый взгляд*, Указ. соч., c.141.

（91）前掲『関東軍』321-322頁. 前掲牛島『ノモンハン全史』24-27頁.

（92）前掲『関東軍』323-327頁.

（93）*Руский архив: Советско-японская война 1945 года: история военно-политического противоборства двух держав в 30-40-е годы. Документы и материалы.* В 2 т. Т.18（7-1），Москва, 1997, c.67-69. 尋問を受けたのは3月29日に捕虜になった日本人2人，朝鮮人2人，ブリャート人2人，3月31日に日本人2人. その他日本人から押収した地図の内容，尋問から判明した日本軍の配置，戦闘へ参加した部隊の概要などを含む.

（94）РМВС I, но.302.

（95）РГАСПИ, 17/162/19/18, 49.

（96）РМВС Ⅰ, но.309

（97）Там же, но.310.

（98）Там же, но.311.

（99）РГАСПИ, 17/162/19/38.

（100）Там же, 17/162/19/39.

（101）РМВС Ⅰ, но.313.　総額は 4,789,478 トゥグリクとなっている．

（102）РГАСПИ, 17/162/19/69, 88-90, РМВС Ⅰ, но.316.　РГАСПИ の原文および文書集 РМВС Ⅰともに 1,210,522 トゥグリクとなっているが，先のゲンデンからの申請額 4,789,478 トゥグリクが正しければこちらの数字が正しくなる．

（103）РГАСПИ, 17/162/19/70-71.　その内訳は，靴の甲の部分に使う革（вытяжка）15,000 対，長靴の胴（脛部）（Голенище）55,000 対，長靴の型革の下部（Полубортов）555,000 対，クロム鞣革（шевро）33,000 立方フィート，靴底の革（подошвенная кожа）35 トン，洋服用の羊のなめし皮（шевper одежный）225,000 立方フィート，以上である．

（104）РГАСПИ, 17/162/19/69.

（105）Там же, 17/162/19/69.　①国境の転送地点で働いているスコトインポルト，ソユーズザゴトシェールスチ，ラズノエクスポルトの専門家のための住宅建設，ウランバートルにあるソ連クラブへ，解体された会社「モンソヴブネル」の利益から 30 万トゥグリクを支出すること，②残りの 40 万トゥグリクは，ソ連の 800 万トゥグリクの補助金に回すこと．以上を決めた．

（106）Там же, 17/162/19/69-70.　モンゴルトランスについては，1936 年 3 月 15 日までに外国貿易人民委員部はモンゴル政府にそれを譲渡すること，タイーロフ全権代表，ビルケンゴフ通商代表はモンゴル政府にこの組織の再編で協力すること，修理工場に技術者を派遣することを定め，モンゴルシェールスチについては，モンゴル側がソ連から株式を取得すること，合弁形態を解消すること，ハトガルの洗毛工場をモンゴル側に譲渡するため同格委員会を設置することを定めた．最後にソ蒙合弁会社 4 社へのソ連側の投資額を 12,425,338 トゥグリク（内訳はプロムコンビナート 3,000,000，モンソヴブネル 6,736,402，モンゴルシェールスチ 1,050,000，モンゴルトランス 1,638,936），1 トゥグリク 30 金コペイカのレートで 3,727,600 金ルーブルになると計算し，モンゴル側は金利なしの 25 年払いで毎年 148,000 金ルーブルずつ，25 年目に 175,600 金ルーブル支払うこと，支払い開始を 1936 年 12 月 1 日と定め，外務人民委員部はモンゴル政府とこれに応じた合意をするように指示した．

（107）Там же, 17/162/19/74.

（108）Там же, 17/162/19/75, 92-96.　1936 年 5 月 22 日，政治局は外国貿易人民委員部（ソユーズネフテエクスポルト）に，モンゴルにおける石油タンク建設に関する労働国防会議の布告に従い，ソユーズネフテエクスポルトによりモンゴルへ投入された自動車資産と樽の支払いに対して，ソ連人民委員会議予備基金から 1,363,000 ルーブルを支出することを決定した（Там же, 17/162/19/182）．

（109）Там же, 17/162/19/125.　その決定によれば極東地方の自動車，トラクターのために 1936 年には 10 万トンのカリフォルニア産ガソリンを輸入すること，その期限ごとの量などを定めた．極東へ輸送する必要のなくなった黒海からのガソリンは西欧市場に輸出し，カリフォルニアガソリンの購入に当てることになった．これに関連して松方幸二郎の石油会社とはソ連産ガ

ソリンに代えて，カリフォルニア産ガソリン3万トンで代替する交渉に入ることも決めている．松方による日本へのソ連産ガソリンの輸入は32年9月に成立した．

(110) Там же, 17/162/19/75.

(111) ДВП, т.XIX, но.59. 『イズヴェスチア』に掲載されたのは3月5日．米ソの体制の違い，資本主義と社会主義，ソ連が計画している新憲法が主な話題であったが，冒頭にこのモンゴルの話題と並んで，ソ連にとって戦争の危険の温床としてスターリンは日本とドイツを挙げ，どちらがより脅威を及ぼすのかいいにくいとしている．

(112) ДВП, т.XIX, но.78. 1934年11月27日以来存在していた紳士協定を公式化するとして，4条から構成される．要約すると，①両国のそれぞれに第三国からの攻撃の脅威が迫った場合に両国は緊急に協議しあらゆる対抗策を検討．②両国のどちらかに第三国が攻撃した場合，軍事を含むあらゆる協力を相互に実行．③相手国に①，②条に従って駐留する軍隊は，25年にソ連がモンゴル領から引き上げたように，必要性がなくなればすぐに撤退．④条約は10年有効．以上である．

(113) *Правда*, 9 апреля 1936г. с.1. ここには4月7日の中国政府の抗議，4月8日のソ連の反論と，「東京からの圧力に基づく抗議」という題の解説記事が掲載されている．

(114) С. К. Рощин, Указ. соч., *Политическая история Монголии*, с.289.

(115) РГАСПИ, 17/162/19/122.

(116) カミンスキー（Коминский, Григорий Наумович 1895-1938）は1931年に入党，15年からモスクワ大学医学部で学ぶ．内戦後，労組，党，政府で活動する．28年よりコルホーズツェントルの議長，30年よりモスクワ市党委員会書記，32年よりモスクワ州執行委員会議長，34年2月から37年3月までロシア共和国保健人民委員兼ソ連衛生総監，同時に36年7月よりソ連保健人民委員を務める．37年6月逮捕され，38年2月処刑される（ГВ СССР, с.336-337).

(117) パホーモフ（Пахомов, Николай Иванович 1893-1938）は，1926年から38年までソ連中央執行委員会経営局（ХОЗУ ЦИК）長を務めていた人物である．この部局はソ連の党，政府の高官が休暇を過ごす別荘などの管理が仕事であった．彼はエヌキッゼの庇護のもとこのポストに任命されたが，エヌキッゼが37年に処刑されると彼も38年に逮捕処刑された（Андрей Артамонов, *Спецобъекты Сталина, Экскурсия под грифом «секретно»*, Москва, 2013, с.9-10). 同姓同名でかつ父称も同じで，同じくソ連中央執行委員会で働き，38年に処刑されたパホーモフ（1890-1938）とは別人．こちらは23-26年ブリャンスク県執行委員会議長を務めた後，26-28年ソ連中央執行委員会書記代理，28-34年ニジェゴロド地方執行委員会議長，34年3月よりソ連水運人民委員を歴任し，38年逮捕され処刑された（ГВ СССР, с.464).

(118) РГАСПИ, 17/162/19/132.

(119) Там же, 17/162/19/155.

(120) Там же, 17/162/20/203.

(121) Там же, 17/162/21/7. 理由として，「レブロヴァヤ・バルカ Ребровая балка」にある中央執行委員会の家でさらに休息するため，とある．レブロヴァヤ・バルカとはロシア南部の保養地キスロヴォツクに所在．

(122) С. К. Рощин, Указ. соч., *Политическая история Монголии*, с.290. ソ連最高裁判所軍事参事会が掲げた罪状は，ゲンデンが1932年より日本のスパイ組織の工作員として，その指示に基づき，ソ連との政治的・経済的関係を断ち，国家を転覆させ日本の保護下に封建国家を樹立す

べく，モンゴル国内でスパイ活動を行い，広範な反乱・テロ組織網を作ったこととされた（В. Шепелев, «Монгольский вопрос» на заседаниях Политбюро ЦК ВКП(б)», *РЦХИДНИ Научно-информационный бюллетень,* выпуск но.8, Москва, 1996, с.63-72）．ロシア革命20周年記念日にモスクワを訪問していたモンゴル人民革命党中央委員会書記ロブサンシャラブに，ソ連内務人民委員代理フリノフスキーがゲンデンをモンゴルに連れ帰り，現地で刑を執行しないか尋ねたところ，その必要はないと回答されたとのことである（С. К. Рощин, *Пэлжидийн Гэндэн, монгольский премьер, Восток,* 1999, но.5, с.116-125）．

（123）ターリ（Таль, Борис Маркович 1898-1938）はモスクワ大学物理数学学部で学んだ．1918年より党員，内戦にも参加する．29-30年に党中央委員会宣伝・プロパガンダ・出版部長代理，30-32年『プラウダ』編集委員，33-35年『ザ・インドゥストリアリザーツィユ』責任編集者，33-37年『ボリシェヴィツカヤ・ペチャーチ』責任編集者，35-37年党中央委員会印刷出版部長，37年『イズヴェスチア』責任編集者を務め，37年12月逮捕，38年処刑される（http://www.alexanderyakovlev.org/almanah/almanah-dict-bio/56880/17）．

（124）*Большая цензура: Писатели и журналисты в Стране Советов. 1917-1956,* Москва, 2005, но.304.

（125）РГАСПИ, 17/3/976/52. この決定には，ターリの書簡にあるような具体的なテーマについての言及はない．

（126）*Правда,* 5 апреля 1936г., с.5.　その地理，人口などの基本的情報や1934年にソ連の援助で初めて工業コンビナートが建設されたことを最初に言及し，次いでチンギスハンの時代にさかのぼって歴史的経緯を説明した．特に強調されているのがセミョーノフを中心とし，内外モンゴル，ブリャートを含む汎モンゴル主義の運動，日本の介入，ソヴィエトの協力でウンゲルンの支配から脱するまでの時代である．日本帝国主義の侵略的意図への警戒を強調している．

（127）*Правда,* 8 апреля 1936г., с.2.　主として1921年の独立宣言以降の15年の歴史について君主国から共和制への流れ，チベット仏教の影響力の強さ，24年憲法下の政治体制，モンゴル人民革命党，レヴソモルなどについて述べ，最後に学校網の拡大，劇場，医療施設の拡充などの文化的な成果についてまとめている．

（128）РГАСПИ, 17/162/19/130. 添付文書（Там же, 145-151）に，モンゴル側が請求する具体的な制服・装備，武器・弾薬，通信手段の一覧が掲載されている．РМВСⅡ, но.321にも掲載．

（129）РГАСПИ, 17/162/19/132.

（130）Там же, 17/162/19/133.　4月6日にストモニャコフからタイーロフにこの決定が伝えられた．この建設は1937年に完了した（ДВП, т.XIX, но.120）．

（131）グリニコ（Гринько, Григорий Федорович 1890-1938）はウクライナ人で，1909-13年にモスクワ，ハリコフ大学で学んだあと従軍した．ウクライナ共和国教育人民委員部参事会メンバー，ボロティヴィストのメンバーだったが，20年に共産党に入党，ウクライナの教育人民委員，ゴスプラン議長，人民委員会議議長代理などを務めた後，26年12月よりソ連ゴスプラン議長代理，29年11月ソ連農業人民委員代理，30年10月ソ連財務人民委員となる．37年8月に逮捕され，38年処刑される（ГВ СССР, с.275-276）．

（132）ブラゴンラーヴォフ（Благонравов, Георгий Иванович, 1895-1938）は1915年に入隊した．革命時にはペトログラードの軍事革命委員会で活動，18年からヴェチェカに加わる．22年から31年10月までロシアおよびソ連のゲペウ，オゲペウ輸送部長を務めた．29年12月から

35年3月までソ連交通人民委員代理，35年8月から36年3月までソ連人民委員会議付属幹線道路自動車輸送中央局長，36年3月から37年5月までソ連内務人民委員部幹線道路総局長を務めた．37年5月逮捕され，同年末処刑された（Кто①, с.109-110).

(133) レヴィチェフ（Левичев, Василий Николаевич 1891-1937）は第一次世界大戦に従軍，1919年に労農赤軍に加わる．軍の中で昇進し，31年6月から32年12月まで参謀部長代理，33年1月から34年5月まで駐独ソ連全権代表部軍事アタッシェ，34年12月から37年6月まで労農赤軍参謀本部長代理（35年2月からは第一）を務めた．37年6月逮捕され処刑される（РЭ РККА (команармы), с.90-92).

(134) РГАСПИ, 17/162/19/165.

(135) Там же, 17/162/19/172-173.

(136) Там же, 17/162/19/201.

(137) Шин②, с.410.

(138) 1936年4月23日の決定．①モンゴル人民共和国から勲章を授与されたソ連のすべての軍人，民間人は，モンゴル勲章の規約に定められている金銭的報償をモンゴル人民共和国からは受け取らない．②モンゴル人民共和国における軍功に対してモンゴル人民共和国の勲章を授与されたソ連の軍人，民間人は，特にすぐれた功績を上げた場合，モンゴル駐在のソ連全権代表，軍事顧問が国防人民委員を通して共同で請願すれば，ソ連の勲章の授与の対象となる（РГАСПИ, 17/162/19/154. РМВС II, но.322 にも掲載).

(139) РГАСПИ, 17/162/19/168. 内容は以下の通りである．①チュイ道路（イニャ村→コシュ・アガチ→タシャンタ哨所→ツァガンノール）建設の探索と設計，予算の作成実施が不可欠である．②チュイ道路の設計と完成までの予算の作成は遅くとも1937年1月1日までに終了させること．③36年には，設計と予算の承認まで通過に特に困難な場所での作業に着手すること．④内務人民委員部の幹線道路総局（ГУШОСДОР）には，この作業にソ連人民委員会議予備基金より300万ルーブルを支出すること．⑤第③項に従い，ソ連プロムバンクは作業資金提供すること．⑥モンゴル人民共和国領内での道路の探索と建設に関する支出をモンゴル人民共和国が負担する手順について，同国政府と交渉に着手するよう外務人民委員部に委任すること．以上である（5月13日の労働国防会議布告となる ГАРФ, 5446/16a/547/35)．ツァガンノールはモンゴル，タシャンタ，コシュ・アガチ，イニャはソ連側の町である．

(140) РГАСПИ, 17/162/19/170-171. 概要は以下の通りである．①「セレンガ，オルホン川航行に関するソ連とモンゴル人民共和国の合意」(1926年5月1日）第2項に従い，セレンガ汽船会社がモンゴル人民共和国領内のセレンガ，オルホン川の埠頭に建設した倉庫，住宅，その他の設備すべてを，無償でモンゴル人民共和国に36年5月1日付で引き渡すことが不可欠だが，セレンガ汽船会社の船隊の引渡しは26年5月1日の協定では想定していなかったため拒否する．②モンゴル人民共和国に沿岸施設を引き渡すと同時に，セレンガ，オルホン川での航行を組織し，モンゴル政府に引き渡された資産を借りて利用する権限を水運人民委員部に付与することを規定する10年期限の新たな協定を同国政府と締結する．③外務人民委員部と水運人民委員部は以下の条件で新協定の草案を検討し，モンゴル政府と合意すること．⑴水運人民委員部は36年5月1日よりモンゴル政府に倉庫，住宅その他の沿岸施設の利用料を支払うこと．⑵モンゴルの河川を使って貨物を輸送することで水運人民委員部が受け取る運送料金の10%をモンゴル政府に支払うことを定めた26年5月1日の協定第12項を完全に維持すること．

⑶水運人民委員部には26年の協定と同様の基盤にたってセレンガ，オルホン川での探索，改善活動を今後も続行する権利を付与すること．⑷水運人民委員部にはモンゴル人民共和国の埠頭で必要な倉庫，住宅，その他の建設を行う権利を付与するが，これらの建築物は協定が期限を迎えたらモンゴル政府が財産目録に従って購入することとする．建設についてはその都度モンゴル政府と合意すること．⑸水運人民委員部はモンゴル政府とモンゴルの河川を利用した輸送料金について合意すること．この指示を受けて両国間で交渉が行われた結果，36年10月6日に16条からなる協定「モンゴル領内のセレンガ，オルホン川でソ連のセレンガ国立河川汽船会社の通商船舶航行について」が締結された（CMO1975 I. Ho.228, CMO1966, но.63）．同年11月12日の報告には，両国の調査委員会によれば，セレンガ川270キロ，オルホン川では175キロにわたって通常運行ができる状態に整備されたとある（CMO1975 I. Ho.229）．引き続き1937年5月18日には，この協定を受けての埠頭の貸与などの措置がまとめられた（CMO1975 I. Ho.234, CMO1966, но.66）．

（141）РГАСПИ, 17/162/20/7.　7月11日に人民委員会議で布告として採択された（ГАРФ, 5446/16а/547/32）．

（142）РГАСПИ, 17/162/19/182, PMBC II, но.326, CMO1975 I, но.221にも掲載．内容は以下の通り．①エリアヴァを代表とする代表団（外務人民委員部，国防人民委員部の代表を含む）を派遣．②贈り物として，5本の優良なソ連の映画，完全装備，映画装備を施した12台の扇動自動車，自動車に乗せた12台の移動診療所，住民が月，太陽，星の基本的知識を獲得するための望遠鏡やその他の天文学的設備，4機の民間航空機，モンゴル軍のための各種政治教育設備（遠征用自動車，モンゴル文字を印刷できる移動印刷所）．③サーカスグループの派遣（2か月間，35-40人，記念行事終了までモンゴル国内での公演を終了）．④すべての関係機関はモンゴルへすべての上述の贈り物をあらかじめ発送（遅くとも7月10日にウランバートルに到着）．5月27日にストモニャコフからタイーロフに内容が伝えられた（ДВП, т.XIX, но.170）．この15周年記念行事への参加者として1936年6月27日，政治局はロシャーリが内務人民委員部の代表としてウランバートルへ出張することに反対しないとも決議している（РГАСПИ, 17/3/978/78）．ロシャーリ（Рошаль, Лев Борисович 1896-1940）はモギリョフ生まれのユダヤ人で，1917年に入党．内戦時には軍で政治活動に従事し，22年より党中央委員会機構，28年よりイルクーツク，30年よりカザフスタンの党委員会で活動した．32年より国境警備総局・国境軍局長代理兼政治部長を務めていた．38年に逮捕され40年に処刑された（Б. Абрамов, Указ. соч., *Евреи в КГБ*, с.283）．

（143）РГАСПИ, 17/162/19/196.　①外国貿易人民委員部は1936年の航行期間中，36年の輸出プランに加えて追加的に250万ルーブル（古いレートで）の商品をモンゴルへ発送すること（商品のリストについてはストモニャコフと合意すること）．②労働国防会議はこの決定に従い，36年のプラン，7月の四半期プラン以上にモンゴルへ商品を割り当て，ソ連財務人民委員部に対し，これらの商品を現金化することで得られる金額とその卸価格の間の差額に資金を供給すること．以上を決めた．

（144）ДВП, т.XIX, но.191 и примечание 105（с.747）．1936年7月には9人（後にさらに2人が追加）の獣医学遠征隊がモンゴルに派遣された．動物伝染病の状況，伝染病の地方ごとの広がりの状況，地方の状況を考慮に入れたそれらへの対処方法などの研究を意図していた．モンゴル政府の要請で活動は39年まで延長され，さらに遠征隊メンバーはモンゴル畜産農業省，学

術委員会のスタッフに招かれた．Т. И. Юсупова, Указ. соч., с.164.

(145) РГАСПИ, 17/162/19/130, 152.

(146) Там же, 17/162/19/171, 180.

(147) Там же, 17/162/20/57.

(148) Там же, 17/162/20/81.

(149) Там же, 17/162/20/83.

(150) Там же, 17/162/20/96. 10月10日付ストモニャコフの覚書No.5867とあり，彼が草案を作成したものと考えられる．

(151) Там же, 17/162/20/103.　1936年10月9日の外務人民委員部覚書но.4665とある．

(152) 北川前掲書，36-37頁．

(153) *История Монголии*, Указ. соч., с.138.

(154) РГАСПИ, 17/162/21/52.

(155) Там же, 17/162/22/17.　決定には，「1937年9月27日付のストモニャコフの覚書No.3170を見よ」と記されているが，その内容は不明．

(156) Там же, 17/162/20/7-8.　内容は以下の通りである．①モンゴルに駐屯するソ連の軍事部隊のスタッフに，モンゴルの協同組合が定めた価格で商品を提供するために，ヴォエントルグВоенторг［軍隊内の商品流通を担当］はソ連の軍事部隊内に閉鎖商店を組織すること．②外国貿易人民委員部はソヴモングトゥヴトルグを通じ，ヴォエントルグに対してこれらの商店のために100万金ルーブル相当の商品を1936年の第三四半期に提供．価格はモンゴルとの貿易のために採用されている金価格表золотой прейскурантに依拠．ヴォエントルグが外国貿易人民委員部とともに商品の品揃えを決定．③商品購入の資金は，ソ連の軍事部隊の人員の維持，特別作業のために国防人民委員部へ支出されモンゴルへ送金予定の補助金から，ヴォエントルグに支出．④第2項に基づいた商品の販売で得られる金は，ソ連の軍事部隊への給与の支払い，モンゴル人民共和国における特殊作業のために支出．⑤外務人民委員部と外国貿易人民委員部は，これらの閉鎖商店のための商品をヴォエントルグがモンゴルへ搬入する際の手順について，モンゴル人民共和国政府と合意．以上である．

(157) РГАСПИ, 17/162/20/50.

(158) ロヒ（Рохи, Вильям Юрьевич, 1892-1938）はラトヴィア人．植字工として働き，1914年に入隊，第一次世界大戦に参加，17年『プラウダ』の植字工になる．19年赤軍に入り，内戦を戦う．内戦後様々な地位を経て，フルンゼ軍事アカデミー修了後，26年ウクライナ軍管区軍政学校校長，29年レニングラード歩兵学校長などを経て，32年第34ヴォルガ中流狙撃師団（34年3月に極東へ移駐）長に就任していた．したがってこの政治局決定がなされた時，極東に勤務していた．経歴には何も書かれていないが，36年にレーニン勲章を授与されたとあり，この作戦に関連していた可能性もある．37年に逮捕され，38年に処刑された．РЭ РККА（команармы), с.270-271.

(159) РГАСПИ, 17/162/20/85.

(160) 寺山『スターリンと新疆』421-425頁．

(161) ДВП, т.XX, с.759（примечание 220).

(162) РГАСПИ, 558/11/352/27-35.　この会談の短縮版は，РМВСⅡ, но.329にも掲載されている．Шин①, с.493-498.

（163）РГАСПИ, 558/11/352/47-59.　この会談の短縮版は，РМВСⅡ, но.330にも掲載されている．Шин①, с.499-507.

（164）Dashpurev, *Reign of terror*, p.35-36., *История Монголии*, указ. соч., с.103., С. К. Рощин, Указ. соч., *Чойбалсан*, с.77.

（165）1936年12月10日16時5分入室，18時10分退室（同席者はガマルニク，ラヴレンティエフ，デリバスですべて極東地方関係者），37年1月3日20時30分入室，22時退室（同席者はモロトフとヴォロシーロフ），同年1月4日17時5分入室，19時10分退室（同席者はモロトフ，ヴォロシーロフ，ストモニャコフ，リトヴィノフ）．На приёме у Сталина, с.194, 197.

（166）РГАСПИ, 17/162/20/162.　РМВСⅡ, но.333には，冒頭のファイナンス問題の部分だけが掲載されており，大部分は省略されている．

（167）セレブロフスキー（Серебровский, Александр Павлович 1884-1938）は1903年にロシア社会民主労働党に入党，内戦後ソ連ヴェセンハで活動，26年から30年までその議長代理を務めたが，この間の26-28年には全ロシアネフテシンディカート議長，28年からはソ連ヴェセンハ非鉄金属・金・プラチナ総局長を務めた．32年から37年にかけてソ連重工業人民委員代理を務めるも37年逮捕，翌年処刑された（http://knowbysight.info/SSS/05532.asp）．

（168）РГАСПИ, 17/162/20/186-190.　このうちウランバートルの熱電併給火力発電所ТЭЦ建設については，344.6万ルーブル（うち32.7万トゥグリク）を重工業人民委員部に，遠征隊派遣については，1937年の重工業人民委員部の年間プランに含まれている33万ルーブルに加えて30.9万ルーブルを支出することを37年10月15日のソ連人民委員会議の布告で決定した（ГАРФ, 5446/20a/399/21）．1月16日の政治局決定から9か月もの時間が経過している．この遅れは1937年という特異な年の政治状況を反映している可能性もある．

（169）Т. И. Юсупова, Указ. соч., с.124, 140.

（170）この組織については，寺山恭輔「ソ連極東における鉄道政策（2）――バムと鉄道軍特別軍団」『西洋史学論集』第38号（2000年12月），80-97頁を参照のこと．

（171）ГАРФ, 5446/20a/619/7.

（172）1937年10月14日，全権代表タイーロフは運行のためには各種専門家241人が必要だと現地で見積もられていること，うち58人をソ連で教育する必要を指摘し，アマル首相がこの件についてソ連政府と連絡し，その受け入れと教育にかかる費用の負担を求めていることを外務人民委員部に伝えた（ДВП, т.XX, но.363）．これについて政治局は，10月23日「アマルの要請を受諾し，37年1月16日の中央委員会決定に基づき，モンゴル政府へ供与される鉄道建設費用の借款にこの教育費を含めること」を決めた（РГАСПИ, 17/162/22/36）．このことをストモニャコフは10月26日のタイーロフ宛の電信で知らせた（ДВП, т.XX, но.379）．

（173）ДВП, т.XX, но.400.　11月5日のミローノフの書簡と11月6日のアマルの書簡．この鉄道の建設は1940年に終了し，同年9月9日両国間でそのモンゴルへの引渡しと支払いに関する協定が締結された（Там же, с.759（примечание 223））．

（174）1927年にナライハで採掘された石炭は7,981トンだったが，38年にウランバートルに搬出されたのは20万トンだった．14台の蒸気機関車，16台の客車，9台のタンク車，200台以上の貨車が稼動していた．列車の平均重量は199トン，平均速度は時速30キロである．

（175）ДВП, т.XX, но.396.　11月4日のミローノフの書簡と11月6日のアマルの書簡．

（176）ステーションの設置に向けて2月21日にはソ連農業人民委員代理のツィリコがモンゴル

駐在全権代表タイーロフに必要な機械などを提案し，タイーロフは現地の状況，設置すべき場所などについて3月6日返答している（ДВП, т.XX, но.52, 59）．4月17日にツィリコがタイーロフの提案が承認されたことを伝えている（ДВП, т.XX, но.111）．

（177）「1933-35年にソ連科学アカデミーの遠征隊が，水不足のために広大な放牧地が利用されないままにおかれていたモンゴルのゴビ・アルタイ，東部，北西部やセレンガ川に流れ込む諸河川の流域で水の貯蔵量とその利用に関する調査を行い，モンゴルの水資源の大部分は地下にあり，井戸の数を増やすことで水不足を解消できると証明した」（*История Советско-Монгольских отношений*, с.112-113）とある．このような学術的な成果が，スターリンが井戸網の拡大を勧めた背景にあった可能性もある．ちなみに，この37年にソ連の遠征隊は水資源の発見に関して115人に井戸の掘削とその再建を教育した（Там же, с.105.）．井戸の数は32年に8,000か所，33年に9,000か所，35年に12,200か所，1940年に14,600か所へと増加している（前掲『モンゴル史』325，343頁）．

（178）ГАРФ, 5446/20а/486/1-17.

（179）ДВП, т.XX, но.106．モンゴルのアマル首相も同年2月17日，モンゴル駐在ソ連全権代表にソ連からの学者の派遣を要請していた（Там же, с.716（примечание 71））．1932年8月から1940年まで，モンゴルの学術委員会の議長を務め，モンゴルの学術の発展に貢献したデンデブについては次を参照のこと（С. Чулуун, «Лхамсурэн Дэндэв и комитет наук (1932-1940): от государственной службы к служению науке», *Монгольско-российское научное сотрудничество*, Указ. соч., с.9-31）．

（180）РГАСПИ, 17/162/20/204.

（181）Там же, 17/162/20/175.

（182）Там же, 17/162/20/205.

（183）Там же, 17/162/21/24.

（184）Там же, 17/162/21/17-18. РМВСⅡ, но.335にも掲載.

（185）РГАСПИ, 17/162/21/22.

（186）ДВП, т.XX, но.108．リトヴィノフの回答は4月17日付で出された．

（187）РГАСПИ, 17/162/21/30.

（188）Там же, 17/162/20/181.

（189）Там же, 17/162/20/207.

（190）ГАРФ, 5446/20а/882/27 и об 26.

（191）РГАСПИ, 17/162/21/47.

（192）С. К. Рощин, Указ. соч., *Чойбалсан*, с.77.

（193）前掲『モンゴル史』370，539頁．1936年10月に公開裁判が開かれ，南方国境沿いの17寺院から反革命組織に加わった100人以上の上級僧侶が粛清されたとあり（前掲『モンゴル史』378，540頁．И. Я. Златкин, *Очерки новой и новейшей истории Монголии*, Москва, 1957, с.240），組織が実在したのかどうかはともかく，寺院の強制移動に利用されたのは確かのように思われる．

（194）前掲『モンゴル史』378頁.

（195）РГАСПИ, 17/162/21/103．資金は「東方における貿易とは関係のない分野の外貨プランを増加させることで」調達することになった．これより前の1936年7月7日，ウラン・ウデ

とウランバートル間の定期航空路確立に関する協定が締結されていた（СМО1966. Но.60, СМО1975 I, но.225. 22 項目の合意内容が記されている．ソ連側の責任機関はアエロフロートである）．通常，ウランバートル＝トロイツコサフスク間に航空路が開設されたのが 25 年 5 月であるような記述がなされるが（例えば前掲『モンゴル史』241 頁），このような経緯を見ても当時の航空路を用いた輸送は信頼される水準に達していなかったと想像される．

（196）ГАРФ, 5446/20а/759/6, 15-14, 17 и об.　トカチョフ（Ткачёв, Иван Федорович 1896-1938）は第一次世界大戦に従軍，革命後は 18 年に党の動員で赤軍に入り，内戦後アゼルバイジャンで勤務した．その後第 14 狙撃軍団，第 100 狙撃師団，第 46 狙撃師団等に勤務し，フルンゼ軍アカデミーを修了後 1932 年に第 12 狙撃軍団長に任命された．1933 年 12月-35 年 3 月には労農赤軍航空兵力司令官代理，35 年 3 月ソ連人民委員会議付属民間航空総局長に任命されたため予備役に編入された．38 年に逮捕，処刑された（РЭ РККА（команармы）, с.112-114）．

（197）ГАРФ, 5446/20а/759/19.

（198）РМВС II, но.336.

（199）РГАСПИ, 17/162/21/149.

（200）ミローノフ（Миронов（Король）, Сергей（Мирон）Наумович（Иосифович）, 1894-1940）は第一次世界大戦に参加，赤軍を経て，1920 年代にウクライナ，北カフカースのチェカ，オゲペウ組織で活動．1930 年にカザフスタンに移り 36 年まで活動，36 年 12 月から 37 年 8 月まで西シベリア内務人民委員部局長を務める．モンゴルからの帰国後，38 年 4 月ソ連外務人民委員部第二東方部長に就任するが，39 年 1 月に逮捕され，40 年 2 月処刑される（Кто①, с.301-302）．

（201）フリノフスキー（Фриновский, Михаил Петрович 1898-1940）は入隊するも 1916 年に逃亡，19 年からチェカに加わる．1920 年代から 30 年代初めは，主にウクライナ，北カフカースで活動，33 年 4 月から 37 年 4 月までソ連オゲペウおよび内務人民委員部の国境警備局長を務める．この間，内務人民委員代理（36 年 10月-37 年 4 月），同第一代理（37 年 4月-38 年 9 月）を務める．ソ連海軍人民委員（38 年 9月-）を務めていた 39 年 4 月に逮捕され，40 年 2 月処刑された（Кто①, с.425-426）．

（202）РГАСПИ, 17/162/21/151.　РМВС II, но.337 にも掲載されている．

（203）В. С. Мильбах, *Политические репрессии командно-начальствующего состава 1937-1938 гг. Забайкальский военный округ и 57-й особый стрелковый корпус*, СПб, 2014, с.77.

（204）Е. А. Горбунов, *20 августа 1939*, Москва, 1986, с.132.

（205）Там же, с.133.

（206）РГАСПИ, 17/162/22/24.

（207）В. С. Мильбах, Указ. соч., с.166-167.

（208）Там же, с.168.

（209）Там же, с.22.

（210）ГАРФ, 5446/20а/894/11, 22, 30.　1935 年 7 月 19 日に両国間でモンゴルにおける気象台組織に関する合意が締結されていた（СМО1966, но.54, СМО1975 I, но.208）．それによればウランバートルの他，さらに 7 か所に気象台を設置すること，ソ連気象庁の資金で設置と運用すること（ウランバートルに 4 人，その他は 2 人ずつ），モンゴル側が果たすべき施設整備の義務，モンゴル人を各所に 1 人ずつ専門家養成のために派遣すること等を定めていた．

(211) ヴェイツェル（Вейцер, Израиль Яковлевич 1889-1938）は1914年に入党，革命後，各地のソヴナルホーズで活動．24-29年にソ連国内外商業人民委員部参事会メンバー，原料・飼料穀物調達局長，29年6月からウクライナ国内商業人民委員，30年11月ソ連外国貿易人民委員代理，同時に32年1月より駐独通商代表，34年7月国内商業人民委員を務めた．37年10月逮捕，38年処刑される（ГВ СССР, с.246）．

(212) РГАСПИ, 17/162/21/155. チュバリ（Чубарь, Влас Яковлевич 1891-1939）はウクライナ人．1905年革命に参加し，1907年に入党，機械工学の学校を卒業後，各地の工場に勤務．1917年革命後はヴェセンハで活動，内戦時にはウクライナの工業復興に従事し，1923-34年にウクライナ共和国人民委員会議議長，同時に連邦の人民委員会議議長代理（1923-25年）も務めた．1934年4月よりソ連人民委員会議議長代理，労働国防会議議長代理を務め，1937年8月から38年1月までソ連財務人民委員を兼務した．1938年7月逮捕され，39年2月処刑された（ГВ СССР, с.589）．

(213) РГАСПИ, 17/162/21/159. РМВСⅡ, но.338にも掲載．ローシシンはデミドの死を8月23日とする（С. К. Рощин, Указ. соч., *Политическая история Монголии,* с.292）一方で，バトバヤルは8月18日としている（前掲『モンゴル現代史』59頁）．この問題に関する政治局の決定が，デミドの死の当日になされるということについては無理がありそうである．二木によれば，毒殺ではなく撲殺されたことが近年明らかになった，とのこと（二木博史「日本軍の対モンゴル工作——ノモンハン戦の真相」『歴史読本ワールド』1991年3月号，220頁）．

(214) С. Г. Лузянин, Указ. соч., с.231. ルジャーニンはデミドの死亡日時を9月26日としており，不正確である．

(215) 1923年から軍事教官としてモンゴルに赴任した当時からデミドと親しかったソルキンは，回想録の最後にデミドとの思い出について詳しく述べている（Н. С. Соркин, Указ. соч., с.116-123）．旧友の殺害に抗議の意味を込めていたのかもしれない．

(216) РГАСПИ, 17/162/21/167-168. 内容は以下の通りである．①モンゴル人民共和国領内に存在する外国貿易人民委員部の在庫分より国防人民委員部の管轄へ，3,000トンの燃料とそれに応じた量の減摩材を引き渡すこと．②ウランバートルからホブド（チルガランタ）へ300トンの容量を持つタンクを送るという決定を取り消し，タンクには国防人民委員部の指示に則って燃料を注入したうえで，サイン・シャンダにある外国貿易人民委員部の管轄に置くこと．③外国貿易人民委員部はチョイレンに1937年のプランに追加して，本年中に300トンのガソリンタンクを建設し，国防人民委員部の指示に基づきそれに注入すること．④上記作業に対する資金の確保をゴスプラン，財務人民委員部に指示．⑤ソ連重工業人民委員部は，⑴9月5日までにモンゴルへ，機械組立据付工の作業班を派遣（4月8日の労働国防会議決定にしたがう）．⑵ソ連外国貿易人民委員部に3,600トンの燃料とそれに応じた量の減摩材を支出．⑥ソ連外国貿易人民委員部は，37年のプランに基づいて建設中のもの，本決定により追加的に建設されるモンゴルにおけるあらゆるガソリンタンクの建設を本年中に強化し終了すること．以上である．РМВСⅡ, но.343. にも掲載．

(217) РГАСПИ, 17/162/22/7.

(218) Там же, 558/11/352/73-74.

(219) Там же, 558/11/214/96-97.

(220) Там же, 17/162/21/170. これに続いて，外国貿易人民委員部（スディイン）にはモンゴ

ル人民共和国政府に付与する200台のトラックを，輸出に割り当てた部分から振り向けるよう指示した．

(221) Там же, 17/162/22/32.

(222) Там же, 17/162/21/171.　国防人民委員部の以下の決定を承認した．①モンゴル人民共和国領内に駐屯する労農赤軍部隊への間断ない輸送を確保すべく，ソ連内務人民委員部は1938年4月1日までに，キャフタ道路のストレルカ地区でセレンガ川にかかる木製橋（支柱は石で金属製の開閉部分を有する）を建設すること．橋はキャタピラに乗った24トンの貨物に耐えられること．②期間内に作業を終了するため，ソ連財務人民委員部は9月4日から，プロジェクトと予算が承認されるまでの作業へのファイナンスを100万ルーブルの限度内で行うこと．以上である．ストレルカとはセレンガ川とチコイ川が合流する地点にある村．

(223) Там же, 17/162/21/173-174.　決定の内容は以下の通りである．

①ウラン・ウデ＝ナウシキ間の広軌鉄道建設に着手する．

②鉄道建設は内務人民委員部に委ねる．鉄道建設への資金は直接内務人民委員部へ項目ごとに割り当てる．

③交通人民委員部は，a）ウラン・ウデ＝ナウシキ間の鉄道の設計と予算の作成を，予算については内務人民委員部と合意の上1938年1月1日までに人民委員会議に提出し承認を受けること．b）この建設に建造過程の設計図と作業工程表を適時に提供すべく設計ビューローを組織すること．

④内務人民委員部は39年1月1日までにウラン・ウデ＝ナウシキ間の運行を開始すること．

⑤交通人民委員部（モストトレスト＝橋梁建設を担当する組織）には，ケーソン基盤に立つ橋脚建設作業と，橋の径間部の取り付け作業を，それぞれ38年4月1日と8月1日に完了時期を設定して委ねる．

⑥内務人民委員部には37年中に，準備作業と資材，設備，ラーゲリ施設の搬入資金として1,000万ルーブルを支出し，設計や予算の確定までの準備作業への支出を認める．

⑦交通人民委員部は工区の区間責任者として5人の建設技師，人工構築物の現場監督として10人の技師，1人を建設局長或いはその代理として内務人民委員部の管轄下へ派遣すること．

⑧水運人民委員部は9月，10月に，準備作業に不可欠な資材をセレンガ川で搬入すべく船舶を確保し，38年のプランで鉄道建設のための河川による輸送を見込んでおくこと．

⑨ソ連財務人民委員部は内務人民委員部とともに37年10月1日までに，ソ連人民委員会議に流動資産の分配についての提案を提出すること．

⑩ソ連ゴスプランは第四四半期のプランの中で準備作業のために内務人民委員部が必要とする資材，設備を想定しておく．

⑪ソ連ゴスプランにはグラーグタイプのテント30張りを割り当て，軽工業人民委員部は10月15日までにそれらを発送すること．

⑫ソ連ゴスプランは38年第一四半期プランの中で，橋の金属製径間部に使用する金属の必要量を見込んでおき，重工業人民委員部は径間建築物を，遅くとも4月1日までに搬出できるよう準備すること．

⑬東シベリア州党委員会は鉄道建設のために，行政・経済活動へ50人の党員を割り当てること．

⑭内務人民委員部には建設に必要な場合，ブリャート・モンゴル共和国の人民委員会議と合意の上，コルホーズの土地を占拠することを許可するが，ソ連人民委員会議の事後承認も得ること．

(224) Е. Г. Третьяков, *История сотрудничества СССР и МНР в сфере железнодорожного транспорта(1930-е-1990год)*, Иркутск, 1999, с.29.

(225) ГАРФ, 5446/22а/137/61-57.

(226) Там же, 5446/22а/137/80-76.

(227) Там же, 5446/22а/137/90-91, 95. 1938年9月28日，外務人民委員代理ポチョムキンはモンゴル駐在全権代表に対し，同年9月25日の経済評議会（ЭКОСО）がナウシキ＝スヘバートル線を39年に建設することを決定したと伝え，この路線はモンゴル領内を通るのであらかじめモンゴル政府に建設の許可，調査隊の入国，それによる調査の実施，必要な機械・物資の搬入などの許可，必要な場合の現地での物的な協力を求めるよう指示した（ДВП, т.XXI, но.383）．他国における鉄道建設を決定後，事後承諾を求めているわけである．これに対するモンゴル政府の承諾は10月1日にモスクワに報告された（Там же, с.737（примечание 156））．

(228) *Улан-Баторская железная дорога (начало XX в.-1957 г.): документы и материалы*, Улан-Удэ, 2010. 収録されているのは鉄道に関するものばかりでもない．1913年に作成された文書には，モンゴルまでの交通費を比較した興味深いデータが掲載されている．20世紀初頭の輸送量の減少を説明する際に，モスクワからウルガ（ウランバートル）まで1プード（16.38kg）運ぶのに，ヴェルフネウディンスクまで鉄道で2.6ルーブル，ヴェルフネウディンスクからキャフタまで船で30コペイカ，キャフタからウルガまで荷車で60コペイカ，計3.50ルーブルかかるところ，外国の商人はハンブルクから天津まで60-70コペイカ，天津・北京・カルガン間が30コペイカ，カルガンからウルガまで70コペイカで，計1ルーブル60-70コペイカと計算されていた（с.66）．所要日数を無視すれば，海路，輸送するほうがかなり割安だったことがわかる．

(229) С. К. Рощин, Указ. соч., *Чойбалсан*, с.78.

(230) РГАСПИ, 17/162/22/7.

(231) *История Монголии*, Указ. соч., с.104. この時期の粛清については，モンゴルの研究動向もわかるマンダフ・アリウンサイハン「モンゴルにおける大粛清の真相とその背景――ソ連の対モンゴル政策の変化とチョイバルサン元帥の役割に着目して」『一橋論叢』第126巻第2号（2001年8月号），56-70頁，同上「ノモンハン事件前夜におけるソ連の内政干渉とモンゴルの大粛清問題」『富士ゼロックス小林節太郎記念基金2003年度研究助成論文』2005年，23頁も参照のこと．

(232) С. К. Рощин, Указ. соч., *Чойбалсан*, с. с.78-79. 1934年の第9回モンゴル人民革命党大会で選出された中央委員会幹部会メンバー11人のうち，40年までに残ったのはチョイバルサン1人で残りは1人を除き粛清され，中央委員会メンバーの73％が粛清された．34年の第9回党大会の時までに約8,000人いた党員のうち35-39年に3,500人が党から除名された（*История Монголии*, Указ. соч., с.106）．モンゴルで当時の粛清関連の文書を閲覧した鎌倉によると，37年10月から39年4月まで，特別粛清委員会の会合が51回開催され，計25,785人が粛清されたとのことである（鎌倉英也『ノモンハン隠された「戦争」』（日本放送出版協会，2001年，135頁）．モンゴルにおける粛清に関する500ページにのぼる史料を，ロマーキナはサンクトペテルブルグの連邦保安局の史料館で閲覧した．その概要を彼女はまとめている（Ломакина, Указ. соч., с.184-187）．23人の高僧に対する尋問で，彼らが自白を強制させられていた内容については近年モンゴルでも文書が出版されており，それらをまとめたクジミンの

論文がある（С. Л. Кузьмин, «Контрреволюционный центр» в Монголии в 1930-х гг.», *Гуманитарные исследования в Восточной Сибири и на Дальнем Востоке,* но.4（30), 2014, с.5-13）.

（233）С. К. Рощин, Указ. соч., *Чойбалсан,* с.77.　ルーペンは1937年から39年にかけて寺院のラマ僧の数が72,000人から15,000人に減少したとのデータを挙げている（Rupen, op.cit., p.244）.

（234）Т. И. Юсупова, Указ. соч., с.160.

（235）С. К. Рощин, Указ. соч., *Чойбалсан,* с.84.　チョピャク（Чопяк, Матвей Петрович 1899-1940）は，いわゆるスターリンが処刑を指示した「スターリンのリスト」にも名前が載っている（http://stalin.memo.ru/spiski/pg12127.htm）．また彼については，2015年5月にロシア最高裁判所が名誉回復の必要なしとの裁定を下している（最高裁判所のサイトより．http://www.vsrf.ru/moving_case.php?findByNember=201-H15-9CC）.

（236）С. Г. Лузянин, Указ. соч., с.232.　ロシアの内戦中にブリャートから4,000家族，15,800人がモンゴルへ移住したというデータ，さらにソ連における集団化の時代にもブリャートからモンゴルへの移住の波が訪れ，1930年にはモンゴルに30,000人のブリャート人が居住していたというデータがある（Rupen, op.cit., p.218）．ブリャートに対する粛清については，Rupen, op.cit., pp.236-239も参照のこと．

（237）*Лубянка. Сталин и Главное управление госбезопасности НКВД,* но.43.　1937年11月15日のブリャート・モンゴル共和国の内務人民委員部トカチョフによる，同国におけるこの汎モンゴル組織のメンバーの逮捕要請については，Там же, но.255を参照のこと．

（238）С. Г. Лужянин, Указ. соч., с.230.

（239）モンゴルに派遣された活動家に対する粛清についてのハウストフの解説は，*Лубянка. Советская элита на сталинской голгофе. 1937-1938. Архив Сталина: Документы и комментарии,* Москва, 2011, с.397-399を参照．ネミーロフについては，Там же, с.41-42, 64, シュモーヴィチについてはТам же, с.258, 294-295, 345-346, ポクスについてはТам же, с.153を参照のこと．なおタイーロフのスターリンとの面会の記録だが，記録に残る限り，最後に会ったのは1937年1月3日と4日で，3日は1時間半，同席者はモロトフとヴォロシーロフ，4日はこの2人の他にさらに4人が同席していた（На приёме у Сталина, с.197）．ハウストフは4月3日に2人が確かに面会したと述べているので，スターリンの執務室とは別の場所だった可能性がある．

（240）*Расстрелянная элита РККА,* Москва, 2012, с.364-365.　サフラズベキャン（Сафразбекян, Геворк Садатович, 1900-1937）はアルメニア人．1920年から党員，22年に赤軍へ入り，1920年代前半はアルメニアの師団で活動，トルマチョフ軍政アカデミーの高等政治スタッフ補修コースで学んだ後，28年より軍の中央組織に加わる．中央アジア軍管区での活動の後に，赤軍政治部第一課上級監察官を務めた後，35年10月より赤軍諜報部に配属されてモンゴルに派遣された．37年1月には中央に戻されており，それまでモンゴルで活動していたものと思われる．37年9月に処刑された．

（241）1937年7月4日，モスクワよりタイーロフに，ユナイテッド・プレスがモンゴルの指導者にインタビューしたいとモスクワのモンゴル大使館を通じて申し出たが，ソヴィエト当局が拒否するよう促したとの報告があった．また1938年6月，英国のジャーナリスト，バリスが，

モンゴルへのヴィザ発給申請に対しモスクワのモンゴル大使館の書記官が「モンゴル政府は喜んでヴィザを出すだろうが，ソヴィエト政権からはよもや許可を得ることはないだろう」と答えたとソ連の外務官僚に語った．このモンゴル外交官の「過失」についてストモニャコフ外務人民委員代理がサムボーを呼び，率直な会話の中で「外国人と会話する際の全権代表部職員の慎重さを呼びかける」よう促したという（Лузянин, Указ. соч., с.234）．この時期のモンゴルへの外部からのアクセスが困難であったことを示している．同じく，アメリカのアソシエイテッド・プレスのモスクワ特派員ロイドがゲンデンのインタビューに成功したのみで，外国のジャーナリストはモンゴルの内情にアクセスすることがソ連によって制限されていたと指摘するのが次のサンジエヴァの論文 Л. Б. Санжиева, «Монгольские аспекты информационной политики СССР в 30-е гг.XX века», *Россия и Монголия сквозь призму времени: материалы международной научно-практической конференции «Улымжиевские чтения-3»*, Улан-Удэ, 2007, с.113-117.

（242）*Лубянка. Сталин и Главное управление госбезопасности НКВД*, но.236.

（243）ニコライ・リトヴィノフ（Литвинов, Николай Николаевич 1896-1938）はウクライナ人で，第一次世界大戦に従軍．1917 年に入党，18 年から赤軍に加わって内戦を戦う．内戦各地の騎兵部隊に勤務し，31 年 11 月にシベリア独立第 4 騎兵旅団長に任命されるまで労農赤軍騎兵監察官補佐を務める．33 年 6 月より第 10 騎兵師団長，34-36 年にフルンゼ軍事アカデミー特別学部聴講生，その後国防人民委員の指揮下に入る．37 年 7 月より第 7 騎兵軍団司令官，9 月にモンゴルへ派遣された．38 年に赤星勲章を授与されたが，翌 39 年に逮捕され，41 年 6 月，8 年の自由剝奪の宣告を受け，46 年 7 月に解放された．戦後，競馬場で働いた（РЭ РККА (команармы), с.239）．

（244）РГАСПИ, 17/162/22/7.

（245）В. С. Мильбах, Указ. соч., с.185-186.

（246）РГАСПИ, 17/162/24/102.

（247）С. К. Рощин, Указ. соч., *Чойбалсан*, с.84.

（248）РГАСПИ, 17/162/22/29.

（249）Там же, 17/162/22/33.

（250）Там же, 17/162/22/36.

（251）Там же, 17/162/23/50.

（252）Е. А. Горбунов, Указ.соч., с.133, 154.

（253）В. С. Мильбах, Указ. соч., с.168.

（254）Там же, с.169.

（255）Там же, с.169.

（256）Там же, с.169-170.

（257）Там же, с.199-200.

（258）РГАСПИ, 17/162/22/90. 決定には，トゥイルグン哨所地区におけるモンゴル・満洲国境での事件に関する問題についての外務人民委員部の提案（ストモニャコフの覚書 No.3396 を見よ）を承認する，とある．

（259）Там же, 17/162/22/102.

（260）Там же, 17/162/22/115, 121-123.　その後，この決定には警備体制の強化策として労農ミリツィアの人数増大（極東地方で 1,800 人，チタ州で 600 人，ブリャートで 300 人），その募

集策，給与水準の増大策をまとめ，さらに内務人民委員部には国家安全保障策として機関の人員増大策を指示し，最後に極東に存在するラーゲリでスパイ，テロルなどで裁かれた 12,000 人を第一カテゴリー（銃殺）で粛清することにした．今後このような罪に問われた犯罪者を極東地方のラーゲリに送ること，日本人，中国人，朝鮮人，ドイツ人，ポーランド人，ラトヴィア人，エストニア人，フィン人，ハルビン人（中東鉄道に勤務した人）を送ることも禁止した．

(261) Там же, 17/162/22/131.　ところが 2 月 26 日，政治局は 2 月 20 日の中央委員会決定に代えて，①チタ州の国境制限区域に鉄道幹線により切り取られる国境地区の一部領域を含める．②チタ州党委員会，党執行委員会には，経済活動に必要な最も重要ないくつかの道路を国境より 500 メートル以内の地帯で閉鎖しないことを許可する．同時にチタ州党委員会，執行委員会には，この 500 メートル地帯に現在含まれている道路が 1939 年までには閉鎖されるよう，この地帯の範囲外に新たな田舎道の建設を着手することを課す（РГАСПИ, 17/162/22/140）．以上を決定した．しかしこの直後の 3 月 15 日政治局は，鉄道幹線によって切断される地域の北部を国境制限区域に含めている 2 月 20 日の中央委員会決定の第 1 項を，有効なままにして欲しいとのチタ州党委員会の要請を受け入れると決定している（Там же, 17/162/22/151-152）．これらの決定については，具体的な地域に即して検討する必要がある．

(262) РГАСПИ, 558/11/214/117-119.

(263) ГАРФ, 5446/22а/515/16-14.　船の組み立てのためウラン・ウデで熟練労働者 350 人，オルホン，セレンガ川での作業のため，イルクーツクとブリャート・モンゴルで 400 人の労働者を募集することも決めた．財務人民委員部はこの方策実行のため，1938 年第一四半期に 2,965,000 ルーブルを支出することになった［本決定ではオルホン川沿いにシャラゴルがあることになっているが，筆者は場所を見つけられなかったので，本決定が正しいのならば同名の町は消えているのかもしれない．筆者はあくまでもシャラゴルをチコイ川上流の河港のことと理解している（地図を参照）］．

(264) ДВП, т.XXI, но.37., с.703（примечание 18）.

(265) РГАСПИ, 17/162/22/125.

(266) Там же, 17/162/22/127.　2 月 19 日，この決定を外務人民委員代理ストモニャコフがモンゴルの全権代表に伝えている（ДВП, т.XXI, но.47）．1937 年 1 月 16 日の政治局決定で機械・草刈ステーションの設置が始まったが，10 か所のステーションにトラクター 40 台，草刈り機 470 台あまりを配備し 124 人のソ連専門家が働いていた．翌 38 年にはステーションは 24 か所に拡大し，37 年の 70,000ha から 38 年の 152,000ha へと草刈りの面積が拡大した（前掲『モンゴル史』363-364 頁）．

(267) РГАСПИ, 17/162/22/145.

(268) Там же, 17/162/23/11. PMBC II, но.348. にも掲載されている．

(269) РГАСПИ, 17/162/23/36-37, 56-60. PMBC II, но.349 にも掲載．　補塡は，道中に従事した輸送から得た収入 14,893 トゥグリク，1936-37 年の建設総額の残額からの借り入れ 1,993,341 トゥグリクから行うことで約 688 万トゥグリクが調達できることになる．この他に，テント代金 432,000 ルーブルの支払いも決定した．部隊の中には党員もいたが，政治局は 38 年 4 月 25 日，特別軍団の部隊の党員の党員書類をザバイカル軍管区の政治部に保管するというやり方を改め，特別軍団部隊の党員，同候補には党員文書を直接手渡し，その登録は他のすべての赤軍部隊と同様の一般原則に則って行うこと，この決まりを特別軍団のコムソモール員に対し

ても当てはめる，と決定した（РГАСПИ, 17/3/998/57）．少なくともこの段階までモンゴル駐留部隊の党員に対しては異なる対応をしていたわけである．また「道中に従事した輸送から得た収入」という文言からは，軍が移駐する際に本務以外の輸送業務に携わっていたと読める．にわかには信じ難く確認の必要があるということだけ記しておきたい．

（270）РГАСПИ, 17/162/23/82-83.

（271）В. С. Мильбах, Указ. соч., с.23.

（272）РГАСПИ, 17/162/23/83-84, 111, РМВСⅡ, но.350 にも掲載．ちなみに，労農赤軍よりモンゴル人民革命軍に引き渡される自動車化装甲旅団の装備は，①中型装甲車 40 台②軽装甲車 30 台③水・オイル補給車 6 台④「А」2 型緊急自動車修理車 летучка ⑤「Б」3 型緊急自動車修理車⑥基本セット БА-6 を 0.5（РГАСПИ, 17/162/23/110），以上である．⑥の意味するところがよくわからないが，このまま記しておく．

（273）ДВП, т.XXI, но.281.　ここには 1939 年から 48 年にかけて各年の支払い額を示す表が添付されている．金利だけで 10 年間に 850,000 トゥグリクとなり，モンゴルは元本と合わせて 8,578,080 トゥグリクを支払うことになった．

（274）アルヴィン・D・クックス（小林康男訳）「リュシコフ保安委員の亡命――リュシコフの越境・スターリン大粛清・張鼓峰事件」『軍事史学』第 92 号（第 23 巻第 4 号）60-86 頁．

（275）リュシコフ（Люшков, Генрих Самойлович 1900-1945）の詳しい経歴については次の人名辞典も参照のこと．Кто①, с.280-281.

（276）С. Б. Мозохин, *Противоборство. Спецслужбы СССР и Япони (1918-1945)*, Москва, 2012, с.10-27.　本書については，次の拙稿を参照のこと．「書評 О. Б. Мозохин, *Противоборство: спецслужбы СССР и Японии (1918-1945)*, Москва, 2012」『ロシア史研究』第 93 号（2013 年 11 月），83-87 頁．

（277）О. Б. Мозохин, Указ.соч., с.27-30.

（278）Там же, с.87-95.　1945 年 8 月 22 日，リュシコフ殺害を知っていた関係者が皆大連で捕まり，その後獲得した追加情報により，ソ連当局はリュシコフの死を確認した．45 年 12 月 5 日リュシコフを殺害した竹岡豊をアバクーモフが尋問した．竹岡は 48 年 6 月に自由剥奪 25 年の刑を受けたが 56 年に帰国，79 年までリュシコフ殺害の事実を話さなかった．

（279）Там же, с.48-49.

（280）На приёме у Сталина, с.216. 同席者はエジョフ，モロトフ，ヴォロシーロフの 3 名．

（281）О. Б. Мозохин, Указ.соч., с.70. ヤルツェフ（Ярцев, Виктор Владимирович 1904-1940）については，Кто①, с.464.　経歴を見るとサハリンにいたのは 1938 年 11 月までで，同年 7 月には飛行機事故で負傷している．38 年 11 月にソ連通信人民委員第一代理に任命されるが，39 年逮捕され，40 年処刑された．名誉回復されていない．

（282）На приёме у Сталина, с.231.　同席者はエジョフ，モロトフ，ミコヤン，チヴャレフ Чвялев でヤルツェフがスターリンの執務室にいたのは 15 分のみ．

（283）アルヴィン・D・クックス（小林康男訳）「リュシコフ保安委員の亡命――リュシコフの越境・スターリン大粛清・張鼓峰事件」77，87 頁．1937 年秋にザミン・ウードに駐屯するモンゴル国境警備隊のロシア人顧問がフロントヤルマルに語ったところによれば，国境地域には情報員がやすやすと潜入できるので，国境に沿って展開する日本軍部隊についての情報はいつも正確であったとのことである．35 年 10 月 10 日にモンゴルの内務保安局は 27 人のモンゴル

人，中国人に援助されたZhu Shifuという名のエージェントがウランバートルから中国へ諜報活動を実行するために派遣されたとコミンテルン執行委員会，ソ連外務人民委員部に報告していた（Boikova, Aspects of Soviet-Mongolian, p.111）．一方で，日本の特務機関員も満洲国内のモンゴル人を雇って偵察させていた（アルヴィン・D・クックス『ノモンハン』上31頁）．リュシコフおよびフロントをいかに利用したのかについては，西原征夫『全記録ハルビン特務機関』（毎日新聞社，1980年）68，131，143，156，159頁等を参照のこと．B. C. Мильбах, Указ. соч, с.177も彼の逃亡について触れている．モンゴルに勤務する指揮幹部の中にさえ駐留への不満が高まっていたことは紹介した通りである．

(284)『ビンバー大尉手記』古木俊夫訳（朝日新聞社，1939年）．手記の後半には，「ノムハン事件の経過」（1939年8月初めまでのノモンハンの状況を解説）が添付されている．

(285) 田中克彦『ノモンハン戦争――モンゴルと満洲国』（岩波新書，2009年）185-189頁．

(286) 二木博史「現代史が物語化されるとき」，田中克彦『ノモンハン戦争――モンゴルと満洲国』の場合」『日本とモンゴル』第44巻1号（2009年）89-96頁．二木は，この手記を利用してモンゴル内部の反対派の存在を主張する研究者を批判し，これを日本軍によるデッチあげとしていた（二木博史「日本軍の対モンゴル工作――ノモンハン戦の真相」『歴史読本ワールド』1991年3月号214-221頁）．その後のノモンハン事件に関するシンポジウムでモンゴルの研究者も，二木が可能性として挙げていた，モンゴルによるビンバーの日本への故意の送り込みの可能性を示唆していた（二木博史「国際シンポジウム――ハルハ河戦争　その歴史的真実の探求について」『日本モンゴル学会紀要』第25号（1994年）79-84頁）．

(287) РГАСПИ, 17/162/23/133-134.

(288) Там же, 17/162/25/79.

(289) 防衛省発行の文書による（防衛省防衛研究所『ノモンハン事件関連史料集』（2007年）648頁）．

(290) РГАСПИ, 17/162/23/137-139. РМВС II, но.351にも掲載．前著『1940年代ソ連の対モンゴル政策』105頁では，誤って8月5日の決定としていた．

(291) *Главный военный Совет РККА. 13 марта 1938 г.-20 июня 1941 г.:Документы и материалы*, Москва, 2004, с.122-130. この労農赤軍軍事総評議会ГВС РККА（1940年からは赤軍軍事総評議会）は38年3月13日に設立され，当初はスターリン，ヴォロシーロフを含む7人（同年3月22日にさらに2人追加）で構成され，ソ・フィン戦争後の40年7月にスターリン，ヴォロシーロフら4人が離脱し，独ソ戦争の開始まで存続した機関で国防に関する最重要の問題を議論していた．本文書集は，断片的にしか知られていなかったこの総評議会の議事録を収録するものである（Там же, с.3-10）．

(292) Там же, с.403-404.

(293) 張鼓峯事件については，アルヴィン・D・クックス『もう一つのノモンハン――張鼓峯事件　1938年の日ソ紛争の考察』岩崎博一，岩崎俊夫訳（原書房，1998年），笠原幸太『日ソ張鼓峰事件史』（錦正社，2015年）を参照．

(294) *Главный военный Совет*, Указ. соч., с.135-142. この時期のソ連軍全体の状況について簡単にまとめておく．1937年11月29日の国防委員会の決定により，39年1月段階での赤軍の人数は1,495,310人（海軍を除く），39-40年にはさらに69,710人増やして1,565,020人にすることを計画していたが，38年6月27日の国防委員会の決定で「極東の軍隊の戦闘態勢を強化

する必要」から，極東軍への 76,820 を含め，計 104,344 人を増やすことになり，40 年までに計 1,669,364 人へと増大することになった．*Русский архив: Советско-японская война 1945 года: история военно-политического противоборства двух держав в 30-40-е годы. Документы и материалы.* В 2 т. Т.18（7-1), Москва, 1997, c.82-83.

(295) РГАСПИ, 17/162/24/10.

(296) フィラレトフ（Филаретов, Глеб Васильевич 1901-1979）はペルミ県の労働者家庭に生まれる．1919 年 10 月に入党，東部戦線で戦う．1920 年代には各種工場長を務め，1938 年 1-9 月にロシア共和国地方工業人民委員代理と人民委員を務めていたが，その後 38 年 10 月よりソ連内務人民委員代理に就任，39 年 2 月まで務めた．39 年 7 月からはソ連重工業人民委員部モスクワ工作機械製作大学長を 42 年まで務めた後，43 年に党から除名されている．大テロルの終息直後に短期間内務人民委員部に勤務していたことがわかる．Кто①, c.421.

(297) ГАРФ, 5446/22a/121/9.

(298) Там же, 5446/22a/121/2.

(299) ズヴェレフ（Зверев, Арсений Григорьевич 1900-1969）は 1919 年に入党し，赤軍で内戦を戦った後，各地で財政，税金の専門家として働いた．31 年に入学したモスクワ財政大学を 33 年に卒業，同時にモスクワの財政部門で働く．37 年ソ連財務人民委員代理，38 年 1 月から 48 年 2 月まで財務人民委員（46 年 3 月より財務大臣），一時期財務次官になるが，48 年 12 月より 60 年まで財務大臣を務める（ГВ СССР, c.316)．死後の 73 年に回想録が出版されていた（А. Г. Зверев, *Записки министра,* Москва, 1973)．最近『スターリンと金』と題した本の著者として名前が出ているが，これは回想録の再版ではなく内容はかなり省略されている（Зверев А., *Сталин и деньги,* Москва, 2012)．

(300) ГАРФ, 5446/22a/121/5-4.

(301) Там же, 5446/22a/121/11.

(302) РГАСПИ, 17/162/24/42.

(303) Там же, 17/162/24/79.

(304) *Главный военный Совет,* Указ. соч., c.124.

(305) Там же, c.170-171.

(306) РГАСПИ, 17/162/24/72.

(307) Там же, 17/162/24/46.

(308) *История Монголии,* указ. соч., c.104-105, С. К. Рощин, Указ. соч., *Чойбалсан,* c.81.

(309) *Русский архив: Советско-японская война 1945 года: история военно-политического противоборства двух держав в 30-40-е годы. Документы и материалы.* В 2 т. Т.18（7-1), Москва, 1997, c.109-110.

(310) Там же, c.113.

(311) С. К. Рощин, Указ. соч., *Чойбалсан,* c.82-83．チョイバルサンを選出したのは，1939 年 3 月 11 日の小ホラル会議．

(312) グラスコフ（Глазков, Михаил Фролович 1906-1963 年）の経歴は，Кто②, c.284-254 を参照のこと．モンゴル人民共和国にいたのは 1939 年 2 月から 11 月までとなっている．またモンゴル政府が 39 年，勲章「北極星 Полярная звезда」を授与している．

(313) РГАСПИ, 17162/24/103.

(314) С. К. Рощин, Указ. соч., *Чойбалсан*, с.90.
(315) ГАРФ, 5446/23а/988/11-5.
(316) РГАСПИ, 17/162/24/100.
(317) ДВП, т.XXII, книга 1, но.104. 書簡の一部内容は以下の通り．「モンゴル同様，新疆にはかなりの数のソ連の顧問，教官（軍事，道路，医療，農業，財政，地質学者等）が存在する．各人は新疆にとってどうすれば好ましいか，そして何をすれば好ましいのか「助言し」，危険を冒し恐怖心を抱きながら行動している．新疆では最近貨幣改革が実行され，ソ連の財政顧問もそれに参加したが，中央からのいかなる命令，指令もなく，また他の省庁の職員とはこの分野における合意もなかった．当然我々の全権代表や領事らに関係なく行動している軍事顧問・教官について，私が今さら話しているわけではない．陰謀や蜂起が生じているが，それらについて外務人民委員部は一切何も知らない」．
(318) РГАСПИ, 17/162/24/118-119.
(319) Там же, 17/162/25/12-16.
(320) Там же, 17/162/25/27-28. PMBC II, но.353 にも掲載．主な経費として給与に 1,877 万，自由雇用者の追加給与に 185 万，燃料，住居などその他の支出に 768 万，供給される肉の支払いに 300 万，大規模建設に 500 万など．
(321) В. С. Мильбах, Указ. соч., с.121-122.
(322) ポクス（Покус, Яков Захарович 1894-1945）はウクライナ人で，1914 年に招集される．ドイツ占領時にはパルチザン部隊で闘い，18 年末に赤軍に加わる．21 年末極東共和国に派遣され，その人民革命軍参謀部の作戦部長を務め，メルクーロフ政権との戦闘で叙勲される．沿海および北部中国におけるパルチザン運動指導の全権を委ねられる．内戦後も極東，クラスノダールに務める．29 年 10 月より労農赤軍参謀部第五局長（軍事準備）補佐を務め，30-31 年にモンゴルの参謀本部長，32 年 1 月よりウラジオストック強化地区司令官兼極東海軍力防衛建設局長，34 年 3 月よりザバイカル強化地区司令官，36 年 7 月より第 43 狙撃軍団司令官を務めた．38 年 2 月逮捕され 2 年拘禁されていたが，40 年 2 月釈放される．同年 10 月再度逮捕され，41 年 7 月同様の罪状で自由剥奪 10 年の刑に処せられた．45 年 9 月収容所で死去する（РЭ РККА (команармы), с.264-265）．ミリバフの述べる経歴と異なり，この事典では，ポクスは 32 年に極東へ転出したことになっている．38 年逮捕後のポクスに対する尋問では，32 年にモンゴルからウラジオストックにやってきて，日本のスパイと連絡を確立したと自白させられている（*Лубянка. Советская элита на сталинской голгофе*, с.153）．また別の尋問では，35 年から 36 年にかけてボルジャのポクス宅をソ連の駐モンゴル全権代表部の職員ルブサンが訪れ，自分は日本のスパイの工作員だと話したという（с.226）．
(323) В. С. Мильбах, Указ. соч., с.183-185, 313-318. 別のデータによれば，637 人が粛清され，そのうち指揮幹部が 296 人でその内訳は，指揮官が 62%，技術幹部，後方勤務者が 28%，政治スタッフが 10% であった（Там же, с.187）．
(324) Там же, с.196. ザバイカル軍管区，第 57 特別軍団，モンゴルへの軍事教官のうち，裁判で死刑に処せられたのが合計 197 人，自由剥奪中の死亡 18 人．年数の異なる自由剥奪 55 人，うち釈放されたのが 6 人．逮捕されたのが 196 人，うち釈放されたのが 76 人．陰謀参加を疑われ政治的に信用できない，或いは外国出身者として第 57 軍団より外されたのが 92 人．粛清された 807 人の氏名を特定できたと述べている．なお，ミリバフが引用しているデータは

様々で，それぞれ数字に変動があることを考慮しておく必要がある．

(325) Там же, с.201, 204.

(326) И. Г. Цыренова, И. Г. Аюшиева, *Политические репрессии в России и Монголии. Историческая память (по материалам III международного образовательного проекта)*, Улан-Удэ, 2011, с.107-108. 20,822 人の内訳だが，職員 954 人，労働者 380 人，将校 402 人，兵士 388 人，ラマ僧 17,699 人，牧民 8,540 人，貴族 1,489 人となっており，男性が 20,814 人を占めていた．1937 年のデータによれば，18 歳以上のラマ僧は国内に約 70,000 人おり，37 年に逮捕されたのが 1,689 人，38 年が 15,262 人，39 年が 47 人だった．全部で 17,004 人逮捕され，13,679 人が銃殺された．本書はブリャートの学生がソ連，モンゴルの粛清の歴史を学ぶプロジェクトの成果をまとめたもので専門書とはいえず，出典も明示されていない．

(327) 前掲『関東軍〈1〉 対ソ戦備・ノモンハン事件』(朝雲新聞社．1969 年)

(328) 石田喜與司『帰らざるノモンハン——日満ソ蒙国境確定交渉秘話』(芙蓉書房，1985 年)

(329) 北川四郎『ノモンハン——元満洲国外交官の証言 戦争と人間の記録』(現代史出版会，1979 年)

(330) 辻政信『ノモンハン秘史』(原書房，1977 年)

(331) 五味川純平『ノモンハン』上・下（文春文庫，1978 年)

(332) 牛島康允『ノモンハン全戦史』(自然と科学社，1988 年) 日本，モンゴル，ソ連の文献を精査，比較，批判して書かれている．

(333) アルヴィン・D・クックス『ノモンハン』上・下　岩崎俊夫訳（朝日新聞社，1989 年)

(334) S. N. シーシキン『ノモンハンの戦い』田中克彦訳（岩波現代文庫，2006 年)．シーシキンの原著は 1946 年に出た．本翻訳の後半には，従軍した作家シーモノフの回想の抄訳も掲載されている．ハマル・ダバーの司令部でシーモノフが目にした日本兵の残した写真や屍体の記述は生々しい．オシマチコによれば，シーシキンが執筆した「1939 年のハルヒンゴール川における日満軍の壊滅」は，1941 年 2 月になってやっと労農赤軍の参謀本部の軍事史部が極秘の印をつけて，各軍管区に配布したという（С. Г. Осьмачко, *Красная Армия в локальных войнах и военных конфликтах(1929-1941гг.): боевой опыт и военная политика*, Ярославский зенитный ракетный институт противовоздушной обороны, 1999., с.53)．

(335) Е. А. Горбунов, *20 августа 1939*, Москва, 1986.

(336) О・プレブ編，D・アルマース訳『ハルハ河会戦——参戦兵士たちの回想』田中克彦監修（恒文社，1984 年)．事件から 50 周年を記念して出た写真集もある．*Халхин-Гол 1939 фотоальбом*, Москва, 1989.

(337) 1939 年 5 月から 8 月にかけての戦闘については，*Русский архив*, указ. соч., с.116-132. ソ連の軍事的諜報活動に関する史料の中にもノモンハンに関するものが掲載されている．*Военная разведка информирует. Документы Разведуправления Красной Армии. Январь 1939-июнь 1941 г.*, Сост. В. Гаврилов, Москва, 2008. 例えば，戦闘地域における諜報組織の形成許可要請（1939 年 6 月 16 日，но.2.18）や，日本による満洲への軍隊の投入（39 年 7 月 19 日，но.2.19）に関する文書である．

(338) ノモンハン・ハルハ河戦争国際学術シンポジウム実行委員会編『ノモンハン・ハルハ河戦争——国際学術シンポジウム全記録 1991 年東京』(原書房，1992 年)．

(339) スターリンが始めた戦争という見地に立ち，日本の航空機，戦車などの武器や兵士の優

秀さを強調しているのが，小田洋太郎，田端元『ノモンハン事件の真相と戦果――ソ連軍撃破の記録』（有朋書院，2002 年）である．鎌倉英也『ノモンハン隠された「戦争」』（日本放送出版協会，2001 年）は，ロシアの軍事史料館で発掘した史料が利用されている他，モンゴルにおける粛清の問題についても触れている．中山隆志『関東軍』（講談社現代選書メチエ，2000 年）にもノモンハンについての章が割り当てられている．半藤一利『ノモンハンの夏』（文藝春秋，1998 年）は日本軍部，特に関東軍幹部の動きとヨーロッパ情勢を交差させつつ叙述を進めている．

(340) С. Г. Осьмачко, Указ. соч.　本書は戦間期の軍事的紛争（1929 年の中ソ紛争，スペイン内戦や日中戦争へのソ連の軍事的援助，ハサン湖（張鼓峰）事件，ハルヒンゴール（ノモンハン）事件，ソ・フィン戦争）を様々な角度から分析し，それらの経験が独ソ戦争を前にしたソ連軍の改革に生かされたのか，それとも生かされなかったのかについて論じている．ソ連崩壊後に活発化した独ソ戦争に関する見直しもふまえつつ，史料館の一次史料を渉猟し，概してソ連の軍事的勝利を強調しがちであったこれらの戦間期の戦いの負の側面について興味深い事実を多数発掘している点で，非常に興味深い．

(341) マクシム・コロミーエツ『ノモンハン戦車戦――ロシアの発掘資料から検証するソ連軍対関東軍の封印された戦い』小松徳仁訳，鈴木邦宏監修（独ソ戦車戦シリーズ 7　大日本絵画，2005 年）．

(342) 防衛省防衛研究所『ノモンハン事件関連史料集』（2007 年）．前半部分は小松原道太郎第 23 師団長の日記その他日本語史料が収録され，最後の部分には戦史室がロシアの史料館で発掘したロシア側の文書が翻訳・収録されている．後者の史料には，バヤントゥメン，ウンドゥルハンの基地における備蓄量（ガソリン，弾薬，糧食，タイヤ，ゴム等），軍需物資の輸送手法，野戦病院の設置，第 57 特別軍団による弾薬使用量のデータ，通信連絡用の電線設置，移動修理車（自動車，航空機），前線行動部隊の保有兵器・弾薬のデータなどの史料が収録されており参考になる．最も興味深いのは，前線集団司令官シュテルンと第 1 軍集団司令官ジューコフによる「ノモンハン作戦全般報告」である．

(343) PMBC Ⅰ, PMBC Ⅱ.

(344) *Халхин-Гол: Исследования, документы, комментарии: К 70-летию начала второй мировой войны*, Москва, 2009.

(345) *От Халхин-Гола до линкора Миссури: сборник научных статей*, Улан-Удэ, Улан-Батор, 2010.　2010 年 9 月にウランバートルで行われた書名と同じ学術会議で発表された報告をもとにした論文集である．

(346) *Халхин-Гол: взгляд на события из XXI века. Сборник статей*, Москва, 2013.　本書の中のジモーニン В. П. Зимонин の論文は，相変わらず田中上奏文を持ち出してきている．同書の中に収録された論文で田中克彦が，ソ連の学者はこの上奏文を本物として扱っていたが，偽書として東京裁判でも史料として採用されなかったと述べているにもかかわらずである．

(347) *Приграничное сотрудничество: исторические события и современные реалии», международная научная конференция 2014 Чита*, Санкт-Петербург, 2014.　例えばこの中のクジミンらの論文は，ノモンハン事件は戦争であり，田中上奏文は偽書ではなく，ソ連のスパイが 2 か国で同時に獲得した本物であること，ノモンハンの紛争の背後で行われ独ソ不可侵条約が締結されるに至る経緯を詳しく述べ，この戦争こそ第二次世界大戦の開始を告げるものだ

ったとの論調でまとめている．日本の歴史家がひとくくりにされ，すべて侵略を正当化する作業を行っているとの論調である（Ю. В. Кузьмин, М. П. Рачков, А. П. Суходолов, «Война на Халхин-Голе 1939г.（май-сентябрь）-Начало второй мировой войны?», с.65-78）．日本語で書かれたその「本物の上奏文」を公開して欲しいものである．

（348）А. Р. Ефименко, И. И. Кудрявцев, С. Г. Шилова и др., *Вооруженный конфликт в районе реки Халхин-Гол, май-сентябрь 1939 г.: документы и материалы*, Москва, 2014.　本書ではВКХГと略す．

（349）А. В. Козлов, А. Ш. Салихов, *Героям Халхин-Гола (75 лет государственной награде Монголии)*, Москва, 2015. 本書の著者たちは，スターリンは勲章には無関心で「勲章の病」に悩まなかったとする．彼が勲章，メダルを受け取ることに同意した外国は4か国すなわち，ブハラ人民ソヴィエト共和国，トゥヴァ人民共和国，チェコスロヴァキア社会主義共和国，そしてモンゴル人民共和国だけで，合わせて11個のメダル，勲章のうち人民共和国英雄金星メダル，スヘバートル勲章，「対日戦勝」メダルなど5つを占めるモンゴルの比重の高さを強調している（с.38）．

（350）Суходолов А. П., Кузьмин Ю. В., Рачков М. П., «Война на Халхин-Голе 1939 года（май-сентябрь）как начало Второй мировой войны: новый подход», *Россия и Монголия: новый взгляд на историю: (дипломатия, экономика, культура): сборник научных трудов*, Иркутск; Улан-Батор, 2015. Гордеев И. А., Гордеева М. И., «Некоторые аспекты исторических событий на реке Халхин-гол», *Россия и Мир в войнах и вооруженных конфликтах XX-начала XXI веков (сборник научных статей)*, Курск, 2014. с.29-33, Р. Ф. Субаханкулов, «Участие СССР в вооруженных конфликтах у озера Хасан и реки Халхин-Гол: историографический аспект», Вестник Мосeовского государственного гуманитарного университета им. М. А. Шолохова. История и политология, Но.1, 2011, с.32-39.

（351）ボルジギン・フスレ編『国際的視野のなかのハルハ河・ノモンハン戦争』（三元社，2016年）26頁．

（352）田中克彦『ノモンハン戦争――モンゴルと満洲国』（岩波新書，2009年）．

（353）秦郁彦『明と暗のノモンハン戦史』（PHP研究所，2014年）．

（354）スチュアート・D・ゴールドマン『ノモンハン1939――第二次世界大戦の知られざる始点』山岡由美訳（みすず書房，2013年）．

（355）今西淳子，ボルジギン・フスレ（呼斯勒）編『ノモンハン事件（ハルハ河会戦）70周年――2009年ウランバートル国際シンポジウム報告論文集』（風響社，2010年）．

（356）田中克彦，ボルジギン・フスレ『ハルハ河・ノモンハン戦争と国際関係』（三元社，2013年）．

（357）ボルジギン・フスレ編『国際的視野のなかのハルハ河・ノモンハン戦争』（三元社，2016年）．

（358）D・ネディアルコフ『ノモンハン航空戦全史』源田孝監訳・解説（芙蓉書房出版，2010年）．В. Кондратьев, *Халхин-гол: война в воздухе*. Москва（2002）はロシアにおける空中戦についての著作である．

（359）小林英夫『ノモンハン事件――機密文書「検閲月報」が明かす虚実』（平凡社新書，2009年）．

(360) 横手慎二「ノモンハン事件——日ソ関係の転換」筒井清忠編『解明昭和史——東京裁判までの道』（朝日選書，2010 年）159-174 頁.

(361) 花田智之「ソ連から見たノモンハン事件——戦争指導の観点から」前掲麻田編『ソ連と東アジアの国際政治』285-312 頁.

(362) ボルジギン・フスレ「モンゴル・ロシア・中国におけるハルハ河・ノモンハン戦争研究の成果と動向」前掲『国際的視野の中のハルハ河・ノモンハン戦争（増補版）』29-74 頁.

(363) この要綱は関東軍参謀辻政信が作成したとみなされており，植田謙吉関東軍司令官が同意・決裁して出された．日本側の当時の国境認識については，前掲北川『ノモンハン』や，前掲石田『帰らざるノモンハン』等の著作を参照のこと．北川は国境を現地軍が勝手に認定したのではなく，陸軍全部がハルハ河を国境と認定していたと主張している（126 頁）．後者は事件後の国境画定交渉に参加した著者による回想であり，実際に目撃した現地の状況が伝えられている．アリウンサイハンが当時の議論を検証し，関東軍は当時からモンゴル側の主張が正しいことを認識していたと論じている（マンダフ・アリウンサイハン「ノモンハン事件発生原因と「国境線不明」論」『一橋論叢』，第 135 巻第 2 号（2006 年）23-47 頁）．一方でソ連科学アカデミー東洋学研究所にアカデミー会員候補として勤務していた言語学者ニコラス・ポッペを，ソ連国境委員会の責任者陸軍少将ボグダーノフが訪れた際，ポッペは何枚かの東モンゴルの地図を見せ，川，湖，修道院を指しながらそれらの名前を言った．日本と満洲国の官吏との交渉に使う何枚かの地図を持って行ったという（ニコラス・ポッペ『ニコラス・ポッペ回想録』下内充，板橋義三訳（三一書房，1990 年）185-186 頁）.

(364) 北川も 2 月の衝突事件を重視するが，日本側に史料がないと述べている（前掲北川，120-125 頁）.

(365) В. С. Мильбах, Указ. соч., с.205.

(366) РГАСПИ, 17/162/25/56.　РМВСⅡ, но.356 にも掲載．前著『1930 年代ソ連の対モンゴル政策』112 頁ではこの決定を誤って 6 月 1 日としていた.

(367) *Главный военный Совет,* Указ. соч., с.257, Е. А. Горбунов, Указ. соч., с.189.

(368) Г. К. Жуков, *Воспоминания и размышления,* том 1, Москва, 1990, с.238-242.　ジューコフの回想では 6 月 1 日にモスクワに呼ばれたことになっているが，後述する通り，ジューコフはすでに 6 月 1 日にはモスクワに報告を送っており，5 月末にはウランバートルに到着していた.

(369) РГАСПИ, 17/3/1012/2.

(370) ГАРФ, 5446/23а/636/10-9.　予算の内訳が Там же, л.8-2.

(371) Там же, 5446/23а/636/12.

(372) РГАСПИ, 17/162/25/102-103.　РМВСⅡ, но.358 にも掲載．その 3 週間後の 7 月 31 日，参謀部第 11 課長ドラトヴィン Дратвин は外務人民委員部第 3 極東課長バクーリンに 1934-39 年のソ連からモンゴルへの軍事予算の補助金を列挙した．34 年 919 万，35 年 600 万，36 年 800 万（内務保安局の分も含む），37 年 720 万，38 年 930 万，39 年 901.5 万トゥグリクである（РМВСⅡ, но.364）.

(373) РГАСПИ, 17/162/25/106, 127.　命令の中で支払われる給与，家族への補助金，召集期間のアパートや仕事の確保などについて言及している．この命令が適用される部隊の詳細な一覧も添付されている（Там же, 17/162/25/128）．ВКХГ, но.109. にも掲載されている.

(374) РГАСПИ, 17/162/25/107, 129. 添付された表によると例えば人数と毎月の俸給は，軍事顧問1人700トゥグリク，軍や軍団，師団の参謀部への教官71人470トゥグリク，連隊，騎兵中隊への教官230人400トゥグリク，小隊への教官416人325トゥグリクなどとなっていた．この他政治，行政，医療，獣医，技術関連の教官がおり定員表を合計すると軍事顧問も含めて1,135人に上った．毎月の経費を合計すると468,925トゥグリク，年間で5,627,100トゥグリクとなる．したがって1,875,700トゥグリクは，8月以降の4か月分ということになる．決定はРМВСⅡ, но.359にも掲載．

(375) З. С. Мильбах, Указ. соч., с.23.

(376) Там же, 17/162/25/107, 130-134. 一方で関東軍は，アルシャンからハンダガヤ，さらに将軍廟までの鉄道建設を推進したかった（アルヴィン・D・クックス『ノモンハン』上，1989年，407，409頁，Alvin D. Coox, *Nomonhan: Japan against Russia, 1939*, Stanford, 1990, pp. 564, 567）．

(377) С. С. Косович, А. М. Филимонов, *Советские железнодорожные*, Москва, 1984, с.80-81.

(378) ソロヴィヨフスクからエレンツァフ（ソ連・モンゴル国境の町）を経由し，バヤントゥメンまでの243キロはソ連と同様1524㎜の広軌鉄道で，バヤントゥメンからタムサグボラグまで380.5キロは750㎜の狭軌鉄道である．バヤントゥメンから前線までの鉄道はその後撤去されたが，ウランバートル鉄道長ドルギー А. И. Долгий は1988年，ハルヒンゴール事件50周年を記念した行事に参加し，当時狭軌線が存在した地区を含むかつての前線94キロを自動車で訪れたことについて述べているという（В. Г. Третьяков, Указ. соч., докторская диссертация, с.187-188, В. Г. Третьяков, *Железнодорожная артерия Монголии: Очерки истории железнодорожного транспорта в Монголии*, Иркутск, 2001, с.87-89）．比較的新しい論文集にも参考になりそうな論考はない（*Императивы России в транспортную систему Восточнй Азии: сборчик научных статей*, Улан-Удэ, 2008）．またノモンハン事件の際には，鉄道が1日7往復輸送したとの指摘もある（В. Г. Третьяков, Указ. соч., *Железнодорожная артерия Монголия*, с.90. ただし出典がない）．ツァプリンは1939年にソロヴィヨフスクからバヤントゥメンまでの250キロ以上がノモンハン事件の最中に建設されたと述べている（Ф. С. Цаплин, *Советско-монгольское содружество в годы второй мировой войны*, Москва, 1964, 14）．この鉄道建設について，近年岡崎久弥が衛星画像等，最新のテクノロジーも駆使し，モンゴルやロシアとの共同研究を展開している．『軍事考古学研究』第3号（2009年ノモンハン事件70周年日本・モンゴル・中国共同学術調査団調査報告，2011年関東軍化学兵器散毒訓練場調査報告），虎頭要塞日本側研究センター，2015年を参照のこと．

(379) Тэраяма Киосукэ, «Советская политика по развитию сети железных дорог на Дальнем Востоке в 1930-е гг.: военизация, политотделы, строительство вторых путей», С. А. Папков, К. Тэраяма, *Политические и социальные аспекты истории сталинизма: новые факты и интерпретации*, Москва, 2015, с.50-85. 満洲事変以来のソ連極東における鉄道政策，動員政策に関しては，別の著書でまとめる予定である．

(380) РГАСПИ, 17/162/25/121-122. РМВСⅡ, но.363にも掲載．内訳は，連絡線の建設に8,930,000ルーブル（新線1,175㎞の建設，鉄線の吊り上げ7,885㎞，現存のラインの修復285㎞），連絡拠点の建設74.5万ルーブル，1940年における新線の建設探索とプラン作成に32.5万ルーブルとなっていた．この作業を実行すべく通信人民委員部には1,414万ルーブル（既述

の 1,000 万ルーブルの他，本来の資本投資に 150 万，労働者募集に 56 万，特別作業服などの購入に 28 万，流動資産として 180 万）を支出することを決めた．

(381) シーシキン前掲書 48，51 頁．ゴルブーノフは次のように説明している．ボルジャから前線まで 700 キロの道路を使って武器，飛行機，戦車，装甲車のための燃料，食料，医薬品，各種物資を輸送した．作戦準備のための全輸送量は 55,000 トンで，自動車輸送の往復は 1,300 キロ，1 台の自動車の往復にかかる時間は 5 日と定められた．成功裏に輸送を完了するには 5,000 台の自動車が必要だったが，第 1 軍集団は様々な種類の 2,636 台しか所有しておらず，したがってザバイカル軍管区の自動車輸送やソ連の他地区から持ち込まれた自動車も利用した（E. A. Горбунов, Указ. соч., с.199）．ジューコフの戦後の作戦全般報告にもより詳しく述べられている（前掲，防衛省防衛研究所『ノモンハン事件関連史料集』678-679 頁）．

(382) С. Г. Осьмачко, Указ. соч., с.85.

(383) Там же, с.86.

(384) Там же, с.86.　7 月 10 日まで，戦闘地域には毎日 600 トンの貨物が運ばれていたのが，7 月 11 日以降約 1,000 トンに増加した．先のシーシキンやゴルブーノフと異なるデータが紹介されている．「8 月の攻勢に備えて 18,000 トンの大砲の弾薬，6,500 トンの飛行機の弾薬，4,000 トンの食糧，7,500 トンの燃料，180,000 トンのその他の貨物，それに 18,000 人の兵士を送り届ける必要があった．この課題は輸送組織の改善と自動車の追加供給で達成することができた」．

(385) Там же, с.86.

(386) З. И. Кондратьев, *Дороги войны*, Москва, 1968, с.15-18.

(387) 前掲『関東軍』429 頁．

(388) 同上．

(389) С. Г. Осьмачко, Указ. соч., с.86.

(390) 日中戦争の開戦後，ソ連が新疆を経由して中国を物的に支援していたことについては，寺山『スターリンと新疆』367-375 頁を参照のこと．

(391) С. Г. Осьмачко, Указ. соч., с.89.

(392) Там же, с.25-26, 86.

(393) Там же, с.14, 85.　部隊の配置転換についてのシャーポシニコフからヴォロシーロフへの 1939 年 6 月 13 日の報告は，ВКХГ, но.48. を参照のこと．

(394) Е. А. Горбунов, Указ. соч., с.174.

(395) На приёме у Сталина, с.300.　23 時にスターリンの執務室に入室し，30 分話したが，彼の入室する 20 分前に入室したモロトフだけが同席していた．

(396) Г. К. Жуков, *Воспоминания и размышления*, том 1, 10-е издание, Москва, 1990, с.270-273.

(397) クックス『ノモンハン』上（1989 年）351 頁，Alvin D. Coox, *Nomonhan: Japan against Russia, 1939*, Stanford, 1990, pp.502-503.

(398) クックス『ノモンハン』上（1989 年）390 頁，Alvin D. Coox, p.545.

(399) クックス『ノモンハン』上（1989 年）422 頁，Alvin D. Coox, p.580.

(400) クックス『ノモンハン』上（1989 年）422 頁，Alvin D. Coox, p.580.　秦は自動車第 1 連隊の戦闘詳報をもとに，関東軍のトラックの動員数が 6 月段階の 600 両から，7 月に 1,000 両，8 月に 2,000 両となり，日量 1,500 トンの輸送力を確保したので，ソ連の輸送力と大差ないと

みなしている（秦『明と暗のノモンハン戦史』200, 368-370 頁）.

（401）В. С. Мильбах, Указ.соч. с.208-209. 例えば 7 月 22 日の第 1 軍集団の航空兵力からヴォロシーロフ宛の報告によれば，前線のタムツァクからチタ，ウランバートルへ 11 機の ТБ-3 で 135 人の負傷者を運んだとある（ВКХГ, но.123）.

（402）クックス『ノモンハン』下（1989 年）266 頁．A. D. Coox, *Nomonhan*, p.929.

（403）秦郁彦『日本人捕虜——白村江からシベリア抑留まで』上（原書房，1998 年）65-99 頁．秦は新著でも捕虜の問題について言及しているが，総数については言及していない（秦『明と暗のノモンハン戦史』408-413 頁）.

（404）ВКХГ, но.37.

（405）ВКХГ, но.40. ちなみにこの文書は 1939 年 6 月 1 日 8 時 05 分にモンゴルから発送され，9 時 05 分にモスクワで受領されたとある．モンゴル時間，モスクワ時間を明示している文書もあるが，この場合は前者がモンゴル時間，後者がモスクワ時間だと想定される．時差は 5 時間なので，モスクワに到達するまで 6 時間かかっている．その他の文書を見ても，モスクワに深夜 2 時 20 分に届いた暗号が，3 時 45 分に解読され，スターリンその他の関係者に送付される（Там же, с.107）など，暗号の受け入れ，解読は 24 時間体制で動いていた.

（406）ВКХГ, но.42. この暗号は 7 時 55 分に発送され，モスクワ時間 4 時 30 分に到着しており，1 時間半余りで到着している.

（407）ВКХГ, но.43. 小松原の命令のロシア語訳は，Там же, но.19.

（408）ВКХГ, но.63. 宮島曹長もなかなかしゃべらないと述べている．6 月 22 日の空戦で不時着，捕虜になった（前掲秦『日本人捕虜』上，69 頁）.

（409）ВКХГ, но.77. ウランバートルに送られた 2 人（ミヤザモ［ミヤザワか？］，ツジ）の他，戦死或いは自殺したパイロットは，7 月 3 日に捕虜になった日本人の氏名が列挙されている（Там же, но.78）.

（410）ВКХГ, но.95.

（411）ВКХГ, но.112.

（412）ВКХГ, но.120.

（413）ВКХГ, но.124.

（414）ВКХГ, но.130. 文書の日付は 8 月 16 日となっている.

（415）ВКХГ, но.136. この文書は，РМВС II, с.65-67 にも掲載.

（416）ВКХГ, но.139.

（417）ВКХГ, но.143.

（418）ВКХГ, но.146.

（419）ВКХГ, но.153. 8 月 5 日のソ連内務人民委員部安全保障総局特別部からヴォロシーロフへの報告である.

（420）ВКХГ, но.154.

（421）ВКХГ, но.159.

（422）ВКХГ, но.166. 原田文男少佐のことだと思われるが，ロシア語の記録にはフニト Фунито と記されている.

（423）ВКХГ, но.167.

（424）ВКХГ, но.168.

（425）ВКХГ, но.173.

（426）前掲秦『日本人捕虜』上，69 頁.

（427）ВКХГ, но.193.　РМВСⅡ, с.75 にも掲載.

（428）ВКХГ, но.204.　8 月 24 日の文書によれば，8 月 22 日に投降して捕虜になったバルガ人は 238 人だった（но.208).

（429）5 月 21-29 日のマルフ Марх の日記（ВКХГ, но.23），6 月 20日-7 月 28 日のナカムラの日記（но.54），6 月 27 日から 7 月 11 日のオオタニ（またはオタニ）の日記（но.66），7 月 2 日のカサウラの家族への手紙（но.73），7 月 17 日のアリトシから息子への手紙（но.116).

（430）ВКХГ, но.67.　その文書には но.69. 7 月 2 日の小松原第 23 師団長の命令も収録されているが，この文書をいつ取得し，翻訳されたのかについては明示されていない（но.71).　同じく 7 月 2 日以降の第 23 師団の命令（но.74），7 月 3 日の第 23 師団の命令（но.75），7 月 4 日の第 23 師団の命令（но.79），7 月 5 日の命令（но.86），7 月 7 日の命令（но.88），7 月 7 日の命令（но.89, 90），7 月 12 日 の 命 令（но.99），7 月 14 日 の 命 令（но.105, 106），7 月 19 日（но.118），7 月 28 日の命令（но.141），8 月 1 日の命令（но.147, но.148），8 月 3 日の命令（но.149），8 月 20 日の命令（но.183），8 月 20 日の第 6 軍の報告（но.185），8 月 21 日の第 23 師団の命令（но.191, но.192），8 月 22 日の命令（но.197），8 月 23 日の命令（но.202）などがある.　8 月 28 日のシュテルンからヴォロシーロフ宛文書には，8 月 20 日の第 23 師団長小松原の命令が手元にあると述べている（но.214).

（431）ВКХГ, но.126.

（432）ВКХГ, но.176.

（433）ВКХГ, но.186.

（434）А. А. Кириченко, «Потери Японии в боях на Халхин-голе», *Халхин-Гол: взгряд на события из XXI века,* Москва, 2013, с.92-111.

（435）クックス『ノモンハン』上（1989 年）416 頁.　Alvin D. Coox, *Nomonhan*, p.574.

（436）Ю. М. Свойский, *Военнопленные Халхин-Гола: история бойцов и командиров РККА, прошедших через японский плен*, Москва, 2014.

（437）Там же, с.59-60.

（438）ВКХГ, но.233.

（439）ソ連が捕虜にした 227 人のうち，死者 6 人，交換を望まなかった 6 人，モスクワに向かった 10 人などの内訳については，鎌倉英也『ノモンハン隠された「戦争」』（日本放送出版協会，2001 年）218-223 頁.

（440）ВКХГ, но.246.

（441）ВКХГ, но.247.

（442）ВКХГ, с.454, прим.78.　ここにある自軍のための利用とは，敵の内情をより詳しく知るために利用したり，可能ならばスパイに仕立てて送り返すなどといったことを想定していたものと推測される.

（443）ВКХГ, но.248.

（444）ВКХГ, с.454, прм.79.

（445）Ю. М. Свойский, Указ. соч., с.70. ВКХГ, но.258, и прим.81（с.454).　10 月 7 日には日本側捕虜との交換で帰還したソ連側捕虜 88 人の内訳（指揮官 8 人の氏名）と戻ってこなかった

10人の氏名が列挙されている（ВКХГ, но.262.）．同時に9月25日，27日に停戦協定中に抑留された加藤忠圀大尉ら13人の返還を日本側が求めていることにも触れられていた．

（446）ВКХГ, но.260.

（447）ВКХГ, но.264.

（448）キリチェンコによれば，捕虜問題は内務人民委員部動員局の管轄で，この動員局が7月19日内務人民委員部ラーゲリ総局（ГУЛАГ）に日本人捕虜収容の準備を頼み，2,000人の収容能力のあるラーゲリがヴェルフネウディンスクに設置された．次いで軍事捕虜・抑留者問題局（УПВИ）が1939年9月に設置されたが，捕虜の人数が少なかったため，内務人民委員のベリヤは10月20日，彼らをチタ刑務所に送るよう命じた．一方で，10月にはモスクワのブトゥイルスカヤ監獄から10人の日本人がチタの刑務所に送られた（А. А. Кириченко, Указ. соч., с.92-111）．*Русский архив,* Указ. соч., с.134, 135-136, 139も参照のこと．

（449）クックス『ノモンハン』下，269頁．Coox, *Nomonhan,* p.932．Ю. М. Свойский, Указ. соч., с.77.

（450）前掲秦『日本人捕虜』上，74-77頁．クックス『ノモンハン』下，270-271頁（Coox, *Nomonhan,* pp.933-934． 北川四郎『ノモンハン――元満洲国外交官の証言 戦争と人間の記録』129-134頁．

（451）Ю. М. Свойский, Указ. соч., с.95-96.

（452）*Внешняя торговля СССР за 1918-1940гг. Статистический обзор,* Москва, 1960, с.32, 939-963.

（453）Там же, с.9. 輸入商品の価格はCIF価格（運賃保険料込条件）または国境引き渡し条件（франко-граница）に基づく価格，輸出についてはFOB（本船渡条件）または国境引き渡し条件に基づく価格で算定されている．重量は1930年3月まで総重量（風袋込み）または正味重量だったが，それ以降は正味重量のみが記載されている．革命後，40年までの期間では，30年を頂点にそれまで1920年代は一貫して拡大を続け，31年以降は40年まで縮小を続けた（с.14-15）．

第五章

（1）*Военная разведка информирует., но.2-24, с.163-164.* 一方でソ連側が獲得した戦利品についても詳しいリストが作成されている（С. Г. Осьмачко, Указ. соч., с.47, с.198-199）．

（2）РГАСПИ, 17/162/25/164.

（3）Там же, 17/162/26/8.

（4）Там же, 17/162/26/12. ノモンハン以前からモンゴルにおける通信状況の改善について対策が練られていたようにも思えたが，ジューコフは戦後の報告で，当初「200㎞の電話・電信線と電柱線は軍部隊が展開予定の前線の要求を満たさず」，7月半ば以降補充された結果，電話線1,393㎞，電柱線395㎞，無線機843台を備えるに至った，と述べていた（前掲，防衛省防衛研究所『ノモンハン事件関連史料集』636頁）．

（5）РГАСПИ, 17/162/26/20-21. 移駐先は以下の通りである．①マタト・ソモン，タムサグボラグ，ハマルダバーの前線に第57狙撃師団を14,000人まで兵力を削減して残すが，総司令部

予備軍（РГК）第185大砲連隊の1個大隊，第6戦車旅団の戦車大隊1個，高射砲大隊1個，自動車化装甲旅団1個で増強すること．②第82狙撃師団を6,000人からなる師団に改組し，前線から撤退してバヤントゥメンへ移駐．③第36狙撃師団を12,000人からなる師団に再編し，前線から撤退させ，カルガン街道の以前の駐屯地たるザミン・ウード，ソロンケル，サイン・シャンダへ移駐．④前線に残された大隊1個を除き，第6戦車旅団をバヤントゥメンへ，第11戦車旅団をウンドゥルハンへ移駐．⑤自動車化装甲旅団1個をウンドゥルハンに，自動車化装甲旅団1個をウランバートルに配置．⑥現存する襲撃連隊4個と狙撃旅団（СБ）の連隊3個の代わりに，第1軍集団には襲撃連隊3個と狙撃旅団の連隊2個を残し，襲撃連隊はマタト・ソモン，バヤントゥメンに，狙撃旅団の連隊は，バヤン・オボ・ソモン，ウンドゥルハンに配備．⑦残りの部隊，すなわち第212航空落下傘旅団を第2特別赤旗軍へ，ザバイカル軍管区には，第114狙撃師団，第152狙撃師団の第5狙撃・機関銃旅団，連隊，総司令部予備軍の第126大砲連隊の大隊1個，第267大砲連隊の122ミリ長距離砲中隊，襲撃飛行連隊1個，射撃大隊の連隊1個，大砲大隊を伴った第32騎兵連隊を戻す．⑧これらの方策を実行する際には，第1軍集団の中で，演習のために招集されていた登録スタッフを解散する．以上である．

(6) Там же, 17/162/26/115.　内容は，①各人民委員部（国防人民委員部，飛行機産業人民委員部，軍備人民委員部，弾薬人民委員部，造船人民委員部，鉄金属人民委員部，非鉄金属人民委員部，化学産業人民委員部，電気産業人民委員部，石油産業人民委員部，重機械人民委員部，中型機械人民委員部，一般機械人民委員部，通信人民委員部，ソ連繊維産業人民委員部，ソ連食肉産業人民委員部，ソ連食料産業人民委員部，ソ連商業人民委員部，ロシア連邦教育人民委員部，ロシア連邦地方産業人民委員部，ウクライナソヴィエト社会主義共和国地方産業人民委員部，アゼルバイジャンソヴィエト社会主義共和国軽工業人民委員部，フセコプロムソヴィエト，フセコプロムレスソユーズ）は，国防委員会の布告に添付された文書No.1-13に従い，総額で9,015,000トゥグリク（11,845,710ルーブル），国防委員会の布告に添付された文書No.14に従い，モンゴルの国境警備軍への総額120万トゥグリク（1,576,800ルーブル）の供給物資を，外国貿易人民委員部の段取りに従い，1939年12月15日までに発送すること．②ソ連財務人民委員部は，第1項の決定に基づいて実際にモンゴルへ供給された供給物資とその国境での引き渡しに要した，生産者および国防人民委員部の費用をソ連人民委員会議の予備基金より，外国貿易人民委員部に支払うこと．ソ連財務人民委員部は1939年11月に，外国貿易人民委員部に対し，モンゴルへの供給の前払いとして200万ルーブルを支払うこと．以上である．

(7) Там же, 17/162/26/115-116.　内容は，①ソ連財務人民委員部は国防人民委員部に対して1,000万トゥグリクを1939年予算の追加として前払いする．②前払いのチェルヴォーネツ（1チェルヴォーネツは10ルーブルに相当）による補塡は39年の国防人民委員部の全体予算の中から行うこと．③国防人民委員部は遅くとも12月1日までに，強化軍維持のための追加的な外貨支出に関する見積もりを提出して，ソ連人民委員会議の承認を受けること．以上である．

(8) Там же, 17/162/26/165.

(9) Там же, 17/162/26/121.

(10) Там же, 17/162/27/47.

(11) Там же, 17/162/26/164. プリホドフ（Приходов, Юрий Кондратьевич 1906-1989）はその後，1937-48年ソ連外務人民委員部（省）東南アジア諸国部長を経て，48年9月から51年11月

まで駐モンゴル大使，54年から60年まで駐ブルガリア大使も務めている（http://www.knowbysight.info/PPP/03593.asp）．ツェデンバルやチョイバルサンとの交流，戦間期のモンゴルの状況についての彼の回想は，Ю. К. Приходов, «Памятные годы», *СССР-МНР: страницы братской дружбы. Воспоминания,* Москва, 1981, с.27-28.

(12) И. Д. Борисова, Указ. соч., с.87. またソ連の輸入におけるモンゴルの比重は，羊毛で23.8%，皮革原料で28.4%，家畜で47.8%を占めていた（Там же).

(13) ДВП, т.XXI, с.737-738.

(14) С. К. Рощин, Указ. соч., *Чойбалсан,* с.95.

(15) Там же, с.104-106. 1945年までにモンゴル軍は8万人にまで増大した．

(16) РГАСПИ, 17/3/1018/30.

(17) Ф. С. Цаплин, *Советско-монгольское содружество в годы второй мировой войны,* Москва, 1964.

(18) 第4章でヴォイコヴァが，1940-1952年のモンゴル史をまとめている（*История Монголии XX век,* Указ. соч., с.150-201).

(19) Юрий Кручкин, *Моонголия была первой...,* Улан-батор, 2015.

(20) *Монголия во Второй мировой войне: фотоальбом,* Иркутск, 2011.

(21) *От Халхин-Гола до линкора Миссури: сборник научных статей,* Улан-Удэ, Улан-Батор, 2010.

(22) 1940年5月にウラン・ウデからウランバートルに飛んだツァプキンの回想　Н. В. Цапкин, Монголия-в сердце моем, *СССР-МНР: страницы братской дружбы. Воспоминания,* Москва, 1981, с.39-61. 20年後に再訪した時の様子も語っている．

(23) ズヴェレフにはソ連の収入，財政についての著作もある（А. Г. Зверев, *Национальный доход и финансы СССР,* Москва, 1970）．モンゴルに関連した一連のソ連政府の決定を見ていくと，財政面におけるズヴェレフの厳しいコストカットの提言がほとんどの事例で採用されている印象を受けた．大テロル後のスターリン体制を財政面で支えていた人物として，改めてズヴェレフの活動が注目される．

(24) ГАРФ, 5446/24a/3033/4-2.

(25) Там же, 5446/24a/3033/8-5.

(26) 1940年9月25日，政治局は内務人民委員部の外国における活動と題して，40年末までにその活動に100万ルーブルと42万ルーブル相当のトゥグリクを支出すること，この額のうち前金として支出する額を，50万ルーブル相当の各国の外貨と20万トゥグリクと定めた．トゥグリクの支出なので，モンゴルでの活動費用を意味することは明らかである．*Лубянка. Сталин и НКВД-НКГБ-ГУКР «Смерш». 1939-март 1946.,* но.128.

(27) РГАСПИ, 17/162/28/50.

(28) ソコロフ（Соколов, Николай Констанович 1896-1941）は，革命前から労働者として働き，1917年に徴兵，18年に入党．内戦後各地の財政部に勤務，32年モスクワ財政経済大学（通信制）を卒業，30年代穀物トラスト，モスクワ市財政部長代理を務め，37年モスクワ市銀行支配人を務めた後，37年9月から38年1月ロシア共和国財務人民委員代理，同人民委員，38年1-10月ソ連財務人民委員代理，38年10月からソ連ゴスバンク取締役会議長第一代理，40年4-10月ソ連ゴスバンク議長を歴任した．40年12月逮捕され，41年処刑される（ГВ СССР, с.536-537).

(29) ГАРФ, 5446/24а/3033/9.　ソ連人民委員会議総務局長フロモフ М. Хломов より 3 人に宛てられたもの．ズヴェレフが取りまとめ役になっている．

(30) Там же, 5446/46а/4085/20-19.

(31) Там же, 5446/46а/4193/16-15.

(32) プロコフィエフ（Прокофьев, Андрей Никитич 1886-1949）は 1943 年に局長に任命された．この人物についての伝記情報は乏しい．

(33) ヴォズネセンスキー（Вознесенский, Николай Алексеевич 1903-1950）は 1919 年に入党，24 年スヴェルドロフ共産主義大学，31 年赤色教授経済大学を卒業．34 年まで同校で教鞭を執り，34 年よりソ連人民委員会議付属ソヴィエト統制委員会メンバー，レニングラード市計画委員会議長，同市ソヴィエト執行委員会議長代理（1935-37），ソ連ゴスプラン議長代理（1937-），同議長（1938-41 年），同時に 39 年 4 月よりソ連人民委員会議議長代理（41 年 3 月から 46 年 3 月まで第一代理），ソ連ゴスプラン議長（1942 年 12月-49 年 3 月）などを歴任する．49 年 10 月逮捕され，50 年 9 月処刑される（ГВ СССР, с.250-251）．

(34) ГАРФ, 5446/44а/4821/16-15.

(35) Там же, 5446/44а/4821/9.　建設に必要な物資すべてはソ連国内で調達可能だとして，モンゴルで購入を予定していた 24 万トゥグリク分を削減するようにとのズヴェレフ財務人民委員のヴォズネセンスキーへの提言（12 月 13 日）が採択された（Там же, л.1）．

(36) Ф. С. Цаплин, Указ. соч., с.14.

(37) フルリョフ（Хрулёв, Андрей Васильевич 1892-1962）は 1917 年まで労働者として働き，革命時には工場委員会の書記として活動を開始，18 年から赤軍へ加わり，主として政治部門で活動する．モスクワ軍管区での活動後，30 年 8 月より中央軍事財政局長，34 年 6 月ソ連国防人民委員部財政部長，国防人民委員部総務局長を経て，36 年 10 月ソ連国防人民委員部建設住居局長，キエフ勤務を経て，39 年 10 月赤軍供給局長に任命される．独ソ戦開戦後の 41 年 8 月 1 日には国防人民委員代理，赤軍後方総局長に就任，42 年 3 月から 43 年 2 月にかけてソ連交通人民委員も兼務していた．43 年 5 月から後方総局長，43 年 6 月からソ連軍後方局長を務めた（ГВ СССР, с.576-577）．

(38) 1936 年 5 月 4 日，ザバイカル鉄道［シベリア鉄道の一部でザバイカル地方を通る］がこのように名称を変更していたが，43 年 9 月 15 日，元のザバイカル鉄道へと再度名称が変更された．

(39) 240 キロの広軌路線で 1941 年 1 月 1 日よりモロトフ鉄道に管轄を引き渡していた（ГАРФ, 5446/44а/737/27）．

(40) ГАРФ, 5446/43а/3714/13.　この鉄道に勤務する労働者 600 人の給与（毎月 29.66 万ルーブルとして年間 355.92 万ルーブル）のうち，1941 年 5 月 8 日のソ連人民委員会議の命令により，モンゴルで働く労働者の給与の 40% は外貨で支払うことになったため，それに必要な 142.4 万ルーブル（＝ 108.37 万トゥグリク），資材 3 万ルーブル（＝ 2.28 万トゥグリク），燃料 13.1 万ルーブル（＝ 9.96 万トゥグリク），その他の費用が積算根拠として提示されている（Там же, л.11-6）．

(41) ГАРФ, 5446/43а/3714/5.

(42) Там же, 5446/43а/3714/15.

(43) *Улан-Баторская железная дорога (начало XX в.-1957 г.): документы и материалы*, Улан-Удэ,

2010, c.160.

(44) 1943 年 2 月 26 日に交通人民委員に返り咲き，44 年 12 月 20 日までこのポストにとどまる.

(45) ГАРФ, 5446/43a/4803/19.

(46) Там же, 5446/43a/4803/16.

(47) Там же, 5446/43a/4803/2.

(48) Там же, 5446/43a/4803/25. さらに給与支払いに関する 1943 年 3 月 21 日付のソ連人民委員会議の命令をこの狭軌線の鉄道員，組立事務所の労働者にも適用することになった.

(49) アルチュノフ（Арутюнов, Баграт Николаевич 1889-1953）は 1933 年からグルジア共産党中央委員会メンバーで，ベリヤの支援を受ける. 37 年 10 月ザカフカース鉄道長，39 年 4 月 1 日には交通人民委員代理（同年 12 月からは第一代理），戦時の列車運行のダイヤ作成を指揮し，独ソ戦開戦後，41 年 7 月疎開評議会メンバーに選出された. 42 年 2 月に国家防衛委員会にスターリンをトップに設置された輸送委員会のメンバーにも選出された（Константин Залесский, *Великая Отечественная война. Большая биографическая энциклопедия*. のオンライン版を参照）. 交通人民委員代理就任後の 39 年 11 月を皮切りに，第二次世界大戦中には 42 年に 6 回，45 年 2 月に 1 回スターリンの執務室を訪れている（На приёме у Сталина, c.563）.

(50) ГАРФ, 5446/44a/737/27.

(51) Там же, 5446/44a/737/29.

(52) Там же, 5446/44a/737/32.

(53) Там же, 5446/44a/737/37-36.

(54) Там же, 5446/46a/3911/3.

(55) Там же, 5446/46a/3911/1, 7.

(56) Там же, 5446/23a/139/6.

(57) Там же, 5446/23a/139/13.

(58) チェルヌィショフ（Чернышёв, Василий Васильевич 1896-1952）は第一次世界大戦前に映画館で働く. 第一次世界大戦に従軍，革命後リャザン市執行委員会議長代理などを経て，チェカ組織に加わる. 沿ヴォルガ，カザフスタン勤務の後，1927 年以降極東地方のオゲペウ，内務人民委員部勤務が長い. 37 年 8 月より 52 年 9 月までソ連内務人民委員代理，内務相代理，同時に 41 年まで強制労働収容所総局長も務めた（Кто①, c.433-434）.

(59) ГАРФ, 5446/43a/290/6, 8.

(60) Там же, 5446/44a/4872/22-19, 11, 4. 最初に内務人民委員部が 10 月 14 日に引き上げを要請し，ソ連人民委員会議が若干，削減して承認した. 月給はもちろん職務ごとに異なり，トゥグリクで支払われる給与と，ルーブルで支払われる追加給与があった. 例えば最大の道路管理局長はそれぞれ 950，250，主任技師が 900，200，生産技術部長が 800，200，運転手が 450，125，最低の職員が 250，80 等となっていた. この改定に伴い，第 4 四半期には追加的に 18.1 万トゥグリクを財務人民委員部が支出することを定めた.

(61) Там же, 5446/44a/249/7. フィノゲノフ（Финогенов, Анатолий Николаевич）はモスクワ大学法学部卒業後，新聞グドークの法律コンサルタントだったが，1930 年代初頭に外国貿易人民委員部に動員され，いくつかの国で勤務した. ルーマニアで戦争を迎えたが，その後モンゴルへ派遣され，戦時中はずっと軍への供給確保を担った. 1962 年に死去（http://baza.vgdru.com/1/9115/）.

（62）ГАРФ, 5446/44a/249/6-4. これらの3本の街道はいずれも路盤が10メートル，通行部分が6メートルで同じだったが，①ウランバートルからアルタンボラグまでの349.6キロの道路は，ウランバートルから112キロの地点までとアルタンボラグまでの346-349.6キロの区間は砂利 щебель が敷き詰められ，その間の道路は砂 гравий が敷かれていた．人工建造物のタイプは鉄筋コンクリートの荷重で60トン．②のスヘバートルからナウシキまでの道路では砂で舗装され，人工建造物は木製，荷重60トン．③ツァガンノールからビイスク方面への国境までの道路も同じく砂で舗装され，人工建造物は木製で同じだが，荷重は25トンと劣っていた（Там же, 5446/44a/249/3-1）．ロシア語の щебель も гравий も砂利と訳されるが，前者は通常，10ミリ以下の後者よりも数センチとサイズが大きく尖っており，花崗岩，丸石，石灰岩を砕いて採取していた．砂利と砂と訳し分けたが，この場合砂利を敷いた道路のほうがより耐久性があったものと思われる．

（63）Там же, 5446/46a/391/6-1.

（64）Там же, 5446/25a/1034/3, 6об, 7, 8об, 12.

（65）Там же, 5446/46a/3819/30. 船は自走船2隻，非自走船2隻で，前者の乗組員は31人，後者のそれは7人と規模は大きくない．このファイルには収支の細かい項目，船長その他の乗組員の給与などの情報もある．

（66）コヴァリョフ（Ковалёв, Владимир Фёдорович）は1926年レニングラード大学卒業，モンゴルには38年に派遣され，41年まで働いた．当時の遠征隊の課題は住民が居住する地域への水の補給と自動車・キャラバン道路の整備で，彼はその課題の枠を越え，同時にモンゴル各地で地質学的な踏査を行い，東部でユゴズィルのタングステン鉱山，ドジルの蛍石鉱山も発見した（モンゴルのために働いたロシア人，というサイトからの情報 https://legendtour.ru/rus/mongolia/history/legendary_persons_russia.shtml）．

（67）ГАРФ, 5446/43a/1388/9. 地質問題委員会副委員長ボンダレンコの非鉄金属人民委員代理フロロフへの説明．埋蔵地の場所は東経115度23分，北緯45度54分，バヤントゥメン駅から270キロ，チョノイ川右岸の海抜125メートルの斜面に位置．

（68）ゴリュノフ（Горюнов, Сергей Васильевич 1902-1983）は，1927年よりウラルの地質学組織で働き，40年よりソ連人民委員会議付属地質問題委員会議長代理，45-49年特別地質総局長，ソ連地質学省次官を務め，戦後も主要ポストを歴任した（ネットの Горная энциклопедия の情報を閲覧．http://www.mining-enc.ru/g/goryunov/）．

（69）ゼムリャチカ（Землячка-Самойлова, Розалия Самойловна 1876-1947）は19世紀末からの古参党員のユダヤ人女性で，1926年から31年にかけてソ連労農監督人民委員部参事会メンバー，1932-33年ソ連交通人民委員部参事会メンバー，33年7月から労農監督人民委員部参事会メンバー，34年2月からソヴィエト統制委員会輸送・通信班長，37年4月よりソヴィエト統制委員会議長代理，39年5月より40年9月まで同議長，39年5月から43年8月までソ連人民委員会議議長代理，43年から党中央委員会党統制委員会議長代理を務めた（ГВ СССР, c.318）．

（70）ГАРФ, 5446/43a/1388/13-12. ゴリュノフはそれまでの経緯を説明する中で，1942年3月24日，ソ連人民委員会議はソ連人民委員会議付属地質問題委員会が行う地質学的探査作業に50万トゥグリクの支出を指示したため，地質問題委員会はユゴズィルのタングステン含有砂鉱床，モンゴル北部の新たな砂鉱床の探索を計画した，と述べている．

(71) Там же, 5446/43a/1388/18-16. この布告は人民委員会議議長スターリンの名前で出された.
(72) マルィシェフ（Малышев, Илья Ильич 1904-1973）は13歳からマイコルの冶金工場で働き始める. 1924年ウラル大学ラブファクを卒業, ウラル工科大学鉱山学部で学び, 32年にソ連科学アカデミーの大学院に進学. 37年ソ連重工業人民委員部地質局長代理兼技師長, 39年ソ連人民委員会議付属地質問題委員会議長, 46年ソ連地質相, ソ連閣僚会議付属鉱物資源在庫国家小委議長（1957-71年）を務めた（http://enc.permculture.ru/showObject.do?object=1804326440).
(73) モンゴルとの国境から6キロにあるブリャート共和国内のタングステン鉱石埋蔵地. 非鉄金属人民委員ロマコは, 外務人民委員部のデカノーゾフ（1940年8月20日), ソ連人民委員会議議長代理ブルガーニン（8月23日）に, このソ連最大のタングステン鉱山周辺は水資源が少なく作業が困難なため, 水量が豊富なモンゴルのウール川［原文ではイリン川となっている］を利用することにより採掘量を増やしコストも下げられる, とモンゴル側の許可を要請していた. 同年10月4日, ブルガーニンは特別な布告なしに処理すると指示しており, その後の経過が不明だが（ГАРФ, 5446/24a/1333/1-5, 11-12), モンゴル国内での調査は, このジダに近いことから同様の鉱床の存在を期待したものと考えられる.
(74) ロマコ（Ломака, Петр Фадеевич 1904-1990）は1925年に入党, クラスノダールのラブファクを27年に卒業, モスクワ国民経済大学（1927-30), モスクワ非鉄金属・金大学（1930-32）で学んだ後各地の工場に勤務, 39年ソ連非鉄金属人民委員部アルミ・マグネシウム・電極産業総局長, ソ連非鉄金属人民委員代理（1939-40), 同人民委員（1940-46), ソ連非鉄金属相（1946-48), その後もこの分野で要職を歴任し, 86年に年金生活へ（ГВ СССР, с.392-393).
(75) シチャデンコ（Щаденко, Ефим Афанасьевич 1885-1951）は1904年に社会民主労働党に入党, 内戦期に北カフカース, ウクライナで活動, 13年より騎兵師団を指揮, 労農赤軍革命軍事会議にも加わる. 中央統制委員会（1930-34）を経て, 36年12月ハリコフ軍管区司令官代理, 37年5月キエフ軍管区軍事評議会メンバー, 37年11月ソ連国防人民委員代理兼指揮幹部局長, 41-43年ソ連国防人民委員代理兼赤軍編成補充総局長, 43-44年, 南部および第4ウクライナフロント軍事評議会メンバー（http://www.alexanderyakovlev.org/almanah/almanah-dict-bio/1001228/24).
(76) フェドレンコ（Федоренко, Яков Николаевич 1896-1947）は1918年から赤軍に加わり, 装甲列車の指揮官, 政治委員を務める. 34年フルンゼ軍アカデミー修了後, 戦車連隊長, 35年機械化旅団指揮官, 37年キエフ軍管区自動車・装甲戦車軍指揮官, 40-42年自動車装甲戦車局長, 42年12月より赤軍装甲戦車機械化軍指揮官兼ソ連国防人民委員代理を歴任（http://www.alexanderyakovlev.org/almanah/almanah-dict-bio/1003487/19).
(77) フルリョフ（Хрулев, Анрей Васильевич 1892-1962）は幼少からペテルブルグの家内工業で働き始める. 1918年入党, 赤軍に加わる. 1920年代初頭北カフカース, 半ば以降モスクワ軍管区で活動, 30年中央軍事財政局長, 34年6月ソ連国防人民委員部財政部長, 36年ソ連国防人民委員部総務局長その他を歴任. 39年赤軍供給局長, 独ソ開戦後の41年8月ソ連国防人民委員代理, 労農赤軍後方総局長, 同時に42年3月から43年2月ソ連交通人民委員, 43年5月後方総局長, 43年6月ソ連軍後方局長を務める（ГВ СССР, с.576-577).
(78) セルゲイ・スミルノフ（Смирнов, Сергей Сергеевич 1895-1947）は1919年に卒業したペ

トログラード鉱山大学に残り，30年に教授となる．同時に地質学委員会，地質調査学術研究所，後のソ連地質学地下資源保全省全ソ地質学研究所でも活動する．内戦後の地質調査はウラル，23年にはシベリア，バイカル湖南部，25年からはそれまで研究のほとんど行われていなかったザバイカル東部で実施し，約150の鉱物を確認した．33年に東部ザバイカルの地質に関する著書（モノグラフの第2巻）を刊行したが，その第1巻は47年の死後に刊行された．26年末にザバイカルで錫鉱石の存在を確認したことで，その後この方面の探索が進められた点は特に重要だった．その後いわゆる研究の空白地に関心は向き，シベリア北部や東北部には33年以降訪問を続けた．その学術的功績により，39年に科学アカデミー通信会員，43年に正会員となった（著名な地質学者の功績を紹介するサイトの論文を参照．http://i.geo-site.ru/node/33）．

(79) ГАРФ, 5446/43a/1417/11-10.

(80) Там же, 5446/43a/1417/7.

(81) Там же, 5446/43a/1417/6-5.

(82) Там же, 5446/43a/1417/13.

(83) Там же, 5446/43a/6009/24.

(84) Там же, 5446/43a/6009/27.　①ソ連人民委員会議付属地質問題委員会には156万ルーブルを支出．これは1943年に連邦予算からモンゴルにおける地質調査に割り当てられた金額から出すこと．外貨部分は95万ルーブルとし，地質問題委員会自身の資金は50万ルーブルとする．②地質問題委員会のトラスト「スペツゲオ」の東方遠征隊の技師・技術者への給与は，外貨で75%，ルーブルで25%とする．③国防人民委員部（ヴォロヴィヨフ Воробьев）はこの東方遠征隊に80人の赤軍兵士を派遣．④外国貿易人民委員部は，遠征隊メンバー160人に対する食料，工業製品をモンゴルのスペツヴォエントルグを通して実行，5項目はガソリン，石油等の供給を指示．

(85) Там же, 5446/43a/6012/1-6.　スペツゲオの計算では地質測量隊4班が必要で，各班は隊長，地質学者，現場監督，土壌学者，技術者，標本収集家，化学者・実験助手の7人，さらにボーリング技術者とボーリング労働者4人，運転手1人の労働者6人で構成，4班の隊員28人に2人を加えて30人，労働者は24人となる．貴金属探索作業は7人から構成される3班で21人，各種労働者が6人ずつで18人となる．さらにモンゴル人民共和国との協定に従い，各種鉱物資源の探索作業に6つの地質調査隊と石炭の探索隊が，それぞれ仕事量に応じて3-5人の技師・技術者，5-6人の労働者を必要とするため，1943年には29人の技師・技術者，34人の各種労働者が必要となる．以上技師・技術者80人，労働者76人を必要とするが，43年1月1日現在，東方遠征隊には30人の技師・技術者，46人の熟練労働者が存在するため，必要なのはそれぞれ50人，30人ということになった．

(86) Там же, 5446/43a/6012/8.　この命令には7か月間という期間が設定されている．

(87) Там же, 5446/44a/302/3.

(88) Там же, 5446/44a/302/1.

(89) Там же, 5446/44a/302/7.

(90) Там же, 5446/46a/4813/26 и об.

(91) Там же, 5446/46a/4813/31.

(92) Там же, 5446/46a/4813/17.　モンゴルの比較的狭い範囲でタングステン，蛍石，モリブデ

ンの有望な埋蔵地が発見されたこと，イワノフもさらに詳細な調査が必要だとみなしていると伝えている．

(93) Там же, 5446/46a/4813/38-35.　①地質問題委員会に実施を許可．(1) 1944年にモンゴルで地質探査作業を実行（422頁の表）．(2) 180万ルーブルを支出．うち149万ルーブルはトゥグリクで（うち90万ルーブル分はソ連の国家予算からの委員会への支出から，59万ルーブルは内部資源の活用で）．(3) 遠征隊の設備の大規模修理．②ソ連財務人民委員部は地質問題委員会のモンゴルでの地質調査に68.2万トゥグリクを支出．③国防人民委員部（アントーノフ）は，ソ連人民委員会議地質問題委員会に，ザバイカルフロントから80人の兵士を割り当てること．④関係機関は設備を地質問題委員会に提供すること．

(94) Там же, 5446/46a/4178/4.

(95) Там же, 5446/46a/4178/8.　9月14日，ズヴェレフも70万ルーブルの支出に同意した (Там же, л.1).

(96) Там же, 5446/48a/2806/6.　ナウシキ，キャフタの国境地点で簡易手続きで入国させることになっていた．これより前の6月5日，マルィシェフ地質相がモロトフに対し，スペツゲオは1946年もこれまでの数年と同様，モンゴルでの地質調査を実行するが，必要な熟練労働者を現地住民で賄えないので，派遣を認めて欲しいと要請していた（Там же, л.5).

(97) Там же, 5446/24a/3250/22-21.

(98) Там же, 5446/24a/3250/6.

(99) Там же, 5446/24a/3250/29-26.　ブルガーニンに対して，11月30日，労働給与課長ホフロフ Е. Хохлов が述べた．

(100) Там же, 5446/24a/3250/31.

(101) Там же, 5446/43a/277/7.　イランには1,300万リアル，新疆には1,183米ドル，トゥヴァには1,100アクシャである．

(102) Там же, 5446/44a/9724/16-15.

(103) Там же, 5446/44a/4822/3.

(104) Там же, 5446/44a/4822/1. 12月17日ズヴェレフからヴォズネセンスキーへ．

(105) Там же, 5446/44a/4822/4.

(106) ソボレフ（Соболев, Аркадий Александрович 1903-1964）は1939年から42年までソ連外務人民委員部事務総長，駐英全権代表部参事官（1942-45)，戦後駐独ソ連軍事行政政治部長（1945-46）などを務める．1960年代はソ連外務次官を務めるが，39年までの経歴が不明 (http://www.alexanderyakovlev.org/almanah/almanah-dict-bio/60255/16).

(107) ГАРФ, 5446/25a/8115/8 и об.

(108) Там же, 5446/25a/8115/7-6.　1941年1月1日現在の教育学校の資産は，校舎と寮の価値60.06万ルーブルなど100.71万ルーブルと算定されていた．

(109) Там же, 5446/25a/8115/12.

(110) С. С. Дашьян, «Из воспоминаний», *СССР-МНР: страницы братской дружбы. Воспоминания*, Москва, 1981, с.62-75. この回想を書き残しているダシヤンは，1931年にラブファクを卒業しモスクワの鉱山大学に入学，36年に鉱山技師の資格を取得したが，途中で方針転換してモスクワナリマーノフ東方学大学に入学，39年に卒業，モンゴル専門家として外務人民委員部極東課に配属され，40年5月にウランバートルに赴任したという人物である．

（111）ГАРФ, 5446/43a/4440/32.

（112）Там же, 5446/43a/4440/35.　ソボレフの提案には，ソ連人民委員会議付属高等学校問題委員会委員長カフタノフ С. В. Кафтанов（1905-1978）が作成した，各大学からこの実験室のために供出可能な物品についてのリストが添付されており（Там же, с.30-3），モンゴル大学に送られた設備はおそらくこれらのリストに基づいていたものと想定される．例えばモスクワ大学からは化学に関する設備 34，物理に関する設備 40，書籍 87 冊，生物学に関する設備 9 等で，その他の大学からも各種設備がリストに挙がっていた．

（113）Там же, 5446/46a/3869/25-22.　ちなみにウランバートル中学校には校長，教頭，管理部長，会計係等，清掃人 6 人を含む約 20 名のスタッフが勤務していた（Там же, с.20）．

（114）Там же, 5446/46a/3869/37-36.

（115）ポチョムキン（Потёмкин, Владимир Петрович 1874-1946）は1898年モスクワ大学歴史・文学部卒業．1917 年革命後，ロシア共和国教育人民委員部に勤務，19 年入党．内戦後，フランス，トルコで賠償委員会のメンバーを務める．イスタンブール総領事，駐トルコ全権代表部参事官，駐ギリシャ全権代表（1929-32），駐イタリア全権代表（1932-34），駐仏全権代表（1934-37），ソ連外務人民委員部第一代理（1937-1940）を歴任，40 年 2 月より 46 年 2 月までロシア共和国教育人民委員を務めた（http://www.knowbysight.info/PPP/05316.asp）．

（116）ГАРФ, 5446/46a/3923/5.

（117）Там же, 5446/46a/3923/3.　1944 年 3 月 23 日，ズヴェレフからモロトフへのメモ．

（118）Там же, 5446/46a/3923/11.

（119）Там же, 5446/46a/6141/5.

（120）Там же, 5446/46a/6141/1.

（121）Там же, 5446/46a/6141/8.　ただしズヴェレフの提案通り，維持経費として認められたのは減額された 66,300 トゥグリクであった．

（122）Там же, 5446/43a/3580/11.

（123）Там же, 5446/43a/3580/10.

（124）Там же, 5446/43a/3580/9.

（125）Там же, 5446/43a/3580/12.

（126）サフラジヤン Л. Б. Сахразьян（1893-1954）はアルメニア人農家に生まれる．軍やチェリャビンスクトラクター工場長代理，ゴーリキー自動車工場建設部長などを経て，ソ連人民委員会議軍事建設総局長（1938-41），1941 年に内務人民委員代理となり 46 年まで務めた．Кто②, с.770.

（127）ГАРФ, 5446/43a/294/2.　サフラジヤンに続いてメゼンツェフ К. Мезенцев が解説を加えているが，そこにも 1930 年にこの規定が定められたとしている．前述の通り，33 年とするものもある．

（128）Там же, 5446/43a/294/4.

（129）Там же, 5446/25a/9585/20.

（130）Там же, 5446/25a/9585/9.　ズヴェレフはモンゴルに出張する気象台職員の日当の引き上げについては，外務人民委員部と外国貿易人民委員部に対して（1940 年 5 月 19 日の経済評議会の命令）だけでなく，アエロフロート職員に対しても引き上げられている（40 年 10 月 28 日ソ連人民委員会議の命令）と述べ，ここでも気象台職員に対する日当を 10 トゥグリクに引

き上げることに反対しないが，改めてモンゴルに出張するあらゆる省庁の職員にこの引き上げを適用すべきだと付言した．

(131) クルティコフ（Крутиков, Алексей Дмитриевич 1902-1962）は1927年より党員，21年より父の木材調達の事業で働き，24年よりヴォログダ県の村の協同組合議長，27年よりヴォログダ管区消費協同組合連盟で働く．レニングラード，プスコフ，ノヴゴロド等で学び，教える．38年1月レニングラード市クイブィシェフ地区宣伝扇動部長，38年3月ヤロスラヴリ州党委員会指導的党組織部長を経て，38年12月より外国貿易人民委員部代理（40年より第一代理），46年3月より外国貿易相に就任（ГВ СССР, с.370-371）．

(132) ГАРФ, 5446/43а/251/7.

(133) Там же, 5446/43а/251/9.　第3グループに対する給与を定めたのは1939年8月15日のソ連人民委員会議と党中央委員会の布告だとある．

(134) Там же, 5446/44а/212/3.

(135) Там же, 5446/44а/212/6.

(136) Там же, 5446/46а/258/4-3.

(137) Там же, 5446/46а/258/1.

(138) Там же, 5446/46а/258/9.

(139) *Советский Союз на международных конференциях периода Великой Отечественной войны, 1941-1945 гг.: Сборник документов,* т.4. *Крымская конференция руководителей трех союзных держав-СССР, США и Великобритании (4-11 февр.1945г.),* Москва, 1984, с.254-255, В. Я. Сиполс, И. А. Челышев, *Крымская конференция 1945 год.* Москва, 1984, с.60-61.

(140) *Русско-китайские отношения в 20 веке,* том4, 1937-1945, книга 1: 1937-1944 гг., Москва. 2000. Книга 2: 1945г., 2000.　この文書集には，1939年のハルヒンゴール事件以降，40年2月の共同コミュニケ発表，6月9日の日ソ合意に至る「満蒙国境における国境画定」交渉をめぐる文書が集められているが，その後のソ連・モンゴル関係についてはほとんど文書が掲載されていない．香島によれば，スターリンが対日参戦の条件としてモンゴルの現状維持を言い出したのは，44年12月14日のハリマン駐ソ米国大使に対しての発言だったという（香島明雄『中ソ外交史研究—— 1937-1946』（世界思想社，1990年））．モンゴルの取り扱いについて，蔣介石がいかにソ連に対処しようとしていたのかについては，蔣介石の日記を利用した吉田の詳しい研究がある（吉田豊子「国民政府のヤルタ「密約」への対応とモンゴル問題」中央大学人文科学研究所編『中華民国の模索と苦境　1928-1949』（中央大学出版部，2010年）253-301頁）．田淵陽子「1945年「モンゴル独立問題」をめぐるモンゴル人民共和国と中華民国——中ソ友好同盟条約から独立公民投票へ」『現代中国研究』第11号，74-97頁も参照．

(141) *Русско-китайские отношения в 20 веке,* том4, 1937-1945, книга 2: 1945г., Но.657.

(142) Там же, но.660.

(143) Там же, но.662.

(144) Там же, но.669.

(145) 蔣介石は7月5日に外モンゴルの独立を認めることを決定し，翌6日国民党政軍幹部会議を招集して対ソ交渉方針を相談，反対意見を押し切ってモンゴルの独立を認めることを決めた．そして7日，宋子文に決断を送付したのである．決定時の蔣介石の心情も含めて，前掲の吉田論文292-293頁を参照のこと．

(146) 新疆をめぐるスターリンと宋子文の会談の経緯については，寺山『スターリンと新疆』532-534頁.

おわりに

(1) リンチノは1919年頃サンピロンへの書簡の中で，「ブリャートの自治に向けた我々のプログラムを実行するのに最も必要なのは日本とセミョーノフグループとのコンタクトを確立することである……セミョーノフの背後には日本が立っている……日本とセミョーノフは我々の自治へ向けた動きを助けてくれる」と述べていた（Rupen, op.cit., p.135).

(2) ソ連崩壊後，ブリャート民族主義の立場からこの恣意的な政策を批判し，元に戻すような要求もなされた．Ш. Б. Чимитдоржиев, *Как исчезла единая Бурят-Монголия (1937 и 1958 годы)*, Улан-Удэ, 2004.　本書によると8月16日から9月28日にかけてブリャート共和国のリーダーはほぼすべて粛清された．結局，チタ州とアガ・ブリャート自治管区は統合され2008年3月1日にザバイカル地方が形成され，ウスチ・オルダ自治管区はイルクーツク州に統合され2008年1月1日に存在を停止した.